漢月法藏禪師珍稀文獻輯注續編

明清禪宗文獻叢書 第一輯

黃繹勳 成慶 主編

黃繹勳 輯注

明清禪宗文獻叢書 編委會

黃繹勳 上海大學校聘兼職教授，上海大學禪文化研究中心研究員

成　慶 上海大學歷史系副教授，上海大學禪文化研究中心負責人

釋法幢 上海大學禪文化研究中心研究員，徑山禪寺圖書館館長

本叢書由上海寶山永福庵資助出版

總序：明清禪宗之活力

黄繹勳、成　慶

近代明清佛教的學術研究是以衰敗觀和僧諍的討論啓幕的。本叢書之出版意不在於質疑這些主張所呈現的部分事實，而是着眼於近年來大量明清禪宗珍稀文獻之陸續發現，冀望在既有的看法之外，藉由整理、出版和研究這些文獻，爲世人提供重新思索明清禪宗之活力的契機。

本總序之題名，乃受美國學者葛利高理（Peter Gregory）所撰"The Vitality of Buddhism in the Sung"（《宋代佛教之活力》）一文所啓發。西方學術界對於宋代漢傳佛教的研究，在葛利高理所編的 *Buddhism in the Sung*（《宋代的佛教》）一書中，已獲得學者們以新的視角重審唐代和宋代佛教的價值和定位的共識。葛利高理更於其"The Vitality of Buddhism in the Sung"一章中，具體地檢驗所謂"唐代以後漢傳佛教衰敗的刻板印象"的三個來源，分別爲：1. 宋代佛教中特別是禪宗僧人對己身禪門反省的負面言詞；2. 日本學術界基於宗派和國族思想立場對漢傳佛教的偏頗評論；3. 宋代儒者和歷史學者企圖邊緣化佛教的成見。[1]

佛教自宋而後，傳衍至明清時期亦有數百年的歷史，同樣地，明清佛教亦背負著衰敗的普遍印象，因此，筆者以爲葛利高理上述有關"唐代以

---

[1] Peter Gregory ed. *Buddhism in the Sung*. Honolulu: University of Hawai'i Press, 1999, pp. 1-20；黄繹勳《明清佛教研究新文獻與新審思——以碩揆禪師尺牘爲例》，《佛法與方法：明清佛教及周邊》，復旦大學出版社，2021年，第119—131頁。

后漢傳佛教衰敗的刻版印象"的檢驗內容,也適用於幫助我們重新審思明清佛教之刻版印象。

首先,例如明末湛然圓澄(1561—1627)於《慨古錄》之所陳述:"自嘉靖間,迄今五十年,不開戒壇。而禪家者流,無可憑據,散漫四方,致使玉石同焚,金鍮莫辨。"①臨濟禪僧漢月法藏(1573—1635)於《提智證傳序》慨嘆當時情形:"禪道式微,不獨無典之妙不傳,抑且宗門奧典幾致滅裂。"②曹洞禪僧永覺元賢(1578—1657)亦説:"入明以來,二百餘載,聖賢隱伏,法脉久湮。"③這些明代禪宗僧人對於禪門反省的言詞、褒古抑今的語調,成爲了明清禪宗的普遍負面印象之濫觴。

繼而,關於學術界對明清佛教史的叙事問題,吳疆認爲始於梁啓超(1873—1929)《論中國學術思想變遷之大勢》一文,學者將中國學術史的宋元明階段評斷爲"儒佛混合時代",清朝則爲"衰落時代";進而通過陳觀勝(Kenneth Ch'en;1907—1986)的英文著作《中國佛教史概論》(*Buddhism in China: A Historical Survey*),影響到歐美學術界。④ 同樣地,日本學界如鐮田茂雄(1927—2001)亦於其《中國佛教通史》中統括:"明清以後的近代佛教,可以説是佛教的衰頽期。"⑤因而,此簡單概括化的衰落史觀,根深蒂固地盤踞於東西方學術界超過一個世紀之久。

明清儒者對於佛教的態度较複雜。明朝初中期朱學獨盛而反佛立場鮮明,正如荒木見悟所言:"反映當時思想狀況的大部分現存資料,都充斥著以儒家正統爲認識之基調的論述,一旦對佛教抱有好意、親近佛典,幾

---

① 《慨古錄》,《卍新纂續藏經》(65),頁369上。
② 黄繹勳《漢月法藏禪師珍稀文獻輯注初編》,《於密滲提寂音尊者智證傳·提智證傳序》,上海古籍出版社,2024年。
③ 《永覺元賢禪師廣録·送本立上人歸山序》,《卍新纂續藏經》(72),頁455上。
④ 吳疆《佛法與方法:明清佛教及周邊》導言,復旦大學出版社,2021年,第2—3頁。陳觀勝於其書中,將起至宋朝迄至現代的佛教皆列於衰敗期,參其 *Buddhism in China: A Historical Survey*. New Jersey: Princeton University Press,1964,pp.389-470。
⑤ 鐮田茂雄著,關世謙譯《中國佛教通史》,臺北新文豐出版社,1987再版,第241頁。

乎都會得到'不純狂蕩'的評價,這些親近佛教者在人性論方面的艱苦探索也好,其獨創性思想的由來也罷,幾乎都可能被輕易抹殺。"①中後期因王陽明(1472—1529)之學興起,佛教亦隨著有了復興的機緣,值得注意的是,王陽明雖近禪,但仍堅據闢佛的本位。② 以士人群體而言,如管東溟(1536—1608)、錢謙益(1582—1664)、黄宗羲(1610—1695)、方以智(1611—1671)等,皆是明清之際出入儒佛的代表,而他們在佛門內部的僧諍與人事糾葛之中也扮演著重要的角色。按照陳玉女的分析,明代佛教的一個重要特色就是世俗化,也就是説,當時佛教界與社會各階層有着較多互動往來,因而佛教內部的許多諍論也勢必與士紳之網絡形成密切的關聯。而過去對於明清佛教的研究,多局限於僧侣角色上,對於有著强烈佛教背景的士人往往輕描淡寫,描繪成歷史上的"失意者"與"邊緣者",而未能看到轉折時代士人身份的豐富性與多歧性。③ 簡而言之,明清鼎革之際,禪、儒的關係複雜密切且相互資長。

　　誠如以上所簡述,明清佛教情況的負面評斷或主張雖不容全盤否認,但是,明清二朝(1368—1911)横跨五百多年,在其榮衰起伏之間,若僅以禪宗典籍而言,收録於現已出版的《卍續藏經》(新文豐版)、《嘉興大藏經》(新文豐版;民族出版社版)和《徑山藏》(國家圖書館藏本)等等,以及珍藏於中國、日本和越南等各大圖書館與寺院藏經樓的數量,便累積計千部以上。④ 吴疆於其《禪悟與僧諍:17 世紀中國禪宗的重構》一書中便主張,

---

① 荒木見悟著,陳曉傑譯《明代思想研究——明代的儒佛交流》序,山東人民出版社,2022 年,第 3 頁。
② 范佳玲《明末曹洞殿軍:永覺元賢禪師研究》,臺北花木蘭文化出版社,2010 年,第 271—277 頁。
③ 參看陳玉女《明代佛門内外僧俗交涉的場域》,臺北稻鄉出版社,2010 年,第 28—31 頁。另有關"狂禪",參吴疆《演繹本真——李贄、佛教以及前近代中國文字境界的興起》(中譯文),《宗教與歷史》,宗教文化出版社,待刊;有關"逃禪"遺民,參廖肇亨《忠義菩提:晚明清初空門遺民及其節義論述探析》,臺北"中研院"中國文哲研究所,2013 年。
④ 《卍續藏經》,臺北新文豐出版社,1994 年;《嘉興大藏經》,臺北新文豐出版社,1987 年;《嘉興大藏經》,民族出版社,2008 年;《徑山藏》,國家圖書館出版社,2016 年。

由於此時期禪宗各類文獻的數量豐盛,代表此時期禪宗發展之繁茂,因而可將第十七世紀稱爲禪宗歷史上的"第三個黄金時期"。① 近期適逢珍藏於各處的明清稀見佛教文獻陸續被重新發現,此時正是我們重新檢驗明清漢傳佛教固有印象的絕佳時機。②

明清佛教研究以陳垣先生之著作爲開端,其所言著名僧諍内容,以"宗旨學説之争"爲上,"門户派系之争"爲次,"意氣勢力之争"爲下,"墓地田租之争"爲下之下,概述了明清叢林之紛紛擾擾。③ 而日本學者野口善敬則開始注意到"僧諍"背後的"法諍"内涵,如明清曹洞壽昌派與臨濟天童派關於高峰原妙禪師"主人公"的諍論,以及密雲圓悟與漢月法藏關於六祖偈"本來無一物"理解的分歧,均是將"僧諍"的研究進一步拓展與深化。但是,關於這些非常有價值的議題,學界尚缺乏足夠的文獻以供深入研究。④ 本叢書第一輯即收録了上述僧諍之一所涉及的關鍵人物——密雲圓悟(1567—1642)和漢月法藏(1573—1635),以及三峰派後代禪師之珍稀文獻。

第一册成慶的《密雲圓悟禪師天童直説校注》,以杭州圖書館所藏明崇禎年間《天童直説》初刻本(存八卷)爲底本,以上海圖書館藏崇禎間重刻本補齊第九卷,并校以其他相關之本。内容包含了《闢妄七書》和《三録》,爲密雲圓悟對漢月法藏《五宗原》和提語《智證傳》的批評,我們可以

---

① 吴疆《禪悟與僧諍:17世紀中國禪宗的重構》,中西書局,2023年,第4頁。
② 紀華傳於其《20世紀以來的清代漢傳佛教研究》一文中,詳細統計和簡述了有關清代漢傳佛教的論文、專著和專題研究的著作,并且提出幾點問題,最後亦建議學者:"廣泛收集各種原始資料,綜合已有的研究成果,把清代佛教研究實質性地推上一個新臺階。"《中國宗教研究年鑒(2005—2006年)》,宗教文化出版社,2008年。
③ 陳垣《明季滇黔佛教考》(上册),河北教育出版社,2000年版,第275頁。
④ 野口善敬《明末に於ける"主人公"——密雲円悟の臨濟禪の性格を巡って》,《九州大學哲學年報》第45期,1986年,第149—182頁;《關於明末"本來無一物"是"外道法"的論争》,張立文、町田三郎主編《傳統文化與東亞社會》,中國人民大學出版社,1992年,第136—152頁;野口善敬撰,李賀敏譯《雪關智誾與"主人公"論争》,《中國佛學》2021年第1期,第115—139頁。

从這些文獻中去釐清密雲圓悟與漢月法藏論諍的真實脉絡,并且也可以藉此深入了解密雲圓悟當時所廣泛參與的其他論諍情形。特別是,天童派與三峰派之紛爭,最終由雍正帝以《揀魔辯異録》將三峰派定調爲"宗徒敗類"與"魔外知見"而告終,使得本來盛極一時的三峰派迅速失去影響力,同時亦終結了明清時期禪宗内部透過交辯和磋議檢視和重整"宗旨學説"的機會。如今藉由密雲圓悟珍稀文獻的整理與出版,我們得以超越僧諍的負面外在表相或意氣之争,重獲進一步釐清禪宗發展至明清時期的各家"宗旨學説"和教法異同的時機。①

第二册和第三册黄繹勳的《漢月法藏禪師珍稀文獻輯注初編》和《漢月法藏禪師珍稀文獻輯注續編》,共收録了蘇州西園寺藏經樓、蘇州鄧尉山天壽聖恩寺藏經樓、上海圖書館等處所藏十三種珍稀文獻,包含在密漢師徒之諍中扮演關鍵角色却長久未被關注或發現的《於密滲提寂音尊者智證傳》,以及漢月駐錫或講法於蘇杭多座寺院的語録,其内容爲漢月上堂、小參、普説、懺法、法語、頌古和詩偈等等,涉及不同主題與體裁,爲我們系統地了解漢月法藏的禪教、戒律、懺法、浄土思想或參禪看話頭的指導,以及其與在家居士和蘇杭寺院互動交流等等面向提供了豐富且重要的材料。②

第四册釋法幢的《具德弘禮禪師珍稀文獻輯注》,選録和點校具德弘禮(1600—1667)所撰述語録及相關文獻,收録了蘇州西園寺藏經樓、南京圖書館、首都圖書館所藏以及《徑山藏》、《禪宗全書》、《中國佛寺志叢刊》

---

① 參成慶《密雲圓悟禪師天童直説校注》,附録《〈天童直説〉與密雲圓悟、漢月法藏論諍再考》,上海古籍出版社,2024年。
② 以漢月法藏之珍稀文獻爲材料,筆者之一黄繹勳已發表了以下成果:《漢月法藏禪師珍稀文獻輯注初編》,附録《漢月法藏〈於密滲提寂音尊者智證傳〉略探》上海古籍出版社,2024年;《明末漢月禪師〈三峰和尚心懺〉略探和點校》,《佛光學報》新七卷,2021年,第1—45頁;《明末漢月禪師和嘉興真如寺》,日本花園大學《禪學研究》第100號,2022年,第183—203頁;《明代漢月禪師的精神歷程》,《人文宗教研究》第十三輯,宗教文化出版社,2022年,第144—165頁;《明末漢月法藏禪師之看話禪思想》,《宗教與歷史》,宗教文化出版社,待刊。

等所收的語錄和文獻共八種。具德弘禮爲漢月法藏法嗣,是三峰派第二代傑出的禪僧,十坐道場包括廣孝、安隱、杭州佛日、靈隱、徑山等寺,具德生平結制和廣開禪期,致力於傳法和教化弟子,以法脉傳承延展三峰派的僧團勢力。此書描繪了具德弘禮的生平行誼與人物面貌,可爲學界研究具德禪師的禪法教學、禪學思想、生平事迹與弘法影響,乃至探討分析清初三峰派的蓬勃發展現象等,提供豐富的材料。①

第五册王啓元的《碩揆原志禪師珍稀文獻輯注初編》,收録國家圖書館藏《碩揆禪師語録》(尺牘十二卷),以及常熟圖書館藏《借巢集》(三卷)。碩揆原志(1628—1697),屬漢月法藏三峰派第三代,歷主江南徑山寺、三峰寺、靈隱寺等著名禪寺,爲三峰派傳衍至清初第三代的重要禪師之一。《碩揆禪師語録》包含碩揆原志的尺牘和書啓,《借巢集》爲碩揆的詩作,此兩部文獻包含了關於碩揆生平和禪法思想、清代禪宗以及三峰派於清代的發展軌迹、法門紛争所展現的禪門省思意義,以及康熙年間靈隱寺寺史等課題的諸多珍貴史料,學者借此可更深入地分析探討明清佛教之時代特色和價值。②

簡言之,禪宗發展至明清時期,與社會各階層之士人、居士和民衆互動頻繁,展現出多元精彩的面貌。雖然明清佛教過去總是給人們一種衰敗的普遍印象,但是明末佛教的復興景象,又是不容我們忽視的事實。如果以傳統佛教戒、定、慧三學的範疇,來重審明清禪宗之活力的話,漢月在禪宗教團内推行三壇大戒,并著《弘戒法儀》一書,詳細説明了三壇大戒的流程。通過漢月和其他禪師的努力,三壇大戒儀式明清之時經常在禪宗

---

① 參釋法幢《具德弘禮禪師珍稀文獻輯注》,附録一《三峰派第二代具德禮禪師生平著述及傳承譜系考》,上海古籍出版社,2024年。
② 參王啓元《碩揆原志禪師珍稀文獻輯注初編》,附録《碩揆原志禪師生平與尺牘研究》,上海古籍出版社,2024年;黄繹勳《明清佛教研究新文獻與新審思——以碩揆禪師尺牘爲例》,《佛法與方法:明清佛教及周邊》,第119—131頁;《靈隱碩揆禪師的住山歷程和禪門省思——從上方、徑山、三峰到靈隱》,《獅子吼》第24期,2022年,第11—24頁。

教團內進行并由禪師主持,是爲推動漢傳戒律之一大創舉。① 雲棲袾宏(1535—1615)《禪關策進》、漢月《於密滲禪病偈》《於密滲參禪諸偈》和晦山戒顯(1610—1672)《禪門鍛鍊説》等著作,皆是明清禪僧對參禪學道之重要省思和指導。② 此外,在明清之際所爆發的多次"僧諍",除開一些佛門内部的人事意氣之争外,大量僧諍仍然與對"禪門宗旨"理解的分歧有關,比如曹洞壽昌派與臨濟天童派關於高峰原妙對於"主人公"的諍論,③以及漢月法藏與密雲圓悟對於"五家宗旨"的激辯等等,均透露出明清對於禪門宗旨和傳統公案進行再詮釋的努力和活力。另外,由於正德、嘉靖年間古學之風始開,讀書與考證重新被重視,在儒學界也掀起了一股回歸原典的思潮。晚明,此種回歸經典的思潮亦影響佛教之學術風氣,明末禪僧注釋佛教經、律、論的種類和數量遽增。④ 這些著作都明白揭示明清禪僧對傳統佛教戒、定、慧三學的承繼與重視,并且展現了明清禪宗之創新活力。

因此,現代學界對明清佛教應以更全面和多元的角度進行探討與分析,例如盛行於江南湖湘的、有著千餘位傳法弟子的密雲圓悟以及所屬的天童系和四川破山系,對清代江浙禪宗影響至深的磬山一系,位居常熟和蘇杭重要寺院的漢月法藏和其後幾代衆多弟子的三峰派,甚而對於現代佛教影響廣大的曹洞壽昌系和福建鼓山系,等等。這些當時具有重大影響的禪師,却因爲著作不見於世,在明清佛教歷史研究中被忽略,也因此

---

① 吴疆《禪悟與僧諍:17世紀中國禪宗的重構》,第31頁。
② 雲棲袾宏《禪關策進》,《大正新修大藏經》(48);漢月《於密滲禪病偈》和《於密滲參禪諸偈》,參本叢書第一輯第二册,黄繹勳《漢月法藏禪師珍稀文獻輯注初編》;晦山戒顯《禪門鍛鍊説》,《卍新纂續藏經》(63)。
③ 野口善敬《明末に於ける"主人公"——密雲円悟の臨濟禪の性格を巡って》,《九州大學哲學年報》第45期,1986年,第149—182頁;野口善敬《"本来無一物"は外道の法》,《禪文化研究所紀要》,1992年第5期,第1—50頁;野口善敬撰,李賀敏譯《雪關智誾與"主人公"論争》,《中國佛學》2021年第1期,第115—139頁。
④ 范佳玲《紫柏大師生平及其思想研究》,臺北法鼓文化,2001年,第24—32頁;聖嚴法師《明末佛教研究》,臺北法鼓文化,2000年,第44—48頁。

影響我們對明清佛教的全面了解。

欣幸的是，近年來由於資訊技術發達，收藏於海內外的明清禪宗珍稀文獻相繼被重新發現、獲取。這些禪宗文獻體例豐富多元，除了常見的禪師上堂或小參的機緣問答和參禪指導以外，更包含如行由、行實、行狀、行腳、行錄和塔銘等禪師生平史傳，尺牘和書信等僧俗往來記載，文集、序、記、引、疏和雜著等涉及寺院情況與社會交流相關信息，頌古、拈古、詩偈和頌讚等表達精神境界或文學意涵的作品。與唐宋相較，明清禪宗與現代佛教時間上更爲接近，許多內容對我們而言更顯熟悉和親切，特別是相似之關懷議題，正是現代佛教可汲取或參考的豐碩活力泉源。因而，基於探究和闡發明清漢傳佛教的時代意義和價值之需要，將這些新發現的稀見明清佛教文獻整理出版，正是現代學者亟需加強努力的方向。

本"明清禪宗文獻叢書"系列正是以出版明清禪宗珍稀文獻的深度整理和研究爲目標，將多元地包含天童密雲系、漢月三峰派、四川破山系、磬山系、曹洞壽昌系和福建鼓山系等的相關文獻，爲明清禪宗專題研究提供新的文獻材料。今日漢傳佛教的發展，已逐漸跳脫過去"追溯唐宋"的視野，而更注意到明清佛教留下的各項傳統，如寺廟建築、清規儀軌、修行實踐等等，而這些都代表了明清佛教尚待發掘的諸多面向。希望將來能有更多學者以其專業特長，如以社會、文化、歷史、經濟、政治等多元視角，更進一步運用和探討此類稀見文獻的珍貴內容，促使漢傳佛教的學術研究向前推進，更臻完善。

目　　錄

總序：明清禪宗之活力 ………………………………………… 001

凡例 …………………………………………………………… 001

導論 …………………………………………………………… 003

一、三峰和尚心懺 ……………………………………………… 013
　解題 ………………………………………………………… 015
　三峰和尚心懺 ……………………………………………… 018
　　刻三峰和尚心懺小引／僧叡 …………………………… 018
　　心懺 ……………………………………………………… 019

二、三峰禪師語錄・净土直指 ………………………………… 023
　解題 ………………………………………………………… 025
　三峰禪師語錄・净土直指 ………………………………… 032
　　净土偈序 ………………………………………………… 032
　　調將法 …………………………………………………… 033
　　追頂念佛法 ……………………………………………… 034
　　净土偈〔五言百絶〕 …………………………………… 036
　　净土偈七言百絶 ………………………………………… 045

〔跋〕／魏洽 ·· 058

三、三峰於密藏禪師語錄 ·· 059
　　解題 ·· 061
　　三峰於密藏禪師語錄　卷之三 ································ 069
　　　小參 ·· 069
　　三峰於密藏禪師語錄　卷之四 ································ 096
　　　小參 ·· 096

四、三峰藏禪師開發工夫語錄 ······················· 121
　　解題 ·· 123
　　三峰藏禪師開發工夫語錄　卷一 ······················· 128
　　　〔示衆〕 ·· 128
　　　離心意識參　出凡聖路學 ······················· 141
　　　離心意識辨 ·· 142
　　　諸說會通 ·· 145
　　　簡徑工夫 ·· 148
　　　遠魔病 ·· 149
　　　工夫辨 ·· 150
　　　誤參念佛是誰 ·· 153
　　　爲修行人多見刺 ·· 154
　　　示堂中禪人 ·· 155
　　　學、道、德 ·· 159
　　三峰藏禪師開發工夫語錄　卷二 ······················· 161
　　　示看教者 ·· 161
　　　示惑者 ·· 163

示妄談禪者 ································· 165

　　示杭州季祥翁居士 ···························· 166

　　示覺蓮上人 ································· 168

　　示冷公 ····································· 170

　　示淵充兹 ··································· 172

　　示照公 ····································· 176

　　示露鶴禪人 ································· 177

　　示了素二禪人 ······························· 178

　　示清度禪人 ································· 179

　　示悟菴禪人 ································· 180

　　示貫珠素先二禪人 ···························· 181

　　又 ··· 182

　　爲浄懷禪兄歸常州三聖閉關 ···················· 183

　　示公欣告別 ································· 184

　　示求功德者 ································· 185

　　示洞吾禪人 ································· 185

　　示誠禪人 ··································· 186

　　示濤源居士 ································· 187

　　示崇川李仲連居士 ···························· 187

　　示戒初上人 ································· 188

五、三峰藏禪師長水眞如寺語録 ···················· 191

　　解題 ······································· 193

　　嘉興諸鄉紳請疏 / 李日華、朱大啓、曹谷等 ········ 202

　　三峰藏禪師長水眞如寺語録 ···················· 203

　　　示衆偈 ··································· 210

示幻生禪人 220
　　講傳期中堂規 226

六、鄧尉山天壽聖恩寺三峰藏禪師語錄 229
　　解題 231
　　鄧尉山天壽聖恩寺三峰藏禪師語錄 242
　　　〔舊目〕 242
　　　安隱語錄序／翁汝進 243
　　　安隱語錄序／馮　贄 244
　　　安隱語錄序／熊開元 246
　　　三峰北禪語錄序／熊開元 247
　　　頌古語錄序／蔡懋德 249
　　　廣福語錄序／許鼎臣 251
　　　净慈語錄序／翁汝進 252
　　　聖恩語錄序／周　祗 253
　　　聖恩語錄序／周永年 255
　　　請住鄧尉山天壽聖恩禪寺開堂疏／熊開元 256
　　　請住鄧尉山天壽聖恩禪寺開堂疏／趙士諤、沈珣、孫枝芳等 ... 257
　　　杭州安隱寺請開堂疏／翁汝進、馮贄 258
　　　龍山錦樹菴請開堂疏／嚴一鵬、秦堈、顧與泱等 258
　　　毘陵廣福院請上堂疏／張瑋、許鼎臣、董承詔等 259
　　　杭州淨慈寺請開堂疏／翁汝進、聞渫、馮贄等 260
　　　嘉興真如寺請開堂疏 262
　　鄧尉山天壽聖恩寺三峰藏禪師語錄　卷之一 263
　　　上堂 263
　　鄧尉山天壽聖恩寺三峰藏禪師語錄　卷之二 277

上堂 ··· 277
鄧尉山天壽聖恩寺三峰藏禪師語錄　卷之十五 ············· 291
　法語 ··· 291
　　示夢叟王居士 ·· 291
　　示于磐鴻侍者 ·· 293
　　示子貽居士 ·· 294
　　示野懷上座 ·· 294
　　示馭禪人 ·· 294
　　示師黃居士 ·· 295
　　示初地禪人 ·· 295
　　示沈居士豫章 ·· 296
　　示松陵沈居士 ·· 297
　　示岷陽居士 ·· 297
　　示仍初禪人 ·· 297
　　示了素二禪人 ·· 298
　　示涵初信禪人 ·· 298
　　示截巘禪人 ·· 299
　　示珠攝禪人 ·· 300
　　示平休禪者 ·· 300
　　示馮居士儼公 ·· 301
　　示儼公去疾二居士 ·· 301
　　示毓采居士 ·· 302
　　示道源居士 ·· 302
　　示覺我王居士 ·· 303
　　示繼啓儲侍者 ·· 304
　　示禪者 ·· 304

鄧尉山天壽聖恩寺三峰藏禪師語錄　卷之十六 ………… 305
法語 …………………………………………………………… 305
示公因居士 ………………………………………………… 305
示戒初上人 ………………………………………………… 307
示在初法師 ………………………………………………… 307
示淵充茲首座 ……………………………………………… 308
示頂目徹首座 ……………………………………………… 308
示問石乘首座主常州期 …………………………………… 309
示在可證首座 ……………………………………………… 309
示聽石敏首座 ……………………………………………… 310
示穎夷上座 ………………………………………………… 311
示繼起儲上座 ……………………………………………… 312
示祖印禪人 ………………………………………………… 313
示森如禪者 ………………………………………………… 313
示澹忘禪人 ………………………………………………… 313
示周居實居士 ……………………………………………… 314
又 ……………………………………………………………… 315
示程聞思居士 ……………………………………………… 315
又 ……………………………………………………………… 315
又 ……………………………………………………………… 316
示西聲居士 ………………………………………………… 316
示人華惲居士 ……………………………………………… 316
又 ……………………………………………………………… 317
又 ……………………………………………………………… 317
示墨仙居士 ………………………………………………… 317
鄧尉山天壽聖恩寺三峰藏禪師語錄　卷之十七 ………… 319

法語 ······ 319
示持戒者 ······ 319
示看教者 ······ 319
示季祥居士 ······ 320
離心意識説 ······ 320
離心意識辯 ······ 320
《心經》説示子方 ······ 320
《法華經》説示禪者 ······ 323
持準提咒説示吳閹之 ······ 325

鄧尉山天壽聖恩寺三峰藏禪師語録　卷之十八 ······ 327
書 ······ 327
復金粟和尚 ······ 327
上金粟和尚 ······ 328
上□德府書 ······ 329
復竹菴關主 ······ 331
與陳雲怡祠部 ······ 332
答雲怡學憲 ······ 333
答熊明府魚山 ······ 334
又 ······ 336
又 ······ 337
又 ······ 337
又 ······ 338

鄧尉山天壽聖恩寺三峰藏禪師語録　卷之十九 ······ 341
書 ······ 341
答趙郡伯文度 ······ 341
答王廉憲聞修 ······ 343

答李居士長蕆 ·· 344
答朱居士西空　來書附 ·· 345
答周居士居實　來書附 ·· 349
又 ·· 350
又 ·· 350
答陸居士戩夫　來書附 ·· 350
復拙生居士 ·· 351
又 ·· 352
復許居士仲謙 ··· 353
復雲怡居士 ·· 354
復梁湛至居士　來書附 ·· 354

鄧尉山天壽聖恩寺三峰藏禪師語錄　卷之二十 ·· 356
五宗原 ·· 356
臨濟宗 ·· 357
雲門宗 ·· 363
溈仰宗 ·· 363
法眼宗 ·· 364
曹洞宗 ·· 365
總結 ··· 370
傳衣法注 ··· 371

鄧尉山天壽聖恩寺三峰藏禪師語錄　卷之二十一 ······································· 375
濟宗頌語 ·· 375
曹洞宗十六問并頌語 ··· 383
付法語〔序〕 ·· 388
付法法語 ·· 389
付梵伊上座源流法語 ··· 389

付一默上座源流法語…… 390

　　付問石上座源流法語…… 390

　　付在可上座源流法語…… 391

　　付頂目上座源流法語…… 391

　　付澹予上座源流法語…… 392

　　付剖石上座源流法語…… 392

　　付于磐上座源流法語…… 392

　　付繼起上座源流法語…… 393

　　付慧刃上座源流法語…… 393

　　付潭吉上座源流法語…… 394

　　付具德上座源流法語…… 394

鄧尉山天壽聖恩寺三峰藏禪師語録　卷之二十二…… 396

　頌古…… 396

鄧尉山天壽聖恩寺三峰藏禪師語録　卷之二十六…… 411

　〔頌古〕…… 411

鄧尉山天壽聖恩寺三峰藏禪師語録　卷之二十七…… 413

　頌古…… 413

　頌…… 424

　　答金粟染深青牯牛頌…… 424

　　又…… 425

　　又…… 425

　　又答景公…… 425

　　又答慈公…… 425

　　菩提樹狗子佛性百丈野狐總論…… 425

　　又…… 426

　　又…… 426

六祖不思善不思惡正與麼時頌……426

南泉一枝花……426

南泉不是心不是佛不是物是個甚麼……427

睡中主　和雪嶠……427

又……427

睡中主　和雲門……427

不許夜行投明須到……427

又……428

闍黎老僧……428

般若無知無所不知……428

又……428

和鏡新五陰頌……428

又……429

又……429

又……429

又……429

南泉斬猫……430

又……430

一色邊……430

宗旨頌……430

圓伊頌……430

首山新婦騎驢頌……431

如何是佛麻三斤頌……431

答德中竹篦子頌……431

佛祖爪牙頌……431

船子公案頌 …………………………………………………… 432

　　亡僧頌 ………………………………………………………… 432

　　答雲怡青州衫頌 ……………………………………………… 432

　　又 ……………………………………………………………… 432

　　答雲怡三頓棒頌 ……………………………………………… 432

　　答聞修竹篦頌 ………………………………………………… 433

　　又 ……………………………………………………………… 433

　　有句無句公案頌 ……………………………………………… 433

　　又 ……………………………………………………………… 433

　　又答居實 ……………………………………………………… 433

　　又示無遮 ……………………………………………………… 434

　　又示森如 ……………………………………………………… 434

　　雲門三句頌　示王夫人 ……………………………………… 434

　　又 ……………………………………………………………… 435

鄧尉山天壽聖恩寺三峰藏禪師語錄　卷之二十八 …………… 436

　偈 ………………………………………………………………… 436

　　參禪四十偈 …………………………………………………… 436

　　示初上人 ……………………………………………………… 436

　　大定偈 ………………………………………………………… 437

　　偈二首 ………………………………………………………… 437

　　示眾 …………………………………………………………… 438

　　示果道人 ……………………………………………………… 439

　　示淨心居士 …………………………………………………… 439

　　又 ……………………………………………………………… 439

　　又 ……………………………………………………………… 439

　　示懷上人 ……………………………………………………… 440

閉關	440
睡中	440
睡起	440
歇念偈與桃源澗長老	441
示斐上人	441
示净禪人	442
示學者	442
逐虎牛	442
閒牛	442
飯後	443
信心偈示道圓	443
示心田居士	443
示臺卿居士	443
吉祥偈示海公	444
均上人施茶爲說此偈	444
偶來居	444
示一默成首座	444
示繼起儲上座	445
示學者	445
答懋存居士	446
又	446
又	446
又	446
示休禪人	447
示慧峰上人	447
參禪偈示弟子	447

答嚴居士子山　附來問 …… 448

再答子山 …… 448

又 …… 449

又 …… 449

又 …… 449

二月十九日 …… 450

鄧尉山天壽聖恩寺三峰藏禪師語錄　卷之二十九 …… 451

偈 …… 451

返聞偈示素禪人 …… 451

示秀初居士 …… 452

示北禪長老 …… 452

示某居士 …… 452

又 …… 453

示金山印上人 …… 453

示伊圓上人 …… 453

答竹庵關主 …… 453

又 …… 454

又 …… 454

又 …… 454

又 …… 454

示樓道人 …… 454

示素衲居士 …… 455

示熊明府漁山 …… 455

又 …… 455

又 …… 455

又 …… 456

答許定宇囧卿 …………………………………… 456

示陳居士 ……………………………………………… 456

與禪友論公案不契 …………………………………… 457

又 ……………………………………………………… 457

又 ……………………………………………………… 457

又 ……………………………………………………… 457

示中興禪人 …………………………………………… 458

送禪者之京口 ………………………………………… 458

豫林問機前與機及當機機後并後句師答以偈 ……… 458

火蓮偈 ………………………………………………… 458

示還拙上人 …………………………………………… 459

示居士讀《法華經》 ………………………………… 459

又 ……………………………………………………… 459

示覺宗上人 …………………………………………… 460

示學者 ………………………………………………… 460

示瑞之居士 …………………………………………… 460

示劉居士 ……………………………………………… 460

示朗契禪人　名宗鏡 ………………………………… 461

示雪巢禪人 …………………………………………… 461

示眾 …………………………………………………… 461

示魚山居士 …………………………………………… 461

題果證子遺筆　并序 ………………………………… 461

又 ……………………………………………………… 462

又 ……………………………………………………… 462

轡穉居士因夢李侍御仲達請師說偈 ………………… 462

又 ……………………………………………………… 463

又 ……………………………………………………………… 463

又 ……………………………………………………………… 463

示定宇居士 ………………………………………………… 463

答居實來問 ………………………………………………… 463

豫林索如藤倚樹句示此 …………………………………… 464

示童野魯居士 童野楚人久依覺來住 …………………… 464

又 ……………………………………………………………… 465

偈五首 ……………………………………………………… 465

又 ……………………………………………………………… 465

又 ……………………………………………………………… 465

又 ……………………………………………………………… 466

示孟卿居士 ………………………………………………… 466

贊 …………………………………………………………… 466

雲中牟尼大師像贊 今生居士請 ………………………… 466

復輝刺血寫佛像贊 ………………………………………… 466

復輝刺血摹夢中佛像贊 …………………………………… 467

復密刺血圖普賢像贊 ……………………………………… 467

布袋和尚贊 ………………………………………………… 467

觀音大士贊 ………………………………………………… 467

又 ……………………………………………………………… 468

又 ……………………………………………………………… 468

又 ……………………………………………………………… 468

又繡像贈水齋庵主 ………………………………………… 468

又繡像 ……………………………………………………… 469

血畫普賢像贊 與印公 …………………………………… 469

文殊菩薩出山像贊 …………………………………………… 469

　　初祖達磨大師贊 ……………………………………………… 469

　　又 ……………………………………………………………… 470

　　又 ……………………………………………………………… 470

　　又 ……………………………………………………………… 470

　　又 ……………………………………………………………… 471

　　又入室像 ……………………………………………………… 471

　　高峰祖師贊 …………………………………………………… 471

　　金粟和尚真贊 ………………………………………………… 471

　　自贊 …………………………………………………………… 472

鄧尉山天壽聖恩寺三峰藏禪師語錄　卷之三十 ……………… 473

　問答 ……………………………………………………………… 473

　著語 ……………………………………………………………… 479

　秉炬入塔 ………………………………………………………… 482

　　為穎夷可上座舉火 …………………………………………… 482

　　為梵伊致上座下火 …………………………………………… 483

　　為淵充茲上座下火 …………………………………………… 483

　　為太虛老宿下火 ……………………………………………… 483

　　為洪鑑上座下火 ……………………………………………… 484

　　為蘊空律師下火 ……………………………………………… 484

七、三峰藏禪師全錄 ……………………………………………… 485

　解題 ……………………………………………………………… 487

　三峰藏禪師全錄　卷六 ………………………………………… 498

　　示眾上 ………………………………………………………… 498

三峰藏禪師全録　卷七 ⋯⋯⋯⋯⋯⋯⋯⋯⋯⋯⋯⋯ 503
　示衆下 ⋯⋯⋯⋯⋯⋯⋯⋯⋯⋯⋯⋯⋯⋯⋯⋯⋯⋯⋯⋯ 503
三峰藏禪師全録　卷八 ⋯⋯⋯⋯⋯⋯⋯⋯⋯⋯⋯⋯ 508
　小參 ⋯⋯⋯⋯⋯⋯⋯⋯⋯⋯⋯⋯⋯⋯⋯⋯⋯⋯⋯⋯⋯ 508
三峰藏禪師全録　卷十七 ⋯⋯⋯⋯⋯⋯⋯⋯⋯⋯⋯ 519
　普説 ⋯⋯⋯⋯⋯⋯⋯⋯⋯⋯⋯⋯⋯⋯⋯⋯⋯⋯⋯⋯⋯ 519
　　離心意識參　出聖凡路學 ⋯⋯⋯⋯⋯⋯⋯⋯⋯⋯ 519
　　離心意識辨 ⋯⋯⋯⋯⋯⋯⋯⋯⋯⋯⋯⋯⋯⋯⋯⋯⋯ 519
　　一代時教説示看教者 ⋯⋯⋯⋯⋯⋯⋯⋯⋯⋯⋯⋯⋯ 519
　　諸説會通 ⋯⋯⋯⋯⋯⋯⋯⋯⋯⋯⋯⋯⋯⋯⋯⋯⋯⋯ 519
三峰藏禪師全録　卷二十三（漢月禪師遺稿上）⋯ 520
　開山漢月藏禪師 ⋯⋯⋯⋯⋯⋯⋯⋯⋯⋯⋯⋯⋯⋯⋯⋯ 520
　雜著 ⋯⋯⋯⋯⋯⋯⋯⋯⋯⋯⋯⋯⋯⋯⋯⋯⋯⋯⋯⋯⋯ 522
　　《彌勒成佛經》序 ⋯⋯⋯⋯⋯⋯⋯⋯⋯⋯⋯⋯⋯⋯ 522
　　五宗語録序 ⋯⋯⋯⋯⋯⋯⋯⋯⋯⋯⋯⋯⋯⋯⋯⋯⋯ 523
　　《教外別傳》序 ⋯⋯⋯⋯⋯⋯⋯⋯⋯⋯⋯⋯⋯⋯⋯ 525
　　凈土偈自序 ⋯⋯⋯⋯⋯⋯⋯⋯⋯⋯⋯⋯⋯⋯⋯⋯⋯ 526
　　雲門募造佛牙鐵塔序 ⋯⋯⋯⋯⋯⋯⋯⋯⋯⋯⋯⋯⋯ 526
　　刻《梵網・心地品》題辭 ⋯⋯⋯⋯⋯⋯⋯⋯⋯⋯⋯ 527
　　題倪康侯爲母書《法華經》後 ⋯⋯⋯⋯⋯⋯⋯⋯⋯ 528
　　題虚室上人書《法華經》後 ⋯⋯⋯⋯⋯⋯⋯⋯⋯⋯ 528
　　禪病偈跋 ⋯⋯⋯⋯⋯⋯⋯⋯⋯⋯⋯⋯⋯⋯⋯⋯⋯⋯ 528
　　《易究》後跋 ⋯⋯⋯⋯⋯⋯⋯⋯⋯⋯⋯⋯⋯⋯⋯⋯ 528
　　結社參禪文 ⋯⋯⋯⋯⋯⋯⋯⋯⋯⋯⋯⋯⋯⋯⋯⋯⋯ 529
　　自跋和隱真子勤修偈後 ⋯⋯⋯⋯⋯⋯⋯⋯⋯⋯⋯⋯ 531
　　通玄峰乞米題辭 ⋯⋯⋯⋯⋯⋯⋯⋯⋯⋯⋯⋯⋯⋯⋯ 531

顧居士詩集序……531
跋古雪居士遺稿……533
喝石大師傳……533

三峰藏禪師全錄　卷二十四（漢月禪師遺稿中）……538

詩……538

登虞山第三峰和唐常建韻……538
題頤墨上人四時畫卷……538
題畫……539
感古……539
又……540
烏目山峰三十景　有序……540
山居四十首……545
　　山居詩引／錢謙益……545
　　漢月禪師山居詩敘／文震孟……546
有索梅花咏作此示之……554
復索賦遊魚啖花影示之……555
净土詠　五言絕計一百首……555
净土詠　七言絕計一百首……555

三峰藏禪師全錄　卷二十五（漢月禪師遺稿下）……556

真贊……556

雲中釋迦佛畫像　今生居士請……556
題李復輝居士刺血寫佛像……556
又題復輝刺血摹夢中佛像……556
題復密刺血圖普賢大士像……556
布袋和尚……556
觀音大士　四首……556

題水月繡像贈水齋菴主 ··· 557

又題繡像 ··· 557

血畫普賢大士像 ··· 557

文殊大士出山像 ··· 557

初祖達磨大師像五首 ·· 557

又題入室像 ·· 557

觀音大士像 ·· 557

思憶觀音像 ·· 557

布袋和尚 ··· 558

初祖踏蘆渡江像 ··· 558

降龍像 ·· 558

天童悟和尚像 ·· 559

康居尊者 ··· 559

紫柏大師 ··· 559

自贊二首 ··· 560

三峰全錄後序 / 寂震 ··· 560

〔跋〕/ 金素菴 ·· 562

附錄　漢月禪師《三峰和尚心懺》略探 / 黃繹勳 ············ 563

後記 ··· 591

凡　　例

一、本"明清禪宗文獻叢書"系列所收之文獻，多爲新文豐版《嘉興藏》所未收，明清時期寺院自行刊印的珍稀傳本，版本價值極高。

二、總序説明本叢書之出版緣起和校注明清禪宗珍稀文獻的目標。第一輯以陳垣先生著作所述的僧諍中，著名的密漢之諍——密雲圓悟（1567—1642）和漢月法藏（1573—1635）二位禪師，以及漢月禪師後代弟子的語録文獻爲開端，之後將多元地包含天童密雲系、漢月三峰派、四川破山系、磬山系、曹洞壽昌系和福建鼓山系等的相關文獻，爲明清禪宗專題研究提供新的文獻材料。

三、導論包含每一册文獻作者的生平簡介，諸種文獻排序之理路和重要價值。

四、解題提供文獻版本信息和内容簡要説明，意在於提供讀者將來可進一步探索的研究方向。

五、文獻正文校點之通則如下：

1. 古今字、異體字、正俗字原則上改爲通行字。

2. 原書明顯錯字或缺字以〔〕校改補正。

3. 原書有殘缺或難識者，以□表示之。

4. 謹斟酌原書句讀、訓讀符號，以及文意，施以現代標點，幫助讀者閲讀。

六、注釋主要爲校改所據、引用出處，以及禪宗公案和詞語典故之簡要釋義，方便讀者理解。

七、附錄爲作者使用該册文獻資料的研究專論之例。

八、校注定多疏誤之處，希望讀者不吝指正。

導　　論

　　漢月法藏禪師(1573—1635)出生於梁溪(今江蘇無錫)儒門,15 歲出家,40 歲無師自悟,55 歲接臨濟宗密雲圓悟(1567—1642)法嗣,63 歲示寂,一生共於八座寺院駐錫或開法,包含海虞三峰清涼禪寺、蘇州北禪寺、杭州臨平安隱寺、梁溪龍山錦樹院、蘇州鄧尉山聖恩寺、杭州净慈寺、嘉興真如寺和蘇州松陵聖壽寺,最後示寂於蘇州鄧尉山聖恩寺。期間,門人共集語録三十卷、廣録五十卷,[①]可見漢月平生説法不倦,門人亦勤於編録。但是,三百餘年來最廣爲流通的漢月語録,僅爲其弟子繼起弘儲(1605—1672)所編的十六卷本《三峰藏和尚語録》,因此,若以卷數來論篇幅的話,很明顯地可以推判漢月尚有多部文獻是未能廣泛流通的,這對於我們了解漢月禪法思想、三峰禪派起源和明清禪宗的發展而言,不免是一大遺憾。

　　有幸的是,筆者自 2017 年起,於蘇州西園寺、鄧尉山聖恩禪寺和上海圖書館等地,陸續尋得共十三部漢月的語録和著作,這十三部多爲稀見文獻之善本或孤本。筆者已於《漢月法藏禪師珍稀文獻輯注初編》出版了六部,本書《漢月法藏禪師珍稀文獻輯注續編》則包含七部,此七部依漢月撰著年代或弟子編集年代之順序,列出如下:

---

①　參漢月弟子繼起弘儲(1605—1672)所作《三峰藏和尚語録序》,收於《三峰藏和尚語録》(J. B299):"(漢月)四十悟道,五十四開堂,六十三遷化,歷主八刹,門人記語録三十卷、廣録五十卷。"新文豐版《嘉興藏》(34),頁 125 中。有關漢月之生平,參拙著《漢月法藏禪師珍稀文獻輯注初編》之導論,上海古籍出版社,2024 年。

一、《三峰和尚心懺》一卷（撰於 1618—1619 年間）

二、《三峰禪師語錄·净土直指》一卷（撰於 1620 年）

三、《三峰於密藏禪師語錄》四卷（殘，編集於 1622—1627 年間）

四、《三峰藏禪師開發工夫語錄》二卷（殘，編集於 1626 年之後）

五、《三峰藏禪師長水真如寺語錄》一卷（編集於 1633—1634 年間）

六、《鄧尉山天壽聖恩寺三峰藏禪師語錄》三十卷（殘，編成於 1635 年）

七、《三峰藏禪師全録》二十五卷（殘，編集於 1661—1670 年之間）

第一部《三峰和尚心懺》，蘇州西園寺藏經樓藏有明崇禎十六年（1643）刻本一部。此書爲漢月約於 1618—1619 年間駐錫常熟三峰禪寺時所造，屬漢月早期著作。此懺法包含漢月侍者僧叡（活躍於 1610—1643 年間）所作《刻三峰和尚心懺小引》、《心懺》正文和刊記。此一時期，漢月駐錫於三峰禪寺，突然有許多僧人紛紛從各地前來習禪，但是，這些參禪者除了有種種禪病以外，又因累世宿垢之故，參禪時多有障緣，因此漢月特爲他們造此懺法，讓參禪者於禪修期間修習，懺除障緣，以祈獲頓悟之目的。漢月《心懺》的價值在於爲我們提供了解明代佛教法師制懺初衷之一例。自明太祖（1368—1398 年在位）給予瑜伽教僧法定化的經懺師專職地位後，經懺儀式在近世漢傳佛教的盛行便普遍地帶給人負面印象。① 藉由《三峰和尚心懺》之研究，我們可知漢月《心懺》是足可代表禪宗發展至明代，兼具理觀與事懺的完備懺儀之一，并能充分了解漢月深植禪宗本家本位，且兼容并蓄地包含净土和密教思想，極富明代多元融合的特色。期望將來各領域之專家學者能從各種角度，繼續深入探究這一部珍稀文獻。②

---

① 陳玉女《明代瑜伽教僧的專職化及其經懺活動》，《新世紀宗教研究》第三卷第一期，2004 年，頁 37—88；聖凱《中國佛教懺法研究》，宗教文化出版社，2004 年，頁 368—369。

② 有關《三峰和尚心懺》之研究，可參本書附録，拙著《漢月禪師〈三峰和尚心懺〉略探》，原題名爲《明末漢月禪師〈三峰和尚心懺〉略探和點校》，發表於《佛光學報》新七卷·第二期，2021 年，頁 1—45。

第二部《三峰禪師語錄·净土直指》,蘇州西園寺藏經樓藏有明刻本一部。此書爲1620年左右漢月駐錫常熟三峰清凉禪寺時所撰著,屬漢月早期著作。此語録收有《净土偈序》、《調將法》、《追頂念佛法》、《净土偈(五言百絶)》、《净土偈(七言百絶)》和在家弟子魏浛所作之《跋》。其中《净土偈》五言和七言各一百首,漢月曾於一首五言《净土偈》中説:"我題净土詩,意不在修詞。但會净字真,脚下須無私。"可見,漢月作《净土偈》之意不在於雕琢文字,但我們仍可從中讀到净土意涵與詩文意境俱佳之偈。① 至於此語録中漢月的净土思想和修行内容,禪净融合雖然是明清時期的普遍現象,但是,其互融的方式却常因修行者的背景而呈現不同的形態。② 例如漢月《調將法》是指導修行者七日結壇念佛時,應注意調節身心的具體細節,《追頂念佛法》則爲教導徒衆如何"執持四字佛名,一句頂一句,一聲追一聲"的方法,如此念佛的目的則是達到"一心不亂"的境界。但是,漢月於《净土偈序》説修行者得"一心不亂"的歇處之後,則能體會"此中空洞無物",便又透露出其禪宗立場。此語録可爲我們提供分析晚明時期一位禪師如何以禪納净之完整資料,比較漢月指導和詮釋念佛修行與明末諸師的異同,并藉以深入諸如明末清初禪院與净土寺院結壇念佛的異同情况,不同立場的修行者對"念佛是誰"話頭的用法,諸師對"一心不亂"和净土的不同詮釋等多種議題的探討。

第三部《三峰於密藏禪師語録》原爲四卷,蘇州西園寺藏經樓藏有一明刻本,僅存卷三和卷四,此書爲1622—1627年間,漢月離開常熟三峰清

---

① 參本書所輯《三峰禪師語録·净土直指》、《净土偈(五言百絶)》和《净土偈(七言百絶)》正文。
② 如美國學者 Charles Jones 便是以袁宏道(1568—1610)、際醒徹悟(1741—1810)和印光法師(1861—1947)爲例,討論三人對於禪宗和净土的三種不同思想和修行形態,參其"Apologetic Strategies in Late Imperial Chinese Pure Land Buddhism." *Journal of Chinese Religions* 29 (2001): 69-88。

凉禪寺,開始在蘇州北禪寺小參示衆的内容。① 此語録的編集者爲漢月早期弟子聽石廣敏（活躍於 1616—1624 年間）和梵伊弘致（1595—1628）等人,因此,此語録中部分内容帶有實録和個人親見的筆調。此語録卷三和卷四爲"小參"的體例,雖然現今僅存二卷,但最通行的《三峰藏和尚語録》中,有關漢月於北禪寺上堂小參説法的内容,其篇幅却不及此《三峰於密藏禪師語録》卷三和卷四的 15％,可見《三峰藏和尚語録》删節頗多。《三峰於密藏禪師語録》記載了漢月於蘇州北禪寺與弟子和居士的小參,包含日常應對的豐富細節,如漢月在北禪寺舉辦"精進"一七、二七禪期的指示。此外,在每篇小參示衆後,此語録多存録漢月弟子、僧人和居士之問答,漢月常常從問話者參禪之疑處詰問,讀之頗有親受教誨之感。此語録中漢月小參以及問答内容,除了提供我們進一步思維深究參禪的細節之外,亦有助於討論漢月遷住蘇州北禪寺時期弘化生涯的發展。

第四部《三峰藏禪師開發工夫語録》二卷,蘇州西園寺藏經樓藏有明刻本一部,惜下卷殘缺,蘇州大學圖書館另藏有同一版本之復本,爲全本。此書應是漢月弟子弘璧（1599—1670）等四人,於 1626 年之後,將漢月從早期於常熟三峰禪寺,受邀至北禪寺,到晚期於蘇州鄧尉山聖恩寺的示衆或書信内容,以"開發工夫"爲題,集結成册。此語録中以題名的篇數而言,與《三峰藏和尚語録》相較,所不同者約占 65％,由此可見其内容之珍貴。例如於《簡徑工夫》中,可見到漢月對於竹篦子話頭的新運用和闡發;多篇示禪人的書信中,漢月釐清參禪做工夫時應注意的或易犯的錯誤;《諸説會通》、《誤參念佛是誰》、《示看教者》等篇,則解釋了參禪與其他修行或説法之交涉。此語録的編集者弘璧等四人都是親受漢月付法的弟子,能由他們四人將漢月説法中以參禪做工夫最相關的内容爲主題檢擇成一册,當是研究漢月禪法思想衆多稀見善本中之精要。

---

① 《三峰藏和尚語録·三峰和尚年譜》(J. B299)記天啓六年丙寅(1626),漢月 54 歲,吴郡北禪寺請開堂,新文豐版《嘉興藏》(34),頁 208 下。

第五部《三峰藏禪師長水真如寺語録》一卷,上海圖書館藏有明刻本一部。此書編集於 1633—1634 年之間,爲漢月晚年應八位士紳之請,解制杭州净慈寺後,轉而開法於嘉興真如寺示衆之内容。此語録收有請疏、上堂示衆、茶話、普説、書信、《示衆偈》和《講傳期中堂規》等,共 23 篇,與《三峰藏和尚語録》中所收録的,經由弘儲删節的《住秀州真如寺語》相較,此本之篇幅約爲後者十倍之多,并且保留了最初始、未經後期編修的原型。因此,此語録多篇皆有具體完整的日期、人名、事由細節。例如一些在明代都小有名氣的護法士紳曾前來真如寺,設齋、設茶、問法、祝壽、超薦先考妣或亡兒等活動,這些記載可幫助我們了解漢月以及明末禪宗寺院與社會民間之互動。與弟子的問答中,亦可見到漢月説明修禪者在不同階段如何歷練,最終成爲"主中主",以及師家與弟子或參問者相見時,主與賓相待接引的方法和情況。

特別是《三峰藏禪師長水真如寺語録》最後所收的《講傳期中堂規》一篇,漢月以臨濟一宗爲主,制定真如寺禪院"講傳期"綱紀:開静、止静、念佛、過堂、歸堂、看經、輪值、迎請講傳等規矩。漢月於 1633 年在真如寺舉辦"講傳期",提唱《智證傳》一事,亦是幫助我們進一步釐清密雲和漢月師徒之諍的關鍵信息。因此,《三峰藏禪師長水真如寺語録》之重新問世,正是學人研究漢月晚期思想,以及真如寺之於明末嘉興地區佛教寺院所承擔之角色的珍貴材料,亦能讓我們重啓討論漢月所反思的禪宗重要議題,并藉以重新審思明清以來禪宗發展的思想和修行内涵。

第六部《鄧尉山天壽聖恩寺三峰藏禪師語録》原共三十卷,蘇州西園寺藏經樓藏有一明刻本,惜爲殘本,内容完整者僅十四卷,可幸其目録猶存,讓我們得以一窺當初完整語録之面貌。此語録編輯於 1635 年漢月示寂後,大衆結集漢月於八處十會之語,共成三十卷,但實際内容則廣收自 1620 年起,漢月於海虞三峰禪院之上堂,離開三峰禪院,前往蘇杭之安隱寺和鄧尉山天壽聖恩禪寺,以及梁溪龍山錦樹院和常州廣福院,直至 1635 年漢月在鄧尉山聖恩寺圓寂的示衆説法的内容。此外,從其卷首目錄來看，此語錄具備了從"上堂"至"秉炬入塔"完整語錄之體例，而且僅存的十四卷中收錄頗多未見於《三峰藏和尚語錄》的內容。例如卷一和卷二的"付法上堂"語，卷十五至卷十七中漢月給予特定弟子、禪者或居士分別之開示，卷十八和卷十九中多封居士的來書和漢月的回信，等等。

再者，《鄧尉山天壽聖恩寺三峰藏禪師語錄》卷二十一頗爲珍貴，是漢月爲十二位付法弟子分別所作《付法法語》和序，這十二篇《付法法語》他本皆無收，漢月除了略述各人之性格經歷和勉勵荷擔臨濟之重任以外，偶亦會仔細囑咐各人應該透盡微細言行之處，這是我們了解三峰派第二代的重要信息。卷二十二、卷二十六（殘）和卷二十七所錄爲古則和頌語，漢月所舉似的古則來源，筆者發現多爲《指月錄》，漢月亦於寫給二位居士的書信中，推薦他們翻閱《指月錄》的公案，我們可以據此分析漢月擇選古則公案之原則及其頌語之個人思想或時代特色。① 卷二十八和卷二十九有 40 首未見收於《三峰藏和尚語錄》中的偈和贊；卷三十則收錄了漢月其他語錄皆未收的問答、著語和秉炬入塔。此語錄是可供學人從各個思想、修行、歷史或社會的角度，重新研究漢月和弟子生平思想的珍貴文獻。

第七部《三峰藏禪師全錄》原二十五卷，現存七卷，本書所輯爲蘇州鄧尉山聖恩禪寺藏經樓手抄殘本之重錄版和上海圖書館藏本之合匯。② 此錄編輯者爲漢月弟子剖石弘璧（1599—1670），漢月示寂後，弘儲於 1661 年編纂雕印漢月上堂語四卷，後因四卷本過於簡略，弘璧再將漢月五十卷廣錄、三十卷語錄與新刻四卷詳加勘訂，所以，此《三峰藏禪師全錄》二十五卷本的編輯時間當在 1661 年至 1670 年弘璧圓寂之前，但因諸多外在因素，此錄一直未得雕印。今日我們可以得見此錄，是約三百六十年來，

---

① 漢月《答雲怡蔡學憲》："須更進一步與再參馬祖因緣，并《指月錄》中數則大公案，多多翻閱一過。"又，《答熊魚山明府》："請看《指月錄》中百丈上堂語。"《三峰藏和尚語錄》（J. B299），新文豐版《嘉興藏》（34），頁 191 上—下。

② 敕建天壽聖恩禪寺編《臨濟宗三峰法藏禪學體系》第二冊，香港天馬出版有限公司，2013 年，頁 2—40。

集蘇州鄧尉山聖恩禪寺、常熟三峰寺和上海圖書館三處僧俗衆人所促成的因緣和成果。① 此録卷六和卷七多爲漢月指導參禪的示衆，卷八爲漢月應機説法的小參，卷十七爲漢月之普説，卷二十三雜著中收有漢月之作《梵網經一綫》的重要信息，卷二十四所收的漢月詩作可作爲詩文賞析，亦可輔助分析漢月之思想和修行，卷二十五的真贊中有其他文獻未收的作品如《天童悟和尚像》和漢月之二首《自贊》，録中所收珍稀之信息是將來研究漢月不可或缺之材料。

明末至今，漢月有語録三十卷和廣録五十卷的信息雖然頗爲人所知，但是，學者們却一直不得見睹，因此，以往學者對於漢月的研究材料多限於《三峰藏和尚語録》。此十六卷本的語録是漢月示疾前半年，命弘儲重新編集，弘儲費時27年（1661）才得以完成的，因收入《嘉興藏》中刊行而得保存，并得較爲廣泛地流傳。② 若將十六卷本《三峰藏和尚語録》與本書所輯各部稀見文獻相較，依其編成年代先後順序，應列在第六部《鄧尉山天壽聖恩寺三峰藏禪師語録》三十卷（殘，編成於1635年）和第七部《三峰藏禪師全録》二十五卷（殘，編集於1661—1670年）之間，由此可見，本書所輯的多部稀見文獻均屬早期成書而未經再次編修的資料。

依十六卷本《三峰藏和尚語録》內容所示，漢月駐錫或開法八刹時，各寺皆結集有單行本語録，弘儲又按漢月駐錫這些寺院的年代重新整理和刪節過。例如其中的《住嘉興水西真如寺語》，③即爲本書所輯《三峰藏禪師長水真如寺語録》之略本；另外，我們亦可於《鄧尉山天壽聖恩寺三峰藏

---

① 《三峰全録後序》，《三峰清涼寺志》，《中國佛寺志叢刊》第4輯，第40册，頁295—296，或本書所輯《三峰藏禪師全録》之《三峰全録後序》；張雅雯《清初三峰派仁山寂震研究——活用印心與印法以重構臨濟宗》，法鼓文理學院佛教學系博士學位論文，2021年，頁72—73；有關此語録一直未得離印之因果細節，參本書此語録之解題。

② 《三峰藏和尚語録·三峰和尚語録序》（J. B299），新文豐版《嘉興藏》（34），頁125中。

③ 《三峰藏和尚語録》（J. B299）目錄中此語録題名作《住嘉興水西真如寺語》，但內文作《住秀州真如寺語》，新文豐版《嘉興藏》（34），頁125下，143中。

禪師語錄》中，見到如《安隱語錄序》、《三峰北禪語錄序》或《净慈語錄序》等序言，①説明這些語錄曾經以單行本的形態刊行流通，可惜目前皆已不存，故本書所輯完整的《三峰藏禪師長水真如寺語錄》單行本更顯可貴。

此外，由於弘儲自述其編集十六卷本《三峰藏和尚語錄》方式爲，手抄舊有語錄中"稍平徑易曉人者爲一編"，②因此《三峰藏和尚語錄》所收漢月駐錫於各寺的語錄中，可見到夾注如"問答不錄"和"舉公案不錄"等删節的提示語。③ 另外，《鄧尉山天壽聖恩寺三峰藏禪師語錄》卷十五、十六和十七所收爲漢月之法語，其中有 27 篇不見於《三峰藏和尚語錄》，如《示涵初信禪人》、《示繼啓儲侍者》、《示毓采居士》等是爲漢月針對特定弟子、禪者或居士給予分别之開示，皆爲漢月指導參話頭之要領，弘儲可能因考量篇幅，或是參話頭修行并非"平徑易曉"，因而在《三峰藏和尚語錄》中都删去了，但這些内容却是學人了解漢月參話頭思想的重要信息。④

拙著《漢月法藏禪師珍稀文獻輯注初編》所收錄之文獻約十四萬字，本書《漢月法藏禪師珍稀文獻輯注續編》約三十萬字，新文豐版《嘉興藏》本《三峰藏和尚語錄》約十五萬字，扣除内容相同部分，前二書所收錄之文獻約有三十萬字是未收於《三峰藏和尚語錄》的新出信息。如今，漢月衆多稀見文獻和語錄重新被發現并整理出版，若將《三峰藏和尚語錄》、《漢月法藏禪師珍稀文獻輯注初編》和《漢月法藏禪師珍稀文獻輯注續編》三本合匯，會是漢月目前現存最完整的文獻資料，包含漢月自 1618 年起於常熟三峰清凉禪寺，至 1635 年於蘇州鄧尉山聖恩寺，各寺示衆説法豐富的記載。漢月示寂後，三峰派第二、三代仍人才濟濟，禪風盛行於江南和

---

① 參本書所輯《鄧尉山天壽聖恩寺三峰藏禪師語錄》卷首。
② 《三峰藏和尚語錄·三峰和尚語錄序》(J. B299)，新文豐版《嘉興藏》(34)，頁 125 中。
③ 《三峰藏和尚語錄·三峰和尚語錄序》(J. B299)，新文豐版《嘉興藏》(34)，頁 125 中；《三峰藏和尚語錄·住海虞三峰清凉禪院語》和《三峰藏和尚語錄·住杭州臨平安隱禪寺語》(J. B299)，新文豐版《嘉興藏》(34)，頁 128 上和頁 129 下。
④ 參本書所輯《鄧尉山天壽聖恩寺三峰藏禪師語錄》卷十五、十六和十七。

湖湘，漢月的法嗣僅《五燈全書》一書便記有出家弟子十三人，除了常熟三峰禪寺以外，漢月弟子多位駐錫蘇州和杭州重要寺院，如弘儲住持靈岩寺，弘璧住持鄧尉山聖恩寺，具德弘禮住持靈隱寺。①

總而言之，《漢月法藏禪師珍稀文獻輯注初編》和《漢月法藏禪師珍稀文獻輯注續編》之出版，一方面重啓漢月和三峰禪派之研究的新契機，另一方面提醒我們，運用新出珍稀文獻將明清禪宗各個傳統，從禮懺流演、義理思想、佛教修行、社會互動和歷史文化發展等各種角度，一一重新細探和釐清，藉以勾勒出明清禪宗較完整的面貌和獨特的時代價值，以及探討明清佛教對近現代漢傳佛教傳衍之影響和意義，將是明清禪宗學者未來的研究展望和重要使命。

---

① 《五燈全書》(X. 1571)，《卍新纂續藏經》(82)，頁 385 上。長谷部幽蹊於其文詳列了三峰派於三峰禪寺、鄧尉山聖恩寺、靈隱寺（雲林寺）等寺歷代住持之信息，《三峰一門の隆替》，《愛知學院大學論叢一般教育研究》1984 年第 31(3) 期，頁 705—745；任宜敏統計了三峰派二、三傳人所弘化的省份遍及現今"浙江、江蘇、湖南、湖北、四川、廣東、安徽、江西、雲南、河北"等，參其文《"三峰"葉裔及其化迹考析》，《浙江學刊》2011 年第 5 期，頁 52—63。

一、三峰和尚心懺

解　　題

一、版本

　　蘇州西園寺藏經樓藏明崇禎十六年（1643）刻本，一卷，27.8×17.8 cm，半頁10行，每行20字，版心有"心懺"二字，無魚尾，與《大乘真因課儀》合訂爲一本。（參圖版一和圖版二）

二、内容説明

　　《三峰和尚心懺》完整之内容包含《刻三峰和尚心懺小引》（以下簡稱《小引》）、《心懺》正文和刊記。《小引》作於1643年，作者爲漢月的侍者僧叡（活躍於1610—1643年間），僧叡於《小引》中提及自己從齠齡就奉侍漢月，直至漢月去世。通過僧叡《小引》，我們可以得知漢月約於1618—1619年間駐錫三峰禪寺時造此懺法，原因爲此時期突然有許多僧人紛紛從各地前來三峰禪寺習禪，但是，這些參禪者除了有種種如漢月《於密滲禪病偈》所述禪病以外，又因累世宿垢之故，參禪時多有障緣，因此漢月又另爲他們造此懺法，讓參禪者於禪修期間修習，懺除障緣，以祈獲頓悟之目的。[①]

　　經懺佛事一直是漢傳佛教寺院很重要的活動，"懺悔"自佛陀時代即

[①]　《於密滲禪病偈》，參拙著《漢月法藏禪師珍稀文獻輯注初編》，2024年。

行之已久,在漢傳寺院中,一來經懺佛事之宗教儀式效力不容輕視,二來對佛寺之經濟來源亦扮演著重要角色。① 但自明太祖(1368—1398年在位)給予瑜伽教僧法定化的經懺師專職地位,經懺儀式在近世漢傳佛教的盛行便普遍帶給人負面印象。② 審思漢月制作《三峰和尚心懺》之初衷,懺儀不僅是求功德或現世利益的活動,漢月亦深信佛教懺悔儀式對於克服禪修中的障緣,極有出世之助益和效用。

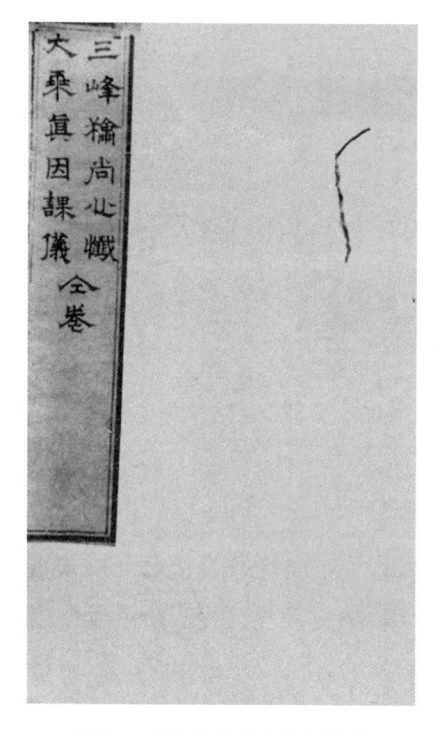

圖版一　蘇州西園寺藏經樓本　　圖版二　蘇州西園寺藏經樓本

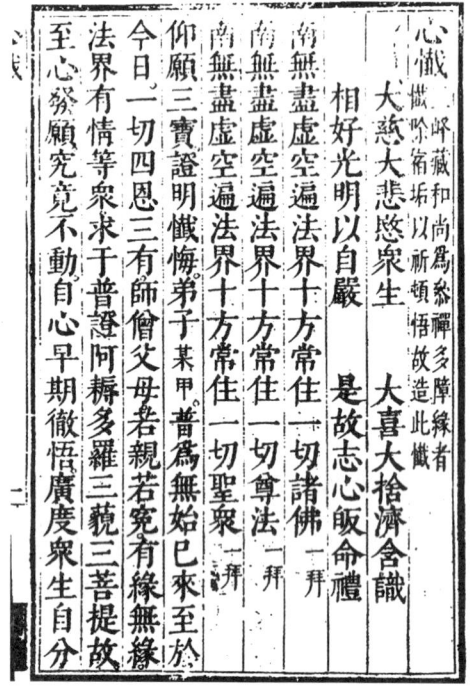

漢月《三峰和尚心懺》內容豐富,若從漢傳佛教懺儀發展至明代的角度考量,以禪宗與懺悔思想、净土思想和漢傳密教思想——準提修行三者,最具明代特色。從禪宗歷史發展來看《三峰和尚心懺》的內容,漢月秉

---

① 陳玉女《明代瑜伽教僧的專職化及其經懺活動》,2004年,頁37—88;聖凱《中國佛教懺法研究》,2004年,頁368—369。

② 聖凱《中國佛教懺法研究》,頁11—28、365—385。

持唐代禪宗傳統無相懺的理懺宗旨,承繼宋代大慧"罪從心起將心懺"的理念,再以明代普遍流行的禮懺儀式爲事懺架構,足可代表禪宗發展至明代兼具理懺與事懺的完備懺儀之一。此外,《三峰和尚心懺》中所包含的净土思想和禮拜"七俱胝佛母準提神王菩薩"的内容,充分顯示出明末净土信仰和密教準提信仰的流行情况,以及漢月深植禪宗本家本位又兼容并蓄的明代多元融合特色。藉由《三峰和尚心懺》的整理出版,希望將來各領域之專家學者能從禮懺流演、義理思想、社會互動、宗教脉絡和歷史發展等各種角度,繼續深入探究此珍稀文獻之内容和價值。①

---

① 有關《三峰和尚心懺》之專題討論,參本書附録,拙著《明末漢月禪師〈三峰和尚心懺〉略探》。

三峰和尚心懺

刻三峰和尚心懺小引

三峰先師初居海虞日,座下相從者恒百人,一律之以三尺黑蚖,真不異杲佛日①無恙時也。然學者或醉於理障,或墮於昏散;勇參則疾病生,精進則礙緣起;中流而退,賫志以殁者,常有之。先師喟然嘆曰:"是皆宿障爲之也。"因援筆立此悔法,命曰《心懺》。叡自韶齡奉侍,即能誦習,藏諸笥篋已廿餘年矣。時未屬梓,知者殊尠,兹授剞劂,以公力參者,爲助發之一道。

或曰:昔三祖璨大師謂二祖曰:"弟子身纏風恙,請和尚懺罪。"祖曰:"將罪來與汝懺。"良久,曰:"覓罪了不可得。"祖曰:"與汝懺罪竟,宜依佛、法、僧住。"②永嘉亦曰:"有二比丘犯淫殺,波離螢光增罪結。維摩大士頓除疑,猶如赫日消霜雪。"③

---

① 大慧宗杲(1089—1163),俗姓奚,字曇晦,號妙喜,又號雲門,靖康元年(1126),丞相吕舜徒奉賜紫衣,賜號佛日大師,諡號普覺禪師,《大慧普覺禪師語録・大慧普覺禪師塔銘》(T. 1998A),《大正新修大藏經》(47),頁 836 上—中;參中西久味《〈大慧普覺禪師年譜〉訳注稿》(二),《比較宗教思想研究》第 15 輯,2015 年,頁 25—89。
② 《景德傳燈録》(T. 2076),《大正新修大藏經》(51),頁 220 下。
③ 《永嘉證道歌》(T. 2014),《大正新修大藏經》(48),頁 396 下;《維摩詰所説經・弟子品》(T. 475),《大正新修大藏經》(14),頁 541 中—下。

以此言之,古之全提極致,莫不離見超情。茲刻也,孜孜焉,蘄效乎,擎跽膜拜,俯仰之間,無乃悖古而貽笑于今歟?余曰:"《本草》云:太陽之精爲黃精,久服輕身;太陰之精爲狗吻,形類黃精,食之則死。"①夫以豁達空、撥因果,竊欲僭希于輕舉遐齡,是皆誤狗吻而自殺殺人者也。

癸未除前三日守塔侍者什庵氏僧叡拜書

心懺　三峰藏和尚爲參禪多障緣者懺除宿垢,以祈頓悟,故造此懺。

　　大慈大悲愍衆生　　大喜大捨濟含識
　　相好光明以自嚴　　是故志心皈命禮

南無盡虚空遍法界十方常住一切諸佛 一拜
南無盡虚空遍法界十方常住一切尊法 一拜
南無盡虚空遍法界十方常住一切聖衆 一拜

仰願三寶,證明懺悔,弟子某甲普爲無始已來,至於今日,一切四恩三有,師僧父母,若親若冤,有緣無緣,法界有情等衆,求于普證阿耨多羅三藐三菩提。故至心發願,究竟不動,自心早期徹悟,廣度衆生,自分宿業深重,福力輕微,千遮萬障,定慧難生,八風摇大海波濤,六賊盗自家珍寶,致使真疑不起,正念斷續。我今洗滌寸心,盡情發露,自有識神已來,至于今日,依身口意,重重造下無量罪惡,不可説,不可説,轉于六道中,冤對無量。今於爾時,剖瀝心血,百拜投誠,乞諸佛以垂慈,現光華而作證,頓空

---

① 此段僧叡應是錯引張華《博物志》爲《神農本草經》之説,張華《博物志》原文爲:"黃帝問天老曰:'天地所生,豈有食之令人不死者乎?'天老曰:'太陽之草,名曰黃精,餌而食之,可以長生。太陰之草,名曰鈎吻,不可食,入口立死。'"《神農本草經》下品則記:"(鈎吻)味辛温。主治金瘡乳痓,中惡風,咳逆上氣,水腫,殺鬼注蠱毒。一名冶葛,生山谷。"參中國哲學書電子化計劃,https://ctext.org,2019/7/28。

罪性,斬絕障緣,速起真疑,打成一片。今則初伸頂禮,仰仗加持。

南無十方佛　　南無十方法
南無十方僧　　南無過去七佛
南無十方十佛　　南無三十五佛
南無五十三佛　　南無百七十佛
南無莊嚴劫千佛　　南無賢劫千佛
南無星宿劫千佛　　南無阿彌陀佛
南無釋迦牟尼佛　　南無彌勒尊佛
南無十二菩薩
南無七俱胝佛母準提王菩薩
南無觀世音菩薩
南無十方三世一切菩薩摩訶薩

禮諸佛已,次復懺悔。弟子某甲自從無始至於今生,無明業動,失自本心,十惡不停,千差競起,習染既深,洗除難潔。雖遇如來正法眼藏,猶翳空華;縱參祖師向上機緣,轉增迷悶。一刻妄念暫停,昏魔又奪;一點真疑乍起,散亂仍分。知人我之無根,轉生人我;畏貪嗔之大毒,每落貪嗔。或禮誦而頓覺心煩,或懺悔而漸成塗抹,時光易過,信施難消,痛切剛腸,於事何益?幾番發憤,竟夜不眠,未完三宿而改;幾度堅凝,一法無朕,未經彈指而遷。況未輕安,每生疾疢,皆因懺力輕微,懇求不切。我今再伸苦禱,重發至誠,禮無上慈尊,乞垂光護念,願承佛力、法力、菩薩力、賢聖力,冥熏加被,色力輕安,睡魔掃蕩,不生厭倦,不起退心,貪嗔人我消亡,散亂昏沉剿絕,真疑忽破,大事頓明,修萬行門,弘菩薩道。

倘未悟之前,限於世壽,乘茲願力,往生西方蓮華勝品,闡彌陀因地之願心,作此界他方之導引,普接群生,同登樂國。

南無阿彌陀佛　　南無觀世音菩薩
南無大勢至菩薩　南無清淨大海衆菩薩

頂禮佛已,再申懺悔。願弟子某甲乘茲懺悔發願之力,諸佛威神加護之力,尊法浹洽心田之力,菩薩拯接提携之力,列祖冥熏攝受之力,諸天龍神擁護之力,使某甲外緣不擾,內障不興,賓主相投,傾心水乳。魔冤值遇,捨惡皈依。信心檀越,增長福田。隨喜見聞,同沾法利。仗茲緣具,一往直前。竟透重關,深明後著。六通三明,如意自在。大悲廣利,無善不興。逐類隨形,何道不化?作救病之良藥,爲破暗之明燈,十方所有刹法界之有情,咸度入蓮華,齊成等妙覺。虛空有盡,我願無窮,憑仗懺摩,諸佛哀佑。

南無大行普賢菩薩 三稱
　　罪從心起將心懺　　心若滅時罪亦亡
　　罪亡心滅兩皆空　　此即是名真懺悔

自皈依佛,當願衆生,體解大道,發無上心。
自皈依法,當願衆生,深入經藏,智慧如海。
自皈依僧,當願衆生,統理大衆,一切無礙。
和南聖衆。①

　　　　　　　　　　金沙弟子寂月捐貲刻此
　　　　　　　　　　心懺及大乘真因課儀專祈　母親王氏壽履
　　　　　　　　　　康和吉祥如意法界衆生同成佛果
　　　　　　　　　　崇禎癸未季冬吉旦謹識

---

① 原文訛作"和尚聖衆",筆者依文意修改爲"和南聖衆"。

二、三峰禪師語錄・凈土直指

解　　題

一、版本

　　蘇州西園寺藏經樓藏明刻本，一卷，27.5×16.8 cm，封面題籤作"支那撰述　三峰禪師語録　凈土直指"，版心無"支那撰述"，但有"序"/"調將法"/"追頂念佛法"/"凈土偈　五言"/"凈土偈　七言"，部分頁單白魚尾，《序》的部分爲半頁 5 行，每行 16 字，其餘爲半頁 9 行，每行 18 字，部分頁版心有施貲刊印人姓名。（參圖版三和圖版四）

二、内容説明

　　《三峰禪師語録・凈土直指》之封面書籤雖有"支那撰述"，但是，版心和版式却非《嘉興藏》之標準版式，并且有漢月自序爲佐證，此語録是爲寺院自行雕印的刊本。[①] 此語録之内容包含漢月的《凈土偈序》、《調將法》、《追頂念佛法》、《凈土偈（五言百絶）》、《凈土偈（七言百絶）》和漢月在家弟子魏洽所作之跋。此語録成書年代，依據漢月署名爲"三峰法藏"和詩中提及"居來十載山"、"四十幾年客"等信息，筆者推判應是漢月在約 48 歲，駐錫常熟三峰清涼禪寺的第十年，即 1620 年左右所撰著，因此仍屬漢月

[①]　此外，本書所輯《三峰禪師語録・凈土直指》中《調將法》末有"弟子性通施刊"，《追頂念佛法》有"濟凝施貲刊"，《凈土偈（五言百絶）》并有多人施貲刊印之記載。

早期著作。此文獻部分內容雖收於清代濟能（1604—1665）纂輯的《角虎集》（X. 1177）①和彭際清（1740—1796）纂輯的《念佛警策》（X. 1181），②但此二典籍所收內容都不完整或次序顛倒，因此，本書所輯《三峰禪師語錄·凈土直指》包含了現存漢月最完整之凈土思想內容，而且以教授凈土修行方法而言，應是如本文獻之順序，先列《調將法》在前，再接續《追頂念佛法》較爲合理。

圖版三　蘇州西園寺藏經樓本　　圖版四　蘇州西園寺藏經樓本

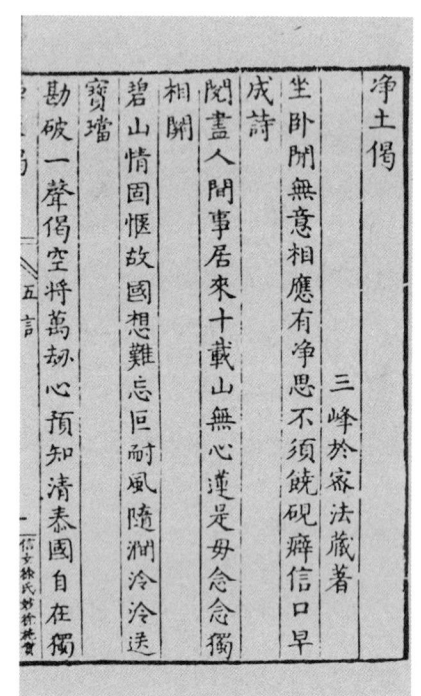

① 《角虎集》（X. 1177）於"鄧尉山漢月法藏禪師"標題下，收有《開示念佛齋戒偈》、《追頂念佛法》和《調將法》，其《開示念佛齋戒偈》不見於《三峰藏和尚語錄》和本書所收之稀見文獻，因此來源不明，《追頂念佛法》和《調將法》順序與本書顛倒，并且缺本書所收《凈土偈序》、《凈土偈》五言和七言各百首，《卍新纂續藏經》（62），頁 196 上—197 中。

② 《念佛警策》（X. 1181）中統稱之爲三峰禪師所作之《追頂念佛法》，除了無個別小標題以外，內容僅包含同本文獻之四部分，而且順序爲《序》、《追頂念佛法》（缺第一段）、《調將法》和《凈土偈》（僅收 15 首七言），《卍新纂續藏經》（62），頁 324 中—325 中。

至於漢月撰寫此文獻之動機和刊印機緣,其《浄土偈序》説明緣起爲"兹因山中閒極,詠《浄土偈》二百首,并出《追頂念佛之法》"。漢月的在家弟子魏洽則於跋中描述,由於漢月非常敬仰雲棲袾宏(1535—1615),三峰清凉禪寺的建築甚至連竹林都仿效雲棲寺之規制,而且漢月曾對魏洽感嘆説:"世人念佛都不中法,何藥救之?"此後,漢月遂"一日成《浄土偈》五言百首,又一日成《浄土偈》七言百首",而且命魏洽書記下來。① 由此可知,漢月應是以很短的時間完成《浄土偈》五言百首和七言百首在先,又作《追頂念佛之法》,但在雕印時,重新調整順序爲《浄土偈序》、《調將法》、《追頂念佛法》、《浄土偈(五言百絶)》、《浄土偈(七言百絶)》和魏洽所作之跋,合稱爲《三峰禪師語録·浄土直指》,這亦可解釋爲何漢月的年譜和諸多語録中都不見"浄土直指"之題名的緣故。

《浄土偈序》中,漢月直言念佛法門雖爲求生西方的大學問,但是對漢月而言,念佛法門并非只是"記誦之學,使畢生喃喃",尤其是到臨終之時,悶絶無知的情況下,還想仰賴"用心念佛工夫"的話,是决不可行的。② 漢月因此强調浄土修行者"所貴在平時用功先有歇手處",而漢月所言的"歇手處"便是曾得"一心不亂"之境。漢月并且援引《小彌陀經》所説,只要能曾作得七日苦功,先成功達到"一心不亂"境界,③之後都只是"無功用行",因爲平時用功之時"既有歇處,則安心樂意。不愁生,不愁死,此中空洞無物",因此,臨命終時,不論是"無痛無苦"或是"悶絶相應",自然心不顛倒,即得往生。相反地,若平時從不曾到得"一心不亂",只是"畢生喃喃"念佛,以至臨終痛苦悶絶時,"必然驚慌顛倒,竟隨業去"。所以,漢月作《浄土偈》二百首和《追頂念佛之法》的目的,是"意在大家預先辦過歇手

---

① 参本書所輯《三峰禪師語録·浄土直指》,漢月《浄土偈序》和魏洽《跋》;漢月亦於本書所輯《三峰藏禪師全録》卷二十四,《烏目山峰三十景序》提及,三峰寺常住"世遵守雲棲規制"。
② 以下漢月《浄土偈序》之引文,皆参本書所輯《三峰禪師語録·浄土直指》。
③ 《佛説阿彌陀經》(T. 366),《大正新修大藏經》(12),頁347中。

處",此净土修行者的"歇手處"即獲得"一心不亂"之主張,以目標而言,是與雲棲袾宏之净土思想相符的,但以"一心不亂"之内容而言,則須進一步討論。

袾宏於其《阿彌陀經疏鈔》指出:"執持名號,一心不亂,是其趣也。"而且只要能獲得"一心不亂"之境界,即得"往生阿彌陀佛極樂國土",故稱爲"直捷",這是因爲"一心不亂,則净念成就",臨命終時,不生顛倒,因此"不生他處"。① 至於漢月於《净土偈序》所説,有歇手處之後,則體會"此中空洞無物",便透露出漢月之禪宗立場,但這亦不違背袾宏之净土思想,因爲袾宏亦是主張"一心稱名"之修行,若能無有間斷,是名"事一心";而所謂"理一心",則是了達自、他、共、離之四性皆不生,與"空慧相應"。② 所以,念佛要如何能達到"一心不亂",便是漢月於《調將法》和《追頂念佛法》所指示之修行標的。

漢月所教授的《調將法》是七日念佛時,應注意調節身心的先行準備細節,如:僧俗、男女如何分壇分單、沐洗入壇、關閉外緣;推舉智者爲首領,提起"阿彌陀佛"四字;坐、立、行、復坐各半枝小香,週而復始;如何進行粥飯齋食;適度睡眠,以免受"昏沉散亂打攪"。漢月特别強調身心極疲時,放身一睡,亦是心境歇處,一醒來時,精神旺盛,便可拈起"話頭",此時"正是打斷心識處,妙不可言"。③ 此《調將法》提供了明末寺院如何廣納僧俗結壇念佛的情況信息之一例,因此將來的研究至少可從三個思考點切入探討。

首先,上文中漢月雖并無指明所拈起的"話頭"爲何,但因此篇爲結壇

---

① 雲棲袾宏《阿彌陀經疏鈔》(X. 424),《卍新纂續藏經》(22),頁 618 上,642 上,659 上,664 下,665 下。
② 雲棲袾宏《阿彌陀經疏鈔》(X. 424),《卍新纂續藏經》(22),頁 614 下;Yu Chun-fang, "Chu-hung and the Joint Practice of Pure Land and Ch'an." *The Renewal of Buddhism in China*. New York: Columbia University Press, 1981, p. 60;荒木見悟《近世中國佛教的曙光:雲棲袾宏之研究》,周賢博譯,臺北,慧明文化,2001 年,頁 185—187。
③ 參本書所輯《三峰禪師語録·净土直指》,《調將法》正文。

念佛的《調將法》，以及漢月於《净土偈（七言百絕）》中提及"話頭六字"或"單提四字頂還追"，筆者依此推判應是爲"南無阿彌陀佛"六字或"阿彌陀佛"四字，而不是"念佛是誰"話頭，尤其是我們亦可於本書所輯《三峰藏禪師開發工夫語錄》中見到，漢月有《誤參念佛是誰》示衆一篇，因此我們將來須運用漢月之完整文獻，深入討論漢月對念佛中參話頭的看法。① 再者，漢月雖表示三峰寺常住"世遵守雲棲規制"，但是雲棲亦曾表示所謂"理持"，是所謂"體究念佛"，亦即"前代尊宿教人舉話頭，下疑情，意極相似。故謂參禪不須別舉話頭，只消向一句'阿彌陀佛'上著到"。② 如此説來，漢月與雲棲有關念佛中參話頭的修行思想有何異同？最後，若將漢月三峰清凉禪寺所行的《調將法》，與稍晚於漢月、净土法門立場鮮明的行策截流（1628—1682）於《净土警語》所説"起精進七期示衆"相較，明末清初禪院與净土寺院的結壇念佛細節有何異同？③ 這些都是學人將來可以進一步釐清明末清初禪净修行和思想的交涉議題。

《追頂念佛法》則爲漢月教導徒衆如何"執持四字佛名，一句頂一句，一聲追一聲"的方法，如此念佛的目的則是達到"一心不亂"的境界，漢月同樣是援引《小彌陀經》所説，只要能作得七日苦功便可成功達到"一心不

---

① 有關將"阿彌陀佛"名號作爲話頭者，可參中峰明本（1262—1323）之弟子天如惟則（1286—1354）《天如惟則禪師語録》（X. 1403）．"念佛者，只是靠取'阿彌陀佛'四字話頭，别無他説。"《卍新纂續藏經》（22），頁 767 中；漢月《净土偈（七言百絕）》，參本書所輯《三峰禪師語録·净土直指》；漢月示衆語《誤參念佛是誰》，參本書所輯《三峰藏禪師開發工夫語録》。

② 參本書所輯《三峰藏禪師全録》卷二十四，《烏目山峰三十景·序》；雲棲《阿彌陀經疏鈔》（X. 424），《卍新纂續藏經》（22），頁 659 下。另有關雲棲"體究念佛"思想之討論，參釋聖嚴《明末佛教研究》，《法鼓全集》第 1 輯，第 1 册，2005 年，頁 172—173，https://ddc.shengyen.org/pc.htm，2021/8/23；荒木見悟著，周賢博譯《近世中國佛教的曙光：雲棲袾宏之研究》，2001 年，頁 191—201；蕭愛蓉《從禪净交涉析論雲棲袾宏的體究念佛論》，《雲漢學刊》第三十四期，2017 年，頁 229—261。

③ 行策截流《净土警語》（X. 1174），《起精進七期示衆》，《卍新纂續藏經》（62），頁 132 下；于海波《清代净土宗著述研究》，巴蜀書社，2009 年，頁 98—99。

亂"爲依據。① 但是，漢月又進一步將此"一心不亂"境界同等於形容禪宗開悟境界的用詞，如"前後際斷"和"虛空粉碎，大地平沉"，更說能做到"一心不亂"的光境，到此便"無心可亂"，而且"現今目前便是極樂世界，山光水聲無非佛法"。② 因此，根據《追頂念佛法》的內容，從漢月的立場而言，何謂"一心不亂"？ 極樂世界的意義爲何？ 再者，漢月與前後時代的雲棲和藕益智旭（1599—1655）對"一心不亂"的詮釋有何異同？③ 這些都是將來可繼續延伸探討之議題。

至於依據在家弟子魏洽的跋中所記，漢月於很短的時間內完成的《净土偈》五言和七言各百首，漢月之撰作動機乃因有"世人念佛都不中法，何藥救之？"之感嘆，遂成《净土偈》五言百首和七言百首，漢月曾於其中一首五言《净土偈》說："我題净土詩，意不在修詞。但會净字真，脚下須無私。"④ 可見，漢月作《净土偈》之意不在於雕琢文字。話雖如此，我們亦可見到净土意涵與詩文意境俱佳之偈，如：

　　山雨晚來急，水天朝去清。分明一段事，證取樂邦情。

　　净土非一途，終朝百念枯。只有悟心者，上品蓮花敷。

此外，《净土偈》雖爲詩偈，但亦有透漏漢月的禪净交涉思想之偈，如：

　　有等纔學禪，急於謗净土。學禪未必成，已造地獄苦。

　　癡哉無賴人，排禪稱净土。大似占産者，殺兄還及父。

　　一日若真前後斷，終身不念也相應。

---

① 《佛說阿彌陀經》（T. 366），《大正新修大藏經》（12），頁 347 中。
② 參本書所輯《三峰禪師語録・净土直指》，《追頂念佛法》正文。
③ 篠田昌宜於其《智旭〈阿彌陀經要解〉における"一心不亂"の解釈について》一文中表示，雲棲和智旭對"一心不亂"之詮釋相異，雲棲是以禪净融和爲立場，智旭的背景則是天台教學，《印度學仏教學研究》通號 122，2010 年，頁 227—230。
④ 魏洽於跋中所記爲漢月"一日成《净土偈》五言百首，又一日成《净土偈》七言百首，命洽書記"，以下諸例偈，皆參本書所輯《三峰禪師語録・净土直指》。

> 臨終不待尋人助，自有蓮花脚下迎。
>
> 一心不亂斷前後，禪祖兩言原一宗。
> 話頭六字何須辨？著句癡人業轉崇。
>
> 一心不亂便生蓮，蓮裏方參化佛禪。
> 聞法悟心聞見佛，此機原是釋迦傳。

因此，漢月的《净土偈》五言百首和七言百首，主要撰作意旨不在於詩文賞析，而是啓發净土修行之信心，故亦能輔助學人分析漢月的禪净思想和修行。

　　明清時期，禪净融合雖然是一種普遍現象，但是，其互融的方式却常因修行者的背景而呈現不同的形態，美國學者 Charles Jones 便是以明代袁宏道（1568—1610）、清代際醒徹悟（1741—1810）和近代印光法師（1861—1947）爲例，討論三人對於禪宗和净土的三種不同思想和修行形態。[1] 本書點校蘇州西園寺所藏漢月《三峰禪師語録·净土直指》，包含漢月的《净土偈序》、《調將法》、《追頂念佛法》、《净土偈（五言百絶）》和《净土偈（七言百絶）》，提供晚明時期一位禪師如何以禪納净之一例。學者們可藉以切入探討多種議題，如：明末清初禪院與净土寺院的結壇念佛的情况，不同立場的修行者對"阿彌陀佛"四字話頭和"念佛是誰"話頭的用法，對"一心不亂"和净土的不同詮釋，等等。這些討論，從修行的角度而言，可進一步釐清禪净修行之依歸；從學術研究而言，則能進一步呈現漢傳佛教發展至明末清初時期，禪净交涉的多種時代面貌和價值。

---

[1] Charles Jones, "Apologetic Strategies in Late Imperial Chinese Pure Land Buddhism." *Journal of Chinese Religions* 29 (2001): 69-88.

三峰禪師語録・净土直指

净 土 偈 序①

《易》曰:"艮其背,不獲其身;行其庭,不見其人。"②此言做大學問之歇手處也。豈求生西方以念佛法門之大學問,而猶如記誦之學,使畢生喃喃,至臨終悶絶無知處,猶欲以用心念佛功夫爲把捉者乎? 是決不然。所貴在於平時用功先有歇手處耳,既有歇處,則安心樂意,不愁生,不愁死。此中空洞無物,所以有不期然而然之預知時至,不期然而然之無痛無苦,不期然而然之悶絶相應,不期然而然之蓮花化生也。

是知《小彌陀經》只寬得七日苦功,功成之後,寥寥落落,全是無功用行,故其人臨命終時,心不顛倒,即得往生。③若平時不曾到得一心不亂,卒至臨終痛苦悶絶時,必然驚慌顛倒,竟隨業去。若於此時著力,寧非

---

① 此序亦可見於署名爲三峰禪師所作《追頂念佛法》之序,收於清代彭際清(1740—1796)纂《念佛警策》(X. 1181)卷下,《卍新纂續藏經》(62),頁 324 中—下。

② 語出《周易》艮卦,參中國哲學書電子化計劃,https://ctext.org,2020/10/23。

③ 《佛説阿彌陀經》(T. 366):"若有善男子、善女人,聞説阿彌陀佛,執持名號,若一日、若二日、若三日、若四日、若五日、若六日、若七日,一心不亂,其人臨命終時,阿彌陀佛與諸聖衆現在其前。是人終時,心不顛倒,即得往生阿彌陀佛極樂國土。"《大正新修大藏經》(12),頁 347 中。

"艮其腓"①之不得自在者耶？茲因山中閒極，詠《净土偈》二百首，并出《追頂念佛之法》，意在大家預先辦過歇手處，非敢嚼殘飯餿飣净土之語言學問也。幸同心者拚一個猛做到成辦，落得畢生作快活人，是所願矣！

三峰法藏自序
弟子魏洽拜書
呂來刻②

調　將　法③

凡做追頂念佛工夫，不論僧尼道俗，皆可勇爲，但須男女分壇，不得溷濫。入期之先隔宿，夫婦分單，小床清臥。五更沐洗入壇，放空心識，關閉外緣，杜門絶事。作禮三拜之後，一總不須多禮，就於佛前先受戒。圖或已受者即羯磨清净，衆中推一有智者爲首領，調理大衆。

提起"阿彌陀佛"四字，一追一頂，緊緊念去，不可高聲傷氣，不可逼氣動火，不可嘿努傷血，不可輕鬆養識，不可沉静墮昏。坐半枝小香，立半枝小香，行半枝小香，復坐半枝小香，週而復始，均匀不斷。

飲食、入廁、更衣等事，一例是佛，不得説話。早粥、小食、中齋、夜粥隨時，腐菜、小菜勿得繁費，生心但只四字佛，如高山放水，洶涌有力，遮闌不住，

---

①《周易》艮卦："艮其腓，不拯其隨，其心不快。"參中國哲學書電子化計劃，https://ctext.org，2020/10/23。

②"呂來"爲捐貲施刊者之名，刊印於《净土偈序》版心中，以下將齊收於施刊文獻之末，不再贅注。

③此文亦可見於《角虎集》(X. 1177)，署名"鄧尉山漢月法藏禪師"標題下，收有《開示念佛齋戒偈》、《追頂念佛法》和《調將法》，但《追頂念佛法》和《調將法》與本書順序顛倒，并且缺本書所收《净土偈序》、《净土偈》五言百首和七言百首，《卍新纂續藏經》(62)，頁196上—197中；另亦收於《念佛警策》(X. 1181)卷下，署名"三峰禪師"所作《追頂念佛法》，《卍新纂續藏經》(62)，頁325上—中。

放捨不得，自然意地流注心識，無從棲泊。念至二更時分，若倦極，不妨各各就單睡。一覺起來，依舊從前再念一日或兩日。

若念急，身心俱倦，不妨大放一日一夜，沉睡到醒，醒來酸湯、白飯、稀粥、精蔬，但不可生心緣念，遂起塵勞。如覺精神抖擻，重新念起，再一日、二日，消息行之，念念相應，心心不換，如直念到七日。或覺厭倦，不妨出期，俟健再起。

蓋以做工夫法，不可受昏沉散亂打擾。若爲怕昏，只管排遣，正與昏沉作對，轉鬥轉多，不如放身一睡，昏沉自滅。若怕掉舉打擾，只管排遣，正與掉舉作對，轉鬥轉多，不如亦放身一睡，身心既安，掉舉便滅。極時一放，正是心境歇處，纔醒轉來，精神自旺，拈起話頭，十分精彩，目前雪淨，一聲一色，正是打斷心識處，妙不可言。

此是法藏親證其益者，願生西方之士不可不信，但不可藉此貪睡耳。須知做工夫到極處，若不放歇，生起陰魔或生病苦，皆爲太執，不會調將之過。主其事者，須細思之。

弟子性通施刊

追頂念佛法①

大凡念佛，不可泛泛漾漾，今日也彌陀，明日也彌陀，夾雜穢心，寬磨歲月，不得成就。平日也道自寬自信，及至臨終不得力，致使噬臍之悔，反疑佛法無靈，謗大法輪，墮極惡道。此種只爲生前不曾親遇人指出要旨，自家

---

① 此文亦可見於《角虎集》（X. 1177），署名"鄧尉山漢月法藏禪師"標題下，收有《開示念佛齋戒偈》、《追頂念佛法》和《調將法》，但《追頂念佛法》和《調將法》順序與本書顛倒，并且缺本書所收《凈土偈序》、《凈土偈》五言百首和七言百首，《卍新纂續藏經》（62），頁 196 中—197 上；相似內容亦可見於《念佛警策》（X. 1181）卷下，《卍新纂續藏經》（62），頁 324 下—325 上。

錯解"一心不亂"四字所誤。

夫"一心不亂"者，只以一句佛名，極力追頂，猛之又猛。情識一斷，則過去事思量不來，未來事卜度不著，現在境心識不攬，三心斷絕，謂之前後際斷。此因追極念極，一聞一見，觸境遇緣，逗斷心路，直得虛空粉碎，大地平沉，物我同消，一法不立目前。如大圓鏡中所現，森羅萬象，了無一點可指擬分別，蕩然身心，如雲去來。此個光境，名爲"一心不亂"，到此便無心可亂故也。

見得此境之後，縱使五蘊三毒時中出現，亦是浮雲水泡，故云"五蘊浮雲空去來，三毒水泡虛出沒"，便是"六度萬行體中圓"境界。① 若不得到此境界，雖有暫時清淨，亦是小歇場。清淨時便有，動亂時便失；動亂且失，何況臨終極痛極苦時哉？痛苦尚當不得，何況悶絕時耶？所以平生小小靜境，是心意識邊事，至悶絕時，則意識聰明主宰都用不著耳。

近來一輩善講西方、善勤功課者，皆不曾做度悶絕工夫，到乎死來，便自失守，致手忙脚亂者多矣，吾人不可不知此弊也。若要脫得此弊，除是大勇猛人，照《小彌陀經》所云："若有善男子善女人，聞說阿彌陀佛，執持名號，若一日、若二日、若三日、若四日、若五日、若六日、若七日，一心不亂，其人臨命終時，阿彌陀佛與諸聖衆現在其前。是人終時，心不顛倒，即得往生阿彌陀佛極樂國土。舍利弗！我見是利，故說此言。若有衆生聞是說者，應當發願，生彼國土。"②

可見佛所親指極則功夫，不過執持四字佛名，一句頂一句，一聲追一聲，如猛將提刀追賊相似，努力直前，無少憩息，如此兼程，定然絕胡種族。此等工夫，不是窮年累月寬做得來的，亦不是做到老死方纔著緊成的。只在健時，一日間一做，做斷心識，得前光境，便可放下休歇，或隨俗庸庸滾過日子。此點消息，自然打不開，觸不散。每遇境緣逆順奇特處，自然參前倚

---

① 《永嘉證道歌》(T. 2014)，《大正新修大藏經》(48)，頁 395 下。
② 《佛說阿彌陀經》(T. 366)，《大正新修大藏經》(12)，頁 347 中。

衡，不勞用工念佛抵敵，便是極快活人。現今目前便是極樂世界，山光水聲無非佛法，所以臨命終時便無痛苦，設有痛苦亦不礙心。到悶絕時，正與當初前後際斷時一樣，歸根貼體，如水歸水，似空合空，豈不自在！是知功夫不在佛名功德上著脚，只在追頂極力四字上成功耳。

吾勸同門善友，依法念一日看，若一日不成，將養一日再念，或連念二日，消停再念，或連念三日、四日以至七日。或一月中猛念一日、七日者，我佛寬約程期者也。若念處不緊，以致一七不成，調養精神，七之再七，以必得一心不亂爲期。若不得此，決不能一生便到净土，只好種因以待他世功成矣。"一心不亂"正是己躬徵驗工夫，徹頭軌則也，此因净土文多，無非接引之法，不爬著癢處，故忍俊不禁，不顧人微言輕，一爲唱出經中的要。惟真修净土者，幸勿以好名相誚，試念到一心不亂處，點頭自肯，方是蓮華骨肉也。何如？謹勸。

三峰法藏和南
濟凝施貲刊

净土偈〔五言百絕〕①

三峰於密法藏著

坐臥閒無意，相應有净思。不須饒硯癖，信口早②成詩。

閱盡人間事，居來十載山。無心蓮是〔母〕，③念念獨相關。

---

① 原文獻本無"五言百絕"，筆者依下一部"净土偈七言百絕"之標題所加，以示區隔；此《净土偈〔五言百絕〕》同於本書所輯《三峰藏禪師全錄》卷二十四（漢月禪師遺稿中）中之《净土詠五言絕計一百首》。

② 本書所輯《三峰藏禪師全錄》卷二十四（漢月禪師遺稿中）作"偶"。

③ 原文訛作"毋"，筆者依本書所輯《三峰藏禪師全錄》卷二十四修正爲"母"。

碧山情固慊,故國想難忘。叵耐風隨澗,泠泠送寶璫①。

勘破一聲偈,②空將萬劫心。預知清泰國,自在獨閒身。

四十幾年客,百千萬種心。蓮花好師友,多半爲招尋。

拘放兩不攝,悟迷應自閒。行行世間事,俱在净邦還。

自古英雄者,知誰得鹿人?蓮花清净國,古佛有君臣。

幽花鳥對銜,春色溜雙頷。分明命命者,七寶樹光酣。

陰雨半春晴,新鶯恰有聲。興思行樹鳥,不盡故鄉情。

山菓壓枝重,孤禽獨立時。坐看清泰國,忘却日輪遲。

有念亦非念,無心未是心。彌陀六個字,生死好沉吟。

一了誰云了?何妨用了心。了心心念佛,琴占孰知音?

不戒原非染,無禪也自圓。幾回清净照,心土一湢然。③

要得净土穩,無如情念忘。試將兒女愛,驗取好承當。

---

① 本書所輯《三峰藏禪師全録》卷二十四作"鐺"。
② 本書所輯《三峰藏禪師全録》卷二十四作"佛"。
③ 原西園寺複製本缺一頁,以下九首由本書所輯《三峰藏禪師全録》卷二十四補缺。

破塵出經卷,鬧裏即西方。事事得無礙,屠酤放寶光。

幽意愜花鳥,世情惟愛山。西方有真願,何處不相關?

枕上夢初斷,窗前日正紅。海平明寶地,不識是西東。

盥漱乍焚香,遥思古樂邦。思思思不到,早已是西方。

慣著麻衣便,還登草座宜。窮思無可念,只有净邦期。

不繫心常念,無名也自持。平生不可斷,拈著緒頭絲。

江月破止水,石花開錦雲。不用勞勞誦,天然净土文。

西方日落時,不用費尋思。自然清净觀,恰好入新詩。

念佛不在口,全憑一具骨。跳入①大火坑,看取蓮花發。

西方有主人,常在人不識。今日忽相逢,有名稱不得。

巢鳥欲罵人,風竹常拜我。懸知清净邦,亦自有福禍。

贊如吹面風,毀似濕衣雨。吹灑且從他,不動西方主。

雲中乾闥城,海上蜃樓閣。證取極樂邦,宮殿空中著。

---

① 本書所輯《三峰藏禪師全錄》卷二十四作"跳出"。

深壑濕雲蒸,還落空中雨。水皆具八德,昇降無仰俯。

萬籟夜深發,吼擊動六種。幽夢落空山,七重行樹擁。

蠱毒當如甘,刀劍復何惡?勘破便承當,總是西方樂。

飛空樓閣好,樹網復交加。絕勝居山境,松蘿次第花。

遊子飄零慣,并州是故鄉。異鄉且安樂,何況歸西方?

有等纔學禪,急於謗净土。學禪未必成,已造地獄苦。

癡哉無賴人,排禪稱净土。大似占產者,殺兄還及父。

脚頭脚底事,處處踏吾心。不出蓮花裏,西方何用尋?

睡熟念絕處,用心思緒時。若知真念在,净土不勞期。

雷聲起何因?電影滅無據。懸知此佛念,長在發動處。

山雨曉未足,山雲時復生。會得净土心,太虛長清明。

終日臨窗坐,梧生①漸出簪。净懷應不轉,念念與俱添。

木叉剛誦罷,佛念又當機。莫道閑方好,忙忙亦不違。

---

① 本書所輯《三峰藏禪師全錄》卷二十四作"新篁"。

世事毒湯沸，人情惡火燒。隨他一句佛，何等不逍遙！

生死正臨時，愛憎方起次。猛然一句佛，占盡閒田地。

毀只能銷骨，難銷佛念真。那知得失外，別自有吾身。

脫得臭鶉衫，打開香水海。別出一枝蓮，坐臥常自在。

淨穢錯陳時，惟將六字持。西方東土事，試問阿誰知？

念佛自心開，我佛親口說。莫言近代人，定無悟心訣。

江深不測底，海闊難窮際。返推一念始，乾盡淨之諦。

彌陀滿刹塵，我在佛毛孔。但得淨我心，往生原不動。

見惡不生心，遇善隨分作。添句阿彌陀，目前先極樂。

我見謗禪土，不辨亦不怒。曾聞常不輕，盡把地獄度。

要修淨土人，莫謗參禪者。從來大地獄，只爲法見也。

情是娑婆業，理是淨土障。不如一句佛，便不落兩樣。

喜風吹不飄，怒雷擊不動。一片晴明空，中有蓮花種。

深夜枕子邊，清夢無根蒂。宛似蓮花邦，現出自心地。

參禪稱直截,寸心千尺鐵。兼此鐵俱消,是念西方切。

空有及昏住,人心處處緣。非憑一句佛,終不脫糾纏。

我聞古人語,好德如好色。何如心兩忘?只好蓮花國。

抱木覆簷楹,禪宮日夜清。鳴蜩幽韻發,說盡樂邦情。

佛說八萬門,路頭是分類。歸源入堂奧,心凈是本地。

愛斷不復續,西方始有緣。纖毫猶著意,便爲世情牽。

桂葉雨餘澤,桐花月下香。三千覆長舌,此意語應長。

烏目泉添雨,翠琨橋臥雲。嗒然喪吾處,自是白蓮群。

小磬忽微發,短香方乍消。坐回看此土,何事不寥寥?

念以凈爲繫,凈將心與冥。坐聞蟬鼓翼,起見鶴梭翎。

執凈凈爲穢,凈忘忘是心。推開門兩扇,雨過正堪吟。

放下珠千顆,冥將佛一聲。小橋迴澗外,別有一峰晴。

山雨晚來急,水天朝去清。分明一段事,證取樂邦情。

大江截天來,群山拔雲起。一點西方心,何處爲終始?

開關忽見人,禮佛還作揖。宛如蓮中相,時時常合十。

人以舌爲佛,我以筆爲舌。不知筆何云?自把西方說。

螢飛一縷光,蟬奏無琴樂。寧知真净心,聞見自寥廓。

山犬吠深竹,①白雲如倚人。寥寥净機者,此法偏相親。

薄衣飄微風,枯藤拄危石。自非東土心,別有翩翩格。

念佛如急流,擊空下石壁。誰將凡聖心,又把迴湍激?

大海浩無際,長江遙莫窮。渺渺目力盡,净土何西東?

戚戚遼陽道,從軍恨秋草。西方無生死,②吾願歸去早。

一戰十萬死,三年戰不止。征夫知净邦,③究竟不如此。

誰將净土法,遙共癡兒④說?悠悠一片心,迸空啼作血。

佛念慰屠兒,請看遼陽⑤事。勝時雖快心,未必戰長利。

---

① 本書所輯《三峰藏禪師全録》卷二十四作"村"。
② 本書所輯《三峰藏禪師全録》卷二十四作"死生"。
③ 本書所輯《三峰藏禪師全録》卷二十四作"倘爾知净邦"。
④ 本書所輯《三峰藏禪師全録》卷二十四作"諸兒"。
⑤ 本書所輯《三峰藏禪師全録》卷二十四作"疆場"。

獵獵高楊風，瀟瀟古墳雨。盡惜虛空花，胡①不思净土？

雄文璀練組，空名邁千古。長沙鸚鵡洲，心折蓮花土。

僧詩鬥清新，盡忌談本色。莫向臨終時，怕説蓮花國。

高空仰而碧，深溪俯而寒。因知西日下，清净有真觀。

山鳩啼樹深，柴門倚雲静。幽人淡不知，净心②冥其境。

行過石上苔，言采溪邊花。遥遥西望心，長江漂練斜。

阿誰善高卧？卧中有净課。沉散兩俱脱，西方已勘破。

信足自經行，脚頭隨處平。一朝踏失脚，朵朵碧蓮生。

我愛西方住，安閒隨所遇。一夜三尺床，兩餐供草具。

坐下即净邦，何必移匡床？定起晴雲石，仍趺夜月廊。

日輪猶帶濕，乍出海門時。半似蓮花色，紅光粲寶池。

松梢微帶白，涼月欲沉西。半榻疏簾静，蓮花夢正宜。

---

① 本書所輯《三峰藏禪師全録》卷二十四作"甯"。
② 本書所輯《三峰藏禪師全録》卷二十四作"心净"。

卓午日停樹,移時風動蓮。不知何國土? 多是净邦天。

摩挲眼半開,著①腳下床來。信手推門去,芙蓉析净胎。

群山逼四天,遮莫坐青蓮。了却目前穢,往生常現前。

鐘過初聞板,齋餘又換茶。他生清净國,今日野人家。

一念數生死,何人能止始? 截得生死心,死生皆净旨。

死生②不足畏,所畏心未得。得此心一心,何愁非樂國?

此心誰到一? 孰念佛七日? 不是口喃喃,六門當攝窒。

我題净土詩,意不在修詞。③ 但會净字真,腳下須無私。

净土非一途,〔終朝〕④百念枯。只有悟心者,上品蓮花敷。

信女徐氏妙徐施貲刊

弟子徐汝楫施貲刊

沙彌真解薦亡父陳公母蔡氏刊

弟子朱愍施貲刊

比丘海圓薦亡父何祖母吳氏刊

---

① 本書所輯《三峰藏禪師全錄》卷二十四作"放"。
② 本書所輯《三峰藏禪師全錄》卷二十四作"生死"。
③ 本書所輯《三峰藏禪師全錄》卷二十四作"文詞"。
④ 原文訛作"宗朝",筆者依本書所輯《三峰藏禪師全錄》卷二十四改爲"終朝"。

净土偈七言百絶①

三峰釋法藏著

睡眼模糊午乍開，碧桃將吐落殘梅。
方知異日家鄉事，真正②蓮花是我胎。

古鏡埋塵鐵樣看，故鄉何處問長安？
不勞拂拭重爐鞴，一句彌陀照膽寒。

碧山時對小窗前，無限真機若晤言。
莫問西方消息好，會來先已在青蓮。

人愛青山絶世紛，生生發願住閒雲。
那知更有西方好，宮殿隨空佛是群。

不非禪律與經師，念念西方與③麽持。
脱盡④法中憎愛境，自然蓮出净心池。

禪説談經墮識心，教非近代悟無人。
可憐閙事紛紛起，守拙誰將净土真？

---

① 此《净土偈七言百絶》同於本書所輯《三峰藏禪師全錄》卷二十四之《净土詠七言絶計一百首》。
② 本書所輯《三峰藏禪師全錄》卷二十四作"四色"。
③ 本書所輯《三峰藏禪師全錄》卷二十四作"只"。
④ 本書所輯《三峰藏禪師全錄》卷二十四作"去"。

相逢贊歎背心非，一句彌陀没順違。
自是故鄉田地好，心心只在九蓮歸。

車聲日夕鬧山村，白皙蒼頭欲斷魂。
聞道自然衣食好，西方原是故鄉園。

西方東土隔誰何？問到傍人杜口多。
百八輪①珠隨指轉，向無懷處好懷他。

野歌村哭②兩難憑，窗外晴雲半未明。
拭眼下床無個想，這迴不復墮疑城。

閬城傍海巧莊嚴，爲狗爲衣巨復纖。
看盡世間真幻事，太虚空與浄心恬。

曉聞村哭夜聞歌，世事無憑變幻多。
歌哭兩忘心自净，單單一句古彌陀。

盤谷雞聲不見村，青峰合處路無門。
但能迷處尋歸念，佛國逢源莫費論。

海天空處點③漁舟，白髮鳴榔網未收。
不道樂邦歸有路，自甘生死逐空漚。

---

① 原文作"珍珠"，筆者依本書所輯《三峰藏禪師全録》卷二十四改爲"輪珠"。
② 本書所輯《三峰藏禪師全録》卷二十四作"村歌野哭"。
③ 本書所輯《三峰藏禪師全録》卷二十四作"泛"。

讀盡車書博一官，不知蒼雪逼頭寒。
争如西方無量壽，長坐蓮花戴寶冠？

閱盡長生不老書，曉霞餐①嚥説無虛。
求仙莫問秦王事，早向西方覓故居。

一聲煙篆倚牛肩，草色青黃過一年。
牧②得寸心歸净土，白牛無鼻不須牽。

村樹依微草屋低，海雲遥處有鳴雞。
懸崖日俯興不極，正念清凉萬刹西。

茅簷縹緲樹參差，雲掩江帆失海湄。
不見西方清净境，已無緣慮入心思。

坐斷無心與有心，西方何處更思尋？
一聲雷送夜來雨，落落空敲七寶林。

最上青蓮結寶臺，分明金色古如來。
眉間一線寒光發，頓使衆生心眼開。

凝得寒心湛水摇，③迸入空眼碧寥寥。
莫將死水同時語，安養分明近不遥。

---

① 本書所輯《三峰藏禪師全録》卷二十四作"吞"。
② 本書所輯《三峰藏禪師全録》卷二十四作"收"。
③ 本書所輯《三峰藏禪師全録》卷二十四作"遥"。

一色波涵四色花，交光如網攝河沙。
重重開合千身佛，向我同論最上車。

寒色琉璃寶地平，觀無生處好生成。
根源會得家鄉路，安用彌陀十萬聲。

無端平地水成池，八德温①涼任所宜。
究竟自從心上發，故②隨流去念阿彌。

山空葉老易爲風，况是寥寥白日中。
不逐有心懸净土，家鄉原在念頭窮。

錦囊封計費勞思，漢寢唐陵卧斷碑。
勘破便應歸去也，短吟唯有净邦詩。

日落波光渺渺③中，眼根及盡④念頭空。
識得故鄉真面目，頓忘來去與西東。

夜深何處是清秋？月在青山雲乍收。
坐倚繩床開户牖，故鄉天盡望西頭。

促織聲悽雁未來，白雲青嶂夜徘徊。
迂疏久已無緣慮，只許蓮花净土栽。

---

① 本書所輯《三峰藏禪師全録》卷二十四作"清"。
② 本書所輯《三峰藏禪師全録》卷二十四作"且"。
③ 本書所輯《三峰藏禪師全録》卷二十四作"縹渺"。
④ 本書所輯《三峰藏禪師全録》卷二十四作"竭盡"。

梧風淅淅夜窗虛，落落寒星帶露疏。
一點遠心懸净土，不知秋思在庭除。

冷月風淒秋思何？砧聲處處促寒多。
凡心縱向愁邊起，收入都歸净土歌。

不是無心早利生，恐留惑業尚①縈縈。
一生便補將來處，何不西方暫一行？

空雲忽起本無根，一擊雷聲雨驟翻。
問雨問雷無落處，西方净土見真源。

日西沉去月無光，暗自何來好細②量。
坐斷黃昏無一語，寸心隨處是西方。

一燈高揭衆同看，火未鑽時請細觀。
會得最先明暗盡，净邦真正得心安。

颼颼風竹午天長，暑向山窗化作涼。
悟得煩心熱於火，一聲佛號換人腸。

舌尖佛號筆尖詩，總是西方念念時。
但得有心歸净土，不勞分別問支離。

---

① 本書所輯《三峰藏禪師全錄》卷二十四作"向"。
② 本書所輯《三峰藏禪師全錄》卷二十四作"忖"。

澗水初乾嶺絕薪,晨炊愁殺住山人。
因之①轉見樂邦樂,一句彌陀念更真。

丁丁伐木鳥聲悽,求友心真半欲啼。
不是九蓮同有願,閉門凡鳥定須題。

國王水土樹神柴,不悟如何手受齋?
痛念樂邦歸未得,語來誰個不傷懷?

未破輪迴一念私,定知滴水不消時。
何如奮翮西方去,萬劫酬償是寢期。

群居厭鬧獨嫌幽,貧怕飢寒富事稠。
一念不生如意樂,只輸淨域最風流。

雞鳴早起夜深眠,功德雖多亦有愆。
省事一聲無用佛,別尋條路到西天。

世事駢闐老未休,飄蕭②白髮尚馳求。
處陰身共影俱歇,一句彌陀是徹頭。

東家懺罪北家經,佛法牽人未肯停。
獨有自家真歇計,彌陀一句閉柴扃。

---

① 本書所輯《三峰藏禪師全錄》卷二十四作"如此"。
② 本書所輯《三峰藏禪師全錄》卷二十四作"鬖鬆"。

數枝横木結爲扉,淡淡秋光浸落暉。
此景此時心正切,舉頭西望路依微。

盡道懷西念已多,無功直下便超過。
無功豈是全忘念,念得西方是甚麼?

幾人迴念念家鄉?一片琉璃湛寂光。
轉眼髑髏看自面,碧蓮花發是心香。

虛空樓閣樹成行,任運飛行遍十方。
莫謂此中山色好,錯教戀戀不能忘。

求生切切非關癖,正①爲勞生癖未除。
東土西方兩無癖,蓮花寂滅證無餘。

念佛還輸快活人,刀山劍樹任吾身。
絲毫進退若存我,只是彌陀信未真。

兒童梵石種春芳,庭下新添極樂邦。
不是山中愛穠艷,要人親見舊家鄉。

誰把栴檀古鼎燒?黃雲冉冉座中飄。
分明記取當初事,身在蓮花香未消。

六根都攝念如絲,落落逢人那得知?

---

① 原文作"政",筆者依本書所輯《三峰藏禪師全錄》卷二十四改爲"正"。

只許彌陀心對語,分明慈母乍娠兒。

一葉一花兼一果,同心本是一根生。
君看處處蓮華藏,總是隨機强立名。

止啼無復覓金錢,冷眼還將舊葉看。
一夜寒霜動行樹,彌陀聲在朔風乾。

竹知挾帶携初日,花得無心逐下流。
盡説西方歸去好,也須隨地肯歸休。

摩娑兩眼日三竿,露浥飛花啓户寒。
不道西方幾何刹?萬山落落鏡中看。

萬事不真悲末法,自家生死也相瞞。
彌陀尚把偷心念,不肯真真拌一拌。

聞人真念反猜疑,道是求名自贊欺。
奉勸念成還自贊,證明功德佛心知。

自不功成①難勸人,净〔功〕②真處語非真。
錯將③古語紛紛解,訛以傳訛只種因。

寧教不念念須真,念濫終非猛烈人。

---

① 本書所輯《三峰藏禪師全録》卷二十四作"自未成功"。
② 原文獻作"净工",筆者依本書所輯《三峰藏禪師全録》卷二十四改爲"净功"。
③ 本書所輯《三峰藏禪師全録》卷二十四訛作"將錯"。

《小品彌陀》上機法，不消《大品》廣勞神。

《大品彌陀》是廣收，若人愛廣①便悠悠。
請遵《小品》休談理，一日持名要徹頭。

經名護念不思議，念到思亡②始合題。
落落眼前明鏡裏，數峰清絶印前溪。

終身六字難念成，泛漾③持名著④力輕。
前後斷來⑤心始一，大拌七日猛專精。

一日若真⑥前後斷，終身不念也相應。
臨終不待尋人助，自有蓮花脚下迎。

臨終開發念初真，四字彌陀鐵壁陳。
果肯如斯定生去，百千難得二三人。

何⑦似先於強健時，打開世事念阿彌。
劃然念斷更隨俗，作用掀天放⑧意爲。

---

① 本書所輯《三峰藏禪師全錄》卷二十四作"德"。
② 本書所輯《三峰藏禪師全錄》卷二十四作"忘"。
③ 本書所輯《三峰藏禪師全錄》卷二十四作"濫"。
④ 本書所輯《三峰藏禪師全錄》卷二十四作"得"。
⑤ 本書所輯《三峰藏禪師全錄》卷二十四作"求"。
⑥ 本書所輯《三峰藏禪師全錄》卷二十四作"能"。
⑦ 本書所輯《三峰藏禪師全錄》卷二十四作"爭"。
⑧ 本書所輯《三峰藏禪師全錄》卷二十四作"任"。

吾人未信況當信，信後那堪嫉法爲？
所貴心頭悄然净，①大家留取兩莖眉。

孰好趨名孰避名？避趨心在未真平。
真平不管名無有，土净何須更遣情？

道人胸次絕遮攔，脚踏長衢進退寬。
只爲佛心猶未盡，死生依舊没②狂瀾。

净土先觀悶絶時，悶時誰得用心知？
未曾念到心知絶，意識西方莫早期。

風花雨片綠苔階，步出層層綺襯鞋。
拄杖一根隨意點，相携蓮社幾同儕？

野棠花發暮春天，細雨含山半是烟。
人哭人歌寒食後，不知誰塚已生蓮？

野雲香帶焙茶煙，布穀聲頻穀雨前。
會得一花同净妙，不妨消遣住山緣。

濃淡桃霞深淺溪，曉風花片卷黄鸝。
已知富貴輕摇落，誰不遥遥念往西？

---

① 本書所輯《三峰藏禪師全録》卷二十四作"静"。
② 本書所輯《三峰藏禪師全録》卷二十四作"在"。

前後斷來凈念繼，①六根攝久②一心成。
大開眉眼朝昏過，窗外溪山枕上聲。

隙窗微日逗床虛，正是翻身夢斷初。
似憶前生居樂國，散花衣裓捧芙蕖。

昨宵飛夢逐雲過，脚下青山萬斛螺。③
正好食時歸故國，覺來依舊卧巖窩。

食桃種核自成樹，不用經春計較花。
念得佛名蓮有種，莫愁死去路頭差。

護法空名只護僧，不分邪正貴投情。
法同何必分河飲？禪土④徒勞對壘争。

一凈分門設教禪，莫於禪教互讐愆。
同身手足争高下，總是癡狂著鬼纏。

一心不亂斷前後，禪祖兩言原一宗。
話頭六字何須辨？著句癡人業轉崇。

念佛心浮浪逐漚，參禪疑薄坐悠悠。
總知不上懸崖壁，終不通身血汗流。

---

① 本書所輯《三峰藏禪師全録》卷二十四作"諸念絶"。
② 本書所輯《三峰藏禪師全録》卷二十四作"盡"。
③ 本書所輯《三峰藏禪師全録》卷二十四作"似碧螺"。
④ 本書所輯《三峰藏禪師全録》卷二十四作"凈"。

六字無疑話有疑，有疑緊峭具全機。
西方有願自然去，法勝何妨便肯依。

鵝王擇乳原非鴨，得水何曾乳不沾？
念佛參禪能極力，寶池一藕九花嚴。

放下屠刀便往西，大根一猛破前迷。
莫教借作寬腸法，自待臨行上佛梯。

十念便能心不亂，要知非是偶然人。
一生疲念終難到，莫把彌陀作易論。

輕僧厭法逞才豪，死逼尋僧念佛勞。
幸自迴心勝前度，何如識法早無驕？

非由禪悟淨何徹？悟不生蓮作佛遲。
禪淨二名原一法，淨人請讀淨邦詩。

一心不亂便生蓮，蓮裏方參化佛禪。
聞法悟心開見佛，此機原是釋迦傳。

中下機情念一心，蓮中先見化聲聞。
聲聞化熟果頭佛，小悟開花待大熏。

下品生蓮亦一心，只緣機小尚迷深。
在蓮花裏若干劫，到悟方聽報佛音。

遲速開花迷悟分，勸君莫謗悟心人。
一條大路同關過，分淨分禪向外論。

單提四字頂還追，一日功夫極力爲。
坐臥立行如上陣，分明舞動鐵輪鎚。

一日功成便放休，不成將養再從頭。
人能三日如斯念，定有掀天血迸流。

佛言七日是寬期，若念終身定落疲。
養得精神重起七，這番成熟是便宜。

一追一頂力千鈞，閉緊房門一日辰。
短軟衣衫休禮誦，不勞供佛費精神。

佛非難念放休難，放得休來事事閒。
若到放休田地穩，除須曾透頂追關。

〔跋〕

魏 洽

洽爲三峰弟子習,師教不肯多讓雲棲法,更嚴構堂種竹都如雲棲之致,常與洽言:"世人念佛都不中法,何藥救之?"遂一日成《净土偈》五言百首,又一日成《净土偈》七言百首,命洽書記。信者請梓,以願人持念真切,得一往生净土者,亦不負吾師教人苦心,志士幸加意焉。弟子魏洽,法名弘企,和南拜書并跋。

三、三峰於密藏禪師語錄

解　　題

一、版本

　　蘇州西園寺藏經樓藏明刻本，原四卷，現存卷三和卷四，27.8×17.8 cm，半頁9行，每行19字，版心有"三峰禪師語錄"、卷數和頁碼，上黑魚尾。（參圖版五和圖版六）

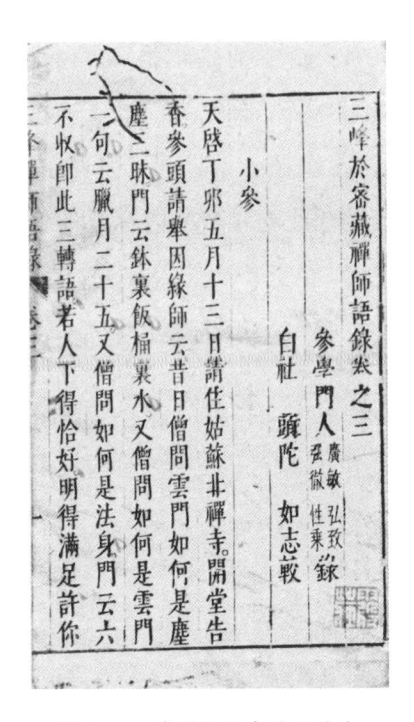

圖版五　蘇州西園寺藏經樓本

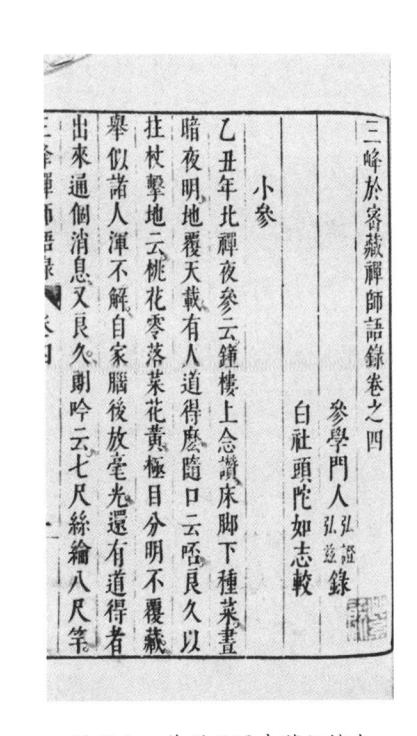

圖版六　蘇州西園寺藏經樓本

二、内容説明

《三峰於密藏禪師語録》原應爲四卷,但現僅存卷三和卷四,版心無"支那撰述",亦非《嘉興藏》之標準版式,因此應爲寺院自行雕印之刊本。有關此語録之編集年代,可見於此文獻中記年或地點的信息,依年代次序有"壬戌(1622)孟夏,北禪寺示衆"、"甲子(1624)臘月三十日"、"乙丑年(1625),北禪夜參"、"天啓丁卯(1627)五月十三日,請住姑蘇北禪寺"。此語録中亦可見到漢月自稱"北禪",自謙"北禪無甚佛法"和要求問話者"出來與北禪相見",特別是在"甲子(1624)臘月三十日"的小參中,提及自己 52 歲。①

《三峰藏和尚語録・三峰和尚年譜》亦記蘇州北禪寺住持量虛惠公和徐彭蠡等多位居士,於天啓二年壬戌(1622)來疏,請漢月許以於北禪寺九夏説法;漢月并於天啓六年(1626)至七年(1627)於北禪寺結夏開堂。②由此可見,從 1622 年起,漢月首次受邀從常熟三峰清涼禪寺,來到蘇州北禪寺結夏説法後,除了"三峰"以外,亦開始自稱"北禪"。所以,《三峰於密藏禪師語録》現存的卷三和卷四,主要爲漢月 1622—1627 年間,漢月離開常熟三峰清涼禪寺後,開始在蘇州北禪寺開法小參示衆的内容。③

《三峰於密藏禪師語録》之録語編集者,卷三首頁記爲"參學門人廣敏、弘致、弘徹、性乘録"和"白社、頭陀、如志較",卷四首頁記爲"參學門人

---

① 但是,《三峰於密藏禪師語録》之内容并非依年代順序編集,例如卷三第一篇爲天啓丁卯(1627),漢月正式駐錫北禪寺之開堂,第二篇則是壬戌(1622)孟夏,漢月第一次於北禪寺之示衆。

② 《三峰藏和尚語録・三峰和尚年譜》(J. B299),新文豐版《嘉興藏》(34),頁 207 中,208 下;參連瑞枝《漢月法藏(1573—1635)與晚明三峰宗派的建立》,《中華佛學學報》9,1996 年,頁 176。

③ 《三峰藏和尚語録・三峰和尚年譜》(J. B299)記 1626 年時,安隱寺先請駐錫於雲門的湛然圓澄(1561—1626)來制,圓澄却要求曰:"能致新北禪(漢月)爲第一座,我來;北禪不允,我不來武林。"但是,漢月抵安隱寺的前一日,圓澄却先一日示寂,新文豐版《嘉興藏》(34),頁 208 下。

弘證、弘兹録"和"白社、頭陀、如志較"。其中卷三録語列第一位的廣敏即漢月早期弟子聽石廣敏(活躍於 1616—1624 年間),《三峰清凉寺志》記漢月自 1610 年起住三峰清凉寺,於萬曆戊午(1618)和己未(1619)年間,共有十四人"真實抱道衲子",其中一人即是聽石廣敏,除了此語録外,廣敏亦録語《於密滲提寂音尊者智證傳》。① 梵伊弘致(1595—1628)則爲漢月第一法嗣,天啓丁卯(1627)駐錫三峰清凉禪寺,但 34 歲即示寂。② 項目弘徹(1588—1648)於崇禎庚午(1630)駐錫三峰清凉禪寺,并且歷主七大刹。③ 大樹弘證(在可,1588—1646)於崇禎壬申(1632)駐錫三峰清凉禪寺。④ 其餘録語者和校訂者雖生平不詳,但大致可推判爲漢月早中期的門人或跟隨者。所以,此語録中部份内容帶有實録和個人親見的筆調,相異於後期編校者多從文字閲讀效果考量而重新編輯的語録,例如收於《三峰藏和尚語録》中相似的漢月示衆或小參,文句多有刪略,或是刪除了問話者名字和問答内容。⑤

依此探索《三峰於密藏禪師語録》和現今通行《三峰藏和尚語録》之關聯,《三峰藏和尚語録》卷一有《住蘇州北禪大慈禪寺語》,卷五《廣録》有

---

① 參《三峰清凉寺志》,《中國佛寺志叢刊》第 4 輯,第 40 册,頁 126;拙著《漢月法藏禪師珍稀文獻輯注初編》,《於密滲提寂音尊者智證傳》之解題。
② 《五燈全書》(X. 1571)有《海虞三峰梵伊弘致禪師》傳,《卍新纂續藏經》(82),頁 326 上;《三峰清凉寺志·梵伊致禪師》,《中國佛寺志叢刊》第 4 輯,第 40 册,頁 101。
③ 《五燈全書》(X. 1571)有《姑蘇瑞光清凉項目弘徹禪師》傳,《卍新纂續藏經》(82),頁 327 中—下;《三峰清凉寺志·項目徹禪師》,《中國佛寺志叢刊》第 4 輯,第 40 册,頁 101—102;浙江大學圖書館藏《嘉興藏》收有《清凉項目徹禪師語録》,參馮國棟、張敬霞《浙江大學圖書館藏〈嘉興藏〉初探》,《浙江大學學報(人文社會科學版)》50(3)期,2020 年,頁 223—230;本書所輯《鄧尉山天壽聖恩寺三峰藏禪師語録》卷十六,有漢月作《示項目徹首座》。
④ 《五燈全書》(X. 1571)有《虞山三峰大樹在可弘證禪師》傳,《卍新纂續藏經》(82),頁 327 中;《三峰清凉寺志·大樹證禪師》,《中國佛寺志叢刊》第 4 輯,第 40 册,頁 102。
⑤ 此外,我們須特别注意的是,有時《三峰藏和尚語録》刪略文句或是刪除問答的效果,會影響漢月示衆說法之内容和意義,參本書所輯《三峰於密藏禪師語録》正文和注解。

"姑蘇北禪寺告香小參",從題名來判斷,《住蘇州北禪大慈禪寺語》應原有一單行本,此推論亦可由本書所輯西園寺藏原三十卷之《鄧尉山天壽聖恩寺三峰藏禪師語錄》中所收熊開元(1599—1676)《三峰北禪語錄序》得證,此序并可提供我們有關《三峰北禪語錄》進一步的信息。熊開元於此序中描述他於1626年時,一日過訪玄墓山(鄧尉山)萬峰古道場,偶遇漢月,但因最初交談時不得其底蘊,尚未讋服。是夜,當時的方丈將漢月的《普説》、《法語》等諸集給他參閲,熊開元挑燈夜讀,竟不能成寐,第二天再相舉證後,才明白漢月爲"一流人",自己身爲宰官居士"正好喫他三頓痛棒,非敵手也"。熊開元因而"索其未盡傳之語錄,得四卷,凡一百五十四篇,急付梓人,以廣其傳"。① 因此,從這篇《三峰北禪語錄序》中,我們可以知道,漢月住蘇州北禪寺時,確實有弟子爲其集錄語錄,而且1626年已流傳至玄墓山(鄧尉山)萬峰道場,并於萬峰道場折服了來訪的宰官居士熊開元,熊開元隨後就雕印付梓了《三峰北禪語錄》。②

但是,根據熊開元所作的《三峰北禪語錄序》,我們亦可得知其所雕印的《三峰北禪語錄》與此《三峰於密藏禪師語錄》,雖然二者篇幅同爲四卷,却應該不是同一部,主要是因爲《三峰於密藏禪師語錄》卷三所錄第一篇"請住姑蘇北禪寺"小參,年代爲1627年(天啓丁卯),晚於熊開元所記雕印付梓《三峰北禪語錄》的年份1626年。不過,由於此二部語錄編集時間和地點相同,内容應有相似或重複之處。筆者推判熊開元所雕印的《三峰北禪語錄》,或爲《三峰藏和尚語錄》卷一所收的《住蘇州北禪大慈禪寺語》

---

① 參本書所輯《鄧尉山天壽聖恩寺三峰藏禪師語錄》正文;此序亦收於《吴都法乘》卷二十二,《中國佛寺史志彙刊》第3輯,第26册,臺北明文書局,1980—1985年,頁2968—2972;另參盧秀華《明末清初熊開元由儒歸佛之心路歷程》,新北博揚文化事業有限公司,2018年,頁247—249。

② 熊開元,字魚山,天啓五年(1625)進士,官至南明宰相,汀州破後,清順治十年(1653)55歲,棄家爲僧,師事漢月弟子弘儲繼起,僧名爲檗菴正志,屬三峰派第三代,參野口善敬《譯注清初僧諍記》,頁187,注175;黄繹勳《明清三峰派稀見文獻解題(一)》,《佛光學報》新五卷第一期,2019年,頁133—191。

之底本，在將《三峰於密藏禪師語錄》與《三峰藏和尚語錄》中的《住蘇州北禪大慈禪寺語》比對後，筆者發現《住蘇州北禪大慈禪寺語》收錄了《三峰於密藏禪師語錄》卷三和卷四中，二篇小參簡略的語句，由此可知，此《三峰於密藏禪師語錄》與《三峰北禪語錄》或《住蘇州北禪大慈禪寺語》確實有編集時間和地點重疊的關聯。

除此之外，以字數而言，《三峰藏和尚語錄》卷一的《住蘇州北禪大慈禪寺語》中上堂有 2 049 字，卷五《廣錄》的"姑蘇北禪寺告香"另有 2 748 字，二者合計 4 797 字，但反觀此《三峰於密藏禪師語錄》僅現存卷三和卷四就多達 30 662 字。因此，相較之下，《三峰藏和尚語錄》有關漢月於北禪寺上堂和小參說法之篇幅，僅爲《三峰於密藏禪師語錄》卷三和卷四的 15％，特別是《三峰於密藏禪師語錄》卷四，幾乎都是他本皆無收的內容。① 由此可知，此《三峰於密藏禪師語錄》卷三和卷四中三萬多字的《小參》，是目前現存關於漢月於蘇州北禪寺說法，最爲完整的珍稀文獻。

《三峰於密藏禪師語錄》卷三和卷四記載了漢月於蘇州北禪寺與弟子小參、夜參、佛誕日夜參，以及和居士日常應對的豐富內容。例如小參時，漢月指示侍者將茶杯置於地上，質問大衆："喚著茶鍾則觸，不喚著茶鍾則背，喚作甚麼？"藉以引發參禪者對自己心識和言語的分別和執著起疑，漢月以茶杯爲例，說明"人生日用不出乎飲食衣服之養"，而這些飲食衣服日用之物皆是參禪者可藉以下手參究之處。② 漢月亦於北禪寺時舉辦"精進"一七、二七的禪期，指示"向來一七、二七牢拴犂軛，深插犂頭，前拽後鞭，束牽西撒。不許眠犂，不容脱軛，直要耕翻心地，種熟道禾，勿犯人苗稼"，并且警誡參禪打七者"耕翻心地"時，要如"牧牛之人，執杖視之，勿令縱逸"。至於此時期間，漢月對於參禪與念佛的關係的看法，其所言爲：

---

① 《三峰藏和尚語錄》(J. B299)，新文豐版《嘉興藏》(34)，頁 128 上—129 中、頁 146 下—148 中。

② 參本書所輯《三峰於密藏禪師語錄》卷三。

"惟有參禪向上一着,不涉心意識,不立文字語言心思卜度,若一會得,便不復走生死之路。次則念佛法門,不涉事理,四字橫心,清塵一斷,得個一心不亂,雖未能作用,然本體現前,乘其念力往生佛處,見佛然後參禪,了後邊事。"因此,明確表達出漢月以參禪爲最向上修行,次則爲念佛法門,但仍堅持修净土者往生佛處後,見佛時再繼續參禪的主張。①

此外,如前所述,《三峰於密藏禪師語録》卷三和卷四在每篇小參漢月示衆後,多録有漢月弟子、僧人和居士之問答,例如有弟子性山、悦新、頂目、在可、無壞、永覺等人,僧人有長僧、短僧、矮僧或川僧等人,居士有王覺我等人和丘、陳二居士隨喜夜參。相較於《三峰藏和尚語録》這些人名和問答内容多被省略的做法,此書所保存的這些漢月弟子和僧人從個人參禪之疑處的問題以及漢月之回話,除了可讓我們多了解漢月弟子個人和來參居士的信息,亦可提供參禪者進一步思維深究的材料。例如,有僧人參問賓主和照用的意旨:

  僧問:"如何是主?"
  師以柱杖子拄却那僧。
  問:"如何是賓?"
  師云:"你看取。"
  問:"如何是照?"
  師云:"仔細著。"
  問:"如何是用?"
  師便打!②

漢月一向强調學人參問時須"賓主歷然",主中主者乃爲已得深悟之師家,漢月以柱杖子拄却那僧人,展現其教導學人之縱奪自在;身爲賓者之僧人,則須謹慎看管自己之心識言行;"照"則是隨時仔細觀照覺明自己之心

---

① 參本書所輯《三峰於密藏禪師語録》卷三。
② 參本書所輯《三峰於密藏禪師語録》卷三。

識言行；最後，漢月以一棒展現大用之行。①

漢月和居士之問答則有時亦可讓我們見到漢月的方便接引。例如某日小參時，有位居士提醒漢月，方才問話的人其實是初學者，希望漢月能"幸垂開示"，因此，漢月便爲此初學者説："山河大地，是外四大；地水火風，是內四大。內外是色、聲、香、味、觸、法，意根思量底是受、想、行、識。四大五蘊俱不是你，離却四大五蘊見聞覺知，道取一句來！"②漢月以四大五蘊解釋了基礎佛教思想，最後再加上要初學者參究"四大五蘊俱不是你，離却四大五蘊見聞覺知，道取一句來"。以如此簡略明快的方式指導初學者，非常直截，且頗令人有親受教誨之感。

此外，《三峰於密藏禪師語錄》卷三另記有一位延平禪者先後向湛然圓澄(1561—1626)和漢月提出"初步工夫如何策進？生死到來如何抵敵？參個話頭如何得力？"等疑問，此事却不見於《湛然圓澄禪師語錄》中，而此篇小參問答正可提供我們分析身爲曹洞宗的湛然圓澄和臨濟宗的漢月，二人在回應同樣的問話時，是否因宗派立場而有所相異。此篇小參內容亦是將來學人在分析漢月的禪宗五家思想時，十分珍貴罕見的資料。③

《三峰於密藏禪師語錄》原藏於蘇州西園寺藏經樓，主要爲1622—1627年間，漢月離開常熟三峰清涼禪寺後，開始在蘇州北禪寺小參示衆的內容。根據熊開元《三峰北禪語錄序》所述，他亦於1626年雕印了另一部《三峰北禪語錄》，且應爲現今《嘉興藏》本《三峰藏和尚語錄》所摘錄的《住蘇州北禪大慈禪寺語》所據之底本，因此學人若能將《三峰藏和尚語錄·住蘇州北禪大慈禪寺語》、卷五《廣錄》"姑蘇北禪寺告香"與《三峰於密藏禪師語錄》卷三和卷四中三萬多字的《小參》合匯，當是討論漢月

---

① 筆者對於賓主和照用之詮釋，參本書所輯《三峰於密藏禪師語錄》卷三和《三峰藏禪師常水真如寺語錄》中，漢月小參示衆之説法。
② 參本書所輯《三峰於密藏禪師語錄》卷三。
③ 參本書所輯《三峰於密藏禪師語錄》卷三和《湛然圓澄禪師語錄》(X. 1444)，《卍新纂續藏經》(72)。

於 1622—1627 年間，在北禪寺時期上堂示衆以及與弟子和居士們小參和問答，現存最完整且豐富的記載。我們亦可藉以細微觀察漢月弘化生涯的發展，到了北禪寺後，漢月接引蘇州地區仕紳居士時，其小參示衆的内容與常熟三峰清涼禪寺時期，是否有所異同或調適應機的重要文獻資料。

三峰於密藏禪師語録　卷之三

參學門人廣敏、弘致、弘徹、性乘録
白社、頭陀、如志較

小　參

天啓丁卯五月十三日，①請住姑蘇北禪寺，開堂告香。參頭請舉因緣，師云："昔日僧問雲門：'如何是塵塵三昧？'門云：'鉢裏飯，桶裏水。'又，僧問：'如何是雲門一句？'云：'臘月二十五。'又，僧問：'如何是法身？'門云：'六不收。'②即此三轉語，若人下得恰好、明得滿足，許你到這裏。若稍涉遲回，恐落冷窟。直須拚命再添一憤，如太山崩、虛空碎，得個前後際斷。或二年、一年，三月、兩月，或半月、十日，目前如一隻雪碗相似。此處若不透祖家語脉，便坐死處，於言句上便來不得，還須於言句上起參。

"即如僧問雲門：'如何是塵塵三昧？'他若來得便道：'飛底飛，走底走。'若問：'如何是雲門一句？'他便道：'滿口吐金，遍地成鐵。'若問：'如何是法

---

① 丁卯爲明天啓七年（1627）。此則小參同於《三峰藏和尚語録・廣録》（J. B299）中之"姑蘇北禪寺告香小參舉"，但《三峰藏和尚語録》無天啓丁卯（1627）之記年，且文句較爲删略，下不贅注，新文豐版《嘉興藏》（34），頁 146 下。

② 以上三轉語可見於《指月録・韶州雲門山光奉院文偃禪師》（X. 1578），《卍新纂續藏經》（83），頁 623 下。

身?'他便道:'就地輥。'若再問:'如何是塵塵三昧一句底法身?'他便劈脊一棒!縱使三世諸佛亦須退身三舍,歷代祖師出頭無分。

"雖然如是,若有舉著臨濟、雲門堂奧中事,一點不通,滿目生死,微細無明,一齊頓發,更須向師承邊溫研積稔,磨光刮垢,透盡七零八碎,直到恁麼田地,正是行到水窮處,坐看雲起時,方與威音未名、父母未生已前一段大事相應,始不負今日告香、佛祖法乳。"以竹篦擊卓一下云:"直須與麼始得!珍重!"

壬戌孟夏,①北禪寺示衆:"橋隔街聲斷,溪深殿影空。盡情都説破,野寺古城中。"以柱杖頓地一下云:"此是法,還會麼?《法華經》云:'是法住法位,世間相常住。佛種從緣起,是故説一乘。'②若于此會得,正是從緣薦得相應捷;若于此處佇思停機,説個緣生無性,意根下舌頭邊如何若何,便就體消停得力遲也。雖然,畢竟如何是法位上底法?若道橋是妙法,則平磚彎石跨水凌空,又何曾落語言文字敷演籌量來?若道街聲是法,則馬蹄蹀躞人影參差,又何曾說性說相談妙談玄來?若道深溪是法,則波行風動細草新蒲,又何曾分事分理銷文訓詁來?若道殿是法,則嘲風鷗吻橡柱棟梁,又何曾翹唇鼓舌咽響臍鳴來?且道他説個甚麼?若道無語潭,他又覿面親呈,未嘗蓋覆;若道有語潭,他又未曾舉著一字。故云:'止止不須説,我法玅難思。'③"

又以柱杖頓地一下!云:"還會麼?"良久,聞鶯啼,乃云:"咦!鶯聲語得好,大衆有會得底,出來通個消息!"久之,衆無語,朗吟云:"鶯聲鵲語綠陰稠,話到傷心血泪流。獨有石頭能解聽,虎丘山上幾千秋。"

───────

① 壬戌爲明朝天啓二年(1622)。此篇小參示衆,他本皆無收。
② 《妙法蓮華經》(T. 262)原文句之順序爲:"佛種從緣起,是故説一乘。是法住法位,世間相常住。"《大正新修大藏經》(9),頁9中。
③ 《妙法蓮華經》(T. 262),《大正新修大藏經》(9),頁6下。

侍者供茶杯，①師令置地，問大衆云："人生日用不出乎飲食衣服之養，賓主相見，首先呼茶，此日用不可缺者也。"以拄杖指地上茶杯云："也須識得茶杯下落，則穿衣喫飯，一飲一啄，莫不透脫。大衆會麼？喚著茶鍾則觸，不喚著茶鍾則背，喚作甚麼？

"所以大愚苦貧，衆以虀菜度日，陞座示衆云：'大家相聚喫莖虀，喚著一莖虀，入地獄如箭射。'故雲峰因此起疑，後至大悟。② 不獨虀菜之悟爲然，而金牛呈飯桶云：'菩薩子！喫飯來！'古人謂之'金牛飯'。③ 僧問雲門：'如何是超佛越祖之談？'門曰：'餬餅。'古人謂之'雲門餅'。④ 僧到趙州，州問：'曾到麼？'云：'曾到。'州云：'喫茶去。'又問一僧：'曾到麼？'云：'未曾到。'州云：'喫茶去。'侍者見州日日如此，故有疑而問云：'爲何曾到也喫茶去，未曾到也喫茶去？'州云：'你也喫茶去。'古人謂之'趙州茶'。僧問趙州：'萬法歸一，一歸何處？'州云：'我在青州做領布衫重七斤。'⑤

"此等公案，日日在諸人衣食邊轉大法輪，只是諸人不會，若會此茶杯邊事，則飢餐渴飲，暑脫寒穿，何處不是神通三昧？其或不會茶鍾意旨，正是未超三界外，還在五行中，未免寸絲粒米被俗人打算衣飯錢，牽犁拽耙，賣肉分皮，還債去在。所以喚著一莖虀，入地獄如箭射；不喚著一莖虀，亦入地獄如箭射；都不喚喚，亦入地獄如箭射。諸公作麼求個出底消息？"

良久，衆皆寂然，乃云："大衆若有人道得一句，不妨酌茶相獻；若無人道，我即打破常住茶鍾去也，還有人救得此茶鍾者麼？"一僧出禮拜，擬取茶鍾，師打破，歸方丈。

---

① 此篇小參，他本皆無收。
② 《指月錄·南嶽雲峰文悦禪師》(X. 1578)，《卍新纂續藏經》(83)，頁 682 上。
③ 《指月錄·鎮州金牛和尚》(X. 1578)，《卍新纂續藏經》(83)，頁 500 中。
④ 《指月錄·韶州雲門山光奉院文偃禪師》(X. 1578)，《卍新纂續藏經》(83)，頁 623 下。
⑤ 《指月錄·趙州觀音院真際從諗禪師》(X. 1578)，《卍新纂續藏經》(83)，頁 522 下，525 上。

"'空手把鋤頭,步行騎水牛。人從橋上過,橋流水不流。'此雙林傅大士法身偈也。① 于此會得,則親見法身邊事,不落道理知見,已出生死。但此偈諸訛,共有四種人見解。

"有一種見解者,意言:'既曰空手,則豈有把鋤頭之理?蓋手即是色身,鋤頭者即指法身,以四大色身,夾帶個法身云耳。步行之人,豈有復騎牛之理?此必步行者乃色身,而所騎之牛即法身也。人從橋上過即法身,橋即是色身也。橋流者,色身有活動是水,不流者法身常住也。'此等見解,南陽忠國師謂之'半生、半滅、半不生滅之先尼外道禪是已'。② 以其所見,以法身一半不生滅,色身一半有生滅,于不二法強生二見,正是生死,于理無益,故不足數矣。

"有一種見解言:'空手是事,鋤頭是事中之理;步行是事,騎水牛是理;橋是事,人是理;橋流是事有遷流,水不流是理無變壞。此真如隨緣不變、不變隨緣之理。理無礙,事無礙,理事無礙。即事即理,即理即事,非事非理,非理非事,玄中之玄,妙中之妙。'此座主禪也,以其説事説理,此報、化佛所説方便之法,非法身佛説法,由涉語脉,未盡脱灑,故非此偈之本意也。

"此偈之意乃:'大士直指法身,言空手無鋤也,又曰把鋤頭,此是什麽意旨?什麽説話?言步行之人本不騎牛,乃曰騎水牛,此是什麽意旨?什麽説話?人從橋上過,則橋本不流,而水本自流也,他却道橋返流而水返不流,畢竟作麽解注?若解注得,便落心思語言,竟墮生死,豈曰法身?若解注不得,則作麽生討個落處?不可墮在晦昧空無也。若于此會去,即見到法身邊,親與法佛覿面了然。更若不會,直須於此參去!'此所謂法身禪。

"禪家謂之明月蘆花,法身死水,未是究竟了辨,又謂之墮頂,又謂之頂結,此法身偈旨也。若于此透去,謂之法身向上事,方得脱灑,此傅大士亂抛

---

① 此篇小參,他本皆無收,此雙林傅大士法身偈可見於《指月錄·善慧大士》(X. 1578),《卍新纂續藏經》(83),頁 418 中。
② 《指月錄·南陽慧忠國師》(X. 1578),《卍新纂續藏經》(83),頁 463 下。

鐵蒺藜,令人向指端見月,大有傷鋒犯手處。然而法身偈有多端,非止一偈,故杜順和尚云:'懷州牛喫禾,益州馬腹脹。天下覓醫人,灸豬左膊上。'①蓋傅大士所説之偈美矣,然有此三種見解可生,此偈則不然,懷州之牛喫却稻子,爲甚益州之馬返腹脹起來? 馬腹脹痛而覓得天下醫人,爲甚返把一個猪來灸他左膊上,以猪醫馬? 此便不可以色身、法身解注,不可以緣生無性事理解注矣。

"又有古德法身偈云:'五臺山上雲蒸飯,佛殿階前狗屎天。刹竿頭上煎餬子,三個猢猻夜播錢。'②本合道火蒸飯、湯蒸飯,而此曰'山雲蒸飯,佛殿階前';只應狗子屎于地上,而此曰'狗屎';天餬子只應在熬盤裏煎,而此則曰'刹竿上煎';播錢只合三個人,而此則三個猢猻。此又不可以前之色身、法身道理注矣,直須向此處着眼,始不爲邪師所誤。

"又有第四種見解方爲極則,所以皓布裩聞前偈乃云:'我意不欲與麼道!'即説偈曰:'昨夜雨滂溡,打倒蒲萄棚。知事打鼓普請,行者人力拄底拄,撑底撑,撑撑拄拄到天明,依舊可憐生。'③于此見得,方見前偈之意,正所謂法身向上事者也! 大衆還會麼? 會得出來通個消息!"

僧問:"前輩法身偈則不問,如何是和尚法身偈?"師云:"柱杖不是柱杖子。"進云:"是什麼?"師云:"近前來道。"僧退入衆,師云:"寄一棒待明日。"又,僧〔問〕④:"唤著柱杖則觸,不唤著柱杖則背,又如何?"師曰:"頭拄地,脚拄天。"進云:"不得有語,不得無語,又作麼生?"師云:"適纔走去了也。"僧歸衆,師曰:"寄一棒待明日。"又,居士問:"除却揚眉瞬目、棒喝、拈槌、竪拂,請道一句看。"師云:"明日與你道。"進云:"今日便是明日。"師云:"爲甚便是明日?"進云:"是同底。"師云:"你却説道理了也。"進云:

---

① 《指月録·法順大師》(X. 1578)之法身頌,《卍新纂續藏經》(83),頁424中。
② 《指月録》(X. 1578)所記洞山頌,《卍新纂續藏經》(83),頁669下。
③ 《指月録·荆門軍玉泉承皓禪師》(X. 1578),《卍新纂續藏經》(83),頁669下。
④ 原文作"聞",依文意改爲"問"。

"如何是和尚機?"師云:"鷄那?鄉人養得有!"衆大笑!士云:"我不領和尚話頭。"一喝!歸衆。師云:"者到好!"遂歸方丈。

舉:①"神秀大師云:'身是菩提樹,心如明鏡臺。時時勤拂拭,弗使惹塵埃。'五祖見之曰:'依此修行,亦得解脫。'六祖大師曰:'菩提本無樹,明鏡亦非臺。本來無一物,何處惹塵埃?'五祖見之曰:'猶未見性。'②夫此二偈者,千佛出世之法式也,奈何凡心有傾側,法見有取捨,南北之爭,自此始矣。

"而議者僉曰:'秀師着有菩提、鏡臺、拂拭、抖擻,心地未了,正是工夫邊著力處,是學者見解,故不得五祖衣鉢;而六祖則根塵全脫,了無一點動迹,大了當人見解,故五祖授之以衣法,遂出馬駒一派,大涌道源。'此雖千古確論,然未識法式,多墮了與未了,脫之與纏。而不知一代時教,皆不離此式,惟真得他家③語脉者了之。如或不然,則法見如輪,動輒顛倒,處處落'本來無物,覓心了不可得'等語,埋沉佛祖,起立偏枯,何以見之響?山僧今日略舉他子孫④說話,用作證據。

"一日百丈上堂畢,衆皆散去,惟一老人不去。丈問:'如何不退?'老人進而告曰:'某非人也,弟子于迦葉佛時,曾爲此山住持,有學人問:'大修行人還落因果也無?'某答曰:'不落因果。'因而墮五百生野狐身。今遇大師,乞代一轉語,貴脫野狐身。'丈曰:'汝問取。'老人曰:'大修行底人還落因果也無?'答云:'不昧因果。'于是言下徹悟,頓脫狐身。⑤

"據此一則公案,則與前六祖之言,全體違背矣,何也?蓋以'不昧因果',

---

① 此篇小參,同於本書所輯《三峰藏禪師全録・小參》卷八所收,但《三峰藏和尚語録》無收,二本之文字歧異不影響文意,下不贅注。
② 《六祖大師法寶壇經》(T. 2008),《大正新修大藏經》(48),頁348中—349上。
③ 本書所輯《三峰藏禪師全録》卷八作"祖家"。
④ 本書所輯《三峰藏禪師全録》卷八作"六祖直下嫡派"。
⑤ 《指月録・洪州百丈山懷海禪師》(X. 1578),《卍新纂續藏經》(83),頁476中。

豈非'身是菩提,時時拂拭'者同也?'不落因果',正與'菩提無樹,明鏡非臺'者同也?若六祖'本無'是,則前老人更有何過,乃墮野狐?若'不昧因果'底是,前秀師更有何過,乃不得衣鉢?大眾!請檢點看,請試道看!于此會得、通得,不妨'菩提無樹'、'不昧因果',傳續祖燈;于此未明,切忌輕易論量,較理輕重,恐墮野狐不獨前百丈,將或帶累諸佛諸祖逐狐群吼矣。于此未信,不妨再舉幾則。

"僧問趙州:'狗子有佛性也無?'州云:'有。'又一僧問:'狗子有佛性也無?'州云:'無。'①若道'菩提無樹'是,則趙州言'有',當墮狐身。若道'菩提是樹'是,則趙州言'無',當墮狐身。若道說'有'亦得,說'無'亦得,則秀可傳衣,狐不墮落,與六祖、百丈并驅中原,鹿死兩手。若道說'有'、說'無',一例拈却,則百丈、能師、野狐、神秀、趙州、老漢都在一坑埋却也,還有定當得出者麽?

"此則略顯二三,未能枚舉。若觸類而長,則一代時教,自從三七思惟,打開口角已來,無有一卷經、一首偈,不是這個說話。但以凡心僻隘,情見迷封,隨語生解,順句銷文,彎彎曲曲,縱口講過,而不能深思窮詰,究竟佛心,俱落四句外道而不自知也。

"《般若經》云:'此法無實無虛。'又曰:'法,非法,非非法。'②故知六祖曾聞尼無盡讀《涅槃經》,便會世尊說法之式,所以一部《壇經》開口便是這套子。此法易解難知,有門無路,直須登他堂奧者始得,還會也未?"

良久,云:"若未會,更看前人榜樣,百丈以送亡僧法茶毗野狐,合山淘淘共議前話。時有司馬頭陀至廚房中見潙山為典座,乃舉野狐公案問潙,潙乃撼門扇三下,司馬曰:'大麤生!'潙曰:'佛法不是這個道理!'③大眾!若

---

① 《指月錄·趙州觀音院真際從諗禪師》(X. 1578),《卍新纂續藏經》(83),頁522下。
② 《金剛般若波羅蜜經》(T. 235),《大正新修大藏經》(8),頁750中,頁749中。
③ 《指月錄》(X. 1578),《卍新纂續藏經》(83),頁476下。

于此了得，方見前來一絡索，總是！總不是！"以柱杖頓三下！歸方丈。

"今人參禪念佛，①總作故事，致乎白髮無成，虛生浪死，皆爲不識自己何爲生？何爲死？但認著當初我從十月初七日巳時，娘肚裏下來是生，至後來三寸氣斷，四大分張是死。以其不知來處、去處，故發心參禪念佛，所以五六十年中，或兒嬉，或老邁，或中歲剛強尚氣節，染緣任事，天長地久，把一生作一個生死看，故用心不切，發力不猛，不能着個死急，遂令心識不死，紅線絆脚，至死悲傷，不識爲其誤却。以凡夫心麤，不能細細決擇生死，亦不能細細決擇其出生死，故不能到無生無死，以見本來者耳。

"所謂心生死者，以無生死心，成生死識故也。一念善即生，一念善滅即死；一念惡即生，一念惡滅即死；一念見即生，一念見遷即生生死死；一念聞即生，一念聞轉即生生死死；一念修行即生，一念修行進進退退即生生死死；一念任運即生，一念任運任運即生生死死；一念禪道、佛法、貪恚癡愛即生，一念禪道、佛法、貪愛更端即生生死死；有念是生，無念是死；無念是生，有念是死；凡生即聖死，聖生即凡死；是生即非死，非生即是死。故人于一念、一頃、一刹那間，具足無量無邊生死，欲求一個歇此生死展轉底方便，了不可得。智者深知過患，力求出離，東決西擇種種法門，無非以生死心修生死事，未能直截痛快。

"惟有參禪向上一着，不涉心意識，不立文字語言心思卜度，若一會得，便不復走生死之路。次則念佛法門，不涉事理，四字橫心，清塵一斷，得個一心不亂，雖未能作用，然本體現前，乘其念力，往生佛處，見佛然後參禪，了後邊事。捷徑之法，正此兩門，但人生死心寬，參念亦寬，悠悠念，悠悠疑，三僧祇劫無出頭時，徒生退屈，直須真見生死一番着急，乘時裂破心識，生

———
① 此篇小參，他本皆無收。

死出後，始得真見本無生死，本來任運自在。

"譬如大賈入海采寶，滿載珍奇，船歸到岸，未便上涯，忽然睡着，夢見黑風驟鼓，船纜忽崩，吹到黑洋軟水，帆檣櫓舵一時漂却，長年三老俱已墮溺，舟板膠裂，毒龍索珠，種種不祥，性命非久，心生激切，遥望北洋，想十州三島，號呼痛極，求真仙作援，叩頭船榜，叩叩不已，驀然盡力一叩，悶絶舟際。那時不見有身，不見有心，不見有舟、有海、有風、有浪、有生、有死，漠然無物，漸漸醒來，覺得還是海裏，不得受用，須得轉上仙舟始得。忽見八公隱隱雲端駕大法船，親手携接，得入仙槎，飽食膠梨火棗，鹿脯瓊液，一覺大睡，頓度苦海。及至醒來，元來只是做夢，方纔到家安樂，不復疑怖。所以如今雖則本無生死，奈何却在惡夢海中，若不發大恐怖，發大參求，討個悶絶，討個仙舟方便，則未能親證親見本無是事也。"以柱杖頓地便休。

"今朝四月廿九，①受用頭頭皆有。葛衣自抹清風，蒲扇信翻輕手。朧朧睡眼模糊，落落衲頭②抖擻。忽然特地相逢，檻外鳴雞吠狗。且道鳴雞吠狗則不問，如何是特地相逢底句？"以柱杖畫一畫！云："隨處看花看柳。"良久，云："會麼？"衆無語。

乃云："所以道'句中無意，意在句中'，③意句交羅，意句俱遣，畢竟作麼生是句？"僧問："如何是句中意？"師云："直須打殺你。"進："如何是意中句？"師云："這一句要你自道取。"進："如何是句意俱遣？"師云："將你埋却

---

① 此篇於《三峰藏和尚語錄・住蘇州北禪大慈禪寺語》(J. B299)中稱爲"上堂"，但僅略錄爲一首偈，且最後二句改爲"偶爾曳杖出門，隨處看花看柳。"其餘問答内容皆刪除，新文豐版《嘉興藏》(34)，頁128上。

② 此"衲頭"二字，《三峰藏和尚語錄・住蘇州北禪大慈禪寺語》(J. B299)作"精神"，新文豐版《嘉興藏》(34)，頁128上。

③ 摘引自《指月錄》(X. 1578)，華嚴普孜(？—1085)舉四賓主話，《卍新纂續藏經》(83)，頁558下。

了也。"

又僧問:"如何是一喝底賓?"師豎起拄杖子。進:"如何是一喝底主?"師便打!

又僧問:"如何是西來意?"師便喝!問:"如何是一喝底賓?"師云:"喝你了也。""如何是一喝底主?"師云:"你耳聾却?"僧禮拜。

師云:"慈明道:'一喝分賓主,照用一齊行。欲識個中意,午日打三更。'①臨濟云:'此法辨魔揀異。'②古人爲諸學人胡喝亂喝,總是效顰,所以立此簡辨,須知一句中有賓有主,有照有用,有權有實,入得此門,不妨奇特。"

僧問:"如何是主?"師以拄杖子拄却那僧。問:"如何是賓?"師云:"你看取。"問:"如何是照?"師云:"仔細著。"問:"如何是用?"師便打!

又僧問:"如何是佛?"師云:"疏楊當戶。"問:"如何是法?"師云:"流水湛空。"問:"如何是佛法的意?"師便打!

又僧問:"臨濟問佛法的的大意,爲甚麼痛打三頓?"師云:"我不爲你說。"僧無語,師云:"子何不道?"問:"如何是佛法的的大意?"師云:"你向前來!"僧無語歸衆,師云:"還有問話者麼?"衆無語,師休去。

"古意不可得,③蕭然四座僧。簷牙無燕雀,赤日印空庭。"良久,云:"不可得意則不問,日印空庭事若何?"乃云:"苔文鏤石古,草帶篆簾青。"舉"《法

---

① 慈明即石霜楚圓(986—1039),此偈爲《慈明頌》,《人天眼目》(T. 2006),《大正新修大藏經》(48),頁 304 下。

② 《指月錄·鎮州臨濟義玄禪師》(X. 1578)記臨濟云:"大德!山僧所舉,皆是辨魔揀異,知其邪正。"《卍新纂續藏經》(83),頁 558 下。

③ 此篇於《三峰藏和尚語錄·住蘇州北禪大慈禪寺語》(J. B299)中稱爲"小參",且僅略錄前段數句和摘要爲"治世言言、資生業等,皆與實相不相違背",其餘內容和問答皆刪除,新文豐版《嘉興藏》(34),頁 129 上—中。

華經》云：'治世語言、資生業等，皆順正法。'且道如何是正法？若道治世語言、資生業等是正法，則邪法亦正矣；若道邪法是正，又何却說個正法？還有人道得麼？"①

僧問："動容揚古路，不墮悄然機。如何？"師作聽勢云："我耳聾聽不得。"僧高聲理前問，師便掌，僧禮拜。師以拳作播鼗勢云："莫是者個那？"僧云："是。"師云："是什麼？"僧云："拳頭。"師云："喚著拳頭則觸，不喚著拳則背，你又作麼生？"僧無語，師云："釣鈎纔下水，掣破鯉魚顋。"

又僧問："一人發真歸源，十方虛空悉皆消殞。如何是悉皆消殞？"師云："犀牛扇子無筋骨。"進云："如何是發真歸源？"師云："搕㩳堆頭汝去尋。"僧禮拜，師云："無恁麼長柱杖。"

又僧問："如何是動容揚古路，不墮悄然機？"師云："我不爲你說。"僧便喝！師云："這喝落在什麼處？"僧禮拜，師云："爭奈柱杖子短。"

又僧問："如何是正法？"師便起身云："且歸堂與你閑坐喫茶商量。"僧禮拜，師打一下！便行。

"五月二，②榴火燒庭樹。好思量，正是人疑處。"以柱杖畫一畫，云："日長睡起香未銷，堂虛八尺簾垂地。"又畫一畫，云："這裏會去，不妨了却；若不

---

① 《妙法蓮華經》(T. 262)，《大正新修大藏經》(9)，頁 50 上；弘儲於《三峰藏和尚語録·住蘇州北禪大慈禪寺語》(J. B299)刪節了本文獻中漢月的問話："若道治世語言、資生業等是正法，則邪法亦正矣；若道邪法是正，又何却說個正法？還有人道得麼？"以及簡略總結此段之文句爲"治世語言、資生業等，皆與實相不相違背。"新文豐版《嘉興藏》(34)，頁 129 中。但是，筆者認爲弘儲此種作法不符合《妙法蓮華經》和漢月之原意，因爲《妙法蓮華經》之意爲若善男子、善女人以清净意根，通達無量無邊之義後，其演說之法，隨其義趣，皆能與"實相不相違背"，因此其所說俗間經書、治世語言、資生業等，皆能"順正法"。因而漢月才會質問衆人："若道治世語言、資生業等是正法，則邪法亦正矣；若道邪法是正，又何却說個正法？"所以，筆者認爲弘儲於《三峰藏和尚語録·住蘇州北禪大慈禪寺語》的刪節說法，忽略了《妙法蓮華經》主張以"清净意根和通達無量無邊之義"爲先決和必要條件，以及漢月要衆人再深入思維此說的質問。

② 此篇小參，他本皆無收。

會,不妨疑著。所以古人云:'不疑無悟,小疑小悟,大疑大悟。'①所以道:'喚著柱杖則觸,不喚著柱杖則背,喚作什麼?'于此有疑,則目前所見底,耳裏所聞底,心裏所緣底,六根、六塵、四大、五蘊、虛空等事,一一皆疑。以不可明故疑,以不得明故不得不疑,疑不去轉見疑深,疑深時轉疑轉烈,烈極則情塵自破,自破則肯心自許,謂之參須實參、悟須實悟者也。諸仁者!還有不疑者麼?不疑則出來通個消息,爲山僧決疑。若有疑,不妨出來決擇真疑,破自家疑處。還有透背、觸兩關底麼?"

僧問:"那個是透過兩關底快活人?"師云:"畫鼓龍舟競。"僧擬議,師便打!僧歸衆。

又僧問:"如何是畫鼓龍舟競?"師云:"歸來趁月明。"僧擬議,師便打!僧歸衆。

師云:"會麼?"便行云:"此是透兩關底句。"

"學路非無學,②無學先絕學。學與心絕時,躍然會真學。"遂舉:"香嚴閑禪師在百丈時,性識聰敏,參禪不得。及參潙山,山問:'我聞汝在百丈先師會中,問一答十,問十答百,此是聰明靈利,意解識想,生死根本,何不向父母未生時,試道一句看?'蓋以人從孩孺已來,六識漸強,憶持理會,愈學愈加分別,分別漸大,與道漸遠,所以潙山問他父母未生汝前,根塵未耦時事。故閑師被一問,直得茫然歸寮,平日看過文字,從頭要尋一句酬對,竟不能得,乃嘆曰:'畫餅不可充饑。'屢乞潙山說破,山曰:'我若說似汝,汝已後罵我去在,我說底是我底,不干汝事。'閑遂將平昔所看文字燒却,曰:'此生不學佛法也,且作個長行粥飯僧,免役心神。'乃泣辭潙山,直至南陽忠國師遺迹憩止焉。

---

① 《雪巖祖欽禪師語録》(T. 1397)記雪巖祖欽(1216—1287)云:"參禪須是起疑情,大疑大悟,小疑小悟,不疑不悟。"《大正新修大藏經》(70),頁 606 中。

② 此篇小參,他本皆無收。

"一日芟除草木,偶拋瓦礫,擊竹有聲,忽然有悟。遽歸,沐浴焚香,遥禮溈山,〔贊〕①曰:'和尚大慈,恩逾父母!當時若爲我説破,何有今日之事?'乃有頌曰:'一擊亡所知,更不假修持。動容揚古路,不墮悄然機。處處無踪迹,聲色外威儀。諸方達道者,咸言上上機。'

"仰山聞之曰:'也須勘過。'遂到忠國師院曰:'師弟發明大事,你試説看。'閑舉前頌。仰曰:'此是夙習記持而成,若有正悟,别更説來。'閑云:'去年貧,未是貧;今年貧,始是貧。去年貧,無卓錐之地;今年貧,錐也無。'仰曰:'如來禪,許師弟會;祖師禪,未夢見在。'②

"今人到這裏,便道如來禪與祖師禪豈有二耶?仰山此語是謾他香嚴耳。若刺頭入他圈繢裏,便落他套,不如拂袖便行,作鷂子過新羅始得。殊不知如來禪虚空粉碎,一法不存,墮在潔净處,直須别峰相見始得。

"是時香嚴是個靈利衲僧,觸著便轉,復呈偈曰:'我有一機,瞬目視伊。若還不薦,别唤沙彌。'仰山遂肯之。後來香嚴出世上堂云:'若論此事,如人上樹,口銜一枝,脚不踏枝,手不攀枝,忽有人問:如何是祖師西來意?不對他,又違他問頭;若對他,不免喪身失命。當恁麼時作麼生?'③

"若此處直下便會,不妨暢快,不然便當咬住本參,没奈何處,抵死參去,不可將學得來一卷半部經、一首兩首偈,得些子消亡境界,向人前圖個熱鬧,不可放捨,纔見我恁麼舉,便道:'他不曾聽經,不知我肚皮裏好處。我今不求參禪,只爲學問已到究竟處,但再坐幾日禪,與他相應耳。豈謂離却教外,别求悟處者耶?'此等説話譬如醯鷄在瓮,不願見天,但求行遍瓮中,謂之:'天不過如是之大而已!'只恐有人打破他瓮,便喪身失命。若是不顧命底,直須自撞破瓮殼,不然則求人爲彼一棒打破

---

① 原文訛作"醟",筆者依《指月録·鄧州香嚴智閑禪師》(X. 1578)修改爲"贊",《卍新纂續藏經》(83),頁 547 下。

② 《指月録·鄧州香嚴智閑禪師》(X. 1578),《卍新纂續藏經》(83),頁 547 中。

③ 《指月録·鄧州香嚴智閑禪師》(X. 1578),《卍新纂續藏經》(83),頁 547 下—548 上。

始得。"

"五月五日正當午,①舟化爲龍艾變虎。和成百毒滿人天,羅漢攢眉叫冤苦。苦！苦！"以柱杖打一下云："還有免得底麼？出來道看！"良久,自吟云："角黍尖尖蒲酒香,家家歡喜賞端陽。醉深一任婆娑舞,百雉城高晒夕光。"以柱杖頓地！云："直須恁麼始得！"

遂舉："潙山云：'有句無句,如藤倚樹。'有疏山者先有省處,聞此話,從三千里外,賣却布單來參潙山。纔見潙山便問：'"有句無句,如藤倚樹。"是和尚誠言否？'潙云：'是"樹倒藤枯,句歸何處？"'潙呵呵大笑！歸方丈。疏云：'某甲三千里外賣布單來也,和尚何得相弄？'潙喚侍者取還他布單錢去,臨別囑云：'他已後有獨眼龍點破去在。'後疏到明招,招眇一目,招見疏便問：'何處來？'疏云：'潙山來。'云：'潙山有何言句？'疏舉前話,招云：'却使潙山笑轉新。'疏從此大悟。"②

師云："今時禪客但道一悟便了,而不知此等公案豈是艸艸？只説道相見便置一問,轉一語,拂袖便行,不肯深求力究,致使半途而廢,所以大慧參遍之後,見圓悟重參此則,方得悟入。"自云："某甲大悟十七八遍,小悟不計其數,豈虛語哉？大衆！還有會得其中語脉者麼？"良久,後云："此語太深,不應舉似,只是今日將惡蛇、惡蝎、蜈蚣等百毒,置在瓶中,還有人下得手麼？不獨世間法如此毒,佛法亦如此毒。免得毒者,請道取一句,不妨再參。"久之,頓柱杖三下！云："普庵到此,百無禁忌。"③便下座。

---

① 此篇小參,他本皆無收。
② 此則舉似,參《指月録·撫州疏山匡仁禪師》(X. 1578),《卍新纂續藏經》(83),頁 598 上。
③ 《南宋元明禪林僧寶傳·慈化普菴肅禪師》(X. 1562)：普菴印肅禪師(1115—1169)爲神異僧,能"利濟含靈,藏污耐垢",其弭災異迹,不可勝紀,《卍新纂續藏經》(79),頁 601 下。

舉起《法華經》云："諸法從本來，常自寂滅相。"①拈起扇子云："此是法，如何是法本？此是法相，如何是寂滅相？試道看。"衆無語，以扇子擲地云："薰風自南來，殿閣生微涼。若于此處會去，不妨直截，所謂：'知法常無性，佛種從緣起，是故説一乘。'②古人云：'從緣薦得相應捷，就體消停得力遲。'③從緣薦者，如溈山僧聞鼓聲大笑，如香嚴聞擊竹大悟，如靈雲見桃花便了，百丈聞喝之類，便是從緣直薦處。若道緣生無性道理，非法華會上極談，此是睹星之後，不好直示其事；三七思惟，降下一層，放開一條義路，故有緣生無性之語。何謂緣生無性道理聻？"

乃以拄杖撥出涼鞋，指云："此是鞋子，因相立名，以名表相，承足襯跬，故謂鞋子。然此鞋子本自緣生，以其從經從緯，自縱自橫，因人工、因心識、因草、因空和會而成，故曰緣生。若道從經，經爲豎草，豈可名鞋？若道從緯，緯乃橫麻，豈名鞋子？若因于人，既名曰人，鞋從何得？若因心識，心識非襯足之物，何可鞋名？何當鞋用？若因虛空，空不是草。若因于草，草不是空。一一推求，則六塵、十二入、十八界、地水火風、空、見、識各不相和合，不相因緣，故謂之無性。若曰無性，奈何因緣和合；若曰緣生，奈何不到不知。又非自然，非不自然，宛轉推之，了不可得。此是萬不得已，拗直爲曲，强挂齒頰者耳！今到法華會上，正與睹星時一樣，那裏有許多叨怛來？"

拈起拄杖，云："會麼？"良久，云："'止止不須説，我法妙難思。'"④又拈起拄杖，云："'止！舍利弗！不須復説。'⑤若道不説底是聻，則世尊四十九年橫説豎説，又説個甚麼？若道説底是聻，他爲何道'止止不須説'？所以外道問佛，不問有言，不問無言。世尊良久，外道云：'世尊大

---

① 《妙法蓮華經》(T. 262)，《大正新修大藏經》(9)，頁8中。
② 《妙法蓮華經》(T. 262)，《大正新修大藏經》(9)，頁9中。
③ 《撫州曹山元證禪師語錄》(T. 1987a)，《大正新修大藏經》(47)，頁530上。
④ 《妙法蓮華經》(T. 262)，《大正新修大藏經》(9)，頁6下。
⑤ 《妙法蓮華經》(T. 262)，《大正新修大藏經》(9)，頁5下。

慈,開我迷雲。'①今日還有如是外道者麼？不然,皆是增上慢人,退亦進矣。會麼？會麼？"良久,衆默然。師云:"'諸法從本來,常自寂滅相。'"②𢱧柱杖,下座。

"大凡真修行人,③須具得一個信字。然此信字本一,分際有三:一者遙信;二者證信;三者了信。所謂遙信者,未能親見此事,先須信得自己直下本來是佛,只是聖凡情理所障,動輒落在意根下,東緣西緣,狂心難歇,直須討個歇處。纔信得有歇處,便肯撒下六塵,捨將三毒,求個明師指點,廣參博問,看個有疑情話頭,務祈一觸一磕,打破髑髏。

"中間便從信字上先立大志,任他千歧萬惑,終不搖動,一直到底,魔來佛來,總不干些子事。既已立志,便能鼓發浩氣,其氣憤憤勃勃,蓋天蓋地,不可屈撓。以志率氣,以氣成志,志氣堅凝,打成一片,如純鋼渾鐵相似。又如紙卷火炮相似,愈卷愈厚,愈厚愈卷,卷之不已,把一個話頭疑處,合成發藥,滿滿𢱧緊,𢱧之又𢱧,𢱧卷雙行,撥着火線,通身一迸,千飛萬碎,那時見得自己下落,方才謂之證信。

"既證之後,不疑生,不疑死,不疑佛祖,不疑古今,不疑自他,不疑參究,但疑師承邊事有何長處？乃爾貴重。如此又須三十年、二十年、十年、五年服勤,登堂入奧,千瑣萬碎,廣參博問,費盡心力。及乎參遍五家,歸根得旨,方信得前來信字也不消得,到此方謂之了信。

"可見,不發遙信,無有證信;不發證信,不得了信,三字一貫到底。若是見人參禪便道:'佛法盡在教裏,何更走這死煞極路？窮盡教義,自然明却自

---

① 《指月錄》(X. 1578),《卍新纂續藏經》(83),頁 409 中。
② 《妙法蓮華經》(T. 262),《大正新修大藏經》(9),頁 8 中。
③ 此篇同於本書所輯《三峰藏禪師全錄》卷八,以及《三峰藏和尚語錄·廣錄》(J. B299)中姑蘇北禪寺告香小參,新文豐版《嘉興藏》(34),頁 147 上。三本之文字歧異不影響文意,下不贅注。

心,直下是佛便了。'此便是依通狐伎,不發遥信者也。

"又有雖然只在教理發明,然亦不妨坐參一上,看他有甚長處?此是無遥信而隨人信處,窺觀婦道①者也,如此等人必不抵死拼命,定無證信之理。

"又有果然大勇大猛,已得個入處,但道:'一了百了,直是快活!何須更有師承絡絡索索?'縱然理出線索,料道:'不過爲接人門庭,②多有方便耳,在自己分上,想無加損。若然者,我又何苦大費周折耶?'此不知一了之中,止可入佛,不能入魔,常時空净則相應,若到千態萬狀,七顛八倒,③用心用識處,便無受用矣。所謂"根本涅槃心易得,而差别智難明"。④無量無量塵沙無明細惑,不曾動着一絲毫在。此因遥信不深,得少爲足,未能了信者也。

"又有證信之後,信有了信,知有師承,於師承邊,逗得少許,未能開心見誠,忘身忘世,久之符契,窺得門户,依稀已似,但不到轉一轉⑤田地,人忘法未忘,離師太早,出頭得快,動輒在法見上起我,四相紛然,自覺得相應,於覺相應處過日,至死不悟。⑥悲夫!此其了信不了,致成彌天貽蘖,不可剪拔,非遇大手眼人,不能爲其抽釘撥楔也。過此關,⑦方纔真是了信,⑧究竟返思,虧殺當初,虚空裏下得一個信字,⑨所以千魔萬難,得到今日耳。

"大衆若未信者,於此遥信,便猛參個竹篦子話去。若已參者,便拼命求個懸崖撒手,直到證信去。若已證信者,務須降下貢高,莫住了辦,求個了信

---

① 本書所輯《三峰藏禪師全録》卷八和《三峰藏和尚語録》作"鑿壁偷光"(J. B299),新文豐版《嘉興藏》(34),頁147中。
② 本書所輯《三峰藏禪師全録》卷八中,此句前有"縱有師法未盡"一句。
③ 此"千態萬狀,七顛八倒"句,於本書所輯《三峰藏禪師全録》卷八作"應事遇物"。
④ 宗密《圓覺經道場修證儀》(X. 1475)記古德云:"涅槃心易得,差别智難成矣。"《卍新纂續藏經》(74),頁453上。
⑤ 本書所輯《三峰藏禪師全録》卷八作"轉物"。
⑥ 本書所輯《三峰藏禪師全録》卷八作"不悔"。
⑦ 本書所輯《三峰藏禪師全録》卷八作"末後牢關"。
⑧ 本書所輯《三峰藏禪師全録》卷八作"了性"。
⑨ 本書所輯《三峰藏禪師全録》卷八作"虧得始初,劈空裏發得一個信字"。

去。大衆！不妨因今日山僧苦苦勸信，便即信取。"卓拄杖便休。

"一群水牯牛，①放入湖天去。拽脱橫鼻椿，芒繩無縛處。烟茫茫，草無際，數聲牧笛人何處？"良久，云："此是牧牛偈子也，蓋因堂中諸仁者工夫有逐七爲限，勇猛參究，兹當二七已完，今日大放一日，故有放牛之偈。向來一七、二七牢拴犁軛，深插犁頭，前拽後鞭，東牽西撇。不許眠犁，不容脱軛，直要耕翻心地，種熟道禾，勿犯人苗稼。若擬東邊水草，被東邊人打；若擬西邊水草，被西邊人打；若擬當下水草，被自己打。譬如牧牛之人，執杖視之，勿令縱逸，遂使上天無路，入地無門，得到今日，脱却鼻孔，放入水田，暫時休歇，直是快活！還有果脱鼻椿、牽呼不往者麼？出來通個消息！"

僧問："如何是拽脱鼻椿、不犯水草底牛？"師云："牽犁拽耙去在。"進云："既是不犯水草，爲甚牽犁拽耙？"師云："還要分皮分骨麼？"僧作禮，師云："這老牛！"衆無人出，遂舉：②"延平禪者問湛和尚云：'初步工夫如何策進？生死到來如何抵敵？參個話頭如何得力？去後來先如何作主？瓦子擊門可有人否？因甚百草頭上花不謝？'湛和尚答云：'靈龜無卦兆，不鑽最爲好。一念不生前後斷，不知誰與死和生？石女知音少，才人說夢多。問者既無門，答者不啓口。'"

平以此話今日來問三峰："初步工夫如何策進？"答云："鞭驢下井。""生死到來如何抵敵？"答云："刹竿頂上鑱鎗頭。""參個話頭如何得力？"答云："螺師臀裏做道場。""去後來先如何作主？"答云："三年牌位哭聲高。""瓦子擊門可有人否？"答云："夢回床上三更月。""因甚百艸頭上花不謝？"答云："臘月樹頭春。"

---

① 此篇小參，他本皆無收。
② 此則舉似爲延平禪者先後與湛然圓澄(1561—1626)和漢月之問答，但《湛然圓澄禪師語録》(X. 1444)無收，《卍新纂續藏經》(72)。

又問："今日龍舟過兩日，還聞鑼鼓聲否？"答云："問取湛和尚。"進云："他不在這裏。"師掩耳，問："大師柱杖挑潭月。"答："箝不撈餬餅。"問："一步舉足動，知行何處？"答："踏草地坡乾。"問："欲請大事，因甚有花花花？"答以手作畫花勢，點三下。舉畢。

師云："此是延平道人弄巧，而湛然和尚與山僧呈拙處也，諸人也須對眾證明。大眾！各轉一語，親與現在延平道人相見，勿使叢林寂寞，速道！速道！"

良久，又舉："今日有某居士問：'心口念佛喃喃，則不問。死後心灰飛滅時，作麼生念？願大師以明語實答，莫涉宗語。'答云：'是為真念，是為真佛。'乃舉：①"山谷論'吾無隱乎爾'。晦堂曰：'還聞木樨花香麼？'谷曰：'聞。'晦曰：'吾無隱乎爾。'後見死心舉前話，心曰：'死心死，學士死，燒作兩堆灰，向那裏相見？'"乃云："正好同參！"舉畢。

良久，師舉："溈山云：'老僧死後，向山前做一頭水牯牛，脅下有溈山僧某甲字。若道是溈山僧，又是水牯牛；若道是水牯牛，又是溈山僧。畢竟是個甚麼？'"②眾無語。師云："自道去也！"以柱杖畫地，云："四蹄頭角宛然，一任分皮分骨。"下座。"工夫再起三七，個個渾身生鐵。六門不放一絲，萬仞竿頭獨立。便當無翼飛騰，撞破虛空時節。忽然失腳打翻，大地山河流血。咄！"

"綠槐絲吐挂青蟲，③恰恰珍禽冷冷風。縱是三千廣長舌，個中消息最難通。"打一棒！云："若于此一棒會得，則眼裏見底，耳裏聞底，口裏道底，心

---

① 此則舉似可參《指月錄·太史山谷居士黃庭堅》(X. 1578)中，山谷居士黃庭堅(1045—1105)參學於黃龍晦堂(1025—1100)和黃龍死心(1043—1116)之問答，《卍新纂續藏經》(83)，頁699中。

② 《潭州溈山靈祐禪師語錄》(T. 1989)，《大正新修大藏經》(47)，頁581下。

③ 此篇小參，他本皆無收。

裏思底，頭頭法法總皆會去。若不會，則見樹是樹，見山是山，僧是僧，俗是俗，總皆爲見聞覺知所礙。"復豎起棒，云："于此見得，則心思意想總不交涉；若不見得，則虛妄浮心，多諸巧見，處處生死。"

舉：①"德山夜參云：'德山今夜不答話，問話者三十棒。'時有僧出禮拜，山便打。僧云：'某甲話也未問，爲甚麼便打？'山云：'你是那裏人？'" 師云："于此見得不妨暢快。"② 僧云：'新羅人。'山云：'未踏船舷，好與三十棒。'

"德山如此教人，何等痛快！蓋緣山爲周金剛時，③聞說祖師有'直指人心，見性成佛'之語，乃云：'南方有此魔子，我當掃空其窟穴。'因擔自注《青龍疏鈔》，徑往南方，路逢婆子賣點心，山歇下《疏鈔》，謂婆子曰：'賣點心着！'婆云：'座主所擔何物？'山云：'《金剛疏鈔》。'婆云：'我聞《金剛經》三心不可得，請問座主：你今要點那個心？'山無語，婆云：'此去有龍潭禪師，可往參之。'山到潭，問：'久嚮龍潭，及乎到來，潭又不見，龍又不現。'潭云：'子親到龍潭。'山佇思，久立至夜深，潭云：'何不下去？'山云：'外邊路黑。'潭點紙燭，度與山，山纔接，潭便吹滅，山大悟。明日將《青龍疏鈔》置法堂前，舉火焚之，云：'窮諸玄辨，若一毫置于太虛。竭世樞機，似一滴投于巨壑。'潭乃上堂云：'有一個漢，牙如利劍，口似血盆，一棒打不回頭，他時向孤峰頂上，立吾道去在。'"

師云："大衆！當于一棒處見得；此處不見，當于吹紙燭處見得，見麼？然而此法無可傳，而無所不傳。若有心可受、口可傳，向密室指點者，皆爲邪法。只在一棒處會得便傳去，不會便無可傳也。會否？不會！我再打一

---

① 此則舉似可參《指月錄·鼎州德山宣鑒禪師》(X. 1578)，《卍新纂續藏經》(83)，頁 567 中。

② 此句"師云"内容應爲漢月之著語，本書以楷體小字和上下空格區隔所舉古則原文。

③ 周緣山乃爲德山宣鑒之俗家姓名，出家後因常講《金剛經》，時謂之周金剛，以下之公案見於《指月錄·鼎州德山宣鑒禪師》(X. 1578)，《卍新纂續藏經》(83)，頁 567 上—中。

棒去在！"

"昨夜非非想天，①有十六天人退位。今日地平磚下，有三千諸佛出興。我皆一一知名，且道還有人知得名姓者麼？"良久，衆無語。

自代云："非非想天有十六天人退位，趙錢孫李，周吳鄭王，馮陳褚衛，蔣沈韓楊。地平磚下三千諸佛出興，不及一一舉似，自有《千佛名經》②一部可讀。若知得退位出興處，不妨出格；若不知得退位出興處，則總在山僧腳下，不消一踏。"乃以柱杖畫方磚作十字，云："諸佛出興也。"以柱杖指上，云："天人退位也。"乃以腳向下一踏，云："秦時䩪轢鑽。"

命侍者以供花淨瓶置地，③以柱杖指云："'有句無句，如藤倚樹。'且道如何是'有句'？如何是'無句'？如何是'如藤倚樹'？速道！速道！"良久，衆無語。

師云："前日有一師僧從清隱來，開口便用機鋒轉語，自謂有所得，察其所由，不過得個清空道理，暫時歇息。每到言語交加處，便要向'父母未生前'躲根，此是舩子所謂'一句合頭語，萬劫繫驢橛'④者也。前日我道他不是，未必服膺。故此今日以有句無句驗他，若人果有悟處，我舉着時，他便出來通個消息也。

請問作麼生是句？若不識句，便涉道理光景意解，開口合頭，廉纖繫贅。若既已識句，我又問他：'如何謂之有句？'若不識有句，開口便連根帶母，節上生枝，牽入生死窟裏。他若已識有句，我問他：'如何是無句？'若不識

---

① 此篇小參，他本皆無收。
② 根據《大明重刊三藏聖教目錄》(C. 1937)所記，明代可見三部《千佛名經》，即《過去莊嚴劫千佛名經》(T. 446)、《現在賢劫千佛名經》(T. 447)和《未來星宿劫千佛名經》(T. 448)，《中華大藏經》(106)，頁766上。
③ 此篇小參，他本皆無收。
④ 《指月錄·秀州華亭船子德誠禪師》(X. 1578)，《卍新纂續藏經》(83)，頁537上。

無句,便處處滲漏,用語何爲？若已識無句,我又問他:'如何是正句？'若不識正句,謂之無主孤鬼,不堪共語,正是流浪生死,大妄滑頭。

若果會得,不妨出來大趁神通,對衆證據;若不會得,請勿更學無師承漢,專掠虛頭,瞞人瞞己,瞞祖瞞佛,只圖人前熱鬧,貴在做人不知自己,渾身喪却也。不如從今撇下舊時見處,看個秘魔巖和尚話頭,纔見僧入門,便提起長柄木叉喚云:'道！道！道得出,也叉下死！道不出,也叉下死！'①其人擬開口,便叉出去;不開口,亦叉出去。説甚麽'父母未生'、'父母既生'？要這些意思作麽？還有會得有無句者麽？出來！大家扶起破沙盆。如無,則喚侍者收花瓶去也。"侍者收瓶,師休去。

"十方虛空,②針劄不入。重山隔海,任運去來。既曰任運去來,爲甚針劄不入？既曰針劄不入,爲甚任運去來？還有會得者麽？出來道看。"久之,衆無語。

有老人出云:"十方虛空,豈有針劄不入底理？不過是個法身。"師云:"如何是法身？"人云:"說話底是法身。"師笑之,人固認不回。語多不録。③

又人問:"如何是見？"師豎柱杖云:"此是斬妖劍。"人云:"如何是斬妖劍？"師便打！人禮拜云:"昨日誤聽大師云:'見聞覺知是性。'故敢冒犯。"傍有居士云:"他是初心,幸垂開示。"

師云:"山河大地,是外四大;地水火風,是内四大。内、外是色、聲、香、味、觸、法,意根思量底是受、想、行、識。四大、五蘊俱不是你,離却四大、五蘊見聞覺知,道取一句來！"云:"道不得。"師云:"好參去。"人作禮。

僧出問:"南山一個死眠羊……"云云。語絡繹不了。師云:"虎來也！"便打！

---

① 《指月録·五臺山秘魔巖和尚》(X. 1578),《卍新纂續藏經》(83),頁531下。
② 此篇小参,他本皆無收。
③ 此句爲語録編者之夾注,以小字表示。

僧接柱杖，作舞不已，師曰："連麻客。"僧慚歸眾，師大笑！

其僧又出問："虛無寂滅之道，生耶？死耶？"師便打！僧擬接，師又打！僧豎指，作舞回旋勢，師曰："麻客踏罡那？"僧不肯而怒，眾大笑！僧出問："如何是離見聞覺知底句？"師休去。

師以花瓶置地，①令眾下語。僧出踢倒！師云："秦時䩺轢鑽。"僧歸位，師復令置地，又如前問。一僧出云："供養和尚。"師云："秦時䩺轢鑽。"又僧拈置佛前，師云："有人拈過了也。"僧歸眾。師歌云："鎗枝劍葉影撐空，匝地參天涌一叢。多少看花靈利客，喪身失命在其中。"

僧問："忽有沒性命漢出來何如？"師云："你跳上去！"僧無語，王覺我居士頌云："一枝含裹太虛空，花葉層層約五叢。迦葉當年親會得，踢翻大海笑顏中。"師問："如何是踢翻大海底句？"答云："去問迦葉，問：'意旨何如？'"士作踢勢。

"夜來睡夢惡，②翻身未摸索。幾希半醒來，雨中梅子落。大眾！還有會得這消息者麼？若會得，一生事辦。所以高峰禪師初悟之後③，既得自在，寥寥落落，日夕自覺快活。雪巖知其在快活處躲根，猶是明白裏受用光境，故問之曰：'日中浩浩作得主麼？'峰云：'作得主。'又問：'夜夢寐中作得主麼？'峰云：'作得主。'蓋其作主處，正是六識光明，七識主宰，依倚過日，故醒、夢二途，識心到處，便覺自在，正是生死根本也。

"巖復問之曰：'若你正睡著時，日中浩浩底心識用不著也，無夢、無想、無見、無聞，此夢寐時心識用不著也，畢竟你底主在甚麼處？'高峰被這一問，

---

① 此篇小參，他本皆無收。
② 此篇小參，他本皆無收。
③ 以下舉似，參《高峰原妙禪師語錄·行狀》(X. 1400)，《卍新纂續藏經》(70)，頁 699 中。

如在千丈崖頭攀虬踞虎處,被人一推,推下無底深坑相似,直得無把捉處。到此没奈何,便重發大志,發大願,拚一生做個癡獃漢去。

"雪巖曰:'我如今也不要你學佛、學法,也不要你窮古、窮今,此正所謂殺人不用刀也。你但飢來喫飯,困來打眠,此正所謂把魚乾與貓枕頭也,纔眠覺來,究個我這一覺,主人公在那裏?又不可作無主論量也。'高峰那時轉墮轉深,愈思愈絶。又参却五年,因夜睡覺來,正思此事,被鄰單翻身推枕子落地,忽然打破網子,始知凡夫無量劫來用慣心識。

"及至悟時,又在悟處用却心識,所以到死來時,前五識用不着,眼暗耳聾,身不知痛癢,鼻不知香臭,舌不能言,口不能知味。意根黑暗,緣慮不來,千劫依憑,一旦失守,不覺驚荒悶亂,善惡業緣任運,送入六道,無你自由把柄處。可見前來作主底,不是你自己,豈不錯用心神,勞勞無益?奈何人不知此,動輒要在理路上求個出豁,殊不知理路用不着,直須向没理路處深參,極究了却,始得受用耳。

"蓋無明之中,一分無知,一分有知。無知復分内四大之身、外四大之界,因内、外四大汩起,六根、六塵妄爲緣影,湛粘受影,故有受、想、行、識之心,所以妄認四大爲自身相,六塵緣影爲自心相,以心爲六塵之緣影,六塵爲心之緣影,交互錯粘,誤爲生死,不過一'知'字爲害耳。

"《楞嚴經》云:①'覺海性澄圓,源澄覺圓妙。'此豈有知、無知可擬者耶?'圓明照生所',只此明極生照之'照'字,便爲禍根而生所耳。'所立照性亡,迷妄有虚空',照是覺明,明亡即是頑空,頑空之中便分一分無知、一分有知,故曰'依空立世界'。既有世界,則'想澄者成爲國土','知覺者乃爲衆生'。大衆!既是無知者,是國土不足貴矣。其知覺者既是衆生,又何

---

① 以下文句引自《楞嚴經》(T. 945),原文句爲:"覺海性澄圓,圓澄覺元妙。元明照生所,所立照性亡。迷妄有虚空,依空立世界。想澄成國土,知覺乃衆生。"《大正新修大藏經》(19),頁130上。原文獻中"圓"、"源"和"元"多字,與《楞嚴經》原文句混淆,或爲抄録者因同音異義字所造成之訛誤。

畢竟貴于知覺耶？直須究其覺海可耳。

"若以知覺爲心者，豈不見南陽忠國師問：'禪客從何方來？'①客曰：'南方來。'師曰：'南方有何知識？'曰：'知識頗多。'師曰：'如何示人？'曰：'彼方知識直下示學人：即心是佛，佛是覺義。汝今悉具見聞覺知之性，此性善能揚眉瞬目，去來運用，遍于身中，挃頭頭知，挃脚脚知，故名正遍知。離此之外，更無別佛。此身即有生滅，心性無始以來，未曾生滅。身生滅者如龍換骨、蛇蜕皮、人出故宅，即身是無常，其性常也。南方所説大約如此。'

"師曰：'若然者，與彼先尼外道無有差別。彼云：我此身中有一神性，此性能知痛癢，身壞之時，神則出去；如舍被燒，舍主出去。舍即無常，舍主常矣。審如此者，邪正莫辨，孰爲是乎？吾此遊方，多見此色，近尤盛矣。聚却三、五百衆，目視雲漢，云是南方宗旨，把他《壇經》改换，添糅鄙談，削除聖意，惑亂後徒，豈成言教？苦哉！吾宗喪矣！若以見聞覺知是佛性者，《浄名》不應云："法離見聞覺知，若行見聞覺知，是則見聞覺知，非求法也。"'②

"又問：'《法華》了義，"開佛知見"，③此復若爲？'師曰：'他云"開佛知見"，尚不言菩薩二乘，豈以衆生癡倒，便同佛之知見耶？'僧又問：'阿那個是佛心？'師曰：'墻壁瓦礫是。'

"洞山問僧：'名甚麼？'④曰：'某甲。'曰：'阿那個是闍黎主人公？'曰：'見

---

① 以下舉似，參《指月録·南陽慧忠國師》(X. 1578)，《卍新纂續藏經》(83)，頁462下—463上。

② 《維摩詰所説經》(T. 475)之原文句爲："法不可見、聞、覺知，若行見、聞、覺知，是則見、聞、覺知，非求法也。"《大正新修大藏經》(14)，頁546上。

③ 《妙法蓮華經》(T. 262)："諸佛世尊，欲令衆生開佛知見，使得清净故，出現於世。"《大正新修大藏經》(9)，頁7上。

④ 以下舉似，參《指月録·瑞州洞山良价悟本禪師》(X. 1578)，《卍新纂續藏經》(83)，頁577中—下。

祇對次。'師曰:'苦哉!苦哉!今時人例皆如此,祇得驢前馬後底將爲自己,佛法平沉,此之是也。賓中主尚未分,如何辨得主中主?'僧便問:'如何是主中主?'師曰:'闍黎自道取。'曰:'某甲道得即是賓中主,如何是主中主?'師曰:'恁麼①道即易,相續也大難。'遂示頌曰:'嗟見今時學道流,千千萬萬認門頭。恰似入京朝帝主,祇到潼關即便休。'"

"白雲何悠哉,②有口不需開。今日暫爲別,相逢秋後來。"以柱杖畫一圓相○,云:"恩義只緣貧處斷,古路無人虎自哀。"又以柱杖畫一圓相○,云:"山僧更有末後句,一回説盡了罷。"吟云:"桂子月中落,天香雲外飄。"便下座。

"木石非火,③磨擊則燎却三千大千之燥;晦昧非土,結暗則礙塞三千大千之空;砂磧非金,鍛煉則斷壞三千大千之質;月窟非水,流注則漂溺三千大千之界;毫末非木,長養則覆裂三千大千之地。若人能握運造化,則無一法不成,無一法不破,還有握造化者麼? 出來道取一句,不妨出格自在。若未能手運乾坤,言提化母,爲木則被火燒金削,爲金則被爐爍鎚銷,爲火則被水滔風滅,爲水則被土壅火燥,爲土則被木剋水漂,總被五行剝減去也。所以道貴知時,機當合節,臨時自有轉身吐氣始得。其餘則不問,且道大火所燒時,你作麼生出豁? 道! 道!"

良久,偈云:"一二三四五,金木水火土。老僧柱杖頭,放出無毛虎。"乃吹柱杖頭,云:"放火也!"復捏柱杖頭,云:"水淹也!"以柱杖作弄鎗勢,云:"刀兵起也!"舞柱杖,云:"大眾看棍!"以柱杖橫一橫,云:"重山大地礙塞也,你還一一不受其殃麼? 畢竟大火所燒,你作麼生?"良久,自云:"縱使

---

① 原文獻作"甚麼",筆者依《指月錄·瑞州洞山良价悟本禪師》(X. 1578),改作"恁麼",《卍新纂續藏經》(83),頁577下。

② 此篇小參,他本皆無收。

③ 此篇小參,他本皆無收。

盡大地是火，不消老僧一唾。"

僧出，拜起，云："請和尚問來。"師云："四面火起時如何？"僧云："觀音瓶內柳枝頭。"師云："你試酒看。"僧便喝！師云："焦頭爛額漢。"僧禮拜，師便打！師云："若有人下得一語恰好，老僧即打眠去也。"僧出問："四面火起，和尚又作麼生？"師云："提起火盆，向你撲頭一合。"僧無語，師便睡去。

三峰於密藏禪師語録　卷之四

参學門人弘證、弘兹録
白社頭陀如志較

小　参

乙丑年,北禪夜参①云:"'鐘樓上念贊,床脚下種菜。'②晝暗夜明,地覆天載。有人道得麽?"隨口云:"否。"良久,以拄杖擊地!云:"桃花零落菜花黄,極目分明不覆藏。舉似諸人渾不解,自家腦後放毫光。還有道得者?出來通個消息!"又良久,朗吟云:"七尺絲綸八尺竿,年年月月釣清寒。魚龍蝦蟹無尋處,半夜寥寥月一團。"卓拄杖!

"盡大地是個火坑,會者也身下出水,不會者也身下出水。③ 被窠裏伸出一隻手,現五個金毛獅子,用也如是,不用也如是。還有人會得者麽? 出來道一句看!"良久,又云:"阿鼻大地獄,闊若干由旬,人身亦若干由旬,一人亦滿,多人亦滿,會者恰好。餓鬼針咽甕腹,口中吐火,與大善知識何

---

①　此篇夜参,他本皆無收;乙丑爲明朝天啓五年(1625)。
②　《黄龍慧南禪師語録》(T. 1993)記黄龍慧南(1002—1069)示衆云:"鐘樓上念贊,床脚下種菜時如何?"《大正新修大藏經》(47),頁639上。
③　此篇小参示衆,他本皆無收。

異？若人會得，天上人間，無入不自得。"擲下竹篦子！云："道！道！"

僧問："如何是機？"答："塞外烽生。"問："如何是當機？"答："城頭箭發。"問："意旨如何？"答云："中！""如何是機先？"答："上皇看馬舞。"問："意旨如何？"答："麒麟舞，鳳凰舞，貓舞，狗舞，百獸率舞。"

"有句無句，如藤倚樹。"①喝！"樹倒藤枯，句歸何處？"喝！"溈山呵呵大笑！歸方丈。"喝！喝！"偈曰：'鐵牛頭角大崢嶸，霹靂纔翻失太清。頭尾縛來成一片，紙猊火裏大揚聲。'若會得，則入魔入佛，天上人間，如意自在。"以柱杖卓三下！

"山僧昔年究極五家宗旨，②既有所立，苦無先達爲證，因不遠千里參見一尊宿，志誠求決之。宿曰：'五家宗旨是馬祖已下人之所建立，非前人意也。子盍檢釋迦而下，逮于六祖三十四傳之法偈，其禪原無許多事，若向馬祖之下輒作禪語，則惡俗不可當矣。'余聞之，憮然而返。

"復參一尊宿，問及臨濟宗旨，宿曰：'我不用臨濟禪，我今盡欲翻掉他窟子，從六祖而上，直遡釋迦老漢，紹其法脉耳。意若接臨濟源流，便有賓主等法，若有賓主，則有生死矣。'余復爲之憮然。

"復參一二老宿，皆貶三玄三要爲瞞人語，無如是事。及考之明朝以來諸尊宿語錄，雖不多見，然皆于五家宗旨無喫緊語，余未嘗不置卷而長嘆也。竊謂五家宗原非後人自立以羅籠人者，乃從達磨所傳于二祖之七佛諸祖偈傳，已具五家之旨矣，今試以釋迦一偈言之，可見其概。

---

① 此篇小參，他本皆無收；此則舉似，參《指月錄·撫州疏山匡仁禪師》(X. 1578)，《卍新纂續藏經》(83)，頁 598 上。

② 此篇小參，同於《三峰藏和尚語錄·廣錄》(J. B299)部分內容，收於"姑蘇北禪寺告香小參"之後，但《三峰藏和尚語錄》缺最後一則問答，新文豐版《嘉興藏》(34)，頁 147 中—148 中。

"偈曰：'法本法無法，無法法亦法。今付無法時，法法何曾法？'① 會麼？此便是金剛圈、栗棘蓬也，奈何座主禪以意度通之，若曰'法之本法，原無法也'，正以無法而爲法耳，今付無法之時，則法而法者，何曾法哉？此不過以'無'爲宗，正是邪人説正法、正法亦皆邪是也。遂以'菩提爲本無樹''狗子爲無佛性'，種種邪解，不可枚舉矣，而不知偈意則不然。意曰：'法本法無法，無法法亦法。今付無法時，法法何曾法？'何等直截痛快！正是五家宗旨之鼻祖也，何以見之聻？兹試以臨濟之法，逆而印之。

"'法本法無法，無法法亦法。今付無法時，法法何曾法？'此第一句也。'法本法無法，無法法亦法。'此第二句也。'法法何曾法？'此第三句也。'法本法無法，無法法亦法。今付無法時，法法何曾法？'此第一玄也。四句一齊拋出，盡其神力，奈何不得，此第二玄也。粘頭綴尾，雙轉四回，向上一路，千聖不傳，此第三玄也。此其爲三玄也，三要不必言矣。

"四句齊行，金剛王也。全威獨露，踞地獅子也。以此驗人，探竿影草也。究竟則一喝不作一喝用也。此四喝之謂也。向你道了，不向你道。全偈忽來，逐句點出。此四料揀也。會此偈否？偈會也未。盡情現前，東説西舉。此四照用也。

"全偈會得，此一句分賓主也；同生同死，則同喝之賓主也。座主見解，賓中賓也；見不徹了，賓中主也；與你細解，你不得宗，此主中賓也；大家面面相許，此主中主也。此四賓主也。臨濟宗旨大畧具矣。

"偈曰'法本法無法'，此偏中正也；'無法法亦法'，此正中偏也；'無法者，果無法乎？'此正中來也；'法本法無法，無法法亦法'，此兼中至也；全偈無可若何，此兼中到也。此五位君臣也，而五位王子亦具焉。此曹洞宗旨也。

"'法本法無法，無法法亦法。今付無法時，法法何曾法？'此'函蓋乾坤'

---

① 《指月録》(X. 1578)記爲釋迦牟尼佛付法迦葉之偈，《卍新纂續藏經》(83)，頁 410 中。

也,全偈則'截斷衆流'也,如此説法則'隨波逐浪'也,四句乃一字關也。此雲門宗旨也。"

以拄杖于空作圓相,乃隨口云:"'法本法無法,無法法亦法。今付無法時,法法何曾法?'此所謂潙仰宗旨也。

"四句全舉,總相也;法之與無,別相也;法與無兼,同相也;無與法泮,異相也;首尾輪轉,成相也;各各不到,壞相也。此六相義而法眼宗旨本具也。

"此所謂五家宗旨攝于一偈,而四七二三之祖,莫不了了于此者也。至于馬祖之時,人多情謂,每墮文字,故大權方便,有'鐘樓上念贊,床脚下種菜'①等語。後人湊濘其句,便以爲惡俗而不欲參之,顧向無邊著落,以爲極則。故以五家宗爲異説,而欲翻掉其根,不亦謬之謬乎?宗門家謂:'智過于師,方堪傳道;智與師齊,減師半德。'②今且不能智與師齊,而欲掃盡師承之正法,竪起自己之顛頂,以欺後世之豪傑。是以不惜口業,畧爲拈示,以定綱宗,後世倘有真人再興,救得此弊,雖萬死足爲諸佛報恩也。即今有旨者疑者麼?出來趁早辨取。速道!速道!"

良久,云:"諸上座!彼之所謂無五家宗旨既不是,我今所謂有五家宗旨也不是,有亦不是,無亦不是,你作麼生會?"僧問:"有宗旨又不是,無宗又不是,畢竟如何?"師便打!僧云:"此有宗旨也。"師云:"何不道來?"僧云:"請和尚道。"師又打!

又僧問:"古人云:'佛語心爲宗,無門爲法門。'"③師云:"出去!出去!"進云:"既以心爲宗,爲甚無門?"師云:"向你道出去!出去!"

---

① 《黃龍慧南禪師語録》(T. 1993),《大正新修大藏經》(47),頁 639 上。
② 《指月録·洪州百丈山懷海禪師》(X. 1578)記百丈(720—814)贊許黃檗(?—850):"如是!如是!見與師齊,減師半德;見過於師,方堪傳授。子甚有超師之見!"《卍新纂續藏經》(83),頁 475 下。
③ 《景德傳燈録》記馬祖舉《楞伽經》所云(T. 2076),《大正新修大藏經》(51),頁 246 上。

問:"如何是臨濟宗?"師云:"好與一棒!""如何是曹洞宗?"師云:"盡力說不到。""如何是雲門宗?"師云:"喔!""如何是潙仰宗?"師云:"汝只好在這圈子裏。""如何是法眼宗?"師云:"向汝道了也。"僧禮拜。

又僧問:"如何是第一句?"師便打!"如何是第二句?"師云:"是打你,不是打你。""如何是第三句?"師云:"我不向汝道。"便歸方丈。

"黃鸝問話,①烏鴉便罵。田鼠呈機,貓兒便掌。山花在高巖下覷破,不覺失笑;楊柳在堤岸邊搖頭,意道'未在!未在',何故如此?只爲他一邊說臨濟禪,一邊說曹洞禪,棒底不肯罵底,罵底不肯語底。遂使從春至夏,從夏至秋,從秋至冬,禽獸草木,你罵我,我罵你,你不肯我,我不肯你。山僧這裏總不管許多閒事,從朝洗面、喫粥、中上喫茶、喫飯、晚來洗脚、上床,齁齁大睡,有傍不肯者出來道:'老和尚也是個無事禪!'山僧道:'是!是!'所以古人云:'冬瓜直儱侗,瓠子曲彎環。'枕子撲落地,打破常住磚。"②

卓拄杖一下!云:"從達磨西來直至如今,向你諸人道盡了也。還有說不到底諸人?不妨出來通個消息。"僧出禮拜,起便歸位,師云:"也是個無事禪。"

又僧從東過西,師云:"也是無事禪。"復從西過東,師打云:"還與你些事去!"僧云:"雕文喪質。"遂喝!師云:"此是學來底臨濟。"

又僧出云:"和尚道得貼體,某甲二人辭和尚,往黃檗去。"師喚侍者云:"取兩貼糕來與二上座贈行。"侍者取糕至呈與僧,師云:"長江千里,鬥水順風,伏惟二上座珍重。"一僧捧糕出云:"此是常住物,和尚何得做人情?"師拱云:"薄意!薄意!"僧揖云:"謝供養。"歸位。一僧亦呈糕出,師云:"不

---

① 此篇小參,他本皆無收。
② 《指月錄》中記"冬瓜直儱侗,瓠子曲彎彎"爲南康軍雲居曉舜禪師所作之頌,"枕子撲落地,打破常住磚"爲永和尚所作之和頌(X. 1578),《卍新纂續藏經》(83),頁669上。

勞再勘。"良久,又僧出,擬作禮,師起云:"我要睡覺去也。"便歸方丈。

丘、陳二居士欲隨喜夜參,適後至,師問丘云:"居士在那裏留心?"士云:"前日誤服金粟一服藥,至今吐不出。"師云:"是甚麼藥?"士呈起茶鐘云:"百草頭。"師云:"茶鐘悔氣也。"士撲破,師便打!陳居士問:"除此一棒還有也無?"師云:"有!"士云:"請道!"師云:"向汝道了也。"士贊嘆,禮拜,師云:"你使甚麼暗箭?"

"雨滴石頭硬,①聲聲入耳空。誰將聲硬處,會取自真宗?"卓柱杖一下!云:"還聞麼?若聞聲,是凡夫;若不聞,是聾子。所以道'有耳如聾,有口如啞',②須是聾子、啞子出來道取一句,自聽始得。"良久,連卓柱杖三下!

"若向這裏會得,一切風聲、雨聲、蝦蟆蚯蚓聲,一時會盡,會得出來道看!"有僧出禮拜,纔擬問,師以柱杖撐之,僧無語,師云:"千尺長竿點碧波,一團明月碎如粉。夜半舟橫人不知,幾片浮漚水上輥。"

僧問:"如何是金烏吞玉兔?"師云:"同心帶子蕎腰纏。""如何是癩馬繫枯椿?"答云:"鉤鎖玉連環。""如何一冬燒不盡?"答云:"諸人抬不起。""如何是石虎當途踞?"師便打!"如何是龍頭蛇尾?"師擊柱杖頭尾!"如何是剛刀雖快,不斬無罪之人?"師擲下柱杖!僧禮拜,拾還柱杖,師云:"豈不是馬糞?"

僧問:"如何是句?"師云:"石麒麟。""如何是意?"師云:"重。""句意如何?"云:"石麒麟重。""意句如何?"云:"重石麒麟。""意句俱不到時如何?"師云:"我與你說了也。"

師豎起柱杖,③云:"只這一物,天不能蓋,地不能載,常在山僧手裏,偏與諸人作礙。天寬舒、地狹隘,張期期、李艾艾,既與諸人作礙,汝諸人向甚

---

① 此篇小參,他本皆無收。
② 《大慧普覺禪師普說》(M. 1540),《卍正藏經》(59),頁972上。
③ 此篇小參,他本皆無收。

處安身立命？莫有向這裏轉身通氣者麽？出來與老僧相見。"良久，放下柱杖云："菜重芥薑，菓珍李柰。"

僧問："'天不能蓋，地不能載'即不問，如何是'張期期、李艾艾'？"師云："阿甲甲。"問："何處安身立命？"師便打！進云："作麽又説個'菜重芥薑，果珍李柰'？"師橫按柱杖，僧禮拜。師打！云："這一句還未會在。"

僧問："無邊刹境，自他不隔于毫端……"語未竟，師云："莫來説道理！"僧云："是甚麽道理？"師云："無邊刹境，自他不隔于毫端。"僧無語，師云："你站在這裏做甚麽？"打一柱杖！云："無邊刹境，自他不隔于毫端。還會麽？"僧又無語，師又打！僧云："還有一棒何不打？"師轉回向後，僧禮拜，師打！云："果然！"

僧問："如何是踞虎頭？"師打頭一下！"如何是收虎尾？"師打脚一下！"如何是第一句下明宗旨？"師以杖拄腹撐退，僧禮拜云："也只恁麽！"師打！云："難道！"

僧問："獅子不露爪牙，忽遇大蟲時如何？"師放下柱杖，僧禮拜，師打！云："爪牙也没有。"僧喝！師又打！

僧問："臨濟云：'三要印開朱點窄，未容擬議主賓分。'①如何是主賓分？"師打一柱杖！進云："'妙解豈容無着問，漚和爭負絶流機。'如何是絶流機？"師以柱杖撐其腹！進云："'但見棚頭弄傀儡，抽牽全藉裏頭人。'如何是裏頭人？"師云："不打恁麽驢漢。"

僧問："學人問畢，師答已竟，請和尚歸方丈。"師拱手，云："請！"僧禮拜，師打！云："難道！"良久，師云："大衆！今日精進一七已完，明朝各各放身大睡一日，只許喫却飯、屙却屎，上面是帳子，下面是白席。若還如何、若何，一齊打出！洗衣縫補者，俱在堂外，爲何覃？爲他是奴兒婢子邊事。陶淵

---

① 以下引句，皆可見於《指月録·鎮州臨濟義玄禪師》（X. 1578），《卍新纂續藏經》（83），頁553上。

明高卧北窗之下,自謂'羲皇上人'。① 若是羲皇上人,請出來與老僧相見!"僧纔出,師已歸方丈。

四月初七日,②夜參:"今夜調達降生,明朝世尊出現。一對生死冤家,驀直狹路相見。世尊入地獄,調達出地獄。地獄于天堂,從來多反覆、不反覆,六六元來三十六。且道調達是古來善知識,世尊是積世人天師,爲甚麼作生死冤家?道!道!"問答不錄。

初八日,③夜參:"世尊昔日降生,特地一場愁,一手指天,一手指地,龍頭蛇尾,周行七步,目顧四方。若不旋風打,要打中間底。'天上天下,唯我獨尊',伸出頭來惹是非,雲門道:'我若當時見,一棒打殺,與狗子喫,貴圖天下太平。'④也須是個人始得,世尊如此提持,雲門如此點檢,還有人爲世尊雪屈者麼?"良久,卓柱杖一下!

丙寅,⑤北禪小參。卓柱杖!云:"二月九,禪和沒處走,撞入布袋頭,螺螄臀裏翻筋斗。撒向齊門石板橋,馬蹄一踏成烏有,頓令匝地起清風,虛空蹦跳獅吼吼。且莫吼!一根白棒在汝後。"以柱杖作打勢,良久,云:"還有與木上座相見者麼?"門頭入堂,纔禮拜,師便打!頭云:"不會,請和尚道。"師云:"你可曾鎖門麼?"頭無語,師又打!云:"爲何門也不鎖?"

僧出禮拜,⑥師云:"不得言柱杖,不得言不是柱杖,不得言即有即無,不得

---

① 語見《陶淵明集》,中國哲學書電子化計劃,https://ctext.org,2021/1/22。
② 此篇夜參,他本皆無收。
③ 此篇夜參,他本皆無收。
④ 此舉似見於《雲門匡真禪師廣錄》(T. 1988),《大正新修大藏經》(47),頁 560 中。
⑤ 此篇小參,他本皆無收;丙寅爲明朝天啟六年(1626)。
⑥ 此篇小參,他本皆無收。

言非有非無,不許你離了四句,不許你住在四句裏。速道!"僧卓然而立。師云:"快道!"僧又默然,師打一下,僧禮拜,歸衆。

僧問云:"《金剛經》云:'無我相,無人相,無衆生相,無壽者相。'①一切俱無,向何處安身立命?"師打一下! 云:"這個是有? 是無?"

僧出禮拜,師擲柱杖! 云:"不得放下,不得提起,你作麽樣?"僧便喝! 師云:"這個是提起。"僧又喝! 師云:"這個是放下。"僧禮拜,師拈起柱杖打一下! 云:"你還不曉得。"

僧問:"如何是'有句無句,如藤倚樹'?"師以柱杖頭向僧。進云:"'樹倒藤枯,句歸何處'?"師倒柱杖稍向僧。僧云:"如何是相隨來也?"師擲下柱杖!

僧問:"如何是有句?"師云:"夜雨晚來歇。""如何是不有句?"師云:"夜雨晚來歇。""如何是無句?"師云:"池蛙徹夜鳴。""如何是不無句?"師云:"池蛙徹夜鳴。"僧禮拜。師打一下! 云:"不勞更愁雨,明日定天晴。"

僧問:"和尚今日落堂,將甚麽利大衆?"師以柱杖畫一畫! 僧云:"大衆領畧個什麽?"師云:"你看麽?"僧云:"潭深龍睡穩,更盡子規啼。"師云:"閑言語。"僧便喝! 師云:"爲甚麽?"便喝! 僧云:"觸破和尚面孔。"師云:"那裏學許多閒說話!"便打!

僧出,師云:"不得有語,不得無語。"僧便喝! 師云:"不要這個喝與棒。"僧云:"腦後底。"

師云:"這有語了也。"僧又喝! 師顧首座云:"這個不會,你不要替他哄。"

"若論做工夫,②如兵家獵户用弩子相似,弩弓要勁,弩幹要端,弩中格子

---

① 《金剛般若波羅蜜經》(T. 235),《大正新修大藏經》(8),頁 750 中。
② 此篇小參,他本皆無收。

要直,弩機要活,弩弦要牢,弩矢要銳,弩藥要毒。人要強,身要正,眼要俊,心要顥,力要勇,膽要壯。不管他倭子、韃子、獅子、熊、羆、虎、狼、惡獸,但見他目前出現,便奮力一箭,不但要中身,且要透心;不但要透,且要應弦而倒;不但是倒,且要就地即死,方見得弩子手段。

若是柔竹爲弓,歪樗爲幹,水曲蛇遊之漕爲格子,釘釘膠粘爲機,爛麻爲弦,蓬蒿爲箭,黃蠟爲矢,煎蜜爲毒藥,病人執弩,攣手曲身,昏心眊眼而射,不待大敵臨陣、猛獸當前,管取馬塵未生、毛斑未見時,先跌死了也,何能射人先射馬、擒賊先擒王哉?會麼?不然老僧爲汝細注一上。

参禪人先具一付強硬骨頭,放空心識,話頭格子要兩頭夾直,圓活其靈利心腸,勇銳其志,牢起真疑,但于見機處一聲毒發,直教山崩空碎始得。若有真正用工激切者,出來射一箭看!"

良久,僧將出,師云:"天氣稍炎,且向方丈裏喫茶去。"下座。

"銅蛇撞着鐵壁,①烏龜要上龍門。冷地一聲霹靂,虛空打破囫圇。"便喝!一僧喝!師良久,問云:"你何不再道?"僧竪起拳,師便打!良久,云:"若論此事,本自條直。方丈裏三下鍾,大殿上三下鼓,盡情與你説了也。何待老和尚來鼓兩片皮,惹動許多六根、六塵、六識、十二處、十八界、地、水、火、風、空、見、識,種種惡氣,如今還有人出來塞得老和尚口住者麼?"

僧出問云:"誰是觸?誰是背?誰是不觸?誰是不背?"師打四棒!進云:"這四棒向何處安身立命?"師云:"你叫性山。"

僧問竹篦子話,②師云:"大江橫在前。"僧云:"求和尚個轉身處。"師云:

---

① 此篇小參,他本皆無收。
② 此篇小參,他本皆無收。

"若還不領會,孤雁叫蒼天。"

僧出問:"不得有語,不得無語,請和尚道一句看。"師云:"道過了也。"僧云:"不會。"師復云:"柱杖子與你道過,庭柱與你道過,目前一切都與你道過。韋馱尊天與你道過,伽藍聖衆與你道過,觀世音菩薩昨夜做夢叮嚀與你道過。你又要老和尚道,有什麽好意思?縱有得道出來,亦不過是驢糞馬糞。"僧便禮拜,歸衆,師云:"囫圇吞個棗去也。"

僧問:"喚着竹篦則觸,不喚着竹篦則背,這兩路去不得,還是觸?是背?"師云:"昏時打一下大鼓,少不得打一下大鐘。"

師問僧云:"不得有語,不得無語。"僧云:"和尚今日持許多咒。"師作拈數珠勢,僧云:"不會持咒底。"師云:"你作麽生?"僧便舉起扇,師云:"元來是不會持咒底。"

師云:①"纖月露微白,清光何太多?不如三十夜,安穩睡中過。'安穩睡中過'一句即不問,如何是'睡前一句'?曾睡過者,不妨出來通個消息。"良久,卓柱杖一下!云:"須向這裏會去始得。"

復舉高峰睡中主公案竟,②乃云:"睡中消息少人知,拳足朦朧未夢時。老鼠踏翻貓飯碗,剛刀斬斷一筐絲。"悦新出禮拜,師問云:"如何是句?"悦云:"楊柳綠依依。""如何是意?"云:"風吹樹葉落,打破老僧頭。""如何是句意?"云:"兩個黃鸝鳴翠柳。""如何是意句?"

云:"一行白〔鷺〕③上青天。""如何是有句?"云:"寶鼎熱名香。""如何是無句?"云:"某甲不會。""如何是如來禪?"云:"舌短口門窄。""如何是祖師禪?"悦便喝!師云:"今晚且放過一着。"

---

① 此篇小參,他本皆無收。
② 高峰睡中主公案,參《高峰原妙禪師語録·行狀》(X. 1400),《卍新纂續藏經》(70),頁 699 中。
③ 原文獻訛作"露",筆者依文意修改爲"鷺"。

師舉：①"臨濟在黃檗會下三度吃棒，後向大愚肋下築三拳，後回把黃檗一掌，已後出世在滹沱河建立宗旨。"會中有一僧會得臨濟意，便出問："如何是真佛、真法、真道？"師云："佛者心清净是，法者心光明是，道者處處無礙净光是。"

舉至三玄三要，云："還有會得三句者麼？"項目出，禮拜，師問云："如何是第一句？"目云："綠楊枝上子規啼。""如何是第二句？"目云："梧桐樹上生桃李。""如何是第三句？"目云："這一問不答。"師云："為甚麼不答？"目便禮拜，師便打！

又問："還有會得三玄者麼？"目又出，禮拜，師問云："如何是第一玄？"目云："片月正當軒。""如何是第二玄？"云："印破水中天。""如何是第三玄？"云："潭空月落人歸去，孤鶴一聲霜滿天。"師別云："生生死死結讎冤。"目喝一喝！歸眾，師云："且放過你。"

師云："還有會得賓主句者麼？出來相見！"目又出，禮拜，師便喝！目云："和尚慣用此機。"師又喝！目云："何不再喝一喝？"師便打！目喝一喝！歸眾。

在可出問云："和尚手裏是甚麼？"師云："吒！"在云："未夢見在。"師云："怎見得？"

在云："和尚又作麼生？"師便打！在禮拜。

目又云："禮拜即是，不禮拜即是。"師云："走上來。"目便禮拜，師打！云："也不得放過。"

無壞②問云："不凡不聖，請師道一句。"師便打！壞便喝！師又連打二棒！

---

① 此篇舉似小參，他本皆無收；《指月錄·鎮州臨濟義玄禪師》(X. 1578)，《卍新纂續藏經》(83)，頁549上一下。

② 《三峰清凉寺志》記漢月早期住三峰禪寺時，有十四弟子，無壞是為其一，《中國佛寺志叢刊》第4輯，第40冊，頁126；《三峰藏和尚語錄·三峰和尚年譜》(J. B299)記天啓四年(1626)，漢月52歲，座下有30餘人，亦可見其名，新文豐版《嘉興藏》(34)，頁208下。

有僧拜起便喝！師云："細雨濕庭樹。"僧又喝！師云："薄暮無鴉歸。"僧禮拜，師便打！又問云："如何是機先事？"師默然。"如何是機？"師云："誰教你來？""如何是當？"師便打！"如何是機後？"師默然，僧禮拜，師打一棒！云："還有這個在！"

僧問：①"南泉斬貓……"語未竟，師以柱杖撐，云："甚麼要緊？"進云："趙州頂草鞋。"師又撐，云："甚麼要緊？"進云："和尚若在，如何救得此貓？"師撐，云："甚麼要緊？"

僧問："日月遍照，云何不照覆盆之下？"師云："覆盆之下有日月。"僧云："既有日月，云何不照聻？"師云："你到覆盆之下去看。"僧云："我見覆盆之下全體是黑，如何是日月？"師云："全體是黑，豈不是日月？"僧云："恁麼則覆盆之上，無日月也。"師云："你猶有見在。"良久，又云："覆盆之上，有日月；覆盆之下，無日月。此是明暗邊事，而不知無明暗而明暗也，何故聻？明時無暗，暗時無明。以明時無暗，故亘古亘今全體是明；暗時無明，故亘古亘今全體是暗。全體是明，則不暗；全體是暗，則不明。古人云：'明暗兩忘，開佛眼。'②'明暗兩忘'猶是空邊事，且道如何是'開佛眼'？道！道！"

僧問："如何是佛眼？"師以手作圓相。"如何是法眼？"師指蒲團云："這個是什麼？"

僧問："如何是本地風光？"師云："出草底不是。"僧禮拜，師朗吟云："本地風光事，庭前春草生。闍黎禮拜退，鐘鼓起初更。"

僧問："六門不閉，一劍當軒……"語未竟，師以棒喝齊行！僧云："作麼生？"師又棒喝齊行！僧擬再進，師喝兩喝！連棒兩棒！僧云："除却棒喝，

---

① 此篇小參，他本皆無收。
② 《智證傳》(X. 1235)記爲唐.萬回和尚偈，《卍新纂續藏經》(63)，頁175下。

還有麽?"師云:"你問頭也忘記了。"僧云:"如何是問?"師云:"雙劍當空。"進云:"如何是答?"師云:"一箭破的。"

僧云:①"海棠花下緑苔衣,是甚麽景界?"師云:"微雨霑春嫩。"

僧問:"古人云:'無說之說,無問之問。'②請師答。"師云:"你問來。"僧云:"如何是'無說之說'?"師云:"答汝了也。"僧云:"此是説。"師云:"説底聾。"進云:"如何是'無問之問'?"師云:"喚着竹筐則觸,不喚着竹筐則背,喚作甚麽?"僧云:"此是有問? 是無問?"師云:"有問無問。"

僧問:"不萌之草因甚藏香象?"答:"無陰陽地上有。""脱體無依人向甚處安身立命?"答:"何處不稱尊?""佛殿東南因甚缺一角?"答:"向汝道則修理也。""風晴翻白羽、野老笑相親時如何?"答:"對面不相見。""殿角風摇樹、行人盡解衣時如何?"答:"未是歇處。""古澗寒泉水作何色?"答:"迸入心骨。"

"春風樹顛發,③話頭阿剌剌。説向無耳人,劃然心頓豁。若有無舌人,出來道取一句!"良久,衆無語,乃云:"鈎垂千尺綫,争奈海天枯。"以柱杖卓三下!

"桃含欲雨不雨,④柳弱似風非風。處處出廣長舌,争奈諸人耳聾。還有不聾者,出來道取一句!"僧問:"出廣長舌是什麽人聞?"師云:"你是江西人,不會説話。"僧禮拜,師便打。

---

① 此篇小參,他本皆無收。
② 《指月録》(X. 1578)記爲洪州百丈山懷海禪師之語,原作"若有無問之問,亦有無説之説。"《卍新纂續藏經》(83),頁480中。
③ 此篇小參,他本皆無收。
④ 此篇小參,他本皆無收。

長僧出問云："如何是不了事?"師云："人長智短。"進云："如何是了事?"師云："智短人長。"僧禮拜,師便打!

短僧出問："如何是句?"師云："人短意長。""如何是成句?"師云："人意俱短。""如何是不成句?"師云："你是那裏人?"

僧問："如何是'函蓋乾坤'句?"師云："雲陰無雨。""如何是'絕斷衆流'句?"師云："雲陰無雨。""如何是'隨波逐浪'句?"師云："雲陰無雨。"僧禮拜,師便打!

僧問："如何是句?"師云："柱杖子。""如何是有句?"師云："汝還知重否?""如何是無句?"師云："向你道底。""如何是'如藤倚樹'?"師云："向你道底知重否?"僧禮拜,師打!云："果然'樹倒藤枯'。"

平望僧問："如何是'萬法歸一,一歸何處'?"師云："鶯脰湖裏使風船。"進云："向那裏去?"師云："不往北,定往南。"進云："南北都不去時,作麽生?"師云："殊勝寺前盡情乾。"

"夜雨傷心,①春寒刺骨。臨濟雲門,當陽點出。若還不會,柱杖頭邊雪屈。"僧問："如何是一喝底賓?"師云："向你道一喝。"進云："如何是一喝底主?"師云："倒退三千丈。"進云："如何是賓中賓?"師云："我也不喝你。"進云："如何是主中主?"師云："我到這裏也不曉得。"

僧問："如何是奪人不奪境?"師云："你背後底。""如何是奪境不奪人?"師良久,云："你曉得麽?""如何是人境俱奪?"師顧闍黎,喚云："梵伊!""如何是人境俱不奪?"師云："我和你唱個'喏!'"

僧問：②"盡大地是個竹筐子,向那裏安身立命?"師云："銜蘆雁叫。"僧

---

① 此篇小參,他本皆無收。
② 此篇小參,他本皆無收。

云:"喚着則觸。"師云:"向你道銜蘆雁叫。"僧云:"不喚則背。"師云:"向你道銜蘆雁叫。"

僧問:"如何是上二手印?"師舉起柱杖,云:"提起則撐天拄地。""如何是下二手印?"師云:"放下則一塌平洋。""如何是一面四臂?"師提放柱杖便打!

僧問竹篦子話,師云:"雨晴初露月。"進云:"意旨如何?"師云:"冷。"

師問僧云:"如何是機?"僧云:"和尚問來。"師又問云:"如何是當機?"僧便喝! 師又問云:"如何是機先?"僧咳嗽。師又問云:"如何是機後?"僧便歸衆。師云:"偶爾成文。"

僧問:"如何機先事?"師云:"春眠不覺曉。"進云:"如何是機後事?"師云:"吾如今又要去睡覺。"進云:"如何是機?"師曰:"你曉得,不消來盜問我。""如何是當機?"師云:"處處聞啼鳥。"

僧問:"如何是諸法寶相?"師打一下! 云:"柱杖子極會打人。"

師入浴,①浴頭問:"工夫做到沒奈何處,作麼生?"師云:"你燒滾熱底水,教我如何下得?"僧云:"不妨! 不妨! 某甲攪水。"師云:"如何是水?"僧無語,師唾其面。

夜參,師舉畢,問云:"大衆! 還有〔攪〕②冷水者,出來與老僧相見。"僧出問:"請和尚將冷水來。"師以柱杖撐之,進云:"將熱水來。"師云:"你走上來。"僧擬議,師云:"你不會燒湯。"僧云:"取火來就是。"師云:"如何是火?"僧云:"我不打和尚。"師便打!

"溪水忽添三尺,③巖花落滿蒼苔。個裏分明説盡,何須更要參來? 若是

---

① 此篇小參,他本皆無收。

② 原文訛作"纔",筆者依文意改爲"攪"。

③ 此篇小參,他本皆無收。

會得底,出來下個注脚!"久無人出,復云:"溪聲徹夜寒,疏雨洒闌干。人人俱有耳,不向此中看。"良久,云:"須向卷蘆葉裏看眼始得。"

僧出問:"山色溪聲即不問,如何是聲色已前事?"師云:"我背後有兩隻眼。"僧喝一喝!師云:"這一喝落在甚麼處?"進云:"和尚也與三十棒。"隨後喝!師便打!

僧問:"如何是一喝底賓?"師云:"燈花照疏雨,雲葉卷長空。"進云:"如何是一喝底主?"師打一棒!進云:"如何是一喝底照?"師云:"你會麼?""如何是一喝底用?"師便打!

僧問:"如何是'有句無句'?"師便打!進云:"如何是'有句無句,如藤倚樹'?"師云:"向你道了也。"僧云:"'樹倒藤枯,句歸何處'?"師云:"你且回去看。"

僧問:"喚作竹篦則觸,不喚作竹篦則背,畢竟喚作甚麼?"師云:"你是常州人。"進云:"意旨如何?"師云:"同鄉人氣硬。"僧禮拜而去,師笑之。

僧問:"如何是動中用?"師云:"走過來着。"進云:"如何是用中動?"師便打!僧從西過東,師云:"此是風力所轉,不是!不是!"

僧問:"如何是'有句無句,如藤倚樹'?"師云:"柱杖子。"進云:"'樹倒藤枯,句歸何處'?"師回問侍者云:"說什麼?"進云:"如何是'呵呵大笑!歸方丈'?"師回問侍者云:"向你道'柱杖子'。"僧禮拜,師棒!云:"也少不得。"

僧問:"如何是句?"師云:"狗子咬。"進云:"意旨如何?"師云:"咬你腿。""如何是成句?"師云:"向你道'狗子咬'。""如何是不成句?"師云:"我替你道。"

僧云:"如何是'函蓋乾坤'句?"師云:"夜深不見柳。""如何是'截斷衆流'句?"師云:"向你道了也。""如何是'隨波逐浪'句?"師便打!

師以柱杖畫一畫!① 云:"只這一畫,百味具足,無事不辦。若向這裏會

---

① 此篇小參,他本皆無收。

得,直教虛空粉碎,大地平沉,穿山破壁。其或不會,烏龜撞着鐵門檻,被跛鱉踏殺。還有出筒生龜來,道取一句!"

僧禮拜起,便喝! 師云:"跛鱉跳。"僧又喝! 師云:"鱉踏殺。"僧便打! 師打! 云:"果然是鱉踏殺。"

僧問:"踏殺跛鱉即不問,如何是龜頭?"師云:"你伸來看。"僧便喝! 師云:"依舊伸不出。"僧云:"穿山破壁。"師云:"你穿穿看。"僧又喝! 禮拜,師云:"果然撞著鐵門檻。"

僧禮拜起,問:"如何?"師云:"不如何。"僧云:"好與你一棒!"師云:"我與你不棒。"僧禮拜,師打! 云:"原只是這一畫難過。"良久,無人問話,師吟云:"盡日臨江把釣竿,冰膠百尺直隆寒。不如收拾絲綸去,枕石閑將明月看。"

僧問:"如何是一句底賓?"師不語。進云:"如何是一句底主?"師云:"退後些。"

僧禮拜起,師云:"隨你疑處問將來。"僧問:"如何是'有句無句,如藤倚樹'?"師云:"柱杖長六尺。""如何是'樹倒藤枯,句歸何處'?"師良久。進云:"如何是'呵呵大笑! 歸方丈'?"師云:"這一句要你自道。"

僧問:"如何是句?"師云:"我與你道底。"僧云:"如何是有句?"師良久不語。"如何是無句?"師云:"我與你道底。"

僧問:"如何是一雙孤雁?"師竪柱杖子。"如何是撲地高飛?"師放柱杖子,復竪起。

師接湯藥服,一僧拜起,即坐住師膝。師從容服藥盡,不爲理。其僧坐久自起,師以藥碗撲背碎之,僧轉身云:"一畫爲甚麼碎了?"師連打三棒送出僧。復進云:"池中荷葉無風動,一雙蝴蝶亂紛飛。"師云:"好句! 好句! 上得唐詩本子底。"傍僧笑之,師云:"我着實贊他,你爲何笑?"

僧問："'這一畫百味具足'，如何是百味？"師云："這一隻碗。"僧無語，師云："果然碎也。"

僧問："如何是機？"師云："向你道好好裏問，好好裏答。"進："如何是機先？"師云："城頭又打鼓。"進云："如何是機後？"師云："少不得打鑼底。"

僧問："如何是句？"師云："一條鐵棒三千丈。"僧云："如何是意？"師便打！僧問："如何是句中無意？"師以柱杖示之。僧云："如何是意在句中？"師便打！

喚永覺，僧出禮拜起，云："某甲不曾悟道，教問個甚麼？"師云："我不管你悟道不悟道，即問你角有多少長？"僧答曰："角有三千丈。"師云："何曾永覺？"

僧問："如何是句？"師云："你是墜花堂師。"僧云："如何是意？"師云："你沒出來，出來了不得。"

凡僧出酬答畢，師俱打云："果然過這一畫不得。"復吟云："秋風斷上蟹，酒店钁湯雞。有人透得過，方知我不欺。"

僧出禮拜，師云："不許你站在地下，不許你住在虛空中，四面總不許，畢竟如何？"僧云："病房有六個人。"師云："意旨如何？"僧云："如今吃飯了也。"師打！云："個個要死！"

僧云："未問已前如何？"師云："吃粥吃飯。"僧云："問後如何？"師云："汝有饅頭下將來。"

僧問："如何是一字關？"師云："更深思睡。"進云："如何過得？"師云："你走上來。"進云："和尚作麼生過？"師打一棒！

居士問："喚着竹篦則觸，不喚着竹篦則背，畢竟喚作甚麼？"師云："書館士。"良久，師云："你曉得中間事麼？"士云："不曉得。"師云："書館裏有個先生。"士云："什麼意旨？"師云："小竹篦極硬。"

師問墜花堂耆宿云:"如何是'函蓋乾坤'句?"華云:"今日送得一盤饅頭出去。"師云:"如何是'截斷衆流'句?"華指燈,云:"火。""如何是'隨波逐浪'句?"華云:"我與你說。"師云:"滑了。"

師喚矮僧出,師以杖一畫,僧於畫上一竪。師作○,僧以袖拂之。師作×,僧以蒲團覆之,師云:"我不打你着。"

僧出拜,師便打,僧接,拽去,師云:"作麽?"僧喝行!師打!云:"元來過不得。"

"抬頭山壁立,俯眼橫江截。脚頭脚底間,虛空翻霹靂。翻霹靂,春風陣陣花狼籍。"良久,云:"好消息問取諸禪客。"

僧禮拜起,師云:"'踞虎頭,收虎尾,第一句下明宗旨'。"①僧云:"學人不會,請和尚道。"師云:"'踞虎頭,收虎尾,第一句下明宗旨'。"打一拄杖!僧云:"千杖萬杖作麽生?"師云:"'踞虎頭,收虎尾,第一句下明宗旨'。"僧禮拜,師打一下!

僧出禮拜,問云:"如何是'踞虎頭,收虎尾'?"師以拄杖兩手拓一拓!進云:"如何是'第一句下明宗旨'?"師打一棒!

師云:"'踞虎頭,收虎尾'。"僧問:"如何是虎頭?"師打一下!進云:"如何是虎尾?"師放下拄杖,僧禮拜,師打云:"'第一句下明宗旨'。"

僧出作禮,師問云:"如何是'踞虎頭'?"僧便喝!師云:"如何是'收虎尾'?"僧云:"喝得和尚耳聾。"師云:"如何是'第一句下明宗旨'?"僧又喝!

僧出,師問云:"不許你有得說,不許你無得說。你怎麽樣?"僧云:"請

---

① 《指月錄·鼎州德山宣鑒禪師》(X. 1578)記德山宣鑒(782—865):"有言時,騎虎頭,收虎尾,第一句下明宗旨;無言時,覿露機鋒,如同電拂。"《卍新纂續藏經》(83),頁570 中。

問和尚。"師云："有得說了也。"僧擬議，師云："沒得說了也。"僧無語而退。

僧問："如何是'踞虎頭'？"師打一拄杖。進云："如何'收虎尾'？"師云："你退後些。"

師問僧賓主句，僧出禮拜起，師便喝！僧亦喝！師云："意旨如何？"僧展兩手，師打一下！僧云："和尚不會麼？"師云："拿下一個了。"

僧禮拜起，師便喝！僧云："和尚莫探頭好。"師云："我幾時探底？"僧云："請問和尚。"師便打！云："又拿下一個了。"

僧禮拜，師便喝！僧云："某甲不在這裏。"師云："你在那裏？"僧喝便行！師便打！云："又拿下一個了。"

僧問："如何是'踞虎頭'？"師良久。僧云："如何是'收虎尾'？"師復良久。僧云："如何是'第一句下明宗旨'？"師便打！

僧云："如何是虎頭？"師豎指。"如何是虎尾？"師垂指。"如何是'第一句下明宗旨'？"師便打！

僧問："如何是虎頭裏底尾？"師以拄杖橫椅上，將手從右拂左。進云："如何是虎尾裏底頭？"師復以手從左拂右。

僧問："如何是'踞虎頭'？"師把杖頭。"如何是'收虎尾'？"師握拄杖稍。"如何是'第一句下明宗旨'？"師以拄杖作關弓勢。

僧問："如何是句？"師云："夜深狗子咬。"進："如何是一句底賓？"師云："狗子。""如何是一句底主？"師云："牙齒。"

僧問："如何是句？"師云："嗄！"進："如何是有句？"師云："嗄！""如何是無句？"師云："嗄！""如何是有句無句？"師良久，云："嗄！"

僧問："如何是一句底賓？"師云："向你道底。""如何是一句底主？"師云："向你道底。""如何是一句底照？"師云："向你道底，你曉得麼？""如何是一句底用？"師云："向你道底，你且去！"

師以柱杖畫一畫！① 云："畫水成乾路，彩虹駕石橋。不勞些子力，廿一是今朝。步步踏着，處處逍遥，添取銀膏徹夜燒，大衆！會麽？"又將柱杖畫一畫！良久，云："曉得底出來通個消息，若道得出，與你口中直劈；道不出，與你背上橫敲，赤脚紅爐走一遭。"

僧出禮拜，起，以手作圓相，云："一畫畫斷，萬牛難挽，且道還畫得這個麽？"師云："你是道得底。"僧喝一喝！歸衆，師云："元來你是道不得底。"

僧問："今朝事即不問，如何是明日事？"師云："賣鮮船上漁陽鼓，敲落沙虛月半輪。"僧禮拜，師以柱杖打一下！云："你再問來。"僧一喝！歸衆。

僧領話頭，師云："喚着竹篦則觸，不喚着竹篦則背，你還曉得麽？"僧云："不曉得。"師云："你拜一拜起來，與你道。"僧拜起，師云："你中上吃底是盞飯？是白飯？"僧云："盞飯也有，白飯也有。"師云："喚着竹篦則觸。"師又問云："我明日晚上説甚麽話？"僧云："不曉得。"師云："不喚着竹篦則背。"

僧問："盡虛空遍法界都是一個竹篦子，和尚向那裏安身立命？"師打一下！云："向這裏安身立命。"僧云："還有不向這裏者麽？"師云："你近前來！"僧疾走，云："和尚也道不出。"

僧纔出，師云："站住！不得有語，不得無語，速道！"僧默然，師云："不得無語！"僧云："要甚麽？"師云："向你道'不得有語'！"

僧問："如何是竹篦子底面目？"師云："推出去！"僧云："推不出！"師云："你爲甚麽立在那裏？"僧云："此間没有和尚，叫那個推？"師云："有也推出去！

---

① 此篇小參，他本皆無收。

没也推出去!"

"北禪無甚佛法,①只是禁蛙堂裏三聲小鐘,鐘板堂中三通静板,禁蛙堂裏三聲大鐘,大殿上即三聲大鼓,把威音王以至七佛,及西天四七、東土二三,并天下老和尚,與現今諸方老宿説底盡情都説破了也。若向此處會得,便請各寮安單;若向此處會不得,則于闤闠城内,水旱門一齊閉却。中間不許住,天上飛不去,地下鑽不去,你向那裏安身立命?還有向這裏轉身吐氣者麼?出來與北禪相見!"良久,偈云:"鐘聲纔罷鼓聲喧,衲子分班各默然。只有這些都説盡,不勞天下去參禪。"

僧出云:"承聞和尚道'鐘鳴鼓響一時説盡',且道鐘未鳴鼓未響時,如何?"師云:"老僧耳聾,你再問來。"僧便喝!歸衆。

僧出云:"請問和尚,威音王已前即不問,如何是塞斷水關底事?"師云:"夜間蛙鳴,日裏鳥鳴,河邊水聲,城上鼓聲,那裏不是塞斷水關處?"僧禮拜,師便打!

僧問:"如何是金剛王寶劍?"師云:"你不曉得。"進云:"如何是踞地獅子?"師云:"你不曉得。"進云:"如何是探竿影草?"師云:"你不曉得。"進云:"如何是一喝不作一喝用?"師云:"你不曉得。"便打!

僧問:"唤作竹篦則觸,不唤作竹篦則背,畢竟唤作甚麼?"師云:"城上初更鼓。"僧云:"打後如何?"師云:"漁陽三撾。"僧禮拜,師打一下!云:"這一棒要你明白。"

僧問:"如何是一喝底意思?"師云:"且去!別時來。"僧禮拜,歸位。

川僧問:"唤着竹篦則觸,不唤着竹篦則背,畢竟唤作甚麼?"師云:"猿啼三聲人下淚。"又欲進語,師云:"瞿塘峽口浪頭高。"僧擬議,師打一下!云:

---

① 此篇小參,他本皆無收。

"峨嵋山高一句也須説破。"僧云:"四川到這裏八千里路。"師大笑!

僧纔出,師云:"捨了這一問,另問來。"僧喝一喝!歸衆。

僧問:"問也三十棒,不問也三十棒,如何?"師云:"我這裏不打。"僧云:"我也不問。"師云:"你去請坐!"僧便去,師便打!

一僧來拜,師云:"問也三十棒。"僧擬議,師云:"不問也三十棒。"前問話,僧復出,云:"老和尚勘破了也。"師云:"向你道不答話。"良久,僧出禮拜,師厲聲云:"夜深更静,各自休歇!"便歸方丈。

甲子,①臘月三十日。"立春第二朝,道新新不得,説故已無交,只此兩中間,畢竟如何斷?祖師丈二舌,一刀分兩段。老僧不過歲,亦不住歲底。只此轉身句,元來我是你。張公曳鋸子,李公雙頭拐。切莫東來西去扯,甲子乙丑兩平交。大家過節,分班拜!"

"臘月三十日一著,②須從元旦已前定當得來,自然將去來今三世,一時坐斷。你若已前不曾做得手腳穩當,管教你要向盡底處參究去在!會麽?一聲火爆子,不見火星飛。"

"家家爆竹送山魈,③生菜迎新待旭朝。爲問今朝臘月盡,到頭一句道道看。一根楂木棍,歲月兩頭挑。陽春何處來?除夕日先暖。坐愛小山窗,梅花開笑靨。問我歲除句,向道討甚碗。五十二年須半皤,明朝依舊看雲卷。瓶裏梅花屋裏春,家家盡解歲更新。問君個事無年歲,開口分明兩片唇。"

---

① 甲子爲明朝天啓四年(1624)。此篇小參,他本皆無收。
② 此篇小參,他本皆無收。
③ 此篇小參偈,他本皆無收。

"踏斷獨木橋,①跌破水中月。波底忽翻身,涌出一輪日。"擊竹篦!云:"參!"

川僧因饕蠶豆,②頂石跪香。晚參,出問竹篦話,師云:"膝下碗鋒,頭上石塊。"僧作禮,師打! 云:"胡麥不是你喫底!"蓋蜀語以蠶豆爲胡麥也。③

"特石聲高,④諸佛舌短。一塵泰岳重,彈指虛空滿。且道是何章句?落霞與孤鶩齊遠。"

---

① 此篇小參,他本皆無收。
② 此篇晚參,他本皆無收。
③ 此句爲語録編者之夾注,以小字表示。
④ 此篇小參,他本皆無收。

四、三峰藏禪師開發工夫語錄

解　　題

一、版本

蘇州西園寺藏經樓藏明刻本，二卷，卷下殘，①27.8×17.8 cm，半頁 10 行，每行 20 字，版心有"支那撰述"、"三峰藏禪師開發工夫語錄卷上/下"、頁碼，無魚尾，第一卷末有刊記"旌德弟子劉文華法名上收刻"。（參圖版七和圖版八）此外，蘇州大學圖書館亦藏有一部《三峰藏禪師開發工夫語錄》，與西園寺藏本爲同一版本，且卷下無缺頁。本書據之補足底本之缺頁。

二、内容説明

《三峰藏禪師開發工夫語錄》版式爲《嘉興藏》之標準版式，因此，雕印時應是以收入《嘉興藏》爲目標的，却由於不明因素而未收入。此語錄無序或刊記，因此無有編集或刊印之直接信息，語錄中最早之記年有漢月寫於丁巳年（1617）的《示貫珠素先二禪人》，另收有《三峰藏和尚語錄·三峰和尚年譜》所記漢月於 47 歲（1619）所作《諸説會通》，50 歲（1622）所作《離心意識説》，這些都屬漢月早期在常熟三峰禪寺的示衆説法内容。②

---

①　《三峰藏禪師開發工夫語錄》上卷共 45 頁，下卷僅至頁 37，以下殘缺。
②　《三峰藏和尚語錄·三峰和尚年譜》（J. B299），新文豐版《嘉興藏》（34），頁 207 中。

又，第一則示衆中，漢月自稱"北禪"，此當爲漢月自1622年起受邀於蘇州北禪寺開法時之自稱。① 另外，第四篇上堂漢月提及"聖恩門下"，而一篇《示杭州季祥翁居士》亦提及"鄧尉山"，顯示出這篇上堂及這封書信最早寫於1625年，或爲之後漢月駐錫鄧尉山聖恩寺時期所作。② 因此，《三峰藏禪師開發工夫語錄》應是漢月弟子弘璧等四人以"開發工夫"爲主題，編集漢月從早期於常熟三峰禪寺，受邀至蘇州北禪寺，直至後期到蘇州鄧尉山聖恩寺的示衆或書信內容。

圖版七　蘇州西園寺藏經樓本　　　圖版八　蘇州西園寺藏經樓本

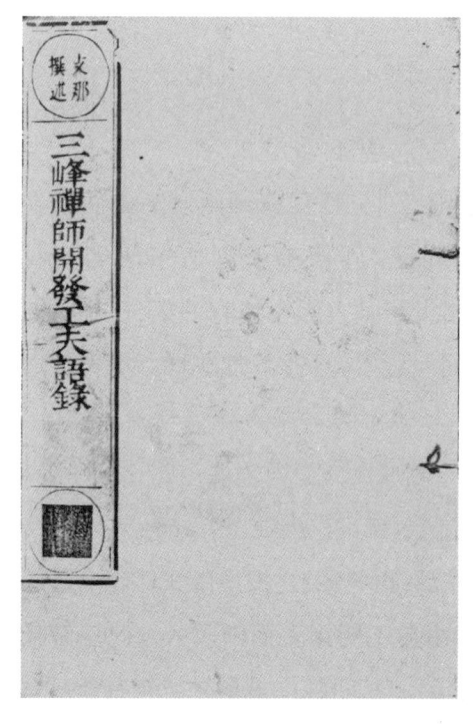

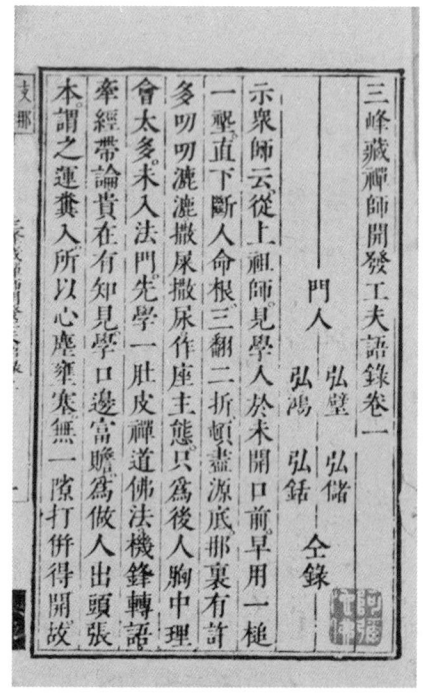

① 《三峰藏和尚語錄》(J. B299)記，天啓二年(1622)起，漢月受邀於蘇州北禪寺九夏説法，新文豐版《嘉興藏》(34)，頁207中。

② 參本書所輯《三峰藏禪師開發工夫語錄》，《示杭州季祥翁居士》。《三峰藏和尚語錄·三峰和尚年譜》(J. B299)："和尚五十三歲(1625)，春正月，受吳郡鄧尉天壽聖恩寺請。"新文豐版《嘉興藏》(34)，頁208中。

此語錄卷一記編集者屬爲"門人弘璧、弘儲、弘鴻、弘銛同錄",卷二却記爲"門人濟璧、濟儲、濟鴻、濟銛同錄",卷一中弘璧(1599—1670)、弘儲(1605—1672)、弘鴻(？—1639)和弘銛(？—1649)應同於卷二中"濟璧、濟儲、濟鴻、濟銛"四人。根據《宗教律諸宗演派》所記,漢月以下之演派三十二字前四代應爲"法、宏、濟、上",而且弘璧、弘儲、弘鴻和弘銛四人在漢月作於崇禎八年(1635)的《付法法語》中,確定被漢月名爲第二代的"宏(弘)"字輩,但是,後來爲何又改名爲"濟"字輩,筆者以漢月弟子豁堂濟巖(1597—1670)爲例,推判可能的原因。①

豁堂濟巖於 10 歲父喪時,入靈隱寺充童行,後參漢月於净慈寺,但豁堂却因憂慮三峰法嗣乏繼,"降子爲孫,事兄爲父",改嗣漢月弟子一默弘成(1575—1641),所以豁堂原本應爲三峰派第二代,自降爲第三代。②《宗教律諸宗演派》亦稱豁堂爲"臨濟下三十三世(三峰下第三世)",并且記其名爲第三代"濟"字輩——"靈隱豁堂濟巖禪師"。③ 因此,弘璧、弘儲、弘鴻和弘銛四人於此文獻卷二中,或許亦是自降爲第三代,稱"濟璧、濟儲、濟鴻、濟銛",藉以延續三峰法脉,可謂用心良苦。

至於弘璧等四人編集《三峰藏禪師開發工夫語錄》的理由,我們可從其題名推判是希望將漢月所説法中,特别與"開發工夫"相關之内容單獨集結成册。如語錄第一篇即爲漢月於聖恩寺之示衆語,教導徒衆"古人開發做工夫",如何看話頭之方法。此語錄包含漢月的示衆語、上堂語和有題名之説法或書信,共 32 000 餘字。以不同體裁而言,《三峰藏禪師開發

---

① 參本書所輯《鄧尉山天壽聖恩寺三峰藏禪師語錄》卷二十一之《付法法語》;又,《宗教律諸宗演派》(X. 1667):"臨濟下三十一世常熟三峰漢月法藏禪師演派三十二字:法宏濟上,德重律儀,教擴頓圓,行尊慈忍,參須實悟,養合相應,後得深淵,永傳光燦。"《卍新纂續藏經》(88),頁 561 上。

② 正巖豁堂之傳記可見於以下資料《五燈全書》(X. 1571),《卍新纂續藏經》(82),頁 449 下;《三峰清凉寺志·豁堂巖禪師》卷 4,《中國佛寺志叢刊》第 40 册,揚州,廣陵書社,2006 年;《勅建净慈寺志·豁堂巖禪師塔》卷 12,《中國佛寺史志彙刊》第 17 册,臺北,明文書局印行,1980 年;黄繹勳《明清三峰派稀見文獻解題(一)》,頁 162。

③ 《宗教律諸宗演派》(X. 1667),《卍新纂續藏經》(88),頁 561 中。

工夫語錄》所錄漢月示衆或上堂語共有 5 則,其中有 2 則全然不見於現存《三峰藏和尚語錄》中,內容爲漢月闡釋華嚴頓教法門和頓悟法門的上堂和示衆語,幷提及於蘇州鄧尉山聖恩寺設立"七日精進關",論及七日悟道之可能性。此外,以有題名的篇數而言,此語錄中現存 32 篇,但僅 12 篇散見於《三峰藏和尚語錄》中,亦即有 20 篇是《三峰藏和尚語錄》所未收或僅部分收入的,因此,稀見內容約占 65%,由此可見其珍貴。

此外,由於漢月教導徒衆做工夫的方法即爲"看話頭",因此,《三峰藏禪師開發工夫語錄》中我們可以讀到弘璧等四人,特別從漢月的示衆和法語,如《離心意識參》、《離心意識辨》、《簡徑工夫》、《工夫辨》等等,檢擇與整理漢月對看話頭方法之指導,例如漢月於第一篇《示衆》中說:

> 我今日於世間法、出世間法、六根、六塵、六識、十二處、十八界、地水火風、空見識及五蘊等,都盧一收,收在一問,拈出個竹篦子問你:"喚著竹篦子則觸,此是落凡見故;不喚著竹篦子則背,此是落聖見故。除却凡聖二見,你向那裏安身立命?"只這一問,便收盡世出世間一切有言、無言等話,故謂之"話頭"兩字。①

上文中,漢月將學佛者熟知的基礎佛法如五蘊、六根、六塵、六識、十二處、十八界、世間法、出世間法等等,與宋代禪師大慧宗杲(1089—1163)著名的竹篦子話頭連結,挑戰參禪者:若喚作諸法則落凡見,若不喚作諸法則落聖見:"除却凡聖二見,你向那裏安身立命?"或是,於《簡徑工夫》中,漢月將竹篦子舉向參禪者問:"這是甚麼? 若道竹篦,着有了也;不道竹篦,着無了也。"②漢月如此延伸竹篦子話頭的內容,似乎比宋代時大慧問"喚作竹篦則觸,不喚作竹篦則背,不得向舉起處承當,不得向意根下卜度"③的說法,使諸法都可以是參竹篦子話頭的下手處,來得更具體和直截,這

---

① 參本書所輯《三峰藏禪師開發工夫語錄》,《示衆》。
② 參本書所輯《三峰藏禪師開發工夫語錄》,《簡徑工夫》。
③ 《大慧普覺禪師語錄》(T. 1998A),《大正新修大藏經》(47),頁 825 下。

應是漢月經過深刻思維後，對宋代以來著名的竹篦子話頭的新運用和闡發。

《三峰藏禪師開發工夫語錄》中亦收有多篇漢月示禪人的書信，如《示覺蓮上人》、《示露鶴禪人》、《示人》、《示清度禪人》等等，漢月於書信中釐清參禪做工夫時的應注意的或易犯的錯誤。又，此語錄也包含漢月解釋參禪與其他修行或說法之交涉，如《諸說會通》、《誤參念佛是誰》、《示看教者》、《學道德》、《示求功德者》等等，這些都是學人研究明末佛教時，可以藉漢月爲例，一窺當時禪家宗師如何回應讀看經教、念佛、求功德和學習外教詩書六藝并一切雜技之類的態度。

《三峰藏禪師開發工夫語錄》的編集者弘璧、弘儲、弘鴻和弘鋙都親受漢月付法，能由他們四人將漢月說法中，以參禪做工夫最相關的内容爲主題檢擇成一册，此語錄當是衆多稀見善本之精華。先前雖亦有以漢月禪法爲主題之學術成果，但因僅能以《三峰藏和尚語錄》爲研究材料，未免有管中窺豹之憾。[①] 如今西園寺藏《三峰藏禪師開發工夫語錄》的整理與出版，正使禪修者可藉由親炙漢月指導的弟子之助而見其禪法全貌，亦是學者可以重新審視禪宗發展至明清時期之禪法内容的絕佳契機。

[①] 例如釋見一《漢月法藏之研究》，臺北，法鼓文化，2000 年。

三峰藏禪師開發工夫語録　卷一

門人弘璧、弘儲、弘鴻、弘銛同録

〔示　　衆〕①

示衆。② 師云:"從上祖師見學人於未開口前,早用一槌一埕,直下斷人命根,三翻二折,頓盡源底,那裏有許多叨叨灑灑,撒屎撒尿,作座主態? 只爲後人胸中理會太多,未入法門,先學一肚皮禪道佛法,機鋒轉語,牽經帶論,貴在有知見,學口邊富贍,爲做人出頭張本,謂之運糞入。所以心塵壅塞,無一隙打并得開,故後之宗師,萬不得已,隨人顛倒,向他富貴處下個追截命根底法子,謂之看話頭。要他向富處頓貧,糞桶打破。令他窮年學來底好處,一時運出。向窮極不過處,漆黑地追㞘,㞘極不休,自然窮則變,變則通,於本地上透出精光,照天照地,則與學人未開口前,一槌一埕底,了無二道。此正③所謂入水救人,没奈何費許多周折。

"比年已來,諸方看話頭者,可惜又在話頭上生出枝節,展轉難參,禪病益

---

① 此〔示衆〕標題爲筆者所加。
② 此篇示衆同於本書所輯《三峰藏禪師全録》卷六和《三峰藏和尚語録·廣録》(J. B299)之示衆語,新文豐版《嘉興藏》(34),頁158中—159上。三本之文字歧異不影響文意,下不贅注。
③ 原文作"政",本書皆以現代通用字"正"取代,下不贅注。

多，悟者路絕。山僧憤不得已，於下水救人處深深下水，用古人開發做工夫法子，細細周折一上。令人先曉得話頭兩字，則不被話頭枝節所轉。所謂話頭者，果何物耶？即是千經萬論中間，談空説有，以至中道，極則去不得底頂尖是也。

"只是諸人日用不知，一大藏教只在人初開口處，乍起念處，六根門頭耀一耀底所在。凡夫之人便落有念、無念，聖教底人便落是理、非理，心中釀起糞團，口裏落出糞塊，窮年在糞坑裏過日，道我玄我妙。所以千生萬劫，不得出離。佛祖慨之，便向説不去處問他一問，他便頭定眼直。若是不識好惡底，他便興誹起謗，不願祖家兒孫相見。若是有血氣底聞著，一問去不得，只得回心轉意，發猛參究。假如人從門外來，宗師見之便問他：'你從那裏過來？'其人不識生死者，便道：'或南或北，若東若西。'宗師見他已墮在凡夫坑中，便呵呵冷笑，放他過去，直是可惜！

"若見教家龍象到來，宗師問他：'《楞嚴經》前非後即，又道"離即離非"已是極則，為甚又道個"是即非即"？'①彼龍象便依文妙解一遍，宗師見他墮在聖理坑中，亦呵呵冷笑，放他過去，益是可惜！殊不知人一開口，便落凡聖二糞坑中；不開口，亦落二糞坑中，了無出頭時節。

"以是之故，教人看個話頭，如僧問趙州：'萬法歸一，一歸何處？'②此豈不是教家極則去不得處？又如馬祖拈起糊餅云：'是什麼？'③豈不是教家極則去不得處？首山呈拳云：'喚著拳則觸，不喚著拳則背。'④豈不是教家

---

① 《首楞嚴經》(T. 945)先云："非大涅槃，非常、非樂、非我、非净，以是俱非世出世故。"又云："即大涅槃，即常、即樂、即我、即净，以是即俱世出世故。"最後總結："即如來藏妙明心元，離即離非，是即非即。"《大正新修大藏經》(19)，頁121上。
② 《景德傳燈錄·趙州觀音院從諗禪師》(T. 2076)，《大正新修大藏經》(51)，頁278上。
③ 《古尊宿語錄》(X. 1315)，《卍新纂續藏經》(68)，頁4下。
④ 現存文獻僅見首山問云："喚作竹篦則觸，不喚作竹篦即背。"《古尊宿語錄》(X. 1315)，《卍新纂續藏經》(68)，頁155下。漢月或許混淆首山與晦堂之語，《嘉泰普燈錄》(X. 1559)中，晦堂豎拳問曰："喚作拳頭則觸，不喚作拳頭則背。汝喚作甚麼？"《卍新纂續藏經》(79)，頁324中。

極則去不得處？以此類推，則見人或道'會'，或道'是'、'否'，或道'嗟'，如此種種問人處，皆是如來禪結頂去不得處，經經論論、上好法師只講得到這裏，三世諸佛口挂壁上而已。只是到此便頭昏眼暗，如生盲人踏著火坑，不愁你不墮不落，你等諸人一日起來，不知經過多少問頭，你都向二糞坑中跌倒過了，你總不知利害。

"我今日於世間法、出世間法、六根、六塵、六識、十二處、十八界、地水火風、空見識及五蘊等，都盧一收，收在一問，拈出個竹篦子問你：'喚著竹篦子則觸，此是落凡見故；不喚著竹篦子則背，此是落聖見故。除却凡聖二見，你向那裏安身立命？'只這一問，便收盡世出世間一切有言、無言等話，故謂之'話頭'兩字。兄弟家一個來問一遍，要我個個注解向你，不若筆之付梓，來者自閱一遍。你若信得話頭，如此該博，便不敢把聽來、看來死路上底經教，當個名件，我慢貢高，不識好惡，掉頭不顧，枉過平生矣。

"山僧因禪風太惡，諸方指示話頭者，恐怕注解壞了，不敢開發，令將一句子日日夜夜在肚皮裏念去，便念出許多魔境界來，魔道理來。十個五個見人則笑嘻嘻地，自覺清空快活，都是魔氣所鍾，只爲話頭開發不明，令人目前萬法，一切經教，無個交加結角去不得處，成日流在光滑滑處生知生見，所以無個銀山鐵壁時節，既無銀山鐵壁，便無卒地斷爆地折也。

"自今開發之後，便當處處去不得，盡情憤去，如無翼鳥奮空，勿令落地，奮奮不過，自有消息。那時跌得粉碎，來見北禪，方與劈頭一棒，血流滿地，更須兩踏踏做一團始得。"

僧請話頭開發作工夫。① 師上堂，舉："黃龍死心新禪師初參秀鐵面，已善

---

① 此篇上堂語亦可見於《三峰藏和尚語錄·廣錄》(J. B299)，新文豐版《嘉興藏》(34)，頁 161 中—下。二者有少數字句相異，不影響文意，下不贅注。此篇中漢月所舉古則，參《指月錄·隆興府黃龍死心悟新禪師》(X. 1578)，《卍新纂續藏經》(83)，頁 697 中。

機峰轉語,及參晦堂,堂豎拳問:'喚著拳則觸,不喚拳則背,汝喚作麼?'師罔措,二年方領解。然談辯益熾,晦於其語銳處曰:'住!住!說食豈能飽人?'師窘曰:'某到此弓折箭盡,望指個安樂處。'堂曰:'一塵飛而翳天,一芥墮而覆地。安樂處正忌上座許多骨董,直須死却無量劫來全心乃可耳。'師趨出,聞知事椎行者,而迅雷忽震,即大晤,趨見晦堂,忘納其履,即自譽曰:'天下人總是參的禪,某是悟底禪。'堂曰:'選佛得甲科,何可當也!'因號死心叟。"舉畢,乃云:"全心之'全',一作'偷',然而'全'字最好。今人不曾見人開發,但將一個話頭,當句咒佛在肚皮裏念,見神見鬼,種種祥瑞,極是可笑。又有一種長却頭髮,破其衲頭,學個口頭機鋒,到北禪要我唱和一上,我不肯他,他便拂袖行去,道我機鋒也不會。殊不知死心見秀鐵面時,何等來得?及見晦堂,於喚拳觸、背上去不得,方始服膺。及二年既悟,已是機辯縱橫。又於說食不飽處兜住,直至弓折箭盡,教他直須死却無量劫來全心,所以聞雷頓喪,何等直截!

"你莫去念個'是誰?是誰?'、'無,無'、'本來面目,本來面目',念出事來。你只於拳上背、觸不得,心言兩絕,盡你見聞處,頭頭法法一截截斷,自然轉身。轉過來後,雖是活脫,還須死盡全心,直如選佛得甲科始得。①彼長髮外道急學機語要賣,即如將豆腐乾,鏤成紫粉憑印,欣欣自榮,不曾真中一中,如何得實落受用?你今領話,直須真到死心田地。珍重!"

示眾云:②"參禪貴先決擇祖師禪、如來禪。祖師禪者,透十法界之外,不墮如來之數,故曰出格。如來禪者,超於九種法界,墮在十法界之頂,猶是格內。欲知格內、格外之分,須在一事一物上,分清十法界諸種之見,直到

---

① 此句以下,《三峰藏和尚語錄・廣錄》(J. B299)多"參禪人不可自賺自誤"一句,但自"彼長髮外道"以下缺文,新文豐版《嘉興藏》(34),頁161下。

② 此示眾語可見於《三峰藏和尚語錄・廣錄》(J. B299),新文豐版《嘉興藏》(34),頁154下。二者有少數字句相異,不影響文意,下不贅注。

極頂,方是如來地位。祖師禪又從佛頂上透出,出格之外。又越兩種祖師外道,若是真祖師禪,當在末後一句,始到牢關是已。今以格外之禪,遠之又遠,且置勿論。先將十法界之歧見,在一句話頭上,次第分明,不致參到將悟處,被諸見打擾,可以一直上進,易於發悟。所謂話頭者,即目前一事一法也。凡人平居無事,隨心任運,千思百量,正是無生死處,只爲將一件物事到前,便生九種見解,所以流浪生死,無有出期。故祖家令人於一事一物上,坐斷九種知見,討個出格之路,故謂之看話頭。"

師喚侍者將一片瓦來,置於衆前,師指瓦曰:"只此一片瓦,則十法界至如來、祖師之分,歷然見起矣。何則?未將瓦來,人人心空無事,何有生死?及將瓦過來,人人現量未分,生死之見未成,及人問道:'這是什麼?'便有無量事端起矣。

"凡夫見之便道:'此是一片瓦。'是著相而起我見者也。曰:'此瓦我要!'便與人爭,甚致打殺其人,奪瓦歸去,以此便墮地獄。又一等雖不致殺人之業,然貪心必得,重如飢渴,百計攘去,以此便墮餓鬼。又一等因貪盜瓦,致墮畜生,生生還債。此因瓦而起三途惡見者也。又有一等福大氣大,因瓦生瞋,奪瓦爲施,後墮修羅。一者知瓦有用,惠施與人,因仁義心,生於人道。一者以瓦蓋覆佛殿,感大福報,世世生天。此因瓦而生三善道者也。此六道之見也。前者之見,不脱四種見解:見瓦是有,即有見;無瓦是無,即無見;前有後無,前無後有,是即有即無見;知有是無,則無之亦無,即非有非無見。凡夫四句,隨事轉換,不能執定,不名外道。

"若外道之人,巧生知見,執一不變,心外有法,故名外道。何則?以見此一片瓦,便言:'瓦即是我本性,以我眼能見此瓦,我之見性不生不死。此瓦雖致碎作微塵,而我見瓦之見,真常不變,不墮輪迴。'此是先尼外道見識,以瓦有生滅,見無生滅,半生半滅,半不生滅之見也。又有一種言:'此瓦起於微塵,即是我之神我本性,雖空即有。'已上皆常見外道執有者也。

一種言：'萬物無常，終歸敗壞，瓦散終無成日，人死畢竟歸空。'此斷見外道執無者也。又有一種言：'瓦性本無，無即是瓦，亦有亦無。'此矯亂外道也。又有一種言：'瓦有是無，其無亦無。'此空見外道也。略說外道有此四種，細查教中有九十六種，皆是各執四種之中一種見解。

"於此瓦上墮在外道，相似內道，溷濫不可復救，此名外道禪也。今人看話頭，坐到身心空處，見個歷歷分明，便言是我'本來面目、念佛的人、主人公'也，此即神我之謂也。又見得空空本來無物，身心世界，蕩然不存，以此為是，即斷見空見也。又言空即是性，性即是空，即矯亂外道也。如今人看話頭類多墮此，不得不為說破。

"又有因見此瓦，問著則精進力參，誤落五蘊，竟墮五十種陰魔。近世一種禪人，厭患身心世界，務要空他，見人將瓦到面前，心不湌采，坐見身心世界與瓦齊空，了無一法，以此為得，便是色蘊魔。又有見瓦定中說法，變化無所不致，謂之刹說無情說，亦是色蘊魔。前是色空為蘊，此是色有為蘊。又有一種，見前種種境界，便生心領納，是受蘊魔。又有因好境入心，不能忘置，便生邪想，此是想蘊魔。又有因想著邪，無師救正，轉生流念，是行蘊魔。又有因上種種認為佛法，是識蘊魔。一魔生則五魔并到，皆因邪師教他在'本來面目、主人公、念佛的誰'等話頭上，討個本性妙心。所以用慣肚皮裏想頭，通身是五蘊蓋覆，不能離心、意、意識事上參去，故在事上亦落蘊界，如此坐久，魔業已成。人若救他，他便嘻嘻冷笑，或罵或謗，言：'此人不曾到我這好處。'而不知世世墮在魔網，不得出離矣。可惜！可惜！此略說有五，廣有千萬，豈五十種而已哉！

"此魔外二種，寄在十法界中，不可定指，已上是世間法界之略也，下則言出世間四種法界。一種是聲聞小心人，見此片瓦，若一起念，則若惡若善，無非是已上諸苦，極見得諦當。苦因一起，則世世生生，堆積聚集，苦中之苦，不得脫離，亦最諦當，便乃空其見瓦之見，廣修白骨等觀，務令空之，是道諦。以修小道，得見有餘寂滅，此是滅諦，此瓦上之聲聞禪也。今人於話頭上看急,忽得前後際斷,身心世界蕩然一空,永不再生。有見説一切諸法,皆掃而滅之,言:'有甚三玄三要、君臣賓主？有甚棒喝句語？有甚師承法要？只要乾乾净净！'如近世黄檗禪,單説一味清净,此是聲聞氣分,言'空空田地空空月,討甚工夫驀鼻牽'是也。故其出語滚滚虚浮,全無意旨,以無師承,故大豪傑人俱墮此數也。

"又有一種不墮死心空滅之見,見此一片瓦起於無明,衆生不知,故有十二輪迴。今見無明本無,則無老死憂悲苦惱,此是緣生性空大乘之初門。他因見無明本無,便泊在無處快活,不得入大乘道,故名緣覺之鹿乘,非佛法也。

"於此更進,則於一片瓦見得,起於微塵,鄰虚爲因,水調、風煉、火鍛,心、識、虚空與見相緣,和之合之,假名爲瓦。既解諸緣聚會而生,則不壞此瓦,諸緣本不相到,而無瓦之自性。緣即是空,空即是緣,兩下輥作一團,分合不得,所謂是諸法之空相,不可言生,不可言滅。瓦見之而非垢,性見之而非净。此瓦在凡不減其性,在聖不增其性,兩頭相拄,此是地前菩薩之禪也。

"於此更進,則因緣生而性空不得,因性空而緣生不得,兩頭俱斷,此是八地。前是雙照,此是雙遮,已上是菩薩正禪也。

"去此而從八地死水勘起,雙照被雙遮奪礙,而雙照不得；雙遮被雙照奪礙,而雙遮不得。然又不妨雙遮即是雙照,雙照即是雙遮。四法交加結角,如織錦迴文,并無罅縫到你下手,此如來禪結頂處也。到此處方見是一片瓦,没奈何他,唤作瓦又觸,不唤作瓦又背。如銀山鐵壁,千推不能,萬動不得。此猶是如來禪的半個,墮在死水,全没用處,故猶在格内也。你道畢竟如何？"

時鴻侍者將瓦一脚踏碎,師曰:"於此見得,即入祖師格外禪之初門矣。如更進之,則頭尾并完,直至後句,方是了手。若不見得,則但入如來禪格外之一半，出言吐氣，正要落聲聞境界，未有出頭分在，爲何？以其得體不得用，只爲心小，要在極妙處躲根，不能出得妙處作用。問頭答語，分不清楚，陷在坎中，好好將祖師禪枉作出格聲聞禪矣。

"昔香嚴聞擊竹大悟，偈云：'一擊忘所知，更不假修持。動容揚古路，不墮悄然機。處處無踪迹，聲色外威儀。諸方達道者，咸言上上機。'潙山聞之大喜，仰山曰：'還須勘過。'仰往勘之，問香嚴曰：'聞弟發明大事，你試說看。'嚴舉前頌，仰又拶之，又頌曰：'去年貧，未是貧；今年貧，始是貧。去年貧，無卓錐之地；今年貧，錐也無。'仰曰：'如來禪許師弟會，祖師禪未夢見在。'嚴復頌曰：'我有一機，瞬目視伊。若還不薦，別喚沙彌。'仰山曰：'閑師弟會祖師禪也。'①此是如來祖師之法式。

"今人不會此意，不知如來、祖師分於一點關頭，天地懸隔，見我如此道，便人前笑罵言：'難道如來倒不如祖師麼？祖師是如來弟子，你學祖師禪，翻要凌跨如來，太無道理。'責得固是，只是你不識教義，祖師是威音已前，向上一着，寶几珍御，窮子見之，捨而逃逝者也。如來是脫去珍御，執持糞器，狀有所畏，同彼傭人，有共語分。故人人但知如來高妙，而不知祖師之道更出青霄之外，然難怪其庸近逃逝也。若是真正出格漢子，直須向格外論量始得。若此，則又少不得這一絡索矣。珍重！"

上堂，②師云："華嚴頓教法門單單令人於刹那際三昧直入，不得如何若何。坐禪做作，流入魔外，所以歷祖相傳，只在纔入門便棒，纔欲問便搥其口，纔進來便推出去，令他向這裏頓了，本無看話頭、坐禪等事也。

"是故大愚在歸宗，初不能問話，一日辭宗，宗云：'何處去？'云：'諸方學五味禪去。'宗曰：'諸方有五味禪，我這裏只有一味禪。'只此一釣，愚不知不

---

① 此機緣語句可見於《指月錄·鄧州香嚴智閑禪師》(X. 1578)，《卍新纂續藏經》(83)，頁547中。

② 此段上堂語，他本皆無收。

覺便肯問話,乃云:'如何是一味禪?'宗便打,愚即悟入。到黃檗呈似檗,檗爲印可,居高安。①

"後臨濟在黃檗三年,不會問話,睦州教渠問'佛法的的大意',檗痛棒之。又令問,再棒之。三令問,亦痛棒之。不會,辭去,檗令見大愚:'當爲汝説。'到大愚,愚問:'何處來?'曰:'黃檗來。'曰:'有何言句?'云:'三問只得三打,未蒙指示。'愚云:'黃檗爲汝得極困。'濟云:'元來黃檗佛法無多子!'以知悟道不在坐禪等周折也,愚搊住云:'見甚麼道理? 便恁麼道!'濟於愚肋下三拳,愚曰:'汝師黃檗,非關我事。'②

"雲門要見睦州,乘其啓門拶入,州一推:'秦時䮃轢鑽!'損門一足,即大悟。③

"德山見僧入門便棒! 小參云:'今夜不答話,問話者三十棒。'僧出作禮,山便打。僧云:'話也未問,因甚便打?'山云:'你是那裏人?'云:'新羅人。'山云:'未踏船舷,早與三十棒。'④

"所以祖祖相傳,直下要人悟去,并無坐禪求悟之説。教中諸祖遞代譏訶坐禪,如《法華經》云:'大通智勝佛,十劫坐道場。佛法不現前,不得成佛道。'⑤蓋坐是死水,十是滿數;劫者,滯也。坐禪求道,極爲搭滯,以有體無用也。教既如此,宗豈不然? 故西土祖師婆修盤頭長坐不臥,以爲精

---

① 此機緣語句可見於《指月録・廬山歸宗寺智常禪師》(X. 1578),《卍新纂續藏經》(83),頁 491 下。

② 此機緣語句可見於《指月録・鎮州臨濟義玄禪師》(X. 1578),《卍新纂續藏經》(83),頁 549 中—下。

③ 此機緣語句可見於《指月録・韶州雲門山光奉院文偃禪師》(X. 1578),《卍新纂續藏經》(83),頁 619 下。

④ 此機緣語句可見於《指月録・鼎州德山宣鑒禪師》(X. 1578),《卍新纂續藏經》(83),頁 567 中—下。

⑤ 語出《妙法蓮華經・化城喻品》(T. 262),原文作佛告諸比丘:"大通智勝佛壽五百四十萬億那由他劫,其佛本坐道場,破魔軍已,垂得阿耨多羅三藐三菩提,而諸佛法不現在前。"《大正新修大藏經》(9),頁 22 中。

进,阇夜多谓其弟子曰:'汝师长坐,遍行外道也。'弟子曰:'尊者蕴何德行? 敢讥我师!'多曰:'我不长坐,亦不懈怠。'盘头闻之悔悟,从多得法。①

"东土祖师如六祖诃人坐禅曰:'生来坐不卧,死后卧不坐。一具臭骨头,何须立功课?'②

"南岳见马祖坐禅,问曰:'坐禅图作麽?'曰:'图作佛。'岳知其无师承汉,乃以一砖於祖前日日磨之,祖不奈其动定,问曰:'磨砖作甚麽?'曰:'作镜。'曰:'磨砖岂得成镜耶?'曰:'坐禅岂得成佛?'祖悔求法得悟,岳又嘱曰:'若学坐佛,即是杀佛。'③

"四祖见牛头坐禅,祖往指点曰:'汝但任心自在,莫作观行,亦莫澄心。'曰:'既不许作观行,於境起时,心如何对治?'祖曰:'境缘无好丑,好丑起於心。心若不强名,妄情从何起? 妄情既不起,真心任遍知。汝但随心自在,无复对治,即名常住法身。'④此是顿教法门,可见承其派者,并无坐禅之理。

"惟石霜在既悟後,令人坐如枯杌求相应也。首座不识师意,坐到坐脱立亡,侍者抚其背曰:'坐脱立亡则不无,先师意未梦见在。'⑤

"临济云:'有般瞎秃子喫饭饱了,便坐禅观行,把捉念漏,不令放起,厌喧求静,是外道法。'祖师云:'汝若住心看静,举心外照,摄心内澄,凝心入

---

① 此机缘语句可见於《指月录·二十祖阇夜多尊者》(X. 1578),《卍新纂续藏经》(83),页 432 上。
② 《六祖大师法宝坛经》(T. 2007),《大正新修大藏经》(48),页 358 中。
③ 此机缘语句可见於《指月录·南岳怀让禅师》(X. 1578),《卍新纂续藏经》(83),页 451 上。
④ 此机缘语句可见於《指月录·牛头山法融禅师》(X. 1578),《卍新纂续藏经》(83),页 455 下—456 上。
⑤ 此机缘语句可见於《指月录·瑞州九峰道虔禅师》(X. 1578),《卍新纂续藏经》(83),页 583 中。

定。如是之流,皆是造作。'①志公曰:'何須攝念坐禪?'②德山云:'莫道不向諸子説,到處菜不擇一莖,柴不搬一束,一朝福盡,只是喫草去,虛消信施,濫稱參學。'③若言入定凝神靜慮得者,尼乾子等諸外道師,亦入得八萬劫大定,莫是佛否?

"巖頭云:'不用思,若搭着則昏昏地,纔有所重,便成窠臼。古人喚作貼體衣病最難治,是我向前行脚時,參着一兩處尊宿,只教人日夜管帶,坐得骨臀生胝,口裏水漉漉地,初向然燈佛肚裏黑漆地,道我坐禪,守取與麼時,猶有欲在。不見道:無依無欲,便是能仁。'④蓋坐禪求神通奇特,坐脱立亡則有之,求悟則不可也。

"至宋末世,有一輩參禪不悟,而有因緣出世住寺之僞禪師,無以牢籠後學,乃以坐禪,令人於身心亡處,將洞山過水睹影事,與他影射,便揑合五位君臣,與他室中傳受燒臂香,以表不妄付。雖得大慧爲之掃除廓清,然而邪種遍滿,急難鋤絶。至元末全是此輩得名,故雪巖、高峰墮其網中,至悟後方纔説破,然皆老師宿德,故以婉辭不能峻掃。中峰《擬寒山詩》云:'參禪莫執坐,坐忘而易過。疊足取輕安,垂頭尋怠惰。若不任空沉,定應隨想做。心花何日開?徒使蒲團破。'⑤

"流至大明三百年來,無人發揮。於三十年前,天生一輩英俊,各各自創法門,不免因仍其舊,習令坐禪,則叢林肅穆,儀貌可觀,外人生信,可以維持世道,不知一蹈前轍,大事已覆。三峰早知過患,不坐此列,以入門便棒示

---

① 此二機緣語句可見於《指月録·鎮州臨濟義玄禪師》(X. 1578),《卍新纂續藏經》(83),頁563上。

② 此機緣語句可見於《指月録·寶志禪師》(X. 1578),《卍新纂續藏經》(83),頁416中。

③ 此機緣語句可見於《指月録·鼎州德山宣鑒禪師》(X. 1578),《卍新纂續藏經》(83),頁570上。

④ 此機緣語句可見於《指月録·鄂州巖頭全奯禪師》(X. 1578),《卍新纂續藏經》(83),頁588上。

⑤ 《天目中峰廣録》(Q. 145),新文豐版《磧砂大藏經》(B25),頁878中。

人。人不之信,加之以七日精進力參,以峻機接之。近有一輩有志者,初在坐禪一列,信我此法,求入於堂。然故習爲妖,眼皮垂下,如隔三二尺布,滿面浮瘡,血色生焰。到東則捱墻,到西則傍壁,只欲討個蒲團,話頭如爛綿,綿綿不斷,要他從一聲、一色、一棒、一喝處了去,定然信不及。

"今日有平望漸菴老宿同衆居士賷錢送米、入寺打齋爲何? 爲要求入精進堂中,一蹴便了。敦請老僧上堂,舉臨濟三頓棒悟道因緣,老僧歎曰:'近世亦有此等志士耶!'不免葛藤如許。諸仁者! 若決定要入刹那際三昧,須從入門便棒、劈口便打處入始得。上根利智到聖恩門下,管教一個個從刹那際悟去。其七日精進關,爲中下鈍根者設耳。衆中有撥着便轉者,出來相見!"首座纔出,師便喝! 舉棒下座,首座先已出堂。

示衆。① 師云:"從上佛祖貴求頓悟法門,所以世尊歷參外道,知非正法,因究本分。於夜半時,抬頭見啓明星,霍然頓悟,方知此道不在苦行打坐,故後來拈花示衆,迦葉一笑,佛乃付法,何等快捷! 遞代傳來,皆於言下悟去,并無周折。

"宋末元來,人不信頓悟,乃教人坐禪。英雄擔閣,直至自悟方悔,如雪巖、高峰之類是也。近年已來,師承不知古意,翻出新鮮杜撰話頭,要人打坐,畢竟死水裏浸三四十年,不要他言下悟去,故其流亞附會其說,言:'近世再無悟道之理,只合做死坐工夫,以久久純熟爲事,自然得好光景快活,若一悟道便着魔也。'所以他家種草,高胸硬氣,凌跨諸方。

"昨有一僧來我萬峰②云:'和尚這裏說有七日悟道,可有此事?'老僧曰:

---

① 此篇上堂語,他本皆無收。
② 漢月在此稱"萬峰",因蘇州鄧尉山聖恩禪寺又稱萬峰聖恩寺,元代萬峰時蔚(1303—1381)駐錫於此,《五燈全書》(X. 1571)有《蘇州鄧尉萬峰時蔚禪師傳》,《卍新纂續藏經》(70),頁 229 上。漢月并曾於崇禎三年庚午(1630)雕印《萬峰和尚語錄》(J. B492),新文豐版《嘉興藏》(40),頁 495 下。

'有之。'曰:'七日如何悟道?'老僧曰:'此古人格則,非今人杜撰創出以欺人者也。'曰:'何人創始?'老僧曰:'高峰云:"參禪若要剋日成功,如墮千尺井底相似,從朝至暮,從暮至朝,千思想,萬思想,單單是個求出之心,究竟決無二念。誠能如是施功,或三日,或五日,或七日,若不徹去,西峰今犯大妄語,永墮拔舌犁耕。"'①

"〔僧〕曰:'長慶要坐破七個蒲團,是要人久久打坐,纔得悟道。'老僧喝曰:'汝是山蠻杜拗子,多見樹木,少見人煙,出言不涉典章,妄以己意爲是。汝那知長慶因參靈雲,雲以驢事馬事示之,他不會目前現成語句,往返雪峰、玄沙二十年,坐破七個蒲團。一日卷簾大悟,乃有偈曰:"也大差!也大差!卷起簾來見天下,有人問我是何宗?拈起拂子劈口打!"'②觀其'也大差'之語,其懊悔向來蒲團上錯過目前快便可知也,而返以爲欣得蒲團日久工夫,以博卷簾之悟,何其鄙哉!

"僧曰:'趙州三十年不雜用心,方得悟去,又何如?'老僧曰:'趙州於童稚時,一見南泉,便已悟去。後來僧問:"十二時如何用心?"州曰:"汝被十二時使,老僧使十二時。"乃復曉之曰:"兄弟!莫久立,有事商量,無事向衣鉢下窮理好。老僧行脚時,除二時粥飯是雜用心處,除外更無雜用心處,若不如是,太遠在。"又曰:"汝但究理坐看,二、三十年若不會,截取老僧頭去!"③此是教人莫錯用心,若不錯用心,畢竟悟者,言二三十年寬限也,豈必以三十年坐爲事耶?不見高峰云:'若論參禪之要,不可執蒲團爲工夫,墮於昏沉散亂中,落在輕安寂靜裏,總皆不覺不知。非惟虛喪光陰,難消施主供養,一朝眼光落地之時,畢竟將何所靠?山僧昔

---

① 《高峰原妙禪師語錄》(X. 1400),《卍新纂續藏經》(70),頁 696 下。
② 此機緣語句可見於《指月錄·福州長慶慧稜禪師》(X. 1578),長慶慧稜(854—932)往來雪峰義存(822—908)和玄沙師備(835—908)之間,參問二十年,坐破七個蒲團,但不明此事,《卍新纂續藏經》(83),頁 612 上一中。
③ 此機緣語句可見於《指月錄·趙州觀音院真際從諗禪師》(X. 1578),《卍新纂續藏經》(83),頁 526 中。

年在衆，除二時粥飯，不曾上蒲團，只是從朝至暮，東行西行，步步不離，心心無間。如是經及三載，曾無一念懈怠心，一日驀然踏着自己底，元來寸步不曾移。'①

"如許説話，如何不看？不知？正所謂汝閩人，所見所聞皆閩中長老，及乎走到人前，一味將杜撰長老説話，自立主宰，全無利益。大宜慎之！"其僧不懌，故述此以示大衆。

離心意識參　出凡聖路學②

心照生明，墮在明白裏，正是無明生死根本也。意根把捉，墮在我相裏，正是無明生死根苗也。五識起明了，外攬生明；六識起分别，内攬計着，同爲無明生死枝葉也。"知"之一字，便落心、意、意識，非縛即脱，非善即惡，非凡即聖，着相即結縛而凡，離相即解脱而聖，着相、離相是對待法、兩頭語，全是生死，何由出離耶？

若將心去離心意識，則離即心意識。若將心去出凡聖路，則出即凡聖路。③ 即使離得，也是法塵分别影子，轉走轉惡，竟入無想。不入無想，便落清空，向清寥寥地認個心性禪。不没在死水，則没在軟洋子裏，動輒在昭昭靈靈上着到，正是微細心意識之聖路也。

所以佛祖指示參禪向上一路，全不落這格子。令人向離心意識處，加個"參"字；向出凡聖路處，加個"學"字。於去不得處參，去不得處學。

---

① 《高峰原妙禪師語録》(X. 1400)，《卍新纂續藏經》(70)，頁 687 上。
② 此篇同於本書所輯《鄧尉山天壽聖恩寺三峰藏禪師語録·法語》卷十七之《離心意識説》、《三峰藏禪師全録》卷十七同題名，以及《三峰藏和尚語録·書問》(J. B299)之"離心意識説示禪者"，新文豐版《嘉興藏》(34)，頁 196 上。三本之文字歧異不影響文意，下不贅注。
③ "則出即凡聖路"一句，《鄧尉山天壽聖恩寺三峰藏禪師語録·法語》卷十七和《三峰藏和尚語録·書問》皆缺。

去不得,不明白,便非心意識所到、凡聖路可通,此馬祖所謂"無門爲法門"是已。① 若向通得去,思量得來,便落理致,全是生死。故古人參問諸方,見尊宿示一機一境,無可明白,便乃盡力參求,愈求愈無路,轉參轉不得。故心意識忽爾斬然消亡,不墮兩頭凡聖。又在尊宿答處,入他語脉,便是正語。得入正語,則心之光明便正,意根便平等。意識處處分別,處處不落緣塵分別。豈凡聖偏側之謂乎？豈心性道理法身昭靈之謂乎？一機一境,豈是没意味、瞞昧人、儱侗之謂乎？

方知無量劫來,迷淪生死無明,只在今日一句子上會得,便了却歇却。便在一句子上過活作用,以至于忘句、忘法,立地成佛。大哉！尊宿一句,便能令人離心意識參,出凡聖路學,寧非真參？寧非大學哉？可見②儒家教人於一物上格之,如云聽訟猶人,當使無訟,欲使無訟,當絶情理,情理絶則無辭可争,此便是格物,而知無所用矣。奉勸信此一句,頓棄平生心意識之凡聖學路,向這裏參去！

離 心 意 識 辨③

"離心意識參,出凡聖路學",此二句是千聖不易之定論,宗門家祖述初

---

① 《馬祖道一禪師廣録》(X. 1321)中,馬祖言《楞伽經》以"佛語心爲宗,無門爲法門。"理由爲"求法者應無所求,心外無別佛,佛外無別心。……故三界唯心,森羅及萬象,一法之所印,凡所見色,皆是見心。"《卍新纂續藏經》(69),頁 2 中一下。《楞伽經・一切佛語心品》(T. 670)則云:"大乘諸度門,諸佛心第一。"又云:"如來、應供、等正覺,爲斷愚夫畏無我句故,説離妄想無所有境界如來藏門。"《大正新修大藏經》(16),頁 481 下,489 中。

② 自"可見"至"奉勸",《鄧尉山天壽聖恩寺三峰藏禪師語録・法語》卷十七和《三峰藏和尚語録・書問》均缺文。

③ 《三峰藏和尚語録・三峰和尚年譜》(J. B299)記崇禎三年庚午(1630),漢月 58 歲,作《離心意識辨》,新文豐《嘉興藏》(34),頁 209 中。此篇同於本書所輯《鄧尉山天壽聖恩寺三峰藏禪師語録・法語》卷十七之《離心意識辯》、《三峰藏禪師全録》卷十七之《離心意識辨》,以及《三峰藏和尚語録・書問》(J. B299)中《離心意識辨示禪子》,新文豐版《嘉興藏》(34),頁 196 中—197 上。三本之文字歧異不影響文意,下不贅注。

四、三峰藏禪師開發工夫語録　143

祖所指《楞伽》四卷之文，而出載於曹洞家傳嫡骨之要語，非今杜撰譌人之創也。① 夫洞山問講《維摩經》僧曰："不可以智知，不可以識識……"云云。② 又曰："不墮凡聖。"③曹山曰："莫行心處路。"是也。④ 又，"損法財，滅功德，莫不由兹心意識"，此永嘉語也；⑤須將"第八識一刀"，此大慧語也。⑥ 若經若論，皆能言之；唯歷祖及天下老古錐，獨善此法之捷，⑦故六祖有轉識成智之語，今人惑而疑議之，不得不辨。

夫心者，即第八識之一分有知、一分無知者是也。有知者，靈靈不昧，了了常知，以知爲體，湛然者是也；無知者湛極無記，在三性則不涉善惡之昏沉者是也。意根者，即七識，恒恒執認八識爲自内我者是也；意識者，即第六識分別善惡二性，分別非善惡性，即起爲散亂者是也。蓋八識以未離心體，未白净故，動則爲生死，不動則爲生死根本。在一心不生時，其執認自内我者，已恒恒在中。故定之不由三觀，⑧則全是我相矣，此歇心之害，非

---

① 《楞伽阿跋多羅寶經》(T. 670)："離心意意識，是菩薩漸次轉身，得如來身。"《大正新修大藏經》(16)，頁 483 下。又，此語可見於《五燈會元》(X. 1565)中青林師虔禪師語(？—904)，青林師虔爲洞山良价(807—869)法嗣，青林上堂云："汝等諸人，直須離心意識參，出凡聖路學，方可保任。"《卍新纂續藏經》(80)，頁 269 下。

② 《筠州洞山悟本禪師語録》(T. 1986a)記："師問講《維摩經》僧曰：'不可以智知，不可以識識，喚作甚麼語？'云：'贊法身語。'師曰：'喚作法身，早是贊也。'"《大正新修大藏經》(47)，頁 510 下。

③ 《筠州洞山悟本禪師語録》記洞山作《不墮凡聖》偈曰："事理俱不涉，回照絕幽微。背風無巧拙，電火爍難追。"(T. 1986a)，《大正新修大藏經》(47)，頁 516 上。

④ 《撫州曹山元證禪師語録》(T. 1987a)記曹山作《四禁偈》曰："莫行心處路，不挂本來衣。何須正恁麼？切忌未生時。"《大正新修大藏經》(47)，頁 530 上。

⑤ 《永嘉證道歌》(T. 2014)，《大正新修大藏經》(48)，頁 396 中。

⑥ 《大慧普覺禪師語録》(T. 1998A)："生死魔根一刀斫斷，便是徹頭時節。正當恁麼時，方用得口議心思著，何以故？第八識既除，則生死魔無處棲泊。"《大正新修大藏經》(47)，頁 896 上。

⑦ 《鄧尉山天壽聖恩寺三峰藏禪師語録》卷十七、《三峰藏禪師全録》卷十七以及《三峰藏和尚語録·書問》皆作"鋒捷"。

⑧ 本書所輯《三峰藏禪師全録》卷十七作"以故習定而不由三觀者"。

細也,今之教家①或者誤以爲是而喜之,不足問。②

而吾宗門中,益以此爲大患,故貶駁打坐爲死水③也,此七、八不相離者也,六識則事事分別,人皆知非,不足言矣。凡一事當前,則靈靈之我起爲分別;分別既成,復執認是非之影,含藏田內爲種,無量劫來,任運出沒,了不可拔,祖師爲諸人患之,千方萬計,立轉識成智之法以度之,最爲捷徑,不比其他法門之劣也。

厥後法之最捷而妙者,但教人看個話頭,纔看纔疑,便頓離心、意、識之三法。如話頭云"喚着竹篦則觸,不喚着竹篦則背",喚不得,則出凡路;不喚不得,則出聖路。以其參情兩不可得,則凡聖路已出也。喚不得,則分別之散亂六識已離;喚着不得,則七識之執認已離;不喚不得,則靈靈之閒坐及寂寂之沉酣已離。"喚着竹篦則觸,不喚着竹篦則背",兩路去不得,兩路罷不得,則因六識分別不得,七識執認不得,故一切兩頭語齊斷齊平,爲平等性之質;分別不得,妙在疑情之不死,則爲妙觀察之質。

故四智之中,因參話頭先得兩種質地,因未悟入,故不名轉識之智耳。以第六識分別不得,翻作切要疑情,以自識殺自識,謂之"回光返照"。自六識絕,則七識亦殺盡矣。殺盡則前後際斷,尚不爲到家。若忽然頓悟兼斷,則七識轉爲平等性智,六識轉爲妙觀察智,再不落兩頭凡聖語路矣,此六、七因中轉也。八識、五識雖曰果上圓,然大圓鏡智之因,成所作智之因,無一絲毫欠少了也,妙矣哉!

離心意識重在"參"字,出凡聖路重在"學"字,以話頭之學,不是有路之學,話頭之參,不是有路之參,皆以參而絕,學而絕者也。祖宗之法,妙既如

---

① 本書所輯《三峰藏禪師全錄》卷十七作"教乘"。
② 本書所輯《鄧尉山天壽聖恩寺三峰藏禪師語錄》卷十七、《三峰藏禪師全錄》卷十七以及《三峰藏和尚語錄·書問》(J. B299)皆作"不足道",新文豐版《嘉興藏》(34),頁196下。
③ 本書所輯《三峰藏禪師全錄》卷十七作"枯木死水"。

此,今人苦苦欲紹曹洞法派,而出言則沾沾爲曹洞滅法,爲佛祖滅法,①乃向人云:"那有離心意識參、出凡聖路學之理? 人之一動一靜,妙賴於心,即使參話頭,亦是心意識用事,若離此,如何參得禪?"嗟夫! 其人聲價既隆,門墻益峻,鼎言一出,世人風靡,誰敢復辨? 奈何此二句正是救世津梁、當今切要,②苟默而不言,恐非爲法、爲佛、爲祖之公願,故不得已表而出之。若果具已上見解者,不但不曾見道,抑且不識心意識爲何物,又且不識話頭爲何物,不識祖宗爲何物,不知佛經爲何物,③而不知自攬之禪名爲何物矣。吁! 可怪哉! 可怪哉!④

諸 説 會 通⑤

師云:"參禪一法乃是人人固有之事,本無障難。然有障難者,由於機習不同,互生疑異,不能真信,致令作礙耳,何者?

"一由素禀躁捷,惟喜向人論辯道理,彷彿機鋒,急於言下知歸,而遂不肯做鈍工夫看話頭,致令識心太活,役役聰明邊覓多作依通穿鑿,甚致求一輩野狐精説破,竟作敗種,不信壁立萬仞、一刀截斷工夫。兼以朝參暮請,⑥兩路夾攻,内外自他忽然觸發,便爾廓然自悟之妙。

---

① 此"今人苦苦欲紹曹洞法派,而出言則沾沾爲曹洞滅法,爲佛祖滅法"爲《三峰藏禪師開發工夫語録》獨有之文句。
② 此段"其人聲價既隆……救世津梁當今切要"爲《三峰藏禪師開發工夫語録》獨有之文句。
③ 此"不識祖宗爲何物,不知佛經爲何物"爲《三峰藏禪師開發工夫語録》獨有之文句。
④ "可怪哉"之後,《鄧尉山天壽聖恩寺三峰藏禪師語録》卷十七、《三峰藏禪師全録》卷十七以及《三峰藏和尚語録·書問》(J. B299)三本尚有一段:"苟默而不言,恐非爲法、爲佛、爲祖之公願,故特表而出之,以示諸子。"新文豐版《嘉興藏》(34),頁 197 上。
⑤ 《三峰藏和尚語録》(J. B299)無收此篇,但《三峰和尚年譜》中記己未年(1619),漢月 47 歲作《諸説會通》,新文豐版《嘉興藏》(34),頁 207 上;本書所輯《三峰藏禪師全録》卷十七亦收有此則,二本之文字歧異不影響文意,下不贅注。
⑥ 本書所輯《三峰藏禪師全録》卷十七作"若能一刀截斷,向急切處朝參暮請"。

"一者資質遲鈍,只願守住話頭,冷冷地浸死水中,不信古人急務參問一路,只待冷地豆爆,見人臨機逼拶處,木木不願采聽,不知臨機逼拶易悟,縱不能悟,已種深毒,必然發作者,何可專向冷坐耶?

"一者惟知提講公案,於識路上心傳口授之學,纔聞著做工夫,便鼻笑云:'須是我爲汝說破始得。'①不知講說來的,與自己無干,空自壞了一生,敵不得生死,②竟不信從黑路上逼拶不過,便發悟門。

"一者但有大志,以求自悟,而不參真正有手脚師友,求其荷挾,③遂言:'參請無益於事。'雖有根器,多致杜撰,或邪或偏,或不盡其堂奧,纔有省發,便自滿足,不願於差別智曲盡千鍛百煉,兼之操養極則工夫,不知真正師承,各有宗旨,師師相印,務盡行解之妙。④

"一者自己惟在鈍工夫上做透者,見人一言領荷,不費氣力,便疑他不能了當,須要死得長久,方爲滿足,因此只收一輩鈍人,上根大器,翻在沙汰。⑤

"一者自己不曾做工夫,偶然撞著此事,得之太易,見人做工夫,便道:'此等鈍人不屑教。'又道:'好肉剜瘡,何消如此?'遂致廢却做工夫一門。

"一者出家人從苦行做工夫,及修行持戒中得來,見在家人不修行、不持戒,忽得入此門者,便道:'此是聰明人卜度來的。'一例不信有此等事,見他言下雖好,總不作准,⑥而不勘辯是何等得來。

"一者在家聰達名士,有我相者,見說僧家有個入處,便言:'何物山僧?又不見他讀書,通文達理,那裏便有此事?'遂致自亦不肯信向。

"一者教家人,意謂參禪畢竟要仗教理而入,見不由教者參得禪,便道:'決

---

① 本書所輯《三峰藏禪師全錄》作"須是我爲汝識破才得"。
② 本書所輯《三峰藏禪師全錄》作"到後來如何抵得生死,此等輩人"。
③ 本書所輯《三峰藏禪師全錄》作"荷扶"。
④ 本書所輯《三峰藏禪師全錄》此段末,尚有"方可罷參"一句。
⑤ 本書所輯《三峰藏禪師全錄》此段末,尚有"良可惜也"一句。
⑥ 本書所輯《三峰藏禪師全錄》作"總不服伊"。

無教外別傳之事。'遂致白首窮經，不得受用。

"一者自不從教入，一例不許人看教，言：'經有經師，論有論師，何消更作掊黑豆的和尚？'自不讀書習藝，便謂：'道人不必更涉學路，恐動識心，啓名習，有累本分事。'不知悟後心既空净，不妨游戲三昧，接人須盡差别智，始得圓通廣達。倘執前見，便爲世間無用之物。

"一者念佛人説着參禪，便努力爭執：'由此決是魔業！'直欲掃除，不知此事是上等净土法門，便不肯入禪，翻生惡見，謗大法輪。①

"一者禪客見人念佛，便道：'念佛一聲，漱口三日。'不辨機、器，竟欲强之參禪，甚致障礙净土，與前無二。

"一者見人説個'悟'字，便道：'是大妄語。'謂：'悟之一字，是説不得底。纔説著，纔承當，就是存我覺我，如自言證聖一樣罪過。'又道：'末法再無悟底人了，須是古人始得。'一例禁絶，如此翻自成大妄，死墮地獄。

"一者道：'悟須功行滿足，我今不曾用功，決無悟理。'不知悟是自己無功用心，原不費手，而竟自退屈。

"一者道：'我自根器劣弱，且又多事、多罪、多病、多難、多障。'而不知禪不礙諸多，只要信與肯，便處處是道場，便是大根器人，便是不劣弱者，又何枉自窒礙？

"一者道：'我思慮多，難做工夫。'不知止要你肯把這事苦思深慮，是第一等力用，何不捨彼就此？

"一者修行人持戒人，不肯隨事解脱，處處抱守，執我執法，教他放開心路，純一做去，便驚懼，以致枉過此生。

"一者只要悟道，不肯去惡就善，甚致藉了悟道，便放膽做出垢惡人來，極是可惡。

---

① 本書所輯《三峰藏禪師全録》作"謗大般若"。

"一者見人任運,不檢好惡,便起擬議,言:'此等總是魔業。'而不辨真偽,是有心?是無心?一例判斷,遂成惡見。

"已上略舉數事,其餘種種根器,種種作難,不可枚舉。舉此大略,可以類推。大都欲入此門,不論何等人、何等行,只要信此是自己本分事,不假外求,如探囊取物。有閒空者,便通身放下佛法、世法種種馳求,單提一個話頭,并却精神,加之參問,不生餘礙,最是快當。若少空閒者,只要留一段真精神於此事,向鬧攘處冷眼一看:'是何道理?'若是有宿根者,劈面撞着,不犯氣力,何等快活?縱不即悟,悟亦在近,且喜省得阿僧祇三大劫勤苦修行之難,更肯以此參禪功德,發願回向西方,臨終便上上品生,乃決定事。《佛藏經》云:'念實相者,是名真實念佛。'①若真正丈夫,願即成佛道者,須從這裏入頭最捷。"

簡 徑 工 夫②

吾人個個怕這生死,都認了身子一塊肉團,要留他常在世間。佛示諸人:你這身之生死,元不相干,只爲你心有生死,所以身着生死,不得脫離。若悟得人本無心,則本無生死之因,任他這個皮袋聚散臭香,關你何事?

如今若要參禪悟道,先須辨明一日一夜之間,何處是你生死?何處是你無生死?無生死處是安樂場,不必怕他。若有生死起處,急切要與掀翻打破,省得生根長蔓。

我今問你:你昨夜睡着時,一念不生,雖是昏沉中,無生死。你做夢時,心無執着,如夢如幻,是好的,亦非生死。你初醒來,心未有緣,亦非生死。你與人相見,説話作揖,看山看水,心未着在一邊,亦非生死。你胡思亂

---

① 《佛藏經·念法品》(T. 653)原文句爲:"是法皆空、無有體性、不可念,一相所謂無相,是名真實念佛。"《大正新修大藏經》(15),頁 785 下。

② 此篇《簡徑工夫》,他本皆無收。

想,前不着思頭,後不着思尾,中不着亂事,亦非生死。

其生死起處,只在人將一物來問你時,便有六路生死出現,與你執着倒邊這個生死,其實難出。假如我將竹篦問你:"這是甚麼?"若道竹篦,着有了也;不道竹篦,着無了也;若道又是,又不是,矯亂了也;若道都不是,墮空了也;若到此,口挂壁上,陷在生死了也;若是拂袖便行,走脱不上機境,是長爪梵志斬頭外道了也。

此六路生死,上下四方,攢着你,你向那裏去？若向這裏盡情用力,尋條大路,打翻六路生死,則萬物頭邊,無物干礙得你。則睡夢時,正是相應。亂想時,正是相應。病時、死時,亦是相應。所以出生入死,自在無礙耳。便請如此參去!

遠 魔 病[①]

話頭犯着五蘊切不可參,爲何？以其牽纏身心性命,絆入五十種陰魔,傷身爲病,傷心爲魔故。何等話頭不可參聻？即犯身、犯心、犯性、犯命者。是犯身、命者,如"一口氣不來,向甚麼處去?"是犯心、性者,如"念佛底是誰?"、"本來面目"、"主人公"、"自己"等是。犯身、命,是色蘊之媒;犯心、性,是受、想、行、識之媒。犯身,則有吐血、氣逆等病生於身;犯心,則有安樂受用、空净快活、認心認性等魔入於心。身、心被識陰覆,不能離心、意、意識之生死主人,縱有悟處,亦只泊在心上爲道理所醉,不能向用上提脱凡聖、好惡等心見。此等話頭是識窟軟路,纏綿殺人,最可恨者。

元宋以前,未曾有此等話,今須向古人下手處,斷人心、意、識,硬硬便了,不用打坐安排,何等直捷痛快! 如馬祖粘餬餅云:"是甚麼?"如"喚着拳則觸,不喚拳則背。道! 道!"如纔見僧來,便關上門;如纔問着便打。若此

[①] 此篇《遠魔病》,他本皆無收。

之類，一桯便悟，不犯身心性命，乾净了當，無魔無病，堂堂大路，人人可行。何苦務入心性魔窟，兜搭不脱哉？至祝！至祝！

工　夫　辨①

師云："大都修行人不知真修方便，多爲'勇猛精進'四字誤過一生，然此四字是同，所修各異。有以身勇猛精進者，有以心勇猛精進者。晝夜坐禪，執身不倒，或單遣昏沉，務求不睡，或煉頂燒身，同于拔髮，或以戒律威儀中極瑣細事，日夜盤桓。故南岳曰：'如牛駕車，車若不行，打牛即是？打車即是？'②可見捨却心地法門，專於髑髏邊作佛事，然於出生死絕不相干，假饒弄到晝夜常清，坐脱立亡，人天最勝，大事未明，有何用處？馬祖坐禪謂之③'磨磚作鏡'，④牛頭神供謂之'臭肉引蠅'，⑤皆因心法未忘，用心錯雜混擾，純一功夫，向有功用處，作勇猛精進，不知修處不精，進何所進？勇猛長劫，亦徒爲耳。

"試嘗論之：勇者無怯也，猛者不弱也，精者不雜也，進者不退也。四字惟參禪心地法門者能之，何也？禪人一聞出生死在於徹證徹悟，證悟之路在於參禪，禪那無修，只在絕情絕想，務期親見親決，便爾不顧危亡得失，好歹是非，把佛法、世法一齊放下，此大勇也。於放下净盡無著力處，無擬心處，⑥無入頭處，無道理、無明白處，畢竟要於此處得力，此處用心，此處入

---

①　據《三峰藏和尚語録·三峰和尚年譜》(J. B299)，己未年(1619)，漢月47歲作《工夫辨》，新文豐版《嘉興藏》(34)，頁207上。此篇部份内容同於本書所輯《三峰藏禪師全録》卷六和卷七之二則示衆語，以及《三峰藏和尚語録·廣録》(J. B299)，新文豐版《嘉興藏》(34)，頁159中—161中。三本之文字歧異不影響文意，下不贅注。

②　《指月録·南嶽懷讓禪師》(X. 1578)，《卍新纂續藏經》(83)，頁451上。

③　原文作"爲之"，筆者依語意和《三峰藏和尚語録》(J. B299)，改爲"謂之"，新文豐版《嘉興藏》(34)，頁159下。

④　《指月録·南嶽懷讓禪師》(X. 1578)，《卍新纂續藏經》(83)，頁451上。

⑤　《祖堂集·牛頭和尚》(B. 144)，《大藏經補編》(25)，頁349上—350中。

⑥　本書所輯《三峰藏禪師全録》卷七作"無礙心處"。

頭,此處明白這個道理,此大猛也。不涉雜修,只於一味心地上念茲在茲,茶裏飯裏,喧寂不分,淨穢莫辨,打作一個疑團,此至精而無雜也。從此直到虛空粉碎,大地平沉,人法雙亡,一真不立,更向百尺竿頭再進一步,此大進也。

"趙州曰:'我三十年不雜用心,惟二時粥飯是雜用心處。'①二時粥飯尚是雜心,何況髑髏邊種種瑣屑,而不礙勇猛精進者?蓋兼帶修行,皆落功勳位中。一點修行,一點道理,若不淨盡,總爲有勇猛而無精進矣。欲真出生死,發大勇猛精進者,捨參禪其誰之?

"參禪人不得遣昏沉,昏沉若遣則轉鬥轉多,精神疲倦,於心力極微細處,不得發越,籠罩殺人,擔閣日子,人所未知也,但不得縱昏沉以障道耳。昔高峰妙禪師三年不倒身,立死限學禪,日夜打坐,終日輥在昏沉中,愈遣愈疲,話頭轉不親切。雖爲狗子'無'字難起疑情,未必不與昏沉有心作對所致,細詳可知也。古人云:'得這一放!'又曰:'須中夜大睡一覺!'②此豈誤人語哉!

"參禪須到放身命處,放身命處乃識心不到處也。識心絕,則真心出矣。若於種種威儀禮節,周旋無失,語言酬酢,照顧不差,處處用心,頭頭著意,摩娑鉢錫,裝飾几筵,顧履瞻衣,遮前障後,皆爲修行搭滯者也。故藥山曰:'我何能屑屑事布巾耶?'③由此觀之,直到忘前失後,如高峰之啟鑰不扃,中單如廁④。此放身命處也,做工夫以之。

---

① 《指月錄·趙州觀音院真際從諗禪師》(X. 1578),《卍新纂續藏經》(83),頁526中。

② 此二句皆可見於《雪巖祖欽禪師語錄》(X. 1397),《卍新纂續藏經》(70),頁607上。

③ 《指月錄·澧州藥山惟儼禪師》(X. 1578)記藥山曰:"大丈夫當離法自淨,誰能屑屑事細行於布巾耶?"《卍新纂續藏經》(83),頁503中。

④ 《高峰原妙禪師語錄·行狀》(X. 1400)記高峰請益斷橋,斷橋令參"生從何來死從何去"話,於是高峰"脇不至席,口體忘,或如廁惟中單而出,或發函忘扃鐍而去"。《卍新纂續藏經》(70),頁699上。

"單坐禪不看話頭，謂之枯木禪，又謂之忘懷禪；若坐中照得昭昭靈靈謂自己者，名爲默照禪，已上皆邪禪也。坐中作止、作觀，惺寂相傾，觀理、觀事，雖天台正脉及如來正禪，然猶假借識神用事，所照即境，所以命根難斷，未易透脱，多落四禪八定，及生五十種陰魔，以識神在故也。

"大慧一出，掃空千古禪病，直以祖師禪一句話頭，當下截斷意根，縱有疑情之真思，亦不能如此如彼，有可着落。既無着落，則識心何處繫泊？令人無繫泊處一迸，則千了百當。可見纔看話頭，則五陰魔便無入路矣。若看話頭，亦不得執久坐，坐久則心細而弱，疑情必不猛烈。故高峰只是晝夜東行西行，令昏散不并，心力可以發越，此四威儀中第一妙處。永嘉曰：'行亦禪，坐亦禪。'①可見四威儀中，不時翻換，不使精神昏墮，但用心親切處，便是確實工夫了也，何須執着死坐？

"做工夫不得一向坐在靜處，靜慣則動中便失；亦不得一向在鬧處，鬧慣則靜中便有無限雜毛思想發作。又有靜慣則怕鬧，鬧慣則怕靜，皆工夫之病也。必須靜中鬧中，任緣任事，只是這一段不了公案時刻要見明白而已。鬧中亦不妨怕失，怕失則此事愈急，急極則自然發作。鬧中亦不妨思見多，思見多則愈加氣力參究，加力參究，則思見自退而發明矣。

"有知見盡而發明此事者，有發明此事而知見不得不盡者。故樓子和尚、雲峰禪師皆忙處發明，可見參禪不獨坐在靜中也。② 多有看話頭而不肯參請者，又有執參請而不看話頭者，皆偏枯也。何不向話頭疑處着個參

---

① 《永嘉證道歌》(T. 2014)，《大正新修大藏經》(48)，頁 396 上。
② 《指月錄》(X. 1578)記樓子和尚一日偶然經過街市間，於酒樓下整理韈帶後，忽聞樓上人唱曲云："你既無心，我也休！"樓子和尚忽然大悟，《卍新纂續藏經》(83)，頁 472 中。《指月錄》(X. 1578)又記雲峰受大愚和翠巖所指示，爲大衆乞食、乞炭和造方丈室，坐於後架時，桶箍突然散開，自架上墮落，雲峰忽然開悟，《卍新纂續藏經》(83)，頁 682 上。

請,參請疑處翻覆自看,如此參,如此看,兩處夾攻,不愁不得矣。

"道理不是禪,世情不是禪,工夫不是禪,修行坐香不是禪,問話答話不是禪,機鋒迅疾不是禪,精進勇猛不是禪。但即時中憤然要明此事,即是參禪。只這時時憤然要明此事,則及盡一切經教祖師言句,直逼塞在沒縫罅處,謂之真道理。落落人前,不識好惡青黃長短,一任世間起伏魔蕩,謂之真世情。不識是工夫、非工夫,是間斷、非間斷,只是疑情結住,不可奈何,謂之真工夫。不知行住坐臥,不簡去就是非顛倒錯亂,謂之真坐香。

"真修行人,去不得處,逢人便問,因人問處,向人便答,不作安排,謂之真問答。撩着便轉,撥着便行,不作機用套子,自然合轍,謂之真機鋒、真迅捷。拚却身命,絕却心識,撇却修行道理、世情談辨,單單直取那事,謂之真勇猛精進。忽然一憤憤着,便好拍手!呵呵大笑!曰:'原來却在這裏!'且道:'如何是這裏?'"良久,云:"今夜臘月初七,堂中稽考喫茶,與汝説破。"

誤參念佛是誰①

師云:"有一隊不唧溜漢,聞得'念佛是誰?'底公案,用了些癡工夫,忽地認得個昭昭靈靈、無形無相、有識有知底,便道:'是了!是了!這個便是本性,便是父母未生前面目,便是臨濟赤肉團上真人常而不死者,便是四大有相中底無相者。'又引證'在眼爲見,在耳爲聞'②等語,便道:'生亦不妨得,死亦不妨得了也。'

---

① 此篇《誤參念佛是誰》亦同於本書所輯《三峰藏禪師全錄》卷六之示衆語,二本之文字歧異不影響文意,下不贅注。
② 元代《天如惟則禪師語錄》(X. 1403),《卍新纂續藏經》(70),頁 779 上。

"若如此會,祖師爲甚麼又說個'無量劫來生死本,痴人喚作本來人'?①《楞嚴經》中觀河之見,既是究竟,又何說個'見不能及'?② 爲何這昭昭靈靈的,一向驢馬胎中寄身,鑊湯爐炭裏喫苦?誤哉!誤哉!參公案畢竟不是這個道理,若這個便是,那個不曉得個虛靈不昧底是心?我五六歲念朱子《大學注》,早已徹悟了也,何消弄到今日癡瞎漢?何不再究取!"復說偈曰:"欲識念佛誰?莫把識神推。夜來風攪雪,處處積成堆。"

爲修行人多見刺③

甚矣!修行之不可不學道也,學道而修行,則行無功用而入無修矣。修行不學道,則心外有法,所修正法皆成外道矣。故闍夜多尊者聞婆修盤頭常一食不卧,六時禮佛,清净無欲,爲衆所歸。夜多將欲度之,先問彼弟子曰:"汝師遍行頭陀也,能修梵行,可得道乎?"弟子曰:"我師精進,何故不可?"多曰:"汝師與道遠矣!設苦行歷於塵劫,皆虚妄之本也。"弟子曰:"尊者藴何德行,而譏我師?"多曰:"我不求道,亦不顛倒;我不禮佛,亦不輕慢;我不長坐,亦不懈怠;我不一食,亦不雜食;我不知足,亦不貪欲。心無所希,名之曰道。"時遍行聞已,發無漏智,歡喜贊歎,遂皈依爲嗣法弟子。④

夫遍行修行,而未知道者也。夜多入道而修,無功用行者也。故知着意修行,而無心於道,必以修行爲事,以不修行爲非,是非之見既立,則存我、覺我,四相紛然,而所修善法,皆爲惡法矣,故曰:"心外有法,皆爲外道。"

所謂心内者,無分别,無善惡,無是非,無修不修,而未嘗不修,不是不善者

---

① 《指月録·湖南長沙景岑招賢禪師》(X. 1578),《卍新纂續藏經》(83),頁527下。
② 《楞嚴經》(T. 945)記佛問波斯匿王曰:"昔童時觀河之見有童耄不?"最後并説:"見猶離見,見不能及。"《大正新修大藏經》(19),頁110中—113上。
③ 此篇《爲修行人多見刺》,他本皆無收。
④ 《指月録·二十祖闍夜多尊者》(X. 1578),《卍新纂續藏經》(83),頁432上。

也,但無心執此耳,無心及真心,故曰心內。若有心修,則戒取,見取,戒見取,取着善法,取着修行,則見刺蝟然,日溺好惡中,非欣即厭,不得自在,此正修行人大病也,有心即非真心,故曰心外。若以病爲修,則修日益而病越增,遂致説法著述,皆成我相而不自知也,故曰修行人多外道種性,非怪其修行也,特愍其修行而攛入外道耳。

《楞嚴》曰:"知見立知,即無明本;知見無見,斯即涅槃。"①故曰:修行不可不學道。山僧如此告報,似是我相頗多,見刺不少,如何脱得心病去?咦!昨宵春雨足,蔬筍滿園林。

示堂中禪人②

參禪只爲悟道,何故向外馳求?只管把閒與鬧、有雜念無雜念作一事,終日打攪,廢却好時光。只要做了一塊望夫石,便是成佛也。若是望夫石是佛,佛是不説話不做事底,何不堂中供取石頭?何不將三藏十二部一切言句火焚水滅着?請諸兄不要理會這些事,何不向竹篦子上下語,且道意旨如何?速道!速道!莫作癡修行人,只管在兩頭見上,弄兩頭蛇過日。

參禪人未能超過古人,直須"自不肯",此是第一好處。若將"不肯"作躲身牌子,便是偷心;又將一例"不肯"作門庭,便是套子。非惟"自不肯",又推此概不肯學人言:"我也只到這裏。"汝等何人,敢言了辨?此便是不辨清濁,一團我相,甚至不肯前輩大宗匠,除却大慧、楚石,③便一抹與他個不肯,此便是大慢魔。

---

① 《楞嚴經》(T. 945),《大正新修大藏經》(19),頁 124 下。
② 此篇《示堂中禪人》,除部分段落以外,他本皆無收,相同之段落於下文中個別加注。
③ 楚石梵琦(1296—1370)爲大慧宗杲第五傳弟子,有《楚石梵琦語録》,傳記見《五燈全書・嘉興府天寧楚石梵琦禪師》(X. 1571),《卍新纂續藏經》(82),頁 196 上。

學人有見處，只合一寸還他一寸，一尺還他一尺，直麼荷挾他大了當。若自不敢許，却令他別參知識。若無知識，令向經教中細與古人册子上印證，及生死門頭事相邊辨驗，一一了當得，令他自肯去。始是不欺人，不昧人，不慢不我，不作門庭，不作躲身，真正不自肯好人也。如此好人，定到超佛越祖地位，無可疑者。

有師承參禪，不必先學教。無師承參禪也，須先明教義，則不落邪外。若果是一心不生、無有所重、壁立萬仞底漢子者，亦不須學教。即如鄭十三娘作小丫頭，便參潙山禪，何曾先學教來？① 故知參禪一路最活，但有心者皆可參得禪。不可見人學禪，便料揀他知教不知教，識字不識字，有學問無學問。纔見不知教，便道要先聽幾年教，然後來學禪，如刊定板子上底，都是沒膽氣。

即今開示學人做工夫看話頭，一日幾時勘驗他心地工夫是處非處，奪得他乾乾净净，單將這一件與他要會，便是上等教義，上等學問，何須扯一上葛藤，與他些子狼籍，然後爲得也？

只知教者，須吐却教義參禪。會禪者，須放開禪道學教。務令兼得，勿使混入。不兼則擔板，混入則不悟。寧可擔板而求悟，不可混入而障悟。寧可先參而後教，不可戀教而不參。有志者，自當具擇法眼，急求真師好友，荷挾參去，幸勿老大傷悲可也。勉之！勉之！

不入禪，無以盡教義，故欲深探教義者，當先推開教語，覓個乾净禪和，努力參究一番。過關之後，從容於五家宗旨，回轉閑工夫看教，則教義全不是當初學路上語。不但是教，即使儒老諸家、傳奇雜嚎、樵吟牧唱，皆是本分事。記得唐人聞歌詩云："東邊日出西邊雨，道是無晴却有晴。"知此者

---

① 典故可見《指月錄·鄭十三娘》(X. 1578)，《卍新纂續藏經》(83)，頁 549 上—中。

方識教義矣。

參禪最忌易明,①易明則情不枯;情不枯則入不深,入不深則見不徹了;見不徹了,則何有相應分？所以古人四指闊文字,亦須搜盡,令人向無摸索處摸索。故大慧以其師圓悟所作《碧巖集》傷於剖剔,欲碎其板,非徒然也。自評唱出,禪宗遂涉文字,致令學者有個着力處,甚至學語之流,變而爲講公案,東穿西鑿,狼籍佛祖。非親證之及有個入處,決不肯看此等書爲活計也,即如《智證傳》、《宗鏡錄》亦然。有大心者,幸於自己分上求之,待徹後細簡前書,不妨有大證據。

好靜坐者,必須令向熱亂處做;習鬧躁者,令其向寂寞無寥處做。佛法知見多者,須奪盡始得迸出;全不識道理者,不妨爲其疏通凝滯,令知得道理,更向道理格外着力。不是強移換人,法爾如然故也,學者不可硬差排自立主宰。

世出世間事,無你用心處。苟能於無用心處竭盡心力,則世出世間無事不辦。若專以有心用處求之,則世間事猶或未必,況出世間事乎？余於夏日齋居無事,坐見壁間蜾蠃負一螟蛉,先以毒蠆屬其身,令其若存若亡,冥然靈然,不知何爲恃怙,何爲自己矣？然後穴土窟而深埋,復重泥以密固,俾無轉身通氣處,仍旋繞呼祝,令其類我。使冥焉之靈,昧昧悶悶,憤然求出於呼召之間,只這昧悶憤然處,不自知其變而爲蜾蠃也。

故知感召之無間,母竭咒力於時時,兒竭存想於念念;母不預用力以破其封,子不早生心以損其穴。因緣時節一至,若啐若啄,自然迸地而出矣。夫螟蛉之自變,非母之所能爲也;蜾蠃之咒兒,非子之所能致也。以其用

---

① 此段自"參禪最忌易明"至"不妨有大證據",同於《三峰藏和尚語錄·廣錄》(J. B299)中漢月於聖恩寺示衆語,新文豐版《嘉興藏》(34),頁160中—下。

心於無你用心處,各竭心力,不期然而然者也。參禪之法,師資之道,吾於此證之。若以有心用,有心求,而欲成辦,則螟蛉蜾蠃,絕世無轉變之道矣,點禪者可不勉諸?

善說佛法者,不妨委曲詳盡,只是中間一着子不曾說到,所謂"鴛鴦繡出從君看,不把金針度與人"者,大慧所謂"海蚌禪"是也。① 今人自己見處淺少,只學光禿禿這一陣子,生怕向人前說盡了,要留些後手,只顧把機鋒上前,纔經細問,便護短道:"他不解中間一隻眼。"自己便辭窮理盡,沒奈何,引些教義極則語支塞一上,見人說得轉轆轆地,便訝道:"我這一點好處,都被這些人說破了。"喻如《正法眼藏》巖頭一章云:"百不思時,喚作正句。"②豈不有人喚作說破處?原來好處不在這裏,且莫着急,若作如是見解,再參三十年始得。巖頭不是你簡點得底,巖頭若差,大慧決不著作《正法眼藏》了也。中間一着子者,古人有言:"喻如賣田四止,一時結契賣與汝,只是中間樹子不曾賣與汝在,且道:如何是樹子?"道!道!

手不攀枝,③脚不踏枝,口咬一枝,驀然樹下人問:"如何是西來意?"若不答他,却是孤負他問頭,答他,則喪身失命。看他說得如此話出,只爲從前信得牢固,捨得見解,死得心,咬得住,耐得久,所以悟得深,說得切實。

今人一個話頭,未曾參三日兩日,便爾蝟然刺發,特地鑿傷。纔見舉話,又道:"如此……如彼……"苦哉!苦哉!只爲見小利,便要明白,不肯參求,直入異路耳。嗚呼!生死事大,無常迅速,閻老子不怕你有見解,鬼符子忽地到來,你將甚麼支遣?

---

① 《大慧普覺禪師語錄》(T. 1998A),《大正新修大藏經》(47),頁 817 中;《指月錄·臨安府徑山宗杲大慧普覺禪師語要》(X. 1578),《卍新纂續藏經》(83),頁 763 下。
② 《正法眼藏》(X. 1309),《卍新纂續藏經》(67),頁 557 下。
③ 此段自"手不攀枝"至"不如織口度殘春",同於《三峰藏和尚語錄·廣錄》(J. B299)中漢月於聖恩寺示衆語,新文豐版《嘉興藏》(34),頁 160 中—下。

不如今日休歇好，話頭咬住好，耐久參去好。莫理路上着到好，須盡削除好，勿太穿鑿好，便恁麼信去。更勿生疑生畏，回頭回腦。所以道："啼得血流無用處，不如緘口度殘春。"①且道"午"、"丰"是甚麼字？喝！

既得徹悟，便是根本智具足，自然不落滲漏。從此深進差別智，雖然分擘法見，都從無滲漏處得來，越分越無滲漏，故稱差別智爲後得智，以在轉識已後邊事，不妨大興作用。不可見今人一言釘住，須要把得定，只守一途，橫竪一轉語打發，便自不入深微，致返坐在功勳邊過日。如此見解，入佛或可，入魔則無分。但不可先學三玄三要，五位種種門庭，墮在見解，便不能坐進根本智矣，不可不知。

學、道、德②

學、道、德三各不相干，然缺一不可。所謂學者，知佛法中若性、若相道理，及外教中《詩》《書》六藝，并一切雜技之類是也。德者，能於佛法中持戒行善，及世法中做好人，作種種饒益事是也。道者，直下了得世出世間心地，而拈一莖草作丈六金身，把丈六金身作一莖草，千聖不能拘，便踏毘盧頂上行是也。故知三者，分分各別。

或有學而無德、無道，則爲世間黠慧惡人，或有德而無道、無學，則爲世間向好善人；或解道而不德、不學，則爲法門中魔頑廢器。或有二而缺一者，皆爲不圓。寧有道而無學，不可有德、學而無道。有道有學，則自不容於無德。須是三者俱有，三者俱無，方是真道人。

若初欲入道者，德、學全具爲佳。然亦不急有學，急於具德。具德不德，更

---

① 《景德傳燈録》(T. 2076)記爲揚州城東光孝院慧覺(848—898)之語，《大正新修大藏經》(51)，頁 287 中。

② 此篇《學、道、德》，他本皆無收。

兼有志力参,於道最近。若先有學者,恐爲學識所礙,須捨得凈盡,方爲凈器。學、德俱具,學、德全無,努力向道,他時一悟,力用無邊,自利利他,件件出格。故曰:三者各不相干,而不可缺一。

若是先要做學問,然後學道,便是下根,貪知解故。只要有師承,不愁無學問。若辦得道,福智自隨。悟後兼學,亦無不可也。又別有一種不檢細行者,正是有道德而無道德,出格又出格人,不可一例作狂放惡人看。若三者既備,兼之宿禀高才,定是臨濟、德山一流人矣,才薄不妨隨力隨量。

旌德弟子劉文華法名上收刻

三峰藏禪師開發工夫語録　卷二

門人濟壁、濟儲、濟鴻、濟銛同録

示看教者①

教中人參禪最難下手,只爲他平日學得底都有言路、意路,言思不斷,動落四句法之外道,不覺不知以之滔溺。蓋世尊一代時教,於睹星時悟得,有口難言,三七思惟,學得個説法的方子,即借凡夫、小乘、二乘、菩薩、如來五種法式,打開九十六種外道之四句法,影略而説。

故有時以人天教,確確説有;有時以無常法,確確説空;有時以無明、無無明,説緣生無性之初空,以通大乘;有時説即色即空,爲菩薩之始;有時説色空雙泯,爲菩薩之終。此等説法,不出乎有,不出乎空,不出乎即有即空,不出乎非有非空。外道執此四句,斷斷不能相通,故爲心外有法。凡夫實有、小乘趣寂、二乘知無明行等皆屬緣生而重於無處,菩薩雙有雙無,妙在互交,雖以四法破四句,然四法即四句也。②

---

①　此篇同於本書所輯《鄧尉山天壽聖恩寺三峰藏禪師語録·法語》卷十七、《三峰藏禪師全録》卷十七之《一代時教説　示看教者》,以及《三峰藏和尚語録·法語》(J. B299)之"示看教者",新文豐版《嘉興藏》(34),頁189中—189下,三本之文字歧異不影響文意,下不贅注。

②　四法即遮、照、雙遮和雙照,《三峰藏和尚語録》(J. B299),新文豐版《嘉興藏》(34),頁155下。

故經中説有處,每以空遥對應之;説空處,每以有遥對應之;説即空即有處,常以非空、非有照之於言内、言外;説非空、非有時,常以即空即有照應於影略之間。故經旨自密,言路自顯。勘有言顯而意不密者,勘有意密而言不顯者。顯之於密,非但以經咒相代而言,而顯密圓通,正在言詮之内。奈何講者不能盡詣其秘,貴在銷文,隨文有則談有,文無則墮無有、空或雙墮而爲攪亂,有、空或雙非而爲空見,此説者不知睹星之旨,動輒負墮,皆人之過,①非經過也。

惟如來禪則不然,非盡則即來,即完則非到。二句成則雙非,二句非則雙即。是即非即,互交互礙,互結互融。如一筐絲,初理而後亂,了無頭腦,結結歸一,不可復解。此所謂如來邊事,結頂處也。

若教家人看到此處,方好參禪。其或不然,舌頭尚利,不可與之説法,此宗門家没奈何處也。公向游心教理,必透此玄,果透此玄,定死句下。若死句下,正好看個話頭。話頭者,不可看心、看性、看理、看玄,須離却心窩裏,單單向事上看取,謂之"事究竟堅固"。② 若一落心窩,便溺軟處不可救矣。昨承來問,要開示話頭,今將實實一件物事作表參之。

古人以竹篦子作話頭曰:"唤着竹篦則觸,不唤着竹篦則背,不得有語,不得無語,畢竟唤作什麽?"③你若纔要開口便與一掌,向没下手處參取。只這一個竹篦,已收盡了世間種種法,收盡心性種種法,收盡凡聖諸路等法。勿得生出心言惡路,只是横結目前,時時件件總是個竹篦。盡力參,盡力憤,不可悠悠忽忽,空過一生。須是着急着急,上天無路,入地無門,自然

---

① 本書所輯《鄧尉山天壽聖恩寺三峰藏禪師語録·法語》卷十七作"講者之過"。
② 唐沙門慧琳《一切經音義》(T. 2128):"首楞嚴三昧。(此云:勇健定也。此經中自釋云:首楞嚴者,於一切事究竟堅固也。)"《大正新修大藏經》(54),頁 480 上。
③ 《大慧普覺禪師語録》(T. 1998A)記大慧尋常向諸人道:"唤作竹篦則觸,不唤作竹篦則背,不得向舉起處承當,不得向意根下卜度,不得下語,不得良久。或有人問:畢竟如何? 向他道:也無畢竟,也無如何。"《大正新修大藏經》(47),頁 825 下。

不思議境作大噴發，那時相見，別有參法也。① 其間若見奇玄作怪，俱是魔境，切莫隨之。日中與早晚大大着力，中夜須熟熟一睡，不得打坐，不得暗處，此却魔法也，并知。

示 惑 者②

五蘊爲魔囮，③四句爲外道。惟參禪一法，頓絕魔外之門，直造正法之域。蓋以話頭一句，絕理絕事，絕聖絕凡，絕生絕滅，絕心意識。眼見之而色不得，耳聞之而聲不得，鼻嗅之而香不得，舌嘗之而味不得，身着之而觸不得，意參之而法不得，則色蘊等十魔永杜其囮矣。色、聲、香、味、觸、法於話頭上無從夤緣，如木，如石，如銀山，如鐵壁，則心識無從領納矣。

既領不得，納不入，則想頭④無自而起矣。想無自起，則心路不行矣。心不行，則六識無從辨別矣。六識莫辨，則七識無從執認矣。七識不執，則八識無得而含藏留種爲將來業矣。此五蘊蘊不得，而五十種陰魔無囮無門者，乃話頭無路之妙密使然也。話頭既無路，則執不得有，執不得無，執不得即有即無，執不得非有非無。四句法執不得，則九十六種外道無從而異見矣。正以話頭如金剛圈、栗棘蓬，吞不得，吐不得，要向此處力參力透，所以魔外俱絕耳。大矣哉！無爲寂滅之光明幢也，惟在師承深得無路之路，所以能教人悟無路之道。

---

① 本書所輯《鄧尉山天壽聖恩寺三峰藏禪師語録·法語》卷十七和《三峰藏和尚語録》(J.B299)二部，此句作"那時相見，更須喫棒在"，且此句爲本篇最後句，新文豐版《嘉興藏》(34)，頁189下。

② 此《示惑者》同於本書所輯《三峰藏禪師全録》卷六示衆語，以及《三峰藏和尚語録·廣録》(J.B299)中示衆語，但是《三峰藏和尚語録·廣録》僅見前半段至"自然魔外永絕者"，新文豐版《嘉興藏》(34)，頁159上—中。三本少數文字稍異，不影響文意，下不贅注。

③ 本書所輯《三峰藏禪師全録》卷六以及《三峰藏和尚語録·廣録》作"魔業"。

④ 本書所輯《三峰藏禪師全録》作"妄念"。

但恐爲師者道眼不明,妄教人看個話頭,要他在"誰"字上與本性合,本來面目上與妙心合,即心即佛上與有心合,非心非佛上與無心合,不是心、不是佛、不是物上與非有非無合,狗子佛性有、狗子佛性無上與即有即無合。一切話頭,生出計較,動落四句,所以日逐開却魔外門戶,無事生事,遂致著色相、容領納、起想緒、鬭行途、落分別。一墮此套,或喜、或怒、或悲、或憂、或思、或恐、或驚,七情一形,魔得其便,皆因師眼不明,資心自惑,而誤之耳。但能空盡心識,把住話頭,不生見識,一味力參,任他天崩地裂,只恁麽參去,自然魔外永絕者。

今人自不參禪,慣用心路,說理說事,全是魔氣所鍾。外道惡見,小乘力量,日逐見參禪人,便生障礙,恐怕他人勝我,我無得說,只將一句蓋人說話,要他恐動疑惑,便不向參禪道場走動,圖他到我家煖熱,不致出醜,只管道:"你等後生晚進,莫被這些禪師哄壞,便去參禪,禪若一參,隨即着魔,不可救藥矣。"又道:"從來再無悟道底人,他若悟道,我亦須悟道也。他不過得些輕安光景,得個前後際斷,得個偏空消息而已,斷斷不可從他。我是爲你等的真切好心,不得不說,你當自斟酌防他,不可墮他套裏。"如此一絡索說話,愚人聞之便叩頭稱謝,送襪送鞋,圖得定當。若是有氣息底聞着,正好惡心嘔吐,大罵老禿奴不識好惡,以杖亂椎始得,何故?蓋愍他以有思惟心測度如來大圓覺海,不自覺知,謗大法輪,墮無間獄故。

喻如四衢道中,置一寶瓶,中置不死靈藥天妙甘露,若人以一毛頭許入口,則永斷生死,國人爭欲得之。而四衢巷口,集諸障人,各執利器,斷滅行路,若人取藥,我即亂刀斲之。衆皆畏懼,不敢向前。有等愚人,妄以赤身徒手來求藥者,多爲障人所磔。間有智人,作是思惟:"此不死藥,我得一毛入口,則永斷生死,我何畏彼障人而失此大利耶?"因發勇猛,身被重鎧,手執利劍,口念總持,一奮直入,取藥食之。放下利劍,身脫重鎧,口停持咒,顧謂障人曰:"我今得不死藥,君輩能復相害否?"衆見服藥,刀不能中,悉倒戈拜伏,求其餘藥爲不死法,智人逐一施與,靡不周遍,四衢之人,皆得不死,同歸一道。

然彼不死藥者,即祖禪是。四衢障人,即四句法是。智人着鎧、執器、誦咒,即是真密話頭絕滲漏法是。愚人欲以赤身空步求甘露者,即話頭上意路解註,而致着魔墮外者是。今以真心畏魔教人莫參者,正以平日口喃喃,心焰焰,自己爲魔外所困,便認參禪爲着魔之法,而不自知說此語者真魔人也。適有一居士領話頭參禪,遇一僧苦口勸止,特特來說,又有三四學人聞此等語,心志惶惑,來決所疑,因縷縷諭之,令參禪人自當識破魔種,不受他惑,力參無障,直至大透爲幸耳,珍重!

示妄談禪者[①]

有一輩從不曾參究自己者,不信有悟門,逢人便道:"我輩苦心持戒,修懺念佛,經秋歷夏,萬苦千辛,不能暫得一絲毫許輕安消息。彼等依趙州、高峰語錄所言,便道:'七日不悟,截取老僧頭去。'那裏有此等事?竟以博地凡夫妄稱悟道,罪過不淺,汝等修行人決不可信!"

此輩修行以此示人,諸參禪人疑其所說,來問老僧,我示之曰:"此輩不是不修行,正是藏教修行刻苦小心人也,彼但知以持戒欲得作佛,懺罪欲得成佛,念佛往生淨土,持誦欲辦一心。如此行持,待到純清絕點,一心不亂,去黑趨白,以爲修行。然不知大心凡夫向一句子上心路頓絕,無修無證,直下翻轉無量劫來生死心,作一把金剛王劍,向萬法頭邊處處一截截斷,佛心、菩薩心尚不得起,何況起於世間之心?此圓頓妙道,只在剎那際三昧入耳,其趙州、高峰七日悟道之言,猶是對中下根人做工夫者之權說也。彼之不信,正爲根小,不足爲怪,但彼以斥鷃之高,妄詆鵾鵬爲無如此

[①] 此篇同於本書所輯《三峰藏禪師全錄》卷六示衆語,部分内容可見於《三峰藏和尚語錄·廣錄》(J. B299),新文豐版《嘉興藏》(34),頁159中,三本之文字歧異不影響文意,下不贅注。

事,則可憐不足惜矣。"

又有一輩終日看諸公案,①句句有解説,如秦時𨍏轢鑽解做㲊抖子,青州衫解做信手拈來,打罵看做不肯他等。

又有一味以心性道理,合作惟心等見,妄自歡喜,處處有貼句,然不知話頭無路,貴求落處。

又有聞説話頭無路,便道:"祖師説話一總無甚意思,一味只是謾人哄人,哄他在一句上收取妄心、堵截意根便了,我今盡情識破,不受他謾,不如念佛,一心不亂。"見人拈起古人話頭便道:"可笑!"見人當機轉語便道:"可惡!"

此等惡見,只爲最初遇人不着,主流俗見不生渴仰,②竟看做落空亡外道相待,甚至看古人語録都生我慢,呵佛罵禪。此輩魔氣所鍾,無出頭分,時時刻刻造下阿鼻大業,不自覺知,却欲以小小修行消除此業,正是坐在糞坑裏没頭浸死,將黄熟香欲解其臭,不亦謬乎?

又有一輩在話頭上有個醒處,便不再進,道:"不如乾乾净净,何用再參?"看到諸祖公案,賓主後句,皆言:"不過謾人,莫上他機境。"便是此等説話,比前諸種更加頑惡,害人不淺。若此輩不再尋人,也要出頭教人者,如日日殺千尊佛做小菜相似,不可喻其罪矣。

示杭州季祥翁居士③

禪是提出教之骨髓,一見便向語言文字外了却心地,心地了則何教不盡?

---

① 《三峰藏和尚語録·廣録》自"又有一輩終日看諸公案"至"不可喻其罪也"缺文。
② 此句於本書所輯《三峰藏禪師全録》卷六示衆語作"於佛法中不生渴仰"。
③ 此篇同於本書所輯《鄧尉山天壽聖恩寺三峰藏禪師語録·法語》卷十七之《示季祥居士》,以及《三峰藏和尚語録·書問》之《示翁季祥居士》(J. B299),新文豐版《嘉興藏》(34),頁195下—196上,三本少數文字稍異,不影響文意,下不贅注。

教是懸擬禪之影響,一看便落語言文字中尋覓枝葉,枝葉繁則恐禪難透。所以祖師家向人未啓口已前,先翻個獅子筋斗,令人直下透去,何等痛快!故睦州見雲門纔挨入門,便一推,其足頓折,云:"秦時䨏轢鑽!"①雲門見人問:"如何是佛?"便道:"乾屎橛!"②德山見人來便棒,③臨濟見人來便喝。④ 不問你根器大小,知教不知教,識字不識字,只要你向情識來不得處,得個轉身吐氣法子,得此法,便一向不走心意識路。

蓋心意識從無始迷悶已來,只在兩頭語上輪轉:不是善,定是惡;不是凡,定是佛;不是生,定是死;不是修證,定是無修證。有此兩頭心路,則時時在生死中流浪,不得出離。如今若得提脱這些根蔕,向佛祖頭上一例踏去,討甚麼生死來?此便是教之骨髓也。

你若未信有此,不免向大乘教中看一看,看得明白,則肯心抛却葛藤窠子,來參禪矣。《楞嚴》題曰:"一切事究竟堅固。"⑤足知十卷經中,未嘗説道理也,若説理則不究竟不堅固矣,何也? 以其有心、意、識、講説、討論故。故七處徵心而覓心了不可得,八還辨見而有見精〔髓〕,⑥即云:"見見之時,見非是見。見猶離見,見不能及。"⑦又奪盡無遺矣。心、見俱奪,便説個五陰、六入、十二處、十八界、七大,此等皆是事相,每於一事相中微細披剥,剥得盡盡絶絶。翻轉身來,又與得定定當當。一與一奪,理路不可得,則事相不可得,而不妨得得。與之奪之,心理難窮。

---

① 《指月録·韶州雲門山光奉院文偃禪師》(X. 1578),《卍新纂續藏經》(83),頁619下。
② 《指月録·韶州雲門山光奉院文偃禪師》(X. 1578),《卍新纂續藏經》(83),頁623下。
③ 《指月録·鼎州德山宣鑒禪師》(X. 1578)記德山示衆云:"道得也三十棒,道不得也三十棒。"《卍新纂續藏經》(83),頁567下。
④ 《指月録·鎮州臨濟義玄禪師》(X. 1578)記:"臨濟上堂,僧出作禮,師便喝!"《卍新纂續藏經》(83),頁558上。
⑤ 唐沙門慧琳《一切經音義》(T. 2128),《大正新修大藏經》(54),頁480上。
⑥ 原文作"隨",本書據文意改爲"髓"。
⑦ 《首楞嚴經》(T. 945),《大正新修大藏經》(19),頁113上。

如曰"如來藏本妙圓心,非心非空"①等,以至"以是俱非世、出世故",即"如來藏元明心妙,即心即空"等,以至"以是俱即世、出世故",即如來藏妙明心元,上來一非一即,如干戈對壘,了無心縫。又曰"離即離非",而"即"與"非"皆不許。又曰"是即非即",前則"即"而與"非",次則離"即"離"非",再次則"是"、"非"俱"即"。你道理會得麼?理會不得麼?故曰:"如何世間三有衆生,及出世間聲聞緣覺,以所知心測度如來無上菩提?用世語言入佛知見?"汝暫舉心,塵勞先起。以是而知,教是擬禪之影響而已,心思測度皆是魔業,何不因知教言可信,隨即下手參禪哉?

大慧禪師於室中,提個竹篦子示人云:"喚着竹篦則觸,不喚着竹篦則背。"正向《楞嚴經》提出骨髓,要人一擊兩段,自在去耳,豈不痛快平生,了脱生死乎!居士昔從湖上受一喝之毒,於齋中受一掌之冤,今日向鄧尉山前,重新覓個諦當。纔要開口,我便劈頭一柱杖子;及乎再問,我已放下柱杖;伫思之間,我又將柱杖子折作四折,置你面前,且道:"是教理?是事相?是禪道?是世法?"你若如何若何,再與三十柱杖趁出始得。

示覺蓮上人②

自宋元而下,參禪人貴看話頭,而話頭一參,遂有無量差別知見爲障爲難,不但參禪不成,而攝入五蘊多致魔外者矣,故吾臨濟正宗大慧禪師出世以竹篦子話,格其病端。其一層,恐人之墮有、墮無而沉四句也,乃示之曰:"喚着竹篦則觸,不喚着竹篦則背。"③使其喚無、喚有不得,觸着、違背不

---

① 此段以下引文出處爲《首楞嚴經》(T. 945),《大正新修大藏經》(19),頁121上。
② 此篇《示覺蓮上人》,他本皆無收。
③ 此篇引用大慧之語見於《指月録·臨安府徑山宗杲大慧普覺禪師語要》(X. 1578),大慧於方丈室中多問衲子曰:"喚作竹篦則觸,不喚作竹篦則背。不得下語,不得無語,不得於意根下卜度,不得颺在無事甲裏,不得於舉起處承當,不得良久,不得作女人拜繞禪床,不得拂袖便行,一切總不得。"《卍新纂續藏經》(83),頁732下。

得,則四句外道、五蘊魔業不能染矣。

又恐其墮觸、背之有言以犯四句,墮不觸、背之無言以犯離四句也,乃又爲示一層曰:"不得有語,不得無語。"使其妄出一言不得,無言而默不得。

又有一種人,知話頭之當有疑情也,乃妄以游思參之,左觀右看,謂之有疑,而墮寬寬滑滑之識情也,故又示之曰:"不得意根下思量卜度。"

學人聞之,遂欲捨其浮疑,而墮在澄澄湛湛一念不生之外道法,故又示之曰:"不得置在無事甲裏。"

又有一種不識心性者,慕心、慕性、慕惟識,便要在現量上着脚,聲色頭邊舉起處承當。

又有一種認識神、神我者,便向呈拳豎指動,動處認自己,亦向舉起處承當;又有認起處是初念、是自心,亦向舉起處承當也,故又示之曰:"不得於舉起處承當。"

又有一種在惺惺寂寂、寂寂惺惺處認着,便要向陰山背後,打坐默照過日,見世間、出世間大作大用底,便冷笑,故又示之曰:"不得學洞山初年的良久。"

又有一種掠虛野戰之漢,便欲下一轉語,做一模樣,弄機鋒度過也,故又示之曰:"不得繞禪床做女人拜。"

又有一種西天斬頭外道,以不上他機境,謂之不受爲宗也,故又示之曰:"不得拂袖便行。"種種不得,而邪禪惡見窮矣。

其末後的的示之,以纔開口便打,故宋末還有禪在,至元而仍壞矣。今之爲師者,若令人抱個"念佛是誰",即落觸矣;看到"本來無物",即落背矣;令人款款起疑,即落意根思量卜度矣;令人日日閉户,喫却硬飯,不許下床,單單長坐,即落坐在無事甲裏矣。又有一種長髮怒目,學打、學轉語迅捷者,只要口裏有得説,又落繞床女拜矣。又有一種云:"好在一打!"他又認定却打是好底,相見兄弟,破頭瞎眼,東打西打,以硬爲事,遂成打禪。嗚呼！法出弊生,奈之何哉？老僧千方百計,欲救之而不可得也。吾人當細簡前弊,神而明之,當有得矣。天乎！聖人復起,當相抱痛哭,吾將買蹇驢看花湖上矣。

示 冷 公①

做工夫先須養精神,精神若旺,便得專志猛烈,〔看〕②話頭便有精彩,有精彩即得躍然活潑,參情從此發而真疑起矣。真疑若起,則觸不開,打不失,久久自然卒地爆地耳。行人不識養神之方,多生障難,障難之起,只在勤、惰兩途。惰者之過,人皆知之,固不必言。勤者之過,茲當略舉數條:

一者夜不容睡,則昏沉逼發,不惟夜不清爽,致令日間如霧中相似,經年累月,轉做轉迷,精神漸倦,話〔頭〕③不親切,此正不在遣昏沉爲勤也。

一者發猛坐香,身覺安妥,用心漸微,疑情益弱,坐在安樂窟裏,〔工夫不能進步,〕④直須傍未安帖時,即便起立,立之未久即行,行行再坐,則精神不倦不昏,不致凝滯沉相中,自然轉轆轆地,若動若静,都有激烈氣象,此又不在以坐爲勤也。

一者坐得安妥,不散不昏,寂然入於沉相中,目前如雪耀相似,話頭如逆水遊魚脱力,尾摇摇而身漸退縮,越退越沉。人來巡警,亦不得知他是沉相,自己亦不知是退屈,目前便有許多作怪色相出現,耳中亦有許多聲音語

---

① 此篇同於本書所輯《三峰藏禪師全錄》卷七示衆語和《三峰藏和尚語録·廣録》(J. B299)漢月於聖恩寺示衆語,新文豐版《嘉興藏》(34),頁 160 下—161 上。三本之文字歧異不影響文意,下不贅注。

② 原文無"看"字,筆者依本書所輯《三峰藏禪師全錄》卷七示衆語補。

③ 原文無"頭"字,筆者依本書所輯《三峰藏禪師全錄》卷七示衆語補。

④ "工夫不能進步"六字,原文無,筆者依本書所輯《三峰藏禪師全錄》卷七示衆語補。

言，或玄或妙，似夢似醒，若驚若喜，魔境佛境，惑亂千歧，多致失心狂執，此又以寂靜爲勤所致者也。

一者急于求悟，廣生知解，將教乘極則語，宗家玄妙句，坐時盤桓一上，夜來辯論一番，明日又思索一遍，意在圖度，不知智門一開，悟門便塞，縱有開發，亦是依通，生死分上且沒交涉，此又不在知解爲勤也。

一者識得不從解入，全體打開，猛烈既久，忽得前後際斷，覓取一念，了不可得，話頭便不猛烈，終日坐在死光影中，自謂快活，便爾精勤習靜，恐怕失了這些好處，愈入愈深，不知不覺，話頭懶去鞭逼，所謂"不疑言句是爲大病"。① 若便坐此，謂之寒巖枯木，死水不藏龍，歧路紛然，自此而起，到這田地，自己便無主宰，必須仗此一個話頭，度過這軟洋子，直至開悟，便不墮落，此又不在把捉光影即便住脚爲勤也。

一者識得此處話頭要緊，猛地有個省發，或見得一切法空，目前無一點障礙，若心若身，如空中聲，如鏡裏影，開口便在空靜理上著脚，沒頭死水，永無出期。祖師②一句盡力道不得，縱道得相似，亦是中間隱隱夾帶一段意思，逢人滾滾地直是叵耐，此又以如夢如幻，及本來無一物上存坐爲勤者也。

一者透過此關，便吐得一句出，又不能實知落處，便軟嫩嫩地，見人便下語機鋒，種種相似，勤於口頭三昧，失於脚下履踐，語時尚屬法見，事上亦落罅漏，不肯盤桓委曲詳細，自道直截好漢，大是禍事，此又以口給禦人爲勤也。

一者在於一句上，果得實確確地，目前若銀山鐵壁，如彈打鐵城，終日便無個下落處，仰天俯地，不可奈何，直下便肯休去歇去，不知更有下半節事，此又以單提塗毒皷爲事，恐怕分擘法見，翻致生情動念而慎護爲勤者也。

一者知有下半節，若大法未盡，開口如連麻相似，以末上多一句爲得，或在

---

① 《指月錄·臨安府徑山宗杲大慧普覺禪師語要》(X. 1578)中圜悟克勤之語，《卍新纂續藏經》(83)，頁731下。

② "祖師"二字，本書所輯《三峰藏禪師全錄》卷七示衆語作"本分"。

斷貫索處,不自覺知,取笑旁人,①若早爲人便不滿足了也。

一者透得大法,操養未深,便是生果子,未堪摘得。② 果得到脚尖頭,也踢出佛來,一任高臥孤峰,放身城市,無可不可。生亦得,死亦得,直入無功用行,不於勤處坐著,而於不坐著處精勤,直入無悟、無法、無操履、無習氣、無作佛、無利生、無勤不勤,然後勤如永明,惰如懶殘,各請自便。做工夫若此,始有些子氣息,若到明眼尊宿門下,好與三十柱杖。

示 淵 充 茲③

移花接木,先植其根,根浮動則花果死。抱法求人,先辨其器,器輕破則佛法危。故根器有中行者,有狂狷者,中行則磕著便了,狂狷則鍛盡自成。惟在師有培根鑄器之手,資具死心就鐮之誠,二者緣合,不論智愚,久近靡不成果。

夫根也者,《易》曰:"大哉乾元,萬物資始也,乃統天。"④言《河圖》最初未下之一點,爲根本智,漠然無心,無物無我,生生化化,自此而起。此正學人死心塌地,如癡如兀,如木如石,於此一念萌動,但有求道之切,未有行

---

① 此句《三峰藏和尚語錄》(J. B299)作"旁觀者哂",新文豐版《嘉興藏》(34),頁161上。

② 此段於本書所輯《三峰藏禪師全錄》卷七示衆語作"又有一等雖已透得大法,而操養未深,終是未熟果子,若然生摘得,終是不馨香,若此處坐住,亦是半塗而廢"。

③ 同於本書所輯《鄧尉山天壽聖恩寺三峰藏禪師語錄》卷十六《示淵充茲首座》,及《三峰藏和尚語錄‧法語》(J. B299),新文豐版《嘉興藏》(34),頁 187 中—188 中。三本之文字歧異不影響文意,下不贅注。《三峰藏和尚語錄‧三峰和尚年譜》(J. B299)中記丁巳年(1617),漢月 45 歲作《示淵充滋法語》,新文豐版《嘉興藏》(34),頁 206 下;《三峰清涼寺志》記漢月早期住三峰禪寺時,有十四弟子,淵充茲是爲其一,《中國佛寺志叢刊》第 4 輯,第 40 冊,頁 126;本書所輯《鄧尉山天壽聖恩寺三峰藏禪師語錄》卷三十之《秉炬入塔》,收有漢月所作《爲淵充茲上座下火》。

④ 以下《周易‧乾卦》之引文,參中國哲學書電子化計劃,https://ctext.org,2020/11/21。

用之能。在本卦即初九潛龍勿用之謂也，入復卦即天根之謂也，故此爻潛攝六位，包羅餘卦，乃曰："雲行雨施，品物流行，大明終始，六位時成，時乘六龍以御天。"蓋未動謂之根器，既動謂之根本智。未動者，未悟者也，動則發明根本，而未有行用者也，即無用，則其根剛大，以無心行用，故謂之龍。及乎現躍飛亢，亦皆無心，故卦中位位少他不得。

潛龍者，譬如臨濟在黃檗三年，①力役埋没。初未有識者，睦州見之，喜其根器如此，異日定成大樹蔭人天者，乃再三勸其問法。及問著，便與二十棒，此黃檗知其器可栽矣。三問三打，而濟屹然不動，但疑自己無緣，仍欣聽謝別而去。巍巍乎！大人哉！所以傑出五家，子孫代代如龍如猊，源深流長，皆于潛龍勿用時得來者也。

九二曰："現龍在田，利見大人。"如普化與臨濟道不相上下，乃甘心承事，故掣風掣顛，至死竭力贊化。② 此不自出世，而密應九五，正以無心爲己，即潛而用者也。

九三曰："終日乾乾，夕惕若厲，無咎。"如古人開悟得法之後，事師服勤，泯泯給侍，不啻童僕，出不得住山養道，入不得秉拂贊化，棲棲焉無意於用。如稍稍動，輒爲出世之砧，朝夕若有憂懼者，如盧能逃難張網之輩亦是也。③

九四曰："或躍在淵，無咎。"即如汾陽閉門高臥，④瀏陽乞食鄉村，⑤風穴

---

① 以下有關臨濟義玄之例，見《指月録・鎮州臨濟義玄禪師》(X. 1578)，《卍新纂續藏經》(83)，頁549中—551中。

② 《指月録・鎮州臨濟義玄禪師》(X. 1578)記臨濟到鎮州時，普化已在鎮州。臨濟出世後，普化佐贊臨濟，不久之後，普化便逝去，《卍新纂續藏經》(83)，頁551中。

③ 《指月録・六祖慧能》(X. 1578)記，六祖慧能姓盧氏，離開五祖後至曹溪，避難於獵人隊中十五年，《卍新纂續藏經》(83)，頁442下。

④ 《指月録・汾州太子院善昭禪師》(X. 1578)記，大衆迎請汾陽善昭住持汾州太平寺太子院，汾陽閉關高枕，《卍新纂續藏經》(83)，頁646上。

⑤ 《指月録・潭州石霜山慶諸禪師》(X. 1578)記，石霜慶諸(807—888)避世："混俗於長沙瀏陽陶家坊，朝游夕處，人莫能識。"《卍新纂續藏經》(83)，頁563中。

單丁，①神鼎對木羅漢説法，②龍山入深不出世。③ 可以陸沉，可以贊襄，可以出世，其脚跟無一定之趣，本自無心，任緣隨遇而宗者也。

九五曰："飛龍在天，利見大人。"此如諸禪師出世，上爲王公尊禮，下爲萬人朝宗，荷負大法，教化弘施，尊居天人之上，然豈其心乎？

上九："亢龍有悔。"此如覺範妙喜遣南瘴之鄉，棲賢民衣，④黄龍下獄，⑤時乎！時乎！於此無心，無入不自得矣。此正菩薩深自淬礪處也，隨其位之所在，無不用其潛者，此也。

至若用九："見群龍無首，吉。"則如酒仙、⑥蜆子、⑦大道、⑧布裩、⑨布袋、⑩杯

---

① 《指月録·汝州風穴延沼禪師》(X. 1578)記，風穴延沼(897—973)至汝水風穴寺："時寺已摧殘，惟草屋數椽，師入駐錫，日乞村落，夜燃松脂，單丁者七年。"《卍新纂續藏經》(83)，頁 628 上。

② 《指月録·潭州神鼎洪諲禪師》(X. 1578)記，神鼎洪諲(？—901)住神鼎："以一朽床爲説法座，其甘枯淡無比，德臘俱高。"《卍新纂續藏經》(83)，頁 649 下。

③ 《指月録·潭州龍山和尚》(X. 1578)記，龍山和尚(馬祖道一弟子)住深山無人處，只要被世人發現住處，就移茅屋入深居，故人亦稱隱山和尚，《卍新纂續藏經》(83)，頁 501 下。

④ 《僧寶正續傳》(X. 1561)記，覺範慧洪於政和元年(1111)被剥奪僧籍和發配海南，《卍新纂續藏經》(79)，頁 562 下。

⑤ 《禪林僧寶傳》(X. 1561)記，黄龍惠南(1002—1069)住歸宗寺，後因歸宗寺火災一夕而爐下獄，《卍新纂續藏經》(79)，頁 535 上。

⑥ 《指月録·酒仙遇賢禪師》(X. 1578)記，酒仙遇賢(922—1009)："惟事飲酒，醉則成歌頌警道俗，因號酒仙。"《卍新纂續藏經》(83)，頁 640 下。

⑦ 《指月録·京兆府蜆子和尚》(X. 1578)記，蜆子和尚(五代時人)："逐日沿江岸，采掇蝦蜆以充其腹，暮即宿東山白馬廟紙錢中，居民目爲蜆子和尚。"《卍新纂續藏經》(83)，頁 600 中。

⑧ 《指月録·南嶽芭蕉菴大道谷泉禪師》(X. 1578)記，大道谷泉(985—1056)因秋天暑熱，解衣躍入有毒龍蟄伏的山湫，《卍新纂續藏經》(83)，頁 663 上。

⑨ 《指月録·荆門軍玉泉承皓禪師》(X. 1578)記，玉泉承皓(1012—1092)："製犢鼻裩，書列代祖師名字，乃曰：'惟有文殊普賢較些子。'且書於帶上，故叢林目爲皓布裩。"犢鼻裩爲短褲之意，《卍新纂續藏經》(83)，頁 669 下。

⑩ 《指月録·明州奉化縣布袋和尚》(X. 1578)記，布袋和尚(817？—917？)："形裁腲脮，蹙額皤腹，出語無定，寢卧隨地。常以杖荷一布囊，凡供身之具，盡貯囊中，入塵肆聚落，見物則乞，醯魚苴才接入口，分少許囊中。"《卍新纂續藏經》(83)，頁 422 中。

渡①之流，異類中行，漠然不知天地爲何物，六位所不能攝，八卦所不能該，蕩蕩然魔佛之外，至矣！至矣！然此一位，疑溷不少，狂人稍稍有見，便學皓公書裩，皓訶之曰："爾何人斯？乃敢學我？吐血必矣。"果吐血死。② 泉大道入得龍潭，人能之乎？杯渡不驚鷗，人如之乎？若作意神通，竊欲混入，便屬魔業也。

此其所以"乾道變化，各正性命，保合大和，乃利貞"也。故根之一點，③"首出庶物"，及乎隨遇，則"萬國咸寧"。苟人致力於此，謂之"天行健，君子自強不息"。苟不致力於此，則流入他卦，不中不正，凶咎必矣。此所以"統天"也者，④不可忽！不可忽！即此一點爲元，而亨、而利、而貞，具在矣。

故凡接花果者，先辨其根，觀其氣味相似，即截其柯幹，勿使自生枝節，但取其生生不息之正氣，貫達名花嘉果之移蘗，幡然與故本不同，真能奪天地之造化。然不可授以非根也，苟非其根，則花果死而枝節仍生矣。根有柞械者，惡習難變，不中接蒔者也。又有雖非柞械，而易生枝節者，縱可教可入，而舊習潛發以害正者也。有雖不生根節接，後搖動而死者，以物欲動其心，縱得法，擅入惡道，師承不能懸救者也。此皆非根之謂也。

《法華》曰："在所遊方，勿妄宣傳。"⑤正誠爲師莫輕付授，莫輕放人，務在定無轉展，方許住山養道也。死心就接者，只具木石心腸，惟切求道而已。培接其根者，厮盡枝節，纔生便削，纔削又泥，密不通風，使其蒸蒸不息之

---

① 《高僧傳》(T. 2036)："杯度者，不知姓名，常乘木杯度水。"《大正新修大藏經》(50)，頁 390 中。

② 《三峰藏和尚語錄》(J. B299)說明有人學承皓書寫七佛之名於裩（短褲）上，之後吐血而亡，新文豐版《嘉興藏》(34)，頁 186 下。

③ 本書所輯《鄧尉山天壽聖恩寺三峰藏禪師語錄》卷之十六，《示淵充茲首座》此句作"即此最初未下之一點爲元"。

④ 本書所輯《鄧尉山天壽聖恩寺三峰藏禪師語錄》卷之十六，《示淵充茲首座》此句作"此乾元之所以統天也"。

⑤ 《妙法蓮華經》(T. 262)，《大正新修大藏經》(9)，頁 15 中。

正氣，務令開發，蒸蒸不已。不知不覺，皮骨相接，氣味亦投，憤然一迸，則繁花開而緗葉茂已。然後滋之以雨露，照之以日月，噓之以春風，實之以陽氣，生生不已，而果熟矣。若更生摘得，便不馨香者也。此黑豆換眼之手段也。

兹公！兹公！〔欲成佛果〕，①須具佛根。佛根無他，只在不識不知，赤身就鍛，乾元之謂乎，汝能具根，只恐②老圃無蒔花果手段。

示　照　公③

及盡凡心，不住聖見，放教蕩蕩地，方看個話頭。若是凡聖二路一點交涉，便是不唧溜漢，處處染污，處處粘糊，如獼猴拾果子，拈一放一，無有了期矣。

所謂染污者何？一者情不脫，謂一切世間善惡好歹、是非逆順等事，也須處置定當，不肯截然不顧，恐傷仁義，致人議論，務盡小諒，硜硜然，拘拘然，介介辯別，終日沒溺在事中，道自己是好人，不能向瞥脫處下手。

一者理不脫，爲一切佛經大小乘清濁等語，當做實法，亞在胸中，及聞途路知識所説，主其先入，念念不捨，不能去短就長，如綿搭絮，謏溷不已，謂我是無辯別、不我相底好人。

殊不知情爲生死根本，理爲所知障難，縱參五十三知識，亦救不得。若肯向此兩路一截截斷，看個竹篦子話，把觸背、凡聖二見，打作一個疑團，事事法法，是生是佛，總是喚不得處，討個了〔斷〕。④喻如逸鳳破霄，不顧天

---

① 原文作"欲佛成果"，今依本書所輯《鄧尉山天壽聖恩寺三峰藏禪師語錄》卷之十六《示淵充兹首座》，改爲"欲成佛果"。

② 本書所輯《鄧尉山天壽聖恩寺三峰藏禪師語錄》卷之十六《示淵充兹首座》作"弗恐"。

③ 此篇《示照公》，他本皆無收。

④ 原文作"段"，筆者依文意改爲"斷"。

之高遠；神龍入海，那識水之深多。只是以到爲期，莫生迴轉。其餘參處，或生見解，或起奇玄，要之一例打開，只向會不得處重新參起，不計一年、二年、一生、兩生，距定脚頭，務求證悟。

又當日親作者，時就剪裁，日劫相倍，不可自寬，多喫生受。此爲照公歸徑山，恐其凡聖情生，書以相囑，忝爲同戒同行，諒不以人廢言也。倘於瓶窰、喝石六妙處，打斷竹篦，我還有柱杖三十相贈在，莫言無事。

示露鶴禪人①

參禪做工夫，先須具一段慷慨激烈大丈夫氣，不可作繡娘兒禪，只要躲在閒寂處，向肚皮裏摸索，縱使工夫無間斷，亦是黑山鬼窟裏活計，古人云："須向事上覷則捷，若向意根下卜度即沒交涉。"②不見大慧握着竹篦子示人云："喚着竹篦則觸，不喚着竹篦則背，汝喚作什麽？"此一語看來即今與目前種種萬法千頭，着衣喫飯，若贊若罵，喚亦不是，不喚亦不是，畢竟向那裏着落？

由此便不可作身想，不可作心想，不可作山河大地想，不可作明暗色空想，不可作諸佛想，不可作衆生想，乃至迷悟想、參禪想、世出世法想，件件去不得，須盡情向去不得處討個着落。不得如何若何，拼却性命，在聞聲見色處撕捱，鬧攘霍亂處撕捱，忽然頭撞喫痛，訝！元來却在這裏！且道這裏是個什麽？道得、道不得，猶少棒折在。

此是做工夫第一等綿密處，此真丈夫所爲，決不可作繡娘兒細針密線做出來的閨閣中物件可比也。此爲露鶴上人於婁江別張九服居士，居士以鬧攘工夫贈歸匡廬，聊續數語，略爲解注，不揣筆陋，遂爲書之。倘於半偈令

---

① 此篇《示露鶴禪人》，他本皆無收。
② 《指月錄·鄂州巖頭全奯禪師》(X. 1578)："但明取綱宗，本無實法，不見道無實無虛？若向事上覷即疾，若向意根下尋，卒摸索不著。"《卍新纂續藏經》(83)，頁587下。

師提瓶挈鉢處,打斷袋索子,罵我不識好惡,我也只得忍你。

示了素二禪人①

大凡學道人,先須具擇法眼,擇法眼正,則參處得力。參處得力,即入處真實。入處真實,即用處斬截。用處斬截,即情、見、語言皆無滲漏。無滲漏處,轉入轉深,越參越透,曲盡五家宗旨,閑熟五十三善知識事。竭盡情、理,爲起腳處;於盡情、理處,隨順情、理。故欲做工夫,首將世情善惡、逆順、好歹、是非、贊罵、毀譽,視作空雷水棒,杳無起止。然後將平生所學道理經教,一總抹殺。於所修所證,一切工夫境界,佛地上事,魔地上事,都總拋家散宅。

又不於拋散處立是,於不立是處放開。寒便加衣,饑便喫飯,看個話頭:"喚着竹篦則觸,不喚着竹篦則背。"橫來竪去,壁立萬仞,勿得二路上著腳,勿得中間透去,勿得退後沉沒。四面去不得處,發大勇猛,眠不得,坐不得。要進,進不得;要罷,罷不得。如人墮在萬仞坑裏,毒蛇惡蝎,千噬萬蠚,不死不活,求個出路,務要奮身一躍,出此深坑相似。盡力跳,盡力想,只是無可奈何。正在不奈何處,忽然一迸!囮!原來是這個道理!

回觀向來種種夢事,總是!總不是!到這裏尋個有來歷宗師,〔拚〕②身捨命,服勤承事,求個大了當處,大轉換處,大透脫處。弗得離師太早,但在正知正見上存坐過日,恐後來指示人,一代不如一代,禪宗凋落,罪出於此也。③ 直須亡盡我相,似二祖事達磨,捨身求半偈相若,始有後來一段

---

① 同於本書所輯《鄧尉山天壽聖恩寺三峰藏禪師語錄・法語》卷之十五,以及《三峰藏和尚語錄・法語》(J. B299),新文豐版《嘉興藏》(34),頁 186 上。三本之文字歧異不影響文意,下不贅注。

② 原文獻作"判",筆者依本書所輯《鄧尉山天壽聖恩寺三峰藏禪師語錄・法語》卷之十五改作"拚"。

③ 本書所輯《鄧尉山天壽聖恩寺三峰藏禪師語錄・法語》卷之十五和《三峰藏和尚語錄・法語》缺自"弗得離師太早"至"罪出於此也"一段。

光明。

又勿得向傳授死法子處將就了當，此最是小人情狀，大可恨者。若得見處透盡，行處相應，無滲漏，無習氣，剗得了了當當，脚尖頭處處踢出佛來，更要問你："大死底人，既脫生死，爲甚命根不斷？"①古人到這裏，住山住洞坐死關，正爲此也。珍重！珍重！

示清度禪人②

妙喜握竹篦子示人曰："喚着竹篦則觸，不喚着竹篦則背，汝喚作什麽？"時有學者令師放下着，師即放下篦子，呈拳云："喚着拳則觸，不喚着拳則背。"進令放下拳，則曰："喚着虛空則觸，不喚着虛空則背，汝喚作什麽？"③以余而廣之，喚着内而四大五蘊，外而山河大地日月星辰，大而世界，細而微塵，一行一動，一飲一啄，但可喚着皆觸，但不可喚着皆背，畢竟向那裏下口？

清公！清公！試道一句看，縱然道得十二分相似，還要問公："落處向那裏在？"若不識落處，妄作弄嘴頭禪，皆落心思意想，似是而非，正是閻老子面前喫棒的張本。若人真參，只在目前事相上一一看取，觸、背兩非，中間坐斷。又不得怕向前去竟爾別尋寬空，無事甲裏存坐，直要向狹小門上撕捱千捱萬挼，心識路絶，自然迸地一下！親見那一着子去在！且道如何是那一着子？眼目定動，下語機鋒，總與三十痛棍！

---

① 《高峰原妙禪師語錄·行狀》(X. 1400)記高峰原妙(1238—1296)於天目山西峰之師子巖造石洞，榜以死關，以三關驗學者："大徹底人，本脫生死，因甚命根不斷？佛祖公案，只是一箇道理，因甚有明與不明？大修行人，當遵佛行，因甚不守毗尼？"《卍新纂續藏經》(70)，頁 699 中—下。

② 此篇《示清度禪人》，他本皆無收。

③ 《指月錄·臨安府徑山宗杲大慧普覺禪師語要》(X. 1578)，《卍新纂續藏經》(83)，頁 732 下。

示悟菴禪人①

嗚呼！法道式微，禪宗欲滅也，吾悲夫不可力救也，何哉？以參禪人法式背古，翻爲禪障也。竊見高峰、雪巖法有明鑑，而今人一一背之，如曰洗糟瓶，令人吐盡三十年、二十年或參或學道理，以是理障故，廼云："談玄談妙，説性説心，攢花簇錦，巧妙尖新，如麻似粟，從古至今，莫不皆是乘虛接響的漢，倚草附木精靈，山僧雖是他家種草，決定不向這裏藏身！"②看他劈頭開場，便如此道破。

而今人讀一部《宗鏡錄》，教人以識心卜度，良恐棄之，便無入處，大可悲也！而教人曰："不知教理，決入不得禪。"此又不知如何見得，若如此看教既是禪也，又何須參也？如曰："洞上教人工夫綿密困人，要令看話頭，勿急勿緩，悠悠蕩蕩，坐得昏沉，便將話頭鼻尖上打一過，坐到澄澄湛湛，過一日如彈指相似。"連坐了幾年，被處州書記來言："欽禪！你這工夫是死水，不濟事，静中便有禪，動中便失却也。"被他説得着，因此改話別參，做奮不顧身命工夫乃悟。③

高峰亦曾看"無"字，也是這個套子，賺過三年，後來做工夫何等猛烈！乃言："此事如仰箭射空，前箭射後箭，前筈挂後筈，如此便當尅日成功。"④又譬"逆水撐船"⑤相似，又道"一人與萬人敵相似"，⑥種種皆在語録，而今人蔑之，務令人做壞了，何等罪過？寧可自賺，不可賺人，此事必當救正

---

① 此篇《示悟菴禪人》，他本皆無收。
② 《高峰原妙禪師語録》（X. 1400），《卍新纂續藏經》（70），頁 677 中。
③ 《雪巖祖欽禪師語録》（X. 1397），《卍新纂續藏經》（70），頁 606 中。
④ 《高峰原妙禪師語録》（X. 1400），《卍新纂續藏經》（70），頁 687 上一中。
⑤ 《高峰原妙禪師語録》（X. 1400），《卍新纂續藏經》（70），頁 706 中。
⑥ 《雪巖祖欽禪師語録》（X. 1397），《卍新纂續藏經》（70），頁 607 上。

之可也,如曰:"晝夜只是東行西行,以坐中易爲昏也。"①又曰:"中夜大睡一覺,此去昏養神之法也。"②

今人專於坐香,軟煖禪衣,寂寂危坐,竟坐在安樂窟裏。及看昏沉,便打一鎮杖,此似煉磨場裏,不語期中相似,於"切"字何干? 及至盤恒工夫,又與止觀出入,全非禪門烈氣。

如此三種,只爲要見胸中學問能兼諸家,可以愚俗,而不知害人深矣,嗚呼痛哉! 法道一至此也! 今若說破,又道是法中妒忌;若不說破,遂致流毒方來,但默默合掌向佛頂,祝願生好人而已。茲有楚中悟菴上人者,過峰訴及當初工夫甚烈,而爲師者勸令放下,以此遂做不激切爲恨,并欲決其過患,因漏逗及此。惟上人秘之勿言,〔毋〕③令愚人疑謗也。至祝! 痛哭! 痛哭!

示貫珠素先二禪人④

丁巳,⑤五月二十日,以慧壽九旬禪期告滿,而有貫、素二上人,將矢志力參,務求必徹,良恐人心易墮,聲色易染,因復乞受戒品,爲入道金湯,執紙索語。老僧曰:禪爲佛種,戒爲佛地。苟禪而無戒,多致撥無因果,如平侍者輩直致三叉路口爲虎所害。⑥ 若戒而無禪,多致執相生心,紛然見刺,說是說非,而入道愈遠。故知欲投佛種,先畊佛地,心地芟薙,無遺雜染,蕩滌平夷。

次將一個話頭橫着胸中,哽哽如栗棘蓬相似,心思路絕。要起一念破戒心

---

① 《高峰原妙禪師語錄》(X. 1400),《卍新纂續藏經》(70),頁 687 上—中。
② 《雪巖祖欽禪師語錄》(X. 1397)記雪巖祖欽云:"你須是到中夜,爛睡一覺,方有精神。"《卍新纂續藏經》(70),頁 607 上。
③ 原文訛作"母",筆者依語意修改爲"毋"。
④ 此篇《示貫珠素先二禪人》,他本皆無收。
⑤ 丁巳爲明朝萬曆四十五年(1617)。
⑥ 《大慧普覺禪師宗門武庫》(T. 1998B)記平侍者毀其師之遺體,後於三叉路口遭虎食之,《大正新修大藏經》(47),頁 953 下。

了不可得，要覓一念持戒心了不可得。持犯心絶，始爲真戒。無犯無持，始是真禪。禪戒兩忘，持犯何物？譬如將福州荔枝去其殼核，全將净肉置之口内，要當人識得滋味，識得便須吐却。

到此時節，始知今日受戒，今日參禪，總是途路邊事。其或未到此地，直須從今日起，打開惡路，別入坦途，不得一絲毫假借。從他千魔萬怪，只是揮開，絶不上他機境，自然目前無一法作礙。此戒如金剛劍，攖之則斷；此禪如大火聚，燎之則灰。如此持戒，如此參禪，則又何佛土之不成？又何佛果之不熟耶？好隨心地戒，務證究竟佛。二公勉諸！

又①

無念即戒，無心即禪；無戒無禪，即佛非佛。又何言受戒？言參禪？言證佛者耶？雖然，不戒則不得無念，無念則成寒灰枯木；無禪則未得無心，無心則爲古井乾潭；無證則落頑虛，又何致成佛？

故知證佛參禪，自持戒始。既欲持戒，須識心體。心體無緣，如空中日，一切見聞覺知，緣之即屬染污，直須時時遠離，不使一點粘着，如出水蓮花，盈盈落落，中空而外潔，蕩蕩然，泠泠然。目如懸鏡，耳若空谷，遇聲遇色，一切平常。心如木石相似，自然絶情絶理，不動不摇，滾滾隨俗，超超出塵，動止與威儀冥合。伽黎飄飄，瓶鉢次第，不待瑣細，全體現成。

懸知戒是心戒，本來具足，豈可以持犯開遮種種名相爲律哉？知心是戒，何敢觸心？知心是禪，何更擬心？知心是佛，便好歇心。知心本無，何妨用心？何妨持戒？何妨參禪？何妨證佛？何妨入魔？何妨出世入世？爲自在人去！公今持戒，請自無念入。

---

① 此篇同於本書所輯《鄧尉山天壽聖恩寺三峰藏禪師語録・法語》卷十七和《三峰藏和尚語録・法語》(J. B299)之《示持戒者》，新文豐版《嘉興藏》(34)，頁 189 上—中。

爲净懷禪兄歸常州三聖閉關①

净懷老禪兄爲吾常真修中白眉,某往居鄉中時,未嘗一瞻眉宇,但聞道聲赫赫,私心向往而已。頃以山居數載,故土親知迥絶,忽得禪兄移錫來山,相見如骨肉,遂欲挂錫,以决大事。依依者二年所,日夕鞭逼,無不曲盡苦切,正期壁立萬仞,前途已近,適以母老思歸,將閉關三聖,打辦一生,務在徹底。某以臨歧無物可贐,聊以最真切處數言點破纖滯,俾其易悟。

蓋老兄之難廓然者無他,只因平日所修、所學、所知、所見未盡,爲目前一點光輝尚在,自不知覺隱隱墮在聖路。每常坐時,一念不生,清清落落,疑頭便沉沉寂寂。遇着重話鞭策,竟欲八風不動,一例不采。忽逢掀天揭地處,不過木石心胸,疑不奮發,霎時便放過了。此一種病,今日臨别,不得不爲細細説破。

《法華經》云:"住世語言、資生業等,皆順正法。"②於此便該着一隻眼,求個瞥脱。所謂開佛知見,示佛知見,極切要事,而視爲泛常,把修行心,一搪搪住,永絶悟機。終日坐在無明窟裏,無一點活潑參情。所抱話頭,又不能打風打雨,亦以穩穩生涯,按定局面,如將一層紙糊了念頭,不肯令他如錐處囊,千脱萬漏。此一大事,翻爲做工夫要參禪却弄疲了,可惜!可惜!

我今勸兄,不要把這格子打定,歸去亦莫坐關,養這呆病。須日逐在三聖菴裏處處看去,自有入頭。看他當家長老與諸後生,鬧轟轟地尋柴尋米,或憎或愛,是何道理?再看山門外邊,鄉人種田钁地,提兒抱女,争東論西,叫苦説樂,是何道理?再看鄉婆鄰婦,隔籬相好,沿墻撕罵,你句我句,釘眉掀眼,惡嘴毒舌,是何道理?再看屋頭上鴛鴦瓦子,屋頭下木柱棟梁,

---

① 此篇《爲净懷禪兄歸常州三聖閉關》,他本皆無收。
② 《妙法蓮華經·法師功德品》(T. 262),《大正新修大藏經》(9),頁 50 上。

是何道理？再看鴉子惡鳴，鵲子乾噪，蛙聲蚓叫，是何道理？年朝歲後，野童佛老在山門頭一隊出，一隊入，是何道理？

只這竹篦子話處處看來，處處翻弄，莫放他置在無事甲裏。將此身心要愁便愁，要睡便睡，或説話，或誦經，何常脱得這句子？只是時時事事，憤然要討個下落。所以香嚴有擊竹時節，①靈雲有見花時節，②雪巖睹柏，③高峰枕子，④一堲一磕，暢快平生，皆因不曾自將一個"怕"字瞞了，所以得向開示處悟入也。

我勸兄發個大心，把平日事一脚踢倒，大開兩眼，一路憤疑去，不怕真疑不得現前，真悟不得脱落。樞以虛而活，機以虛而發，鼓以虛而聲，月以虛而色，天以虛而蒼蒼，地以虛而生發，雲霧以虛而騰，雨澤以虛而降。參禪豈可不虛其心哉？故虛者能實，實者能虛，實實虛虛，非惟兵法，而佛法之妙旨也。《般若》云："此法無實無虛。"⑤請問我兄作何解注？道！道！

示公欣告別⑥

公若要此一件事辦，直須拼一拼！鑄就一具黃金黑鐵骨頭，不管他年荒世亂，有事無事，放下身心。在人群中，挺然擠排不動，目前不放一絲毫罅縫，將自己見處追尋一個去不得底關頭。只向此關上千撞萬撞，撞天撞

---

① 《指月錄‧鄧州香嚴智閑禪師》(X. 1578)記香嚴智閑於一日芟除草木時，偶拋瓦礫，擊竹作聲時，忽然省悟，《卍新纂續藏經》(83)，頁547下。

② 《指月錄‧福州靈雲志勤禪師》(X. 1578)記靈雲志勤因見桃花而悟道，《卍新纂續藏經》(83)，頁542上。

③ 《雪巖祖欽禪師語錄》(X. 1397)中雪巖祖欽自述："一日在太白五鳳樓前縱步，舉首見一株古柏，觸著面前向來所得和胸中凝滯盡底脱去。"《卍新纂續藏經》(70)，頁635下。

④ 《高峰原妙禪師語錄‧行狀》(X. 1400)記高峰原妙因同宿友夜中推枕，墮地作聲，廓然大徹，《卍新纂續藏經》(70)，頁699中。

⑤ 《金剛般若波羅蜜經》(T. 235)中佛告須菩提之語，《大正新修大藏經》(8)，頁750中。

⑥ 此篇《示公欣告別》，他本皆無收。

地！撞不去，莫放捨，愈疲愈猛，轉難轉撞，忽地一撞撞破天關，連本打失，然後看如何句，如何云云，步步有力。汝若不曾做得如此，着實只好哄鬼，莫說見解。果然得力，不妨再來相會，後邊更有更有，不可自了。

示求功德者①

功德在自性中，非福德可比，故《金剛》：初、中、後日以河沙身命布施，不如持一四句偈。② 蓋四句法作一句，便是咒語，便是青州衫、乾〔屎〕橛等，福德心絕，純是功德，功德正是見性大事也。故諸祖勸人參禪，先令他斷功德心，不許他生心希冀，方纔絕情絕理，直到不可思議功德田地耳。

今人以希功德心持咒持經，念佛禮懺，而不知一落思惟，便成剩法。雖經中稱贊持經持咒功德之大，本是實語，且勸流通。流通之，則人持久忘心，入功德海。縱不持久，但蹉口念着一句，則截思功德亦在其中矣。經咒既然，何況真參實究？日日時時在一句子坐斷心意識，求個出脫，而非性功德也。若求功德，須直從參禪求、悟處求始得。

示洞吾禪人③

真切要做工夫，便須捨惡知見、好知見。知見不出乎兩頭語，兩頭若形，即見好作好會，見惡作惡會，見佛法作出世會，見世法作不出世會，聞說好語便贊歎，聞惡語便怕聽，事事拘在善惡是非場裏，不能超聲度色，信他穿却鼻孔，無自由分。

---

① 此篇《示求功德者》，他本皆無收。
② 《金剛般若波羅蜜經》(T. 235)："若有人以滿無量阿僧祇世界七寶持用布施，若有善男子、善女人，發菩薩心者，持於此經，乃至四句偈等，受持讀誦，爲人演說，其福勝彼。"《大正新修大藏經》(8)，頁 752 中。
③ 此篇《示洞吾禪人》，他本皆無收。

縱然看個話頭也是遮掩人眼目事,決無悟底道理也。若是真有氣息大漢子,便直頭向是非關捩子上,一脚踏斷,看個竹篦子話,觸不得,背不得,畢竟喚作什麼? 直見千峰倒卓,萬水西流,人人翻轉面皮,件件放出毒手。教汝老禪和鼻孔如土塞相似,香臭總不知,眼轆轆地,喫却飯,屙却〔屎〕,無個吐氣處。見人叢鬧,如落花過眼,流水下田。話頭堅如石,滑似油,盡力打,盡力究,如没神通人要飛昇相似,只顧憤然! 奮然! 噴然一下打碎脚板。咦! 佛堂原是方磚布地,不是分外! 珍重!

示 誠 禪 人①

參禪人第一要有膽氣,須揭開大眼,鈎起明簾,任一切事物樅然於前。若聲若色,正是你助氣力處。古語云:"境大,般若大。"②又云:"若向事上覷則疾,若向意根下思量卜度則遲。"③若是魍魍魎魎、魑魑魅魅,閉著下眼,愁慘慘地,便無英烈丈夫氣。恐惹一段陰氣相逼,生出許多好境界來,便變作惡路了也。若真正大丈夫,露堂堂地,挺特人前,如干將在握,何物敢嬰觸得汝? 如鏡照物,鏡自無心;如物臨鏡,物豈礙境? 若自生逆順,便是惡覺在膺。此是貼肉䙝衫,褪脱不下,極是惡病。

只爲寶養識神,怕境搖動,如人家養護惡兒子,不肯自管打殺,只怪別人家男女爲囮,只要打殺別人,正不知自己兒子養成驕縱,可謂護短太甚。若要兒子學好,直須攻盡淫蕩之習,一味天真,放他花衢柳巷、酒肉賭博場中,自去自來,不染些子,方是真兒子,纔好令他委付家業。原來目前別人

---

① 此篇《示誠禪人》,他本皆無收。
② 宋永嘉沙門釋從義《金光明經文句新記》(X. 360)云:"般若亦大者,即境大。"《卍新纂續藏經》(20),頁 408 上。此句亦可見於《紫柏尊者全集・書》(X. 1452),《卍新纂續藏經》(73),頁 343 中。
③ 《大慧普覺禪師語録》(T. 1998A):"這箇道理向事上覷則疾,若向意根下思量卜度則轉疏轉遠矣。"《大正新修大藏經》(47),頁 900 下。

家男女，即是自家兒子的得力家人，都是我自使用的，你若如今迴避他，異日將何物作所付家業？直須是親近他始得。

勸公須向十字街頭打開布袋口，於九逵大道、鬧市裏撈摸，忽然摸着挑葱賣菜的擔子，咄！原來是自己鼻孔！若作繡娘禪，終日紫羅帳裏籌算，縱然算得，也是閨閣中軟煖物件，他時後日出境不得的。大丈夫須是激昂千古意氣始得。

示濤源居士①

耳目前萬事去不得，便是絕路，切不放他向空、有兩傍走漏心識，亦勿得便恁麼殃祥潦倒，走在沉掉中。只向去不得處着力，要討下落。無下落，便是疑情。疑情不了，只貴用力疑去。疑不去，拼命疑，自然目前無打攪。有打攪，即就打攪處疑。疑久，便不知不覺要罷。罷不得，眠裏夢裏，言中行中，一樣疑去。

此時若不發勇，便落老工夫，不得進破。須是大拼一拼，或一日，或一夜，盡命拶一拶。或聲或色，一衝一撞，打斷脚索子，自然目前光烯烯地，見得如來禪一段恬快。此時須是悟一悟，向師承邊大做一上，方可進步。後邊事，異日再議。

示崇川李仲連居士②

萬法頭邊，每一法如惡叉聚，三處下手不得，則件件壁立千仞，如赤燒銅

---

① 此篇《示濤原居士》，他本皆無收。
② 此篇《世崇川李仲連居士》，他本皆無收。《三峰藏和尚語錄・三峰和尚年譜》(J. B299)記天啓甲子四年(1624)，漢月52歲撰書信有示崇川居士姜劍河、莊心維、李仲連法語，其中李仲連即弘儲仍居家時，自號"仲連居士"。《三峰和尚年譜》並錄有相似於此篇的末後句："如金剛鎚擊破萬法，那時來見老僧，猶當三十年給侍在。"可見此篇作於1624年，李仲連時年二十，後來於25歲時(1629)從漢月出家，新文豐版《嘉興藏》(34)，頁208中，209上。

柱,觸他不得。若欲捨之,退步即是火坑,無從置足安身。正在千熬萬炙間,急急尋思,無個出身躲避處,豈可甘心就彼死地哉？直須奮地向虛空裏一踏,空銷地裂,身心粉碎,轉作游絲百結,如金剛鎚擊破萬法。那時問老僧討個入細,猶當三十年給侍在。

示戒初上人①

參禪人第一要絕却修行道理知見,洗滌到呆椿椿如木如石,無些子人情世想,飯來即喫,茶來即喫,屙得屎、撒得尿而已。此則聖胎已辦,開悟無疑,若臨濟三年在黃檗會中時景象,睦州知爲大樹,無別奇特學問也。然後遇有手眼師友,相木斷器,一研便就,不費些力。若不遇得好師好友,只要常人自發勇猛,擇個緊峭話頭,令世出世間一切心口低昂,兩路輪迴心路,一撲撲作三折坐在身下,如銀山鐵壁,務要打得徹底,②忽然没要緊一打,打得洞然無星子存剩。

到此切勿坐在前後際斷處,做了空空外道,務要如古人明取青衫、柏子,不得語句上生解路,不得看一句作無意味話。畢竟有個大了當在句裏,畢竟有個大意旨在句裏,畢竟意不在言句上,畢竟意在言句上。會得句,又要會得語;會得語,又要會得句。句語俱會,要用處實實有力,有力處不得有力用。一句中須要分出千頭萬緒,分之合之,側之方之,圓之匾之,大之小之,重之輕之,果得如是活句,便不墮在一個死硬上也。

如是用得,便着着在用上用去,切勿墮體。體是心性,心性便是意識,謂之軟洋子。直須拔脫心體,立在句上,與我無分,方得硬糾糾地。若更見得

---

① 同於本書所輯《鄧尉山天壽聖恩寺三峰藏禪師語錄》卷之十六《示戒初上人》法語,以及《三峰藏和尚語錄·法語》(J. B299),新文豐版《嘉興藏》(34),頁187上一中。三本之文字歧異不影響文意,下不贅注。

② 本書所輯《鄧尉山天壽聖恩寺三峰藏禪師語錄》卷之十六中,此處多"打天打地"一句。

枕子頭上主人，即是到家一橛也。此一橛謂之枯樁，謂之我相，正是生死根本，蛇不化龍，難爲雲雨。到此便須看個"有句無句，如藤倚樹"公案，果能"如藤倚樹"上了得一橛，然後看"樹倒藤枯"。此處不可意思便了，須是真正打到這個田地，方好于"呵呵大笑！歸方丈"處重新參起。①

此處最難理會，即使古人大根大器，亦要窒礙在此十年、廿年。若得痛快明白，又須從頭參起，在一橛中看，一切兩法，一切三法，一切四法、五法、六法。大凡宗家名相，再無相同底，須要各各不同，②件件分擘得清清楚楚，毫無渾雜。又須于大法中，重新參起賓主互換、與奪開合、機先先機、大機大用、大機之用、大用之機、換在那裏？藏在那裏？半身全身、有頭無頭、有尾無尾，此等變態一一曲盡。居常只在人群中，目朝雲漢過日，人來乞寶，拈些子布毛砂礫度與，自己決不到這裏住。

到此方好將三條篾牢束肚皮，提一柄鈯斧子，住山養道去。養得白牛鼻下無繩，頭邊水草吞苗嚼稼。人不奈何，放他東觸西觸，自然水米無交，不論行履是不是，總是真工夫切實處。又不可見得此事，將凡聖二心，重來簡點照察，如何可行？如何不可行？若一落此，便已出位，便已放豚，便是傷他、觸他，小心害却大事。又不可道此事不涉點簡，便落放任，走出兩頭墮坑落塹，最爲可畏。以上略舉途中曲折，得其影略而已。珍重！

―――――――――――――――

① 《指月錄·撫州疏山匡仁禪師》(X. 1578)記疏山匡仁聞福州大潙安和尚示衆曰："有句無句，如藤倚樹。"疏山特入嶺到福州大潙處，正值大潙在壁上塗泥。疏山便問："承聞和尚道：'有句無句，如藤倚樹。'是否？"大潙曰："是。"疏山便問："忽遇'樹倒藤枯，句歸何處？'"大潙放下泥盤，呵呵大笑！歸方丈。《卍新纂續藏經》(83)，頁598上。

② 此篇《示戒初上人》，"須要各各不同"以下，西園寺本殘缺，筆者依蘇州大學圖書館藏本補足。

五、三峰藏禪師長水真如寺語錄

解　　題

一、版本

上海圖書館藏明刻本，①一卷，開本尺寸爲 17.1×27.2 cm，版心净尺寸爲 15×21 cm，半頁 9 行，每行 20 字，版心有"真如語録"四字，上黑魚尾。②（參圖版九和圖版十）

二、内容説明

《三峰藏禪師長水真如寺語録》版心無"支那撰述"，亦非《嘉興藏》之標準版式，因此應爲寺院自行雕印之單行刊本。此語録中有關編集成書年代的信息，僅最後一篇提及"甲戌(1634)元旦上堂拈香"，此信息與《三峰藏和尚語録·三峰和尚年譜》所記相符：崇禎三年(1630)時，漢月原於杭州南屏净慈寺開法，嘉禾(嘉興)郡人却轉而延請漢月去嘉興真如寺，因

---

① 《三峰藏禪師長水真如寺語録》首頁，除了蓋有"上海圖書館藏"章以外，另有"王培孫紀念物"和"南洋中學圖書館章"二章。王培孫(1871—1953)，名植善，上海人，光緒二十六年(1900)接辦叔父王維泰的王氏私塾，1904 年改稱南洋中學；1952 年冬，王培孫將全部藏書包括地方志和佛典等，共 76 000 餘册，悉數捐入上海合衆圖書館(今上海圖書館之前身)。《三峰藏禪師長水真如寺語録》應原爲王培孫之藏書，參李素云《南洋中學及其藏書捐贈簡論》，《河南科技學院學報》第 36 卷第 7 期，2016 年，頁 44—46。

② 本書所使用之《三峰藏禪師長水真如寺語録》，爲上海圖書館所提供之數位複製本，此文獻數位複製本之取得，筆者特別感謝上海大學成慶教授和永福庵演峰法師之協助。

此遭到杭州吴門人不從,不願意讓漢月離開;①直至崇禎六年(1633),嘉興八位士紳再次聯名懇請,漢月終得以"解净慈制,住真如",并於11月19日由諸鄉達迎漢月入真如寺;最後,崇禎七年(1634),正月初五,漢月從真如寺解制,回到蘇州鄧尉山聖恩禪寺。因此,《三峰藏禪師長水真如寺語錄》之編集年代應爲1633年11月19日起至1634年元旦,書中所記,則爲短短不到二個月間,漢月於嘉興真如寺結制時開法示衆之内容。②

圖版九　上海圖書館本　　　　　圖版十　上海圖書館本

① 《三峰藏和尚語錄·三峰和尚年譜》(J. B299)記崇禎六年癸酉(1633),漢月61歲,净慈寺開堂,新文豐版《嘉興藏》(34),頁210上。《勅建净慈寺志》:"漢月藏禪師嗣密雲悟和尚,曾開法本寺。"《中國佛寺史志彙刊》第1輯,第18册,頁643。
② 《三峰藏和尚語錄·三峰和尚年譜》(J. B299)記載有關漢月於真如寺開法之始末因緣爲:崇禎"庚午(1630),禾郡人士請和尚住長水真如寺,吴門人不從";六年癸酉(1633),"朱大理大啓、李太僕日華諸公,力懇和尚解净慈制,住真如到寺";最後,"七年甲戌(1634),和尚六十二歲,正月初五,真如解制"。新文豐版《嘉興藏》(34),頁210上—中。

此語錄之編集者爲"侍者濟儲、濟鴻、濟銛",此處所記三人之名應與本書所輯《三峰藏禪師開發工夫語錄》編集者的情況一樣,即漢月之弟子弘儲、弘鴻和弘銛,此三人都親受漢月付法,原本爲三峰派第二代,却自降爲第三代,意在延續三峰法脉。①

《三峰藏禪師長水真如寺語錄》中包含請疏、上堂示衆、茶話、普説、書信、《示衆偈》和《講傳期中堂規》等等,共 23 篇。另,現今最通行的《三峰藏和尚語錄》亦收録一部《住嘉興水西真如寺語》,②但由弘儲編輯和删節後的字數爲 1 562 字,而《三峰藏禪師長水真如寺語錄》的總字數却爲 15 677 字,可見《三峰藏和尚語錄》所收的《住嘉興水西真如寺語》僅存《三峰藏禪師長水真如寺語錄》約十分之一,而且其内容全可見於《三峰藏禪師長水真如寺語錄》中。因此,筆者推判《三峰藏禪師長水真如寺語錄》單行本應爲弘儲編删《住嘉興水西真如寺語》時所用的底本。上海圖書館藏《三峰藏禪師長水真如寺語錄》保留了漢月駐錫於真如寺時,弟子輯録的最完整且未經後期再編修的原始文獻,這是其最珍貴之價值之一。

再者,以細節内容而言,相較於《三峰藏禪師長水真如寺語錄》,《三峰藏和尚語錄》中的《住嘉興水西真如寺語》,許多日期、士紳姓名和問話弟子名字等等信息均被弘儲删去。例如《三峰藏禪師長水真如寺語錄》有"十二月初一日上堂"一篇,此篇前有"維那宣疏云:大理寺卿朱大啓伏爲先考太僕寺卿鳳川府君、先考妣淑人施氏,往生凈土疏"字樣,文中日期、人名、事由皆具體完整,但此篇於《三峰藏和尚語錄》的《住嘉興水西真如寺語》中僅作"朱大理廣原居士薦親請上堂",并且只摘録部分内容。③另,《三峰藏禪師長水真如寺語錄》此篇在漢月示衆後,有具德、大樹、于磐

---

① 詳細討論,參本書所輯《三峰藏禪師開發工夫語錄》解題。
② 《三峰藏和尚語錄》(J. B299)目錄中,此語錄名稱作"住嘉興水西真如寺語",但内文作"住秀州真如寺語",新文豐版《嘉興藏》(34),頁 125 下、143 中。
③ 《三峰藏和尚語錄》(J. B299),新文豐版《嘉興藏》(34),頁 143 下。

和潭吉四人相繼出問,如:

具德出問云:"生生死死去來忙,一擊翻身頓歇狂。醒轉不知天早晚,一輪紅日照西方。如何是一擊翻身頓歇狂?"①

但是,《三峰藏和尚語錄》中的《住嘉興水西真如寺語》僅作"僧問",除了刪略具德之名以外,又刪去其他三人和漢月之問答內容。《三峰藏禪師長水真如寺語錄》所記其他篇上堂中,問話弟子另有大樹弘證(1588—1646)、于磐弘鴻(?—1639)和潭吉弘忍(1599—1638)等,或是名不見經傳的褚青、慈音、馭夫、濯鷗等,這些皆可提供我們了解漢月和弟子互動情況,以及漢月弟子們之性格或個人修行歷程的具體信息。

此外,漢月於抵達真如寺當天晚上的茶話中,特別提起真如寺光彩的歷史,唐代時曾有裴休(791—864)爲真如寺捨宅爲院,②以及寺中仍有宋代長水子璿(965—1038)講師和彩雲禪師二人之塔,他豪氣地宣告希望藉由其說法使"兩塔并興,此道復振"。③《三峰藏禪師長水真如寺語錄》所記的護法士紳在明代也都小有名氣,如李日華(1565—1635)爲嘉興人,萬

---

① 參本書所輯《三峰藏禪師長水真如寺語錄》正文;有關漢月弟子具德之詳細研究,參釋法幢《具德弘禮禪師珍稀文獻輯注》,上海古籍出版社,2024年。

② 此說應只是民間流傳之軼事,狄蕊紅於其《裴休的佛教信仰研究》中表示,裴休於咸通四年(863)和五年(865)撰有《奏置化城寺表》和《謝置化城寺表》,奏請唐懿宗將故居新建成的屋宇捨宅爲化城寺,但是,大中十年(856)裴休捨宅爲嘉興真如寺之傳聞,首見於元代周棐所作《修禊日偕曹廣文七人游南湖賦得裴休舊業》:"休字公美,捨宅爲寺,今真如寺是也。"明代謝晉也作有《送宗季傳住檇李真如寺》,清代王士祿有詩《禾中作》,詩題中"檇李"和"加禾"均爲今浙江省嘉興市舊稱。但是,裴休一生未至嘉興一帶做官,不應有宅第在嘉興。因此,狄蕊紅認爲:"詩中所述應爲當地誤傳,或與南宋之後對裴休捨宅爲寺之事在南方民間流傳有關,故裴休捨宅爲真如寺不足爲信,但從這些詩句可知裴休捨宅爲寺一事,在南宋之後至清代仍廣爲流傳,在民間頗具影響力。"西北大學博士學位論文,2020年,頁204—207。

③ 《楞嚴經疏解蒙鈔》(X.287),《重修長水疏主楞嚴大師塔亭記》,《卍新纂續藏經》(13),頁841下。有關長水子璿傳記之詳細討論,可參中條道昭《長水子璿伝の考察(一)》,《駒沢大學大學院佛教學研究會年報》通號14,1980年,頁69—77;《長水子璿伝の考察(二)》,《曹洞宗研究員研究生研究紀要》通號12,1980年,頁162—174。

曆二十年(1592)進士,官至太僕少卿,其個性"恬澹和易,與物無忤";①大理寺卿官朱大啓(1576—1642)爲嘉興府秀水縣人,萬曆進士,崇禎間任太僕寺卿;②譚貞默(1590—1665)亦爲嘉興人,崇禎元年(1628)進士,累官至國子監,與明清多位佛教法師和居士皆有交往,且爲多部佛教和禪宗典籍作序;③陳懋德(1586—1644)字維立,號雲怡,天啓中歷祠祭員外郎,漢月有《復雲怡居士》數篇書信。④ 這些士紳前來真如寺進行的活動,有設齋、設茶、問法、祝壽、超薦先考妣或亡兒等等名目,這些記載可幫助我們了解漢月在嘉興地區與民間社會互動之細節。

至於漢月的禪學思想方面,此語錄中有"二十五日上堂"一篇,主要爲漢月開示"賓中賓、賓中主、主中賓、主中主"的旨趣。此篇目前漢月其他語錄皆無收,却展示了漢月解釋四賓主非常清楚完整的内容,值得仔細研讀。漢月認爲"主中主"者,乃是已開悟之師家雖善用不同方式應對學人,却隨時牢牢"占定主中之主",是即《法華經》所言"我爲法王,於法自在"⑤

---

① 《明史》列傳第一百七十六:"日華,字君實,嘉興人。萬曆二十年進士,官至太僕少卿,恬澹和易,與物無忤。"中國哲學書電子化計劃,https://ctext.org,2021/7/23。李日華崇禎辛未(1631)爲《紫柏尊者全集》(X. 1452)所作《紫柏大師集序》提及,曾於萬曆戊子己丑間(1588—1589)聽紫柏真可(1543—1604)説法,《卍新纂續藏經》(73),頁 135 下。

② 《江西通志》卷五十九記朱大啓,字君輿,秀水人,萬曆進士,崇禎間任太僕寺卿,參中國哲學書電子化計劃,https://ctext.org,2021/7/23。

③ 譚貞默,字梁生,號掃庵,崇禎戊辰進士,官至國子監祭酒,爲憨山皈依弟子,法名福徵,《憨山老人年譜自敘實錄疏》(B. 85)爲其述疏,《大藏經補編》(14),頁 4573 上;另,譚貞默所作之序有如《金剛經筆記·序》(T. 478),《大正新修大藏經》(25),頁 117 中;《天界覺浪盛禪師全錄·序》(T. B311),《大正新修大藏經》(34),頁 591 中。

④ 陳懋德,字維立,號雲怡,原名陳懋德,崇禎中復姓蔡,因此《三峰藏和尚語錄》(J. B299)記爲"蔡大參維立居士",新文豐版《嘉興藏》(34),頁 143 下。《明史》卷二百六十三有其傳,清代所編《居士傳》(X. 1646)亦有蔡維立傳,《卍新纂續藏經》(80),頁 280 中,參明人傳記資料索引,http://archive.ihp.sinica.edu.tw,2021/7/27。漢月寫給蔡懋德有數篇書信,參本書所輯《鄧尉山天壽聖恩寺三峰藏禪師語錄》卷十八《與陳雲怡祠部》和《答雲怡學憲》、卷十九《復雲怡居士》,以及卷二十七《答雲怡青州衫頌》和《答雲怡三頓棒》。

⑤ 《妙法蓮華經》(T. 262),《大正新修大藏經》(9),頁 15 中。

之意。但是，其他情况如"賓中賓"者，就是會面的雙方都是不明白的人，即主賓兩個都是"瞎漢"，漢月形容二人就如鄉下人"夯着蠻棒相打一般"，由於二人都"未曾入門"，所爭只是"粥飯氣所爲"，不是佛法。賓中主者，是曾經有些悟境之人，如馬祖(709—788)曾説百丈(720—814)"深明昨日事"，①但若因而執著此體悟，一生便再也無出頭機會，充其量只是如"販私鹽漢"。主中賓者，漢月以如劉邦雖先入關中，却須待擊敗項羽之後，才能稱王，譬喻尚未有機緣成爲一方之師者，仍須"如龍護珠，如人寳命，單單以主中主爲自己，不容他奪去"。漢月如此以賓主四種不同情況，除了説明修禪者在不同階段如何歷練最終能成爲"主中主"之外，亦解釋師家與弟子或參問者相見時，主與賓相待接引的方法和情況，可以協助我們了解或比較古來禪師對四賓主之詮釋與運用之異同。②

最後，《三峰藏禪師長水真如寺語録》亦爲明末密雲和漢月師徒之諍的議題中，有關漢月提唱《智證傳》一事，提供了詳細的信息。我們已知自 1616 年起，漢月於常熟三峰禪寺結夏時，開始對衆人拈提慧洪覺範(1071—1128)的《智證傳》，1620 年完成提語《智證傳》全書，但是，1631 年到 1634 年之間，漢月分別於安隱寺和真如寺又重提《智證傳》，結果引來其師密雲於 1634 年時，痛斥漢月將禪院變爲"講席"，犯佛教所知障之大忌。③ 而此新發現之《三峰藏禪師長水真如寺語録》，其卷末所附《講傳期中堂規》題名中"講傳"二字，正好揭示密雲批評漢月的導火線。漢月制定《講傳期中堂規》之緣起爲，漢月於 1633 年 11 月 19 日受邀抵達真如

———

① 《指月録》(X. 1578)記百丈曰："昨日被和尚扭得鼻頭痛。"馬祖曰："汝昨日向甚處留心？"百丈回答："鼻頭今日又不痛也。"馬祖因此説："汝深明昨日事。"但百丈須待馬祖振威一喝，才直得三日耳聾。《卍新纂續藏經》(83)，頁 475 下。

② 參本書所輯《三峰藏禪師長水真如寺語録》之"二十五日上堂"篇。

③ 《密雲禪師語録·天童密雲禪師年譜》(J. A158)，新文豐版《嘉興藏》(10)，頁 83 下；連瑞枝《漢月法藏(1573—1635)與晚明三峰宗派的建立》，《中華佛學學報》9，1996 年；參拙著《漢月法藏禪師珍稀文獻輯注初編》附録，《漢月法藏〈於密滲提寂音尊者智證傳〉之略探》，2024 年。

寺,冬至日(1633年農曆十一月二十一日)時,就告香普説"明辰"要講《智證傳》,這日期是爲《講傳期中堂規》的序所言"擇十一月二十二日起期,拈提《智證》",可見漢月於真如寺開堂的第三天就宣布要進行一個"講傳期",專講《智證傳》。①

漢月決定要辦"講傳期"的原因,在1633年冬至日的告香普説中,他特別指出近年來"我師上密下雲和尚提黄檗一條白棒,掀天揭地,將諸邪外一時打盡",言下之意對其師密雲頗爲肯定和尊重,但是,自從漢月承接臨濟宗密雲法嗣至於當時,五年内,因爲"法久弊生","群邪之徒以一棒易學"便開始模仿,以致胡棒亂打"溷入於大法"。漢月於此并未明指"群邪之徒"爲何人,只能廣泛地推判是模仿密雲而胡棒亂喝的人。② 因此漢月希望"重新翻轉五家真宗",以使"真棒真喝"能夠放光動地,所以決定第二天起期講《智證傳》。漢月於《講傳期中堂規》的序中明舉錯用"棒喝"的六種情況,如以棒喝爲硬者、心性者、迅捷者、操身者、門庭者和撑持空漏者,并且强調講傳期拈提《智證傳》時,首先"以三玄三要,臨濟一宗爲主",但亦廣羅其他四宗。③

至於漢月所開出令大衆遵守的《講傳期中堂規》,共有十條規約,第一條便是"相見須用古人賓主正法",其餘有如"不得隨處鬧噪,扯無用機鋒",開静、止静、念佛、過堂、歸堂、看經、輪值、迎請講傳,最後爲"亂法亂規、不遵約束"者揭單出院等等規矩。漢月的講傳期中雖允許參與者乘早晨清静時,"約束看經,凝結真思,務求大道",但亦告誡"不用虚文奇玄邪

---

① 參本書所輯《三峰藏禪師長水真如寺語録》之《講傳期中堂規》。
② 密雲先於《天童直説·七書》,崇禎六年春(1633)《復磬山天隱和尚》:"據往來者謂:漢月説不肖只得一條棒打人,不識三玄三要。誠哉是言,但漢月背地裏恁麽道,且從若到不肖前恁麽道,只與一頓! 而吾弟謂:漢月暗剌不肖乃獅子身中蟲,自食獅子肉,未免旁觀者哂,亦與吾弟一頓!"參成慶《密雲圓悟禪師天童直説校注》,上海古籍出版社,2024年。由此可見,1633年春天時,已有人開始傳言漢月批評密雲,但依此1633年冬至日,漢月於真如寺告香普説所言,漢月對密雲棒喝的教法仍是頗爲推崇的。
③ 參本書所輯《三峰藏禪師長水真如寺語録》之"近年已來"一篇。

説,不得燥動妨人",所以全篇《講傳期中堂規》是以禪院規矩爲綱紀的。①因此,漢月雖於題名中稱之爲"講傳",却非我們一般所理解的講傳經律論的内容,而是講傳《智證傳》。② 但是,漢月此舉却引來密雲之反對。《天童密雲禪師年譜》記崇禎六年(1633),密雲首先因"嗣法漢月藏每提唱時,喜爲穿鑿,恐後學效尤,有傷宗旨,因其省問,乃爲規誨";七年(1634),密雲又寫信痛斥漢月:"今吾徒提《智證傳》,臨濟宗至吾徒又一大變爲講席矣!且教中尚忌所知障爲智障,吾徒到處提《智證傳》,爲出人之表。"由此可見,1633年漢月於真如寺舉辦"講傳期",專講《智證傳》一事,確實是引發密漢師徒之諍的導火索。③

《三峰藏禪師長水真如寺語錄》是目前現存漢月駐錫寺院的語錄中,保有最早期完整原型,未經後代弟子再次重編删節的紀錄,因而可提供我們各方面珍貴的信息。從禪宗思想和修行的角度來説,此文獻記載了漢月上堂、茶話、普説、書信和《示衆偈》等等的示衆内容,爲我們提供整理漢月的禪宗思想以及後代修禪者自省自修的指示和導引。從禪院與社會互動的角度來説,士紳前來設齋、設茶、問法、祝壽、超薦先考妣或亡兒等等活動,嘉興真如寺之例可幫助我們了解禪宗寺院在明末民間社會之角色與功能。特別是此語錄中記載漢月於1633年在真如寺舉辦"講傳期",制定《講傳期中堂規》,提唱《智證傳》,除了幫助我們進一步釐清密雲和漢月

---

① 參本書所輯《三峰藏禪師長水真如寺語錄》之《講傳期中堂規》。
② 有關"講傳"一詞之用法,如《錦江禪燈》(X. 1590)記東川有緣禪師於大中九年(860),開戒壇于净衆寺,後應召赴京,講傳經律,《卍新纂續藏經》(85),頁200下。
③ 見《密雲禪師語錄·天童密雲禪師年譜》(J. A158),新文豐版《嘉興藏》(10),頁83中—下;成慶於其論文特別指出"崇禎六年(1633)可以算是師徒二人關係的轉捩點",《〈天童直説〉與密雲圓悟、漢月法藏論諍再考》,《宗教學研究》,2023年第1期,該文亦收入本叢書第一册成慶《密雲圓悟禪師天童直説校注》之附録部分,上海古籍出版社,2024年;另參《天童直説·七書》所收《與漢月上座(七年春)》,詳見成慶《密雲圓悟禪師天童直説校注》。此外,清代《宗統編年》(X. 1600;1689年成書)亦記甲戌七年(1634):"天童悟和尚與萬峰藏書,藏和尚提《智證傳》,力闡綱宗,諸方驚疑,謗議競起。"《卍新纂續藏經》(86),頁295下。

師徒之諍的癥結之外,亦可讓我們重啓討論漢月所反思的禪宗重要議題,如禪教的關係、文字的意義和棒喝的功用。① 因此,《三峰藏禪師長水真如寺語録》之整理與出版,正爲學人研究漢月晚期思想和真如寺於明末嘉興地區的佛教寺院角色提供了珍貴材料,讀者們能藉以重新審思近現代禪宗發展的思想和修行内涵。②

---

① 筆者此説法主要是受成慶之觀點所啓發,成慶提出三峰一門由於陷入道統困境和皇權介入,以致從禪思想史的角度來説,"漢月所接櫫的明代禪宗思想困境問題無法得到延續性的思考與討論,而清代禪門則繼續著'反對文字'以及舉揚'棒喝'爲主流的禪林傳統"。參其《〈天童直説〉與密雲圓悟、漢月法藏論諍再考》。

② 筆者對此文獻之研究專論《明末漢月禪師和嘉興真如寺》,見載於日本花園大學《禪學研究》第 100 號,2020 年,頁 183—203。

嘉興諸鄉紳請疏[①]

嘗聞拈花示笑，固以不立文字明宗；而取魚資筌，能無廣爲衆生說法？恭惟漢月大師入智慧海，建真正幢。憫東土結習之牽纏，揭西來單傳之要渺。允稱巨浸輿梁，長作昏衢燈燭。因風振鐸，聾瞶皆驚；指月歸川，小大各得。宛若芳蘭，無心出谷而馨香遠聞；譬彼良藥，隨手自調而沉疴立癒。豈可當面錯過？願言稽首皈依。況昔年未了之緣，猶以爲望梅止渴；至今日所過者化，又奚讓聚石點頭？雷動霞蒸將奔走，一時龍象；日昇月朗看焜煌，千里湖山。共此輸誠，仰祈飛錫。謹疏。

李日華、朱大啓、曹谷、虞廷陛
戴宏祉、馬文治、譚貞默、項聲國頓首拜

[①] 此篇請疏，《鄧尉山天壽聖恩寺三峰藏禪師語錄》有收，題名爲《嘉興真如寺請開堂疏》。

三峰藏禪師長水真如寺語録

侍者濟儲、濟鴻、濟銛録

十一月十九日①,諸鄉達迎師入真如,方丈坐定,司空譚公諱貞默問:"大師從蘇州至此,還帶得竹篦子來？是空手來？"師云:"我正要問居士。"公良久,仍舉以問,師打圓拱云:"今日本合恭候諸大護法台祉。"諸公拱而默。司空又問:"佛説法,有時候？無時候？"師云:"舌頭長丈六。"公亦良久。太僕李公諱日華問云:"從上祖佛不見説竹篦子,爲何人師尚以竹篦子示人？"師云:"諸經語録無非竹篦,只是急切難於領荷。若欲細示竹篦所以,未免又涉絡索。"諸紳僉曰:"願從細示處得個入路。"

師云:"欲出生死,先當知吾人本無生死處,次當辨明生死根因起於何所,倘不厭煩,願從徵詰。且道吾人晚上忽然睡着,夢、想俱無,昏且不知,何況散亂？吾人有三種相似之時：正睡著時；悶絶時；臨終五識先去,六識亦離,昏然之時。并及聲聞滅盡定時五處皆同。此時還有生死之心否？"

太僕點頭曰:"何可以有無生死言之？"師云:"忽然做夢,前無夢根,後無夢果。我佛每以夢幻示人,還有生死否？"曰:"無甚生死。"師曰:"忽然打失,恬恬歷歷,正睡醒時,還有生死否？"曰:"實無生死。"曰:"忽起看山,閒如

---

① 此篇上堂,他本皆無收；根據《三峰藏和尚語録・三峰和尚年譜》(J. B299)所記,"十一月十九日"是爲明朝崇禎六年癸酉(1633),漢月 61 歲時,"朱大理大啓、李太僕日華諸公力懇和尚解净慈制,住真如到寺",新文豐版《嘉興藏》(34),頁 210 上一中。

鏡照,還有生死否?"曰:"亦無生死。"師曰:"驢來馬去,前無境頭,後無境尾,還有生死否?"曰:"無生死。"師曰:"此吾人本無生死之證也。"

師拈起竹篦,云:"是什麼? 公等纔要答,我便有六種生死歧路,不餘不墮,何爲六種聻? 一有、二無、三即有即無、四非有非無,墮此四句,便是九十六種外道異見之生死。若四句去不得,陷在窨中,雖如來禪之結頂處,死在句下,豈非生死? 又有不上前境,墮在長爪梵志走脱之斬頭外道,豈非生死?① 此一問之間,便起六路生死,生死之根,根於此處,不可不知也。

"復有吾人錯認有一個'心',極能打攪,不得超脱,且道《楞嚴》前六處,徵他心在內、外、中間等處皆無心者,便道:'心是無底。'又於第七處徵他一切無著,豈名爲'心'?② 則又不可無矣。此有、無兩不可得,竹篦子也。'心'既是竹篦子,奈何不得。似道有些見處,認不死之見精,而又道:'見見之時,見非是見;見猶離見,見不能及。'③則又奪之有、無不得矣。

"故六根如此,六塵如此,六識如此,十二處亦然,十八界亦然,地、水、火、風、空、見、識七大亦然,五蘊亦然,皆有、無四句了不可得者,竹篦子也,諸經大藏莫不同此。知此無生死處,及起生死處,并心性了不可得處,已得下手大法,從此而進,止有一悟耳。今日絡索一場,省得十年披閱工夫矣。"

太僕云:"此等説話,從古未有之訣,吾師其自闢者耶?"師曰:"然!"太僕乃舉自己研究久之,曾有一偈云:"一迴落草一迷踪,渴釣饑獅驀面逢;咬盡骨滓無點汁,且拋話把聽松風。"剛舉到末句,師以竹篦擊卓! 大喝! 云:

---

① 《指月録》(X. 1578)記長爪梵志向世尊索論義并説:"我義若墮,當斬首以謝。"最後同五百徒衆一起投佛出家。《卍新纂續藏經》(83),頁 410 上。

② 《楞嚴經》(T. 945)中阿難問佛:"常言:'覺知分别心性,既不在内,亦不在外,不在中間,俱無所在,一切無著名之爲心。'則我無著名爲心不?"佛言:"有不著者不可名無,無相則無,非無則相,相有則在,云何無著? 是故應知,一切無著名覺知心,無有是處。"《大正新修大藏經》(19),頁 108 中。

③ 《楞嚴經》(T. 945),《大正新修大藏經》(19),頁 113 上。

"何不向這裏入!"太僕起身曰:"恁麼則當禮拜便去也!"遂作禮,師云:"大護法!"太僕且行且語云:"分明印了也!"

至晚茶話,①師云:"眾生以生死爲心,以生死爲事業,以生死爲受用,所以在生之時,以生死得名,以生死光大身後,亦以生死傳遠耳,爲何聾? 以其生死之心有明白,有明白即有文字,有文字即有文彩,有文彩即有領略,有領略即有記持而然也。

"宗師家以了生死爲心,以破生死爲作用,以救生死爲事業,以出生死爲受用,所以言無生死。故有生死心者不識,爲何聾? 以言無意義,心無行路,故語中之文彩不彰。其在世時,人聞其語,得入其無義,則心絕生死,而同道相印者多,故其名振大,其風播遠。傳之既久,人以生死之心較其語錄,反生厭倦,日久歲深,視其語如狂如譎,將付之灰燼矣。

"故禪師之真語錄,不涉文字生死者類多隱沒,即如真如古刹,原係相國裴公捨宅爲院,人所共知。長水講師得法於瑯琊覺禪師,覺命其將無意味之言注有意味之經,以無生死之心指出生死之路,故在生有文彩與人,其法運光大身後,著述尚存之綿遠。②

---

① 此篇茶話,他本皆無收。
② "長水講師"即秀州長水子璿(965—1038),《五燈會元·秀州長水子璿講師》(X. 1565)記爲嘉興人,自落髮後,誦《楞嚴經》不輟,初從於洪敏,後參謁臨濟宗瑯琊慧覺(活躍於1026—1030年)而有所省悟,瑯琊謂之曰:"汝宗不振久矣,宜屬志扶持,報佛恩德,勿以殊宗爲介也。"後住長水,有《金剛般若經疏論纂要》(T. 1701)、《金剛經纂要刊定記》(T. 1702)、《首楞嚴義疏注經》(T. 1799)和《起信論疏筆削記》(T. 1848)等疏盛行於世,《卍新纂續藏經》(80),頁251中—下。另依《楞嚴經疏解蒙鈔》(X. 287)末所附《重修長水疏主楞嚴大師塔亭記》所述,子璿寶元元年(1038)滅度時,塔於長水城南真如院,《卍新纂續藏經》(13),頁841下。其與瑯琊慧覺的關係可參,中條道昭《瑯琊慧覺と長水子璿》,《宗學研究》通號22,1980年,頁225—228;另長水子璿傳記之詳細討論,可參中条道昭《長水子璿伝の考察(一)》,《駒沢大學大學院仏教學研究會年報》通號14,1980年,頁69—77以及《長水子璿伝の考察(二)》,《曹洞宗研究員研究生研究紀要》通號12,1980年,頁162—174。

"至於彩雲禪師,但存其塔之舊迹,舊志曾有彩雲橋、彩雲墓,山僧入寺詢之耆宿牧隱公,則不知其何許人,所説何法,惟云:'相傳禪師行腳時,因聞人舉"彩雲影裏仙人現,手把紅羅扇遮面。急須着眼看仙人,莫看仙人手中扇"之頌,遂大悟。因其悟緣,人號彩雲,後出世於此,及示寂,塔于後院,其機緣語録無復考矣。'悲夫!爲何聾?以其一生不涉生死,復不出生死之言,令人以生死之心無可記持,以生死之心無可見其文彩,故其語録不能傳於今之世耳。

"山僧今日入寺,亦將以無生死之心,披有記持之文,以絶生死法,破諸人生死之夢。願爲長水出當年一口恨不了底氣,而彩雲之語録亦將托我背後三丈舌頭,爲他説出昔年所説底一大部,從此可以傳之遠王之久,俾兩塔并興,此道復振。且道我背後舌頭長多少?有人出來爲長水、彩雲出氣者麽?"良久,以竹箆擊卓一下!云:"'彩雲影裏仙人現,手把紅羅扇遮面。急須着眼看仙人,莫看仙人手中扇!'若有人出來,一齊打過去!"

具德出禮拜,師云:"我已説過了。"問云:"如何是彩雲影裏現的仙人?"師舉甘蔗云:"這是甚麽?"進云:"如何是仙人手中扇?"師云:"你還看作甘蔗麽?"進云:"急須着眼看仙人,莫看仙人手中扇!"便喝!師顧左右云:"你們大家出來打他三拳!"

冬至日,①告香普説:"至道無言,苟不言則至道泯;至言無義,苟不義則至言頑。故聖人以無義之言,言不言之道;以有言之義,義無義之法。使正道不頑,則不混於雷同;俾斯宗不泯,則永傳於不既。此言無言者,揭中天之日,起下地之雷。使一切邪宗似道似法者,無從以魚目入蚌胎;今時亂彈如狂如醉者,直當以獸腦領獅吼。所以世尊出世四十九年,説不言法,破盡六師諸魔;達磨東來,用不識語,斬斷諸家異見。至於宋時,法道王極

---

① 此篇冬至日告香普説,他本皆無收。

邪亦滔多，故我師寂音老人作《智證傳》，用五家宗旨，條分縷析，驅盡邪外，兼攝世尊一代時教，諸經性相之頂尖，辨驗精微，斯道再正於當世。自宋迄今四百年內，此書束之高閣，邪外益見縱橫。

"近年已來，幸我師上密下雲和尚提黃檗一條白棒，掀天揭地，將諸邪外一時打盡，直是痛快！法久弊生，五年之內，群邪之徒以一棒易學，遂以祖棒打人棒，以人棒打祖棒，僧中打，俗中打，至於驅牛策馬，皆滔入於大法。此無言無辨之棒，又當以無言無義之法舉之揚之，以汰其邪，以扶其正，不得不重新翻轉五家真宗，如來正脉，當陽對衆，剖斷一上，俾真棒真喝放光動地，邪棒邪喝俛首服膺，斯不得不用無言之言於今日矣。故今於長至日告香，明辰講《智證傳》。諸仁者！難道果真是講麼？直須辦着眼睛來聽始得，且道要聽要會麼？"喝一喝！

云："葭灰飛動處，大地復雷霆。長至夜茶話，參禪人把世間出世間法、一切萬事，總收在一個竹箆子上，喚着竹箆則觸，不喚着竹箆則背，則前之萬事都被兩路抑絶，此是一切衆生迷悶田地。即如今日申時已前，陽氣剝極，單剩碩果，幸是食不得，還好做種。忽然從樹頂墮地，得個翻身，如人看到去不得處，被人劈頭一棒。即如今日申初三刻，律灰一動，轉成復卦第一畫，到這所在，三十六宮都是春了，諸人要曉得這畫一畫麼？"以竹箆擊卓一下！喝一喝！

二十二日，①拈香："名香貢猊座，凝萬壽於至尊；寶篆結龍雲，蔚勝祥于魏闕。千秋藹東宮之春，萬福獻内壺之吉。闔朝簪笏，進道階而登高階；四海蒼生，樂盛世而超出世。共躋仁壽，咸沐昇平。本省布按道府，兩縣文武尊官，外護法門，内崇道德，福增高袟，位轉天衢。大護法李太僕日華、

---

① 此篇上堂拈香部分內容亦可見於《三峰藏和尚語録・住秀州真如寺語》(J. B299)，但僅作"上堂拈香云"，而且全篇上堂字句和人名簡略之處頗多，本書校記中僅摘出影響文意之文字歧異，新文豐版《嘉興藏》(34)，頁 143 中。

朱大理大啓、曹柱史谷、虞給諫廷陛、譚工部貞默、項進士聲國、戴廬州宏祉、馬光禄文治,暨閭郡各邑薦紳孝廉文學大檀,并今辰設齋信施某、諸山碩德、本寺高賢合會尊流,①直下頓明大事,密運權機,推廣化之,神佐聖明之治。本山長水法師、彩雲和尚聆磬音而出定,弘大法於將來。再一瓣香,崇伸供養宋瑞州清凉堂上,寂音尊者覺範洪禪師,用酬三玄密旨,臨濟正宗,莫大深恩,重光不既。"②

齋次,③給諫虞公諱廷陛對師談"艮"、"咸"二卦言"艮"是反身之道云云。④ 師拈起竹箆子云:"'艮'、'咸'兩卦即於此處見得,始用得着耳。"諫問:"何義?"師曰:"若問'喚着竹箆則觸,不喚着竹箆則背',我便打,此是'艮'卦反身用背之道;使人悟去,其人云:'咄!'此便是'咸'感而不心者也。"⑤諫點首。

二十二日晚,⑥茶話,師朗吟云:"尖尖堆果夜茶燒,彼此先魂一法超。會得個中真的旨,縱然成佛也難消。"舉帖云:"祇園庵弟子廣聞,爲薦大壇越,與參黄府君大夫人屠氏,泊師生父母、先師兄廣戒,覺靈法界冤親,俱登蓮界,唯願慈悲,俯垂開示。"

師拈起一橘子,示衆云:"會麽?若向這裏會得,説甚西方、東土?十方世

---

① 《三峰藏和尚語録·住秀州真如寺語》刪略上述人名和頭銜。

② 本書所輯《三峰藏禪師長水真如寺語録》缺《三峰藏和尚語録·住秀州真如寺語》(J. B299)中"此一瓣香,崇伸供養天童老和尚用酬法乳"之句,新文豐版《嘉興藏》(34),頁143中;《三峰藏和尚語録·住秀州真如寺語》則省略了"再一瓣香,崇伸供養宋瑞州清凉堂上,寂音尊者覺範洪禪師……"一段。

③ 此篇齋次對談,他本皆無收。

④ 《易經》"蹇"卦爲"艮下、坎上":"山上有水,蹇,君子以反身修德。"中國哲學書電子化計劃,https://ctext.org,2021/7/26。

⑤ 《易經·咸卦》:"咸,感也。……天地感而萬物化生,聖人感人心而天下和平。"中國哲學書電子化計劃,https://ctext.org,2021/7/26。

⑥ 此篇茶話,他本皆無收。

界,大地之間,有情無情,個個在裏許成佛作祖。"乃以橘擘作二開,云:"會麼? 若向這裏會得,則東方釋迦對了西方彌陀,西方彌陀對了東方釋迦,面面相覷。且道:我底衆生與你底衆生,那個成佛? 那個不成佛? 難道兩邊腳下都是妙蓮花裏,更有生出衆生來底時節麼?"又以橘擘作四椏,如蓮花狀,云:"會麼? 若向這裏會得,則上下四方一切國土衆生,人人出世,坐寶蓮花,各成正覺。"乃以橘子如前合做一個,云:"更向這裏會始得!"良久,云:"會麼? 若不會,今夜謝茶!"

二十四日,①上堂:"今辰嘉湖道陳使君諱懋德,伏爲先慈諡封宜人徐氏往生净土,敦請上堂,説大法要。"揮拂子,云:"暝然一長睡,恰在蓮花裏。摩娑睜眼開,佛光眉際起。寶林風琅璫,直貫虛空耳。頓悟音圓通,豈但見自己? 突然得大用,打破當年體!"遂喝!

"若向此第一喝上薦得,則東土堪忍世界,暨一切有情無情,種種苦境,一時打盡。腳下蓮花,現出西方清净境界,諸佛菩薩同時現前,令徐宜人立地成佛!"又喝一喝!

云:"若向這第二喝上薦得,則西方極樂境界,一時忘心泯性,在蓮花中寂寂落落,熙熙皞皞,不知净土爲何物,令宜人徐氏得大自在!"再喝一喝!

云:"若向這第二喝下薦得,則東土變爲西方,西方變爲東土,净穢齊泯,凡聖俱亡。一時三變,令宜人徐氏從蓮花中定起,分身無量國土,説大法要,廣度衆生,各各一時成佛,無少無剩。"

"且道已上三喝,所説何法,便能令徐宜人捷得如許大效? 彈指之間成佛

---

① 此篇陳懋德(1586—1644)爲先慈徐宜人超薦請上堂,雖然亦可見於《三峰藏和尚語錄·住秀州真如寺語》中,但是《三峰藏和尚語錄》(J. B299)記爲"蔡大參維立居士薦母請上堂",新文豐版《嘉興藏》(34),頁143下,此乃因陳懋德,原名陳懋德,崇禎中改姓蔡,所以錄語於崇禎六至七年(1633—1634)的《三峰藏禪師長水真如寺語錄》記其名爲陳懋德,後期編修的《三峰藏和尚語錄·住秀州真如寺語》記其名爲蔡懋德。

作祖,行廣大利濟?老僧還有所說麼?若道有法說,說個甚麼?若道無法說,盡情與汝說了也。所以世尊降生,指天指地,是說此也;臨末稍頭棺露雙趺,是說此也。拈花示衆,迦葉笑顔,謂之世尊不說說,迦葉不聞聞。

"至於歷祖,句句皆然,而船子云:'離鈎三寸,子何不道?'①《華嚴》謂之:'別峰相見。'②潙山云:'有句無句,如藤倚樹。'③雲門謂之:'函蓋乾坤句。'④羅山謂之:'句中無意,意在句中。'⑤此以'句中無意'爲'函'與'蓋',以'意在句中'而爲'乾坤'。此皆直示大用之句意也。若能如是大用現前,處處拈出金剛王寶劍,直下如將一座泰山輕輕壓去,更有甚麼出現?諸人要會已上三喝麼?"復大喝!下座。

示 衆 偈⑥

參禪最快事,一刀便二段。更出刀中刀,力在無情漢。
刀刀鋒下物,有無兩消涣。大用一現前,不須着眼看。
有時放下刀,頹然没思算。糲飯任穿腸,破衣常挂骭。
有人閒撥着,賓主互變换。各得主中主,莫只住其半。
所以無遮闌,風帆不涯岸。至若初下手,先要識生死。
生死在兩頭,兩頭挂唇齒。此是咬牙關,分明竹筐子。
有即與無對,犯之墮火水。有無成四句,動輒落邊詖。

---

① 《指月録·秀州華亭船子德誠禪師》(X.1578),《卍新纂續藏經》(83),頁537上。
② 《指月録·杭州五雲山華嚴院志逢禪師》(X.1578),《卍新纂續藏經》(83),頁674上。
③ 《指月録》記爲潙山之語(X.1578),《卍新纂續藏經》(83),頁519上。
④ 《指月録·韶州雲門山光奉院文偃禪師》(X.1578),《卍新纂續藏經》(83),頁624下。
⑤ 《指月録·福州羅山道閑禪師》(X.1578)原文作"意中不停句,句中不停意",《卍新纂續藏經》(83),頁605下。
⑥ 此篇《示衆偈》,他本皆無收。

是之生死中，層層波浪起。悲哉長没溺，何時業風止？
識得是兩頭，龍劍已出匣。但見當道蛇，奮從七寸插。
轉身入微妙，佛祖有貽法。合向真師邊，深漸而細洽。
須知心本無，亦復不斷滅。看透兩不得，狂心自然歇。
切莫認本性，認之落斷常。以用直提脱，無依是真良。
我在真如寺，拈提《智證》法。書此偈數行，直示無闊狹。
若有來問者，任把太山壓。老僧爲一指，選佛已中甲。

三十晚茶話：①"禪人家相見，一問一答，就如今夜文節法師設茶果，大衆喫茶果相似。若是賓家設果放在你面前，你若横看竪看喫不下口，不是胸中有病，定是口裏艱難，反爲茶果所制。若果是個喫茶果快當底，第一先要具兩片唇，又要具一口齒，又要具一個舌頭。有這兩片唇包着，再無滲漏；有這一口齒咬嚼他，便能不雜碎；有這一個舌頭翻動滋味吞咽他，便可以養神，可以生血生氣，才是喫茶果手段。若是没有兩片唇便包裹不住，没有一具齒便咬嚼不得，没有一個舌便吞他不下，徒設果子反是一場敗缺。

"設有人問：'如何是西來意？'這不是果子到你面前麽？才問'西來意'，便道'庭前柏樹子'，這豈不是唇麽？'庭前柏樹子'，豈不是具有齒麽？'如何是西來意'，答'庭前柏樹子'，豈不是舌麽？向這裏會得，才送得他下，才受用得他，才成得一段公案。且道老僧説底茶話是甚麽味？若曉得，出來還茶錢；若不曉得，明晚擺茶。"

笠雲出，禮拜起，問云："如何是唇？"師答云："你問'祖師西來意'，我答'庭前柏樹子'。""如何是齒？"答云："答底'庭前柏樹子'，不怕他不碎。""如何是舌？"答云："没有舌，如何曉得他的意思？"進云："和尚雖然一一指點學

---

① 此篇茶話，他本皆無收。

人,也須作禮三拜去也。"便禮拜,歸位。

十二月初一日,①上堂。維那宣疏云:"大理寺卿朱大啓伏爲先考太僕寺卿鳳川府君、先考妣淑人施氏,往生净土疏曰:'竊念大啓生也食貧,力不具夫羔脯;幼而習懶,學多曠於趨庭。面命而耳提之,字字悉繇吾父;朝課而夕計者,時時多賴先慈。是吾父以父道而兼師範,惟吾母以母慈而兼父嚴。不幸相繼蚤世,天奪之年;不肖雖登仕途,禄未之逮。烏哺之私,欲酬無地;風木之恨,空抱終天。轉輾追思罔極之恩,惟有哀叩無邊之力。一點楊枝水便脱火宅,而遂清涼;九品蓮花池皆資往生,而歸净土。儻以不肖積愆,殃及考妣;全仗大師説法,悉爲滌除。'"宣疏畢。

師豎起拂子云:"會麼?"乃云:"有無雙絶,净穢兩忘。向太虚空裏,突然翻轉,如雷如霆,如日如月,如走盤珠,的的皪皪,宛轉横斜,横出直入,何等自在? 所以,朱大理! 向竹篦子話上,兩處不得,四句不得,六路不得,千不得,萬不得,不可得! 不可得!

"如銀山鐵壁處,突然翻轉,如雷如霆,如日如月,如走盤珠,的的皪皪,破盡生死、凡聖、是非,超然自在。祖師云:'父母非我親,誰是最親者?'②且道如何是父母與子齊? 即今日從竹篦子話上,突然翻轉,生出一句子來,從體起用,以用了體。所以自己則見父母變化超脱之處,遂令先考太僕寺卿鳳川府君、先考妣淑人施氏,坐斷生死,超出净穢,不住東西,亦向太虚空裏,突然翻轉,如雷如霆,如日如月,如走盤珠,的的皪皪,於净蓮花中自繇自在,一時成佛。

"然而竹篦子收盡三界十方凡聖有情無情,總向裏許出頭成佛,則十方世界一切衆生,不拘聖凡,亦於太虚空中,突然翻轉,如雷如霆,如日如月,如

---

① 此篇上堂,雖亦收於《三峰藏和尚語録》(J. B299)中,但僅作"朱大理廣原居士薦親請上堂",并且只摘録部分内容,新文豐版《嘉興藏》(34),頁 143 下。

② 《指月録·八祖佛陀難提尊者》(X. 1578),《卍新纂續藏經》(83),頁 427 下。

走盤珠，自在取證，於大明國內大理堂上，架一座大天平，不許他低昂輕重，務使天上針對地下針，地下針對天上針，針針相對，所以君君、臣臣、父父、子子。"

以手作對針勢，云："令此天地心一線逼直，無有傾側，遂使大明國裏，無冤獄，無抑情，頓然坐致太平。聖君在上，垂衣拱手。諸仁者！要知大理二尊人竟生淨土，立地成佛底消息麼？出來道看！"

具德出問云：①"生生死死去來忙，一擊翻身頓歇狂。醒轉不知天早晚，一輪紅日照西方。如何是一擊翻身頓歇狂？"師云："蓮花出水波濤涌。"進云："如何是一輪紅日照西方？"師云："迸出蓮胎見佛光。"進云："和尚與麼告報，善則盡善，美則未美，學人則別有長處。"師云："如何是你長處？"進云："優曇初綻處，遍界藕花香。"師便打！云："也少不得這一棒！所以如雷如霆，如日如月，如走盤珠，的的皪皪，何等自在！"

大樹出問："永明云：'有禪有淨土，猶如戴角虎。'如何是戴角虎？"師以兩手作虎角勢，進云："祇如虎，豈有戴角耶？"師作咆哮云："阿胡！"進云："恁麼則今日受薦先靈生蓮上品去也！"便禮拜。師打云："也少不得這一棒！所以如雷如霆，如日如月，如走盤珠，的的皪皪，何等自在！"

于磐出便喝！師云："作麼？"進云："這一喝還薦得渠二尊人否？"師以兩手各豎一指。進云："何不更道？"師打一棒！云："這一棒也少不得！"

潭吉纔出，師以杖約其口，云："住！住！不許你開口！"吉便喝！師云："我教你不許開口，如何又喝？"吉拜下，云："佛光眉際起，寶掌日邊來。"師打！云："也少不得這一棒！"

師乃云："若于此會得，何等直截！撥著便能作大獅子吼，遂令百獸腦裂，飛鳥墜，潛魚躍，且道如何是獅子吼？"便下座。

---

① 《三峰藏和尚語錄·住秀州真如寺語》(J. B299)僅作"僧問"，刪略具德之名，新文豐版《嘉興藏》(34)，頁143下。

齋次，①司空譚公梁生呈扇題以偈曰："金篦幻作竹篦持，眼在通身背觸離。殺活跟前三尺劍，瘂聾隊裏一聲罷！捷如雪夜擒吳日，狠似長平坑趙時。只問當年塗毒鼓，是誰把擊獨無危？"

師亦答以偈曰："通紅熱鐵指難持，用盡人心識自離。布處雲興攢劍戟，響來箭到失熊罷。莫輕背水千兵地，最捷當關一喝時。毒鼓自敲情絕後，起來方得永無危。"

初一夜，②褚青還衆，居士設茶，請説茶話。師云："夜夜茶話，似成套子。不如各有心疑，問以決之。"

慈音出問："如何是法身？"師云："喫果子。""如何是般若？"師云："果子。""道底如何是解脱？"師云："喫却果子，通身汗出。"進云："如何是法身、般若、解脱？"師云："你要茶，請自喫些。"

馭夫問："如何是真佛？"師云："是我底背。""如何是真法？"師云："我背上毛相對講説。""如何是真道？"師云："背隨了我一日走到夜。"

濯鷗問："如何是祖師西來意？"師云："真如寺。"進云："如何是第一玄？"師云："寶塔。""如何是第二玄？"師云："塔尖。""如何是第三玄？"師云："竪立在天上，倒卓在湖裏。""如何是第一要？"師云："塔尖上放光，你一定見底。""如何是第二要？"師云："放光有聲。""如何是第三要？"師厲聲云："我這裏没有這説話！"

良久，師顧諸居士云："今夜茶話，只爲要你下手會做工夫，一問一答，辨得清楚。問是將六路生死，提來與你身上；你須向生死臨頭處，轉得身，吐得氣，不墮在六路生死中。假如我今問你：'今夜茶可是居士辦底？'你若言'辦'與'非辦'，都是生死，畢竟如何脱得？ 可見一日起來，相見相問，不是

---

① 此篇齋次開示，他本皆無收；譚梁生即譚貞默，其生平參前注。
② 此篇初一夜茶話，他本皆無收。

兒戲底事,各請力爲思之。"

初二夜,①白法師設茶,師適集諸執事,論調衆飲食之事,畢,師云:"世間法無甚極切要,惟有饑時,最重一個'飽'字;出世間法亦無甚極切要,亦于生死饑餒處,最重一個'飽'字。譬如霄壤間無物飽得他,只有太虛空能令霄壤頓飽。又如太虛無物能飽,惟有大鼓巨鐘一擊空音,能令空飽,何故聾?以空與空音,空而且有,有而又空,空有相兼,其力充滿,故無處不達。

"故知人心本無,人心不無,有無不得之智,本自充塞法界。未起念時,處處飽滿;才起念時,亦飽十方。所以一念阿鼻,遂感身滿地獄,一人亦滿,多人亦滿,豈非飽乎?一念天福作首羅天,則能遍管三千世界;一念作帝釋善業,便能飽攝須彌四天。罪心亦飽,福念亦飽。

"至若禪門一個話頭,無法不具,寧非是飽?所最飽而無生死饑病者,其惟一轉語之能令人飽齁齁地,此出格之飽者也。諸仁者!縱使你發起福業,百千萬億種種心行,只消我拈起一個棗子,俱令飽破,可見世、出世法單單重得一個'飽'字。"

居士問持《金剛經》大旨,②師曰:"《金剛》大旨,須依百丈禪師之法,全在於萬法頭卜之一四句偈。③ 蓋每一法有四句,故法法有四句,何則?"指香爐曰:"即此爐依經宜言:'爐,非爐,〔爐非爐,〕④非非爐。'只此一句,便是外道之四句法,内道之四句心,我佛之四句偈也。

"何爲外道之四句法聾?言'爐',如外道執有一個'神我'之名者是也;言

---

① 此篇初二夜茶話,他本皆無收。
② 此篇"居士問持《金剛經》大旨",他本皆無收。
③ 《指月録·洪州百丈山懷海禪師》(X. 1578)記百丈云:"法,非法,〔法非法,〕非非法。"《卍新纂續藏經》(83),頁 480 下。
④ 依下文,補"爐非爐"三字,以下皆同。

'非爐',如外道執爲斷空者是也;言'爐非爐',如外道執'神我'爲實有而不可見,雖不可見而實有,即有、無矯亂者是也;言'非非爐',如外道非非想,或執爲空見等者是也,此外道之四句法也。言法者,嚴而不可混,故外道之法細分則有九十六種心行,没溺生死而不可拔也。

"何爲内道之四句心聻?言'爐'者,知爲凡夫之著有物,外道之執'神我',而遂破其見者是;言'非爐'者,如三乘慕滅脩寂滅之道以破之,二乘觀無明本無以滅之,菩薩見色即是空而了之者是;言'爐非爐'者,菩薩以萬物從因緣生,因緣是湊集成底,不是真有,如言爐是鑛銅、火鍛、人工、虚空、模範,種種湊合,本自非爐,不妨爐在是也;言'非非爐'者,以緣湊而成,則爐已非,以緣既成爐,則非亦非前之爐。'非爐'是'色即是空,空即是色'之旨,後之'非非爐'是色、空雙泯之無見,然皆菩薩之見也,未到如來田地,猶是四句心,而未是四句偈。

"至於如來則四句合一句,謂之一合相,即'爐,非爐,〔爐非爐,〕非非爐'是也。至此則九十六見不得,聲聞二乘見不得,地前地後菩薩雙遮雙照之妙見不得,於不可得處,件件囫圇抛出一句,如金剛王寶劍,斷盡種種内心、外心、凡心、聖心,若人法法頭邊崇持此一四句偈,則立地成佛矣。

"故《金剛經》重重贊嘆持此四句妙偈曰'法,非法,〔法非法,〕非非法',①又曰'夢,非夢,〔夢非夢,〕非非夢',又云'世界即非世界,是名世界'。②以'世界即非世界',兩句即是四句偈,故曰'是名'也。故有四句合一句,三句合一句,二句合一句,一句合一句,半句合一句,兩字合一句,一字合一句,半字合一句,無字合一句,皆四句偈是也。此偈易持易悟,偈在萬法,而不泥在經文,故持經入道最捷。"居士稽首願領持之。

---

① 《金剛般若波羅蜜經》(T. 236):"如來所説法,皆不可取不可説,非法非非法。何以故?一切聖人,皆以無爲法得名。"《大正新修大藏經》(8),頁 753 中。

② 《金剛般若波羅蜜經》(T. 236):"如來説世界非世界,是名世界。"《大正新修大藏經》(8),頁 754 中。

初九日，①祥符寺陞座，師云："記得運公行道處，大中親受掌頞時。如今翻轉舊公案，得主何妨棒下遲？今辰伏爲祥符寺大護法楚東項居士等諸大檀越，本寺諸賢招山僧入寺受齋，請陞座求說法要。山僧憶得唐黄檗運禪師行道鹽官、長水、水西、祥符等處時，禮佛次，宣宗皇帝避難爲沙彌，問曰：'不著佛求，不著法求，不著僧求，長老禮拜，當何所求？'師曰：'不著佛求，不著法求，不著僧求，常禮如是事。'彌曰：'用禮何爲？'師便掌。彌曰：'太粗生！'師曰：'這裏是什麼所在？說粗說細？'隨後又掌。後宣宗登極，賜號'粗行沙門'。

"今日山僧則不然，若有宣宗者出問：'不著佛求，不著法求，不著僧求，長老禮拜，當何所求？'我向他道：'今日祥符寺請齋。'若道：'用禮何爲？'我又向道：'你還赴否？'若再開口，我亦與一掌。

"今人例道，黄檗一連兩掌，何等硬榜！不落軟弱。長老答話，軟言熟語，未必可觀。是則是笑汝不識賓主。據汝，則黄檗該應截去'常禮如是事'，單單用後兩掌，爲真硬耳。奈何被宣宗言'粗行沙門'，則黄檗都墮在賓中主處，無出頭分。山僧占斷末後一句，始到牢關，把斷要津，不通聖凡，畢竟不肯落在賓中主處，故爲硬中之硬。諸仁者！還有會得賓主者？出來相見！"

幻生出問："祥符一派直透風光，未審今日萬峰到此，還有黄檗宗旨也無？"師便打！進云："果然宗旨分明。"師又打！生禮拜，師曰："此黄檗兩打底賓中主，我已權爲拈出。還有會得宣宗'粗行沙門'者麼？"

幻生又出問："大法之要已蒙普示，只如宣宗與黄檗兩下相去多少？"師曰：

---

① 此篇"祥符寺陞座"示衆，他本皆無收；以下舉似，參《指月錄·洪州黄檗希運禪師》(X. 1578)，《卍新纂續藏經》(83)，頁 510 下。《至元嘉禾志》："祥符院在郡治西北二里，考證宋乾寧元年(894)置爲水陸院，大中祥符元年(1008)賜今名，舊爲律寺，紹興二十五年(1155)守臣林衡奏請改爲禪院。"中國哲學書電子化計劃，https://ctext.org，2021/7/28。

"今日承齋。"進云："然雖如是，還有奇特底麼？"師云："汝明日還打齋請我否？"進云："且作禮三拜。"便拜，師打云："這一棒不妨打得遲些。"餘不錄。① 下座。

十二日，②赴春波錢氏齋，陞座："王母介壽，千佛應齋。老僧一棒，景壽弘開。今辰居士錢應金、③戀金爲大父錢可賢、祖母宋氏、陳氏俱信心皈依三寶，今值祖母陳氏，法名弘遠，五十九歲誕辰，特請陞座說法，預祝六秩無疆之算。"

師云："昔人有云：'有物先天地，無形本寂寥。能爲萬象主，不逐四時凋。'④此是祖翁王母不生滅、無量壽之本來面目。此之面目不是尋常人所認，昭昭靈靈、出生入死之神識，何也？豈不聞六祖大師謂明上座云：'不思善，不思惡，正與麼時，那個是上座本來面目？'⑤前之昭靈者，即是思善思惡底凡夫神識；此是生底其不思善、不思惡者，是聖者無心，此是死水，前生後死，未是本來，須擘破死生，露出不生不滅之體，方與前別，見得此體，正是祖翁王母自己，所以一切虛空，山河大地，一草一葉，無不是自己之所遍現，方知原無量壽本是佛祖。此猶是體，未得大用現前，動輒要坐在冷處，更須向老僧棒頭上，迸出一隻佛眼始得。"

乃拈棒，云："喚着柱杖則觸，不喚着柱杖則背，纔要開口，我便與劈脊一棒！前之'喚'與'不喚'是凡夫着脫之生死也，其次'觸不得'、'背不得'是聖者結頂之死生也。直待老僧掀天一棒，直透重關，坐斷生死死生，方是

---

① 此"餘不錄"三字，原文字號與上下文同，但筆者判斷應爲夾注，意爲編錄者省略其他問答內容，故此處以小字表示。
② 此篇"赴春波錢氏齋"陞座示衆，他本皆無收。
③ 《静志居詩話》卷二十記錢應金，字而介，嘉興人，以詩文名于時，順治乙酉（1645）爲清兵所殺，參中國古典戲曲資料庫，http://ccddb.econ.hc.keio.ac.jp, 2021/4/2。
④ 傅大士《善慧大士語錄》(X. 1335)，《卍新纂續藏經》(69)，頁130中。
⑤ 《六祖大師法寶壇經》(T. 2007)，《大正新修大藏經》(48)，頁349中。

棒頭開眼。到此則祖翁王母不坐自己面目上享無量壽，而轉身在於一切萬法頭邊，天地虛空，山河草木上，處處現身，頭頭說法，變化無窮，永無生滅，此用上之本來面目也。

"諸仁者！得體不得用，猶有體滯；得用不得體，猶有棒在。山僧一齊拈起，盡情打破了也。諸仁者！要會最後一段不生不滅、大壽無疆者麼？"良久，云："水西寺外真如塔，長水波中烟雨樓。"下座。

十七日，①上堂。師云："長水門前長水繞，彩雲堆上彩雲生。二師法道重新舉，寶塔風高驟午鈴。夫真如古刹昔為長水、彩雲兩禪師王法之府，今落莫多年矣。本寺牧隱耕公與諸同志欲重興法道，乃建禪堂于茲土，將立參禪期以開後昆，故有善公之請山僧赴會。首以指示五家宗旨，開闢近世荒榛，令無師承者懼。

"今辰合寺尊舊設普齋，請山僧上堂舉揚二師心髓，俾諸英賢後昆踴躍爭先，務明向上。老僧曰：若有來問：'如何是真如迹？'向道：'彩雲堆上冬生草。''意旨如何？''砌石無多碑碣倒。''還有幹蠱者麼？''兒孫竭力為翻新，石塔纖尖常祭掃。''真如後來法道如何？''幾多英俊辦草鞋？踏破千山齊悟道。齊悟道第一，先參鄧尉老。'還有問話者麼？出來相見！"

具德出問："彩雲片片趁全提，長水滔滔展大機。且道如何是彩雲片片趁全提？"師云："鐘聲出水重。"進云："如何是長水滔滔展大機？"師云："幡影落波輕。"進云："八面玲瓏無縫隙，卓午浮圓頂日輪。是長水家風？是彩雲境界？"師曰："門開橋接路，樹老綠苔生。"進云："和尚今日如是舉揚，如是拈提，與昔日長水、彩雲是同？是別？"師云："一時三頓棒，骨癢尚嫌

---

① 此篇上堂示眾，大部分內容他本皆無，《三峰藏和尚語錄·住秀州真如寺語》（J. B299）以"維那白椎云：'法筵龍象眾，當觀第一義！'"起首，而且刪略大篇幅漢月示眾後，亦刪去本語錄"具德出問"中具德之名以及"德空出問"內容，新文豐版《嘉興藏》(34)，頁 143 中。

輕。"進云："一句了然超百億，粉身碎骨亦難酬。"師打三棒！云："三棒一齊打！"

德空出問："臨濟宗風千古振，三玄三要事如何？"師以拂子打一圓相。進云："如何是一句底意？"師便喝！進云："如何是一句中三玄？"師於圓相中下△點。進云："如何是一玄中三要？"師於頂上縱點三點。進云："三玄三要蒙師指，一聲毒鼓阿誰聞？"師大喝！空拜下，云："大衆急須掩耳！"師便打！

毘陵仲升惲居士問日用事，①師云："床頭正好清夢，山花野鳥不知是我？是他？簷鵲一聲，翻身開眼，蘇蘇然，但見帷間春暖，起來推窗，花滿屋前，竹立庭下，逢着三三兩兩，可喜可恨，或鬧或休。用金剛王，不妨痛快一截！喫得棉搭絮也好，燁爗一翻，脚脚踏着地下，頭頭頂却天邊。潮聲滾滾，放手弄翻小艓，然而空葫蘆原在背上；雲色重重，隨意鋪開蒲團，就他石頭只在頸邊。千佛出世，我道是光頭人；萬魔到前，無非爲藍面鬼。一任鑼鳴鼓噪，大家拍手放歌。張哥哥、李弟弟、王嫂嫂、周姨姨，叉手深拱，低頭長揖。年頭年尾，月朔時中，盤碗相交，鬧閧一上。此是居士日用事，老僧因知過去、未來、現在，盡情與汝説破了也，是弗？"

示幻生禪人②

法如獅子乳，人如琉璃瓶，斯受盛穩而不裂，其味不變。此大法之必求人老成雅重，真爲末世光明幢者付之。其得大法者，自重如佛，須向深山裏、钁頭邊去，盡輕華軟煖之習，不住城隍匆擾中。久之，其心孤明獨脱，品格

---

① 此"毘陵仲升惲居士問日用事"小參，同於《鄧尉山天壽聖恩寺三峰藏禪師語録》卷十六《示人華惲居士》三篇法語之一。

② 此篇《示幻生禪人》，他本皆無收。

超卓，人視之亦不敢忽易，則其法重，其道尊。喻如廟後雨前茶，須藏之竹籠，毋近他味。人以爲茶淫而範之，殊不知茶清極而不可溷也。茶具須蜀銚，烹須汲以二泉，此成其茶之妙品矣。禪人茶也，請以二泉潔器烹之。

二十五日，①上堂。師云："與聞主中主，佛果無生死。壽延及災滌，燦些花葉耳。今辰弟子任安，莫是鵬設齋，請上堂説大法要，安爲父親任啓賢滌除宿障，而兩門闔宅獲壽消災。"師乃喝四喝！云："大法之要，莫如臨濟四喝，四喝之中，有深、有淺、有是、有非、有賓、有主、有王、有霸，爲何謷？當時因臨濟於三頓棒下悟去，而天下效顰者比比其間，亂棒亂喝者單單識得用硬，而不識一棒一喝之深、淺、是、非，故不能到真主垂衣拱手，休歇田地。故臨濟愍其惑亂多途，特演爲四喝，以詮大法之奥，其中旨趣曰：賓中賓、賓中主、主中賓、主中主。

"大凡作家賓主相見，一人南面，一人北面。其南面者，當初悟得主中之主，動輒用此四賓主法，占定主中之主，此是自己深入之末後一句，始到牢關，把斷要津，不通凡聖底極頭斷斷，不許他人奪去者。所以，有時如雷如霆，有時無聲無臭，有時向學人腳跟下流過，有時從佛祖頂顙上踏來，無你測識處，所謂'我爲法王，於法自在'②者是也。其北面者，雍雍揖遜，如子如臣，或震烈崩騰，大都在于各分一半。

"若是賓中賓者，主賓兩個都是瞎漢，單單曉得金剛一截，各各不容人出頭，個個有千斤萬斤氣力，如鄉下人夯着蠻棒相打一般，不知有賓主互换、深深到底之妙。所以，你也打，我也打，頭破血淋，打得勝了，方快他意，此是粥飯氣所爲，不是佛法，以其未曾入門，故謂之賓中之賓。

"若賓中主者，他悟入一層，又得轉身到大了處，故能前一棒，後一棒，此馬

---

① 此篇上堂，他本皆無收。
② 《妙法蓮華經》(T. 262)，《大正新修大藏經》(9)，頁 15 中。

祖謂百丈'深明昨日事'者。① 他自己道既了之外，豈更有耶？所以把住最硬底，不許人更出其右。殊不知古人判作'口念彌陀雙柱杖，目瞽瞳神不出頭'。② 只爲不得主中主，一生再無出頭之分，故非法中真王，乃是販私鹽漢。

"主中賓者，如龍護珠，如人寶命，單單以主中主爲自己，不容他奪去。所以如漢高之次，關中着着了在先天之外，縱然奪去，依舊壁旋。

"主中主者，當初既已深悟，常在高峰枕子頭上，且法中已睡在先天未點之初，不怕甕中走却鱉。若是主家得此，便如憨布袋但拍人背，又如常不輕只叩他頭。若是賓家得此，便如孔子弟子善問，又如八萬人天作禮，軟如棉，硬如鐵，強如岳家軍，避如閨中婦。故爲主者，一向目朝雲漢，任從大千世界一切諸法，布我陣勢，搖我旗鎗，自己恰恰只在中軍帳裏，自然人來獻俘納虜，貴得天下太平。

"此賓中賓與賓中主及主中主之三段義，古人常有切喻言：賓中賓者，相見一頓棒喝，轉語機鋒，他不知有了手處，又不知有極頭安身立命處，喻爲鄉下人纔見一些動作，便驚獐罵鹿，認爲奇特。賓中主者，他已解硬處，已解軟處，知明識暗，畧辨貴賤，不比前來一段粗氣，然而未到真王，單單用霸，故喻是邑裏人，他也見慣不驚，只是終未安帖。主中主者，喻爲郡中人，縱見千奇百怪之事，他如不聞相似。

"臨濟家又喻爲侍者、闍黎、老僧，侍者未秉法，闍黎正行法，老僧頹然已忘盡法。茲又喻爲守令官、司理官、上司官，守令官人人見他鐵繩、毛板、鷹擒、虎視，何等硬勁；司理官則據三尺法，絲髮不濫；上司官一點也不要他

---

① 《指月錄》(X. 1578)記百丈曰："昨日被和尚扭得鼻頭痛。"馬祖曰："汝昨日向甚處留心？"百丈回答："鼻頭今日又不痛也。"馬祖因此說："汝深明昨日事。"但百丈須待馬祖振威一喝，才直得三日耳聾，《卍新纂續藏經》(83)，頁 475 下。

② 《指月錄》(X. 1578)記僧問克符禪師："如何是賓中賓？"符曰："倚門傍户猶如醉，出言吐氣不慚惶。"曰："如何是賓中主？"符曰："口念彌陀雙柱杖，目瞽瞳人不出頭。"《卍新纂續藏經》(83)，頁 558 下。

費心,一點也瞞他不得,若無他作主,其事不結,終爲未了。

"灼然此道千古不可紊亂,近被惡禪廣通抹殺臨濟,數爲傍歧,單存一棒一喝,天下靡然從之。① 法藏幾欲作討逆錄,以誅其不肖,奈何明此事者少,故發願提唱五宗,開人聾瞽,使從古本子上,討個證佐着落。大丈夫漢,決不爲一黃口,便千古爲其所惑哉。茲因提至主中主處,乃不惜口業,爲之建立一上,倘天下人尚知有臨濟者,必從此法透去,珍重!"

除夕,②茶話。師云:"臘月正三十,亥末好休歇。偶然翻個身,正元又初一。若人向這裏會得,則踏斷生死兩關,一任去看春花秋月。若踏不斷,老僧與汝分割!"乃擊卓一下！大喝一喝！

元旦,③上堂。拈香云:"甲戌春王第一朝,殷勤百和爇蘭椒。聖明壽比諸天象,歲歲昭回運斗杓。今辰元旦,嵩祝至尊壽海恩寬,臣民共樂,而真如監院性善,爲大護法大理寺正卿廣原朱翁大啓榮躋七秩,德洽四朝,趣榮任以福蒼生,護正法而參大事。性善請説大法,用壽無疆。"

師云:"坤以簡能,乾之不息,④如獅子王奮迅威獰,若大白牛肥壯多力。有時雲裏高眠,一任長林豐草自在供輸。有時日邊哮吼,盡使狐狼野干掃踪滅迹。此皆從立命得來,統天之力,佛祖得之而法王三千,聖人得之而教化中國,老僧得之則逐浪隨波,大理得之則致君民澤。即今華躋七秩,

---

① 《五燈全書》(X. 1571)有五臺瑞峰三際廣通禪師傳,廣通久侍笑巖寶祖(1512—1581),《卍新纂續藏經》(82),頁290上;《笑巖寶祖語錄》卷一收有廣通作於大明萬曆丁丑(1577)之《笑巖序》:"曹溪之下,厥旁岐縱橫肆出,厥奇名異相,涯岸各封,以羅天下學者。"《笑巖寶祖語錄》,頁5,上海圖書館藏本。

② 此篇除夕茶話,他本皆無收。

③ 此篇元旦上堂,《三峰藏和尚語錄·住秀州真如寺語》(J. B299)僅作"元日朱大理請上堂",并且省略部分人名和文句,新文豐版《嘉興藏》(34),頁144上—中;甲戌爲明朝崇禎七年(1634)。

④ 《三峰藏和尚語錄》(J. B299)作"乾以易知",新文豐版《嘉興藏》(34),頁144上。

於從心所欲不逾矩處，出處安舒，自繇自在，且道他獲無量壽徵，從何處得來？"乃喝一喝！云："畧與諸人通個消息。"

又拈香云："篆煙爲雲復爲龍，稽首呼嵩祝聖聰。炷得一絲香火在，寧馨依舊列朝榮。此爲平湖孝廉馮茂遠①居士元旦設齋，請上堂説法，俾亡兒再來。疏曰：崇禎甲戌之元日，弟子馮洪業年及五旬，癡猶童稚，既來真如潔修齋事，贖放含靈。　著：良久，云："生！"②　還同緇素，普請三峰大師陞座轉法，迺以所集有漏無漏，尚求亡兒樹謙更生，得爲父子如初。　著：石從無火擊還紅。　恭申情旨歲當步，雪月正王春，仰大總持之門，請建求亡之鼓。　著：乃擊卓一下！云："念彼觀音力！"　竊以震旦而嗣，日種箕裘，勿替衣傳；　著：向迸開金縷處得來！　印土以迄，雲宗薪火，久兹燈續。　著：從吹滅紙燭處悟去！　從佛口出，那得圓音裏驀見斷常；　著：桶箍爆裏突然興。　自法化生，云何般若中瞥分生死？　著：枕子落時方是省。　五天使者不留父子餘恩，　著：踏轉斷橋通古路。　半鄰虛塵坐判去來三際。　著：織成宮錦煥文章。　九死窟中求活句，　著：木頭道着。　一星窮處説新年。　著：草色情濃。　父少耶，子老耶，塵尾拂來，原同兔角；　著：情亡者見。　敬子矣，慢父矣，鳩頭點着，竟墮龍髯。　著：血濺方知。　重重公案儗山，　著：重。　隻隻機鋒落箭。　著：毒。　何如龐老不婚不嫁，草頭繫得祖師；　著：活也。　有若迦文指地指天，蔗王未無似續。③　著：恰是。　看

---

① 《平湖縣志》記馮洪業(1584—1661)，字茂遠，號兼山，萬曆己卯(1615)舉人，性至孝，參中國哲學書電子化計劃，https://ctext.org，2021/7/29。崇禎丁丑(1637)作《净慈要語跋》，《净慈要語》(X. 1166)，《卍新纂續藏經》(61)，頁832上；覺浪道盛(1593—1659)有《贈馮兼山居士》一偈，《天界覺浪盛禪師嘉禾語録》(J. B312)，新文豐版《嘉興藏》(34)，頁814上。陳玉女於其論文"馮洪業刻藏事迹"一節中，詳細討論了馮洪業對《嘉興藏》雕印之護持，《明末清初嘉興藏刊刻與江南士族》，《佛光學報》新四卷第二期，2018年7月，頁301—372。

② 原文爲雙行夾注，爲漢月對馮茂遠爲祈亡兒再來疏之著語，本書中以楷體小字和上下空格表示，以下皆同。

③ 據《佛本行集經》(T. 190)所述，甘蔗王本有四子，却被遠擯他土，其中一支後裔即爲釋迦一族，故《王使往還品》："彼甘蔗王，有一太子，字悉達多，以畏生老病死之故，欲求解脱。"《大正新修大藏經》(3)，頁748中。

掌中果,碩果不食,無味味,誰參牙後畫前; 著:轉。 塗鼓上花,桐花盡捨,不聞聞,何處笑時擎得。 著:囮! 所以七珍皆具,獨難無樹之根; 著:虛空栽得。 迄今五葉盛開,俱種有情之地。 著:大樹陰多。 此栽松道者重來,問舍河干; 著:钁頭塹三塹! 迨無姓乞兒再紹,利生嫡派。 著:棒下得一楔。 憑正軾而度世,何妨孽竪緣肩; 著:掀天揭地。 應無住而生心,未許斷滅諸相。 著:掣電奔雷。 法王有子,博地共宗,刹那石上精魂, 著:今朝方悟。 光音膝前人種。 著:直下承歡。 支離累劫,空生宛有其生; 著:喝一喝! 逆順乘流,住世頓超于世。 著:乃擲下拂子! 請宗師拈出,即吾兒再來矣!"舉著畢。

師拈起竹箆,示衆云:"若論此事,如人參竹箆子話頭相似,喚着竹箆則觸,不喚着竹箆則背,兩端犯不得,四路通不得,六門轉不得,則此心頓竭。而茂遠父子之情兩頭坐斷,若不可續者。然而正恁麽時……"乃以竹箆擊卓一下! 云:"石麒麟依舊生也!"偈曰:"石麟重付授,石女便生兒。愛斷情忘處,花開桂一枝。且道石女如何生兒?"良久,云:"達!"又云:"囮!"

又拈香云:"大哉乾元,萬物資始。君親師恩,單單示此。且道如何是此?" 擊竹箆一下! 云:"今辰平湖大護法光祿馬公文治致書飯衆,求元旦上堂舉揚,報效君親師三大義。"書云:①"再辱台翰,獎借殷拳,殊愧殊感! 不慧治邇來,以二親連逝,積哀積病,今秋至,不能赴試。 師拈至此,擊竹箆! 偈曰:"二親相繼入蓮房,服闋終天哀不忘。此日舉揚風聖世,致親成佛見心王。"② 適值文廟傾圮,乃棄產捐資倡助,工未議蒙相國毅然主持,諸紳群彦翕然樂助,公祖父母殫精設處,獻歲經營方始,無非爲報本崇師,且借此舉以報君親殊恩之萬一。 師又擊竹箆! 偈曰:"兩端叩密用中間,千古斯文重太山。肯續嫡

---

① 以下爲馬文治宣書之内容。

② 原文爲雙行夾注,爲漢月對馬文治宣書之著語,本書中以楷體小字和上下空格表示,以下皆同。

傳崇廟貌,清時興起即曾顏。" 幸當大師在此度歲,懇元旦上堂,舉揚知恩報本之意,爲千古勸,不特爲一郡一邑勸,其功德最無涯。竊謂三教門户雖分,源頭未嘗不一,師恩與君恩、親恩并重,此三大恩者,不可一息忘,爲佛祖、爲聖賢皆從一點不忘恩之心,成就結果,非大師真徹悟人不能闡明大義,爲佛祖、聖賢吐氣也。　師又擊竹篦!偈曰:"三恩覆載聖賢成,生我脩身受寵榮。悟得本根真見道,不忘情處大忘情。"

"聖明在上,歲首萬國朝!天正臣子圖報君恩第一日, 師又擊竹篦!偈曰:"聖握乾元道統天,壽君呼祝萬斯年。太平不識原無象,長水千秋古寺前。" 大師祝聖之餘,首揭君親師三大使,今日臣子濯足萬里,振衣千仞,江湖廊廟,出世用世,豈有二耶? 師又擊竹篦!偈曰:"岡流振濯浩吾襟,廊廟江湖萬古心。只把五常開佛性,拈沙撒地響黄金。" 率布下忱,統希慈鑒,至禱!至禱!"

師乃云:"馬光禄於元旦日,特以君親師三大恩,囑臣僧法藏於真如祝延聖壽之次,俾拈出普示大明天下之有佛性者,令不忘報效之心,則人人返觀已躬之本,個個悟徹我生之緣,而孝我不可知之天,忠我不可知之天,師我不可知之天,三天一致,而獨用於莫之爲之爲。此正全提祖印、密示佛機於日用不知處,一鏃透明則步步脚頭無不是大明春草矣。諸仁者!要會三天獨用者麽?"喝一喝!下座。

講傳期中堂規①

近世參禪,種種杜撰,不合祖格,至令禪病日增,禪心日損,不得不爲之救。有者杜撰道:"禪貴直截,不應又涉文字教言,不應更辨別邪正,不許再精五家真宗,只應以棒喝一路提持向上。"此雖正法之頂尖,奈何不識此中宗旨,則無法可關制,遂生出種種大病,一味以囫圇瞞人,翻使魔人胡棒亂

---

① 此篇《講傳期中堂規》,他本皆無收。

喝,亂下機鋒,佛法大事俱變而爲邪説。

有以棒喝爲硬者,有以棒喝爲心性者,有以棒喝爲迅捷者,有以棒喝爲探身者,有以棒喝爲門庭者,有以棒喝爲撑持空漏者,種種邪解不能枚舉,且即以上數事,略爲注破,使彼邪人無從藏匿其奸,故先詰之曰:

若以棒喝爲硬者,則語言便爲落軟,又何古人有"雲在青天水在瓶"之軟句?①

若以棒喝爲心性者,心性已落教乘,爲何既出教乘,又落葛藤?生死一棒一喝,那裏有許多義路?

若以棒喝爲迅捷者,迅捷是教中現量中收迅捷時,未落生死迅捷後,便是生死了也。

若以棒喝爲探身者,探身之法是小人情狀,一味賊心,明眼人前如何用得?

若以棒喝爲門庭者,門庭架子非是出生死本柄,有何用處?

若以棒喝爲撑持空漏之物者,此物便是生死根因,且與探身自欺依稀相似,豈是直指人心、見性成佛之旨哉?

已上邪宗蓋爲不肯究明五家宗旨,細細辨別邪正,刳剔繫絆,直指光明,獨脱田地,所以墮在諸邪道中,魔風滿世。山僧深懼法滅之苦,特特拈出寂音尊者《智證》一書,標揭慧日,以啓其盲,鼓擊雷霆,用提其耳,使邪魔聞之見之,而改悔還爲祖佛弟子,此急救之不可少者也。

兹有真如禪堂監院修慈,及闔郡大護法縉紳緇白,招山僧過寺,擇十一月二十二日起期,拈提《智證》,首以三玄三要,臨濟一宗爲主,而廣羅五宗,該及大乘始終如來嫡骨之旨。可開者開,可示者示,可講者講,應辯者辯,

---

① "雲在青天水在瓶"爲澧州藥山惟儼禪師之語,李翱曾作《贈藥山高僧惟儼二首》,其一云:"練得身形似鶴形,千株松下兩函經。我來問道無餘説,雲在青天水在瓶。"但北宋張商英(號無盡居士,1044—1122)作頌評之:"雲在青天水在瓶,眼光隨指落深坑。溪花不耐風霜苦,説甚深深海底行。"《指月録》(X. 1578),《卍新纂續藏經》(83),頁 505 中。

當掃者掃,合痛鋤者對衆鋤之。知我罪我,無復敢避其間。說法次第,安僧式程,合揭堂規,令衆遵守,恕無紊濫不經之弊矣。

規約開後:

一,相見須用古人賓主正法,互換末後,落落可觀,不得鬥打、對罵、咬血、惡口,發不中節,落此惡套。

一,不得隨處鬧噪,扯無用機鋒,取笑識者。

一,不得不看本經做詩,奔走出入人事,不依首領約束,犯者舉罰。

一,五更報鐘鳴一板,開靜巡照者提燈,一齊催起洗面。巡照再查一遍,無病不起者,舉罰二板,喫湯三板。止靜課誦須嚴整和平,念佛二百,迴向三飯而止。

一,六梆鳴,搭衣齊整,板三下,齊過堂,默口輕足,雁行有序。長板三通,接擊念供養出生咒,願齊容嚴淨,齋畢歸堂,毋亂走。

一,乘晨後清靜,約束看經,凝結真思,務求大道,不用虛文奇玄邪說,不得燥動妨人。

一,輪單值日,從主規悅衆起順行,看堂從西單首起逆行,一日各一位。

一,止靜香一炷,開小靜喫小食畢,歸堂開大靜。上殿嚴淨畢,大磬三下,大鐘疏疏,以候方丈。鐘一下,傳爐鐘二下,送傳鐘三下,堂中發搖,迎請講傳,講畢,送歸方丈。

一,除朔望節日普說外,每日輪八衆迎請。

一,凡亂法亂規、不遵約束者,集衆治之,有羯磨等古法,衆中不服者,揭單出院。

六、鄧尉山天壽聖恩寺
　　三峰藏禪師語錄

解　　題

一、版本

　　蘇州西園寺藏經樓藏明刻本，原三十卷，現存卷一至二、卷十五至二十二、卷二十六（殘）、卷二十七至三十，27.5×18 cm，半頁 9 行，每行 20 字，版心有"支那撰述"、"三峰藏禪師語錄"、卷數和頁碼，無魚尾。（參圖版十一和圖版十二）

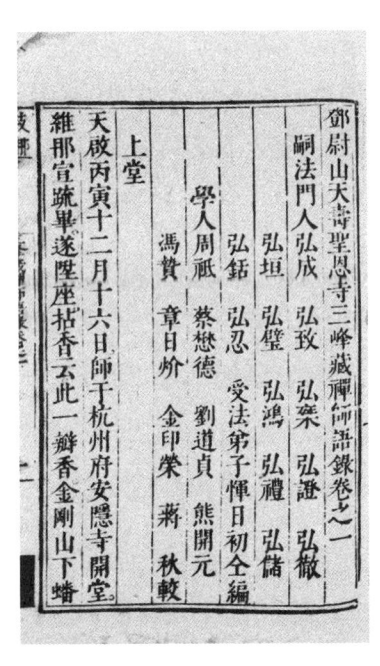

圖版十一　蘇州西園寺藏經樓本

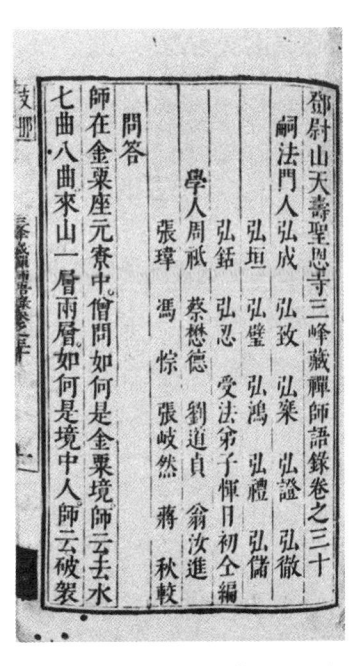

圖版十二　蘇州西園寺藏經樓本

二、内容説明

《鄧尉山天壽聖恩寺三峰藏禪師語錄》版心雖有"支那撰述",却非《嘉興藏》之標準版式,因此,應是寺院自行雕印時,參考了《嘉興藏》部分版式的刊本。此語錄原共三十卷,是目前所見漢月現存的數種語錄中卷數最多者,可惜僅存卷一至二、卷十五至二十二、卷二十六(殘)、卷二十七至三十,内容完整者共十四卷。可幸的是,此語錄目錄猶存,我們得以一窺當初完整語錄之面貌,并且可與現今通行之《三峰藏和尚語錄》比較,了解漢月後代弟子編集其語錄時的一些細節和情況。

此語錄編撰之緣由,可見於三峰派第三代弟子仁山寂震(1631—1697)於其《三峰全錄後序》所述,漢月生平於各處説法之記載,最初共有廣錄五十卷,漢月示寂後,大衆共結集漢月於八處十會之語,成三十卷,共八册,每卷首列十二嗣法尊宿,以及受法在家弟子惲日初(1601—1678)同編,衆人并募貲以刻印,當時板藏於聖恩寺,①可惜這些版木現今已不存。

《鄧尉山天壽聖恩寺三峰藏禪師語錄》題名顯示此語錄編撰之地點爲蘇州鄧尉山天壽聖恩寺,但此語錄實際内容則廣收漢月自 1620 年初起,於海虞三峰禪院之上堂,離開三峰禪院,受邀前往蘇杭之安隱寺開法,駐錫鄧尉山天壽聖恩禪寺,以及受邀至常州廣福院開法,迄最後漢月 1635 年在鄧尉山聖恩寺圓寂的示衆説法等記載。

此語錄編集者衆多,每一卷首先列出第一群編集者"弘成、弘致、弘乘、弘證、弘徹、弘垣、弘璧、弘鴻、弘禮、弘儲、弘銛、弘忍,受法弟子惲日初",其中前十二位漢月付法弟子之名皆可見於此語錄卷二十一《付法法語》中,惲日初之名則可見於《三峰藏和尚語錄・三峰和尚年譜》。② 第二

---

① 《三峰清凉寺志・三峰全録後序》,《中國佛寺志叢刊》第 4 輯,第 40 册,頁 295。
② 《三峰藏和尚語録・三峰和尚年譜》(J. B299)記漢月將:"《參同》授門人惲日初。"新文豐版《嘉興藏》(34),頁 204 下。惲仲升,名日初,常州人,爲黄宗羲同門學友,黄宗羲(1610—1695)《南雷文案》卷一有《惲仲升文集序》,參中國哲學書電子化計劃,(轉下頁)

群校訂者是被稱爲"學人"的八位在家居士"周祗、蔡懋德、劉道貞、熊開元、馮贄、章日炌、金印榮、蔣秋",這些在家居士多爲當時江浙名人士宦,他們爲漢月多部語錄作了序,列於延請漢月駐錫寺院或是於寺院開堂説法之請疏的撰著者之名錄。①

《鄧尉山天壽聖恩寺三峰藏禪師語錄》之珍貴價值在於,其原本共三十卷,除了卷首目錄、各處語錄序和開堂疏以外,根據其目錄所列,全書包含了上堂、小參、普説、法語、書、《五宗原》《濟宗頌語》《洞宗頌語》、付源流法語、頌古、頌、偈、贊、問答、著語和秉炬入塔,因此,《鄧尉山天壽聖恩寺三峰藏禪師語錄》具備了從"上堂"至"秉炬入塔"完整語錄之體例。②

此外,此語錄收錄了衆多現今十六卷本《三峰藏和尚語錄》所删節之内容。首先,《鄧尉山天壽聖恩寺三峰藏禪師語錄》卷首收有漢月衆多語錄之序九篇,延請漢月駐錫寺院或於寺院開堂説法之請疏七篇,這十七篇中共有十篇皆不見於現存文獻中,包括《安隱語錄序》(三篇)、《廣福語錄序》、《净慈語錄序》、《聖恩語錄序》、《杭州安隱寺請開堂疏》、《龍山錦樹菴請開堂疏》、《毘陵廣福院請上堂疏》和《杭州净慈寺請開堂疏》。此外,這十七篇中的語錄序,例如《安隱語錄序》、《三峰北禪語錄序》、《頌古語錄序》、《廣福語錄序》、《净慈語錄序》和《聖恩語錄序》,則讓我們得知最早這些語錄皆有單行本流傳於世。特别是《龍山錦樹菴請開堂疏》中共列有 24 位居士,《毘陵廣福院請上堂疏》共有 50 位居士,《杭州净慈寺請開堂疏》則高達 76 位居士,這些聯名合請的資料爲我們了解漢月與當時蘇杭士紳之互動提供了重要信息。

(接上頁)https://ctext.org,2021/8/7;另,三峰第三代弟子仁山寂震(1631—1697)所著《三峰全録後序》記懌日初:"晚歲披緇,即人華老師也。"《三峰清涼寺志》卷十,《中國佛寺志叢刊》第 4 輯,第 40 册,頁 295。本書所輯《三峰藏禪師長水真如寺語録》收有"毘陵仲升懌居士問日用事"小參,《鄧尉山天壽聖恩寺三峰藏禪師語録》卷十六收有《示人華懌居士》法語。

① 參本書所輯《鄧尉山天壽聖恩寺三峰藏禪師語録》卷首諸篇序和開堂疏。
② 參本書所輯《鄧尉山天壽聖恩寺三峰藏禪師語録·目録》。

接著，有關各卷內容，根據此語錄之目錄所示，原卷一至卷六爲漢月上堂內容，從現存的卷一和卷二來看，收錄了漢月自1625年於海虞三峰禪院，1626年和1628年於蘇杭之安隱寺二次開法，1629年起於鄧尉山天壽聖恩禪寺，1629年於梁溪龍山錦樹禪院，以及1633年常州廣福院等寺的上堂法語、舉似古則和問答內容，參考其卷首所收漢月各語錄之序來看，編集者是從各單行本語錄中摘錄出漢月的上堂內容。此作法若與後來弘儲重編的《三峰藏和尚語錄》架構比較，二者之差異爲：首先，《鄧尉山天壽聖恩寺三峰藏禪師語錄》卷一和卷二中，漢月於各寺上堂內容的記載，不似《三峰藏和尚語錄》中單獨列出各寺語錄單行本書名的樣貌；再者，《三峰藏和尚語錄》雖經過較大篇幅刪節，却仍然可見未收於《鄧尉山天壽聖恩寺三峰藏禪師語錄》的內容，可見二部語錄之編輯者各有其選擇的偏好。因此，將來若把二部語錄合匯，我們便能讀到漢月於各寺説法更完整的內容。①

而《鄧尉山天壽聖恩寺三峰藏禪師語錄》卷一和卷二所收，漢月各寺上堂內容的優點在於，此語錄除了收錄23篇未收於《三峰藏和尚語錄》的上堂以外，以二本相同的上堂爲例，《三峰藏和尚語錄》常省略了漢月上堂法語之後與大衆的問答、問答者名字、漢月舉似的古則或漢月著語。譬如此語錄有二篇"付法上堂"語，漢月分別付法給梵伊弘致(1595—1628)、一默弘成、問石弘乘(1585—1645)、在可弘證和項目弘徹，漢月并且解釋對衆付法之因緣："此年以來，人心不古，信道不篤，不肯直盡大法，稍得見處，即便馳突而去，去後妄以三峰曾印記我爲言，欺罔行法，墮落魔外。"② 透過此段文字可知，在1629年之前，即有人在短暫從習於漢月後，就妄稱曾得漢月印記，因此漢月須以公開付授源流信拂的方式，確認其所認可付

---

① 參《三峰藏和尚語錄·三峰和尚語錄目錄》(J. B299)，新文豐版《嘉興藏》(34)，頁125中一下。
② 此二篇"付法上堂"語，以及漢月爲十二位弟子所作之付法法語，參本書所輯《鄧尉山天壽聖恩寺三峰藏禪師語錄》卷一、卷二和卷二十一。

法弟子之身份,此篇上堂爲我們提供了了解明末於上堂時付授源流更進一步的實例細節。①

《鄧尉山天壽聖恩寺三峰藏禪師語錄》卷十五、十六和十七所收爲漢月之法語,爲漢月針對特定弟子、禪者或居士給予分別之開示,共54篇,其中有27篇不見於《三峰藏和尚語錄》。漢月於其開示法語中常語詞懇切,如《示涵初信禪人》云:"參禪人所貴器量穩,作事簡,用心切,入智深,着力乾,擔當硬,方可于生死中羅籠不住,橫出直入,無有罣礙。"又,《示繼啓儲侍者》中提醒弘儲:"萬法頭邊,每一法如惡叉聚,三處下手不得,則件件壁立千仞,如赤燒銅柱,觸他不得。"或是指導居士參話頭之要領,如《示毓采居士》説:"話頭要交得緊,萬物頭上要織得密,參情要疑得深,逼得猛,破得重,見得明徹。"②有別於上堂內容,漢月必須於堂上隨時應機回答不同的問題,此三卷漢月法語則屬撰作性質之體裁,因此,較易見到完整主題之論述,是我們能深入分析探索漢月禪學思想之絕佳材料。

《鄧尉山天壽聖恩寺三峰藏禪師語錄》卷十八和十九所收爲漢月之書信,共24篇,其中《上□德府書》和《答周居士居實》(三篇)不見於《三峰藏和尚語錄》中,此外,其中《答朱居士西空》、《答周居士居實》、《答陸居士戢夫》和《復梁湛至居士》皆附有這些居士先前所寄來之書信,共四篇,亦不見於《三峰藏和尚語錄》中。漢月常在這些答復居士的書信中,教導他們基礎佛教教義,如《上□德府書》中解釋了"此身四大假合則有,四大假合則無";此外,這四篇居士的來書,讓我們了解了漢月回信的起因,如梁湛至的來信透露出此信作於大病之後,因而漢月於《復梁湛至居士》中告知他:"乘病愈閒,適謝事之時,細釋祖家言句,務期了却,勿放過好時節也。"由此,我們得以分析於明末時期,漢月身爲一位禪師是如何方便接引居

---

① 漢月所撰付一默等四人之源流法語,收於本書所輯《鄧尉山天壽聖恩寺三峰藏禪師語錄》卷二十一中,作於崇禎二年(1629)。
② 參本書所輯《鄧尉山天壽聖恩寺三峰藏禪師語錄》卷十五、卷十六和卷十七。

士的。①

《鄧尉山天壽聖恩寺三峰藏禪師語録》卷二十所收爲《五宗原》,漢月的《序》中説明作於 1625 年,聖恩禪寺之萬峰關結夏之時;②又,《卍新纂續藏經》另收有一部單行本《五宗原》,并有刊記云:"萬峰學人嚴拱,法名上履,捐貲刻《五宗原》,暨《濟宗頌語》全卷。……時大明崇禎龍飛元年歲次戊辰(1628)四月佛誕日識。"③由此推判,漢月於 1625 年完成《五宗原》後,1628 年時由聖恩禪寺護法居士嚴拱捐貲刻印,又收録於此語録卷二十和《三峰藏和尚語録》卷十一中。④ 現代學界對漢月《五宗原》已略有討論,⑤而在以此書爲代表的漢月之多種語録資料整理出版後,我們得以進一步分析探討漢月五宗思想和立場。

《鄧尉山天壽聖恩寺三峰藏禪師語録》卷二十一收有《濟宗頌語》、《曹洞宗十六問并頌語》、《付法語》和《付法法語》等多篇重要内容。其中《濟宗頌語》包含完整的《序》、舉似的公案、頌語和著語,漢月之著作目的如其序所言:"以馬祖一脉的傳公案,細細頌出,手授二、三子之自悟自入者,互相激揚,務使此宗再起,毋令斷絶,以報佛恩。"⑥因此,漢月舉似自馬祖、百丈至五祖法演(1018—1104)之公案,藉以將臨濟一脉有關"機用"、"賓主"之意涵傳遞給可"自悟自入"之弟子,并鼓勵他們彼此激揚。第二篇《曹洞宗十六問并頌語》則包含《叙》、十六問、頌語和著語,原爲漢月遣其

---

① 參本書所輯《鄧尉山天壽聖恩寺三峰藏禪師語録》卷十八和十九。
② 參本書所輯《鄧尉山天壽聖恩寺三峰藏禪師語録》卷二十。
③ 《五宗原》(X. 1279),《卍新纂續藏經》(65),頁 110 上。
④ 《五宗原》(X. 1279),《卍新纂續藏經》(65),頁 102 上—108 上;《三峰藏和尚語録》(J. B299)所收《五宗原》,新文豐版《嘉興藏》(34),頁 175 下—179 中。
⑤ 參連瑞枝《漢月法藏(1573—1635)與晚明三峰宗派的建立》,頁 167—208;釋見一《漢月法藏之研究》,臺北,法鼓文化,2000 年。
⑥ 《濟宗頌語》舉似的公案和頌語,雖可見於《三峰藏和尚語録》(no. B299)卷十《頌古》,但是,《三峰藏和尚語録》中缺《濟宗頌語》之題名、《序》和漢月之著語,新文豐版《嘉興藏》,(34),頁 172 中—173 中。《濟宗頌語》之序和内容亦可見附於單行本《五宗原》(X. 1279)之後,《卍新纂續藏經》(65),頁 108 上—110 下,下不贅注。

弟子往問湛然圓澄(1561—1627)和博山無異元來(1576—1630)的"曹洞十六則",不料二人相繼示寂,漢月迫於無奈只好以頌語自答己問,并且於其《叙》説明:"顧盼諸方無可激揚此事者,由是慨然自爲頌出,以俟後之人傑。"① 漢月此《曹洞宗十六問并頌語》後來果然引來後代曹洞宗師櫻寧智静(活躍於 1636 年)和日本江户曹洞宗僧洞水月湛(1728—1803)的抗議和鞭伐,這是學人將來可繼續深究開展之議題。②

至於《付法語》和《付法法語》,乃漢月其他語録所未收。《付法語》是漢月爲十二位傳法弟子分別所作《付法法語》之序。③ 有關明末的傳法制度,學者多從禪宗傳承和寺院遴選方丈之需的外在角度加以討論,但是漢月却是在《付法語》中,以他自己和其傳法弟子爲例,談論禪者儘管能靠己力證入大法,但其後在斷盡微細無明的内在過程中,極需宗師的引導和琢磨,藉以强調師徒傳法之必要,這是學人將來在探討明末傳法制度時,不容忽視的禪宗修行角度和信息。④ 接著,漢月於《付法法語》的前言中説明,1627 年他在三峰清凉禪寺付法梵伊致;至 1629 年,復于梁溪錦樹菴,付法一默成、問石乘、在可證和頂目徹四人;最後,書寫此前言的 1635 年,于天壽聖恩寺付法澹予垣、剖石璧、于磐鴻、繼起儲、慧刃銛、潭吉忍和具

---

① 参本書所輯《鄧尉山天壽聖恩寺三峰藏禪師語録》卷二十一正文。
② 櫻寧智静於其《櫻寧静禪師語録》(J. 286)卷六中,有《續答三峰藏和尚啓雲門湛老人曹洞十六問并著頌敘緣起(附三峰頌語)》記曰:"歲在丙子(1636)暮春,某次参天童悟老人時,依山中結夏,值同参友蜀之瞿公笈中,撿得三峰藏和尚法録内,有啓我雲門澄祖翁曹洞十六問。"故此《曹洞宗十六問并頌語》亦收於其語録中,櫻寧智静并説:"因讀三峰復自敘其扣問始末,并著頌内,侮慢不經,祇得隨彼發縱。"新文豐版《嘉興藏》(33),頁 521上—532下。另外,洞水月湛則批評:"三峰之妄設十六問,以誣謾先傳後悟。"參其《洞水和尚語録·洞山大師沈吟辨》,東京,曹洞宗全書刊行會編纂校訂,《曹洞宗全書·語録 5》,1970—1973 年,頁 417 上。
③ 《付法語》雖可見於《吴都法乘》(B. 193)中《付法法語·釋法藏》,但是,本書所輯《鄧尉山天壽聖恩寺三峰藏禪師語録》卷二十一正文所附漢月傳法弟子共十二人之《付法法語》,他本皆無收,《大藏經補編》(34),頁 164 中。
④ 如參長谷部幽蹊《明代佛教教團史の研究》,東京,同朋舍,1993 年,頁 286 和 Jiang Wu, "Building a Dharma Transmission Monastery in Seventeenth-Century China: The Case of Mount Huangbo." *East Asian History* 31, 2006: 29 - 52。

德禮七人。漢月在這 12 篇《付源流法語》中,如卷二之付法上堂所言,將各人之"入道悟由,及入法奧因緣,若偈若語,一一寫出",除了略述各人之性格經歷和勉勵荷擔臨濟之重任以外,偶亦會仔細囑咐各人應該透盡微細言行之處以上信息均由漢月親述,是將來推進三峰派第二代禪師的研究時,必不可少的珍貴材料。

接著,雖然《鄧尉山天壽聖恩寺三峰藏禪師語錄》卷二十三至卷二十五殘缺,但根據其目錄所示,卷二十二至卷二十七共六卷的内容皆爲《頌古》,相較於《三峰藏和尚語錄》卷八至卷十之《頌古》,前者收錄了不少新見内容。經筆者推估,《三峰藏和尚語錄》收錄原有漢月《頌古》僅約 42％ 的内容,而《鄧尉山天壽聖恩寺三峰藏禪師語錄》卷二十七就收有 16 首不存於《三峰藏和尚語錄》的頌古,如"如何是佛麻三斤頌"、"答德中竹篦子頌"等,筆者并且已溯源漢月所舉似的古則,大多是從《指月錄》中援引摘選的。① 因而,若將此語錄卷二十二、卷二十六(殘)和卷二十七所錄,總合《三峰藏和尚語錄》所收古則和漢月頌語,一來可提供學人分析從"七佛并西天二十八祖傳法偈"至"澧州藥山惟儼禪師",漢月擇選古則之原則;二來可將之與自宋朝以來《碧巖錄》等公案集之頌語作比較,藉以了解漢月頌語之個人思想特色。

《鄧尉山天壽聖恩寺三峰藏禪師語錄》卷二十八和卷二十九爲漢月所作偈和贊,其中有 40 首未見收於《三峰藏和尚語錄》中,例如《歇念偈與桃源潤長老》、《示心田居士》、《示繼起儲上座》、《火蓮偈》和《高峰祖師贊》等等。其中頗特別的是《戀穭居士因夢李侍御仲達請師説偈》四首,此四首偈是吳鍾巒(1577—1651)因夢見李仲達(1593—1626),請漢月説偈而作。吳鍾巒字巒穭,號霞舟,其夢中之人爲李仲達,本名李應昇,乃其學生;天啓五年(1625)李仲達觸忤魏忠賢,上呈其七十二大罪後罷官歸里,翌年(1626)遭東廠逮捕,被殺於獄中。1651 年,清兵攻至寧波,吳鍾巒慷慨

---

① 參本書所輯《鄧尉山天壽聖恩寺三峰藏禪師語錄》卷二十七。

謂人曰："昔仲達死璫禍,吾以諸生不得死。"後來亦自焚而死。二人與明末僧人均有往來。①

此語錄雖未記載巒穉居士之夢境,但漢月所作第一首偈云："鑊湯爐炭真消息,鐵較銅床煨一番。痛絕再甦如夢覺,這回踢倒鐵圍山。"從偈中描述了"鑊湯"、"銅床"和"鐵圍山"等詞,可知皆爲佛教地獄之景象,由此可推測巒穉居士頗爲其夢中李仲達死後之際遇擔憂,而漢月則以"痛絕再甦如夢覺"一語直截斬斷其憂慮,并以"踢倒鐵圍山"指示其出脱之決心。② 接著,第二偈："不因冤對不親嘗,劍樹刀山做一場。夢裏緇衣何足問?冤家原即是親娘。"意謂巒穉夢裏所見的李仲達是穿著緇衣的,而緇衣是朝廷卿士所穿的黑衣,還是僧侶所穿的黑衣呢?漢月勸說他不必費心思量,此時但須消解世間一時的冤親仇對。因此,漢月第三首又説："命根絕處即吾　君,③拱手垂衣不足論。一片丹心肯皈向,世間無復有民人。"漢月肯定李仲達爲深具丹心之志士,若肯皈向佛教,則能超脱這世間之羈絆。最後一首,漢月則回到求偈者巒穉的身上："欣欣入夢故人思,有有無無兩絕之。霎地城頭一聲鼓,依稀將及二更時。"漢月如此於偈中,既能關懷求偈者巒穉的感受和丹心志士李仲達的際遇,最終又以"有"、"無"兩絕的禪宗之旨,分別引導他們超脱世間羈絆之出路,因爲世間之紛擾終究如夢境,一聲鼓鳴便能醒寤。漢月的這一段文字,恰好解釋了爲何身處於明末黨爭亂世之中,且其語錄文獻篇幅浩瀚,却很少有主動針砭時事的記載。而漢月脱俗出塵的清明態度,在明末時期吸引了士大夫前來尋求指引,而這亦是學人將來可以繼續深入闡發的話題。

---

① 吳鍾巒生平見《明史》,列傳第一百六十四;晦山戒顯編《現果隨錄》(X. 1642)亦有《吳霞舟以盡節焚身神昇天》一文,《卍新纂續藏經》(88),頁 46 上。李應昇生平見《明史》,《列傳第一百三十三》;《憨山大師年譜疏注》(B. 85)亦記,1620 年,憨山 75 歲時,李仲達曾入山問道,《大藏經補編》(14),頁 574 上。

② 有關地獄之描述,參《地藏菩薩本願經》(T. 412),《大正新修大藏經》(13),頁 778 下、780 中。

③ 原文"君"字前空一格,應是藉以表達對亡者之敬意。

《鄧尉山天壽聖恩寺三峰藏禪師語錄》卷三十收錄了於漢月其他語錄皆未收的內容，包含《問答》、《著語》和《秉炬入塔》。其中《問答》包含了漢月在金粟密雲座元寮中與其他僧人幾則問答，以及漢月和弟子無知、蒼壁、萃宇、净懷、觀一、具德等人之問答，可提供我們分析漢月接引禪人和弟子之方式。《著語》包含漢月所舉四則"汾陽禪師采菊"、"狗子佛性話"、"有句無句"和"巖頭䮒禪師示衆"古則和漢月著語，可提供禪者參究或學者分析這些古則之內容。最後，《秉炬入塔》是漢月爲穎夷可上座、梵伊致上座、淵充玆上座、太虛老宿、洪鑑上座和蘊空律師舉火之記載，其中前三人皆爲漢月弟子，却早逝於漢月。以梵伊真致爲例，他是漢月最早付法之弟子，當時(1627)漢月應邀至蘇杭開法，以致三峰清凉禪寺乏人提督，漢月便付法梵伊真致，令其秉拂立衆。然而，梵伊真致却示寂於漢月付法次年，得年僅34歲。① 漢月在爲梵伊真致下火的情況爲：

"泥牛入海，未見端倪；金佛下爐，聊通一線。今朝狹路，相逢拈出，一團火焰。致上座！見不見？"

喝一喝！良久，厲聲云："秋風吹盡一堆灰，各各回頭看自面！"擲下火把！

上文中，漢月舉起火炬問："致上座！見不見？"却在良久後，厲聲云："秋風吹盡一堆灰，各各回頭看自面！"最後才擲下火把。漢月這手持火炬時"良久"的停頓，似乎透漏出對英年早逝弟子的不捨，但他亦不忘藉此色身無常的示現機緣，要大家在荼毘後的灰燼中，回頭參看如何是自己的本來面目。這些秉炬入塔的記載，讓我們得見漢月身爲禪家宗師面對生死的坦然。

《鄧尉山天壽聖恩寺三峰藏禪師語錄》原本共三十卷，雖現今僅存全

---

① 參本書所輯《鄧尉山天壽聖恩寺三峰藏禪師語錄》卷二十一《付梵伊上座源流法語》；《三峰藏和尚語錄・三峰和尚年譜》(J. B299)記天啓七年丁卯(1627)，漢月55歲，是年十月付梵伊致住三峰，新文豐版《嘉興藏》(34)，頁208下。

十四卷，但因其編集早於《三峰藏和尚語錄》，而且保存了《三峰藏和尚語錄》所未收的內容，特別是《付源流法語》、《問答》、《著語》和《秉炬入塔》等，都不見收於現存其他漢月的語錄，因此，從其首完整目錄來看，《鄧尉山天壽聖恩寺三峰藏禪師語錄》具備了從"上堂"至"秉炬入塔"完整禪宗語錄之體例，是可提供學人從各個思想、修行、歷史或社會的角度，是重啓漢月研究的珍貴文獻。

鄧尉山天壽聖恩寺三峰藏禪師語録

〔舊　　目〕

卷第一　　上堂
卷第二　　上堂
卷第三　　上堂
卷第四　　上堂
卷第五　　上堂
卷第六　　上堂
卷第七　　小參
卷第八　　小參
卷第九　　小參
卷第十　　小參
卷第十一　普說
卷第十二　普說
卷第十三　法語
卷第十四　法語
卷第十五　法語
卷第十六　法語

卷第十七　法語

卷第十八　書

卷第十九　書

卷第二十　五宗原

卷第二十一　濟宗頌語　洞宗頌語　付源流法語

卷第二十二　頌古

卷第二十三　頌古

卷第二十四　頌古

卷第二十五　頌古

卷第二十六　頌古

卷第二十七　頌古　頌

卷第二十八　偈

卷第二十九　偈　贊

卷第三十　問答　著語　秉炬入塔

安隱語録序①

翁汝進②

達磨西來，花開五葉，而濟上一宗爲諸宗之冠。濟從三頓棒得佛心印，應機多用喝，而從玄極要主中辯主，深深建立，不以爲繁，意大法竭盡一喝之

---

① 此《安隱語録序》，他本皆無收。
② 《浙江通志》卷一六七記翁汝進，字子先，仁和人，萬曆戊戌(1595)進士，授東莞令等，俱有惠政，參中國哲學書電子化計劃，https://ctext.org，2021/7/31。《徑山志》："翁汝進憲副，號周野，杭州人，護持常住，及諸静室。"《中國佛寺史志彙刊》第 1 輯，第 32 册，頁 993。翁汝進亦撰有下文所收《净慈語録序》，并爲《杭州安隱寺請開堂疏》和《杭州净慈寺請開堂疏》請疏者之一，此《鄧尉山天壽聖恩寺三峰藏禪師語録》校訂者之一。

中,剥龘入纱,乳出醍醐。斯盡七佛傳心之旨,非徒機語峻硬,謂之塗毒鼓也！三聖①諸老,親侍臨濟,歷傳至高峰,俱能罄濟之纱,一言一句,罔非大用現前,不拘小節,具眼能辯之。其後擾亂相尋,悟者服勤不久,不能曲盡室中鍛煉,久而漸就淪失,至謂一悟便了,問及宗旨……②大而心苦,百倍于穴夫,没量大人爲法忘我,今古所同。讀斯編者,肯捨禪門麤淺,務入最上一要,如念公之輟《法華》而就風穴,③則四七二三④繩繩于世矣！薰沐拜手,而爲之序。

安隱語録序⑤

馮 贄⑥

夫少室根蟠,寶林果熟,一花五葉所由來尚矣！使滹沱⑦一脉與四宗,誠無軒輊,何四家者并奄奄不振,而輝煌烜赫亘古亘今,獨屬之臨濟也耶?

---

① 三聖慧然(活躍於840—876年間)爲臨濟義玄(767?—866)弟子,編有《鎮州臨濟慧照禪師語録》,《五燈全書·鎮州三聖院慧然禪師》(X. 1571)有其傳,《卍新纂續藏經》(81),頁604上。

② 此處底本殘缺一頁。

③ 《指月録·汝州首山省念禪師》(X. 1578)記首山省念(926—993)常私下勤誦《法華經》,因此衆人稱之爲"念法華",於風穴延沼(895—973)座下時,風穴告之:"吾雖望子之久,猶恐耽著此經,不能放下。"之後,風穴舉"世尊以智蓮目,顧視大衆,乃曰:"正當恁麼時,且道説個甚麼? 若道不説而説,又是埋没先聖,且道説個甚麼?"首山省念因而得悟。《卍新纂續藏經》(83),頁638上。

④ 《大慧普覺禪師普説》(M. 1540):"西天四七祖,唐土二三師。"亦即西天二十八祖至東土六祖。《卍正藏經》(59),頁924中。

⑤ 此《安隱語録序》,他本皆無收。

⑥ 《浙江通志》卷一百三十九記馮贄,萬曆十九年辛卯(1591)科,海寧人,梧州推官,參中國哲學書電子化計劃,https://ctext.org,2021/7/31。馮贄亦爲下文所收《杭州净慈寺請開堂疏》請疏者之一,此《鄧尉山天壽聖恩寺三峰藏禪師語録》校訂者之一。

⑦ "滹沱"意指臨濟義玄,《鎮州臨濟慧照禪師語録》(T. 1985)記臨濟:"首參黄檗,次謁大愚,其機緣語句載于行録。既受黄檗印可,尋抵河北鎮州城東南隅,臨滹沱河側小院住持,其臨濟因地得名。"《大正新修大藏經》(47),頁506下。

然臨濟于三頓棒下悟旨,便云:"佛法無多子。"①較彼四宗,未嘗費幾許周折而建立宗旨。以辯魔揀異,若空雷析响,電影分芒,視彼四宗不啻奧窈,賓主、玄要、料簡、照用等語,具在可按也!

余嘗以此叩之諸方,卒未有能一決之者,及觀大師所提《智證傳》等法語,或直提向上,或洞悉纖微,或軌轍不存,或方便接引,直截痛快,廣大淵深。以無智自然之智,抉千聖不傳之旨,真不愧臨濟嫡骨兒孫,因懷片香請師主安隱席,決擇濟上宗旨。而大師激揚演唱,提掇鉗錘,如獅吼鵬吞,雷轟電掣;若銀山鐵壁,快馬風檣,使人神盡意消,洞心駴目。始知大師立地處,楮墨文字不足爲之傳神,向之從言語見大師者,固不啻井中之蛙已。

雖然,大師力參二十餘年,聞折竹聲,便知懸崖撒手,豈不能即便休去?顧必欲窮盡釣竿,重栽棶竹,竭臨濟之堂奧,會四家之分歧,捉敗德山父子,抄没覺範老人,探《河》、《洛》之淵源,齊乘戒之緩急,萬苦千辛,不自疲厭,何也?報佛恩德,止此深心,歷盡間關,擔荷正法,夙乘大願者固應如是。令祖佛巴鼻,宗門爪牙,不能透盡源底,則差別未明,細惑不盡,雖會得迅捷一着,終是硬于頭角一截,把住法、我,躲根四相,交起鼻孔,謾自遼天,豈不誣罔先聖、貽笑後賢也哉?則語言文字雖不足傳大師之神,而從上以來其不容不傳者,不得大師一爲闡揚,豈惟臨濟一宗掃地而盡懸絲之記?② 四家者實共之矣,安得以立地處不在是而置之也?故因《安隱語錄》成,以其說志之篇首。

---

① 《鎮州臨濟慧照禪師語錄》(T. 1985)原文作:"元來黃蘖佛法無多子。"《大正新修大藏經》(47),頁 504 下。

② 《六祖大師法寶壇經》(T. 2008)記五祖云:"自古,佛佛惟傳本體,師師密付本心;衣爲爭端,止汝勿傳。若傳此衣,命如懸絲。"《大正新修大藏經》(47),頁 349 中。

安隱語録序①

熊開元②

一圈縱起，點畫處下手，無從三棒；雖開互換間，出頭無分。褅不知而指掌，道"無"示以拈花。三峰乎？洙泗乎？不可得而測之矣。接臨濟全提之正令，直透重關；收四家狼籍之夜光，復胎明月。影草動，諸佛吞聲；黃河懸，頑夫點額。凡夫乎？至聖乎？不可得而測之矣。雖然人知飯可食，而不知鬼可食，雷可食；人知五穀可種，而不知鱉可種，羊亦可種。鵬負青天，而坎蛙以井水傲之；堅翅鳥以龍為飯，而尺鯢以蘊藻嚇之。

今與不參禪者而說禪，必不信；與焚香、打坐、將心待悟之禪，而說立地成佛之禪，必不信；與立地便悟、一悟便了之禪，而說透大法、研玄要、究宗旨之禪，必不信。夫得三峰之門者寡矣，升堂者一二其人，而與之譚宗廟之美、百官之富，未有不傲且嚇者也。

三峰傳嗣金粟，金粟以黃檗三頓痛棒示人，而玄要、賓主固在，三峰恐宗旨太密，久而失真，而流為一橛頭爛惡之禪也，故力唱其旨，以犯天下之忌而不顧。余則恐三峰之宗旨太密，久而失真，而終不免于一橛頭爛惡之禪也，故急搜其語録，梓而傳之，使留照于萬古而不墜。夫一葉蔽目，

---

① 此《安隱語録序》，他本皆無收。
② 熊開元（1599—1676），字魚山，天啓五年進士（1625），歷任官職，曾因觸帝怒，被廷杖，官至南明宰相，汀州破後，55歲棄家為僧（1653），為弘儲繼起弟子，法名檗菴正志，屬三峰派第三代，參黃繹勳《明清三峰派稀見文獻解題（一）》，《佛光學報》新五卷第一期，2019年，頁133—191。熊開元亦撰作下文所收《三峰北禪語録序》和《請住鄧尉山天壽聖恩禪寺開堂疏》，并為此《鄧尉山天壽聖恩寺三峰藏禪師語録》校訂者之一。此語録卷十八收有漢月作《答熊明府魚山》共五封書信，卷二十九收有《示熊明府漁山》四首偈和《示魚山居士》。

妄謂天下無泰山；兩豆塞耳，遂欲啞天下之鐘鼓。此斥鷃之譏所由來也。蒙莊有言："萬世而下，知其解者，將旦莫遇之。"①余請以此語，爲三峰解嘲。

三峰北禪語録序②

熊開元

于開口不得處説法，方是正宗；于下手不得處用工，乃稱絶學。今人將修行打坐、依經傍律，一切憧憧知見，蘊在胸中，一遇上善知識，言無罅縫，不得個方便進身底法子，道："與我機鋒不對。"便自撤開正論，别理閑言，增長無限我慢、貢高習氣。是猶五都市賈收貯竹頭瓦屑，以至金銀七寶，百貨具備，以待過客直入，而貨售則適然志滿，自以爲無求不應，如有異人語"以是諸實法等于龜毛"，則恠詫之，以爲妄語，雖持其臂而告之，亦必不顧。如是説法，誤盡兒孫，止做得個骨董漢子；如是用工，忙枯腦血，完不得個婆羯生涯。便怎麼會道能行，總是識情搬弄，于祖師頭邊底事，全無交涉，安得有出頭日子？痛哭！痛哭！

三峰和尚闡揚宗旨，不啻千語萬言，而教其人入處，却獨拈個竹篦子話頭，硬拄着人，學人苦其無有門徑可通，遂往往葫蘆提放過，甚有疑其誑語者。殊不知話頭之玅，正不在通門徑。門徑不通，則一切憧憧知見，都無用處。平日蒲團上，收攝書本内，鑽磨眼孔邊，定動肚皮裏，打算底本事，只得盡情拋却，别作商量。久久忽然坐斷，内無出路，外無入路，憧憧知見，一時堵絶，不識此四大置在何處，便是法身。現在止爲鼻孔，不在手内，尚爾死活不得自繇。一日頂門霹靂，于無罅無縫處，撞開關捩，一輪杲日當天，頓

---

① 摘引自《莊子·齊物論》，參中國哲學書電子化計劃，https://ctext.org，2021/1629。
② 此序亦收於《吴都法乘》，《中國佛寺史志彙刊》第 3 輯，第 26 册，頁 2968—2972。

見娘生鐵面,始信憧憧知見,我這裏原無他分,就使塗膠點漆,也粘惹不上,只落得個赤條條地,無上、無下、無左、無右、無古、無今、無大、無小、無裏、無外,一齊函蓋。

《圓覺經》云:"百千世界一滴之雨,皆能知其點數。"①《彌陀經》云:"各以衣祴盛衆玅華,供養十方如來;即以食時,還到本國。"②此際看來都成實義,更有何身心世界、虛空國土得爲留礙?如是迴入火宅,中間徑行直走,不用垂簾閉戶,塵勞猛熖,眼前化作清涼。先德謂"火裏生蓮",③豈謬語哉?然要知是火裏蓮花,非有甚神通法術,入火不燒,原是入水不濡、入泥不污底本分。但要直直長養,可如斗大,即可如車輪大,即可與八萬四千由旬等大。十方三世諸佛菩薩,納于是花一葉之中,都無逼促,又何火宅之足?云不然者,或拔置瓶盆,或用奇方接蒂,或屈曲枝莖,倒插泥壤,不逾時日,與敗草同朽腐耳!可不察與?說法用工至與麽地,終日翹唇鼓舌,擦掌磨拳。父母未生前面孔未動一纖塵許,還看竹篦子無恙,老和尚無恙,便好舁天踘地大睡一覺。慧師非誣人!非誣人也!

余自吾鄉覺來大師所,出山二年,于茲未見有拈及此者。一日過玄墓山萬峰古道場,得見和尚,初語間未能得其底蘊,尚未讋服。是夜別去,方丈取和尚《普說》、《法語》諸集,挑燈朗誦一過,遂竟夜不能成寐。明日再相舉證,始知和尚吾師一流人,千里玄風,立教不同,而宗旨自一。宰官居士正好喫他三頓痛棒,非敵手也!因索其未盡傳之語錄,得四卷,凡一百五十四篇,急付梓人,以廣其傳。

參學者須剗盡知見,降伏其心,一聽和尚鉗錘,方于此四卷中,一句、四句,

---

① 《圓覺經》(T. 842)原文作:"百千世界一滴之雨,猶如目睹所受用物。"《大正新修大藏經》(17),頁 921 中。

② 《佛說阿彌陀經》(T. 366)原文作:"以衣祴盛衆妙華,供養他方十萬億佛;即以食時,還到本國,飯食經行。"《大正新修大藏經》(12),頁 347 上。

③ 《永嘉證道歌》(T. 2014)原文作:"火中生蓮終不壞。"《大正新修大藏經》(48),頁 396 下。

有個入處,不愁不悟,不愁不了。若曰:"和尚誑人。"則釋迦老子誑人,臨濟德山誑人,慧師誑人,萬峰無念誑人。我太祖高皇帝,見無念則喜,去無念則思,是喜?是思?爲因爲想,若尚有纖塵知見,在世界便自狹小,有天子明堂,無和尚結菴處矣。

頌古語録序①

蔡懋德②

今天下聰明強力之士,率喜爲義路之學,彼其心識之所依通,既日有可見之勳;而靜景之所棲泊,又暫得幽閒之樂。且學問愈深,我見愈重。與之隨順贊歎,尚肯盤旋;與之當頭劈棒,入骨逼拶,則且恠且笑,直欲作無禪論矣。而一、二善知識,參教明宗,微開一線,此爲接引學人地,非不婆心甚熱,而教外別傳之指,當前閃電之機,遂使覿面差池,交口唾罵,所係殆不小也。嗟乎!時當末法,人尠深心,葉公一生好龍,見真龍而怖走,豈特此一事爲然哉?③

《法華》云:"惟有一事實,餘二即非真。"④非真之病,罄竹難數,而獨舉前

---

① 此序亦收於《鄧尉山聖恩寺志》,《中國佛寺史志彙刊》第 1 輯,第 42 册,頁 433—438。

② 《明史》卷二百六十三記蔡懋德,字維立,崑山人。少慕王守仁爲人,著《管見》,宗良知之説,舉萬曆四十七年(1619)進士,授杭州推官,任禮部儀制主事,進祠祭員外郎,好釋氏,律身如苦行頭陀。李自成軍攻入太原,蔡懋德自縊而死。參中國哲學書電子化計劃,https://ctext.org,2021/7/31。本書所輯《三峰藏禪師長水真如寺語録》另收有其於 1633 年 11 月 24 日,爲先慈徐宜人超薦請上堂一篇。

③ 劉向《新序》:"葉公子高好龍,鈎以寫龍,鑿以寫龍,屋室雕文以寫龍,於是夫龍聞而下之,窺頭於牖,拖尾於堂,葉公見之,棄而還走,失其魂魄,五色無主,是葉公非好龍也,好夫似龍而非龍者也。"參中國哲學書電子化計劃,https://ctext.org,2021/7/31。

④ 《妙法蓮華經》(T. 262)原文作:"唯此一事實,餘二則非真。"《大正新修大藏經》(9),頁 8 上。

義路之學者。蓋學人酣醉于他路,其眯巨,其所爭在枝節膚貌,人得摘刺之,故一日幡然猶易;學人酣醉于義路,其眯細,其所爭在根荄命髓,人偏尊貴之,故一日幡然,反難古德,謂以思惟心測如來智,如將螢火燒須彌山,使以文字道理求祖師禪,不幾仰箭射空,箭盡而莫得虛空所際哉。噫嘻!未易言矣。今烏黑鵠白,鶴長鳧短,有目者能辯,若躡泰山巔,望吳門疋練,即顏氏子且在惝怳縹緲間,況餘人乎!此非眼開心直、真參實煉者,其孰從鄰虛杪忽之介,而洞然別白之?

三峰漢月和尚,得法金粟,而智過於師,精微自闢,固非廓門外人所敢料量,但覺其提警學人處,如萬仞壁立,不許攀緣。只要人勿畏險危,勿恤身命,一擊一撞,斬關直入,入得纔好商量。正如人遍身麻木,須一針一錐,得其穴道,使知癢痛,方好下藥。而學人于壁立,沒攀緣一步,便已瞪目搖舌,掉去不前,又安從量其入後所詣之淺深,而贊之、訶之也哉?然和尚婆心較熱,不妨以文字、說法、語錄若干種,皆所謂舌頭談而不談,似有義路而絕盡義路,攀緣之愈見壁立,而一往猛擊,自有迸開時節者也!

近見諸方競抹殺宗旨,致賓主、照用、末後句等極妙的骨髓盡喪,僅以一棒、一喝、一聯詩為得旨,其間線去絲來,淺深起住,魔外佛祖之分,無從勘驗,乃不惜口業,一一將古人差別公案頌出,俾大心凡夫即有入處,正好力參,以振續七百年臨濟之燈,此其心良苦矣!廓根鈍習穢,幸從和尚法門,小具信因,誓此生決不作文字禪自了,而大事極則,實未死心鍛煉透過,何敢容易置語?弟丁佛命懸絲、祖道孤危之際,寧能昧吾本胸微光,屈殉時賢,崇尚而逡巡囁嚅,不一發明其說耶?故不揣謬披管見,以請正于天下後世之大開心眼、直斬疑關者。《孟子》曰:"大匠不為拙工改廢繩墨,羿不為拙射變其彀率。君子引而不發,躍如也。中道而立,能者從之。"①廓于和尚亦云:"天下後世果有能從之者,必知廓言之非誑也夫!"

---

① 《孟子·盡心上》,參中國哲學書電子化計劃,https://ctext.org,2021/1/29。

廣福語録序①

許鼎臣②

從上祖師捏人鼻孔,只要人悟;三峰師獨提正令,只要人疑。疑情絶處,如蘇典屬十九年牧羊,持節歸來,何悟可言? 其語録流布,無慮十數種,大抵拈竹篦子話頭,翻江攪海,乳酪醍醐,學人各自領取。夫如來禪、祖師禪有何差別? 明星在天,四十九年從無一字可説;黄葉止啼,二十八祖只爲一衣可傳。厥後直指分宗,愈險愈狹,曰"乾〔屎〕橛"、曰"柏樹子"、曰"胡餅"、曰"莖蘁"、曰"一領布衫"、曰"三十痛棒",流弊相傳,舌間鼓浪,直謂之"話頭禪"矣!

然則三峰竹篦子未免沿襲,倘能從此起疑,疑來疑去,上天無路,入地無門,忽于無路無門時,猛翻一個筋斗,跳出上天下地,雖奪却竹篦子可也。昔廣武之戰,短兵相接,高帝顧丁公曰:"兩賢豈相厄哉?"③魏文《典論》:"以單攻複,對家不知所出,若逢于狹路,直決耳!"④此即吾夫子竭兩端、顏氏子竭吾才之意旨也。貳師飛刀涌泉,⑤耿恭拜天鑿井,⑥凡係英雄盡

---

① 此《廣福語録序》,他本皆無收。
② 《江南通志》卷一百四十二記許鼎臣,字爾鉉,武進人,萬曆丁未(1601)進士,歷光禄丞,以忤魏忠賢,罷歸。後起復,擢撫山西,參中國哲學書電子化計劃,https://ctext.org,2021/7/31。《三峰藏和尚語録·三峰和尚年譜》(J. B299)記,崇禎四年辛未(1631),漢月59歲作《示許光禄鼎臣偈》,新文豐版《嘉興藏》(34),頁209中。
③ 語出《漢書·季布欒布田叔傳》,參中國哲學書電子化計劃,https://ctext.org,2021/1/29。
④ 摘引自《魏書·文帝紀》,參中國哲學書電子化計劃,https://ctext.org,2021/1/29。
⑤ 《梁州異物志》:"漢貳師將軍李廣利伐大宛還,士衆渴乏,廣利乃引佩刀刺山,飛泉涌出,三軍賴以獲濟。"參中國哲學書電子化計劃,https://ctext.org,2021/1/29。
⑥ 《東觀漢記》:"耿恭以疏勒城傍有水,徙居之。匈奴來攻,絶其澗水。……恭曰:'聞貳師將軍拔佩刀刺山而飛泉出,今漢德神靈,豈有窮乎!'乃正衣服,向井拜,爲吏請禱,身自率士負籠,有頃,飛泉涌出。"參中國哲學書電子化計劃,https://ctext.org,2021/1/29。

是死中得活,三峰詎欺我哉?

歲己巳①之冬,毘陵蘆墅菴中迎師豎義,仍録其座上語,以爲塗毒鼓,余爲弁其端如此。師隨人下種,一切酬答,原無實相,若良馬顧鞭影而行,則兹刻乃成世諦,未許夢見三峰面目在。

净慈語録序②

翁汝進③

永明壽師云:"有禪有净土,猶如戴角虎;現世爲人師,將來作佛祖。"④永明爲法眼嫡裔,而渠渠以净土策人。雲棲大師設教,單提念佛往生,而刻《禪關》《碧巖》、高峰、大慧諸録,唯恐學人不事參悟。故知:不修净土,必非真禪;不悟禪宗,必不生净土。兩大師先後説法,可繹也。余自安隱得參漢大師,見其拈向上事,如迅雷一擊,直下斷人命根,而諄示宗旨,慮得悟之人泊于淺處,不盡師法。邇者道化益溥,遠近嚮風。而净慈禪寺者,壽師道場也。輒因夙昔欽仰,偕此方緇素,迎師説法、上堂、小參、普説、室中語,以最上相勉,如安隱而開示切至,多前人未發之秘,并師指授所未及,且闡明蓮師净土之旨,以"阿彌陀佛"六字攝盡五宗,則更合禪净而一之,真末法之舟航、人天之眼目也!

嘗考初祖付法神光,有一花五葉之偈,後出臨濟、溈仰、雲門、法眼、曹洞五宗,旨趣建立,禪風大振。千百年後,溈仰、雲門、法眼先後失傳,獨濟、洞

---

① 己巳爲明朝崇禎二年(1629)。

② 此《净慈語録序》,他本皆無收。

③ 翁汝進亦作上文所收《安隱語録序》,下文所收《杭州安隱寺請開堂疏》,且是《杭州净慈寺請開堂疏》請疏者之一,此《鄧尉山天壽聖恩寺三峰藏禪師語録》校訂者之一。

④ 元朝天如惟則《净土或問》(T. 1972),《大正新修大藏經》(47),頁 302 下。

二宗繩繩不絕。然輕抹宗旨，以爲峻捷，得淺遺深，法道如線。大師出世，嘘五家之燼而烜赫之，嘉惠後學，大功度越列祖，豈碧眼胡僧閔念神洲赤縣，而一葦再來、興隆祖道乎？參禪龍象，苟具隻眼，宜知所皈誠矣。謹序。

聖恩語録序①

周　祇②

蓋自法傳六祖，花振五宗，大小機宜，門庭各異，而濟上、雲門已高位諸宗之上矣！夫仰泰山者，始見其峨然聳起，而莫可攀躋也；繼遂有貌其峨然，而以爲曾登泰山，于是有起而問："其山中之層嵐千嶂何如？山中之危棧古殿何如？奇木怪獸何物？茹芝采藥何人？"夫一登泰山也，一示其峨然，一不肯混其峨然，兩者兼爲有功，未可并也。

是以有雲門之紅旗閃爍，一枝難瞉，而玄要賓主自全；有濟上之玄要賓主，化腐爲新，③而紅旗閃爍始顯。合之儒學，雲門其始條理乎，而濟上其終

---

① 此《聖恩語録序》，他本皆無收。
② 周祇生於明朝嘉靖三十六年（1557），漢月命名爲"弘柏"，參其《聖恩語録序》："歲在戊辰，髮年七十有二。"《徑山志》："周祇字子介，吳江人，捐貲置下院太平寺刻藏，田四十二畝。"《中國佛寺史志彙刊》第 1 輯，第 32 册，頁 995。據陳玉女之研究，自萬曆以來，江、浙一帶，不少士族大家傾其家族財力助刻《嘉興藏》，江蘇吳江人士亦可見周祇之名，參其《明末清初嘉興藏刊刻與江南士族》，《佛光學報》新四卷第二期，2018 年，頁 306。《三峰藏和尚語録·三峰和尚語録序》（J. B299）弘儲亦記："（漢月）示疾前半年，手命不肖弘儲結集時，得法弟子松陵周祇侍側欷息再拜，以爲至當。"新文豐版《嘉興藏》(34)，頁 125 中。
③ 《指月録·蘄州五祖法演禪師》(X. 1578) 記五祖法演（1018—1104）與問話者之對話："問：'如何是臨濟下事？'師曰：'五逆聞雷。'曰：'如何是雲門下事？'師曰：'紅旗閃爍。'曰：'如何是曹洞下事？'師曰：'馳書不到家。'曰：'如何是潙仰下事？'師曰：'斷碑橫古路。'僧禮拜，師曰：'何不問法眼下事？'曰：'留與和尚。'師曰：'巡人犯夜。'"《卍新纂續藏經》(83)，頁 705 下。

條理乎。自有生民,古今未有,其惟我三峰大師爲能集大成,而兼聖智也！師之言曰:"玄要賓主固堂奧中事。"夫堂奧固門以内事也,是故大師嗣濟上之兒孫,而不知正深入雲門之堂奧者也！髮人周祇幼知事佛,尋遇紫柏大師,與聞緣生、無性之旨,根鈍不前,未得轉身入道,而大師已不留東土矣。歲在戊辰,①髮年七十有二猶子肩,遺我以三峰大師《普説》②一書,披卷讀之,心眼俱奪,不謂末法中有如是大聖人之出世也！

明年己巳,師開堂于郡之鄧尉山萬峰舊院,祇得侍啓請之列,拈鎚竪拂,爍破古今,古云"選佛道場"不是過也。秋八月,入山參請,始若窺見一班,情塵既裂,大地平消,時始命名"弘柏"。因令簡點有無句、臨濟三句,及高峰墮枕、百丈再參、德山托鉢等公案,循次而進,無有住處。庚午八月,③再入山拈提旬日,始知諸大禪祖大機之用,大用之機,抽爻换象,舉一墮五,種種法式,不出濟上之賓主互换,玄要并呈,當是家常茶飯,山花野鳥作倚天長劍,無夢無想,不能離此。

先儒有言:"人莫不飲食也,鮮能知味也。"④讀其書而敢昧其義乎？手筆至此,不覺長歎。幾十年來,整頓頭路,尋覓辯道,全是躲根心路,栽培識種,首越之燕,日遠一日。倘非遇師直截一鎚,無你轉身吐氣,幾不信乾坤之外,别有世界矣！若玄要之妙,正如大悲手眼,于無手眼處出手眼,手眼無盡,所謂那邊,更那邊,而大悲之手眼空空如也！枯椿伎倆,本無神奇,尋香逐之,便多氣息。因拈雪竇偈云:"一兔横身當古路,蒼鷹才見便生擒。後來獵犬無靈性,空向枯椿舊處尋。"⑤

---

　　① 戊辰爲明朝崇禎元年(1628)。
　　② 此三峰大師《普説》一書,可參拙著《漢月法藏禪師珍稀文獻輯注初編》所輯《海虞三峰於密藏和尚普説》。
　　③ 庚午爲明朝崇禎三年(1630)。
　　④ 語出《中庸》,參中國哲學書電子化計劃,https://ctext.org,2021/1/30。
　　⑤ 《指月録》(X. 1578)記爲苦行者韓大伯對雪竇重顯(980—1052)所説之偈,《卍新纂續藏經》(83),頁 522 中。

聖恩語録序①

周永年②

三峰和尚以萬峰老人之嗣孫，來居鄧尉，祖位重登，宗風大振。當提唱之始，年亦預在參請之末，語出録成，請以入刻，同事者謂年宜有片言，以引其端。年于宗門曾無一知半解，安敢輕語機緣，妄譚般若？特因輯造《吴都法乘》一書，亦嘗粗識前言往行，則請以記事代巵言，可乎？

當六祖之已傳衣而未下髮也，聞其風幡非動之語，即從衆會中，推出爲天人師者，實維吴僧印宗。是舉曹溪法水霶霈天下緇流者，我吴人當居首功。當《五燈》之未出也，彙集佛祖機緣，進《景德傳燈録》，實維承天道原禪師。是舉别傳心印勘定後世禪派者，我吴地又當稱"武庫"。臨濟一宗其嘗開法于我吴者，如翠峰月、南峰廣、定慧信、瑞光月、般若端、薦福亮、穹窿圓、東齋川、寶華鑑、泗洲元、永安正、慧日道、育王裕、南峰辯、靈隱遠、明因玩、雪庭净、寶華顯、覺報清等諸耆宿，固代不乏人。

而虎丘隆之後，乃得應菴華以至高峰妙，中峰本諸大祖師，則楊岐正脉獨此一支。經行于我吴者，爲最盛幻住之子，雖有天如則師居于郡城之師子林，乃若遇山懸合，其師記遣徒入應夫帝召，則幻住之孫萬峰老人在元末國初，興顯于我吴者爲最著。厥後無念學既别住九峰，虛白昂亦别住東明，月江净又别住古道，所爲寶藏持之裔。傳至龍池、金粟，而還歸玄

---

① 此序亦收於《吴都法乘》，《中國佛寺史志彙刊》第 3 輯，第 26 册，頁 2977—2980。
② 周永年(1582—1647)，字安期，吴江人，編有《鄧尉聖恩寺志》、《虎邱山靈岩寺合志》、《吴都法乘》等書，《吴都法乘》，《中國佛寺史志彙刊》第 3 輯，第 19 册，頁 1、8。周永年亦爲下文所收《請住鄧尉山天壽聖恩禪寺開堂疏》請疏者之一。

墓、直繼尉師者,則惟我三峰和尚而已。

和尚得心于高峰,得法于覺範,皆以無師之智,印不傳之秘。舉近世兼打坐者,苦其沉滯;兼講究者,痛其廉纖,而悉去其病,乃往嗣金粟。金粟單提三頓痛棒,爲黃檗再興;而和尚重豎三玄要、四賓主,如臨濟復出。會萬峰禪院久已化爲酣歌恒舞之場者,得徐氏喜捨,而復返爲蘭若。和尚先從諸地主檀那之請而入院安禪,復狗邦君暨諸長者之請而開堂演法,此語錄之所繇布也。先是山中所鑄法華鐘屢放異光,直貫塔院,初謂聲光交攝,舉皆經中不思議力,今乃覺爲大善知識瑞世之徵矣!年慶此遭逢,轉慚頑懦,猶蒙悲憫,時加開示。爰表中吳之殊勝,并繫祖燈之繼承,使于未展卷時,先生一段希有之心,庶于未開口前,一摑會盡從前向上之旨。是爲序。

請住鄧尉山天壽聖恩禪寺開堂疏①

伏以變化即成龍,半畝方塘雨吼;分明未是鏡,一堂空鉢雲飄。好喃喃。咦!折棒子,無頭一喝;剛兀兀,坐拾鐘聲,不繫之航。

恭惟大師蓮座,萬峰空裏去來,金剛山中出没。庭前皆是草,竹影分披枕子聲;橋下更何人?魚鈸蕭疏清夜月。明明祖師意,古柏磻溪若葱;寂寂永嘉歌,蟬聲徹天相際。花嫣蝶舞,坐看雲起石邊;喫茶洗盂,忽聽雷鳴床角。枯梅下,馬去牛來;磊墻時,風清月白。行深自在,般若照也。真如常住,摩訶薩乎?東階致殷勤,北面勤禮讓。那處安身未奇絕,怎知格外有高風?若更仁思逆順,太平草木成兵如志。志願宏深,翹勤瞻企。

熊開元　謹疏

---

① 此開堂疏亦收於《鄧尉山聖恩寺志》,《中國佛寺史志彙刊》第 1 輯,第 42 册,頁 461—462。

請住鄧尉山天壽聖恩禪寺開堂疏①

伏以青山依舊，萬峰何似三峰？白月重新，九夏已過半夏。無論應時而結制，所當開法以接人。良馬能馳，功全資于鞭影；野狐欲脫，必得渡于杖挑。争聽白椎，渴承玄誨。

恭惟漢月大師寶華敷座，金縷傳衣。折竹悟心，知因緣之甚大；握筦驗物，明觸背之皆非。大暢宗風，露出本來面目；高提祖印，坐斷天下舌頭。一句中間，具有三玄三要；兩堂齊喝，立分誰主誰賓？今此名山，夙稱禪窟。拾聖祖詩中之松實，常聞草木吹香；飽蔚師鉢内之餘糧，無俟天龍送供。顧以時當末法祖庭，久睹其荒蕪；兹焉運值中興宗旨，再從而昭揭。幾多龍象，隨高步以周旋；如許香花，結勝因于久遠。恭迎瓶錫，仁領鉗錘。轉《法華》乎？洗鉢盂乎？但見案山，當面拊虎鬚者，安佛名者，從教緇素同參。謹疏。

趙士諤、沈珣、孫枝芳、李逢節
呂純如、周祝、周祇、龐秉性
吳士龍、沈修、沈正宗、龐承寵
葉紹顒、吳昌時、陳忠誠、陳忠順
嚴與敬、徐石麟、宥接武、陶元采
徐玄、顧廷櫕、顧澄先、沈自昌
沈自繼、沈自友、沈自炳、周麟趾
周宗亮、周永年、周永言、周永肩
周世澄、周麟定、周廷祚、吳士顏
吳昌壽、吳昌迪、吳銘、吳銓
吳鉞、吳晉錫、吳師錫、吳溥德

---

① 此開堂疏亦收於《鄧尉山聖恩寺志》，《中國佛寺史志彙刊》第 1 輯，第 42 冊，頁 462—464。

吴浦立、吴有涯、沈應禎、楊士修
趙度、沈致原、沈致明、沈介立
王章、嚴恬、張雋、浦龍淵
戚左干、趙汝璧、龐承源、沈繡裳
錢可謹疏

杭州安隱寺請開堂疏[①]

伏以建寂滅幢，豈尋常之眼目？絶凡聖學，在玅密之鉗錘。慨法道陵夷，緜宗趣埋没。寶花座上，罔辯雙頭獨結之機；曲录床中，總是顢頇儱侗之見。聾瞽人天，欺瞞祖佛。幸前哲之有靈，適後昆之再振。

恭惟大師以無師之智，悟不傳之宗。折竹聲中，拾得高峰枕子；落梅地上，没盡臨濟家貲。典型一時，模範百代。昔日應緣，安隱顯晦，真水到渠成；今者虚席，臨平魔外，尚遊魂假息。風行草偃，望祖印之重新；面命耳提，佇法王之復至。雲山在目，何妨掉臂即行；龍象相隨，正好逢場作戲。願從緇白之請，無執謙讓之懷。欣然肯來，可勝幸甚！臨疏無任，翹跂之至。

翁汝進、馮贄謹疏

龍山錦樹菴請開堂疏[②]

伏以教有殊門，道無二揆。故一貫堂中，僅爾口呼喉；唯拈花席上，惟聞手

---

① 此《杭州安隱寺請開堂疏》，他本皆無收；依《三峰藏和尚語錄・三峰和尚年譜》(J. B299)所記，漢月曾三應安隱寺開法之請，分別爲天啓六年丙寅(1626)"冬開法杭州安隱寺"，崇禎元年戊辰(1628)"夏浙人士疏請安隱寺開堂升座"，崇禎四年辛未(1631)"十一月浙人士復疏請開法安隱"，新文豐版《嘉興藏》(34)，頁 208 下、209 上、209 中。

② 此《龍山錦樹菴請開堂疏》，他本皆無收；《三峰藏和尚語錄》(J. B299)收有《住梁溪龍山錦樹禪院語》，《三峰和尚年譜》記：崇禎二年己巳(1629)冬，漢月 57 歲，梁溪錦樹院開爐，新文豐版《嘉興藏》(34)，頁 141 下—142 下、209 上。

舉顏。承儒釋交參,言思并絕。

茲嚮我大師不事文言,墮支離之見網;直提宗印,闡秘密之玄機。一粒解銜,鉗記預符于金粟,匪曰偶然;十方供養,位號適應以漢僧,寧非前定。且禪集衆體之玅法,研濟上之微。珠走盤,盤走珠,體用莫測;首應尾,尾應首,玄要難窮。入室而本本源源,一若挹水于河,而取火于燧;登壇而轟轟烈烈,不啻雷震乎地,而電閃乎天。即諸方之管窺未悉,披法牘敢不遜心;雖狂禪之魔氣難消,勘大法何能喘息。茲愧章句咕吟,或增文字之障;意根超越,亦通性命之宗。儒而釋,大事堪商;釋而儒,心宗可訂。

伏乞大師過九龍而駐錫,豁開宗眼之門;灑二泉以飛甘,普潤焦芽之種。況父母之邦,宜正法之首布;桑梓之地,寧慈澤之偏遺。此瀝血誠,上祈神照,臨楮不勝瞻仰之至!

嚴一鵬、秦堈、顧與浹、張象煒
侯世芬、侯宗源、侯祥濬、潘廷球
劉允珍、施匪躬、華朝彥、秦重豐
顧與濟、堵景濂、施胤桂、錢用延
顧杲、單學虁、錢用坤、錢用逵
潘汝麟、秦坊、賈允修謹疏

毘陵廣福院請上堂疏[①]

伏以一燈朗照,開萬劫之沉淪;三點圓成,示群方之領袖。爲大事因緣出世,鷲峰鹿苑即在江南;與小乘根器指迷,玉鑰金鎞不離言下。

---

① 此《毘陵廣福院請上堂疏》,他本皆無收;《三峰藏和尚語錄‧三峰和尚年譜》(J. B299)記崇禎七年(1634),漢月 62 歲,升座廣福院,新文豐版《嘉興藏》(34),頁 211 上。

恭惟三峰大師函中白馬，棒裏黄龍。趙州橋未竭之杯茶，人人可啜；天台寺再來之石影，在在堪依。矧兹蘆灣卓錫之區，夙屬蓮臺蹋足之地。雖無給孤布金之願，願變大地作黄金；自有香巖擊竹之微思，思化朽株爲翠竹。敢率比丘居士，共聆直指單拈。川印月而月印川，正月輪皎潔之會；佛即心而心即佛，乃佛光焕爛之期。謹疏。

張瑋、許鼎臣、董承詔、莊起元

董應揚、吴鍾巒、蔣煜、鄒嘉生

惲應明、顧澹生、孫□、金冲和

段季麒、董承誥、姜志棟、惲本初

金印榮、惲穀初、蔣秋、巫大章

許遂、蔣邁、翟昂、王廣友

鄒嘉穀、惲日初、許鼎元、蔣良萃

惲含初、王廷璧、潘亮乾、段烜

惲翀士、鄒□、①許之漸、惲鵬士

顧元交、蔣墺、龔可樹、龔可懋

蔣堦、徐法、惲耀、賀琛

沈鼎周、高睪、王魁綱、柳奎

俞泰交、柳星謹疏

杭州浄慈寺請開堂疏②

伏以諸方思服，後先雖在乎因緣；一雨普滋，霑被寧分于彼此？故四十九年説法，人間天上，處處啓方便之門；而三百餘會度人，梵宇名藍，在在應

---

① 底本此處爲一長條形墨丁。
② 此《杭州浄慈寺請開堂疏》，他本皆無收；《三峰藏和尚語録・三峰和尚年譜》（J. B299）記崇禎六年（1633），漢月61歲，浄慈寺開堂，新文豐版《嘉興藏》（34），頁210上。

群機之感。自非大願是乘,誰則深心以奉。

恭惟大師法印寂音,勘破雲菴末後之句;衣傳金粟,振起臨濟墜地之宗。道大則刹刹現身,論久而人人徯志。龍天推轂安平之主席,豈曰偶然;今古同符聖恩之鼎新,殆非人力。惟我净慈,實爲名刹,宗匠迭興,祖燈遞映。窟中哮吼獅子,自非一群;峰頂光明慧日,恒如始旦。緬惟法席之荆榛,輒慨宗趣之埋没。聾瞶難醒,紹隆有待。雖道風遠播,翹企實深;而機會未逢,攀躋無路。紳袗之志,兹幸不約而同;緇白之忱,何期至誠能動?敬涓十月之辰,共伫鯨音之震。所冀慈仁,特垂俞允;慨飛瓶錫,惠迪英靈。導他龍象,吹嘘插漢之雲;作我典刑,撈摝印潭之月。和香合十,臨楮緘三,不勝歡欣踴躍之至!謹疏。

翁汝進、聞淶、馮贄、洪瞻祖
劉九功、錢養素、葛寅亮、錢兆元
樊時英、周兆斗、李兆勳、鄒之嶧
嚴調御、聞啓祚、嚴武順、馮貢
王克家、方杰、馮洪業、馮愷
劉道貞、翁申之、馮憭、邵洽
翁與齡、虞宗玟、鄭鉉、虞宗瑶
江浩、張岐然、沈居敬、金漸皋
徐行敏、林鳳儀、金印榮、韓子文
余大綬、沈昌賢、鄭文彬、鄒光胤
吳文英、魏弘援、嚴沆、呂懋芳
孫之琮、葛孟貞、馮調元、沈澹思
鄭超宗、翁與立、翁與明、袁蔚先
江之浙、馮衍、凌元徵、卓□
鄒焞、嚴渡、王祺、陸□
馮文昌、卓回、黄宗義、姚居易

沈孟諸、聞啓禎、鄒質士、徐騰

陸符、嚴津、江元祚、沈奇生

任禹臣、任藎臣、孫□、吳祚謹疏

嘉興真如寺請開堂疏①

---

① 此篇《嘉興真如寺請開堂疏》，同於本書所輯《三峰藏禪師長水真如寺語録》之《嘉興諸鄉紳請疏》，故不重録。

鄧尉山天壽聖恩寺三峰藏禪師語錄 卷之一

嗣法門人弘成、弘致、弘乘、弘證、弘徹
弘垣、弘璧、弘鴻、弘禮、弘儲、弘銛
弘忍，受法弟子惲日初同編
學人周祇、蔡懋德、劉道貞、熊開元
馮贄、章日炌、金印榮、蔣秋較

上　堂

天啓丙寅十二月十六日，師于杭州府安隱寺開堂。① 維那宣疏畢，遂陞座，拈香云："此一瓣香，金剛山下蟠根，玅高峰頭布葉，瀰漫六合，逼塞虛空，熱向爐中，端爲祝延今上皇帝聖壽萬年，后妃同福，麟趾呈祥，垂衣而八表太平，鼓腹而萬民安樂！"

次拈香云："此一瓣香，奉爲朝中柱石，閫外干城，此方撫按三司府縣尊官，合郡縉紳孝廉文學大檀，共進天階，齊承佛化！"

---

① 此上堂語部分同於《三峰藏和尚語錄・住杭州臨平安隱禪寺語》(J. B299)第一篇上堂，唯《三峰藏和尚語錄》缺前段天啓丙寅(1626)、維那宣疏、陞座、拈香、祝延、上首白槌和後段上首復白槌等部分，只收錄後段"師云"至"下座"，新文豐版《嘉興藏》(34)，頁129中，二本不影響文意之文字歧異，下不贅注。由此語錄記載可知，漢月此次於安隱寺，第一篇上堂爲1626年12月16日結冬制，最後一篇上堂爲1627年2月19日解制。

又拈香云："此一瓣香,烈如劫燒,毒若砒霜,臨濟傳來,雲庵嫡嗣覺範老人,西峰獅子巖中,高峰大師合脉同源,都盧供養金粟堂上密雲大和尚,用酬法乳之恩。"①乃就座,上首白槌云："法筵龍象衆,當觀第一義!"

師云："千佛下口不得,歷祖一場敗缺,今日直下拈來,依然是赤骨律。此事如干將莫邪,雙腕并運,如冰花,若火焰,向報化佛舌根下一截,正好銷金置鑊,樂過平生,只今還有具如是操畧底漢子麽?出來與新安隱相見。"

問答畢,師拈拂子,云："釋迦老子得這消息便會指天指地,末後露出雙趺。西天四七、東土二三得這消息,便會説偈傳心,以空印印空、印水,臨濟得之而棒喝,雲門得之而鑒咦,潙仰向有無處吹火,洞山于睹影處我渠,法眼在曹源一滴水答曹源一滴水處唯心。新安隱一齊收在拂子頭上,且道拂子頭上是甚麽道理?"擲拂子!云："雲門昨夜與麽去,拂子分明付阿誰?"②

上首復白槌!云："諦觀法王法,法王法如是!"下座。

上元上堂:③"繁鉦雜鼓夜駢闐,火樹星橋燦遠天。誰把娘生雙白眼,看到威音更那邊?今宵新正十五,萬户千門燈火。猛然鬧市抬頭,撞着達磨

---

① 《三峰藏和尚語録·三峰和尚年譜》(J.B299)記,天啓丙寅(1626),漢月54歲,"冬開法杭州安隱寺,始爲悟和尚拈香",新文豐版《嘉興藏》(34),頁208下。《臨平安隱寺志》卷五亦收有《三峰禪師傳》,原著者爲靈巖弘儲,述及:"武林人士以臨平安隱,請雲門澄和尚,澄力挽師爲第一座。"《臨平安隱寺志·僧著》卷十亦記:"《安隱語録》,三峰禪師説。"可見明末時,有一部《安隱語録》單行本流通於世,參《中國佛寺志叢刊》第4輯,第68册,頁3—7、151。

② 《三峰藏和尚語録·三峰和尚年譜》(J.B299)記天啓丙寅(1626),安隱寺先請雲門湛然圓澄和尚結制:"湛曰:'能致新北禪爲第一座,我來;北禪不允,我不來。'武林護法合詞來請北禪(漢月),一衆不悦和尚行,和尚曰:'嘗以戒事請益。'諾之。抵安隱,則雲門先一日化去,浙之士大夫緇白踊躍曰:'雲門有深意。'"新文豐版《嘉興藏》(34),頁208下。《臨平安隱寺志》中《三峰禪師傳》則記當時北禪寺"兩序俱難其事",漢月以"澄固與我有宿因",遂應其請,參《中國佛寺志叢刊》第4輯,第68册,頁3—7。

③ 此篇上元上堂,《三峰藏和尚語録》(J.B299)只收録篇首之偈,并以夾注"舉公案不録"説明省略其餘内容,新文豐版《嘉興藏》(34),頁129下。

初祖。"以拂子作吹火勢,云:"會麼?"舉:

"潙山侍百丈次,①丈問:'爐中有火否?'潙撥,曰:'無。'丈起身,深撥得火,夾起謂潙曰:'你道無這個聻?'潙因此開悟。明日入山作務,丈曰:'將得昨日火來麼?'潙曰:'將得來。'丈曰:'在甚麼處?'潙拈一枚柴,吹兩吹,度與丈,丈曰:'如蟲禦木。'

"又,②德山到龍潭侍立夜深,潭曰:'何不下去?'山出簾,復入曰:'外邊甚黑。'潭點紙燭,度與山,山纔接,潭便吹滅,山當下大悟。

"又,萬回禪師偈曰:'明暗兩亡開佛眼,不繫一法出蓮叢。'"③

師云:"大衆!潙山拈柴吹出,是有火;龍潭吹滅,是無火。潙山、龍潭是有火?無火?萬回又道:'明暗兩亡。'若道有火,龍潭吹滅又無;若道無火,潙山吹出又有。若道'明暗兩亡',爲甚潙山、龍潭雙有?若道雙有,爲甚萬回雙無?"復拈拂子吹兩吹,云:"大衆!會麼?"卓柱杖三下,下座。

金粟和尚送僧伽黎至,④上堂。專使出問:"佛佛授手,祖祖相傳。佛佛授手即不問,如何是祖祖相傳底事?"師拈衣,云:"金縷分明説向人。"使禮拜,師云:"這三十棒留與金粟打。"拈來書,云:"三世諸佛、歷代祖師、天下老和尚道不得底,今日拈向諸人,要汝自會。"又舉起衣,云:"此事自從多子塔前籠罩迦葉,遂使至今在雞足山前冷坐,黃梅室裹遮圍六祖,致令馬駒腳下熱鬧不休。"復展開,云:"今日遞遞相傳,送向安隱堂前,咦!仔細

---

① 此舉似可見於《指月錄·潭州潙山靈祐禪師》(X. 1578),《卍新纂續藏經》(83),頁532上。

② 此舉似可見於《指月錄·鼎州德山宣鑒禪師》(X. 1578),《卍新纂續藏經》(83),頁567上。

③ 《智證傳》(X. 1235),《卍新纂續藏經》(63),頁175下。

④ 此篇上堂可見於《三峰藏和尚語錄·住杭州臨平安隱禪寺語》(J. B299),新文豐版《嘉興藏》(34),頁129下—130上。

看來,只好裏三十年前底破草鞋。"放下,云:"若有釋迦老子、金色頭陀、五祖、六祖出來道:'內傳法印以契證心,外付袈裟以定宗旨。'正好與劈脊一棒,用酬金粟堂上密雲和尚法乳之恩,還有傍不甘底,從金絲裏出頭、布縫中吐氣者,出來與佛祖雪屈,有麼?有麼?"時值迅雷一擊,師云:"一聲雷送千山雨,大地春風花自香。"卓柱杖三下!下座。

佛涅槃日上堂:①"頂門突眼非爲正,櫬裏呈趺未是全。八斛四斗亂拋撒,二月重圓又一年。"舉:②"世尊于雙林將般涅槃,以手摩胸,告衆曰:'汝等善觀如來金色之身,瞻仰取足,勿令後悔。若謂吾滅度,非吾弟子;若謂吾不滅度,亦非吾弟子。'"師云:"我當時若在,好與一棒打殺,免得臨末梢頭生事一上。"竪起拂子云:"會麼?切怪他有頭無尾。"

"世尊右脅累足泊然而化,即入金棺,爾時迦葉尊者後至,世尊于棺中露出雙趺示之。"師云:"我當時若見,以杖扣其脛。"放下拂子,云:"只爲他有尾無頭。"

"此時金棺涌于虛空,高七多羅樹,化火自焚,得舍利八斛四斗,流布人間天上。"師喝一喝!云:"猶未許渠在,即今二月十五,佛般涅槃之日,這則公案還有人緇素得出麼?若緇素得出,速來道取!"良久,卓柱杖!云:"杏花含雨濕,柳眼帶烟嚬。"下座。

二月十九日解制上堂,③呈起竹篦子云:"大衆!會麼?此豈不是年前臘

---

① 此篇上堂可見於《三峰藏和尚語錄・住杭州臨平安隱禪寺語》(J. B299),新文豐版《嘉興藏》(34),頁 130 上。

② 以下舉似可見於《指月錄・釋迦牟尼佛》(X. 1578),《卍新纂續藏經》(83),頁 410 中—下。

③ 此篇解制上堂語雖可見於《三峰藏和尚語錄・住杭州臨平安隱禪寺語》(J. B299)中,但《三峰藏和尚語錄》無日期,僅作"解制上堂"以及錄文最後的二句偈,其餘內容皆省略,新文豐版《嘉興藏》(34),頁 130 上。

月十六日結制底道理？"以竹篦子擊卓一聲！云："此豈不是今日二月十九日解制底道理？若會解制道理，便會得結制底道理；若會結制道理，便會得解制底道理。且道解是？結是？不解不結是？"以竹篦搖一搖，云："觀世音菩薩降生也！"又擊竹篦一下！云："大眾！會麽？此處觀其聲音而得解脱，所以云：'假使興害意，推落大火坑，念彼觀音力，火坑變成池。或漂流巨海，龍魚諸鬼難，念彼觀音力，波浪不能没。……或遭王難苦，臨刑欲壽終，念彼觀音力，刀尋段段壞。……咒詛諸毒藥，所欲害身者，念彼觀音力，還着於本人。'①大眾！若于'還着于本人'處會去，方得入火不焚，入水不溺，刀壞毒消，縱橫自在，會麽？"又擊一下！良久，云："觀世音菩薩降生且置，且道如何是解制底句？"以竹篦作肩擔勢，云："杖頭山色花間滴，脚下泉聲雨後多。"下座。

三峰禪院元旦，②上堂。陞座，拈香云："化被空山老更閑，卧雲誰道不朝天？瓣香一片呼嵩祝，聖德雍熙壽萬年。"乃插香就座，以拂子畫一畫，云："正月一夜半，子前有消息。殘冬已過新未交，個中一點誰拈掇？拈得出，是何物？拈不出，勢脊打你腰折。"又畫一畫，云："道！道！"良久，再畫一畫，云："雙懸新日月，百代舊山河。"下座。

付法，③上堂。師拈香畢，就座，乃云："若論此事，如迅雷貫頂，掩耳不及。吐出清風，一條鑌鐵，向須彌頂上一槌，金剛山下透脱，倒卷虛空，萬仞壁立。若是臨濟嫡骨兒孫，便解向獅子口裏敲牙，驪龍脊上揣骨。賓主互

---

① 摘引自《妙法蓮華經·觀世音菩薩普門品》(T. 262)，《大正新修大藏經》(9)，頁 57 下—58 上。
② 此篇上堂同於《三峰藏和尚語録·住海虞三峰清涼禪院語》(J. B299)："乙丑(1625)元旦，上堂拈香。"新文豐版《嘉興藏》(34)，頁 126 上。
③ 此篇付法上堂，可見於《三峰藏和尚語録·住海虞三峰清涼禪院語》(J. B299)中，但僅作"上堂"，并且夾注"問答不録"，因此，自"致座元出，纔禮拜"以下之問答無收録，新文豐版《嘉興藏》(34)，頁 128 上。

換,通身縱奪,于末後句裏出身,威音王前過活。還有如是操畧者麼? 出來與老僧相見!"

致座元出,①纔禮拜,師朗吟云:"浩歌漁父辭,投竿水千尺。"座拜起,云:"三山涌日,一江截天,堂開濟上之風,法振五宗之眼。如何是頂門迸出鐵丸親切處?"師云:"一釣起獰龍,烟波江月白。"座云:"與麽則口吞佛祖、眼蓋乾坤去也。"師打!云:"且道是賞你? 是罰你?"座云:"和尚猶有這個在。"便禮拜,師將臨濟源流、法衣、信物手授,云:"此是臨濟宗旨,老僧密印,用付與汝,汝當大起吾宗,毋令斷絶!"卓柱杖三下! 下座。

上堂,②呈起拂子,喝一喝! 云:"若于此處會得,則不勞聲鐘擊鼓,老僧上堂開皮鼓舌,與大衆起模做樣了也。其或不然,不免按下雲頭,不用直提向上,單單直説激切工夫,自見自肯處。此事譬如盡十方空無不是水,人人在此水中着衣喫飯,件件施爲,只是衆生日用而不知。一日有人生長高峰頂上,終日在濕雲堆裏自去自來,從不曾真見水險,忽然從巴蜀來到瞿塘峽口,灔澦堆前,值江水洶涌,起怕生死心,因思:'不但自己怕此生死,即使盡大地衆生,無不有此怕生死心。'乃發起菩薩大願力、大勇猛,不顧身命,便欲壩斷川江,使盡神通,驅山運石,極力填塞,塞得千萬丈高、千百尺闊。正用力間,忽然巴蜀雪消,川水暴漲,攻倒高壩,和身輥到娑竭龍宫,得其水性三昧,滿握如意寳珠,騎赤龍,駕白雲,周遊八極,仰天俯地,囚! 原來盡十方空無非是水,何用勞心費力,得到今日,方纔信得? 雖然,若不是這番枉用苦功,如何得與麼自見自肯? 嗄! 行到水窮處,坐看雲起時。"下座。

---

① 此篇上堂中,漢月所付法之"致座元",即爲梵伊弘致(1595—1628),漢月爲其付法於天啓七年(1627),參本書所輯《鄧尉山天壽聖恩寺三峰藏禪師語録》卷二十一,漢月所作《付梵伊上座源流法語》。

② 此篇上堂,他本皆無收。

上堂,①舉:"興化謂克賓維那曰:'汝不久爲唱導之師。' 師云:"掘坑陷人。" 賓曰:'我不入這堡社。' 師云:"早是墮也。" 化曰:'你是會了不入?不會不入?' 師曰:"土上加泥。" 賓曰:'總不與麼。' 師云:"自投向下。" 化打曰:'克賓維那法戰不勝,罰錢五貫,設饡飯一堂。' 師云:"且道何處是他法戰不勝處?" 明日設飯,化自白槌!曰:'克賓維那法戰不勝,不得喫飯。'即便出院。"

師云:"直須與麼使得,今日還有翻轉局面,爲克賓吐氣者麼?出來與老僧相見!"致上座出衆一喝!便轉身,師云:"他法戰不勝,罰饡飯一堂。"下座,座復領衆謝法,師打三下!云:"法戰不勝,不得喫飯!"即便出院。

上堂,②竪起拂子,云:"緇素諸仁者,會麼?喚着拂子即觸,萬仞懸崖沒駐足;不喚着拂子即背,空裏無梯莫縮退,畢竟喚作甚麼?失腳倒翻身,踢倒須彌峰,輥入牯牛隊。呵!呵!呵!牧童歌,倒騎牛背,斜挂青簑,春風楊柳岸,秋雨乍晴坡。"放下拂子,拈柱杖卓一下!云:"且道如何是牧牛歌?會得者出來通個消息!"良久,復卓柱杖一下!云:"半黃疏草三峰下,爛脱麻鞭着地拖。"下座。

崇禎元年四月二十七日,③師復至安隱寺上堂,宣疏畢,遂陞座,乃云:"浩蕩堯天日月長,聖明登極慶非常。太平無事難稱賀,拈出堂前萬壽香。今

---

① 此篇上堂,他本皆無收;以下舉似可見於《指月錄·魏府興化存獎禪師》(X. 1578),《卍新纂續藏經》(83),頁581上;本上堂語中,"師云"爲漢月之著語,本書以小字和上下空格區隔所舉古則原文。

② 此篇上堂,他本皆無收;根據其内容"半黃疏草三峰下",應爲漢月於常熟三峰禪寺之上堂語。

③ 崇禎元年戊辰爲1628年,此篇上堂於《三峰藏和尚語錄·住杭州臨平安隱禪寺語》(J. B299)略記爲"歲戊辰,翁方伯馮節推諸檀護請開堂",且缺宣疏、陞座、拈香、祝延、上首白槌和最後上首復白槌,僅收錄末段"師云"和問答部分,新文豐版《嘉興藏》(34),頁130上—130中。

爲聖天子登極初年,翁方伯、馮節推同闔郡紳衿緇白,疏招安隱,舉揚佛祖向上大事,用報國恩。"

拈香云:"此一瓣香,端爲祝延今上皇帝聖壽萬歲! 萬歲! 萬萬歲!《關雎》之化,達乎四海;《麟趾》之詩,頌于萬方。英賢在位,補衮調羹;黎庶太平,謳歌擊壤。擴皇風爲佛化,示聖道爲祖心。"

次拈香云:"此一瓣香,奉爲兩浙尊官,現在大護法縉紳孝廉文學,共進天階,咸明佛性,一切大檀緇白,悉悟自心,齊成佛道。"

又拈香云:"此一瓣香,炙天炙地,烈聖烈凡,昔年曾向安隱堂前,對衆拈出,諸人共知,不得諱却,雖然,事無重科,不容再犯。"便燒,乃就座。上首白槌云:"法筵龍象衆,當觀第一義!"

師云:①"新天子登極廓矣無爲,舊安隱重來頹然尊貴。夜犬吠花梢之月,那識太平? 朝龍嘘石洞之雲,豈知神用? 老僧只解着衣喫飯,何勞舉拂拈椎? 所以曹山曰:'披毛戴角是類墮,不斷聲色是隨墮,不受食是尊貴墮。'覺範曰:'垂衣裳而天下治者,堯也。'②須知尊貴一路自別,此曹洞宗旨也。兹因聖君御曆,特拈尊貴之旨以見　皇風,還有人向個中實證者,不妨出衆唱和太平,助宣聖化,有麽? 有麽?"

淵充③出問:"如何是類墮?"師云:"白牛無繩,滿山青草。"進云:"如何是隨墮?"師云:"倒跨白牛,橫吹短笛。"進云:"如何是尊貴墮?"師云:"人牛歸去,月落前溪。"進云:"曹洞宗旨且置,濟上宗旨又如何?"師打! 云:"向這裏會,不妨尊貴。"進云:"未在更道。"師云:"禮拜去!"乃卓柱杖!

---

① 此篇上堂同於《三峰藏和尚語録・住杭州臨平安隱禪寺語》(J. B299),《三峰藏和尚語録》并記有"歲戊辰(1628),翁方伯馮節推諸檀護請開堂",新文豐版《嘉興藏》(34),頁130上—中。

② 曹山和覺範之語見《智證傳》(X. 1235),《卍新纂續藏經》(63),頁175中,191下。

③ 《三峰藏和尚語録・住杭州臨平安隱禪寺語》删去"淵充"之名,新文豐版《嘉興藏》(34),頁130中。

舉："臨濟大師曰：'沿流不止問如何，真照無邊説似他。離相離名人不禀，吹毛用了急須磨。'"①

師云："此偈良有次第，吾今欲爲點出，又恐人擬注解宗門；欲爲不點，奈何一橛頭禪遍滿天下，不容不説。且道如何是流？此從截斷兩頭，中間突出乾慧中發來，逆流而進，中中流入，爲向上更有許多事在，所以不止。從玄入要，以至主中主，尚有見在，豈非真照？雖則無邊，然只好似他而已。若是透過已前，則離相離名，何者爲人？只是你那悟處，到這裏透過一切，故悟不能禀。此處與曹山尊貴相似，更要吹毛用了急須磨始得，故曰：'垂衣裳而天下治者，堯也。'"卓柱杖三下！

上首復白槌云："諦觀法王法，法王法如是！"下座。

五月朔，②陞座："機先一向，是汝諸人安身處；先機一着，是汝諸人立命處；其間左之右之，或伸或縮，是汝諸人踏脚處；末後一句，是汝諸人出頭處。只這四句，若一一透過，如化一道清風度荆棘林中，了無一點罣礙。若有一些子透不過，如着一領破絮襖度荆棘林中，便有東兜西搭，無自繇分。還有透得過者麼？出來唱和！"良久，舉：③

"雲門大師參陳睦州，州見來便閉却門。　師云："好個消息！"　雲打門，州曰：'是誰？'曰：'某甲。'州曰：'作甚麼？'曰：'己事未明，乞師指示。'　師云："好個老實人。"　州開門纔見，便閉却。　師云："向這裏入。"　雲如是三日打門，第三日纔開門，雲拶入。　師云："俊鯉衝濤。"　州把住曰：'道！道！'雲無語。　師云："幾乎點額。"　州便推出曰：'秦時𨍏轢鑽！'便閉却門，損

---

① 此爲臨濟將示滅之傳法偈，《指月錄·鎮州臨濟義玄禪師》(X. 1578)，《卍新纂續藏經》(83)，頁 563 上。

② 此篇陞座上堂，他本皆無收。

③ 以下舉似，參《指月錄·韶州雲門山光奉院文偃禪師》(X. 1578)，《卍新纂續藏經》(83)，頁 619 下；本上堂語中，"師云"爲漢月之著語，本書以楷體小字和上下空格區隔所舉古則原文。

雲一足,雲即悟入。 師云:"但解跳龍門,不知燒却尾。" 州指見雪峰。 師云:"知心能幾人?" 雲到雪峰莊見一僧,雲曰:'今日還上山去那?'僧曰:'是!'雲曰:'寄一則因緣問堂頭和尚,祇是不得道是別人語。'僧曰:'得。'雲曰:'上座到山中見和尚上堂,衆纔集便出,握腕立地曰:"這老漢項上鐵枷何不脫却?"' 師云:"雪峰無出頭分。" 其僧一依師教,峰見僧與麽道,便下座。 師云:"陣雲撥轉,卦象抽爻。" 峰攔胸把住曰:'道!道!' 師云:"猶是睦州鼻孔。" 僧無語,峰拓開曰:'不是汝語。'僧曰:'是某甲語。'峰曰:'侍者將繩棒來!'僧曰:'實非某語,是莊上一浙中上座教某甲來道。'峰曰:'大衆去莊上迎取五百人善知識來。' 師云:"是賊識賊,是精識精。" 雲次日上雪峰,峰纔見便曰:'因甚得到與麽地?' 師云:"也無出頭分。" 雲乃低頭。 師云:"抽爻換象去也。" 從此契合,溫研積稔,密以宗印授焉。"

師云:"大衆!推門折足既已大悟,又到雪峰有如此作畧,雪峰已沒奈他何,因甚又要溫研積稔,纔以宗印印之?何不向這裏窮究看!"又良久,云:"大衆!雲門這一着從睦州纔見便閉門處得來,州從黃檗吐舌處來,檗從百丈馬祖大機之用處來,且道如何是雲門這一着?咦!"便下座。

解制上堂,①舉:

"前安隱勝因資禪師上堂,僧問:'知師久蘊囊中寶,今日當場畧借看。'因曰:'方圓無内外,醜拙任君嫌。'僧曰:'心月孤圓,光含萬象。'因曰:'莫將黃葉作真金。'乃曰:'若論此事,如日月麗天,八方普照。盲者不見,盆下不知,非日月不明,乃當人障隔。若據祖師正令,擬議千差,直須打透金鎖玄關,一任縱橫妙用。'"

師云:"今安隱則不然,設有僧問:'知師久蘊囊中寶,今日當場畧借看。'向

---

① 此篇解制上堂,他本皆無收;以下舉似,可見於《建中靖國續燈錄·杭州臨平勝因資禪師》(X. 1556),勝因資禪師爲育王璉禪師(1009—1090)法嗣,《卍新纂續藏經》(78),頁709上—710下。

道：'雙龍攫不得。'設云：'心月孤圓，光含萬象。'向道：'象罔不能窺。''若論此事，如日月麗天，八方普照。'向道：'直須黑暗使得。''盲者不見，盆下不知。'向道：'直須頂門具眼、盆底光通始得。''若據祖令，擬議千差，直須打透金鎖玄關，一任縱橫妙用。'向道：'我今不論打透，轉要會得末後一句，始到牢關，方堪與前安隱相見。'"良久，擲拂子，下座。

崇禎二年五月十八日，①師住蘇州府鄧尉山天壽聖恩禪寺，開堂拈疏示衆云："三世諸佛舌頭談不到底，歷代祖師柱杖點不着底，在吳江熊明府諸護法毫端放大光明，拈向諸人面前，貴須大家瞥地。"維那宣疏畢，師以拂指座，云："獅子座今日揚聲大叫，盡情與諸人説破了也。若不會，更須看取向上一路！"遂陞座，拈香云："開國重重沐聖恩，蔚持清學逮今孫，旃檀一片重拈出，天壽無疆祝至尊。此一瓣香恭爲祝延今上皇帝聖壽萬歲！萬萬歲！"

次拈香云："此一瓣香奉爲青宫内壺，百福千秋，柱石干城，泰山北斗，集英賢于北闕，列仁宰于萬方。此方院道府縣尊官，暨闔邑鄉紳孝廉文學諸檀越，本郡各邑護法山主大檀，并進紫宸，齊明白法。"

又拈香云："此一瓣香，伏爲折竹聲中捉敗枕子打破之高峰和尚，落梅地上掀翻自悟三玄之覺範老人，截樹尋根，從苗辯地，供養臨濟三十代金粟堂上密雲大和尚，用酬法乳之恩。"乃就座，上首白椎云："法筵龍象衆，當觀第一義！"

師以拂子結却豎起，云："三世諸佛，歷代祖師，山河大地，世出世間，一切諸法，縛作一團，千牢百結，擲向諸仁者面前，還有決烈漢一擊粉碎者麽？出來道看！"便擲下。

---

① 崇禎二年己巳爲 1629 年，《三峰藏和尚語録·住蘇州鄧尉山聖恩禪寺語》（J. B299）略記爲"己巳結夏，熊邑侯魚山同闔郡紳衿請上堂"，但缺宣疏、陞座、拈香、祝延、上首白槌和最後上首復白槌，只收録末段"師云"部分，新文豐版《嘉興藏》(34)，頁 131 上。

項目出問:"昔年萬峰于此大轉法輪,今日三峰到來祖道重光,未審和尚唱誰家曲調?"師云:"龍碑鍾王氣。"進云:"恁麼則臨濟中興,雷轟電掣去也!"師云:"鳳嶺蔚青霞。"進語未出,師打云:"住!住!"便禮拜。

在可出問:"威音王佛一金圈,拋向當陽事若何?"師云:"湖洗千秋日。"進云:"得意忘言即不問,橫三豎四是何宗?"師云:"山擎萬古天。"將再進,師云:"禮拜着!"進云:"謝和尚指示。"便禮拜。

良久,師云:"諸佛未出世,祖師未西來,威音王未有名字以前,還有生死也無?"左右顧,又云:"各人父母未生,三緣未合,天地未分,覺明未咎以前,還有四句、兩頭、是非、好歹、言思、識路也無?"左右顧,又云:"昨宵正睡着時,無夢、無想、無見、無聞,還有現前許多理會也無?若向這裏了得,則知從朝睡醒下床,洗面喫粥,迎賓送客,嬉笑怒罵,是有心耶?是無心耶?若有心,則前來三處心不是有;若無心,則現前是誰主持?且道是有?是無?若向這裏透過,則山出波中,樹撐殿角,正好搖扇乘涼過夏,何等自在?雖然,如來禪尚未夢見,爲他坐在無事甲裏。

"若有一人出來拈一物問道:'是什麼?'未免心生意解,便落四句、兩頭、三觀道理,情塵亘天,生死塞路,不得休歇。若是不顧危亡漢,向他未問以前,劈口一槌,板齒落地,眉間挂劍,血濺梵天,饑鷹爪上奪雀,猛虎口裏下針,自繇自在,到這裏猶是一橛頭禪。須向一句中具三玄門,一玄中具三要,額上亞目,頂中出頭,超佛越魔去也。"卓柱杖三下!

上首復白椎云:"諦觀法王法,法王法如是!"下座。

上堂:①"大丈夫漢如日處空,不緣而照;如水上葫蘆,一觸便轉,一捺便翻,畢竟不泊在淺處,務須窮源徹底。還有如是漢子麼?試舉看!"一默出禮拜,師豎起柱杖,云:"七尺釣竿千尺水……"語未竟,默便喝!師云:"此

---

① 此篇上堂,他本皆無收。

是釣竿上事？釣竿下事？"默又喝！師云："已在鈎頭了也。"纔禮拜，師便打！舉：①

"昔日夾山禪師行腳時，不得其師，單單得個前後際斷，見得虛空粉碎，大地平沉，了無一法當情，直是快活。其師妄印後，出世京口，僧問：'如何是法身？'山曰：'法身無相。' 師云："此是嫁時衣。" 又問：'如何是法眼？'山曰：'法眼無瑕。' 師云："半生脫不下。" 道吾在衆失笑。 師云："何不向這裏會！" 山便下座，問道吾曰：'某甲適來祇對這僧話，必有不是，致令上座失笑，望上座不吝慈悲。'吾曰：'和尚是一等出世，未有師在。'山曰：'某甲甚處不是？望爲說破。'吾曰：'某甲終不說。 師云："盡情說破了也。" 請和尚却往華亭船子處去。'山曰：'此人何如？'吾曰：'此人上無片瓦，下無卓錐。 師云："正是藏身處沒踪迹，沒踪迹處莫藏身。" 和尚若去，須易服而往。'山乃散衆，束裝直造華亭，船子纔見便問：'大德住甚麼寺？'山曰：'寺即不住，住即不似。' 師曰："依稀似曲纔堪聽。" 船曰：'不似似個什麼？'山曰：'不是目前法。'船曰：'甚處學得來？'山曰：'非耳目之所到。' 師云："又被風吹別調間。" 船曰：'一句合頭語，萬劫繫驢橛。'船又問曰：'垂絲千尺，意在深潭，離鈎三寸，子何不道？' 師云："且道如何是離鈎底句？如何是深潭底意？" 山擬開口，被船一橈打落水中。 師云："破也！破也！墮也！墮也！" 山纔上船，船又曰：'道！道！' 師云："前箭猶輕後箭深。" 山擬開口，船又打！ 師云："連前打破。" 山豁然大悟，乃點頭三下。 師云："既是兩橈，爲什麼點頭三下？直須三下處看始得。" 船曰：'竿頭絲線從君弄，不犯清波意自殊。' 師云："何須再勘？" 山問：'拋綸擲鈎，師意如何？' 師云："原來嫁時衣猶在。" 船曰：'絲懸綠水，浮定有無之意。' 師橫拂云："是有耶？是無耶？" 山曰：'語帶玄而無路，舌頭談而不談。' 師云："此是朱文公注底太極

---

① 以下舉似，可見於《指月錄·秀州華亭船子德誠禪師》(X. 1578)，《卍新纂續藏經》(83)，頁 537 上，文中"師云"爲漢月之著語，本書以楷體小字和上下空格區隔所舉古則原文。

圖。" 船曰:'釣盡江波,金鱗始遇。' 師云:"久貧驟富,不須賣弄。" 山乃掩耳。 師云:"何不向笑處會?" 船曰:'如是!如是!' 師云:"爛冬瓜印子。"遂囑曰:'汝向去,直須藏身處没踪迹,没踪迹處莫藏身。 師云:"果然上無片瓦,下無卓錐。 吾三十年在藥山祇明此事。 師云:"是什麽事?" 汝今已得, 師云:"得個甚麽?" 他後莫住城隍聚落,但向深山裏钁頭邊,覓取一個半個。' 師左右顧,謂諸禪客,云:"若向城隍聚落,架大屋,接閒漢,縱有悟處,他後好閒好供,世習未忘。縱然出世,疲于肯苦接人,終致斷絶。惟深山裏钁頭邊依住者,萬苦千辛處悟得,堪任大法,是爲真子耳,接續無令斷絶。"師三舉此句,顧左右歎息。 山乃辭行,頻頻回顧。 師云:"此猶有喜識在。" 船遂喚曰:'闍黎!'山回首,船竪橈曰:'汝將謂別有。'乃覆舟入水而逝。" 師云:"若于入水處見得,方見一橈打落水中;若見一橈打落水中,便見覆舟入水而逝。"

良久,朗吟云:"一橈落水踏翻舟,滿目蘆花兩岸秋。昨夜華亭還説法,雨餘新浪向東流。"下座。

鄧尉山天壽聖恩寺三峰藏禪師語錄　卷之二

嗣法門人弘成、弘致、弘乘、弘證、弘徹
弘垣、弘璧、弘鴻、弘禮、弘儲
弘銛、弘忍，受法弟子惲日初同編
學人周袛、蔡懋德、劉道貞、翁汝進
張瑋、馮悰、張岐然、蔣秋較

上　　堂

聖恩寺法堂落成上堂，①以拂子畫一畫，云："會麼？太陽倒向，諸神藏沒，赤口白舌盡消除。"又畫一畫，云："會麼？普庵到此，百無禁忌，九良星煞沒坐位。②諸仁者！前一畫，後一畫，畫畫相對，四柱卓雲，諸磉立地，臨濟宗旨盡情説了也，還有向上事麼？直須頂門具眼始得。"又畫一畫，云："不因跨海擎天勢，爭見千秋柱石功？"擲拂子！下座。

---

①　此篇上堂同於《三峰藏和尚語録・住蘇州鄧尉山聖恩禪寺語》(J. B299)，新文豐版《嘉興藏》(34)，頁131上一中。

②　《南宋元明禪林僧寶傳・慈化普菴肅禪師》(X. 1562)記，普菴印肅禪師(1115—1169)爲神異僧，能"利濟含靈，藏污耐垢"，其弭災異迹，不可勝紀，《卍新纂續藏經》(79)，頁601下。

上堂,①舉:

"未詳法嗣中,有一婆子供養一庵主,經二十年,常令一二八女子送飯給侍。一日,令女子抱定曰:'正恁麼時如何?' 師良久,云:"咦？哨？" 主曰:'枯木倚寒岩,三冬無煖氣。' 復良久,云:"也屈。" 女子舉似婆,婆曰:'我二十年祇供養得個俗漢！'遂遣出,燒却庵。"

師云:"人情淡薄似秋雲,翻轉面皮毒如虎。若聖恩則不然,待渠云:'正恁麼時如何？'我即劈面一掌！云:'汝閨中物不識廉恥！'連婆亦應三十柱杖,貶向冷閨始得。不但使婆無吐氣分,俾諸方老宿沒處下嘴,直須伸舌,所以云:'當斷不斷,反招其亂。'②那時狹路相逢,直下便判,照魔鏡裏,血濺梵天,坐斷一隊不唧溜漢！"以竹篦擊卓！云:"便請一刀兩段！"下座。

上堂,③舉:

"百丈大智禪師上堂曰:'靈光獨耀,迥脫根塵。體露真常,不拘文字。心性無染,本自圓成。但離妄緣,即如如佛。'④此語亦能悟却天下人,亦能賺却天下人,何以見之讐？'靈光獨耀,迥脫根塵',雲門曰:'有三種病、二種光。'⑤謂之光不透脫,如何得'迥脫根塵'去？'體露真常,不拘文字',曹山曰:'就體消停得力遲。'⑥'體露真常',正落文字,如何得'不拘文字'

---

① 此篇上堂,他本皆無收;以下舉似,可見於《指月錄》(X. 1578),《卍新纂續藏經》(83),頁 473 上;本上堂語中,"師云"爲漢月之著語,本書以楷體小字和上下空格區隔所舉古則原文。

② 《指月錄·汝州風穴延沼禪師》(X. 1578)記爲一牧主之言,《卍新纂續藏經》(83),頁 626 下。

③ 此篇上堂,他本皆無收。

④ 此段爲《指月錄》(X. 1578)所記百丈下堂句,《卍新纂續藏經》(83),頁 477 下。

⑤ 《雲門匡真禪師廣錄》(T. 1988)記雲門云:"法身有三種病、二種光。"《大正新修大藏經》(47),頁 574 下。

⑥ 《指月錄》(X. 1578)記爲曹山本寂(840—901)示學人偈曰:"從緣薦得想應疾,就體消停得力遲。"《卍新纂續藏經》(83),頁 594 下。

去？'心性無染,本自圓成',既落心性,正是染污,如何得圓成去？'但離妄緣,即如如佛',説真説妄,説即説離,如何得如如去？此所謂賺却天下人者也。

"僧問趙州：'如何是西來意？'①州答曰：'庭前柏樹子。'此豈不是'靈光獨耀,迥脱根塵'？僧問趙州：'狗子還有佛性也無？'答曰：'無。'又僧問：'狗子還有佛性也無？'答曰：'有。'此豈不是'體露真常,不拘文字'？僧問雲門：'如何是佛？'答曰：'乾〔屎〕橛。'此豈不是'心性無染,本自圓成'？僧問雲門：'如何是諸佛出身處？'答曰：'東山水上行。'此豈不是'但離妄緣,即如如佛'？山僧恁麼告報,也是説賺説悟、説是説非,如何得到百丈田地？"揮拂子,云："多因具區好,忘却坐深勞。"下座。

上堂：②"現成公案,未入門來,早與三十棒了也,要會臨濟老人立地處麽？問取直下兒孫始得。吴江車溪庵玉林懇上人到山,助金建堂,設齋飯衆,請老僧上堂,舉揚臨濟宗旨,用爲本庵柏亭和尚、無幻老人③發揮兩世宗猷,以起後代英靈,紹續法命,務使繩繩不絶。"

良久,云："威音以前,適纔早已打破了也。七佛以來,西天四七,東土二三,天下老和尚早已打破了也。聖恩山中,堂内堂外,舊到新來,若緇若素,早已打去了也。只如車溪庵玉林諸上人,昨晚未到山門,早已打出了也。只今擂鼓上堂,古殿豁開,湖山歷落,并無一點醯雞蠛蠓過眼,更有甚事？雖然,也不得一向,若是聖恩一向如此,也是乾蘿蔔頭禪,何有後代兒孫得個入路,接紹宗風,擴弘臨濟哉？"

---

① 以下舉似,參《指月録·趙州觀音院真際從諗禪師》(X. 1578),《卍新纂續藏經》(83),頁 520 下—523 上。

② 此篇上堂,他本皆無收。

③ 《五燈全書·蘇州車溪無幻古湛性冲禪師》(X. 1571)記,無幻性冲(1540—1612),敬畏空禪師法嗣,奄居廿餘載,萬曆庚戌(1610)受徑山請,不數月疾作,仍返車溪,辛亥(1611)冬示寂,茶毗,塔於徑山,《卍新纂續藏經》(81),頁 251 上—下。

乃呼大衆云："諸知識！來！來！且看聖恩先代萬峰祖師、①寶藏禪師②與車溪先代柏亭和尚、無幻老人，一齊在法座前，賓主相見，同下一喝。"師震聲一喝！云："只此同聲一喝，若聖恩二尊宿作主，則車溪二尊宿作賓；若車溪二尊宿作主，則聖恩二尊宿作賓；若聖恩二尊宿作賓中主，則車溪二尊宿作主中賓；若車溪二尊宿作賓中主，則聖恩二尊宿作主中賓；若聖恩二尊宿作主中主，則車溪二尊宿亦作主中主；車溪二尊宿作主中主，則聖恩二尊宿亦作主中主。且道何處是賓？何處是主？開即是合，合即是開；開處不合，合處不開。如崇禎錢擲地鏗然作聲，不知四字是一背？一背是四字？背即是字？字即是背？開不得、合不得處，四尊宿輥作一團，無你諸人着眼處，到這裏却被老僧劈頭一棒，四尊宿都無出頭分，爲何聻？"卓柱杖三下！云："只有天在上，更無山與齊。"下座。

解制上堂，③舉："有句無句，如藤倚樹。"竪起竹箆，云："確！""樹倒藤枯，句歸何處？"放下竹箆，云："確！""呵呵大笑！歸方丈。"以竹箆竪放，又打一圓相，云："確！確！大都人得個前後際斷，便得隨處自在；得一橛，便能棒棒見血，直須通大法，方徹祖佛骨髓。"

"昔日妙喜參圜悟，值悟上堂曰：④'如何是諸佛出身處？雲門曰："東山水上行。"天寧則不然，若人問："如何是諸佛出身處？"只向道："熏風自南來，殿閣生微凉。"'妙喜聞之，當下得個前後際斷，且會得一句子語脉。悟曰：'不疑言句，是爲大病，直須疑言句始得。'喜曰：'我今已覺快活，更不能理

---

① 元代萬峰時蔚(1303—1381)駐錫於蘇州鄧尉山聖恩禪寺，又稱萬峰聖恩寺，《五燈全書》(X. 1571)有《蘇州鄧尉萬峰時蔚禪師》傳，《卍新纂續藏經》(70)，頁229上。

② 蘇州鄧尉寶藏普持禪師(活躍於約1350—1390年間)，萬峰時蔚禪師法嗣，住蘇州鄧蔚山聖恩寺，《五燈全書》(X. 1571)有其傳，《卍新纂續藏經》(70)，頁232上。

③ 此篇解制上堂，他本皆無收；以下舉似，可見於《指月錄・撫州疏山匡仁禪師》(X. 1578)，《卍新纂續藏經》(83)，頁598上。

④ 以下舉似，見《大慧普覺禪師語錄》(T. 1998A)，《大正新修大藏經》(47)，頁883上—中。

會得也。'悟令看'有句無句,如藤倚樹'全則公案,工夫如黃楊,逢閏倒縮了去。一日問悟曰:'和尚在五祖曾問此則公案,五祖如何答語?'悟不答,喜曰:'當時亦是人天眾前語,説又何妨?'悟曰:'我當時問:"有句無句,如藤倚樹。"祖曰:"描也描不成,畫也畫不就。"曰:"樹倒藤枯,句歸何處?"祖曰:"相隨來也!"'喜即大悟曰:'我會也!我會也!'悟舉數則諸訛公案驗之,喜即對答無滯。

"又,高峰禪師拈曰:①'有句無句,金烏吞玉兔;如藤倚樹,癩馬繫枯椿;樹倒藤枯,一冬燒不盡;句歸何處,石虎當途踞。呵呵大笑,龍頭蛇尾,捺倒爛泥裏,剛刀不斬無罪之人。'"

師云:"若于龍頭蛇尾處見得,便見相隨來也道理。若見得相隨來也,便見得龍頭蛇尾道理。若見龍頭蛇尾相隨來也,便見山僧豎起、放倒、打圓相道理。若見豎、放、圓相,便見龍頭蛇尾相隨來也道理。若見恁麼底道理,則諸佛列祖一切心髓,無不徹底圓滿矣。大眾!還會也無?直須會始得。"偈云:"龍頭蛇尾相隨來,豎放輪圓額眼開。會得個中真的旨,庭前柏子又重栽。"

上堂:②"老僧今日截流開網,夾岸鳴榔,還有衝波而來、透網直過者麼?出來相見!"

首座聽石近前作禮,師云:"本期活捉獰龍,誰料徒翻頰尾?"石問:"天香飄盡後,黃菊綻東籬時如何?"師云:"你道是什麼光景?"進云:"請和尚道。"師云:"湖光歷歷,山色亘天,你在那裏安身立命?"進云:"謝和尚指示。"便作禮,師打!云:"不得放過!"

一默問:"金蓮地涌,寶盖天垂,為是本分生涯?為是神通妙用?"師拈菊示

---

① 《高峰原妙禪師語録》(X. 1400),《卍新纂續藏經》(70),頁 677 中。

② 此篇上堂,他本皆無收。

云:"是什麼?"默便喝!師擲下花,默便禮拜,師打!云:"也不得放過!"

乃云:"把斷要津,不通凡聖,你纔出頭來,早與三十棒趁出去矣!老僧一向閒極,目朝雲漢,不得已指點桑麻,行看山水。你若恁麼會,又錯過了也!"喝一喝!云:"何不簡便會取?久立,珍重!"

上堂,①以竹篦作仗劍勢,云:"如來遣將,與五蘊魔、煩惱魔、生死魔共戰,如提三尺定天下,目前豈復容白蛇當道哉?設或一夫犯關,則萬弩勁發。若有挑戰者,則長蛇頓卷,八陣圖開。定策于未戰之先,決勝于千里之外。豈若一壯士奮一大刀,飛一鐵騎,百萬軍中取上將之頭而已?所謂'我爲法王,于法自在'②者也。"復以竹篦作揮劍勢,云:"咄!"放下竹篦,云:"自從銷劍甲,永享太平時。"下座。

師到常州廣福,③請上堂:"問即不答,答不待問,問答交參,輪刀上陣。誠能明得此事,方好踏步向前,其或不然,各宜退自保任。"

一默首座作禮,師云:"向你道:'問即不答。'"座云:"昨伸一問,已蒙垂慈。今欲再問,未知可否?"師云:"你是首座麼?"進云:"恁麼答話,瞎却天下人眼在。"師打!云:"向你道:'問即不答。'"

舉:④"德山大師曰:'今夜不答話,問話者三十棒。' 師云:"盡情與你道了也。" 僧出,纔禮拜,山便打。 師云:"元來。" 僧曰:'某甲話也未問,爲甚便打?' 師云:"不妨疑着。" 山曰:'你是甚處人?' 師云:"你看!" 僧曰:

---

① 此篇上堂,他本皆無收。
② 《妙法蓮華經・譬喻品》(T. 262),《大正新修大藏經》(9),頁15中。
③ 此篇常州廣福院上堂,他本皆無收;《三峰藏和尚語錄・三峰和尚年譜》(J. B299)記崇禎七年甲戌(1633),漢月62歲,請升座廣福院,新文豐版《嘉興藏》(34),頁211上。
④ 此舉似可見於《指月錄・鼎州德山宣鑒禪師》(X. 1578),《卍新纂續藏經》(83),頁567中;本上堂語中,"師云"爲漢月之著語,本書以楷體小字和上下空格區隔所舉古則原文。

'新羅人。'山曰:'未踏船舷,好與三十棒!'"

師云:"不因漁父引,爭得見波濤?若向這裏理録一番透去,方是一員挂印將軍。若只在一棒一喝處用得,也是夯轆軸出陣底鈍漢。"下座。

上堂:①"頭上蔚藍天欲滴,脚底白雲千萬尺。手中柱杖腰下瓢,去去來來無順逆。好消息!踏破草鞋雙脚赤,三頭九臂腦後睛。日日相逢不相識,且道是甚麼人?他與地平磚同胞,本無庶嫡,還會也無?"

舉:②"僧問趙州:'狗子還有佛性也無?' 師云:"脚跟邊露齒。" 州曰:'無!' 師云:"磣磚影重。" 僧曰:'上至諸佛,下至螻蟻,皆有佛性,如何云"狗子無佛性"?' 師云:"再犯不容。" 州曰:'爲伊有業識在。' 師云:"逐塊傷牙。" 又僧問:'狗子還有佛性也無?'州曰:'有!' 師云:"釘靴齒硬。" 僧曰:'既有佛性,爲甚麼撞入這皮袋裏來?'州曰:'知而故犯。'"

師云:"踏破下頷。"又云:"趙州只解四蹄上立柱,不解在狗子背上踹橇,山僧今日在狗子背上踹橇去也!"揮拂子!云:"咦!"下座。

上堂:③"問著絶商量,干將三尺長,石中生芋子,樹上結生薑。也那有這個事,還會麼?若第一句薦得,堪與祖佛爲師;若第二句薦得,堪與人天爲師;若第三句薦得,自救不了。還會麼?句中無意,意在句中,意句交參,意句俱遣。若向這裏會得,許你得一橛;其或未然,三條椽下,七尺單前。"下座。

---

① 此上堂内容,《三峰藏和尚語録》(J. B299)作"師到〔常〕州廣福院請上堂"(筆者案:原文訛作"甞州"),但只摘略部分内容,而且省略所舉古則中"師云"所有的著語,新文豐版《嘉興藏》(34),頁142下。

② 以下舉似,可見於《指月録·趙州觀音院真際從諗禪師》(X. 1578),《卍新纂續藏經》(83),頁520下—521上;本舉似中,"師云"爲漢月之著語,本書以楷體小字和上下空格區隔所舉古則原文。

③ 此篇上堂,他本皆無收。

師赴龍山錦樹禪期，①上堂："九龍山高，芙蓉水濶，覿面相呈，切勿卜度。貓有七尾，鼠生二角，事不厭精，何妨摸索？若摸索，勿卜度；若卜度，勿摸索。張姑李嫂共扶持。"良久，云："惡……何故聻？樹底寒風貝錦飄，松頭細雨空青落。還有會得者麼？"

一默首座出問："獰龍初出海，擎頭皷角來。和尚作麼抵敵？"師云："今日不下雨。"進云："恁麼則和尚喪身失命去也。"師云："拓瞎你眼睛。"默禮拜，師打！云："落！"良久，卓柱杖三下！下座。

上堂：②"今朝十月十五，枕上翻身鐘鼓。聲聲敲破髑髏，句句打翻佛祖。朧朧從地醒來，便解奮槌如虎。金剛揩泥神背，翁仲從旁叫苦。一二三四五，天上去挑土。阿不力的普，還會也無？此事若得，虛空粉碎過來，粉碎底猶是鶻臭布衫，炙脂帽子，直須拈却，將一柄金剛王寶劍，截天截地始得。會麼？"喝一喝！

上堂：③"利刀截藕絲，一截一切斷。悟須剎那入，切莫瞪眼看。生死與涅槃，烈火燒雪片。毫釐顧佇差，即是生死岸。雖日夜精勤，脚跟紅線絆。畢竟作麼生纔是？"雙手拍案大喝！云："遏！"又云："向這裏入！"

上堂：④"有法無法，筆蘸虛空。盡菩薩、阿耨菩提、無位真人是甚麼乾〔屎〕橛？然燈佛與我授記，以空印印空、印水。會麼？風車爲口，簸箕爲

---

① 此篇上堂可見於《三峰藏和尚語錄·住梁溪龍山錦樹禪院語》(J. B299)，但是缺"一默首座出問"以下內容；《三峰和尚年譜》記崇禎二年己巳(1629)，漢月57歲，冬梁溪錦樹院開爐，新文豐版《嘉興藏》(34)，頁141下、209上。

② 此篇上堂可見於《三峰藏和尚語錄·住梁溪龍山錦樹禪院語》(J. B299)，新文豐版《嘉興藏》(34)，頁141下。

③ 此篇上堂，他本皆無收。

④ 此篇上堂可見於《三峰藏和尚語錄·住梁溪龍山錦樹禪院語》(J. B299)，新文豐版《嘉興藏》(34)，頁141下。

舌,金剛般若波羅密。若欲道此者,舉一不得舉二,放過一着,落在第二。會者出來相見!"久無人出,師云:"若這裏不會,且俟來日。"

上堂:①"攀躋不住忽然翻,打破吾宗向上關。剩得一雙窮相手,始知無法付人間。"

上堂:②"心無起處原無事,念轉非情運六通。雙足不知誰是主,看山踏遍白雲中。且道如何是脚下事?"以拂子擊卓!云:"紅葉投空錦,清泉擲地金。"

上堂:③"自從踏斷葛藤窠,三量紛飛脚下過。昨夜相逢談道者,聲聲怪我沒家婆。且道老僧有妻?沒有妻?若道無妻,又言'法喜以爲妻';④若道有妻,又道畢世同衾不共枕。所以云:法喜以爲妻,無明以爲酒。嗔來哮吼躑狻猊,不學今時醉顛走。"

上堂:⑤"陞座剛云罷,維那迎喫飯,托鉢乍歸來,尊客呼相見。話盡山情與水情,不知日面與月面。寒山葉落沒遮藏,樹中露出空王殿。且道是尊貴?是薄賤?會得者,出來相見!"在可出問:"如何是類墮?"師云:"通身在裏許。"進云:"如何是隨墮?"師云:"喫水喫草。"進云:"如何是尊貴墮?"師云:"下座去也!"進云:"還有向上事也無?"師便打!

---

  ① 此篇上堂,他本皆無收。
  ② 此篇上堂可見於《三峰藏和尚語錄・住梁溪龍山錦樹禪院語》(J. B299),新文豐版《嘉興藏》(34),頁 142 上。
  ③ 此篇上堂可見於《三峰藏和尚語錄・住梁溪龍山錦樹禪院語》(J. B299),新文豐版《嘉興藏》(34),頁 142 上。
  ④ "法喜以爲妻"原出自《維摩詰所説經》(T. 475),《大正新修大藏經》(14),頁 549 下。
  ⑤ 此篇上堂,他本皆無收。

舉：①"曹山示衆曰：'凡情聖見是金鎖玄路，直須回互。夫取正命食者，須具三種墮：一者披毛戴角，二者不斷聲色，三者不受食。'時有稠布衲問：'披毛戴角是甚麼墮？'山曰：'是類墮。'曰：'不斷聲色是甚麼墮？'山曰：'是隨墮。'曰：'不受食是甚麼墮？'山曰：'是尊貴墮。'乃曰：'食者即是本分事，知有不取，故曰尊貴墮。'"

師云："如何是尊貴墮？"久無人出，下座。

上堂：②"真切要明此事，直須將盡平生所見、所聞、所知、所解一切等事，都盧并作一個竹箆子話頭，頓在目前，務使兩邊相叩，如雙扇鐵門，一齊推上，千拴萬拄，無一些子罅縫。于此大起疑情，橫摩竪拂，千不得，萬不得，正沒奈何處，忽然爆地一聲！不但竹箆子盡情破却，即使身心世界，了無剩法，便能拈起一毛頭作丈六蛇矛，百戰百勝，還有曾向這裏過來底麼？出來相見！"

頂目出問："臨濟有三句，請問如何是第一句？"師云："棒頭有眼。"進云："如何是第二句？"師云："此眼與頂目相見。"進云："如何是第三句？"師云："相見不得，且歸衆去。"進云："學人則不然。"師云："如何是第一句？"目云："霜松寒翠葉。""如何是第二句？"目云："九龍飛上天。""如何是第三句？"目云："這一句未肯與和尚道在。"師拈柱杖云："玄要即不問，汝且道這個作麼生？"目便喝！師便打！

在可出問："如何是臨濟玄要？"師以拂空中作圓相，中點∴字。"如何是雲門三句？"師云："細問將來。"進云："如何是潙仰圓相？"師云："兩扇鐵門齊關上。"進云："如何是曹洞五位？"師伸出一隻手。進云："如何是法眼六相？"師云："汝向目前見麼？"進云："五家宗旨還有優劣也無？"師云："禮拜

---

① 以下舉似可見於《指月錄·撫州曹山本寂禪師》（X. 1578），《卍新纂續藏經》（83），頁 592 中。

② 此篇上堂，他本皆無收。

歸衆!"進云:"三十年後遭人簡點。"便拜,師便打!

一默出問:"臨濟三玄要,和尚還夢見也未?"師云:"我不曾做夢。"進云:"恁麼則和尚未夢見在。"便拜,師打! 云:"也不得放過。"

乃云:"山僧口剛舌硬,動輒逼人口吻,所以有語不若無言。若是踏步向前,問着則棒長腕力,動輒劈人齒頰,所以無言不若有語。所以云:我愛冬,冬日間,倒卓青山在目前,林疏見虛烟。若是撥動林巒,突出雉兔,則草枯鷹眼疾,亂箭若飛蝗,縱使久經行陣者,也須退身三舍。會麼? 會即便會,不勞久立,珍重!"下座。

上堂:①"昔日臨濟大師有四喝,有時一喝如金剛王寶劍,有時一喝如踞地獅子,有時一喝如探竿影草,有時一喝不作一喝用。山僧今日只有三喝,不得不告報諸人,有時一喝巍如泰山北斗,有時一喝明如曉月晨星,有時一喝夢醒如前日昨日。"乃竪起拂子,喝一喝! 放下拂子。

至前上堂:②"群陰剝盡,不止于坤,以其碩果不食也;一陽未生,不坐于盡,以其來復不遠也。故入無量義大定而不冥,入刹那際三昧而不斷。真實空而不空,真實不空而不有。此正今夕一陽未生之謂也,應如是生清净心。"乃喝一喝! 云:"此是明日事。"

上堂:③"嶒峰無磴海無舟,率意驅車痛哭休。④ 從此頹然坐芳草,問來伸

---

① 此上堂語可見於《三峰藏和尚語錄・住梁溪龍山錦樹禪院語》(J. B299),新文豐版《嘉興藏》(34),頁142上。

② 此篇上堂,他本皆無收;參考漢月提及"群陰剝盡"和下三篇爲"十一月廿一日",此篇上堂的"至前",應爲冬至前一日。

③ 此篇上堂,他本皆無收。

④ 《晉書・阮籍列傳》記阮籍(210—263):"外坦蕩而内淳至……時率意獨駕,不由徑路,車迹所窮,輒慟哭而反。"中國哲學書電子化計劃,https://ctext.org,2021/8/5。

手折花酹。"

上堂：①"懸崖俯空,忽焉圻裂。于彼裂處,素無根種。忽生草樹,春花秋果。果墮崖下,明年此果復生草樹,根種無窮。且道乍裂之崖,誰爲主者？誰爲下種？果墮之後,誰爲受者？誰爲作用？若道'有'聻,則崖中無人；若道'無'聻,則不妨有生有果。且道畢竟如何？"良久,云："春初長微綠,秋後落疏黃。"

十一月廿一日,②付法上堂："抹殺法中英雄者,爲其能以舉一爲用也；驗盡法中英雄者,爲其能以大機爲用也；奪盡法中英雄者,爲其能以抽爻遜位爲用也；謾盡法中英雄者,爲其能以前定不滿爲用也。③

"若人自己已得大徹大悟,又于師承邊温研積稔,透盡大法、小法、三玄要、四料簡、四喝、四賓主、四照用等,和身能以前四句作用者,方是真師子兒,纔吼一聲,狐禪腦裂,異道喪心,方好爲人師,廣度一切,提挈天下英雄,接續祖脉,弘暢佛心,不令斷絕。

"老僧于三峰住二十年,來往參禪者不知其幾,于中深得此道,唯四人而已,敘其年齒,一曰一默弘成,一曰問石弘乘,一曰在可弘證,一曰頂目弘徹。彼四人者雖才力或有不及,而于此道研磨實深。苟爲人師,決不肯輕易放過致誤後昆。然付授之事,古人有密付者,有人天衆前付者,各各不同。今必欲對衆舉揚者,只爲比年以來,人心不古,信道不篤,不肯直盡大法,稍得見處,即便馳突而去,去後妄以'三峰曾印記我'爲言,欺罔行法,墮落魔外。以是因緣,特爲表顯明白,不但付以源流信拂,復將四人入道

---

① 此篇上堂,他本皆無收。
② 此篇付法上堂,《三峰藏和尚語録・住梁溪龍山錦樹禪院語》(J. B299)僅作"上堂",而且只記載"四殺雄"一段,其餘無收,新文豐版《嘉興藏》(34),頁142下。
③ 《三峰藏和尚語録・住梁溪龍山錦樹禪院語》(J. B299)夾注此段"諸方目爲四殺雄",新文豐版《嘉興藏》(34),頁142下。

悟繇,及入法奧因緣,若偈若語,一一寫出,付授之後,各各秉拂,對衆舉揚,即便付刻流通,使狐禪無從冒破,丁寧再三,合宜付授。"遂付源流信拂,下座。①

師既以正法委付四座元,②居士潘緝之等舉近日北禪寺迦葉尊者瞬目,龍山出四雄玉兔,以此二事爲付法之祥,請師上堂,師説偈云:"四雄玉兔出龍峰,泥塑頭陀亦眼紅。拂子四枝分付去,好花何地不春風?"下座。

上堂,③舉:"明招謙禪師偈曰:'師子教兒迷子法,進前跳躑忽翻身。羅紋結角交加處,鶻眼龍睛失却真。'"

師云:"此是歷祖爪牙,諸佛心髓。若人明得,即使兔雖小獸,立地變爲真師子兒,向千峰頂上四足踞地,牙如利劍,口似血盆,哮吼一聲,百獸腦裂,還有會得者麽? 其或未然,更下個注脚。④

"'師子教兒迷子法。' 纔見僧來,便推上門。'進前跳躑忽翻身。' 纔挨入門,一把擒住云:"道! 道!"纔要開口,即便推出云:"秦時𨍏轢鑽!"'羅紋結角交加處。' 早已向頂門一針了也。'鶻眼龍睛失却真。' 師子兒,衆隨後,三歲便能大哮吼;若是野干逐法王,百年妖怪虛開口。

"有麽? 有麽? 有則出來對衆翻躑看!"

問石出,作禮,師云:"汝是第幾個雄玉兔?"進云:"錦樹翻成玉樹,龍山變作雪山,且問是何祥瑞?"師云:"何不翻躑哮吼?"進云:"今日和尚,當日釋迦,還有優劣也無?"師云:"放過一着又作麽生?"進云:"若恁麽當作禮三

---

① 此漢月爲一默弘成、問石弘乘、在可弘證和頂目弘徹四人所作之付法法語,見本書所輯《鄧尉山天壽聖恩寺三峰藏禪師語録》卷二十一。

② 此篇上堂,可見於《三峰藏和尚語録·住梁溪龍山錦樹禪院語》(J. B299),新文豐版《嘉興藏》(34),頁 142 下。

③ 此舉似可見於《智證傳》(X. 1235),《卍新纂續藏經》(63),頁 189 上。

④ 下段漢月的注脚(著語),本書以楷體小字和上下空格表示。

拜。"師云："未向前來,早與三十棒了也。"

頂目作禮起,師云："汝是第幾個雄玉兔?"進云："請問和尚。"師云："何不翻躑看?"目便喝！師云："放過一着又作麽生?"進云："與麽則禮拜去也！"師云："未向前來,早已三十棒了也。"

在可作禮起,師云："汝是第幾個雄玉兔?"進云："玉兔且置,如何是真師子?"師云："汝且翻躑看。"進云："還哮吼也無?"師云："放過一着又作麽生?"可便喝！師云："未向前來,早與三十棒了也。"復舉偈云："師子教兒迷子法,進前跳躑忽翻身。羅紋結角交加處,鶻眼龍睛失却真。若未會者,向這裏入！"下座。

上堂：①"山僧十五六年前,也曾見神見鬼,如今年深月久,總忘却也。但得輕衣一片,飽食三湌,童子挪揄,禪人問道,贊之或喜,罵之或怒而已。若道曹山有尊貴旨訣,切莫聽他這樣說話。"

上堂：②"有一人從西過東,又云：'是,不是。'有一人從東過西,又云：'不是,是。'有二人對面相揖,又云：'是,不是；不是,是。'有二人各自還家,又云：'說甚"是,不是；不是,是"?'雖然,各人腰下有一條縧,只是尋覓不見,須是自繫自解始得。"

---

① 此篇上堂,可見於《三峰藏和尚語録・住梁溪龍山錦樹禪院語》(J. B299),但作"山僧三十年前",新文豐版《嘉興藏》(34),頁 142 中。

② 此篇上堂,他本皆無收。

鄧尉山天壽聖恩寺三峰藏禪師
語録　卷之十五

嗣法門人弘成、弘致、弘乘、弘證、弘徹

弘垣、弘璧、弘鴻、弘禮、弘儲

弘銛、弘忍，受法弟子惲日初同編

學人周祇、蔡懋德、劉道貞、熊開元

馮贊、章日炌、金印榮、蔣秋皎

法　　語

示夢叜王居士[①]

參禪一法，本非世間學問，亦非出世間離生死便了，[②]當會得生死中，得大自在可耳。若欲得大自在者，直須真實畏生死，怕升沉，不知來去苦樂實際，因之發起阿耨菩提心，只要預先勘破生死念頭在于何處？得其處所，方好

---

① 此篇同於《三峰藏和尚語録·法語》(J. B299)《示王夢叜居士》，新文豐版《嘉興藏》(34)，頁185上—中；《三峰藏和尚語録·三峰和尚年譜》(J. B299)記天啓六年丙寅(1626)，漢月54歲，作《示通州王夢叜居士》，新文豐版《嘉興藏》(34)，頁208下。

② 底本頁1b—2a缺頁，故本書下文自"當會得生死中"至"心識紛飛"，以《三峰藏和尚語録·法語》(J. B299)補入，新文豐版《嘉興藏》(34)，頁185上。

以法攻之。何謂生死念頭？兩端取捨心是。何謂兩端取捨心？一切對待法是。對待者，上與下對，東與西對，大與小對，真與假對，凡與聖對，善與惡對，道與俗對，貧與富對，寤與寐對，有與無對，佛與眾生對，出生死與生死對。但一念、一動、一語、一默，纔落兩端，便是取捨。不知不覺，時時刻刻，念念刹那墮在生死之中，永不能出脫自在，縱使念得佛、持得咒、坐得禪、修得觀、作得福、懺得罪，亦皆從兩端心識上流注，做盡活計，與向上菩提有何交涉？

所以達磨東來，直指人心，見性成佛。人心者，即兩端心是；成佛者，即透兩端心是。了却兩端，則不名人、不名佛，說人、說佛，對眾生情謂道耳，情斷則有何言說可到？惟向言說不到處，說此一段大事。《法華經》曰："止止不須說，我法妙難思。"①只此兩句，說盡《法華》之旨，便是如來禪轉過即祖師禪也。奈何人不易會，心識紛飛，故歷代祖師千方百計，要人了此念頭，開個問頭答語，令人向問答上頓了。

自馬祖而下，問答處發作者十百千萬，不止《傳燈》一書所載之人而已。唐宋以來，問答者久久習成故事，輕如戲論，不能發悟。縱有悟入，亦無受用。故祖師家翻出個看話頭、起疑情、做工夫法子，令人把古公案，或問頭，或答語，剪取一則半則，蘊在胸中，使人把兩端意識，一截截斷便去不得。去不得不是了手，正向了不得處，發起勇猛，忽然情見斷絕，猛地撞着一聲一色，一語一默，一棒一喝，頓明出身路子，再不重來向生死過日，此名快活人，便不落有修證、無修證等法。如此了事，方好親近真正識宗眼宗師，十年、五年依止，究盡中間微細之惑，細惑盡，法見自忘，方好隨隨養道，或僧或俗，自利利人，阿耨菩提，此之是也。

所謂話頭者，若昔大慧禪師日日手把竹篦子示人曰："喚着竹篦則觸，不喚着竹篦則背，不得有語，不得無語。"②只此四句，將一個竹篦子實實落落

---

① 《妙法蓮華經·方便品》(T. 262)，《大正新修大藏經》(9)，頁6下。
② 《大慧普覺禪師語錄》(T. 1998A)原文作："喚作竹篦則觸，不喚作竹篦則背，不得下語，不得無語。"《大正新修大藏經》(47)，頁869上。

頓在目前,于事物上參之,不得向心窩裏看本性紗心等。《楞嚴經》題謂之"事究竟堅固",①夫事上究竟得其堅固者,是從事物證之者也,切忌向理上解會。若理上會,便是意識,乃法師活計也。《法華經》曰:"是法住法位。"②法位,事也。《大學》亦曰:"物格。"事物上透,不愁不悟不了。只因人一向習講道理,故讀此等好書,仍把道理會去,直是可惜。

故參禪貴在事上着力,一事透則萬法了,法了則心歇。此法一了,乃至烏言犬語,何所不會,咒語符章,件件洞達,實非尋常人所知。故禪之尊貴未易家喻户曉,以非明白法子也。崇川夢叟寄語山中,索祖公話頭,將力參力究,作向上人行履,不覺叨叨及此。若夢叟果是他家種草,未睹此卷,便當付之水火,隔江慢罵始得,其或眼目稍轉,便須快讀一過。

示于磐鴻侍者③

大都學道,須求正法。正法者,不着有,不着無,不落又有又無,不落不有不無。不走出四句外空空,不住在四句内流注。左不得,右不得,前不得,後不得,中不得,邊不得,是不得,非不得。對一切萬事取捨不得,放閒不得。把個竹篦子話頭,盡力提起,千諍萬諍,忽然如生龜向太虚空裏,盡力一諍,諍出龜殼,渾身鳳毛,五色絢爛,飛過極樂世界,與命命

---

① 唐沙門慧琳《一切經音義》(T. 2128),《大正新修大藏經》(54),頁 480 上;宋長水沙門子璿集《首楞嚴義疏注經》(T. 1799)中解釋:"首楞者名一切事竟,嚴者名堅,即一切事究竟堅固也。得此三昧,觀法如幻,於法自在,能破最後微細無明,能獲二種殊勝之力,現身說法,無礙自在。"《大正新修大藏經》(39),頁 826 中。

② 《妙法蓮華經》(T. 262),《大正新修大藏經》(9),頁 9 中。

③ 此篇法語同於《三峰藏和尚語錄·法語》(J. B299)《示于磐鴻侍者》,新文豐版《嘉興藏》(34),頁 185 中;《宗統編年》(X. 1600)記:崇禎辛未四年(1631),于磐鴻爲漢月侍者,《卍新纂續藏經》(86),頁 294 上;《五燈全書》(X. 1571)有《吳江華嚴于槃弘鴻禪師》傳:"毗陵蔣氏子,性極聰敏,少失恃,其父挈之,登三峰求剃染,俾之給侍,久而有省。"《卍新纂續藏經》(82),頁 329 上;本書所輯《鄧尉山天壽聖恩寺三峰藏禪師語錄》卷二十一,漢月崇禎八年(1635)《付于磐上座源流法語》:"于磐鴻公,從余爲侍者最久。"

鳥廣談般若始得。

示子貽居士①

問頭如兩路甲兵，水陸并進；答處則非凡即聖，墮鋒鏑中。所以開口不開口，總是生死；起念休念，都無避處。若人于問處，討得個轉身吐氣，撥轉泰山，壓殺螻蟻，令老胡無開眼動舌處，着着虎口，棒棒見血。自己分上，不動一旗一鎗，百萬魔軍，一時擒下。將長蛇陣，卷到結角羅紋底頭，也是飯飽弄箸。何必？不必！

示野懷上座②

三碗粥後，畧踏數武。向繩床上靠一靠，蘇蘇然，陰陰地，如一片黑雲盖覆着，便不知身何在？世何在？界何在？佛何在？衆生何在？這裏好個消息。忽鳥在屋簷頭上叫一聲，張開眼來，団！日正停午！大凡人難得有病，病難得不怕死，病不怕死，便是極無事人，無事中極易見道，但恁麼看去！且道：畢竟如何是安身處？

示馭禪人③

目前一片交織如密網，無可下手處，切不得死在網中，直須如神龍千變萬化，自然有出身路，或雷轟電掣，或驟雨驚風，或翰九霄，或藏一鉢，火裏水滔，波中焰發。無雲處正好安身，有雲處不妨奮爪。鬚撐天，頷拄地，頭出

---

① 此篇法語同於《三峰藏和尚語錄・法語》(J. B299)《示子貽居士》，新文豐版《嘉興藏》(34)，頁 185 中—下。
② 此篇法語，他本皆無收。
③ 此篇法語，他本皆無收。

海,尾蟠山,如蚓如針,入微入渺。有時如蜻蜓立爾釣絲,有時如風浪翻將釣艇,方是看話頭作畧。你若死字繩墨,魍魎魑魅,過了一生,無個入處,只道佛法無靈驗,不知你自生退屈,自作障難,何關祖家立法事?參禪人自須辦一片出格心腸始得。

示師黃居士①

見得面前山,爲甚不見背後壁?聞得百里雷,爲甚不聞轂中語?寤時件件明白,爲甚睡裏不分明?且道生在這裏,因甚得生?忽然死去,爲甚却死?只這疑處,還可讀書明得否?思量明得否?問人明得否?這裏既明不得,如何喚作頂天立地底人?若是此處放不過,不得不以參禪一法,直下討個下落。參者,兩中着一,三物夾持,透不去處,畢竟要透是也。禪者,有、無、中三不可得處,得無所得是也。下手只在兩頭去不得處,務要明白朝夕六時,卧起行立,畢竟放不過,千疑萬疑,憤憤不過。一旦心識迸斷,觸境逢緣,一擊粉碎,將碎底倒持,無物不破。然後回看前來不明白處、明白處,都是一場好笑,爲何聾?青山雲出頂,碧水月來波。

示初地禪人②

參禪不得悠悠忽忽,今日也把一個話頭拖,明日也把一個話頭拖,如一條爛死蛇相似,閉眉合眼,冷冰冰地作默照餘塵,此是至惡套子,害殺好漢。做了一堆淋過死灰,轉弄轉覺苦惱,將骨脛曲如兜羅,禪心凝作死

---

① 此篇法語同於《三峰藏和尚語錄・法語》(J. B299)《示師黃居士》,新文豐版《嘉興藏》(34),頁 185 下。

② 此篇法語,他本皆無收。

水,永無發越迸裂消散粉碎時節。只好如澄濁水底,澄到清清裏,身心世界俱空,無一點氣息處,自己妄道:"這個想就是禪了!"出言吐氣便不識好惡,即摹寫這模樣,説兩句"空中月影,松杪風聲",隱隱然夾帶一段光境,與法身理相應。殊不知此等境界全是妄想所成,若恁麼去,何時得到奮霄一震,大海齊乾,盡大地踢出一個火坑,鍛煉佛祖,烹煮魔外,求個出頭出尾哉?

要知做工夫,須如滾油鍋裏,放下猛虎相似,一跳撞破太虛,翻身轉來,皮毛脱盡,換一番牙爪,噬盡世間金毛獅子,飽飼䐛地,高臥萬峰頂上,目前無一點蚊虫蚤虱始得。雖然猶有尊貴一路,不許脚下點着在。

示沈居士豫章①

河洛之源,源于無極太極,象于一圈〇。禪宗之始,始于威音,亦象于一圈〇。威音、太極皆有無是非名狀不得處也。于有無不得處下點"、",則如泰山之壓蟻,如大海之沃炬,殺活縱奪,如環無端,謂之執厥中,謂之用中,謂之中庸,謂之大用,謂之無作妙力,點點無非此事,畫畫無非此事。故棒棒見血,着着見將,處處皆了,寸寸皆金。只在兩端不得,無中間,絶頭尾處,直下用去耳,故曰:"直心是道場。"②曰:"人之生也直。"③今若于竹篦話上,看他喚竹篦不得,不喚竹篦不得,千不得,萬不得,畢竟向這裏悟去,便是"執其兩端,用其中于民"。然此用處,非大悟不能了;此悟處,非竭力不能翻。須憤而啓,竭而立,從于末由,覓心于了不可得,庶幾坐進此道。進此不可進,由此末可由,言其不可言,行其不可行,如日之處空而不空,如雲之出岫而非有,如雷之擊,若電之閃,遇水轉熾,遇堅益碎,噓則爲春,

---

① 此篇法語,他本皆無收。
② 《維摩詰所説經》(T. 475),《大正新修大藏經》(14),頁 542 下。
③ 《論語·雍也》,參中國哲學書電子化計劃,https://ctext.org,2020/6/18。

肅則如秋，如天行之莫測。雖愚夫愚婦，無不具足，不過點之與圈，威音、太極而已。今日若教老僧説個法語，直得筆舌兩禿。

示松陵沈居士①

一物堅如鐵山，搖撼不得；一句重如金杵，攖觸不得。以不得破不得，回不得作不得，至于不得不得，用此不用，何須更見得與不得，爲得不得哉？居士但將此沒奈何話頭，于沒奈何處，極力沒奈何去，于沒奈何，破沒奈何。復破此破，破于破破，作一口金剛王隨手揮弄，則治天下，度衆生，有何難哉？誠能如是操略，管取一生事辦也。

示岷陽居士②

工夫須要心路坐絶，纔有行處，即是魔羅門户。譬如枯井中狐，得一線光明，便能走脱。大凡走得脱，是解脱沉坑，可畏之處。直向轉身不得處，努力求出，亦斷然不從脱處脱去。惟其脱不去，正好用力，用力不已，劃地一迸，空、有、中間三路俱破，單單用個無孔鐵鎚，橫摧豎擊，住手不得，和身向海底裏沒頭輥去耳。

示仍初禪人③

人情滔汩，世事變遷，不能于動中真見自己，必須下手得法，入道有門。何

---

① 此篇法語同於《三峰藏和尚語録・法語》(J. B299)《示松陵沈居士》，新文豐版《嘉興藏》(34)，頁 185 下。
② 此篇法語同於《三峰藏和尚語録・法語》(J. B299)《示岷陽居士》，新文豐版《嘉興藏》(34)，頁 185 下—186 上。
③ 此篇法語，他本皆無收。

者爲門？古人所謂"無門爲法門"，①《法華》所謂狹小門是也。② 欲知小門，先識四火。何爲四火？有、無、即有即無、非有非無是也。四句不犯，則無路可行，只在行不得處，發大憤，奮大力，以迅捷之勢，互相推排，競共馳走，一躍便出火宅耳。

故吾祖師以竹篦子話，兩頭坐斷，以該四火，令人向四面火中，憤之奮之，推之踢之。以不思議之思思之，以無作用之力用之，以行無路之路，以破無礙之礙，了無可了之了。常提無柄之劍，斬不影之魔。空着眼睛，向彼雲漢，了無一絲毫物色目前飄動。至于睡着處，悶絶處，自有山花鳥語，爲汝作倚天長劍，不待汝費心力也，但要前來一踢一推，直下悟去耳！

示了素二禪人③

示涵初信禪人④

参禪人所貴器量穩，作事簡，用心切，入智深，着力乾，擔當硬，方可于生死中羅籠不住，横出直入，無有罣礙。若前六者有一缺乏，所參之禪皆受用不着，景欣所謂"打鬼骨臀有日在也"。⑤ 器須潔净，量須闊大，净則欲不撓，大則物不礙。住山要人少，要無邪伴，人少則費省，無邪則欲斷。故事

---

① 《馬祖道一禪師廣錄》(X. 1321)，《卍新纂續藏經》(69)，頁 2 中。

② 《妙法蓮華經》(T. 262)："是舍唯有一門，而復狹小。"《大正新修大藏經》(9)，頁 12 中。

③ 此篇法語同於本書所輯《三峰藏禪師開發工夫語錄》卷二和《三峰藏和尚語錄·法語》(B. 299)《示了素二禪人》，故不重錄，新文豐版《嘉興藏》(34)，頁 186 上。

④ 此篇法語，他本皆無收。《三峰清涼寺志》記漢月早期住三峰禪寺時，有十四弟子，涵（或作"含"）初信是爲其一，《中國佛寺志叢刊》第 4 輯，第 40 册，頁 126。

⑤ 《指月錄》(X. 1578) 涌泉景欣禪師云："我四十九年在這裏，尚自有時走作。汝等諸人莫開大口，見解人多，行解人萬中無一個。見解言語總要知通，若識不盡，敢道輪迴去在。……不見洞山道：'相續也大難。'汝須知有此事，若不知有，啼哭有日在。"《卍新纂續藏經》(83)，頁 572 下—573 上。

事簡而不繁動其心。既事簡則心空，心空則可發怕生死心。怕則參情自切，心切則搜研不滿，愈入愈深。愈深則力愈猛，愈猛則智竭而乾，乾得盡則骨力自硬，骨力硬則方可回身入世，于火宅中鍛煉。千鍛百煉，不過要骨頭愈剛，心力愈猛耳。若是單單學得些知見禪，實實不曾事事摧碎，口便說空，行在有中，直到阿爺方悔，盖爲平日自哄自弄，瞞人過時，不曾着實也。

信公一向世心重而道念輕，水上打一棍也當修行，今日方要坐死關，做涅槃堂裏工夫，來與我說。我故直言相勸，只留二、三半老種菜打飯底人，其餘着長布衫、光頭滑面者且呵之退舍，待十年後自己實實做得人師時，再來未晚。字不識，須請問識者，不可杜撰。禪未明，須參問實曾透底，不可自烏焉馬，暗地點胸歡喜。未透底禪，勿向人出口便說。仔細！仔細！半生浮行，從今日老實做起，珍重！

示截巘禪人①

參禪人先須空却心識，如水上葫蘆，浮浮地無一毫粘帶處，逢人撥着便須頭回尾轉，不可死㹴狙地，執定自己見解，遇一句話刺着，如釘椿搖艣，刀割不斷，斧劈不開，直是苦惱殺人。此是君家無量劫來薰成惡習，今日須依我打得乾乾净净，且看德山入門便棒，慈明入門便罵，千般毒舌，萬樣醜面，只要汝向這裏明得道出常情一句，總在睦州見僧便推上門，便道"秦時鞭轢鑽"處看取。向機前下個橛子，水路不通，放身閒閒地，如水打萍花，可上可下，不根不蒂，但見問來，便開開口，動動手，自然了當，不是用筋用力、勞心勞意底事，只爲這個自有千勔萬勔力耳。

所以道："推爺向裏頭，祖尚不識，何況兒孫奴婢耶？"②若果然到與麼

---

① 此篇法語，他本皆無收。
② 此語可見於《指月錄》(X. 1578)所記，九峰道虔禪師（五代十國人）與僧人之問答，《卍新纂續藏經》(83)，頁 574 中。

地,已具無作玅用,又須如水中葫蘆一捺便轉,通得大法,識得賓主、權實、玄要、料簡、照用、四喝、兩堂同喝等事,一一在師前透過,無一點罣礙,再透五家宗旨,及四十九年說法儀式,五十三參差別智,日漸月磨,心光自盡,道光自透,然後如蓮花峰,如獅子巖,竭盡操履,則一生參學事畢。

示珠攝禪人①

人即是佛,佛即是人,人佛不殊,證修乃其餘事耳。今之參禪者,祇學得一個魔套,以爲奇特,先把自己魔盡,又去魔他家男女,魔魔相傳。勿論禪不是禪,并成佛作人,俱無地矣。公今先要平平坦坦,做個好人;諦諦當當,參成好佛。福事不可少,福大則無病。人理不可缺,人全則不魔。佛法不可苟簡,若不進法,則祖道不完。直須透過末後句始得。末後句不是有這些事,直須回來向那邊行履。且道行履是個甚麼?直須眼入髑髏,枯骨無汁,自然到也。

示平休禪者②

參禪是出世最上大事,先選人品德器。若人品果無作怪奇特、玄玅高險,居常惟不識不知,泯泯在衆,而形儀挺特、志氣出群者,此好人品也。德器者,居常戒律不持而自净,在衆無礙而善荷負法中事,此好德器也。然後令渠觀察目前事事物物,勿落有無、凡聖、是非、好惡、空假等言意,一落此等,便是輪迴生死之心。務在兩頭坐斷,心路不行,行不得處,盡力求個轉身吐氣。假如事事喚他名字不得,不喚他名字不得,兩個不得,畢竟要向

---

① 此篇法語,他本皆無收。
② 此篇法語同於《三峰藏和尚語錄·法語》(J. B299)《示平休禪者》,新文豐版《嘉興藏》(34),頁 186 上—中。

不得不得處，一棒一喝，一句一動。俾世出世間萬事萬法，一齊打轉，橫出直入，目朝雲漢，不用絲毫挂搭；清風走空，明月落洞，更無一點疑關。那時尋個好師，千鍛百煉，煉心煉法，煉人煉骨，煉到白牛露地，不出其位，久久當自有受用也。

示馮居士儼公①

棒是何物？受棒是何物？主棒是何物？三個何物，一齊燒了。雲摩霄，月破水，同起同倒，恁麽喫飯、屙〔屎〕、②送尿、做文章、爲國爲民，一任過去，只要了得，便莫尋他下落，自然隨處是不欺人之力。若更低一低頭，看一看脚，便干戈四起，急須倒轉他用好。

示儼公去疾二居士③

大都聰明人學道，多用心意識領荷，不能自肯，縱然會得些子，却與學問相似。于有心凑泊處，覺得也好；于無心霍亂時，便覺不穩。以是回頭轉腦，愈參愈難，便疑佛法無甚靈驗。日久歲深，置之閒處，竟作退道心人，而不自知其過在何處，可惜許也。

若是真心不退漢子，不要將理會處、恬靜處、快活處，作禪道佛法會，爲何聱？以此快活、恬靜等是色、受、想、行、識五蘊堆頭事，覺得身心安靜是色蘊，覺得便是受、想、行、識蘊，此魔業也。若以此心、意、意識去學禪，是學

---

① 此篇法語，他本皆無收；《三峰藏和尚語錄·三峰和尚年譜》(J. B299)記：崇禎四年辛未(1631)，漢月三應安隱寺之請開法時，馮儼與其他居士朝夕座下聽法；又，八年乙亥(1635)，漢月63歲示寂前回鄧尉聖恩禪寺，馮儼與其他居士亦於座下聽法，新文豐版《嘉興藏》(34)，頁209下、211下。

② 原文作"矢"，本書依語意改爲"屎"，以下皆同。

③ 此篇法語同於《三峰藏和尚語錄·法語》(J. B299)，新文豐版《嘉興藏》(34)，頁186中—下。

魔耳,非學佛也。

直須把前來領荷底一手推開,不走這魔路,只在去不得底所在,研之磨之。若有明路,又與抹過,再研再磨,千不是,萬不是。一旦聰明心盡,極力一㨖,自然頓斷平生識路,當下自肯。自肯之後,須得真師良法,重重鍛去法中聰明,一切心盡,方是得道。若真得道,便與尋常人等耳,豈有奇特受用玄妙等魔事哉?

儼公居士于此有疑,請決老僧,適去疾居士書來,法病頗同,因書此與二居士作磨鏡髮團,并遍告我法中一切聰明心學道者,并宜鍛盡知識,去盡受用,洗盡佛法,忘盡道氣爲得也。若以聰明心務要佛法有些好處,則大背道階,竄入惡道矣。慎諸!慎諸!去盡聰明,正是大聰明人,不是反鈍却也。

示毓采居士[①]

話頭要交得緊,萬物頭上要織得密,參情要疑得深,逼得猛,破得重,見得明徹。用處要有千萬斤氣力,問頭答語要分得清,坐得滿,別山要認得妥當。所以便有"有、無"兩句,判然不漏。先須知"無"句來處,方得見"有"句力道。分得清則交處密,密密不可得處,自有傾天倒地面目。到此,如車之輪,如席之卷,遠之遠矣!通身在裏許,打眠打坐,鳥啼亂雲處,月落萬波心。

示道源居士[②]

鶯脰湖上,鐘聲與鷗鳥齊飛。殊勝寺前,水色共殿堂并注。須揭頂門眼

---

① 此篇法語,他本皆無收。
② 此篇法語,他本皆無收。

見,莫將竅裏耳聞。脚跟下踏斷浪頭,衣袂邊帶翻屋角。平波好句,風上滾來。荒渚新詩,月中浮出。付推敲于雲外,倩吟詠于濤中。換湖心爲我心,轉海眼爲己眼。袈裟挂雨中蕉葉,如意生木上菌芝。出語不借舌根,翻經只見木葉。有人問着便道:"落霞與孤鶩齊飛,秋水共長天一色。"①會麽? 會麽? 前溪後溪向君説。

示覺我王居士②

澄江度雁影,脚下無私;踞地奮師猊,言前絶響。驀直伸手而醉象仆,應時垂足而羅漢拜。楊柳舞風,寒獹吠月;山泉答響,松影搖光。見則便見,豈有他哉? 聞而不聞,何足疑矣? 只在凡聖兩消,是非同絶。無功之力,一片空雷;絶息之談,百鑽無路。青山撞着白水,長橋踏斷短街。管教生死同低昂,一任與奪俱自在。出言有節,觸事非緣。

姑蘇城外水東流,荆溪山前雲遠出。握造化在手,踏佛祖于地。捏太虛作鐵彈子,破須彌爲微塵末。電光石火裏過活,鑊湯爐炭上卧身。翹唇竭舌處,仰贊無從;沉睡大死時,廣談無量。入處不在多,只消一唯;收來非有剩,不出這○。亐因脱一而成言,道向别山而得見。切勿乘虚接響,作意運通,依倚將來,推詳得去,正是死生根本,心識關頭。

情知老僧不在這裏住,侍者何須向外馳? 入一橛更見可憎,轉一彎太無所厭。直須向那邊行履,格外藏身,方是君儒物格之秋,我佛道成之日。談任運,始不墮自然外道;落思惟,恰好在慮得中間。若問最先下手地,只在去不得處,研磨不休;要知末後了手時,只向行不得中,遮攔不住。

---

① 《大慧普覺禪師語録》(T. 1998A),《大正新修大藏經》(47),頁 824 上。
② 此篇法語,他本皆無收;《三峰藏和尚語録・三峰和尚年譜》(J. B299)記,天啓二年壬戌(1622),漢月 50 歲,作"示王覺我法語",新文豐版《嘉興藏》(34),頁 207 中。

示繼啓儲侍者①

萬法頭邊,每一法如惡叉聚,三處下手不得,則件件壁立千仞,如赤燒銅柱,觸他不得。若欲捨之,退步即是火坑,無從置足安身。正在千熬萬炙間,急急尋思,無個出身躲避處,豈可甘心就彼死地哉?直須奮地向虛空裏一踏,空銷地裂,身心粉碎,轉作游絲百結,如金剛鎚擊破萬法。那時問老僧討個入細,猶當三十年給侍在。

示 禪 者②

脚頭下自有一片平地,任從彳亍去。登山上石,過水涉泉,倚樹看雲,藉草結座。饑來向鐺子下打火,峰頭邊汲池。編葉縛茆,钁地種菜。仰天俯地,不知有佛出世、仙飛昇,亦不知有自己一段光明幢,騰騰落落處,但見猿鳥去來、日月明晦而已。其或脚頭自懶,隨處放身,或市上堆堆,橋頭汩汩,或酒樓邊聞唱,或花塢裏看人,一隊來,一隊去,長着綠,短穿紅,大袖飄香,紅裙拖帶,共人笑語,與彼雜談。亦不知赤日上天,清風落地,只是三湌信口,七尺隨身。那管山之深,塵之厚,唯雙眼在面,兩耳垂肩,便是黃大老。

---

① 此篇法語,他本皆無收。
② 此篇法語,他本皆無收。

鄧尉山天壽聖恩寺三峰藏禪師
語錄　卷之十六

嗣法門人弘成、弘致、弘乘、弘證、弘徹

弘垣、弘璧、弘鴻、弘禮、弘儲

弘銛、弘忍，受法弟子惲日初同編

學人周祇、蔡懋德、劉道貞、翁汝進

張瑋、馮悰、張岐然、蔣秋較

法　　語

示公因居士①

欲識祖師把鼻，須從前來一派發源處看透，然後把一切老古錐種種差別言句，翻精作怪處，不消一捏粉碎。所謂發源者何？② 即從世尊降生，周行七步，指天指地，"唯吾獨尊"領得，便見四十九年橫說豎說，字字如鐵橛子相似，畢竟不落他浪罅裏没溺。此處不疑，即于拈花一笑處不疑；拈花無

---

① 此篇法語同於《三峰藏和尚語錄·法語》(J. B299)，新文豐版《嘉興藏》(34)，頁186下—187上。

② 以下漢月所舉禪宗自釋迦牟尼佛至諸祖之發源，皆可見於《指月錄》(X. 1578)，普遍周知者下不贅注，《卍新纂續藏經》(83)，頁405以下。

疑,即于倒刹竿諸傳法偈不疑;偈上不疑,即于初祖"無功德"、"不識"處不疑;不識無疑,便于"身是菩提樹"、"菩提本無樹"處無疑。于此便見得擊碓擦墻,搖艣張網,引頸受刃,以鉢降龍消息。見此,便見磨磚消息,便見馬祖舉餬餅扭鼻、百丈卷席子、作笑作哭消息。

既知這個消息,若識不透釋迦雙趺,徒示深深密意,便識不透竪拂、挂拂,及馬祖末後一喝消息,便識不透黃檗吐舌消息。若識得這個,便識得三頓痛棒道理,便會兩打、兩喝,脫下衲衣,痛與一頓,不爲分外。識得臨濟道理,便識船子覆舟,德山、巖頭末後句,同條生不同條死句,便會仰山一二二三子,平目復仰視,香嚴獨脚頌,五位君臣,五位王子,六相義,雲門、雪峰三句,周遮開闔,種種宗旨。識得這宗旨,便曉得尊貴之旨。既到尊貴,便曉得溈山大笑,纔曉得石霜休歇,蓮花峰不肯住,曉得高峰出世後,入獅子巖。

此處曉得,便知普化振鐸而去,隱峰倒卓而逝,到得與麽田地,方能如泉大道躍入龍潭,入得潭,方好學他喫酒肉,學布袋和尚行履,學皓布裩行履。所以布裩書七佛于裩上,有人學之,裩曰:"汝何人?敢學我耶!"其人吐血而死。學得皓公,方好學無饜足。① 婆須蜜千態萬狀,出不得指天指地這一指頭禪。② 神通變化,俱非作意,要之不過一悟字耳。

今人稱悟,或恐悟不盡,所以千悟萬悟,悟不怕多。又恐無師承,恐入邪悟,夾雜不盡,須仗作家鉗鎚,千鍛百煉。煉之既是,久之,復恐凡聖二情又作,自己不知,乃復再勘再鎚,永不復敗屈,方好離師自養。亦須住山少緣,淡薄無味,十載廿載。萬不得已,龍天推出,不過虛空中蕩過雲影子相似,豈是實事?

---

① 參《指月錄·荆門軍玉泉承皓禪師》之記載(X. 1578),《卍新纂續藏經》(83),頁669下;漢月於《三峰藏和尚語錄》(J. B299)説明有人模仿承皓書寫七佛之名於裩(短裩)上,之後吐血而亡,新文豐版《嘉興藏》(34),頁186下。

② 參《指月錄》(X. 1578)中六祖彌遮迦尊者度化七祖婆須蜜之記載,《卍新纂續藏經》(83),頁427中。

雖然，末法禪道，壞已極矣，不得已因時因節，向窮山冷地，遇人先爲指點一言半句，雖聽信者少，亦爲人植種。此高峰先出世，後入山；①二祖先傳法，後調心意也。② 此語我常于室中，與二三同志者説，會公因居士信嚮此道，遂縷縷書之。令其尋常冷眼一看，若得透頂透底，異日于塵勞中，勸拔俗漢作末法種子，留爲千生萬劫佛祖眷屬，庶不負靈山囑累之苦切也。公因勉之。

示戒初上人③

示在初法師④

抬頭見星，恍然大悟，〇！盡阿僧祇三大劫來事，一時劃然，一！且道他見個甚麽？他了個甚麽？十！到這裏不作今時外道見解，便肯重起疑情。經三七日，經行菩提樹下，忽然抬頭又見樹底消息，✕！便能開口説法，向來所悟天然外道見解，一時裂破，是時十方佛現，爲作師承，爲之印記。所以末稍棺中伸出雙趺，迦葉傳下，到馬大師脚下，出四大家，着着從〇、一、十處互爲賓主，遞相酬唱。

惟有洞上一宗，從╱這裏指點，遂爲五家宗旨，或從｜，或從╲，或從八，或從小，無非露得此⊙消息。所以齒縫中時時流出金欠，中人面目，且道

---

① 《高峰原妙禪師語録·行狀》(X.1400)記高峰原妙(1238—1296)："辛酉(1261)得悟，丙寅(1266)隱龍鬚，苦行九載，甲戌(1274)遷雙髻。大元己卯(1279)上西峰，辛巳(1281)入張公洞，扁死關，不越户，十五年，學徒參請無虚日。"《卍新纂續藏經》(70)，頁698。

② 《指月録·二祖慧可大師》(X.1578)記二祖慧可傳法三祖僧璨後，乃往住鄴都，化導四衆飯依三十四載，"韜光混迹，變易儀相，或入酒肆，或過屠門，或習街談，或隨厮役"。有人質問時，二祖答曰："我自調心，何關汝事？"《卍新纂續藏經》(83)，頁439中。

③ 此篇法語同於本書所輯《三峰藏禪師開發工夫語録》卷二《示戒初上人》和《三峰藏和尚語録·法語》(J.B299)，故不重録，新文豐版《嘉興藏》(34)，頁187上—中。

④ 此篇法語，他本皆無收。

三藏十二部經,他道個甚麼? 無非是卜ナ乀斤フヒ而已。山僧今日只得對法師一時説破,張六大王,吴三小卒,將半個明月充饑,原來無如是事,此是臨濟三句、三玄、三要、丶八、賓主,都説了也。會麼? 江北江南來復去,不知大座幾翻登?

示淵充兹首座①

示項目徹首座②

若果有大法,則拈花時未嘗忉怛也;若果無大法,則古人又道野狐禪、斷貫索。何哉? 二説既立,便是爭端,必欲息諍,直須得個大歇場,纔可放手。然此大歇場,畢竟非拈花處見,畢竟非大法上了,直須再悟一下,方好過日,不然,皆爲公案管攝,自在中全不自在矣。又不可認個消亡底,空空田地作有爲見,此一上絡索,不可作平常參禪見識消繳,却稱透悟底人。十個有五雙,到此便來不得,牽東扯西,説個拈花時,何曾不放下? 惡臭! 惡臭! 那有此等禪? 此等即是魔業也。

公因見處未透,一向會禪不落在直截處,又落在彎曲處,一總在糞坑中頭出頭没,無有了期。所謂智慧方便多,言亂與理合,法所不救者也。所以托鉢公案,不可不看,就此中看他三十年、二十年,做住山消閒工夫,不爲分外。徹公别我住珍珠塢,盡心問及前件,尚挂齒牙,知其爲佛法所醉,不得虛閒放曠,因書數語,請進一步,再爲住山操履也。

---

① 此篇法語同於本書所輯《三峰藏禪師開發工夫語録》卷二,以及《三峰藏和尚語録·法語》(J. B299),故不重録,新文豐版《嘉興藏》(34),頁187中—188中。

② 此篇法語,他本皆無收;《五燈全書》(X. 1571)有《姑蘇瑞光清涼項目弘徹禪師》傳,《卍新纂續藏經》(82),頁327中—下;《三峰清涼寺志·項目徹禪師》,《中國佛寺志叢刊》第4輯,第40册,頁101—102;浙江大學圖書館藏《嘉興藏》收有《清涼項目徹禪師語録》,參馮國棟、張敬霞《浙江大學圖書館藏〈嘉興藏〉初探》,《浙江大學學報(人文社會科學版)》50(3)期,2020年,頁223—230。

又須枯情淡食，勞力役身，不可養成了好喫懶做、受人供養底惡佛，他時後日，無益于世。今生如此，便世世生生帶將惡習去，爲佛中劫賊，豈不可畏？古人住山，不是養習氣，正爲除習氣耳。如龍潛伏，頭角若成，務興雲雨，豈可養成懶虵，爲世後患哉？

示問石乘首座主常州期①

前番在北禪，見公與兄弟語，似有小長。近來又見公與兄弟語，殊覺無味。知公在彼，自不進深遠廣大之業，亦覺自滿些子也。竊意此一個"滿"字，人人當自忌，一滿便無進益。想公于托鉢公案，②不深用心，尚在前來幾處粗浮見識上游想耳。吾知此意，故特勸公，公如是個漢，必不以吾爲誑汝也。大凡出言吐氣，貴要人心服，心服者以其忠厚爲人，有長處，人所不到也。若無長處，則人不信而返疑矣。印圓不長進，全不能進此，而塵勞猛大，若相見，可箴之。

示在可證首座③

古人出世，法緣之旺，得大法嗣者，以其參方時，先具三種心：曰爲衆，曰

---

① 此篇法語，他本皆無收；問石弘乘（1585—1645），初謁黃檗雲門金粟，後參三峰藏，《五燈全書》（X. 1571）有《鎮江焦山問石弘乘禪師》傳，《卍新纂續藏經》（82），頁 326 下—327 上。

② 此"托鉢公案"，參《指月錄·鄂州巖頭全奯禪師》（X. 1578）記："雪峰在德山作飯頭，一日飯遲，德山擎鉢下法堂。峰曬飯巾次，見德山乃曰：'鐘未鳴，鼓未響，拓鉢向甚麽處去？'德山便歸方丈。峰舉似師，師曰：'大小德山未會末後句在。'山聞，令侍者喚師去問：'汝不肯老僧那？'師密啓其意，山乃休。明日陞堂，果與尋常不同，師至僧堂前，拊掌大笑曰：'且喜堂頭老漢會末後句，他後天下人，不奈伊何。'"《卍新纂續藏經》（83），頁 586 下。

③ 同於《三峰藏和尚語錄·法語》（J. B299），新文豐版《嘉興藏》（34），頁 188 中；《五燈全書》（X. 1571）有《虞山三峰大樹在可弘證禪師》傳，《卍新纂續藏經》（82），頁 327 中；《三峰清涼寺志·大樹證禪師》，《中國佛寺志叢刊》第 4 輯，第 40 册，頁 102。

爲人,曰爲師。三種心重,則如臨濟在黃檗,泯泯于衆力作,不露一些子頭角;或如百丈一日不作,一日不食;或如汾陽極寒而不缺夜參;①或如龍興爲師而力作佐輔,此其所以源深流長,不致削弱也。今人惟圖自悟,悟後自養,出世後自大,此法中大病,何有光大久遠哉?老僧犯自悟自養之病,所以住山無柴燒,近水無水喫,千人憎,萬人恨,豈不是公等今日之鑒?公亦無自大之病,但恐善自養而懶爲人,將何爲菩薩利生事耶?法門斷絕,念之!念之!

示聽石敏首座②

問着即下語不出,礙塞殺人,便合拼命參去,務要下得語出。亦不是下得語便是禪道,直須真正大死一番,情塵脫落,回轉頭來,出得身,通得氣,下得恰好,方可謂之語。若是真正大死再活底人,語無滯礙,隨處轉轆轆地。更須自辯如何是有句?如何是無句?爲什麼又道是"如藤倚樹"?大是可疑,不可放過。這裏須要大着工夫,親證"如藤倚樹"一番。終日竟夜,向裏許安身立命,着衣喫飯,喜怒哀樂,一動一静,不得走作這一段子。若識未盡,或猶有走作處,只在這裏撕捱,最是喫緊。不可便要向下句圖快,直須于此相應,便是一節工夫完了也。

古人所謂得一橛,謂之斷貫索。出境不得,再看"樹倒藤枯,句歸何處?"這裏却是來不得,亦不得輕輕下一語,便當了事,大須仔細,不可妄道曉得

---

① 《指月錄·汾州太子院善昭禪師》(X. 1578)記,汾陽(946—1023)曾因苦寒而暫罷夜參,有異比丘振錫而至,謂師曰:"會中有大士六人,奈何不說法?"言訖升空而去。《卍新纂續藏經》(83),頁 645 下。

② 同於《三峰藏和尚語錄·法語》(J. B299),新文豐版《嘉興藏》(34),頁 188 中—下;《三峰清涼寺志》記漢月自 1610 年起住三峰清涼寺,於萬曆戊午(1618)和己未(1619)年間,共有十四人"真實抱道衲子",其中一人即是聽石廣敏,除了此語錄外,廣敏亦錄於《於密滲提寂音尊者智證傳》。參《三峰清涼寺志》,《中國佛寺志叢刊》第 4 輯,第 40 册,頁 126;拙著《漢月法藏禪師珍稀文獻輯注初編》,《於密滲提寂音尊者智證傳》之解題。

"溈山大笑,歸方丈"①意旨,便爾狂放。最要細研,大透大徹,方曉得馬祖喝處,百丈耳聾處,黃檗吐舌處,德山歸方丈處,又須再向托鉢公案着實參究一番,盡底無疑。然後日用中看有觸犯無觸犯?逆順處來得來不得?見女人并處如木石否?上刀山如床褥否?坐得去否?立得去否?去得喚得轉否?所以高峰道:"大徹底人本脫生死,爲甚命根不斷?"②祥庵主道:"古人到這裏,爲甚不肯住?"③石霜道:"一條白練去!"④這等說話可是輕易放過底麼?若是不曾真到懸崖撒手,絶後再甦,于再甦處,徹底透過古人言句,只在古人言句上討滋味,零零碎碎,見得透得,只算得個學來底掠虛頭漢,自己若一擔領過,則大妄語成,墮無間獄,無人代汝生受,莫言不道。

示穎夷上座⑤

參禪人既有個省入處,便是法見未忘,最難脫落,須要撥開舊見,將"德山托鉢歸方丈"⑥公案,翻覆多看,看他爲甚特地便托個鉢子出法堂前去?既被雪峰一搽,爲甚托歸方丈?雪峰爲甚舉似巖頭?巖頭爲甚道"德山老漢不會末後句"?且道作麼生是末後句?德山是師,巖頭是徒,巖頭法道既出德嶠,爲何德嶠翻不若巖頭?豈是別有道理?

---

① 此舉似參《指月錄·撫州疏山匡仁禪師》(X. 1578),《卍新纂續藏經》(83),頁598上。
② 《高峰原妙禪師語錄》(X. 1400),《卍新纂續藏經》(70),頁690下。
③ 《指月錄·蓮花峰祥菴主》(X. 1578)記蓮花峰祥菴主:"示寂日,拈拄杖示衆曰:'古人到這裏,爲甚麼不肯住?'衆無對,師乃曰:'爲他途路不得力。'復曰:'畢竟如何?'以杖橫肩曰:'椰栗橫擔不顧人,直入千峰萬峰去。'言畢而逝。"《卍新纂續藏經》(83),頁642上。
④ 《雪巖祖欽禪師語錄》(X. 1397):"昔有一僧,因不自信,遂問石霜云:'起滅不停時如何?'霜云:'一條白練去!冷湫湫地去!古廟裏香爐去!'"《卍新纂續藏經》(70),頁635上。
⑤ 此篇法語,他本皆未收;《三峰清凉寺志》記漢月早期住三峰禪寺時,有十四弟子,穎夷是爲其一,《中國佛寺志叢刊》第4輯,第40册,頁126;本語錄卷三十另收有漢月《爲穎夷可上座舉火》。
⑥ 以下舉似,參《指月錄·鄂州巖頭全奯禪師》(X. 1578),《卍新纂續藏經》(83),頁586下。

此處便合日不食,夜不寢,打個縵天網子,通身骨在裏許了也。亦不可道公案出在後人記録,妄自捏出後語。他前邊托歸,已是了却,不合有許多忉怛。又不可道巖頭見雪峰不會,一味要去謾他。此等説話,一落他拴索,便縛手縛脚。公案不是這等道理,最要別處着力,求個活脱。

及至唤入,方丈問他:"汝不肯老僧那?""巖頭便密啓其意",且道密啓何意?既有語句,何不當陽舉似?不可打發上行,便當得也。"他日上堂,果與尋常不同",何不直示其不同處?要見個的確,不可虛虛放過也。"巖頭鼓掌呵呵大笑",他見個什麽,却便如此笑?曰:"且喜堂頭老漢會末後句。"何處見他底會?不可打個意會,便自消繳却也。"雖然,也只得三年活",他見什麽道理便如此話?不可道得知未來之事也。果然德山入滅,不可道巖頭授記殺師也,亦不是偶然撞着也。

且道與公案中大相關處,有何道理?只如此逐句逐節參去,真要放捨從前參學、宗教、佛法、世情,將三百六十骨節,八萬四千毛竅,盡净抖在裏許,一點別事不得拈起。會得,轉不會得;悟了,又增迷去。如八面看廬山相似,轉看轉不同,愈入愈深廣。有時身在山中,不識廬山面目;有時躍出天外,不知孰是廬山。透徹末後句,你向何處蹲坐?不透末後句,你向何處參求?識得便與之相應,稍不相應,更須着眼勘驗。平地起干戈,重新參到底。四十年不雜用心,四十年打成一片。是何意旨?若會得,喫鐵棒去在,此間無閒棒打人着力。

示繼起儲上座[①]

道無終窮,參無住脚,曲盡大法之後,正好向死心死公案,撞壁撞天,如高峰、蓮華深深究取,出世也如此,棲巖也如此,此是老僧骨裏印。

---

① 此篇法語同於《三峰藏和尚語録·法語》(J. B299),新文豐版《嘉興藏》(34),頁188下。

示祖印禪人①

將目前萬事并作一句,只要買帽相頭,隨波逐浪,向他裂罅處下一些子,恰好了當,不用屋裏人醒睡,須去殼去核,帶子帶皮,通身輥將出去,任他桃花自黃,菜花自白,總在道人腳下。

示森如禪者②

識得機從平地而起,便須機從平地而倒,向機前白雲深處過日。若見漚興,便與漚滅。踢翻大海,乾盡髑髏。開開口便見舌頭,轉轉身定知腳底。若見道機鋒轉語有甚用處,定是魔說也。至若三玄三要、四賓主,不可不知,知盡法忘,方在機前過活耳。

示澹忘禪人③

入得一橛,是功勳邊事,如透過銀山,倒使轟雷,破山、破空、破破,目前未許一醯雞蚊虫相泊,直是無甚身心世界可當情。但是這些子猶在,更宜看取有、無句公案,盡情翻轉,直向最後行履。然須于師承邊曲盡諸法,將禪理、教理、儒理、俗理及與無理,都做一個鼻孔出氣,舉足動步,屙〔屎〕撒溺,無一處不是這個道理。然又一總抹殺,向那邊過日,在這邊尊貴,雖然,那裏有與麼事!

---

① 此篇法語,他本皆無收。
② 此篇法語同於《三峰藏和尚語錄・法語》(J. B299),新文豐版《嘉興藏》(34),頁 188 下。
③ 此篇法語同於《三峰藏和尚語錄・法語》(J. B299),新文豐版《嘉興藏》(34),頁 188 下。

示周居實居士①

無相身心即有無,有無兩絕密交蘆。迅雷不及掩雙耳,夢斷遥空月自孤。⊕,此舊作七佛偈頌也。吳江周居實久參紫柏老人,素善其七佛偈旨,問及"法本法無法"偈意,於密曰:"此偈須從威音一〇看透,便知此中羅紋結角,交加相織,無一針鋒許可剗處,而不妨具如來禪、祖師禪,乃至菩薩、緣覺、聲聞禪,外道、凡夫禪,莫不具足。"

何以見之?只此一圈,便盡諸法。法者,有法、無法、有無法、非有無法,四法相織,以此成圈。且道此圈是有耶?是無耶?是有無耶?是無無有無耶?四句開不得,四句合不得,四句離不得,四句即不得。到此不得不得處,諸佛結舌,列祖杜門,但把一個金剛圈、栗棘蓬,向人抛出,逢山破山,逢海塞海,遇金作火,遇井下石。不妨對聲聞便説個"本來無物",對緣覺便説個"無明本無",對地前菩薩便説個"即色即空",對八地菩薩便説個"非色非空",過此便説個舌頭拖地。若是過量人前,便吐唾成河,嚼嚼見血,向那邊,更那邊,道取一句子。故曰:"法本法無法,無法法亦法。今付無法時,法法何曾法?"②會麼?

若道"法有本法",又道"法本無法"。若"無本法",又道"無法亦法"。無法則無可付,又道"今付無法"時。若可付,則宜乎是有,又道"法法何曾法"。此事從人解注也得,不解注也得,解則成結,結則成解,通而爲塞,塞又爲通。若道外道、凡夫禪,又是聲聞、緣覺、菩薩禪;若道如來禪,又是祖師

---

① 此篇法語,他本皆無收;此外,本語録卷十九《書》收有《答周居士居實》,卷二十七《頌古》收有《又答居實》,卷二十九《偈》收有《答居實來問》。《三峰和尚年譜》記崇禎四年辛未(1631),漢月於鄧尉聖恩寺結夏時,周居實於座下聽法;又,崇禎八年乙亥(1635),漢月於松陵聖壽寺,周居實請上堂,漢月提及"老耆翁近八十";最後,漢月示寂於鄧尉聖恩寺(1635),向道中居士作别時,周居實亦於列中。參《三峰藏和尚語録》(J. B299),新文豐版《嘉興藏》(34),頁209中,211中—下。

② 《指月録》(X. 1578)記爲釋迦牟尼佛所説偈,《卍新纂續藏經》(83),頁410中。

禪；若道祖師禪，又是如來禪。只此一絡索是一〇，只此一圈是一絡索。今日逗到老僧筆底，一場敗屈！×

又①

末後一句，始到牢關，把斷要津，不通凡聖，全在相隨來也。龍頭蛇尾處，得無爲而治耳，其力可勝道哉？若時時于六龍無首處，轟雷布雨，則正睡着時，爪牙獰利，當久久入此三昧。高峰著語亦須細看，三頓棒還三拳，點頭三下細推看，棒頭自有無私眼，賓主須精互換問。凡一句中三玄要，謂之小法中大法；此有句無句，乃大法中小法，兩不可缺。今且只在末後句中，不落前，不落後，通身輥作一團，在四不得處過日，與凡着衣喫飯，不用心處，看他本具神通三昧，久久方好放捨亂將去。

示程聞思居士②

有句無句，藤樹交結；無作鈔力，自然突出。人能用得此句，便能噓出乾坤、唾没世界矣，非戴角之虎乎？忽然樹倒藤枯，卷太虛爲雷霆，拋烈焰作冰雪。雙腳踏穿無底靴，通身跌轉破皮管。尾巴上眼睛突出，頭角間腳板拘攣。骨轆轆地，冷火燒天；混團團地，熱冰凍日。須向三十年後冤家撞着，始得大用現前、不存軌則耳。

又③

借山樹作舌頭，說盡雲情水意；句句蓋天蓋地，只許一雙空眼。朝天過日，

---

① 此篇法語，他本皆無收。
② 此篇法語，他本皆無收。
③ 此篇法語，他本皆無收。

粥飯衣裳，放他恰好，惟有竿木隨身、逢場作戲而已。若人問着，便拈些花草，撥動風絃，與他唱和一上，便信脚走過。

又①

紅紅綠綠，是目前無限底事；花花柳柳，任腦後許多底情。若人問着，便折一枝，插一朵，有甚難處？但只教一切人出頭不得，若有伸出頭來者，便問他："是花？是柳？"

示西聲居士②

一雙背眼，只數得頸上毛髮；若人問着，與他個現成茶飯。三起三倒，無你出頭分。老僧日高三丈，正睡熟在。鎮日間，繙書洗硯，無不是這個消息。千剖萬析，只是不具眼目，便自然恰好，脚能履，手善捉。何必？不必而必。

示人華惲居士③

羲皇示至文于圈〇畫一間，祖師示至文于言棒表。蓋圈之畫之，非直圈與畫也，其圈畫之間，則有賓主開闔，生殺彬斑，互換交錯，以示乎其中者也；言之棒之，非直言與棒也，其言棒之間，亦以賓主開闔，生殺彬斑，互換交錯，以示乎其中者也。故知目之所擊，耳之所經，足之所履，手之所執，無非交互之文，而中在焉。故其圈不圓，其畫非截；其言不語，其棒非斷。一聲一色，無非大公案、大圖書，傾海墨不能書盡其文，翹萬口不能言盡其

---

① 此篇法語，他本皆無收。
② 此篇法語，他本皆無收。
③ 此篇法語同於《三峰藏和尚語錄·法語》(J. B299)，新文豐版《嘉興藏》(34)，頁189上；"人華惲居士"即惲仲升，名日初，惲日初之生平簡述，參前注。

句,以物物皆中以見天,物物皆未嘗言中與天也。故圖書言棒不待更拈,而草木風雲自然敷演于無窮矣。

此學以一貫,非有二也。功不浪施,只在看山聽鳥處耳。如是作文,如是學道,如是見性,如是經濟,撮土爲金,將火作雨,隨地興雷,靡不具足,工夫豈別有哉?下手處,先于中夜睡熟無夢,便能伸脚縮脚。次于下床時,亦能披衣整冠,推窗駐山雲在石,開户掬湖光于案。粥飯隨時,賓主交往,處處皆主中之主,未曾走作。如八陣圖中,惟有一枝令字旗,隱隱揮動,雖塵沙頑石,無用之物,皆有彌天殺氣,亙古亙今,不可磨滅,又如峽水怒春,曲曲有力。如此過日,便是真正工夫矣,珍重!

又①

未問已前,早與你下個鐵橛,不怕甕中走却鱉。若不會,早休也。已問來,仍與諦審,亦不怕甕中走却鱉。若會得,更有霹靂在。問來答去,再問回審,仍爲口瘡可憐生,誰是知音者?三番讓過,没後陞座。人道三峰佛法如上軟,也只得忍你。

又②

示墨仙居士③

將世出世間有無萬法,攝在一毛頭裏。將毛孔中空,放出盡空法界火,一

---

① 此篇法語,他本皆無收。
② 此篇法語,同於本書所輯《三峰藏禪師長水真如寺語録》中"毘陵仲升憚居士問日用事",故不重録。
③ 此篇法語,他本皆無收;劉道貞,字長倩,號墨仙,參漢月于鄧尉聖恩禪寺,後歸邛州,張憲忠陷蜀,被執席地怡然談笑,有頃坐而脱去,見《五燈全書·孝廉劉道貞墨僊居士》(X. 1571),《卍新纂續藏經》(82),頁333上—中。

齊燎却。但于睡裹燒天燒地,終日騰騰而已,亦勿怕忘却燒底伎倆。何故?目前夢裏及無夢想時,無一處不是現成空火,本自騰騰不熄。故譬之虛空爲薪,虛空是火,亘古亘今,常燒不斷。但萬法歷然,亦同是火,故不相燒。若一處撥動,便延燒無際;不見石本閒冷,擊之便烈。知此則畢世無心,隨處發現,不費絲毫許力也。既得大用之本,又得轉身之力,燒時爀火,足燎大千。轉處虛空,靡不冰冷,冷處正熱,熱處如冰。隻手指天,雙趺出榔,化火三昧,于此得矣。

故古人作畧,如真獅獰活,家國宴然,風飄衣帶,脚踢地塵,無非是舉揚大事處。然自己不知也,但肯自甘休耳。此等作畧,居士已得,不待老僧饒舌。若尚有顧研處,久久自肯也。但得法底人,不私自己,倘見一等英烈丈夫,一動一撥,不可放過,隨類接引,續佛慧命。若得一個半個,深入濟上大法,救得近世抹殺宗旨之弊,挽回二三百年倒瀾,爲末世光明種子,方是有力大人。勿學張無盡將黃龍一脉,僅作自己受用已也。①

嗚呼!世漸遠而道漸微,孟子歿而焚坑起。達摩西來,而聖人之道益光,雖儒釋之學,門庭各別,而孔孟一燈,添膏續燦,實有賴焉。居士兩肩共荷,三教并扶,撑拄乾坤,重開湮塞。老僧半生願力,亦藉少酬世出世間,關係非小小矣。茲因居士有瞿塘之行,後晤尚遥,書此以囑。

---

① 雲棲袾宏(1535—1615)輯《往生集·張無盡丞相》(T. 2072)記張商英(1043—1122),號無盡居士,雖悟禪宗於宋代臨濟宗黃龍派兜率從悦(1044—1091),却於臨終發願:"謹遵釋迦世尊金口之教,專念阿彌陀佛,求彼世尊願力攝受,待報滿時,往生極樂。"這應是漢月批評張無盡的原因。《大正新修大藏經》(51),頁141上—中。

鄧尉山天壽聖恩寺三峰藏禪師語錄　卷之十七

　　　　　嗣法門人弘成、弘致、弘乘、弘證、弘徹
　　　　　　　　弘垣、弘璧、弘鴻、弘禮、弘儲
　　　　弘銛、弘忍，受法弟子惲日初同編
　　　　　　學人周祇、蔡懋德、劉道貞、洪周禄
　　　　　　　　陸穀、葉紹顯、孫克光、蔣秋較

法　　語

示　持　戒　者①

示　看　教　者②

---

①　此篇法語同於本書所輯《三峰藏禪師開發工夫語録》卷二《示貫珠素先二禪人》之第二篇，以及《三峰藏和尚語録·法語》(J. B299)《示持戒者》，故不重録，新文豐版《嘉興藏》(34)，頁189上—中。

②　此篇法語同於本書所輯《三峰禪師開發功夫語録》卷二、《三峰藏禪師全録》卷十七之《一代時教説示看教者》，以及《三峰藏和尚語録·法語》(J. B299)《示看教者》，新文豐版《嘉興藏》(34)，頁189中—下，故不重録。

示季祥居士①

離心意識説②

離心意識辯③

《心經》説示子方④

"般若波羅蜜多"即此方所謂智慧是也,此經六百餘卷,其間骨髓,盡此一篇,故謂之"心";此義乃諸佛衆生有情無情之智慧中髓,非經而何? 所以大菩提薩埵大覺之人,于智慧中,不以智知,而以行深;行到極處,則智慧之照皆絕。照絕之後,見無可見,鐵山忽倒,了得了無所了,世界身心、佛法世法一齊放盡,得大自在。

所謂"行"也,放盡之行,即自在之名狀相貌,亦無着處,故曰"觀自在菩薩

---

① 此篇法語同於本書所輯《三峰禪師開發功夫語錄》卷三之《示杭州季祥翁居士》,以及《三峰藏和尚語錄·書問》(J. B299)之《示翁季祥居士》,新文豐版《嘉興藏》(34),頁 195 下—196 上,故不重錄。

② 此篇法語同於本書所輯《三峰禪師開發功夫語錄》卷三《離心意識參出凡聖路學》、《三峰藏禪師全錄》卷十七《離心意識參出凡聖路學》,以及《三峰藏和尚語問》(J. B299)《離心意識説示禪者》,故不重錄,新文豐版《嘉興藏》(34),頁 196 上。

③ 此篇法語同於本書所輯《三峰禪師開發功夫語錄》卷三、《三峰藏禪師全錄》卷十七之《離心意識辨》,以及《三峰藏和尚語錄·書問》(J. B299)《離心意識辨示禪子》,故不重錄,新文豐版《嘉興藏》(34),頁 196 中—197 上。

④ 此篇法語同於《三峰藏和尚語錄·書問》(J. B299)《心經説示子方》,新文豐版《嘉興藏》(34),頁 197 上—下;子方是爲顧子方,乃長期護持漢月的孝廉顧白於之子,又,漢月亦爲其作《顧子方詩集序》,亦即本書所輯《三峰藏禪師全錄》卷二十三《顧居士詩集序》,漢月於序中稱贊顧子方之詩"澹遠弘脱,不涉今人古人口吻,有唐漢三百篇言外之響",《三峰藏和尚語錄》(J. B299),新文豐版《嘉興藏》(34),頁 201 上,212 中。

行深般若波羅蜜多時,照見五蘊皆空"①也五蘊者,即身心世界是。内四大曰"身",即地、水、火、風,乃形、濕、煖、氣是;外四大之界,即山河大地虚空等是,總之曰"色"。以身、世相關,障人真心,而起領納,故曰"受"也。纔領納,便起想頭;纔起想頭,便心識流行;識行則分別好醜矣。五種連珠串習而起,障人絶照絶心自在之妙用。

故一念纔動則有苦,苦苦相屬,厄不自在。今既絶照絶心,虚靈放廓,故五蘊空,而度過苦厄也。到此即是廓然大悟時節,自己了矣。遂起菩薩之心爲人,不覺呼未大悟之智者而告之曰:舍利子!凡人所以没溺生死苦中者,只因認身界之色爲有耳,或又見身界之色爲無耳,見有、見無皆爲不空。

吾今于照心之量頓絶,如人初睡着時,不生夢想,身心世界一齊忘却,是時豈有忘却之亡見耶?正是有、無雙絶,不可名言處,謂之"空空",而此"空空"何嘗離有、無之色哉?何嘗非有、無之色哉?故曰:"色不異空,空不異色,色即是空,空即是色。"以有、無雙絶恰好有、無之中,有、無之中超然有、無之表,正是坐斷兩頭,中間路竭。色既如此,則受之、想之、行之、識之皆然矣,故曰:"受、想、行、識亦復如是。"

何以故?是五蘊者,乃世間法、出世間法也。于一法了却,便世、出世法皆爲空空,而空空之相,以坐斷兩頭,不通心路,則生之與滅,垢之與净,增之與減,皆爲腰折。到此,則言語之道斷,心識行路俱絶矣,超然于萬法之中,寥寥落落,全是五空時節之初見,故復告舍利子曰:"是諸法空相,不生不滅,不垢不净,不增不減。"蓋無生滅者,度凡苦也;無垢净者,度生佛也;無聖增凡減者,度凡聖也。上不見有諸佛,下不見有衆生,中不見有自己,故曰:"是故空中無色,無受、想、行、識。"

既無五蘊,則六根亦本不有;六根無,則無外對六塵;根塵無,則無十八界

---

① 以下引文皆可見於《般若波羅蜜多心經》(T. 251),《大正新修大藏經》(8),頁848下。

分。三者既無,則身心世界已絕其根源矣,豈有無始一念無明之動,而輪轉耶?既無無明之動根,豈有盡無明之還滅?故十二輪轉之三世,生滅還滅之間兩絕矣。若此,則緣覺之法亦空而度之矣,故曰"無眼、耳、鼻、舌、身、意,無色、聲、香、味、觸、法,無眼界乃至無意識界"之凡法,"無無明亦無無明盡,乃至無老死,亦無老死盡"之二乘法。衆生以一念之起而爲苦根,從苦入苦,以至積集,而三乘聲聞,故修道諦以滅其苦。今既度苦,則無苦集;既無苦集,則聲聞滅修之法,亦空而度之矣,故曰:"無苦、集、滅、道。"自凡夫而二乘、三乘皆了不可得,即菩薩深般若之智,亦了不可得,故曰:"無智亦無得,以無所得故。"故菩提薩埵,依此無智無得之甚深般若波羅蜜多,得了然無心之真心,自在無罣礙也。"無罣礙故,無恐怖",無恐怖,則無生死涅槃之顛倒夢想,而得究竟了辦也。甚至三世諸佛,亦依此大了當處,而得無上正等正覺之妙道。以此觀之,不但凡夫、二乘、三乘了不可得,即使現證此道之菩薩,亦了不可得,而諸佛得阿耨菩提,亦了不可得,蓋以"照見五蘊皆空",并照俱了故也。設有菩薩諸佛之道,則苦復有根種矣,詎能若是了辦耶?吾人至此,可不大放其心哉?放心處,心不可得;心不可得,則時時掀天揭地中,皆是銀山鐵壁,大作大用,即〔密〕①咒也。

然此般若,可依而不可得。依者,放身倒處,任之運之,而不墮任者也。故知此般若大神而不可測識,大明而不可正覷,無上而不可摸索,無可與等等而不可并馳,以故"能除一切苦",而"真實不虛"也。上來一絡索,正是心識根株,衆苦蘖之生長者,故末後爲汝一齊推倒,免見法師家從此躲根。咦!"揭諦!揭諦!波羅揭諦,波羅僧揭諦,菩提薩〔婆〕②訶!"向這裏人,祖師禪好力參去!復說偈曰:"霜深月落夜初冷,石室道人身未翻。一聲鐘語破空落,撞倒石床脚下山。"

---

① 原文訛做"蜜",本書依《三峰藏和尚語錄》(J. B299)改爲"密",新文豐版《嘉興藏》(34),頁197下。

② 原文缺"婆"字,本書依《三峰藏和尚語錄》(J. B299)補"婆"字,新文豐版《嘉興藏》(34),頁197下。

《法華經》説示禪者①

達磨未來時，此土法師判教，皆以經序中無言説指之正宗，目爲序分而輕輕畧過，以有言説之方便，目爲正宗而深深究觀，相習成風，今古無一人敢翻其案者。② 自達磨西來，以直提向上爲宗，則有言説指皆爲外宗之教，故知正宗，正在經序中也，何以見之？如《法華經》序曰："入于無量義處三昧，身心不動。"③此非覓心了不可得處乎？"天雨四花"，此非了不可得中，四句之象乎？以正不可坐定，故"六種震動"，而佛世尊乃從不可得之體，起大用之現前，故"眉間白毫相光，東照萬八千世界"，極上極下，世間法、出世間法靡不洞徹，此非以眉爲兩頭，間爲直指，白毫非色而有光，正從動處函蓋一切，首先露出些子，令人疑着者乎？

此與參禪從柏子、青衫等大起疑情之法同也。大都無疑不問，無問不答，無答不悟。故彌勒乃即世之子，特爲之發起；文殊乃大智之師，特爲之酬唱，援古證今，直提此事。所云"今佛世尊欲説大法，雨大法雨，吹大法螺，擊大法鼓，演大法義"者，蓋以心路所到，是有量有義；唯心路不可到之宗，則無限量、無義路。而此無限量、無義路之三昧，則竭盡四法，坐斷兩頭，只在動用中指出，無非放光動地。故曰經序乃真正正宗分，而人所不知者也。

及世尊從三昧起，説個智慧門，難解難入，對聲聞小機，便有若許叨怛，已落第二義矣，乃呼舍利弗云："無量無邊未曾有法，佛悉成就。"復曰："止！

---

① 此篇同於《三峰藏和尚語録・書問》(J. B299)《法華經説示禪者》，新文豐版《嘉興藏》(34)，頁197下—198中。

② 例如道生(355—434)《法華經疏》(X. 577)："《妙法》，夫至像無形，至音無聲，希微絶朕思之境，豈有形言者哉？"《卍新纂續藏經》(27)，頁1中；另參黄國清《〈法華經〉於中國佛教的判教地位——從鳩摩羅什到法藏》，《世界宗教學刊》第十六期，2010年，頁41—94。

③ 見《妙法蓮華經・序品第一》，以下文句皆引自《妙法蓮華經》(T. 262)，《大正新修大藏經》(9)，頁2中以下，下不贅注。

不須復説。"言："唯佛與佛乃能究盡諸法實相。"所謂"如是……如是……"①者也。如是之法，聲聞未了，及舍利疑而請之，不過又答得兩個"止"字，此所謂方便之正宗，已非正宗之正宗矣。

方言豈得不說，"汝今諦聽"，傍不肯者，從坐而起，作禮而退，不亦深得正宗者乎？及正言説處，不過道個"是法非思量分別之所能解"，可見以一大事因緣出世，單單以一光收四花，以一乘收三乘耳。蓋三乘四法，止在一法，一法若了，則世間相本來常住，只在拈起一法處，從緣薦得，便無處不相應也。

因設象以喻之，乃以無量義處三昧爲火宅，以四花爲四面火，以眉間爲所燒之門，以一光之火宅爲大車，以四面火爲三車，以火宅嬉戲爲四衢之樂，盡情拋向諸子面前，而作是念："我雖能于此所燒之門，安隱得出，而諸子不知，無求出意。"凡一法間，便有"有、無、即有即無、非有非無"四句管攝，此一宅而四面火起也。若悟得，就此翻身，何事不辦？故曰出"狹小"門。

若不解此門，便欲離此四句，則成走脱，故曰"我身手有力，若以几案，或以衣裓，從舍出之"之象以象之，的言是旨。惟有一門但狹小耳，而諸子不識，墮落火中，爲説苦事，猶尚東馳西走，墮在兩頭，乃以方便指出四火，假作三車，指在門外，使彼竟不知狹小之門，而猛然從不知處，一推便出也。

出已，于四衢道中，露地而坐，既出四句空處，便無三車，非到家實相田地，須是回入火宅，全駕火宅，自在無礙，方是大車作用。故直示以三界萬法，即佛之受用，其車高嚴，四句交爲鈴幰，以純清絶點之力，迅疾馳突，何法不爲作用之助耶？此正如拈出竹篦，喚着則觸，不喚着則背，纔擬着，劈脊便打，不許依稀脱去，直教向佛頂上一踏，全體作用。此所謂不以下劣小車爲賜，而等與大車者也。是爲白毫一光，函蓋直截，痛快平生。即此大車，豈非前之火宅乎？

---

① 《妙法蓮華經》(T. 262)原文爲："如是相，如是性，如是體，如是力，如是作，如是因，如是緣，如是果，如是報，如是本末究竟等。"《大正新修大藏經》(9)，頁5下。

若人會得此車，便知地獄即爲净土矣。經言三千大千世界，鐵圍兩山，黑闇之間，謂之地獄，此非以兩頭黑處爲地獄乎？其中鐵網火燒、四大銅狗，非四句乎？其中苦事，非四句之墮落者乎？阿鼻言無遮，豈非迷此無礙者乎？故五逆之輩，臨命終時，坐此本有之大金牛車，以業因緣，坐火焰上，左右玉女，捉斧斬身，已是地獄。

及思清凉花樹，則本心之境，還作寶樹蓮花。及坐蓮花，又復毒蟲火起，刀劍爲林矣。及思城郭山林，亦復如是。故知地獄黑闇即是無量義三昧，地獄即是一光，火花即是妙法，四狗即是三乘，無遮即是大自在快樂也。苟能直下了却，則何地獄之非净土哉？此正宗之不可不悟也。若一落言詮，則差別無量，三生六十劫，不能得《法華》地獄之旨趣矣。大衆！幸各各自勉力，參正宗之旨，珍重！珍重！

持準提咒説示吴闇之[①]

一個"㰘"（嚂）字，如竹篦子話頭，輥作一團大火聚，燒盡身心世界，若有，若無，若即有即無，及非有非無，四句都下口不得，且又離脱此四句不得，是則清净無染，禪家謂之有體無用，浸殺死水中，直須死中得活，方有出頭分。

所以燒盡之後，純是清净圓滿大月輪相中，復起一"㰘"（阿）字，此字無中造始，一切音聲輪，都從中出，正是纔開口便打，前是法身之邊，此是報身之用。故于"㰘"字中，生下悉達，脚踏蓮花，四面之壇，周行各各七步，一手指天，一手指地曰："天上天下，唯吾獨尊。"總不出"㰘"字面目也。

從此擴而大之，故于悉達加以寶冠，着伽黎，四面皆正，趺坐壇中，四面合一之頂中，分十字縫，縫中涌出一"㰘"（暗）字，放大寶光，四面分照，座下

---

① 此篇同於《三峰藏和尚語録·書問》（J. B299）《持準提咒説示吴闇之》，新文豐版《嘉興藏》（34），頁198中—199上。

千百億葉蓮中，各各現出四面釋迦之相，弟子圍繞，分説本身之法。以上本光灌各各佛頂，而諸佛放光，亦同注本佛之頂。

此一句中具三玄三要，而賓主交互，則大法已具，圓滿無遺矣。至若每玄每要，各出手眼，細細顯其作用。故于舍那之身，轉變準提之相，其相四面，四面額中，豎亞一目，此正露三玄三要面目處也。目既豎亞，不同凡聖二目，有光無光，唯雙雙起落，密中更密。密密之旨，見于説法之印，交結于胸，具八萬四千微妙作用。

其用不出慈、威、定、慧，故有十六臂以表之：説法印中能以無畏施于衆生，故有施無畏手；能截斷一切生死，故有持金剛王手；其手不墮諸數，而不妨一切數，從此出算沙河洛，莫不因之，故有數珠手；無上佛果，從此圓滿，故有執果手；能破壞一切萬有，故有持鉞手；能挽收一切流走，故有執鈎手；能以三觀摧折魔怨，故有杵手；能莊嚴法身及一切王官殊勝莊嚴，求必成就，故有寶縵手；其法尊勝無比，表表超出，故有寶幢手；因中歡喜妙好，必至成果無疑，故有妙華手；其法清净澡雪，故有澡罐手；能縛一切流散，故有索手；其法圓轉不窮，樞軸常中，輥輥無礙，故有輪手；一音説法，不屬文字，如云麻三斤、乾〔屎〕橛等，故有音螺手；能以甘露灌諸衆生，故有缾手；能分事分理，廣説五時之教，故有貝葉手。

以上十六手中，各秉慈、威等法，于一法中，細爲各各八萬四千法門。如觀世音千手無二，故豎目中，亦具千眼無二，一首、三首故亦與千首無二，皆于一字種中，一棒一喝，一語一默，流出無窮三昧也。一面既爾，四面皆然，然後菩薩頂上涌出"㘓"（嚕嚧）字，廣開毘盧閣中華嚴法界；于法界中各出"吽"（吽）字，"吽"字涌出世間出世間種種萬法；萬法皆有"唵"（唵）字，爲金剛堅固，不可破壞，此字種身手印中流出之旨也。次則口中一句伽陀，字字可解，句句不可解，處處可顯，處處皆密，九聖字中不妨挾帶，諸所祈求皆爲秘密。一句禪語，流出五家宗旨，無量法門，百千妙義，靡所不具，此持咒即禪即觀、即密即顯之旨也。

鄧尉山天壽聖恩寺三峰藏禪師
語錄　卷之十八

嗣法門人弘成、弘致、弘乘、弘證、弘徹
弘垣、弘璧、弘鴻、弘禮、弘儲
弘銛、弘忍，受法弟子惲日初同編
學人周祇、蔡懋德、劉道貞、董承詔
馮愷、翁申之、巫大章、蔣秋較

書

復金粟和尚①

竊惟法門事大，任荷自心者，苟非深得祖宗的骨之髓，那可承虛接響，喪我兒孫？若于授受之際，稍涉鹵莽，如指南倒置，豈獨千里萬里之謬而已？此藏所以褰裳濡足于法門，有臨歧至再之請耳。至若中外洶洶之議，何足知此血心哉？今去臨濟五百餘年之遠，而其堂奧之旨，猶未狼籍。藏嘗走問諸方老宿，無有能應其請者。

---

① 此篇同於《三峰藏和尚語錄·書問》(J. B299)《復金粟老和尚》，新文豐版《嘉興藏》(34)，頁190上。

蓋以法門建立之密，千古萬古，不能撲破耳。藏謂："宗旨未破，則臨濟猶生也。"那可一時以舉揚之不易、承接之無人，便欲越過此宗，別行坦路耶？覺範曰："此如衣冠稱孔門弟子，而毀《易·繫辭》，三尺童子皆笑之。"①其言痛切，可爲寒心，此又藏之所不敢不告者也。惟望和尚洞此至愚之誠，鑒其玄要之請，俾後世興起之人，確有本分之據，勿使狐狼野犴，溷同獅吼，則佛祖幸甚！法門幸甚！子孫幸甚！

上金粟和尚②

無上正法，自威音一圈，七佛交截，四七二三，雙頭獨結；而馬駒脚下，三頓棒頭，橫開竪合，賓主之機，愈玄愈實，所以有雪巖之英特，高峰之出群，代代智過于師，霆震火裂，至今綿遠振起，爲萬世則，師承法印之力所持也。法藏夙緣何幸，得獲上傳？憶廿九歲揭高峰語錄，宛若自語，因發大心參禪，言："我若大徹之後，誓紹此宗。"萬苦千辛，至四十歲，于折竹邊，捉得落地枕子，那時心肯，早已承嗣雙髻了也。

及參濟上玄要賓主，深見祖道不可草草，愈入愈深，既透濟宗，旁參四家，兼搜《河》《洛》，因見寂音尊者著《臨濟宗旨》，遂肯心此老，願宏其法，自謂："得心于高峰，印法于寂音，無復疑矣。"乃復發願宏兩枝法脉，合起臨濟正宗。凡遇掃宗旨者，力爲諍之，不獨負荷涬沱，將使雲門、潙仰、曹洞四家，遥承近續，令五宗再燦，願世世生生，爲接續斷脉之種。

所以醞釀有年，搜抜不滿，提持之暇，屈指諸家，知和尚乃高峰嫡骨正傳，敢不一探堂奧？向于金粟山前，叨承委付。然復苦攻力辯，往復數四，種

---

① 覺範慧洪，《臨濟宗旨》(T. 1234)，新文豐版《嘉興藏》(63)，頁 168 中。
② 此篇同於《三峰藏和尚語錄·書問》(J. B299)《上金粟老和尚》，新文豐版《嘉興藏》(34)，頁 190 上。

種具諸語録,流布諸方。兹因吴門北禪之役,舊參新學一時來集,咸勸乘時拈出,不昧先宗。藏不獲辭,謹以生平願力,披肝膽于侍者之前,倘和尚一棒血流,三翻火滅,藏敬將高峰一脉,與寂音臨濟、佛祖威音,并老和尚,向北禪堂前,連瓣香炷作一爐燒却,免見貽害諸方,用報法乳之恩。不揣下愚,敬陳陋劣,伏惟大慈照亮,不勝企仰之止。

上□德府書①

身非是有,若認是有,則落常見外道,何以故? 以此身,地、水、火、風假合,有即是無,不應起有身妄想,墮凡夫生見故。身非是無,若認是無,則落斷見外道,何以故? 以此身假合,俱是地、水、火、風,無本是有,不應起無身妄想,墮外道死見故。身不是即有即無,若認又有又無,則落攪亂外道,何以故? 以此身四大假合,即有則非無,即無則非有,不應起身之即有即無妄想,墮凡有聖無,生死二見故。身不是非有非無,若認非有非無,則落空見外道,何以故? 以此身四大假合則有,四大假合則無,不應起身之非有非無妄想,墮脱空外道,凡聖生死俱非見故。

以上四句法,是四種見識,四種即是九十六種外道知見,以其知見在,故全是生死輪迴,凡心可思、口可議,都是邪思、邪語,不得自在了辦。若要自在了辦,直須四句説不得、思不得,又不得落在不思議處作解會。若人問着此身,便與驀口一拳,當頭一喝,待他退身百步,何等省力! 若向此處悟得,只將一個白拳,一句淡話,教人傍他不得,自己把身看做虚空,説他有無不得,憑他天堂地獄,做一個金剛圈輥將去,自然不苦不樂,不消計較,不消修證做作。

身既如此,則此本性亦有不得,無不得,即有即無不得,非有非無不得。性

---

① 此篇書信,他本皆無收。

既如此，則心亦如此，六根、六塵、六識亦如此，十二處、十八界亦如此，地、水、火、風、空、見、識亦如此，生亦如此，死亦如此，死來預知時至、不預知時至亦如此，死去有踪迹、無踪迹亦如此，善知識臨終生病、不生病亦如此，薶骨有應驗、無應驗亦如此，坐禪、不坐禪亦如此，開眼、不開眼亦如此，雜念紛飛、不紛飛亦如此，有三魂七魄、無三魂七魄亦如此，身中有十二宮辰、無十二宮辰亦如此。

但若提一事來問，便與之一拳一喝，如山壓去，莫管他許多閒事，自然入寂之時，不妨閒極，如水中月，現不思議境，預知時至矣。即使不知，亦莫管他，若是管一管，即落心思言議，便是色蘊，色到便起受蘊，有受便有想頭，想起便心路流行，心行便識起分別。一落五蘊，則五十種魔現前，若一例不管，則五蘊頓絕，魔來無路矣，豈有禪顛之語耶？四句五蘊不涉，則佛也没奈我何，説甚生死凡聖、成片不成片、臨終性歸何處、不性歸何處等言思意路哉？

但能法法頭上，以四句五蘊，一坐坐斷，空却眼，正却志，駕衆應機之下，隨宜直截，如鐘赴槌，似水下石，依稀恰好，便脱手放去。切勿任喜怒違忤衆生，衆生便是諸佛，諸佛即是衆生。唯處處加一、二分利益，與人與物，則擇及無窮，萬姓感仰矣。　國主以仁聖之資，祖佛之願，夙有靈骨，從佛祖位中再來，故身屋千乘，志在一乘，念念不忘，心心求覓，如此真非中下根器，所能跂及萬一也。

頃因蘊真法師，傳國主問至，不揣草莽，竟以納僧自受用三昧，爲芹曝之獻。倘好問察邇，細究四句不得之法，請参一拳一喝之禪，時時拈出，處處用得，將無量劫來有思算底，拋向東洋海底，坐個出格閒人，不要愁生愁死，計來計去，則時時在佛祖頭上，的的礫礫，打輥過日，世世生生爲法王、爲人王、爲天王，自在快活，無窮無盡也。山野不恭，冒干王聽，幸賜歡喜。

復竹菴關主①

世尊睹星悟道之後，爲不明大法，但得涅槃心，開口不得，故曰："若欲說之，無下口處；不欲說之，衆生無解脫之期。"②三七思惟，忽然悟明大法，大法既明，方纔入得差別智，方能說三乘之法，以利衆生。所以古人言："涅槃心易曉，差別智難明。"③善財南參五十三善知識，皆明其中事也。今公所見，不過象王回顧，獅子嚬呻，紗峰山上七日不見，而別峰相見者，便乃安心樂意，以爲究竟，而不知起脚力參，尚未萬分之一。中間微細具在五宗旨趣中，若臨濟三玄、三要、賓主、料揀、照用，未曾入他堂奧，而妄欲以一棒一喝，儱侗真如，即便坐着謂之天然外道，非佛弟子。

近世競抹宗旨，幾致滅絕，幸有托鉢公案、守廊侍者、五祖、圓悟、大慧等章，一一備露面目，何可躐等自便、忤逆先聖、賺害後生？其罪過于殺祖、殺佛。某嘗力争此事，謂寧以此身入無間地獄，斷不可坐在一悟便了之科，非過激也。香嚴獨脚頌，④當細細參透，再進諸家。苟一處不明，則一分無明未了，故不惜眉毛，深相激勸耳。公若果是有人氣者，必不可放過此生，甘爲下賤，而不入尊貴之域也。冒死敢言，惟諸佛龍天作證。

---

① 此篇同於《三峰藏和尚語録・書問》(J. B299)《復竹庵關主》，新文豐版《嘉興藏》(34)，頁 190 中。

② 《指月録》(X. 1578)原文作："始欲不説，衆生無解脫之期；始欲説之，衆生又隨語生解。"《卍新纂續藏經》(83)，頁 480 中。

③ 此説可見於《古尊宿語録》(X. 1315)《寶峰雲庵真凈禪師住金陵報寧語録》，《卍新纂續藏經》(68)，頁 282 中。

④ 《三峰藏和尚語録》(J. B299)記香嚴智閑(？—898)有偈曰："子啐母啄，子覺母殼。子母俱亡，應緣不錯。同道唱和，妙云獨脚。"新文豐版《嘉興藏》(34)，頁 169 上。

與陳雲怡祠部①

盡世出世間法，都盧作一個問頭，便如掇一個没量大底火坑出來，擬答則四句森然，三心頓起，那有一人不被他燒却？除實見得這一着子，一向閒極無事，滚滚地過日。但向他拈出來時，撥空作火處，畧拈些子虛空作水，與他一時烟消火滅，所謂"念彼觀音力，還着于本人"是也。②

此事不在久久做工夫，得個前後際斷，方没生死。須知目前萬法，本自硬斜斜地，原没生死。以凡聖兩見，妄執事理，生出許多生死。如今只指出目前，一動一静，如雲過石，似水落溪，入净入穢，元來無事，本是定當，着着見將，件件殺活，何等具足！不犯纖塵，只是動處要了。如今只是東來西斬，西來東斬，上來下斬，下來上斬，四來中斬，中來四斬，拈空塞空，以幻滅幻，只要不犯鋒鋩，藉没他根種而已。

然此事又不可自生格則，若自生格則，便已多事。不如看他古人當機處，有言、無言，原有樣子。如僧問雲門："如何是諸佛出身處？"答云："東山水上行。"圓悟別云："薰風自南來，殿閣生微凉。"③看他當機，輕輕吐出幾個没要緊的字，如百萬輪槌，一齊俱發，不見頭尾。雖三世諸佛、列代祖師一齊問及，亦奈何他不得。乃至千奇萬怪、變亂異常，不過教人隨事了事、當機息機，平生只在毘盧頂顙上踏過，不留鞋迹而已。

古德云："言無展事，語不投機。承言者喪，滯句者迷。"④又云："句中無意，意在句中。"⑤意句俱馳，意句俱遣，所以每出一言，必須成句，言不成

---

① 此篇同於《三峰藏和尚語録·書問》(J. B299)，新文豐版《嘉興藏》(34)，頁190下—191上。
② 《妙法蓮華經·觀世音菩薩普門品》(T. 262)，《大正新修大藏經》(9)，頁58上。
③ 《大慧普覺禪師語録》(T. 1998A)，《大正新修大藏經》(47)，頁883上—中。
④ 《指月録·襄州洞山守初宗慧禪師》(X. 1578)，《卍新纂續藏經》(83)，頁636中。
⑤ 《指月録》記爲華嚴普孜(？—1085)之語(X. 1578)，《卍新纂續藏經》(83)，頁558下。

句,生死紛然。古人所重只在言句上,如云:"縱燒出舍利八斛四斗,不如當初下得一轉語。"①又云:"只重子之見處,不重子之行履。"②故臨濟家有三句,雲門亦有三句,玄沙亦有三句。句中之意,非語莫辯。

既有言句,復當驗其意旨何如,道得意旨,句方得力。若意旨不明,便是掠虛野戰,生死門頭,全用不着。尋常過日,一任有念無念,或妄或真,但不得照察,不須簡點,本自了辦。倘若一露頭角,便用本分治之,故于事到語到,須識禍機,處得定當。定當者,不過得一句之力耳。句要意重,意重只爲句乾得極,乾得極者,即是叩兩端而竭之謂也。聖門大關頭,亦只在好問察邇處,執中用中,總是言句上定當也。句若定當,尋常只秉一口金剛寶劍,露端便斬,誰有不平事哉?

答雲怡學憲③

接來札,并見《青州衫》、《三頓棒》等頌,知于此道得個入路,便是不退轉地,喜之欲狂。并聞輦上諸公,頗多信向此事,而有金正希太史,根性尤猛利,④同心斷金,一時挽復,正法無憂矣。惟冀不倦提持,逢人下手,不昧爲有力大人耳。又云:"每至猝然問着,終未能轉。"蓋繇乍見此事,而一向行處,猶在倒正中,不能着着從腰下截去,舌頭尚涉語脉耳。

直須一向目朝雲漢,如鐘懸架上,扣着但聞吼怒,令人心膽俱喪爲得,此正

---

① 《五燈全書》(X. 1571)記夔州臥龍山破庵祖先(1136—1211)云:"饒有舍利八斛四斗,置之一壁,還我生前一轉語來。"《卍新纂續藏經》(82),頁143下。

② 《指月錄・潭州潙山靈祐禪師》(X. 1578)原文作:"祇貴子眼正,不説子行履。"《卍新纂續藏經》(83),頁533上。

③ 此篇同於《三峰藏和尚語錄・書問》(J. B299)《答雲怡蔡學憲》,新文豐版《嘉興藏》(34),頁191上。

④ 《居士傳》(X. 1646)記金正希(活躍於1608—1645),名聲,年二十六學佛法,崇禎元年(1628)成進士,歷任副總兵、御史等職,抗清被執,死於南京,謚文毅。曾參靈巖繼起,後參靈隱具德有省。《卍新纂續藏經》(88),頁283上。

是絶簡點，惟用爪牙也。若爾久久，自然純熟，脚無絆索，意氣高閒。應凡俗不妨隨事了事，使人不疑，此是入塵更玅處。三頓棒須更進一步，與再參馬祖因緣，并《指月録》中數則大公案，多多翻閲一過。若有疑處，便是進趨之門，從堂入奧，自有大受用也。

答熊明府魚山[①]

明公凤慧再來，以無我心，求向上事，千古一遘，萬萬希有。承問"歷觀諸教，欲蔽一言，其間不曰'寂照'，則曰'定慧'；不曰'止觀'，則曰'空智'。大約根本智雖無功用，而深深般若自本來不可磨滅，今法語中皆無片字及般若岸，果頂門摩醯眼既開之後，便瞎却不用，抑此眼原不必開也"等語，正爬著山僧二十年無人問着底癢處。

蓋般若妙道非中根聰智所能推測，貧道二十年來所遘士大夫留心此道者，頗多功行理路，從明白處推測，并無從向上頂門無眼處，問着求個出脱者，爲何？只爲平日于第六識上照了，第七識上指認，第八識上摹擬，以心、意、意識不能一時截斷，故光明尚在，不得從頂門無光之光，照徹天漢，只得生死死依稀本無而已。決不能于睡中、夢中、正睡無夢無想處、死來昏悶位處、跌倒悶絶處與淫怒癡正發處，坦然一如，自在無礙，作快活人。

以故欲入此者，有禪、教之分，教有如來禪，禪有祖師禪。如來禪有般若、有實相、有寂照、有定慧、有空智實智，種種名相不可盡舉。祖師禪即從如來禪盡處一鎚，謂之獨透獨露，故祖師家有通教義說者，有單提向上說者，通教義說便有理路，向上透教便無理路。理有證到之理，有擬到之理，俱有開闔，不可一途涸說。

[①] 此《答熊明府魚山》共五封書信，同於《三峰藏和尚語録》(J. B299)，新文豐版《嘉興藏》(34)，頁 191 上—下。

所謂教者，從凡入聖，三乘、二乘、菩薩以至如來，故謂之如來禪。以凡夫執有，三、二入空，菩薩則緣生以透性空，故名般若之智。類多破有指空，空之不入，四遣而入，了不可得，得此了不可得，謂之空智。以緣生而本空，以無性而緣起，雙照雙遮，皆在般若。至於雙照礙雙遮、雙遮礙雙照、雙照融雙遮、雙遮融雙照，融礙交結，交蘆不可測處，擉瞎有功用眼，方謂之如來禪，又謂之頂結，又名墮頂，又名死水。此等說話，若欲指點，只在做工夫到前後際斷、三心不可得處，目前如冰壺，此處起手，方說空相，已備在德慶《普說》中。①

于此空相中行履，如鳥飛空，此便雙兼，然于〔祖師禪〕②未夢見在。若於雙雙結處，看他"喚着竹篦則觸，不喚着竹篦則背"，無門無眼，此處重下手力究，忽然于纔開口處便打，萬事破除，不可近傍，便于作用上，提脫心性過日，打翻空、有、中道，于出格處腳下無私，深深海底行，高高山頂立。而心性了，則佛心了；佛心了，則凡與聖始真斷，所謂但了凡心，別無聖解。方纔醒夢一如，生死無二，生佛無間，但解着衣喫飯，屙屎放尿，喜而笑，怒而罵而已。寂照、定慧、止觀、空智、實智，心之與性，識之與念，皆是兩頭語，若到現前，劈脊便打，何等省事！

明公以出人之資、超佛之志，不必問着前來途路，便請向擉瞎有功用眼處，用一口金剛王劍，將佛魔生物到手便斬，直教閑閑落落，垂衣拱手，件件惠民，頭頭護法。以無舌而語，不脛而走，如堅翅鳥據空自在，可見摩醯額眼正是開不可開，用此額眼回觀如來、祖師禪，淺深般若等名，皆是無夢說夢，其可得乎？中間尚有說不盡處，請看《指月錄》中百丈上堂語自見，山野不便趨風，惟遙仰止。

---

① 參《海虞三峰於密藏和尚普說》，收於拙著《漢月法藏禪師珍稀文獻輯注初編》，2024 年。

② 原文獻作"如來禪"，筆者依《三峰藏和尚語錄》(J. B299)和文意改爲"祖師禪"，新文豐版《嘉興藏》(34)，頁 191 中。

又①

承諭"曩于覺師處力究,旬日之間,遂覺頂上摩醯眼突然涌出,以故年來于開眼瞎眼處,亦覺一齊赴會。惟是習氣深重,功行淺薄,遇事不能兩段,鎖隙處較少,增長處較多"等語。竊謂雙眼不瞎,則醯目不開;雙眼不明,則醯目不泯。醯目開,正爲凡聖路斷;醯目泯,正爲靈悟照亡。照不亡,則凡聖根存;路不斷,則習氣幹茂。只爲當時醯眼突出,猶屬照功。上來功行是照,照乃人心。人心惟危,故有覺得、不覺得,遇事便有照了、不照了照他兩段,正屬兩頭。見長見銷,全屬雙眼。此處用功,如煮沙爲飰,倒馬策前,愈難愈遠。

祖家正法,只在不墮兩頭,自然本無習氣,不用照了,直用中間。習氣若中,即是浩然充塞。古人云:"養一頭水牯牛,擬向溪東牧,猶是犯他國王水草,溪西牧,亦是犯他國王水草,不如隨分納些些,總不見得。"②如此説話,何曾道着飛空鳥迹來? 韓侍郎致書晦堂云:"昔聞和尚開悟,曠然無疑,但無始以來,煩惱習氣,未能頓盡,爲之奈何?"晦堂答書曰:"敬承諭及,昔時開悟云云,然心外無剩法,不知煩惱習氣是何物,而欲盡之? 若起此心,翻成認賊爲子也。從上以來,但有言説,乃是隨病發藥,縱有煩惱習氣,但以如來知見治之,皆是善權方便誘引之法。若是定有習氣可治,却是心外有法,而可盡之,譬如靈龜曳尾于塗,拂迹迹生,可謂將心用心,轉見病深。苟能明達心外無法,法外無心,心法既無,更欲教誰頓盡耶?"③

---

① 此篇同於《三峰藏和尚語録·書問》(J. B299),新文豐版《嘉興藏》(34),頁 191 下—192 上。

② 《聯燈會要》(X. 1557)中記爲池州南泉普願(748—835)之語,《卍新纂續藏經》(79),頁 38 上。

③ 《指月録》(X. 1578)中記爲黄龍晦堂祖心(1025—1100)之語,《卍新纂續藏經》(83),頁 470 上。

可見兩頭坐斷，煩習無從，不露兩頭，不妨于中直截矣。

復諭簡郵札，喜中間萬事破除，不可近傍，尤喜佛心了，則凡與聖始真斷。從今惟有一劍當軒，服之無斁。若果如此，前來絡索，便請一刀兩段。但能時時向這裏，截天截地，一物不可近傍。久久用熟，不由思議，都從沒照功處着力，自然如香象渡河，截流而過，只今且于此處研磨，未宜放手。

又諭"更有疑者，欲于無門、無眼處，重下手力究。不惟'究'字安不上，竹篦子話早安不上，欲不如然，又恐墮少分為足之病，恒沙細惑，何繇得盡？"此數語，深見大根大力，必欲透徹宗旨，凌跨古今，須從臨濟門風，微細諸法，一一參過，汰盡見中蘊奧，入佛入魔，依舊着衣喫飯而已。

又①

秋深相視一笑，想未得脚尖頭踢出佛來，故于橫說豎說處，喉間尚有一物。不若就將此物，隨意咳唾，着着如金丸脫手，點點中人齒縫中，則為雲為雨，無非斷人命根手段矣，又何指月斷根、頂目拔窟哉？大都目前萬事，纔啓禍門，即與滅却，常使室內閒閒地，置主人于無用之處。設若門前鬧嚷，屋裏論量，自有左右禀令判斷，誰敢違旨？不勞堂皇費力也。所以會得作用，則大事了畢；稍涉廉纖，便不得安閒矣。着力！着力！

又②

溈山與仰山曰："以思無思之妙，翻思靈焰之無窮。思盡還源，性相平等，理事不二，真佛如如。"③又僧問巖頭曰："起滅不停時如何？"頭曰：

---

① 此篇書信，他本皆無收。
② 《三峰藏和尚語錄·書問》(J. B299)，新文豐版《嘉興藏》(34)，頁192上—下。
③ 《指月錄·袁州仰山慧寂通智禪師》(X. 1578)，《卍新纂續藏經》(83)，頁544上。

"是誰起滅？"①以是觀之，人心本無，不必求其無，且無時之出入，莫知鄉之所在。但放之自然，不用軌則，隨事了事，順水行舟，所謂"處處得逢渠"是也。②若知心本無心，先落得無量自在受用，但在問着處，則兩頭行露，當一刀兩段，便放他過去，更有何物敢繫縛人？

譬如獅子坐睡遊行之次，任他來去自在，若有虎狼蟲豸到前，或以一掌，或一嚬呻，何事不了？何物敢影現哉？巖頭曰："百不思時……是與麽時，將與麽時，等破一切。"③如咬猪狗，眼赫赤，纔見便咬，左來右咬，橫來竪咬，此語太可憐生。僧問雲門："如何是佛？"答："乾〔屎〕橛。"④洞山答："麻三斤。"⑤山僧道："驢臁子。"又道："雨過覺清涼。"此等言句，豈有意味在耶？但要會得其中的的大意，無事不辦。拈一莖草，作丈六金身；以丈六金身，作一莖草。投石乾海，吹氣倒山，在明公直下用去耳。

又⑥

《圓覺經》曰："居一切時，不起妄念。于諸妄心，亦不息滅。住妄想境，不加了知。于無了知，不辯真實。"⑦若此四句輥作一句了無頭腦，便是向上人行履。蓋妄念者，露出兩頭敧側心有個着落處也。一有着落，即是欺心。不起，則一任如雲如影，亂起亂滅，無有定見，即是居一切時不起妄

---

① 《指月錄·福州羅山道閑禪師》(X. 1578)記爲羅山道閑和巖頭全奯之問答，《卍新纂續藏經》(83)，頁 605 上。
② 《指月錄·瑞州洞山良价悟本禪師》(X. 1578)，《卍新纂續藏經》(83)，頁 571 中。
③ 語見《指月錄·鄂州巖頭全奯禪師》(X. 1578)，全文爲："百不思時，喚作正句，亦云居頂，亦云得住，亦云歷歷，亦云惺惺，亦云的的，亦云佛未生時，亦云得地，亦云與麽時，將與麽時，等破一切是非。"《卍新纂續藏經》(83)，頁 587 下。
④ 《指月錄》(X. 1578)，《卍新纂續藏經》(83)，頁 743 上。
⑤ 《指月錄》(X. 1578)，《卍新纂續藏經》(83)，頁 555 下。
⑥ 此篇同於《三峰藏和尚語錄·書問》(J. B299)，新文豐版《嘉興藏》(34)，頁 192 中—下。
⑦ 《大方廣圓覺修多羅了義經》(T. 842)，《大正新修大藏經》(17)，頁 917 中。

念。此不起心極好，只因修行人向這裏妄加點簡，妄加安排，妄加照察，所以流浪生死，無有了期，可惜許耳。

若是小乘人，便要去息滅他。若是多知多見底人，便要去了知照察他，生出生死頭角，拽拽不了，流浪轉深，不得停止。若曉無了知不用簡是好處，他又妄加個"想必此樣，就是真實處也"，如此許多，用慣心識，修到驢年，無了手分，不如一了便了，更不回頭轉腦，直下放交亂去，只是再不落他兩頭欹側處露現，則自然在中，不怕甕中走却鱉也。

若遇他人呈個頭腦來，只與從中截斷，并不與他交涉，所以云："言無展事，語不投機。"①此要法也。一落語脉，便是"承言者喪，滯句者迷"，通身染污矣。所以古人逢着問"西來大意"，只道個"庭前柏樹子"，他安身立命處不在這裏也。安身立命既不在這裏，則所應一切，俱是捏空爲彈，破他心骨而已。開口不在舌頭上也，終日言未嘗言也，故曰："言滿天下無口過。"②如此言而行，則行滿天下無怨惡。孔子曰："其言也訒。"③訒者，不言也，即指掌呼參，鼓瑟擊磬，無行不與，天何言哉，色舉翔集，絃歌之治是也。

若會得此一絡索，則千言萬語，不曾露一些子，故其力用大耳。單單握得一個百廿觔鋼鎚，瓦來打瓦，石來打石，琉璃瓶來打琉璃瓶，十丈珊瑚來打十丈珊瑚，人來殺人，佛來殺佛，唯了而已。

近得雲怡居士書云："途中參青州布衫公案，小有省發，乃知問答句旨之纱。宗家非此，無以勘驗；學人非此，無從入手。自此還看儒家眼孔，與曩迥別，深知《易》道精微，正在無文無理，而蓍龜一法，受命如響，爲《易》之

---

① 《古尊宿語錄》(X. 1315)《襄州洞山第二代初禪師語錄》，《卍新纂續藏經》(68)，頁 246 上。
② 語見《指月錄·洪州百丈山懷海禪師》(X. 1578)："出語不繫縛人，所有言説不自稱師，説如谷響，言滿天下無口過，堪依止。"《卍新纂續藏經》(83)，頁 480 上。
③ 《論語·顏淵》：子曰："仁者其言也訒。"中國哲學書電子化計劃，https://ctext.org，2020/10/23。

大用,曰'知幾',①曰'不遠復',②則吾儕真實下手處也。向于大師不許點簡、不用覺照之語,未能無疑。今始知一簡點、一覺照,即傷他、觸他,弟子于此一事已信得十分,決無歧嚮矣。"此便是踏實地,人之初步也。大道最忌奇特玄竗,奇玄正是兩頭心,古人不過大巧若拙、大拙若巧而已。故巧人多鏤木爲篆,拙人常抱枯椿,不知渾金樸玉,聲價自重。大都日用應緣,只用機先一向隨事了事,不要管他。若是撥着頭角,便與一刀兩段,不可放過。

---

① 語出《周易·繫辭下》:子曰:"知幾其神乎?君子上交不諂,下交不瀆,其知幾乎,幾者動之微,吉之先見者也,君子見幾而作,不俟終日。《易》曰:'介于石,不終日,貞吉。'介如石焉,寧用終日,斷可識矣,君子知微知彰,知柔知剛,萬夫之望。"中國哲學書電子化計劃,https://ctext.org,2020/10/23。

② 語出《周易·復卦》:子曰:"顏氏之子,其殆庶幾乎?有不善未嘗不知,知之未嘗復行也。《易》曰:'不遠復,无祇悔,元吉。'"中國哲學書電子化計劃,https://ctext.org,2020/10/23。

鄧尉山天壽聖恩寺三峰藏禪師語錄　卷之十九

嗣法門人弘成、弘致、弘乘、弘證、弘徹

弘垣、弘璧、弘鴻、弘禮、弘儲

弘銛、弘忍，受法弟子惲日初同編

學人周祗、蔡懋德、劉道貞、王志堅

江浩、汪夢斗、王廷璧、蔣秋較

書

答趙郡伯文度[①]

前者山中數日相對，殷勤譚一大事，非有力大人，豈能深求力究如此？居士夙具殊勝種子，從今觸雨生發，不可遏捺，真不易得也。承諭《宗鏡錄》言"三途無分別，而不發業"，[②]故不受報等語，簡之具在七十四卷，第四十葉，大都俱生二字，教中雖細解注，終不明言，故知教之人，多不

---

① 此篇書信同於《三峰藏和尚語錄·書問》(J.B299)《答趙文度郡伯》，新文豐版《嘉興藏》(34)，頁192下—193上。

② 《宗鏡錄》(T.2016)記護法云："三塗內總無分別，而不發業。"《大正新修大藏經》(48)，頁830上。

得力。須知本明與無明元是一個,明極,故不覺;不覺,則不守自性;不守,故任運起惑;起惑,則生明造業。所以衆生流浪生死,皆因無明與本明俱生,俱生則業相動;而轉相向外,便現出現行;行現,即智相生而分別起矣。所以要出生死,先斷聰明;聰明,通身是分別,故總、別俱報,謂之定業,斷不能避。

《楞嚴》云:"知見立知,即無明本;知見無見,斯即涅槃。"①此兩句便該括盡矣。只是今人于知見處,不能無見,苦無下手處,如人説食終不能飽耳。今日參禪,正爲下手方便,若一得之,便終日行而不現行,終日分別而非煩惱分別,惑尚不起,何況造業受報耶?現行是明白底,明白便能作主宰,《宗鏡》亦曰"主宰是任持義",②即我相根本,主是第七識恒恒執我,不肯打失,打失即任運矣。禪者任運,而且斷惑業,三途惑業太重,俱生強盛而亦任運,以任運迷極,故不受總報、別報,是偶爾成文。

喻如癡人隨主人驅率,便打殺人,罪當坐主,以僕癡極無知,不坐殺罪,不過是率連耳。大力鬼打舍利弗,而舍利弗是果上人,其緣勝,故入地獄。鸚鵡聞法,以法力勝,故生天。北俱盧洲因修癡福,故感癡報,謂之生長壽天,是八難之一。此洲癡人亦不受報,大概此輩癡極,故無分別。禪者透過明白,故無分別,故大悟底人,却翻迷了。此非迷悟之迷,乃與佛同體無記之迷,即所謂知見無見者也。

今要參禪,先將平生知見明白,抹過一邊,將去不得底話頭,橫看豎看,轉看轉迷悶,迷悶不過,于計較不得處,忽地一迸,便會知見無見底方便,終日竟任運,與佛無二矣。草草贅語,聊爲《宗鏡》作個注脚,并原書附覽,居士高明,自當朗鑒。

―――――――

① 《首楞嚴經》(T. 945),《大正新修大藏經》(19),頁 124 下。
② 《宗鏡錄》(T. 2016):"五趣輪迴都無主宰實自在用,故名無我。二法無我者,謂諸法體。雖復任持軌生物解,亦無勝性實自在用,故言無我。"《大正新修大藏經》(48),頁 792 中。

答王廉憲聞修①

二年不接清範，想居士珍重杜門，必深進此道。得手札，知努力大事，務在必證，真人爲道，自不承虛接響，定當一斬一切斷，直欲翻身握三尺，向無面目處，大用過日耳。《竹箆頌》已到世出世間，萬法交結，但欠一鎚擊破。于日用處，大開兩眼，放捨四大六根，撞着虎狼獅子，影未動處，便與一擊，一任掃踪滅迹，無一星子蠅蚊影響打攬。隨時應緣，一任碌碌，但于無米飯上，咬着嚼着，不輕放過，久久自然有力。然此力在逢緣不借，全不干主人公事，奴子稟令而行便了，若更回頭顧着，則森然棘手也。

大率理路者，明白會處也。古人云："老僧不在明白裏，但貴翻身得用耳。"②問："如何是佛？"答："乾〔屎〕橛。"③問："如何是西來意？"答："庭前柏樹子。"④怎麼看則得。纔開口便打，入門便打，纔舉着便道"不是！不是！"怎麼看則得。若于此等話頭看破，則古人本命星官是甚麼糖擔裏夫子？只要小兒不哭足矣。居士用心誠篤，久久不愁不得，只在竹箆話上，問處着力，得個掀天揭地，卒斷一上，便好向那邊過日。

---

① 此篇書信同於《三峰藏和尚語錄·書問》(J. B299)《答王聞修廉憲》，新文豐版《嘉興藏》(34)，頁 193 上—中。

② 相似之語可見於《萬松老人評唱天童覺和尚頌古從容庵錄》(T. 2004)中，載引趙州云："老僧不在明白裏，良以清光照眼猶自迷家，明白轉身未免墮位。"《大正新修大藏經》(48)，頁 244 中。

③ 《指月錄》(X. 1578)記爲僧問雲門之答話，《卍新纂續藏經》(83)，頁 743 上。

④ 《指月錄》(X. 1578)記爲僧問趙州從諗之答話，《卍新纂續藏經》(83)，頁 522 上。

答李居士長蘅①

病中工夫，且歇却看話頭，以其鬱遏費力，難與病情支遣，不若明明白白，一看透底，便自肯心休去。第一先看此身，凝濕氣暖，四大從來無有實體，不是我身。既非我身，便不必管他好惡生死、痛苦不痛苦等事，一刀割斷，再不來整理，是初下手處。

其二看色身既不交涉，其身外骨肉恩怨，功名利養，一切我所，皆是虛妄，亦與一刀割斷，不去回頭轉腦。

第三看破內外色空，何處更有妄心領受？既不領受，想緒何生？想既不生，思惟之行心頓歇。行既歇滅，分別之識何從？五蘊既空，從來無我。無我，又有何人受彼生死？何人造業？何人受罪？何物輪迴？到此則身心世界，一法無可當情，當下脫然放捨，便與法界平等，無一塵一法不是我自己真心。

真心者，無心也，無心便當下成佛，并無佛與眾生等名目作緣作對。《維摩經》曰："空其室內，屏去侍者，惟置一床，以疾而臥。"②空其室內，萬緣休盡也。屏去侍者，一念不生也。惟置一床，頹然放捨于其中也。以疾而臥，不敢動着，動着即禍生也。若果如此放得盡，則意無所用。意無用，則五官不役。不役，則不怕眼光落地。不怕眼光落地，則不怕魂神飛揚。不怕魂飛，則任他到昏昧想位。昏昧既得恬帖，則昏前昏後，一切善相惡相，都不隨他。不隨，則無欣厭顛倒。無顛倒，則天堂地獄、六道七趣收你不

---

① 此篇書信同於《三峰藏和尚語錄・書問》(J. B299)《答李長蘅孝廉》，新文豐版《嘉興藏》(34)，頁 193 中—193 下；李長蘅(1575—1629)，《明史》列傳第一百七十六："流芳，字長蘅，萬曆三十四年(1606)舉於鄉。工詩善書，尤精繪事。天啓初，會試北上，抵近郊聞警，賦詩而返，遂絕意進取。"中國哲學書電子化計劃，https://ctext.org，2021/8/10。

② 《佛説維摩詰經》(T. 474)，《大正新修大藏經》(14)，頁 525 下。

得。安身立命，自有一段任運騰騰，自繇自在，不怕無個着落也。居士是個中人，但要直下肯耳，若肯直下放手，做佛不是另有。

答朱居士西空① 來書附

鄧山蓮子，一跬步地；飛心獅吼，定可知矣。直以身老，作本分心土，以自了當，念念還源，刻刻可去。期與勢至、維摩相見，便回向毘廬尊而已。有孤吾師惓惓接引婆心，可奈何？師判《法華》正宗在序分，真千古未剖之正見正論，何故？既曰正宗，自須在未開口前，纔有言便是注脚，早已逗漏多矣。

仲尼歷代稱文宣王，到我世宗朝，用張羅峰議，稱先師。②朽弟嘆三千年來，乃得出頭。今師所判一切修多羅序分有《三昧》、《放光》在，畢攝入無疑矣，世尊微旨亦經三千年始得出頭，奇哉鄧山！大顯于今日！可必也。

朽弟感師人位，欲以一言薦，幸垂思之。禪宗自大慧後，一綫如斬，止存名額，無真宗也，何故？大都是逐塊獅子，無咬人獅子，故世無真眼，如犬吠聲，二三百年于此矣。且道今日之黃檗，逼真昔黃檗乎？今日之雲門，逼真昔雲門乎？難瞞師眼也，臟物具在。今日須是過量

---

① 此篇書信同於《三峰藏和尚語錄·書問》(J. B299)中《答西空居士(本諱朱鷺字白民)》，但《三峰藏和尚語錄》缺附朱西空來書，新文豐版《嘉興藏》(34)，頁193下—194中。朱鷺(1553—1632)，別號西空老人，《明畫錄》卷七："朱鷺，字白民，吳縣人，爲邑諸生，有俊才，嘗刻建文書法擬績世，工寫竹，深得石室梅花之旨，棄家游名山，以可竹自給，不受人一錢，登華山，樂而忘返，結茆終焉。崇禎初，撰《甘露頌》，并畫竹，擬獻于朝而不果。"中國哲學書電子化計劃，https://ctext.org，2021/8/10。朱西空之來書附於漢月答信之前，原文獻爲低一格排列，本書以楷體縮進二格處理。以下皆同。

② 《明史》列傳第八十四記張璁(1475—1539)，字秉用，後避諱改名孚敬，號羅峰，官至吏部尚書、華蓋殿大學士，爲內閣首輔，在"大禮議"事件中扮演重要角色，嘉靖九年(1530)，張璁認爲歷代追諡孔子爲"文宣王"，名不正言不順，明世宗依其意見，改爲"至聖先師"，中國哲學書電子化計劃，https://ctext.org，2021/8/10。

人從空逬出手眼,一掃殘羹飯,以建大新幢、擊大新鼓而後可。

如大慧盡掃前人案,單單篦子提人曰:"無愛他家奇特,奇特賺誤人,比于雜毒。"①故其化盛行。今師用徑山之背、觸,而并行五家之奇特,豈以過量人,可翻徑山藥忌哉?參話頭電閃歇足者多,囝地透頂者少,湛精易動,光影易迷。于妄邊際認真,于黑邊際討白,是最險最險之關,八地前大都異熟爲正,全是陰魔,全是識窟,但用有眼棒,無情喝,霹破之。

學人得力,若用三玄五位等,及詩句等,祇增上無明妄想,決不穩當也。且從上提人,世尊命獻花者放下,既兩手放下,而直示之曰"汝放下六根"云云,②何奇特之有?又《楞嚴》七大皆可悟入,③不必奇特也。馬祖揭開盒餅便提醒曰:"是甚麼?"乃至野鴨飛過,亦問曰:"是甚麼?"④處處可以醒覺人,豈必奇特也?即如三玄等于當時爲機用,于今日爲鴆毒,何故?神不存矣,人亦不易值,必欲提之,便犯手在。

善知識前爲孝順易,爲忤逆難,請遂以忤逆詢問師:師用世尊四句,倒向兒孫邊配出之,曰"法本法無法"云云,是第一句、第一玄,又云云是第二句、第二玄,二、三則顯矣,玄要何痛癢?末且云:"三要不必言矣,畢竟難描画也。"諸方定不肯師,而師已苦心會合,可惜哉! 多刻此數行文字也,師但平心冷覻,知忤逆人能發覺,莫望之孝順人也。

有大題目于此,用空棒空喝之眼上堂提人,晚參細譚唯識,令真妄邊

---

① 大慧宗杲《正法眼藏》(X. 1309)原文爲:"莫愛佗奇特,奇特處賺誤人,雜毒在心識裏。"新文豐版《嘉興藏》(67),頁 633 上。

② 《指月錄》(X. 1578)記佛告梵志:"汝當放捨外六塵、內六根、中六識,一時捨却。無可捨處,是汝放身命處。"《卍新纂續藏經》(83),頁 406 中。

③ 《首楞嚴經》(T. 945)原文爲:"若此識心本無所從,當知了別見聞覺知圓滿湛然性非從所,兼彼虛空地水火風均名七大性真圓融,皆如來藏本無生滅。"《大正新修大藏經》(19),頁 119 上。

④ 《指月錄》(X. 1578),《卍新纂續藏經》(83),頁 475 中。

際，水乳鵝擇，則種子現行等流異熟，一一了了，而陰魔鬼窟不能溷伺人，即顢頇儱侗之病亦永絕，實實助人見地，實實資人行履。五濁末世，時節因緣，決定用着，西空先見之矣。倘得肯首，幸以一言慰，倘不蒙可，朽且存此稿于《西空集》中，早晚定有出來承當者，不必定在目前也。又不然，朽自發願爲來世性相合舉之一大闍黎而已矣，何故？龍華會不遠，欲赴三會者，決不以空解投詩句薦也。唯師深念之。

法道可憐極矣，不可不救也。可憐者何？蓋以文字教禪没溺於語言，一棒一喝没溺於無言。無言則顢頇亂統，有言則摘句尋章。摘句尋章，但墮外而未易墮魔；顢頇亂統，易墮魔而復墮外。嘗三七思之，無法可治，竊按世尊舊法，列祖真宗，用辯魔揀異，師承千古不易之格，務在磨光刮垢，滌盡奇玄，便歸一實。故不得已，只得千方百計，以救末世之弊。試一論之。

世尊昔日睹星而悟者，即今人所悟之一棒一喝也。睹星霍然，豈有言說乎？豈無言說乎？豈有指點乎？豈無指點乎？此處脫然而了，突然而見；所得者，自心而已矣；此口挂壁上處也，非顢頇而何？在世尊真見，則不致亂統；在凡夫見之，則易于亂統。且又有似悟而非悟者、已悟而不盡者、非悟而妄認者，千差競起，佛若無法、無師，何以救此一輩耶？

故三七思惟，以一星分作四句，一星分作三乘，說四句以破九十六種外道，說三乘以接九十六種外道。一星分三，而四句破矣；三句合一，而一乘足矣。此其所以十方佛現而印證之，非以法爲師承，以杜亂統而何？此法一唱，則從迦葉、阿難以至六祖，遂有一花五葉之讖，正救今日之邪法也。

昔僧問臨濟曰："如何是真佛、真法、真道？"濟曰："佛者，心清净是。"[①]此

[①] 以下所舉似語句，見《鎮州臨濟慧照禪師語錄》（T. 1985），《大正新修大藏經》（47），頁 501 下—502 上。

西空老人所見身心世界一齊放下處也。又曰："法者，心光明是。"此三玄三要畢竟罷不得者也，有佛無法是死佛，有法無佛是無頭法。故又曰："道者，處處無礙净光是。"此心法合并，處處放光，事事無礙者也。又曰："三即一，皆爲空名而非實有，若真正學道人，念念心不間斷。"蓋以前後際斷一心不亂底人，常居無念之地。若到入魔動念處，則一心遂爲間斷，以其破根本無明，而塵沙惑不曾動着一絲毫故也。

良以悟得自心，正是我相，我相堅固，正是着有外道，直須把三玄去他底有，而後悟處無；悟無，正是落空外道，又把三玄去他底無，而後無悟無。我、人既去，而衆生命根在也。吾不知將何以盡之？嗚呼！三要之不可廢也宜矣。

吾知格君心之非者，三玄三要也，非爲奇特，非爲玄妙也。所謂詩句者，臨濟曰："若第一句中薦得，堪與祖佛爲師；第二句中薦得，堪與人天爲師；第三句中薦得，自救不了。"①夫臨濟以三頓棒得來，以一喝爲用，豈不知棒喝之徑捷不枝？而不以示人，偏以三句示人哉？蓋世間法、出世間法，難以棒喝一例收盡，若單以棒喝，則一切語言遂成剩法。有剩法，又何貴于禪爲？若單重棒喝，則棒喝時清净，至于語言時，依舊道理玄妙等生死起也，何能處處乾竭耶？

故以三玄要之法，將一切有言無言、有意無意等音聲色相，一篦榨乾，從玄出要，直至頂上，如乳中醍醐，單單用此頂門獨眼，并不落他語言文字，并不坐在顢頇亂統，所謂"我爲法王，于法自在"②者此也。此即未開口前事也，此即咬人獅子也，決不墮于今黃檗、今雲門也。此掃空餿飯而化新奇也，擊新鼓也，此竹篦子之所以爲祖師關也，此拈盡五宗之奇玄也。

正爲參話頭電閃歇足者多，囙地而透頂者少也，最上一要，決不墮于湛精

---

① 《鎮州臨濟慧照禪師語錄》(T. 1985)，《大正新修大藏經》(47)，頁502上。
② 《妙法蓮華經·譬喻品》(T. 262)，《大正新修大藏經》(9)，頁15中。

之動,光影之迷,落白落黑,牽異熟,惹識窟也。玄要乃棒之眼,喝之霹也,正欲以鴆毒殺天下人也。孝順亦死,忤逆亦死,何妨向兒孫父母祖禰配出? 但欲知其痛癢耳。諸方不肯吾者,以祖師不出世耳,若出世則不易吾言定矣。

此二十年以平心冷覷而得之,惟冀西空老人鑒此痛哭流涕,長太息于千甦萬死中足矣,何必求今人一點首也? 何必驚悚一時? 吾將質諸千佛列祖矣。此粉骨碎身、千煮萬燒于大地獄,而此救宗旨、救法、救世之心,必不敢退者也。伏惟西空老人為我揮淚于末世,吾死不足惜,惟西空老人勿作此為奇玄語也。

答周居士居實　來書附①

日者顧孚尹②來,領和尚開示,愚聾豁然,始知大力全在劍刃上,正是一團火聚,觸着便燒。獅子踞坐,目前蕩蕩地,佛魔尚不能當其鋒,未開口前早已三十棒,誰能更拈得針鋒許耶? 久久力用既充,自有轉身時節。六龍無首,頭角盡消,"樹倒藤枯,句歸何處"是也。"呵呵大笑! 歸方丈",則人消物化,離將五彩之頭角,夢裏一犁之花柳,見得親切分明,任君嘻笑怒罵,揭地掀天,不逾規矩矣。柏向來頭上看得輕了,所以不得力,即今三冬,只在劍刃上着力,挨到着實,方好一步步將去。直陳愚衷,得獲訓語批示,幸甚!

功勳非真,不得功勳則無力;無功非了,不到真無功則無真力。末後須再細參,要見"相隨來也"③道理。龍頭蛇尾,果然親切,自然紗也。須重處

---

① 此《答周居士居實》共三封書信以及所附來書,他本皆無收。
② 《三峰藏和尚語錄‧三峰和尚年譜》(J. B299)崇禎七年甲戌(1634),列顧孚尹於"久參弟子"之列,新文豐版《嘉興藏》(34),頁211上。
③ 《大慧普覺禪師語錄》(T. 1998A),《大正新修大藏經》(47),頁883上—中。

重,絕處絕,了處了,〔仔〕細!〔仔〕細!①

又

竪拂子,珊瑚枝枝撑着月;挂拂子,月沉寒夜睡方濃。咦!半思半恨龍頭尾,爲雨爲雲卷疾風。幾人于此着衣喫飯,打眠打坐?想老居士有頭無尾,向無尾處撑角撩天,全憑尾力,真個長蛇陣卷,踏地不識高低。但見一春花落去,那知初夏日方炎?此中尊貴始得,切勿向尊貴處失却。

又

翰云:"山中宜省事爲便,擇其可與入道者及近道者,多寡安之,覓取一個半個。"誠與山僧意深合,當急圖之矣。君子愛財語,真隨波逐浪佳絶之句,"三年活"②大段如此。但前來父子互換須細看之,前來意足,方看此大機之玅。"治世語言,資生業等,皆順正法",③若果末後句裏過日,不少一些子。龍飛龍躍,玅始于潛,頭角既消,一任愚蒙東抛西擲鉏斧子,是全身付法語,五宗諸法無不攝盡,當更着精采!

答陸居士戩夫　來書附④

前在山中,偶與具德師兄商及此事,知向來所會三玄,是白路,非黑路

---

① 原文作"子細",本書依文意改爲"仔細"。
② 《指月録·鄂州巖頭全奯禪師》(X. 1578),德山、雪峰和巖頭之對答,《卍新纂續藏經》(83),頁586下。
③ 《妙法蓮華經·法師功德品》(T. 262),《大正新修大藏經》(9),頁50上。
④ 此篇書信同於《三峰藏和尚語録·書問》(J. B299)之《答陸戩夫居士》,但《三峰藏和尚語録》缺陸戩夫來書,新文豐版《嘉興藏》(34),頁194下。

也。遂將雙角無欄桄一語,重着精彩,夜來睡後,翻身醒來,猶念有又有不得,無又無不得,畢竟如何?矇朧中,忽見一僧持一燈火,床前走過,驀然有省,然又不能道出。至次日舟中,几上有大師常州語錄,①疾讀一過,至云:"空着眼睛,望彼雲漢,了無纖毫物色目前搖動,至于睡熟處、悶絕處,自有山花鳥聲,爲汝作倚天長劍,不待汝費心力也。"②不覺爽然,頓獲我心,自謂不惟三玄已妥,并三要今有下落,遂成一偈,偈云:"有又有分剚蛟虎,無又無分絶吞吐。驀然撞着便抽身,百歲髑髏五花舞。"今呈似老師,望爲瞉一决擇之。

山花野鳥爲長劍,風細北窗長晝眠。夢到寒山入壁後,漫言毒鼓骨髓前。三玄三要,從古到今,只得三人自悟,覺範是第二人,其偈曰:"一句中具三玄門,一玄中具三要路。細看即是陷虎機,忽轟一聲塗毒鼓。偷心死盡眼麻迷,石女夢中毛卓竪。"③可見虎不陷,則塗毒不轟;心不死,則女毛不竪。此"百歲髑髏五花舞"之謂也。

復拙生居士④

當初看話頭,不曾在一話頭上收得身心世界盡;及至轉身時,又不曾在一句轉語上了得身心世界盡;後來于一切事上,又不曾着着令此身心世界無露現處,故于事上不盡。三個不盡,便有剩法,及有剩法,便將一着子放開

---

① 此"常州語錄"應爲《三峰藏和尚語錄·三峰和尚年譜》(J. B299)所記,崇禎七年甲戌(1633),漢月62歲請升座常州廣福院,弟子所記之語錄,今已不存,僅散見於《三峰藏和尚語錄》,新文豐版《嘉興藏》(34),頁211上。

② 此錄語可見於本《鄧尉山天壽聖恩寺三峰藏禪師語錄·法語》卷十五,《示仍初禪人》。

③ 《智證傳》(X. 1235),《卍新纂續藏經》(63),頁189上。

④ 此《復拙生居士》共二封書信,同於《三峰藏和尚語錄·書問》(J. B299)中《復章拙生居士》二封書信,新文豐版《嘉興藏》(34),頁194下—195上。

了，且在世法上滾去，待有工夫再來整理。殊不知一著子外，更無世法，淫、殺、盜、妄總是裏許底事，只要當人着着不容他兩頭有剩耳。

不容兩頭有剩者，一個本分，如太虛空做了一個鐵鎚，終日在手中輪來輪去。若更有一個太虛空來，便與打破。不是有兩個太虛空，亦非不有兩個太虛空，只一個本分塞盡世界，就事了事，并不煩動心舉念也。若是拈過鎚子，放出虛空，更放出自己分別心，簡點一簡點，則絲毫也用不着。用不着，則不信心生，而求相應心起，越照察越不相應矣。

殊不知相應是心盡無法，只用大用，更不起疑耳，此相應不是這個相應。若此處看不過，不是退，定是謗，可惜許也。不見圓悟、大慧等聰明人都曾犯此大病耶？急須重新收拾，不可在已破面門處下手。另尋一則公案，須得一月半月，對面〔拈〕①挼得定，如圓悟、大慧方得了耳。切祝！切祝！

又

當時二祖實爲求法心切，②故斷臂師前耳，而初祖忙忙便與他印證道："汝今斷臂，求亦可在。"二祖見印證得忒快煞了，便道："承師印可，不得不肯，只是我心未得寧帖，如何領得師旨過？"初祖曰："將心來，我與汝安。"二祖盡其神力，要覓個自心去酬他，奈何無處摸索，乃曰："覓心了不可得。"初祖曰："與汝安心竟。"這個便是古人輕易印證人處。"將心來"便是古人斷人命根處，"覓心了不可得"便是抱贓自首處，"與汝安心"便是腦後一鎚處。

今居士斷臂力淺，故印證之言亦輕，居士不曾真正覓心了不可得，亦不曾有人與汝安心，故逢着五欲八風，便搖動起來。若當初覓到了不可得處肯

---

① 原文獻作"砧"，本書據文意改爲"拈"。
② 以下舉似應爲漢月依《指月錄·初祖菩提達磨大師》(X. 1578)所改寫的問答，《卍新纂續藏經》(83)，頁 438 上—中。

來，自然五欲八風，是你了不可得之心耳，何復求相應耶？此求相應者，賊也。見相應、見不相應者，皆賊也。若道畢竟就要得個相應，則二祖覓心處，早已相應，何消晚年又有調心等事哉？

可見參禪，必要參到大休大了，再無疑處，便知決不是相應上證佐者。以相應是心路所見，故不如無知之心法上處處進取，進到極則處，他自有一個相應底道理與你自肯也，何須途路預先卜度，作不中心行哉？仁者有進無退，莫問那裏參好？只是件件參去，處處明去，少不得有放身大睡時節。此事決不礙舉業，正好參去！

復許居士仲謙①

事事捉住兩頭，從中斷去，如握干將剖葱葉耳，雖老庖丁亦皆信手，不費眼力，習則慣熟，全不以心，則身、口、意業皆是出身大道，是業隨我轉而爲道，非我隨業轉而爲苦也。若以靜閉一室爲道，如將玻璃盞澄大江之水，暫歇則月現，曷能以滔天之勢興雲作雨，于忘心不知之用哉？忘心者，以事事知格而直用耳。知格于前，直用于後，一知則不用再知，不再則知無所用。知無所用，故其爲知也。蓋天蓋地，亘古亘今，不可磨滅。

可見知得猛省者，照察心也。知有喪失者，背道心也。苟于無事之時，泯然不用知識，不妨任其閒思亂想，事到之時，便直下斷去。以兩頭準則，則無錯謬之遺恨。事去則放之，而無追挽之思。設有錯謬，則悔而正之，不二其過。或不能着着知兩頭而中斷，則當話頭上討個出格，久之自着着在中，而有大力用也。居士但于此處研磨，切勿草草放過。

———————

① 此篇書信同於《三峰藏和尚語錄・書問》(J. B299)《復許仲謙居士》，新文豐版《嘉興藏》(34)，頁195上—中。

復雲怡居士①

正法不許斟酌計較，只是理得兩頭定當，便從中一刀，其餘總不管他去住。以兩頭定當，定無差錯也。纔轉身來，又不泥這裏矣。但能賓主轉換，落落可觀，則事事千了百當。此事貴在用上鋒利，全身不露背面。此是大神通光明之藏，以力在其中，不是心思上底事。即用心思，亦是中間不借之力，不必疑也。

復梁湛至居士　來書附②

涘以聚沫之形，石火之性，不知何所因緣，夢感吾師指示。其間激發之機，誘進之術，以妄破妄，因妄顯真，容涘病健時細述。涘自知佛法以來，無念不思最上一義，一病纏身，遂爾手忙脚亂。天下事説得就要做得，見得就要行得，方是個大丈夫。如涘者，何足比數也？荷蒙吾師遙爲灌頂，三作轉語，雖狂性頓歇，終未安心。

涘一月調攝，至五月五日後賚香叩山，想爾時梅子正熟，形體粗安，便捱大師數百頓痛棒，畢竟討口出氣，回向禪知寺前，尋一塊雨花境界，候吾師重唱柳枝，方不負這一段非病非夢的機緣，動地驚天的作用也。是以涘志堅決，惟望悲憐，然狂病之餘，措詞失簡，惟師裁宥。

生死果何物，而爲其所累？爲我所畏哉，以人心見身，故畏身有生死耳。夫陰陽晝夜，闔闢春秋，果曾生死乎？知生死者，人心耳。身果何物耶？

---

① 此篇書信同於《三峰藏和尚語録・書問》(J. B299)《復蔡雲怡居士》，新文豐版《嘉興藏》(34)，頁 195 中。

② 此篇書信同於《三峰藏和尚語録・書問》(J. B299)《復梁湛至居士》，但《三峰藏和尚語録》缺附梁湛至來書，新文豐版《嘉興藏》(34)，頁 195 中—下。

人心生死，不出兩端。端不起，則無生；端不滅，則無死。苟覓其心至了不可得，則本無起滅，何有生死？雖欲不甘休，不可得矣。自既肯休，則當任之如空中花，不妨亂起亂滅，身心世界于我何有？但憑一雙空眼，抹盡山水人物，古今治亂，所謂長安雖鬧，我國宴然是也。惟因一事當前，則端心又起，須得大作用現前，于起處頓了，并不經我屋裏事，斯爲得力侍者耳。

此事若在身心上着到，不但一時摸索不着，而魔境萬狀，古人云："不疑言句，是爲大病。"①直須疑言句始得。言句者，識得問頭，識得答語。如船子所云"離鈎三寸"；②如問佛，而答"麻三斤"、"乾〔屎〕橛"；如纔問便打，便推折足，便罵，便喝；不得以有言言，不得以無語語，着着有函有蓋，能殺能活，藏盡楚天之月，騰將匣內之光，斯得大用之少分矣。言句既得，謂之知言；知言，則心不動而氣浩，所以能目空定亂也。

前見居士筆底，依稀近之，但未得一囤，故有病夢許多疑畏。兹當乘病愈間適謝事之時，細釋祖家言句，務期了却，勿放過好時節也。得來札，遠心正合，仁俟面談，殊爲快便！

---

① 《大慧普覺禪師語錄》(T. 1998A)記爲圓悟克勤之語，《大正新修大藏經》(47)，頁883上。

② 《指月錄·秀州華亭船子德誠禪師》(X. 1578)原文作"離鈎三寸"，《卍新纂續藏經》(83)，頁536下。

鄧尉山天壽聖恩寺三峰藏禪師語錄　卷之二十

嗣法門人弘成、弘致、弘乘、弘證、弘徹

弘垣、弘璧、弘鴻、弘禮、弘儲

弘銛、弘忍，受法弟子惲日初同編

學人周祗、蔡懋德、劉道貞、沈自繼

嚴栻、江之浙、龔可樹、蔣秋皎

五　宗　原

序曰：①歲乙丑，②結夏聖恩禪寺之萬峰關，侍關中者四上座，敏、致、證、徹也。居一日，俱整衣作禮而請曰："嘗聞諸方尊宿，欲抹殺五家宗旨，單傳釋迦拈花一事，謂之直提向上。不知五宗之立，果爲謬妄者否？願賜一言，以通其難。"

於密曰："命將者，必以兵符；悟心者，必傳法印。符不契，即爲奸偽；法不同，則爲外道。自威音以來，無一言一法，非五家宗旨之符印也。昔人證之，遂嘿契其微而不分；後人似之，故建立其宗以防偽。抹殺

---

① 此篇同於《五宗原》(X. 1279)，《卍新纂續藏經》(65)，頁102上—108上；《三峰藏和尚語錄》(J. B299)所收《五宗原》，新文豐版《嘉興藏》(34)，頁175下—179中。

② 歲乙丑爲明朝天啓五年(1625)。

五家,而欲單傳者,剖符銷印,自便之渠魁者耳,豈五宗之忠臣、七佛之法將也耶？嗚呼！法滅天人憂,正以此也！可不畏哉？"

曰:"昔時有燒香煉頂、密傳宗旨者,大慧一榜揭出,以破狐技。然則今之宗旨,又何貴焉？"曰:"彼所傳者,竊符假信者耳。若夫法法自明,心心相印,豈若室中密授之死法子耶？蓋傳宗旨者,不悟宗旨者也；抹宗旨者,不知宗旨者也。茲當操提未破之密印,以擒託偽之奸黨,此正今時荷擔如來命脉之真子也,豈浮濫者可混入哉？"

因原五宗,付諸四子,四子稽首謝,各各願嚴符印,以永真傳云。

臨 濟 宗

嘗見繪事家圖七佛之始,始于威音王佛,惟大作一〇圓相之後,則七佛各有言詮。言詮雖異,而諸佛之偈旨不出圓相也。夫威者,形之外者也；音者,聲之外者也。威音王者,形聲之外,未有出載,無所考據文字以前最上事也。若龍樹所現,而仰上所謂無相三昧,然燈以前是也。圓相出于西天諸祖,七佛偈出于達磨傳來,蓋有所本也。

嘗試原之,圓相早具五家宗旨矣。五宗各出一面,然有正宗,第一先出臨濟宗旨。此相拋出,直下斷人命根,于一〇中,賓主輥輥,直入首羅眼中,所謂"沿流不止問如何,真照無邊說似他。離相離名人不稟,吹毛用了急需磨"①是也。次則雲門三句、一字關也,潙仰圓相本于此也,法眼譚教義于六相之外,曹洞分回互于黑白之交。只一〇中,五宗具矣。其餘傍出道理極則,教家玄妙淵微,莫不悉備。

故七佛各以一偈攝之,毗婆尸佛偈曰:"身從無相中受生,猶如幻出諸形

---

① 《指月錄·鎮州臨濟義玄禪師》(X. 1578)記爲臨濟義玄之傳法偈,《卍新纂續藏經》(83),頁 549 中。

象。幻人心識本來無,罪福皆空無所住。"①蓋以身有相而無相,直截痛快,臨濟宗也;中間微露其旨,雲門宗也;無相中受圓相之謂,溈仰宗也;身無相六相義之謂,法眼宗也;身兼無相,曹洞五位之旨也。其餘六佛及四七諸祖,莫不皆然,但未明言顯示耳。

至般若多羅識曰:"二株嫩桂久昌昌。"②此鉗記五宗之分,從二家而始,故有南嶽、青原,爲五宗之源也。又曰:"震旦雖闊無別路,要假兒孫脚下行。金雞解銜一粒粟,供養十方羅漢僧。"③此記當有馬姓者,出于十邡,爲二株之正宗,脚下當出四宗,而惟臨濟一宗爲正的也。

及初祖至金陵,武帝問:"造寺度僧有功德否?"祖曰:"實無功德。"此臨濟直截語也,雲門、法眼、溈仰何所不具? 帝問:"何以無功德?"祖曰:"此但人天小果,有漏之因,如影隨形,雖有非實。"④豈非曹洞語乎? 至二祖,有居士請懺罪,祖曰:"將罪來與汝懺。"士良久曰:"覓罪了不可得。"祖曰:"與汝懺罪竟。"⑤一將罪來,一懺罪竟,臨濟、雲門宗也;問答歷然,溈仰、法眼、曹洞宗也。沙彌問三祖:"乞解脱法門。"祖曰:"誰縛汝?"⑥此非臨濟、雲門宗乎? 栽松道者問四祖曰:"法道可得聞乎?"祖曰:"汝已老,脱有聞,其能廣化邪? 儻若再來,吾尚遲汝。"⑦此語全看,則臨濟、雲門細開闔之,則諸宗悉具矣。

五祖接盧能,以杖擊碓三下,非臨濟張本乎? 六祖問南嶽曰:"何處來?"曰:"嵩山。"祖曰:"什麽物,與麽來?"曰:"説似一物即不中。"祖曰:"還有

---

① 《指月録·毗婆尸佛》(X. 1578),《卍新纂續藏經》(83),頁404下。
② 《指月録》(X. 1578)記爲般若多羅之識,《卍新纂續藏經》(83),頁436上。
③ 《指月録》(X. 1578)記爲達磨之識,《卍新纂續藏經》(83),頁436中。
④ 《指月録·初祖菩提達磨大師》(X. 1578),《卍新纂續藏經》(83),頁437下。
⑤ 《指月録·二祖慧可大師》(X. 1578),《卍新纂續藏經》(83),頁439上。
⑥ 《指月録·三祖僧璨大師》(X. 1578),《卍新纂續藏經》(83),頁439下。
⑦ 《指月録·五祖弘忍大師》(X. 1578),《卍新纂續藏經》(83),頁441中。

修證否？"曰："修證即不無，染污即不得。"①觀讓公"説似一物即不中"語，此臨濟宗而亦雲門之旨也；"修證即不無，染污即不得"，寧非溈仰、法眼宗旨乎？蓋四宗之源，發于此也，馬駒之讖，定于此矣。

及向馬師磨磚，馬問："磨磚作麽？"曰："作鏡。"曰："磨磚豈得作鏡？"曰："坐禪豈得成佛？"只此一句，臨濟宗旨大振矣，雲門亦具焉。及問："如何即是？"曰："如牛駕車，車若不行，打牛即是？打車即是？"②則溈仰、法眼始于此。馬祖曰"藏頭白，海頭黑"、"日面佛、月面佛"、"有時喝，有時打"，③此臨濟宗也。僧參次，師乃畫一圓相曰："入也打，不入也打。"僧纔入，師便打！僧曰："和尚打某甲不得！"師靠柱杖，休去。只此一則，便四宗齊收也。震聲一喝于百丈挂拂之後，三日耳聾于黃檗吐舌之前。三頓痛棒，大樹蔭天，臨濟一宗，岩然五宗之頂，從威音至此，而乳中醍醐精極紗極，馬駒踏殺天下人，鍾意不在是乎？

是知大愚肋下三拳，密闔顯開，橫分竪結，踏四家而獨步，出三句以咸羅。四料簡盡人境法，以褫其大綱；三玄要卷生死關，而歸于頂獨。道法細分，始能事事心佛；二三同一，方可句句斷玄。影草動，則主在我而驗人；金剛提，則力在腕而破物。師踞有地，浮汎者未識來繇；喝本無從，認真者定迷落處。兩堂一喝，陸遜迷八陣之圖；兩處讓賓，諸葛有隱蓬之策。二禪客賓主成于陞座，四賓主機用毒于膠盆。或學人先喝以挑鋒，須防伏卒；或知識隨奪而掠陣，貴設陷坑。或夫唱而婦隨，或分疆而裂土。相共一場懞儱，放收兩換交加。囊沙減竈，各顧成功；自縛詐降，獨施冷刺。呢呢喁喁而隱蠚，轟轟歷歷而濡尾。用鏌鋣于太平之後，提祖印于未定之天。

————————

① 《指月録·六祖慧能大師》(X. 1578)，《卍新纂續藏經》(83)，頁 446 下。
② 《指月録·南嶽懷讓禪師》(X. 1578)，《卍新纂續藏經》(83)，頁 451 上。
③ 此處所及馬祖之語，皆可見於《指月録·江西道一禪師》(X. 1578)，《卍新纂續藏經》(83)，頁 452 上—454 中。

舉頭天外,誰是其人;挂鏡當軒,豈容魔異。待心死而伏誅,須切用前之照;先擒下而去縛,畧挑用後之燈。濟船筏于黑風鬼國之間,開晴霽于碧浪漁歌之外。頭頭爲求格外,着着要了機先。了法者,盡法而無民;亡人者,隨人而施藥。撫猊絃而絶衆聲,滴獅乳而迸驢酪。從這裏過得,向隨處安閑。行雲行雨,不濕仙衣;驅電驅雷,豈關天怒?

興化獎得于脫下衲衣之一頓,向古廟裏藏身,致使克賓于棒了處,更罰錢出院。① 南院顒拈出啐啄同時,失之便打,終令那僧于棒折處,見燈影裏行。② 風穴沼從守廓處入玄要法門,便于南院處賓主歷然,識破詐道不饑,領棒下無師之旨。③ 首山念于古路上不墮悄然,向白兆處草賊大敗,好手不肯張名,見太平斬癡之罟。④ 汾州昭見象王行處絶狐踪,遂到放身命處。⑤ 石霜圓從掩口知道出常情,解道荒草裏行。⑥ 楊岐會截路打慈明,知是般事便休,辭雲竟入亂峰深處,既向兩喝後禮拜,復于擔荷處便行。⑦ 白雲端因楊岐失笑會得個中便了,放手撲到萬仞崖底。⑧

有時擲下柱杖,有時放過一着。五祖演不會興化古廟裏話,因白雲一叱,便解轉磨,既得出身白汗,廣展下載清風。⑨ 昭覺勤盡五祖機用邊事,緣演師不肯,及再領柏子,復證雞鳴,雖會一串穿却,還合頂頰添眼。⑩ 虎丘隆至見不及處舉拳,解道竹密不妨流水過,終成睡虎。⑪ 應菴華舉放泥盤處大

---

① 參《指月錄·魏府興化存獎禪師》(X. 1578),《卍新纂續藏經》(83),頁 580 中。
② 參《指月錄·汝州南院慧顒禪師》(X. 1578),《卍新纂續藏經》(83),頁 601 下。
③ 參《指月錄·守廓侍者》(X. 1578),《卍新纂續藏經》(83),頁 602 上。
④ 參《指月錄·汝州首山省念禪師》(X. 1578),《卍新纂續藏經》(83),頁 638 上。
⑤ 參《指月錄·汾州太子院善昭禪師》(X. 1578),《卍新纂續藏經》(83),頁 645 下。
⑥ 參《指月錄·潭州石霜楚圓慈明禪師》(X. 1578),《卍新纂續藏經》(83),頁 658 中。
⑦ 參《指月錄·袁州楊岐方會禪師》(X. 1578),《卍新纂續藏經》(83),頁 678 中。
⑧ 參《指月錄·舒州白雲守端禪師》(X. 1578),《卍新纂續藏經》(83),頁 695 上。
⑨ 參《指月錄·蘄州五祖法演禪師》(X. 1578),《卍新纂續藏經》(83),頁 705 上。
⑩ 參《指月錄·成都府昭覺寺克勤佛果禪師》(X. 1578),《卍新纂續藏經》(83),頁 713 下。
⑪ 參《指月錄·平江府虎丘紹隆禪師》(X. 1578),《卍新纂續藏經》(83),頁 723 下。

笑,解道禹力不到處,河聲流向西,方見真獅。① 華藏傑以柱杖兩卓一抛,道三十年後,已全面目。② 破菴先于不心不佛物處,將柱杖一卓,畧見一斑。③ 無準範道三人證龜成鱉,真不欠少。④ 雪巖欽道三拳三拜是同,許會三玄。⑤ 高峰玅以龍頭蛇尾,輥作一團。⑥ 中峰本于脫衣一頓,許你半個。⑦ 千巖長見鼠食猫飯,碗破矣而碎甓。⑧ 萬峰蔚見凈瓶踢倒,鈍漢已而三十。⑨ 寶藏持承三要印來,爪牙不少。⑩ 東明旵賴重新悟來,到底無遺。⑪ 寶峰瑄語若流雲,出身有路。⑫ 天奇瑞當賓不讓,去有來舐。⑬ 無聞聰深水裏出頭,石中迸火。⑭ 笑巖寶操履中兼用,水裏有龍。⑮ 幻有傳一點燈

---

① 參《應菴曇華禪師語録》(X. 1359),《卍新纂續藏經》(69),頁 509 中。

② "華藏傑"即爲《五燈會元》(X. 1565)所記"慶元府天童密菴咸傑禪師",他曾上堂,卓拄杖曰:"迷時祇迷這箇!"復卓一下曰:"悟時祇悟這箇! 迷悟雙忘,糞掃堆頭,重添搯攉,莫有向東涌西没全機獨脫處,道得一句底麼? 若道不得,華藏自道去也。"擲柱杖!曰:"三十年後。"《卍新纂續藏經》(80),頁 441 中。

③ 參《破菴祖先禪師語録》(X. 1381),《卍新纂續藏經》(70),頁 214 中。

④ 此"三人證龜成鱉"之言,禪宗文獻多記爲香林澄遠禪師之説,參《景德傳燈録》(T. 2076),《大正新修大藏經》(51),頁 387 上。

⑤ 《雪巖祖欽禪師語録》(X. 1397)記雪巖祖欽云:"臨濟向大愚肋下築三拳,又二祖向達磨禮三拜,二者是同? 是别? 若向遮裏,定當得出,許你會一句中具三玄,一玄中具三要。"《卍新纂續藏經》(70),頁 621 上。

⑥ 《高峰原妙禪師語録》(X. 1400),《卍新纂續藏經》(70),頁 677 中。

⑦ 《天目中峰廣録》(B. 145)記中峰拈云:"只如大覺云:'脱下衲衣痛與一頓!'興化言下大悟,又悟箇甚麽道理? 這裏見得,許儞作臨濟半箇兒孫。"《大藏經補編》(25),頁 723 上一中。

⑧ 參《南宋元明禪林僧寶傳·伏龍千巖長禪師》(X. 1562),《卍新纂續藏經》(79),頁 631 下。

⑨ 參《五燈全書·蘇州鄧尉萬峰時蔚禪師》(X. 1571),《卍新纂續藏經》(82),頁 229 上。

⑩ 參《五燈全書·蘇州鄧尉寶藏普持禪師》(X. 1571),《卍新纂續藏經》(82),頁 232 上。

⑪ 參《五燈全書·杭州東明虛白慧旵禪師》(X. 1571),《卍新纂續藏經》(82),頁 234 中。

⑫ 參《五燈全書·金陵翼善寶峰智瑄禪師》(X. 1571),《卍新纂續藏經》(82),頁 243 上。

⑬ 參《五燈全書·竟陵荆門天奇本瑞禪師》(X. 1571),《卍新纂續藏經》(82),頁 244 下。

⑭ 參《五燈全書·隨州關子嶺龍泉寺無聞正聰禪師》(X. 1571),《卍新纂續藏經》(82),頁 247 上。

⑮ 參《五燈全書·北京善果月心笑巖德寶禪師》(X. 1571),《卍新纂續藏經》(82),頁 249 中。

花,虚空爆破。① 金粟悟一棒到底,不管主賓。② 三峰藏挽臨濟七百年之大法,頭尾宛然,水雲中飛騰隱顯,何處摸索?

臨濟一宗,至汾陽、慈明而益大起,明出楊岐,自虎丘至雪巖、高峰、千巖、萬峰,以及笑巖之後,法道復當再振,已正叙其脉矣。其于石霜之下,出有黃龍南公者,初未悟時,因雲峰悦所激,指見慈明,明問臺山婆子話,不能答。明詬罵不已,龍曰:"罵豈慈悲法施耶?"明曰:"汝作罵會那?"龍乃悟旨。③ 其下出有真净文者,初見黃龍不契,至香城見順和尚,順問:"甚處來?"曰:"黃龍來。"曰:"黃龍有何言句?"曰:"黃龍近日州府委請黃檗長老,龍垂語曰:'鐘樓上念贊,床脚下種菜。有人下得語契,便往住持。'時勝上座曰:'猛虎當路坐。'龍遂令去住黃檗。"順不覺曰:"勝首座秖下得一轉語,便得黃檗住,佛法未夢見在。"净言下大悟黃龍用處。④ 座下有慧洪覺範禪師者,净每舉玄沙未徹之語發其疑,凡有所對,净曰:"你又説道理耶!"一日頓脱所疑,述偈曰:"靈雲一見不再見,紅白枝枝不着花。叵耐釣魚船上客,却來平地漉魚鰕。"真净見而爲之助喜。⑤

吾嘗參三玄之旨有深得,欲求決諸方,而難其人,忽見師所著《臨濟宗旨》及《智證傳》之臨濟兩堂首座同喝語,今古心心如覿面相印,復簡其法嗣,未有續之者,因願遥嗣其宗旨。而現在法脉,則傳笑巖之後焉,蓋不敢負高峰語録之發起也。因叙臨濟正脉,而嵩志于此。

---

① 參《五燈全書·常州宜興龍池一心幻有正傳禪師》(X. 1571),《卍新纂續藏經》(82),頁 288 上。
② 參《五燈全書·明州天童密雲圓悟禪師》(X. 1571),《卍新纂續藏經》(82),頁 290 下。
③ 參《指月録·隆興府黃龍慧南禪師》(X. 1578),《卍新纂續藏經》(83),頁 676 中。
④ 參《指月録·隆興府寶峰克文雲菴真净禪師》(X. 1578),《卍新纂續藏經》(83),頁 688 上。
⑤ 參《指月録·瑞州清凉慧洪覺範禪師》(X. 1578),《卍新纂續藏經》(83),頁 701 中。

雲 門 宗

自威音一字,金圈抛出;從七佛諸偈,錦字文回。六祖傳來,一個鉢盂,刖圖咬嚼不得;馬祖之後,這個眼目,淺草易爲長蘆。天王惠餅,崇信擎茶。直下便見,擬思即差。① 德山吹滅紙燭于龍潭,正是截流;②雪峰胸襟流出于巖頭,豈非函蓋?③ 所以韶陽霎時折足于睦州門縫裏,温研積稔于雪峰堂奥中。便道三斤麻,一疋布。擒鱉鼻于南山,脱鐵枷于老漢。燭露碓師而咄嗟,須彌胡餅而恰好。諸佛出身處,東山水上行;透法身之句,北斗裏藏身。鉢裏飯,桶裏水,三昧塵塵;南山雲,北山雨,佛交露柱。將三門來燈上,放餬餅作饅頭。晉鋒八博,咄口中眉。④ 故有紅旗閃爍之品題。⑤ 此雲門一派所繇出也。

潙 仰 宗

一星火爆于無有雙關之表,三撼門扇于昧落兩頭之間。潙山僧,水牯牛,腰下看取;東平鏡,潙山鏡,手中撲破。所以凡聖兩忘,見履兼盡。用處則單刀直入,思無則靈焰何窮? 插鍬拔鍬,垂脚結脚。平目仰視,于收放不獨;一二二三,而劍刃惟單。兩口無舌,九十六相雲興;父子合宗,潙仰一枝喬出。⑥

---

① 參《指月録·澧州龍潭崇信禪師》(X. 1578),《卍新纂續藏經》(83),頁 539 中。
② 參《指月録·鼎州德山宣鑒禪師》(X. 1578),《卍新纂續藏經》(83),頁 567 中。
③ 參《指月録·福州雪峰義存禪師》(X. 1578),《卍新纂續藏經》(83),頁 588 下。
④ 參《指月録·韶州雲門山光奉院文偃禪師》(X. 1578),《卍新纂續藏經》(83),頁 619 下—626 中。
⑤ 《指月録·蘄州五祖法演禪師》(X. 1578)記有人問:"如何是雲門下事?"五祖法演答:"紅旗閃爍。"《卍新纂續藏經》(83),頁 705 下。
⑥ 參《指月録·潭州潙山靈祐禪師》(X. 1578),《卍新纂續藏經》(83),頁 532 上—535 上。另,有關潙仰九十六圓相之討論,參拙著《雪竇七集之研究》,臺北:法鼓文化,2015 年,頁 196—200。

法　眼　宗

七佛偈意全是修多羅了義語,而儼然獨露,爲臨濟、雲門、潙仰等旨,惟曹洞回互,則不待拈題而自著焉。① 故知法眼一家,全是教家極則,一代時教之真月也。

達磨傳來,若覓心不可得、明鏡亦非臺、即心即佛、非心非佛等語,至于天王聞馬祖言:"識取自心,本來是佛,不屬漸次,不假修持,體自如如,萬德圓滿。"言下便悟。②

龍潭聞天王言:"汝槃茶來,吾爲汝接;汝行食來,吾爲汝受;汝和南時,吾便低頭。何處不指示心要?"師低頭,王曰:"見則便見,擬思即差。"師曰:"如何保任?"王曰:"任性逍遥,隨緣放曠,但盡凡心,別無聖解。"③德山曰:"窮諸玄辯,若一毫置于太虛;竭世樞機,似一滴投于巨壑。"④此便是法眼張本也。

雪峰于巖頭處,悟得個"他日若欲播揚大教,一一從自己胸襟流出,自然蓋天蓋地"。⑤ 遂有玄沙從《楞嚴經》發明心地,緣是應機敏捷,與修多羅冥契。⑥ 沙問地藏曰:"三界唯心,汝作麽生會?"藏指椅子,曰:"和尚喚這個作什麽?"沙曰:"椅子。"藏曰:"和尚不會三界唯心。"沙曰:"我喚這個作竹

---

① 《指月録·瑞州洞山良价悟本禪師》(X. 1578)記洞山盛化於豫章高安,"權開五位,善接三根,大闡一音,廣弘萬品"。又得曹山本寂"深明的旨,妙唱嘉猷,道合君臣,偏正回互。由是洞上玄風,播於天下,諸方宗匠,咸共推尊之"。《卍新纂續藏經》(83),頁571下。

② 參《指月録·天王道悟禪師》(X. 1578),《卍新纂續藏經》(83),頁509中。

③ 參《指月録·澧州龍潭崇信禪師》(X. 1578),《卍新纂續藏經》(83),頁539中。

④ 參《指月録·鼎州德山宣鑒禪師》(X. 1578),《卍新纂續藏經》(83),頁567中。

⑤ 參《指月録·福州雪峰義存禪師》(X. 1578),《卍新纂續藏經》(83),頁589上。

⑥ 參《指月録·福州玄沙師備宗一禪師》(X. 1578),《卍新纂續藏經》(83),頁606中。

木,汝唤作甚麼?"藏曰:"桂琛亦唤作竹木。"沙曰:"盡大地覓一個會佛法底人,不可得。"藏自爾加勵。① 及悟後住地藏,問法眼曰:"作麼生是行脚事?"眼曰:"不知。"曰:"不知最親切。"又論《肇論》至"天地與我同根處",藏曰:"山河大地與上座自己是同?是別?"眼曰:"別。"藏豎二指,眼曰:"同。"藏又豎二指,便起去。藏又問:"上座尋常説三界唯心,萬法唯識。"乃指庭石,曰:"且道此石在心内?在心外?"眼曰:"心内。"藏曰:"行脚人!着甚來繇,安片石在心頭?"眼窘求住,藏曰:"若論佛法,一切現成。"法眼于是大悟。所以道:會得聲色問處,透聲色也不難;識得凳子來繇,周匝有餘都了。慧超咨和尚:"如何是佛?"曰:"汝是慧超。"② 僧問:"如何是曹源一滴水?"曰:"是曹源一滴水。"③

正是山河在我眼裏,自己只在目前。鳥啼花落水茫茫,月白風清山楚楚。說甚唯心唯識?豈關句裏言前?六相義,金絡索挂來;四法界,玉連環拋出。總是弄獮猻圈子,祭鬼神茶飯。何用將心湊泊,頭頭釘釘膠粘?不如信手拈來,處處箭鋒相拄。以致永明博綜于《宗鏡》,座主彷彿于言詮。此祖宗紗極而流弊,痛挽之,惟望後人之實證也。

曹 洞 宗

威而音,音而威者,〇五位前後事也。五位,無位而位者也。威音以前,空劫也;威音至此,今時也。今時無空劫,則非今;空劫非今時,即非古。今古一〇,其爲偏乎?正乎?正之偏乎?偏之正乎?偏正兼至乎?正偏兼到乎?吾不知而知,知而邈然于威音之先矣,故曰:"身從無相中受生,猶如幻出諸形相。幻人心識本來無,罪福皆空無所住。"七佛偈旨,

---

① 參《指月録·漳州羅漢院桂琛禪師》(X. 1578),《卍新纂續藏經》(83),頁 630 上。
② 參《指月録·金陵清涼院文益禪師》(X. 1578),《卍新纂續藏經》(83),頁 643 中—644 上。
③ 參《指月録·天台山德韶國師》(X. 1578),《卍新纂續藏經》(83),頁 655 中。

等無有異。①

而世尊降生，一手指天，一手指地，周行七步，目顧四方，曰："天上天下，唯吾獨尊。"至臨末梢頭，伸出雙趺，以示迦葉一期大事，不過如此。迦葉尊者(初祖)②因外道問："如何是我我？"曰："覓我者是汝我。"外曰："這個是我我，師我何在？"曰："汝問我覓。"阿難尊者(二祖)偈曰："本來付有法，付了言無法。各各須自悟，悟了無無法。"商那和修(三祖)偈曰："非法亦非心，無心亦無法。說是心法時，是法非心法。"

優波毱多(四祖)因香衆求出家，問曰："汝身出家？心出家？"曰："我來出家，非爲身心。"曰："不爲身心，復誰出家？"曰："夫出家者無我我故，無我我故，即心不生滅。心不生滅，即是常道。諸佛亦常，心無形相，其體亦然。"毱乃度之，爲提多迦(五祖)，後說偈曰："通達本法心，無法無非法。悟了同未悟，無心亦無法。"彌遮迦(六祖)因一人手執酒器逆問："師何方來？欲往何所？"曰："從自心來，欲往無處。"曰："識我手中物否？"曰："觸器而負淨者。"曰："師識我否？"曰："我即不識，識即非我。"

婆須密(七祖)因論義謂佛陀難提(八祖)曰："仁者！論即不義，義即不論。若擬論義，終非義論。"伏馱密多(九祖)問難提曰："父母非我親，誰是最親者？諸佛非我道，誰爲最道者？"提答曰："汝言與心親，父母非可比。汝行與道合，諸佛心即是。"後密多說偈曰："真理本無名，因名顯真理。"脇尊者(十祖)問富那夜奢(十一祖)曰："汝從何來？"曰："我心非往。"曰："汝何處住？"曰："我心非止。"曰："汝不定耶？"曰："諸佛亦然。"曰："汝非諸佛。"曰："諸佛亦非。"

馬鳴(十二祖)問夜奢曰："我欲識佛，何者即是？"曰："汝欲識佛，不識者

---

① 漢月於此《曹洞宗》一節中所引之偈，自七佛至菩提達磨(二十八祖)皆可見於《指月錄》(X. 1578)中，《卍新纂續藏經》(83)，頁404下—435下，下不贅注。

② 底本以小字"初祖"注明於迦葉尊者之旁，本書以小字括號表示，下文至二十八祖皆同於此，下不贅注。

是。"馬鳴謂迦毗摩羅(十三祖)曰:"隱顯即本法,明暗元不二。今付悟了法,非取亦非離。"摩羅謂龍樹(十四祖)曰:"非隱非顯法,說是真實際。悟此隱顯法,非愚亦非智。"龍樹于座上,現自在身,如滿月輪〇,一切衆惟聞法音,不睹祖相。迦那提婆(十五祖)謂衆曰:"識此相否?"衆曰:"目所未睹,安能辯識?"曰:"此是尊者現佛性體相,以示我等,何以知之?蓋以無相三昧,形如滿月,佛性之義,廓然虛明。"言訖,輪相即滅,復居本位。提婆與外道論義,外曰:"我欲得佛。"曰:"我灼然得佛。"外曰:"汝不合得。"曰:"元道我得,汝實不得。"外曰:"汝既不得,云何言得?"曰:"汝有我故,所以不得;我無我我,故自當得。"

羅睺羅多(十六祖)答僧迦難提(十七祖)偈曰:"我已無我故,汝須見我我。汝若師我故,知我非我我。"難提聞風鈴鳴,問伽耶舍多(十八祖)曰:"鈴鳴耶?風鳴耶?"曰:"非風、鈴鳴,我心鳴耳。"曰:"心復誰乎?"曰:"俱寂靜故。"舍多將入鳩摩羅多(十九祖)舍,羅多問:"是何徒衆?"曰:"是佛弟子。"彼聞佛號,心神竦然,即時閉戶。良久,扣其門曰:"此舍無人!"曰:"答'無'者誰?"遂開關延接。羅多謂闍夜多(二十祖)曰:"汝雖已信三業,而未明業從惑生,惑從識起,識依不覺,不覺依心。心本清靜,無生滅,無造作,無報應,無勝負,寂寂然,靈靈然。汝若入此法門,可與諸佛同矣!一切善惡,有爲無爲,皆如幻夢。"

夜多謂遍行弟子(二十一祖)曰:"我不求道,亦不顛倒;我不禮佛,亦不輕慢;我不長坐,亦不懈怠;我不一食,亦不雜食;我不知足,亦不貪欲。心無所希,名之曰道。"遍行謂摩拏羅(二十二祖)曰:"泡幻同無礙,如何不了悟?達法在其中,非今亦非古。"拏羅謂鶴勒那(二十三祖)曰:"隨流認得性,無喜亦無憂。"勒那因師子尊者(二十四祖)問:"我欲求道,當何用心?"曰:"汝若有用,即非功德。汝若無作,即是佛事。"師子謂婆舍斯多(二十五祖)曰:"正說知見時,知見俱是心。當心即知見,知見即于今。"斯多謂不如密多(二十六祖)曰:"聖人說知見,當境無是非。我今悟真性,無道亦無理。"

密多謂般若多羅(二十七祖)曰:"真性心地藏,無頭亦無尾。應緣而化物,方便呼爲智。"多羅謂菩提達磨(二十八祖)曰:"心地生諸種,因事復生理。果滿菩提圓,花開世界起。"

達磨東來,爲此地初祖。二祖慧可問初祖曰:"我心未安,乞師安心。"曰:"將心來,吾與汝安。"曰:"覓心了不可得。"曰:"與汝安心竟。"①三祖僧璨懺罪亦同。四祖道信逢一小兒,問:"子何姓?"曰:"姓即有,不是常姓。"曰:"汝無姓耶?"曰:"性空故無。"②度爲五祖弘忍。祖欲付法,神秀偈曰:"身是菩提樹,心如明鏡臺。時時勤拂拭,莫使惹塵埃。"六祖慧能偈曰:"菩提本無樹,明鏡亦非臺。本來無一物,何處惹塵埃?"③以上皆兼叶之旨也。

青原思參六祖,問曰:"當何所務,即不落階級?"曰:"汝曾作什麽來?"曰:"聖諦亦不爲。"曰:"落何階級?"曰:"聖諦尚不爲,何階級之有?"④石頭遷初參青原,原問:"子何方來?"曰:"曹溪。"曰:"將得甚麽來?"曰:"未到曹溪亦不失。"曰:"若恁麽,用到曹溪作麽?"曰:"若不到曹溪,爭知不失?"頭又曰:"曹溪大師還識和尚否?"原曰:"汝今識吾否?"曰:"識又爭識得?"原曰:"衆角雖多,一麟足矣!"⑤石頭著《參同契》以明暗回互,曹洞宗旨懸起于此矣。

藥山儼一日在石上坐次,頭問:"汝在這裏作麽?"曰:"一物也不爲。"曰:"恁麽則閑坐也?"曰:"閑坐即爲也。"曰:"汝道不爲,不爲個甚麽?"曰:"千聖亦不識。"頭以偈贊曰:"從來共住不知名,任運相將祇麽行。自古上賢

---

① 參《指月錄·初祖菩提達磨大師》(X. 1578),《卍新纂續藏經》(83),頁 438 中。
② 參《指月錄·四祖道信大師》(X. 1578),《卍新纂續藏經》(83),頁 441 中。
③ 參《指月錄·五祖弘忍大師》(X. 1578),《卍新纂續藏經》(83),頁 441 下—442 上。
④ 參《指月錄·六祖慧能大師》(X. 1578),《卍新纂續藏經》(83),頁 446 下。
⑤ 參《指月錄·吉州青原山静居寺行思禪師》(X. 1578),《卍新纂續藏經》(83),頁 451 下。

猶不識,造次凡流豈可明?"頭垂語曰:"言語動用没交涉。"山曰:"非言語動用,亦没交涉。"頭曰:"我這裏針劄不入。"山曰:"我這裏如石上栽花。"①

雲巖晟于藥山悟後,煎茶次,道吾問:"煎與阿誰?"巖曰:"有一人要。"曰:"何不教伊自煎?"巖曰:"幸有某甲在。"上堂曰:"有個人家兒子,問着'無、有'道不得底。"洞山价出問:"他屋裏有多少典籍?"曰:"一字也無。"曰:"争得恁麽多知?"曰:"日夜不曾眠。"②洞山于"無眼、耳、鼻、舌、身、意"不覺掩面問師,既聞水鳥樹林念佛,猛省無情説法,邈師真于良久,睹渠面于水中。跌倒幻人,拾起縛草。向冷路上熱鬧,于爐炭裏凝冰。藏身無影,只見其聲;全體現前,不逢其面。③

毒龍蟠處水偏清,頑石堆頭雲欲起。銀碗盛雪,冰花與火焰齊輝,挾後位而攢踴;黑夜雞鳴,舜惹與虚空都碎,帶共功而不斷。五子同歸一父,那知祖業之崇;四臣咸戴一君,豈謂上皇之治。五位分而盡了不了,薪火既滅,世界方炎;一位圓而無圓之圓,花木摧殘,陽春常滿。見消行起,行滅道亡。睡中開眼喫茶,飯後洗盂就坐。鐵脊梁竪處,朧朧似夢;犀牛枕倒來,漠漠無天。鬧市裏,水流花落;事忙中,馬去牛來。

既分和叶于君臣,當辯賤貴于王子。賤分外紹,貴從内紹。未識極頭,進于極頭,門内人趨向裏頭事,是朝生之臣種歸土;既識極頭,擔荷極頭,裏頭人不擔屋裏事,是誕生之王種忘父。忘父者,食父而滅祖,故曰内生;無家者,閉宫而令行,故曰化生。末生、未知兩紹,真王不類五兒。貴賤俱消,淺深不立。石霜、九峰舌結,章師、悟老技窮。相續大難,豈容付授?

---

① 参《指月録·澧州藥山惟儼禪師》(X. 1578),《卍新纂續藏經》(83),頁 503 下。
② 参《指月録·潭州雲巖曇晟禪師》(X. 1578),《卍新纂續藏經》(83),頁 536 上—下。
③ 参《指月録·瑞州洞山良价悟本禪師》(X. 1578),《卍新纂續藏經》(83),頁 570 上—571 中。

悲末世一悟便了之魔人,故曰人多乾慧;示將來三漏須盡之法網,當知悟餘濁智。機不離位,好女不著嫁時衣;見處偏枯,盲兒不放雙拄杖。究紗失宗休坐法,機昧終始要通宗。透此者,不是乾蘿蔔頭;知此者,猶坐水扃漉地。金針雙鎖,鴛鴦交頸分飛,誰云玄路;金鎖玄路,藤樹合枝并起,豈曰鳥道。直須事理不涉,電火難追,展手不如吐舌;一老一不老,半肯半不肯,擊首誰能應尾?

所以曹山觸毒,三墮浪分。溈山水牯牛,水牯牛溈山,奈何不得;是國王水草,非國王水草,隨納非污。撲破鉢盂,不獨五馬不嘶,抑且一牛不飲;頹然方丈,不特闍黎不知,抑且侍者不管。閉眼伸出被裏指頭,誰云師子;看山踏斷腳頭邊鞋鼻,不道死蛇。故曰:"莫行心處路,不挂本來衣。何須正恁麼,切忌未生時。"①黑漆地履踐,當問景欣;垂衣裳致治,不知堯舜。②奈何者?未睹影而傳寶鏡,才入室而伏繩床。評唱繁興,首帕遍布。此法道之可悲也。痛爲其宗者,務使親到可耳。

總　　結

得心于自,得法于師。師有人法之分,心有本別之異。根本智者,自悟徹頭徹尾者是;差別智者,自悟之後曲盡師法,以透無量法門者是。良以師必因人,人貴法紗,分宗別派,毫髮不爽,故傳法之源流,非獨以人爲源流也。

所以六祖一華而出二枝,南嶽懷讓、青原行思是也。讓出四葉,自馬祖道一,一出百丈懷海,海出黃檗希運,運出臨濟義玄,一也。百丈出溈山靈祐,祐出仰山慧寂,二也。自馬祖出天王道悟,悟出龍潭崇信,信出德山宣

---

① 參《指月錄·撫州曹山本寂禪師》(X. 1578),《卍新纂續藏經》(83),頁 592 中。
② 《指月錄》(X. 1578)記爲雲居道膺(835—902)之語:"垂衣裳而天下治者,堯舜也。"《卍新纂續藏經》(83),頁 575 中。

鑒，鑒出雪峰義存，存出雲門文偃，三也。雪峰出玄沙師備，備出地藏桂琛，琛出法眼文益。此馬祖一枝之四葉也。

青原一枝出一葉，自石頭希遷，遷出藥山惟儼，儼出雲岩曇晟，晟出洞山良价，价出曹山本寂。此青原一枝之一葉也。

大矣哉！威音王以前，無物也；威音王以後，無物也。無物之物，不可以言到心師也。其〇也，彈丸迸出，透頂處忤逆聞雷；迅電突來，過眼時紅旗閃爍。裂作兩開而火見，處處斷碑橫古路；控成雙結而中虛，遠遠馳書不到家。不知自己爲何物，謾道三界爲唯心。滴水，答曹源滴水；慧超，原汝是慧超。分明打劫就窠，爭奈巡人犯夜。羅五家之四面，突臨濟之正宗。

所以從威音一點闢開，至臨濟一囊收納。雲門本出睦州于黃檗，豈外滹沱；溈仰自續風穴于首山，還歸慧照。曹洞到浮山，而率賓歸王；法眼雖入教，而難逃至化。惟此一事實，餘二則非真。臨濟兒孫，既專大任，敢負前宗？

一悟便了而無餘，是增慢者；一槌便就而莫動，是淺丈夫。當知大器晚成，切莫半途而廢。師承在宗旨，不在名字源流；證悟盡差別，焉可根本坐定。痛快者，翻成跋扈；廉纖者，到底纏綿。纏綿尚有脫時，跋扈終成異路。殷勤至再！叮囑萬千！幸勿掃宗旨以藏拙，正當究宗旨而竭情。情竭細除，人忘法滅，方可爲人師表，紹佛先宗。善自護持，無令斷絕！

傳 衣 法 注[①]

世尊至多子塔前，[②]命摩訶迦葉分座，令坐，以僧伽黎圍之，遂告曰："吾以

---

① 此篇同於《三峰藏和尚語錄》所收《傳衣法注》(J. B299)，新文豐版《嘉興藏》(34)，頁 179 中—180 中。

② 以下舉似，參《指月錄·釋迦牟尼佛》(X. 1578)，《卍新纂續藏經》(83)，頁 405 中—410 中。

正法眼藏,密付于汝,汝當護持。"并敕阿難副貳傳化,無令斷絶,而説偈曰:"法本法無法,無法法亦法。今付無法時,法法何曾法?"爾時世尊説此偈已,復告迦葉:"吾將金縷僧伽黎衣,傳付于汝,轉授補處,至慈氏佛出世,勿令朽壞。"迦葉聞偈,頭面禮足曰:"善哉!善哉!我當依敕,恭順佛故。"鶴勒那尊者謂師子尊者曰:"吾師密有懸記,罹難非久,如來正法眼藏,今當付汝,汝應保護,普潤來際。"偈曰:"正説知見時,知見俱是心。當心即知見,知見即于今。"①祖説偈已,以僧伽黎密付之。

至達磨大師謂可大師曰:"内傳法印,以契證心;外付袈裟,以定宗旨。後代澆薄,疑慮競生,云:'我西天之人,言汝此方之子,憑何得法?以何證之?'汝今受此衣法,却後難生,但出此衣,并我法偈,用以表明,其化無閡。至我滅後二百年,衣止不傳,法周沙界。明道者多,行道者少。説理者多,通理者少。潛符密證,千萬有餘。汝當闡揚,勿輕未悟,一念回機,便同本得。聽吾偈曰:我本來兹土,傳法救迷情。一花開五葉,結果自然成。"②

後六祖因五祖擊碓,③夜入祖室。五祖以袈裟圍祖,不令人見。〔曰:〕④"以所傳袈裟,用付于汝,善自保護,無令斷絶。聽吾偈曰:有情來下種,因地果還生。無情既無種,無性亦無生。"六祖問曰:"法則既受,衣付何人?"祖曰:"昔達磨初至,人未之信,故傳衣以明得法。今信心已熟,衣乃爭端,止于汝身,不復傳也。"

於密注曰:"多子塔前傳法"者,懸記此法,祖脉佛脉,兩無斷絶之時也。"世尊與迦葉分座"者,示祖佛位同,佛在世,即佛授法于祖;佛滅度,即祖

---

① 參《指月録·二十四祖師子比丘尊者》(X. 1578),《卍新纂續藏經》(83),頁434上。

② 參《指月録·初祖菩提達磨大師》(X. 1578),《卍新纂續藏經》(83),頁438中。

③ 以下舉似,參《指月録·五祖弘忍大師》(X. 1578),《卍新纂續藏經》(83),頁442上。

④ 筆者依《三峰藏和尚語録》(J. B299)補"曰"字,新文豐版《嘉興藏》(34),頁179下。

受法于佛,指佛以法身爲重也。"僧伽黎圍之以授法"者,正法以衣相,密爲心印也,凡有難及難信處,即衣法同傳也。"正法眼藏"者,師師相傳之法眼也。不言涅槃心者,以人人自悟之心,各各固有,只在正法眼藏印定,以爲師法也。"敕阿難副貳"者,言展轉承化,而代不乏人也。偈言"法本法無法"四句者,指伽黎而授其法相之義也。"將金縷僧伽黎衣傳付于汝,轉授補處慈氏佛"者,示前以法正授于祖,兹以法一付于佛意後,佛當親授祖法,而後化行也。①

達磨曰"内傳法印,以契證心;外付袈裟,以定宗旨"者,正以宗旨在衣上,以印所傳契證之自心也。"却後難生,但出此衣,并示法偈,用以表明,其化無礙"者,蓋以人但信有自悟之門,更不信師法有忘悟了心之妙,故用衣以表明,令人悟之又悟,以盡差别智也。差别盡,而根本之惑始盡矣。"至我滅後二百年,衣止不傳,法周沙界"者,蓋悟心得法者多,悟必盡法而後已,不待一一以衣表示也。

"明道者多,行道者少"者,言自悟者單明心道,若無法曲盡差别智,故不能行也。"說理者多,通理者少"者,言說理者乃不悟心而但傳法者也,通理者自心、宗旨兩得證悟者也。此丁寧得心必得法而後能行,得法必得心而後實證,二者不可缺一,故當以法"潛符密證"也。"潛符密證,千萬有餘"者,言世尊于多子塔前付囑,無令斷絕,定當心法不斷,故千萬有餘也。"汝當闡揚,勿輕未悟,一念回機,便同本得"者,言人不論根器上下,但不悟耳,逢人撥着,一念回機,便同本得。本得之心與法符契,即與祖佛不二也。"傳法度群迷"者,言傳法者,不言有悟可傳人也。②

"五祖以袈裟圍六祖,不令人見而傳法"③者,正是多子塔前故事,至六祖

---

① 參《指月録·釋迦牟尼佛》(X. 1578),《卍新纂續藏經》(83),頁410中。
② 參《指月録·初祖菩提達磨大師》(X. 1578),《卍新纂續藏經》(83),頁438中—439上。
③ 參《指月録·六祖慧能大師》(X. 1578),《卍新纂續藏經》(83),頁442中。

後，人皆知信此實相無相之法相也，皆言表信而用衣，正重信有宗旨耳。嗚呼！宗旨其可不信乎？宗旨而不信，更用佛祖相傳爲哉？更用源流名字爲哉？故五宗恐其法滅也，顯言宗旨以付授。付受之久，因不悟心者認有法可傳，而學法不參心也，故後之悟心豪傑欲抹殺宗旨、單存悟見也，此心、法不同，各偏之弊耳。

兹值注佛祖相傳之心、法，以示心、法同傳之旨，願後人信之，則多子之識不誣，而千萬有餘之言始實矣。若必重自悟，而抹殺相傳之法，必非悟心之士也，何以故？以其見有法故，見有法即與自心違故。既悟見有法，則所悟之心亦僞故。嗚呼！自心師法，不可動着，動着則入地獄，如箭射！

鄧尉山天壽聖恩寺三峰藏禪師語錄　卷之二十一

嗣法門人弘成、弘致、弘乘、弘證、弘徹

弘垣、弘璧、弘鴻、弘禮、弘儲

弘銛、弘忍，受法弟子惲日初同編

學人周祇、蔡懋德、劉道貞、顧萊

馮貢、梁于涘、顧杲、蔣秋皎

濟宗頌語

序曰：①余自力參于折竹聲中，得個前後際斷，頓見青州衫意旨，便能棒棒見血、箭箭中的。復參睡中主，了得高峰枕落，雪巖古柏，千古同心。因知道無終窮，力參不已，閉關日夕，究其不可究處。所以深入濟上堂奧，旁及四家，兼之旁出諸禪，乃知大慧所云"禪備衆體"②之妙，非欺我也。至三玄要、四賓主等大法小法，都從達磨所授二祖之七佛偈，及西天四七傳心法要印來。蓋六祖下出南嶽、青原兩家大振，及于馬祖，遂有再參因緣，盡以從上諸法做出面目。

---

① 《三峰藏和尚語錄》無此《序》，但此《序》見附於《五宗原》(X. 1279)之後，并可由其刊記得知，鄧尉山聖恩禪寺萬峰學人嚴拱刊印《五宗原》和《濟宗頌語》全卷於明崇禎元年(1628)佛誕日，《卍新纂續藏經》(65)，頁108上—下和頁110下。

② 《大慧普覺禪師語錄》(T. 1998A)，《大正新修大藏經》(47)，頁873中。

百丈以三日耳聾,傳之黄檗;檗以三頓棒,傳之臨濟。濟恐宗旨太密,傳久失真,故與普化、克符等,建立宗旨名相,千變萬化,收歸兩堂一喝,分爲賓主,以授三聖、大覺。三聖、大覺約示而廣演,互相激揚,以授興化。祖佛之法,至化而曲盡其妙,更無遺憾矣。其時鹿門等承虚接響,幾喪宗旨,幸有守廓爲之發明,斯道賴以不泯。繼之兜率聞于清素,覺範得于歸宗,深慮遠傳,各爲闡發。臨濟一脉,七佛諸偈,具在典章,正所謂"文獻若足,吾能徵"矣。

自高峰、中峰之下,屢遭世亂,其間諸家傳法弟子,給侍不久,宗旨漸疏。迄我 明初,幾希殘燼,至于關嶺,而及笑巖。其徒廣通公者,因不識正宗,妄以蠡測,乃序《笑巖集》,遂云:"曹溪之下,厥旁歧,縱横肆出,厥奇名異相,涯岸各封,以羅天下學者。"①因誣其師爲削去臨濟,不欲承嗣,將謂截枝泝流,以復本原,另出名目,曰曹溪正脉。其説一唱,人人喜于省力易了,遂使比年以來,天下稱善知識者,競以抹殺宗旨爲真悟。致令雞鳴狗盗之徒,稱王稱霸,無從關制,誠久假而不歸矣。

嗚呼!臨濟果爲"旁歧"乎?宗旨果爲"奇名異相"之"縱横肆出"乎?其法果爲羅籠天下而設乎?入其法者果若密室傳授之偏異乎?曹溪之下南嶽、青原五家宗旨,果皆旁出而紛紜,妄號正宗者乎?此何異于圭峰數南嶽爲泛徒者哉?②後世豈無明眼者笑斥耶?

---

① 《笑巖寶祖語録》卷一收有廣通作於大明萬曆丁丑(1577)之《笑巖集序》,頁5,上海圖書館藏。明僧笑巖德寶(1513—1581),金臺吳氏,禮廣慧院大寂能和尚出家,後遍參諸方,得法於龍泉明聰(？—1543),歷住高座、牛首、圓通諸刹,有語録《笑巖集》傳世,法嗣有龍池正傳(1549—1614),參《五燈全書·北京善果月心笑巖德寶禪師》(X. 1571),《卍新纂續藏經》(82),頁249中—250下。

② 圭峰宗密(780—841)於其《禪源諸詮集都序》(T. 2015)中指出:"南岳天台令依三諦之理,修三止三觀,教義雖最圓妙,然其趣入門户次第,亦只是前之諸禪行相。"《大正新修大藏經》(48),頁399中。

寧不聞笑巖上堂①，舉"世尊陞座"公案時，有僧出作禮，劈脊便打！云："多口作麼？"僧云："某甲一言也未，何爲多口？"巖復打！云："再犯不容！"翌日上堂云："昨舉公案未圓，今能解得諸人惑，未能與世尊把臂共行，何謂若是知音作者？纔恁麼，便不恁麼，然後没交涉，直教兩頭撒開，中間放下，自然活卓卓底，隨處作主，如水投水，似空合空，佛祖不能知，鬼神莫能測。"又僧問：②"如何是奪人不奪境？"巖云："一文錢一個燒餅。"云："如何是奪境不奪人？"巖云："喫在肚裏了，時下飽欣欣。"云："如何是人境兩俱奪？"巖云："你無一文錢，只得甘受餓。"云："如何是人境俱不奪？"巖云："雲門餅，金牛飯，空腹而來飽腹歸。"此豈不是笑巖之濟宗乎？終日聞笑巖語，見《笑巖録》，乃立妄論，以誣笑巖爲抹殺臨濟，不亦過且謬乎？

兹幸金粟一枝，仍用黄檗三頓痛棒示人，而三玄賓主固在也。不肖勉爲承嗣，力唱此宗，爲萬世不易之定衡。奈何一唱而和寡，未能恢弘暢達，以救臨濟法滅之虞。敬原五宗，而復以馬祖一脉的傳公案，細細頌出，手授二、三子之自悟自入者，互相激揚，務使此宗再起，毋令斷絶，以報佛恩。設曰："達磨西來本無一字，而復添此叨叨者耶？"將應之曰："七佛偈并諸識語，子將以爲文字乎？"乃俟其開口便掌，以絶後世野狐之種云。

舉：③百丈再參馬祖，侍立次，祖目視繩床角拂子，丈曰："即此用，離

---

① 以下舉似，見《笑巖寶祖語録》，卷一，頁 12。
② 以下舉似，見《笑巖寶祖語録》，卷一，頁 43。
③ 以下漢月《濟宗頌語》18 則的舉似和頌語，皆可見於《三峰藏和尚語録》（no. B299）卷十《頌古》，但是，漢月所舉似公案中，"著云"爲漢月之著語，《三峰藏和尚語録》中皆無收，本書以楷體小字和上下空格區隔所舉古則原文，下不贅注，新文豐版《嘉興藏》（34），頁 172 中—173 中。

此用。"祖曰:"汝向後開兩片皮,將何爲人?"丈取拂子,豎起,祖曰:"即此用,離此用。"丈挂拂子于舊處,祖振威一喝!丈直得三日耳聾。後一日謂衆曰:"佛法不是小事,老僧昔被馬大師一喝,直得三日耳聾。"黃檗聞舉,不覺吐舌,丈曰:"子已後莫承嗣馬祖去麽?"檗曰:"不然!今日因和尚舉,得見馬祖大機之用,然且不識馬祖,若嗣馬祖,已後喪我兒孫。"丈曰:"如是!如是!見與師齊,減師半德;見過于師,方堪傳授。子甚有超師之見。"檗便禮拜。又,仰山曰:"此是顯大機大用,且道如何是大機之用?"① 著云:"鞍前電閃,馬後雷轟。"又云:"行了春風有夏雨。"

盡道英雄志可伸,長驅席卷見精神。
胡蘆谷斷燎天火,一馬爲龍得幾人?

如何是大機大用? 著云:"禹門三汲浪,平地一聲雷。"

放去收來任自繇,突然翻轉尾和頭。
曾經三峽瞿塘險,跨竈馨兒也大愁。

既有大機之用,則如何是大用之機? 著云:"不因漁父引,爭得見波濤?"

鉢下袈裟窟裏身,英雄當日逞將軍。
蒙山去後南宗振,避石猶傳萬古勳。

如何是大底道理? 著云:"碩果不食。"

斷水窮山不憚煩,桃花流盡見仙源。

---

① 此則舉似,參《指月錄・洪州百丈山懷海禪師》(X. 1578),《卍新纂續藏經》(83),頁475下。

自從一落漁人眼，世上相傳有浪言。

　　馬祖而下，早有賓主句矣。其源蓋出于再參公案中，且道如何是百丈再參之賓中主？　著云："周郎功就，漢有荊州。"

早施約法次關中，示玦烹翁霸正雄。
子夜楚歌虞帳冷，千秋無面見江東。

　　如何是主中賓？　著云："夏至前頭隔夜定。"

東階先揖致殷勤，北面擎觴禮讓頻。
去盡驕淫見真實，從來入聖本于仁。

　　如何是主中主？　著云："雨過旱雷轟。"

何處聲榔擊破秋？掉翻輕艓擲魚鈎。
夜蟾不識湖深冷，沉到龍窩極底頭。

　　主中主從那裏得來？　著云："饒人多主顧。"

頹然閫外付將軍，開國成家豈別人？
不是垂衣拱手貴，萬邦何以致來賓？

　　舉：興化在三聖爲首座，常曰："我在南方行脚一遭，柱杖頭不曾撥着一個會佛法底人。"聖曰："具個什麼眼，便恁麼道？"化便喝！聖曰："須是你始得。"①　著云："冷光微露，毒殺熱謾。"

全提劫外過春風，纔見花開雨濕叢。

① 此則舉似，參《指月錄·魏府興化存獎禪師》（X. 1578），《卍新纂續藏經》（83），頁 580 下。

縱使青皇未零亂,已看滿地是殘紅。

興化到大覺,覺問:"我聞你道:'向南方行脚一遭,柱杖頭不曾撥着一個會佛法底人。'你憑個什麽道理與麽道?"化便喝!覺便打!化又喝!覺又打!明日相逢,覺曰:"我昨日疑你這兩喝。"化又喝!覺又打!化再喝!覺亦打!① 　著云:"何勞再勘?"

一回雨過一回香,轉見花深夏日長。
燕子尚疑春富貴,喃喃猶自語高梁。

化曰:"某甲于三聖師兄處,學得個賓主句,總被師兄折倒了也,願與某甲個安樂法門。"覺曰:"這瞎漢!來這裏納敗缺,脱下衲衣,痛與一頓!"　著云:"若不脱下,爭得見骨?"　化于言下薦得臨濟先師于黄檗處喫棒底道理。② 且道如何是三度痛棒底道理?　著云:"彩雲歸盡月當空。"

洗盡胭脂素體香,多知嫂囑細姑娘。
翻思父母當年事,恩大難酬只自傷。

舉:守廓侍者到華嚴,值嚴上堂曰:"大衆!今日若是臨濟、德山、高亭、大愚、鳥窠、船子兒孫,不用如何若何,便請單刀直入,華嚴與你證據!"廓出禮拜起,便喝!嚴亦喝!廓又喝!嚴亦喝!廓禮拜起,曰:"大衆!看這老漢一場敗缺!"又喝一喝!拍手歸衆。③ 且道華嚴敗缺在甚麽處?　著云:"既無推讓之德,那復見義不爲?"

---

① 　此則舉似,參《指月錄·魏府興化存獎禪師》(X. 1578),《卍新纂續藏經》(83),頁 580 下。

② 　此則舉似,參《指月錄·魏府興化存獎禪師》(X. 1578),《卍新纂續藏經》(83),頁 580 下。

③ 　此則舉似,參《指月錄·守廓侍者》(X. 1578),《卍新纂續藏經》(83),頁 602 中。

東和北拒策應高,前失吞吳後棟撓。

八陣至今騰怨氣,數堆頑石怒江濤。

　　守廓到鹿門,見楚和尚與僧話次,門問楚曰:"你終日披披搭搭作麼?"楚曰:"和尚見某甲披披搭搭那?"門便喝!楚亦喝!各休去。廓曰:"你看這兩個瞎漢!"隨後便喝!　著云:"向這裏入!"　門歸方丈,請廓問云:"老僧適來與楚闍黎賓主相見,甚處敗缺?"廓曰:"轉見病深。"門曰:"老僧自興化來便會也。"廓曰:"和尚到興化時,某甲為侍者,記得與麼時語?"門曰:"請舉看。"廓遂舉:"興化問:'和尚甚處來?'尚曰:'五臺來。'化曰:'還見文殊麼?'尚便喝!化曰:'我問你還見文殊麼?又惡發作麼?'尚又喝!化不語。　著云:"從三聖處學得來。"　和尚作禮。至明日教某甲喚和尚,和尚早去也。化上堂曰:'你看這個僧擔條斷貫索,向南方去也,已後也道見興化來。'"　著云:"人去歌援瑟。"

　　廓曰:"今日公案,恰似與麼時底。"門曰:"興化當時為甚無語?"著云:"好個疑團!"　廓曰:"見和尚不會賓主句,所以不語。　著云:"拖却長裙作老婆。"　及欲喚和尚持論,和尚已去也。門特煎茶,告衆曰:'參學龍象,直須〔仔〕細。'云云。"①且道如何是斷貫索?　著云:"只嫌自己麻繩短,莫怨他家井底深。"

逢師兩喝硬如雷,誰料殷勤為汝悲。

縱使再三千百喝,一條斷索繫頭回。

　　如何是會賓主處?　著云:"何不轉身看?"

---

①　此則舉似,參《指月錄·守廓侍者》(X. 1578),鹿門完整示衆語為:"夫參學龍象,直須子細。入室決擇,不得容易,邇得箇語,便以為極則,道我靈利。只如山僧當初見興化時,認得個機動底,見人道一喝兩喝便休,以為佛法也。今日被明眼人覰著,却成一場笑具,圖個甚麼?祇為我慢無明,不能回轉親近上流,賴得明眼道人不惜身命,對衆證據,此恩難報。"《卍新纂續藏經》(83),頁602中—下。

輕輕撥着萬斤鎚,腦後潛過夢裏雷。
三聖家風千古秘,幾人真到玉山頹?

　　舉:臨濟兒孫,從五祖與佛鑑,鑑與妙喜,遞代俱以溈山安"有句無句,如藤倚樹。樹倒藤枯,句歸何處?"、"溈山呵呵大笑!歸方丈"①公案爲最後事,五祖曰:"相隨來也。"②且道如何是"相隨來也"底道理？　著云:"倒翻筋斗抱球兒。"

踏轉雙輪駕白牛,四衢風氣肅三秋。
笑歸方丈還錢去,明月團團嶺上頭。

　　又,溈山爲道吾捺倒爛泥裏,有判者曰:"也只是館驛裏撮馬糞漢。"③且道如何是馬糞？　著云:"青蠅不附驥尾。"

夜追鞭影過橋東,踏着深春柳下風。
欲理羈韁向人道,亂絲空把月明中。

　　舉:圓悟問大慧曰:"'踞虎頭,收虎尾,第一句下明宗旨',如何是第一句?"慧曰:"此是第二句。"④且道如何是虎頭虎尾？如何是踞收？如何是第一句下明宗旨？　著云:"藏六斷蛇。"

樹頭樹底覓殘紅,一片西飛一片東。
自是桃花貪結子,錯教人恨五更風。

---

　　①　此則舉似,參《指月錄·撫州疏山匡仁禪師》(X. 1578),《卍新纂續藏經》(83),頁 598 上。

　　②　此語見《指月錄·臨安府徑山宗杲大慧普覺禪師語要上》(X. 1578),五祖答大慧之語,《卍新纂續藏經》(83),頁 732 上。

　　③　此二語源自《指月錄》(X. 1578)中羅山道閑和清貴上座之問答,《卍新纂續藏經》(83),頁 519 中。

　　④　此則舉似,參《指月錄·臨安府徑山宗杲大慧普覺禪師語要上》(X. 1578),《卍新纂續藏經》(83),頁 732 中。

舉：五祖演曰："牛過窗櫺，頭、角、四蹄都過了，只有尾巴過不得。"如何是四蹄？如何是尾巴？如何是過不得？　著云："好肉爬瘡痛不徹。"①

十指為拳劈面槌，西風颯颯起春雷。

霜前雪後分明事，誰道一陽冬至回？

曹洞宗十六問并頌語②

叙曰：余曩聞雲門湛然澄和尚，紹法曹洞，而其為人，心空無我，為法勤至，真古佛也。因以濟宗諸問，遣一默成、問石乘齎求頌語，老人一一頌答，但于濟宗堂奧，不甚深的。後復以曹洞十六則，遣使往問，老人曰："濟上一宗，我竭力答之，未愜彼意。洞宗諸問，又何能深赴來旨耶？姑置以俟來看。"未幾，而師以安隱推轂，遂示寂焉。可見大師真實亡我，愛人為法，表表若此。厥後聞博山來③公出世，亦嗣曹洞，尚遣問之。山曰："姑俟面面陳耳。"想亦不易答也。因復致書蔡學憲雲怡往詢之，雲怡以督學未竣，未便往叩，及按經博山，而山亦尋示寂矣。顧盼諸方，無可激揚此事者，繇是慨然自為頌出，以俟後之人傑云。

---

①　此則舉似，參《指月錄·蘄州五祖法演禪師》(X. 1578)，《卍新纂續藏經》(83)，頁 707 中。

②　《三峰藏和尚語錄》(J. B299) 卷十中，有曹洞宗十六問和頌語，但缺題名和《叙》，只說明為"三峰藏致問雲門湛然禪師曰"，新文豐版《嘉興藏》(34)，頁 173 中—174 中。此外，攖寧智靜(活躍於約 1610—1650 年間)於清順治庚寅(1650)住戒珠寺，其《攖寧靜禪師語錄》卷六中，有《續答三峰藏和尚啓雲門湛老人曹洞十六問并頌敘緣起(附三峰頌語)》記："歲在丙子(1636)暮春，某次參天童悟老人時，依山中結夏，值同參友蜀之瞿公笈中，擷得三峰藏和尚法錄內，有啓我雲門澄祖翁曹洞十六問。"故此《曹洞宗十六問并頌語》亦可見於《攖寧靜禪師語錄》(J. B286) 中，新文豐版《嘉興藏》(33)，頁 489 上，521 上—532 下。

③　博山無異元來(1576—1630)，為曹洞宗無明慧經(1548—1618)法嗣，藉由博山卒年和攖寧智靜讀此頌於 1636 年之信息，可推測漢月完成《曹洞宗十六問并頌語》於 1630—1635 之間。

問：①"雲巖傳寶鏡三昧、三種滲漏與洞山者，還是過水睹影前事？是睹影後事？若是睹影後事，爲何不見重參？若睹影前事，爲甚未悟而先傳堂奧？" 著云："目前未必機銖兩，睡中先付定盤星。"又云："〔仔〕細不得一向。"

峻峻石室暫相逢，良久詑囑付重。
眼誤自開當細見，世間幾個是真龍？

問："若是堂奧果可先傳，又説甚麽自悟？" 著云："若不水中見，幾乎誤一生。"

不因度水絕來甦，定落然香受祖圖。
師法既傳成紙墨，奮龍行雨在驪珠。

問："若是法屬閑家具，而可以先傳，可以後傳者，又何必重于師承法乳？" 著云："幸存一滴活嬰孩。"

分符貴在合符同，苟不憑符何適從？
只恐竊符私奔者，定然三尺不相容。

問："若人人可以傳得，爲甚繩床脚下聽去，便道倒屙無及？" 著云："魏禪應知愧舜韶。"

《春秋》一字但誅心，詭御從他傲得禽。
握法不嚴成自負，室中千古貴惟欽。

問："五位君臣，既是闡揚不少，爲甚又説個五位王子？畢竟是兩義

---

① 以下《曹洞宗十六問并頌語》的十六問和頌語，皆可見於新文豐版《嘉興藏》，《三峰藏和尚語録》(J. B299)卷十《頌古》，而且第一問句首記有"三峰藏致問雲門湛然禪師曰"一句，但是，漢月的提問中，"著云"爲漢月之著語，《三峰藏和尚語録》中皆無收，新文豐版《嘉興藏》(34)，頁173中—174中，下不贅注。

耶？是一義耶？若是一義，石霜、九峰料不多事。若道兩義，請判意旨如何？"　著云："寒泉品後煮茶香。"

既分貴賤辯疏親，密闡玄宗不厭頻。
面面好山披洞府，脫然蛻去邀仙真。

五位君臣，曹山言正位即空界，本來無物；偏位即色界，有萬象形；正中偏者，背理就事；偏中正者，捨事入理；兼帶者，冥應萬緣，不墮諸有，非染非净，非正非偏。故曰虛玄紗道，無着真宗，從上先德，推此一位最紗最玄。問："空界色界，說理說事，既是曹山語，爲甚大慧道'說理說事'？①教有明文，教外單傳直指之道，果如是否？若果如是，討甚好曹山耶？且道曹山畢竟意旨如何？"　拍案一下云："是偏耶？正耶？是空界耶？色界耶？是理耶？是事耶？會得者，冥應萬緣，不墮諸有，非染净正偏，惟此一位。不會者，一任分君臣，辯五位，錯認兼中到爲兼帶，可惜許也。"

東來西去共浮沉，輥出囫圇格外音。
若向末稍烏炭認，又成單板費沉吟。

問："既單取五位，爲從上所推，則今之悟者，全在裏許安身立命，爲甚出語，多是正中偏，偏中正？"　著云："直須恁麽會始得。"

後來雙足走西東，起坐分明不住功。
脫屣上床沉睡後，一輪圓月挂高穹。

問："大慧言：'四大解散時，心識已昏。'②如何回互？既回互不得，

---

① 《大慧普覺禪師語錄》(T. 1998A)："到這裏說佛說祖，說心說性，說玄說妙，說理說事，說好說惡，亦是外邊事。"《大正新修大藏經》(47)，頁 927 中。

② 《大慧普覺禪師語錄》(T. 1998A)原文爲："當爾之時，四大五蘊一時解散，有眼不見物，有耳不聞聲，有箇肉團心分別不行。"《大正新修大藏經》(47)，頁 885 下。

定闖入驢胎馬腹去也。且道此時作何諦當？" 著云："甕中不走折腳鼈。"

地閉天凝凍轉加，梅因寒徹迸些花。
若于白處看消息，大是尋春截樹丫。

問："景欣言：'見解人多，行解人萬中無一個。'①若識不盡，敢道輪迴去在？且道識盡底人，畢竟是見解？是行解？即今日應萬事，在那裏安身立命？" 著云："腳底知前路。"

髑髏乾盡生青草，不借流螢一線光。
敲到第三雙眼直，不知入地上天堂。

問："'子歸就父'，又道'推爺向裏頭'，②且道推者是阿誰？既是推爺向裏，誰是同時不識之祖？" 著云："秤錘落井又泥深。"

翻轉青銅鏡背看，硃砂斑厚壙泥乾。
光生不用揩磨舊，漢製從來體自圓。

問："曹山立三種墮，注者言：'師凡言墮，謂混不得、類不齊。'③又明安言：'不受食是尊貴墮，須知那邊了却，來這邊行履，不虛此位，即墮尊貴矣。'④且道曹山墮意，畢竟是那裏一種？" 著云："從來不借雙關路，鈎鎖中間直下拋。"

---

① 語見《指月錄·涌泉景欣禪師》(X. 1578)，《卍新纂續藏經》(83)，頁 572 下。
② 此語可見於《指月錄》(X. 1578)所記，九峰道虔禪師與僧人之問答，《卍新纂續藏經》(83)，頁 574 中。
③ 此語可見於《指月錄·撫州曹山本寂禪師》(X. 1578)，《卍新纂續藏經》(83)，頁 592 中。
④ 《指月錄》(X. 1578)記爲大陽山警玄(943—1027)之語，《卍新纂續藏經》(83)，頁 593 上。

這邊那邊都不得，合水和泥總不知。

牛斷鼻繩湖草綠，牧童濃睡月低垂。

　　問："曹山回互當頭，臨濟臨機不讓師，法眼家問：'如何是曹源一滴水？'答：'是曹源一滴水。'且道三家落處在甚麼所在？" 著云："東西四不得，擊擊鼓當中。"

雙控俱虛直下針，主賓推讓正全擒。

劈頭一撞雲消散，個個歸宗不用尋。

　　問："洞山問龍山老人：'如何是主中主？'答：'常年不出戶。'①又別載：'如何是賓中主？'答：'常年不出戶。'且道是謬誤耶？是各有道理耶？" 著云："升堂難入室，坐室不升堂。"

醉深獨貴和衣睡，未飽應憐放筯人。

拂子掛來何足問，君臣淆失有家珍。

　　問："臨濟秘密，只貴賓主，曹洞亦有賓主，且道同、別在甚麼處？" 著云："莫將踐履混飛騰。"

幸幸應須體用分，杖頭末句父歸根。

相參了得方珍重，利處應知鈍已存。

　　問："曹山四禁：'莫行心處路，不掛本來衣。何須正恁麼，切忌未生時。'②且道禁此之外，又作麼生？" 著云："切忌從他覓。"

―――――――――――――

① 《筠州洞山悟本禪師語錄》(T. 1986a)作"長年不出戶"，《大正新修大藏經》(47)，頁 508 下。

② 此語可見於《指月錄・撫州曹山本寂禪師》(X. 1578)，《卍新纂續藏經》(83)，頁 594 上。

誰人影子不隨身,吹滅青燈始見真。

昨日看山携個杖,幾迴行過石麒麟。

> 問:"三種滲漏中,語滲漏,有機昧終始,明安等語,究竟未在,且道如何是機始?" 著云:"笑殺當今一概禪。" "如何是機終?" 著云:"未夢見在。"

前牽後扯浦州麻,只道奔騰總是他。

不會牢關最後事,得來水影是蝦蟇。

付法語〔序〕①

序曰:余初疑六祖聞誦《金剛經》至"應無所住而生其心處",即大悟已道"本來無一物,何處惹塵埃"矣,又何必求師承于五祖?豈別有法可得耶?如是懷疑者數年不已。及于折竹之後,深入玄要、賓主,方見悟有偏圓,法有巨細,乃撫几而歎曰:"六祖之悟,在于以鞋擦墻;入大法,在于擊碓三下;入微細,在于袈裟遮圍,透盡微細。"乃曰:"何期本性本自清净。"云云。② 斯得無所得之正法,而遂為付授焉。

此臨濟所謂佛與法兼而道者矣。于是遞代相承,至高峰大師以入獅子巖,自重操履,久于定默,至令中峰不盡其鈔,觀于付授千巖,則大法亦未能圓,况細微乎?于是三百年來,泯泯不聞入法之深細者。

余故深求,復十餘載,入臨濟堂奧,續高峰一脉,會覺範深淺得失而折衷之,曲盡興化作畧,集其大成,以鍛煉後昆。其間深入此道者十餘人,俱以

---

① 此篇《付法語序》,他本皆無收。

② 《指月錄·六祖慧能大師》(X. 1578)記六祖言下大徹後,遂啓五祖曰:"一切萬法不離自性,何期自性本自清净?何期自性本不生滅?何期自性本具足?何期自性本無動搖?何期自性能生萬法?"《卍新纂續藏經》(83),頁442中。

源流衣拂付授之。如前梵伊致歿去，兹得數子，皆深入吾道，而今爲付授之。續有數人，皆青黃未熟，姑俟後日成之。今特拈諸子付法之事，以昭示于不涸云。

付法法語[①]

余于三峰、萬峰之付法，首從天啓丁卯付梵伊致住持三峰，有上堂語數則證之。至崇禎己巳，復于梁溪錦樹菴，付一默成、問石乘、在可證、頂目徹四子，亦有上堂語數則證明。今崇禎乙亥，復于天壽聖恩寺，付澹予垣、剖石壁、于磐鴻、繼起儲、慧刃銛、潭吉忍、具德禮七人，時因老僧養疴關中，未及上堂，即書此以證。其未了不來等人，老僧憶得者，留筆以待之，餘不贅。倘老僧不死，如高峰在關，或有斷崖中峰輩，梯而入侍截璎者，載付爲法門大火聚，未可知也。更有數人青黃未熟，急宜參大法玄要完事，猶是老僧印下物，不及則歸之清凉輩矣。

付梵伊上座源流法語

梵伊真致侍者，[②]時以三峰之人提督，命名弘致，而以從上源流拂子，并僧伽黎一頂付去，即令秉拂立衆，繩繩振起，毋令斷絕。《五宗原》、《濟宗頌

---

① 此段《付法法語》之序雖可見於《吳都法乘》(B.193)中《付法法語·釋法藏》，但是，下列正文所附漢月付法十二弟子分別之付法法語，他本皆無收，《大藏經補編》(34)，頁 164 中。以下漢月《付法法語》所提及之紀年，天啓七年丁卯爲 1627 年，崇禎二年己巳爲 1629 年，崇禎八年乙亥爲 1635 年。

② 梵伊真致(1595—1628)，又名梵伊弘致，示寂於漢月付法次年，僅 34 歲，《三峰清凉寺志》有《梵伊致禪師傳》和《梵伊致禪師自述行略》，《中國佛寺志叢刊》第 40 册，頁 101，401—403；著作有《梵伊致禪師住三峰清凉禪寺語》收於《三峰清凉寺志》，《中國佛寺志叢刊》第 40 册，頁 185—186；另，蘇州西園寺藏有《三峰梵伊禪師語錄》。

語》乃祖佛心髓,近代人所失傳者,今既付汝,務令恢燦,永振不忘,以報祖佛之恩。至囑。

天啓七年十月初二日,傳臨濟正宗第三十一代三峰法藏,付第三十二代梵伊弘致。

付一默上座源流法語

一默成公,①從今深入五家宗旨,曲盡祖佛奧法,務如蓮花峰、獅子巖,自窮操履,先當竭力勘辯學者,求智過于師者,廣令接續,勿使玄要、賓主之法有窮盡也。近世禪人類以禪硬爲事,多不盡人理,竟習狂妄。今後凡勘辯學者,先以人品擇之,人品不中,幸勿以聰明竟爲説法,此慎法命也。至囑。

崇禎二年十一月二十一日,傳臨濟正宗第三十一代三峰法藏,付第三十二代一默弘成。

付問石上座源流法語

問石乘公,②得人先擇品,行道先求嗣。選得智過師,務接如臨濟。莫用一橛禪,致令法掃地。莫付輕淺徒,千鈞擔無繫。多子塔前言,囑汝毋忘記。至囑。

崇禎二年十一月二十一日,傳臨濟正宗第三十一代三峰法藏,付第三十二代問石弘乘。

---

① 一默弘成(1575—1641),《五燈全書》(X. 1571)有《杭州橫山兜率一默弘成禪師》傳,《卍新纂續藏經》(82),頁326下。

② 問石弘乘(1585—1645),《五燈全書》(X. 1571)有《鎮江焦山問石弘乘禪師》傳,《卍新纂續藏經》(82),頁326下—327上。

付在可上座源流法語

在可證公,①從今勿預世諦,毋涉經懺之役,務如龍山老人深入操履,痛念今時禪道大壞,須努力荷擔如來正法,尚求智過于師者,廣令接續,貴在熟透大法,勿局一棒一喝,勿容無賴人品參入,切須慎之。

崇禎二年十一月二十一日,傳臨濟正宗第三十一代三峰法藏,付第三十二代在可弘證。

付頂目上座源流法語

頂目徹公,②自此而往,當力盡今時,但向空劫以前過日,三條篾束肚,莫令寬脫,鉏斧子不得放手,澹其食,薄其衣,力爲得人,不可自養。得人務在盡法,不可學時套,致斷法脉,念念心不間斷,不可自謾,榔栗千峰,須學獅子、蓮花覆舟入海一輩,幸不以小小習氣,致令大志有懈也。至囑!至囑!

崇禎二年十一月二十一日,傳臨濟正宗第三十一代三峰法藏,付第三十二代頂目弘徹。

---

① 在可弘證(1588—1646),又名大樹弘證,《三峰清涼寺志》有《大樹證禪師》傳,《中國佛寺志叢刊》第 4 輯,第 40 册,頁 102—103;《五燈全書》(X. 1571)有《虞山三峰大樹在可弘證禪師》傳,《卍新纂續藏經》(82),頁 327 中,著作有《大樹證禪師住三峰清涼禪寺語》收於《三峰清涼寺志》,《中國佛寺志叢刊》第 4 輯,第 40 册,頁 197—202。

② 頂目弘徹(1588—1648),《三峰清涼寺志》有《頂目徹禪師》傳,《中國佛寺志叢刊》第 4 輯,第 40 册,頁 101—102;《五燈全書》(X. 1571)有《姑蘇瑞光清涼頂目弘徹禪師》傳,《卍新纂續藏經》(82),頁 327 中—328 上。著作有《頂目徹禪師住三峰清涼禪寺語》收於《三峰清涼寺志》,《中國佛寺志叢刊》第 40 册,頁 187—195;另有《清涼頂目徹禪師語録》收於《徑山藏》第 214 册,國家圖書館出版社,2016 年。

付儋予上座源流法語

儋予垣公,①從余苦參有年,去歲纔來了却末後事,兹以源流與之。其徒濟麟、濟餝,亦社中真實悟者,尚待其與社友礱之,定是獅子。

崇禎八年四月十二日,傳臨濟正宗第三十一代三峰法藏,付第三十二代儋予弘垣并二子,令各求人廣此大法。

付剖石上座源流法語

剖石璧公,②悟處極好,人品亦莊,下手有力,求人不輕,此實案也。改名曰"弘璧",兹以源流衣拂付之,以覓英朗之繼。偈曰:"當門惡狗少年雄,歷盡諸方返鄧峰。去去來來研到底,一朝惡狗變神龍。四殺雄,透盡諸家極奧宗。"

崇禎八年四月十二日,傳臨濟正宗第三十一代三峰法藏,付第三十二代爲法求人接續宗旨剖石弘璧。

付于磐上座源流法語

于磐鴻公,③從余爲侍者最久,機用不乏,悟處的確,兹以源流衣拂付之,

---

① 儋予弘垣(1581—1643),《五燈全書》(X. 1571)有《杭州顯寧儋予弘垣禪師》傳,《卍新纂續藏經》(82),頁328上—中。

② 剖石弘璧(1599—1670),《鄧尉山聖恩寺志》有《鄧山剖石大和尚道行碑》,《中國佛寺史志彙刊》第1輯,第42册,頁132;《五燈全書》(X. 1571)有《蘇州鄧尉剖石弘璧禪師》傳,12歲求出家,17歲剃染,22歲謁三峰漢月,天啓丁卯(1627)元旦日,頓悟綱宗,漢月撾鼓陞座詰之,弘璧出語契合,八年後(1635)漢月手書臨濟源流囑之,遂繼漢月住鄧尉山天壽聖恩寺,《卍新纂續藏經》(82),頁328中—329上;蘇州西園寺亦藏《聖恩剖石和尚塔銘并道行碑》,著作有蘇州西園寺藏《鄧尉山天壽聖恩寺剖石璧禪師語錄》。

③ 于磐弘鴻(? —1639),或稱于槃弘鴻,《五燈全書》(X. 1571)有《吳江華嚴于槃弘鴻禪師》傳,《卍新纂續藏經》(82),頁329上—中。

改名"弘鴻",令求偉人,擴吾道于當世,竟以此爲信。

崇禎八年四月十二日,傳臨濟正宗第三十一代三峰法藏,付第三十二代于磐弘鴻。

付繼起上座源流法語

繼起儲公,①悟既真實,造亦深淵,藏于龍雲,用出獅吼,貴宗旨之有繼而起也,改其名曰"弘儲",爲臨濟荷擔嫡子,是當以源流衣拂珍重付之。

崇禎八年四月十二日,傳臨濟正宗第三十一代三峰法藏,付第三十二代傳法求人繼起弘儲。

付慧刃上座源流法語

慧刃銛公,②有鷹擒虎搏之爪牙,兹合白雲高卧,密用宗旨,務接英傑人,離遠世情,崙崙弘道,以是改名曰"弘銛",源流衣拂珍重付之。

崇禎八年四月十二日,傳臨濟正宗第三十一代三峰法藏,付第三十二代慧刃弘銛傳法求人遠遠永繼。

---

① 《五燈全書》(X. 1571)有《蘇州靈巖退翁弘儲禪師》傳,《卍新纂續藏經》(82),頁 330 上—331 上;《徑山藏》(2016 年版)第 183 册有《退翁自銘塔》;《南岳和尚退翁第二碑》收於清代全祖望《鮚埼亭集》卷 16,臺北鼎文書局,2003 年,頁 350—352;著作有北京國家圖書館藏《樹泉集》、《南嶽單傳記》(1596)、《卍新纂續藏經》(86)、《南嶽繼起和尚語録》(J. B301),新文豐版《嘉興藏》(34)、《徑山藏》(2016 年版)第 222 册所收《夫山和尚靈巖三録》等多部,以及蘇州西園寺所藏《退翁和尚廿一録》、《浮湘録》、《退翁和尚甲辰録》、《退翁和尚住南嶽福嚴禪寺語録》和《退翁和尚靈巖辛亥語録》。

② 慧刃弘銛(?—1649),《五燈全書》(X. 1571)有《湖州雙髻慧刃弘銛禪師》傳,《卍新纂續藏經》(82),頁 331 中。

付潭吉上座源流法語

潭吉忍公，①鶴骨獅力，鶻眼覓人，大弘吾道，臨濟重興，以是改名曰"弘忍"，當以源流衣拂付之。

崇禎八年四月十二日，傳臨濟正宗第三十一代三峰法藏，付第三十二代傳法求人弘忍號潭吉。

付具德上座源流法語②

夫宗印者，如尚寶鑄成，絲毫許增減不得，所以千佛萬祖同一鼻孔，同一鼻孔便無過高不及之病矣。夫人根有過高、有不及，皆賴宗印印定，不容走作，是爲某家禪、某宗禪，若可移動，又何成這個古文印子？濟禮具德，機用超然，從吾十年，無不勤至。吾恐其習有過高，宗善移易，故每貶爲下板。今方欲舉其出頭而遠去，是老僧削過太重，渠不能當也。今余入死關，彼聞之奔驟而來，老僧以住山偈，勉其收鐵骨徒，破斷法魔，爲吾家作一大猙子，豈不宜乎？然于同法之英，當力扶而弗異也。至囑！至囑！偈曰："住山養得機緣熟，多覓真真鐵骨禪。莫負老僧珍重付，痛除魔亂作真傳。"

---

① 潭吉弘忍(1599—1638)，《五燈全書》(X. 1571)有《杭州安隱潭吉弘忍禪師》傳，《卍新纂續藏經》(82)，頁331下—332上，著作有《五宗救》，《禪宗全書》第33册。

② 具德弘禮(1600—1667)，《五燈全書》(X. 1571)有《杭州靈隱具德弘禮禪師》傳，《卍新纂續藏經》(82)，頁329中—330上。著作有《具德和尚住靈隱進院上堂法語》收於《武林靈隱寺志》，《中國佛寺史志彙刊》第1輯，第23册，頁209；《具德禪師語錄》收於《臨平安隱寺志》，《中國佛寺志叢刊》第4輯，第68册，頁95—104；首都圖書館所藏《徑山具德禪師語錄》、南京圖書館所藏《雲門具德禪師佛日語錄》和《雲門具德禪師維揚天寧禪寺語錄》、《靈隱具德禪師語錄》收於《徑山藏》(2016年)第225册，以及蘇州西園寺所藏《具德禪師石梁毘尼院語錄》。參本叢書第四册，釋法幢《具德弘禮禪師珍稀文獻輯注》，上海古籍出版社，2024年。

崇禎八年五月初十日，傳臨濟正宗第三十一代三峰法藏，付第三十二代具德弘禮。

上座煆人，只要他會，不知他薄處擉破，禪不大不真不熟，猶宜多方煆來，得一個，是一個，不可沿街合巷皆使會禪，恐非法門慎密也。又囑。

鄧尉山天壽聖恩寺三峰藏禪師語録 卷之二十二

嗣法門人弘成、弘致、弘乘、弘證、弘徹
弘垣、弘璧、弘鴻、弘禮、弘儲
弘銛、弘忍,受法弟子惲日初同編
學人周祗、蔡懋德、劉道貞、熊開元
馮贄、章日炌、金印榮、蔣秋皎

頌　　古①

七佛并西天二十八祖傳法偈。②

拈云:"○,③向這裏入。"

無相身心即有無,有無兩絶密交蘆。

---

① 此卷每則頌古之内容爲漢月所舉似之古則、拈語和頌古,底本之版式,古則和拈語爲低二格,漢月頌古爲頂格。本文獻卷二十二、卷二十六(殘缺)和卷二十七與《三峰藏和尚語録》(J. B299)卷八、卷九和卷十所收之《頌古》最大差異爲,《三峰藏和尚語録》缺本文獻中漢月之拈語。

② 原文獻天頭處有一"佛"字,意謂此卷漢月所舉似皆爲與佛相關之古則,《三峰藏和尚語録》無此注;此外,由於二文獻相同之頌古皆可見於《三峰藏和尚語録》,新文豐版《嘉興藏》(34),頁162中—163上,本書僅注解標記《三峰藏和尚語録》無收之頌古。

③ "○"表圓相。

迅雷不及掩雙耳，夢斷遥空月自孤。㊉①

　　世尊降生，一手指天，一手指地，周行七步，目顧四方，曰："天上天下，惟吾獨尊。"②

　　師入金粟室，粟舉至雲門云："我若在，一棒打殺與狗子喫，貴圖天下太平。"③語未竟，師打筋斗而出。④

指天指地已全提，四顧周行見大機。
一句獨尊山嶽墮，現雙趺處始知歸。

　　世尊睹明星，廓然大悟。
　　拈云："未在更道。"

炫眼星明頓霍然，東方群動用機全。
不因深破正三昧，若個能離十劫前。

　　世尊一日陞座，大衆集定，文殊白椎曰："諦觀法王法，法王法如是。"
　　世尊便下座。

　　拈云："人人都向世尊未陞座前會取，早已錯了也。"

雨過空山水碓聲，文殊何處着槌鳴。
脚頭脚底無勞問，寶座從他下與陞。

―――――――――

① 漢月以此"㊉"圖相代表七佛偈頌，其意義參本書所輯《鄧尉山天壽聖恩寺三峰藏禪師語録》卷十六《示周實居士》中，漢月之詳細解釋。
② 本卷漢月所舉似與世尊相關之古則，皆可見於《指月録·釋迦牟尼佛》(X. 1578)，《卍新纂續藏經》(83)，頁405中—410下，以下不再贅注《指月録》出處。
③ 《雲門匡真禪師廣録》(T. 1988)，《大正新修大藏經》(47)，頁560中。
④ 此古則中，"師入金粟室……師打筋斗而出"一段，《三峰藏和尚語録》中缺，其他文獻亦無收，由於内容爲描述"師"(漢月)入金粟之方丈室的情况，因此，筆者推斷應是由漢月弟子所加入。

世尊在忉利天，爲母説法。優填王思佛，命匠雕栴檀像。及世尊下忉利天，像亦出迎。世尊三唤三應，乃云："無爲真佛，實在我身。"

拈云："'實在我身'，話作兩橛。"

無孔鐵鎚拋一對，雙雙唱出太平歌。
池塘月寫梅花影，一任春風夜起波。

世尊在忉利九十日，及辭天界而下，四衆八部俱往空界奉迎。有蓮花色比丘尼作念云："我是尼身，必居大僧後見佛，不如用神力變作轉輪聖王，千子圍繞，最初見佛。"果滿其願，世尊纔見乃訶云："蓮華色比丘！汝何得越大僧見我？汝雖見我色身，且不見我法身；須菩提巖中宴坐，却見我法身。"

拈云："如何是世尊色身？"

未動葭灰三尺雪，乾坤何處不陽春？
千山鳥絶江深凍，不見尋花問柳人。

世尊示隨色摩尼珠，問五方天王："此珠而作何色？"時五方天王互説異色。世尊藏珠，復抬手曰："此珠作何色？"天王曰："佛手中無珠，何處有色？"世尊曰："汝何迷倒之甚？吾將世珠示之，便强説有青、黄、赤、白色；吾將真珠示之，便總不知。"時五方天王悉自悟道。

拈云："是真珠？世珠？"

摩尼滿掬向人前，縱識真珠一色邊。
爲問五王曾悟否？雙雙十指乍開蓮。①

---

① 此頌《三峰藏和尚語録》無收。

世尊因黑氏梵志獻合歡梧桐花,佛召仙人放下着,梵志放下左手一株花。佛又召仙人放下着,梵志又放下右手一株花。佛又召仙人放下着,梵志曰:"吾今兩手俱空,更教放下個甚麼?"佛曰:"吾非教汝放捨其花,汝當放捨外六塵、内六根、中六識,一時捨却,無可捨處,是汝放身命處。"梵志于言下悟無生忍。

拈云:"身命猶存?"

世尊解放不解舉,推倒不如更扶起。
驀然拈出合歡花,刺汝諸人眼睛裏。①

世尊因普眼菩薩欲見普賢不可得見,乃至三度入定,〔遍〕觀三千大千世界,覓普賢不可得見,而來白佛,佛曰:"汝但于静三昧中起一念,便見普賢。"于是普眼纔起一念,便見普賢向空中乘六牙白象。

拈云:"見與不見,一場禍事,世尊更參三十年。"

曾向别山親見後,了知人在玅峰高。
六牙白象何須問?隨地蓮華涌碧濤。②

世尊因五通仙人問:"世尊有六通,我有五通,如何是那一通?"佛召五通仙人,仙人應諾,佛曰:"那一通,你問我?"

拈云:"堼着!磕着!"

仙人問那通?一場大敗屈。
劈面倒將來,五通都打失。③

---

① 此頌《三峰藏和尚語録》無收。
② 此頌《三峰藏和尚語録》無收。
③ 此頌《三峰藏和尚語録》無收。

世尊一日敕阿難:"食時將至,汝當入城持鉢。"阿難應:"諾!"世尊曰:"汝既持鉢,須依過去七佛儀式。"阿難便問:"如何是七佛儀式?"世尊召:"阿難!"阿難應:"諾!"世尊曰:"持鉢去!"

拈云:"喫得油糍便不饑。"

百花當檻媚晴絲,舞罷憑闌眼睡時。
黃鳥一聲枝上語,抬頭不奈日遲遲。

世尊因有比丘問:"我于世尊法中,見處即有,證處未是,世尊當何所示?"世尊曰:"'比丘某甲當何所示?'是汝此問。"

拈云:"被法眼勘破。"

聞說瞿塘春水高,今朝親上峽中橈。
木鵝倒嶽傾湫下,幾個長年解把篙?

世尊因耆婆善別音響,至一塚間,見五髑髏,乃敲一髑髏問耆婆:"此生何處?"曰:"此生人道。"又敲一曰:"此生何處?"曰:"此生天道。"又別敲一,問耆婆:"此生何處?"耆婆罔知生處。

拈云:"須是你始得。"

髑髏乾竭到無聲,還是泥犁鬼窟生。
敲破世尊無見頂,人間天上任縱橫。

世尊因七賢女遊尸陀林,一女指尸曰:"尸在這裏,人在甚處去?"一女曰:"作麼?作麼?"諸姊諦觀,各各契悟,感帝釋散花,曰:"惟願聖姊有何所須?我當終身供給。"女曰:"我家四事七珍悉具足,惟要三般物:一要無根樹子一株;二要無陰陽地一片;三要叫不響山谷一所。"帝釋曰:"一切所須,我悉有之,若三般物,我實無有。"女曰:"汝若無此,争解濟人?"帝釋罔措,遂同往白佛,佛曰:"憍尸迦！我諸弟子大阿羅漢不解此義,唯有諸大菩薩乃解此義。"

拈云:"女被帝釋熱謾。"

作麼作麼猶未是,散得花來成鈍置。
三般物價一無酬,世尊亦不解此義。①

世尊因地布髮掩泥,獻花于燃燈佛。燃燈見布髮處,遂約退衆,乃指地曰:"此一方地宜建一梵刹。"時衆中有一賢于長者,持標于指處插曰:"建梵刹竟。"時諸天散花相贊。

拈云:"一枝纔動百枝搖。"

掩泥指地,插標散花。一堆骨董,未是作家。
都盧趁出,免得紛拏,簷前細雨亂如麻。②

世尊嘗與阿難行次,見一古佛塔,世尊便作禮,阿難曰:"此是甚麼人塔?"世尊曰:"過去諸佛塔。"阿難曰:"過去諸佛是甚麼人弟子?"世尊曰:"是吾弟子。"阿難曰:"應當如是。"

拈云:"因汝得禮我。"

過去諸佛佛弟子,今日阿難是佛師。
若有人來問端的,一輪紅日照無私。③

世尊因自恣日,文殊三處過夏,迦葉欲白椎擯出,纔拈椎,乃見百千萬億文殊,迦葉盡其神力,椎不能舉。世尊遂問迦葉:"汝擬擯那個文

---

① 此頌《三峰藏和尚語錄》無收。
② 此頌《三峰藏和尚語錄》無收。
③ 此頌《三峰藏和尚語錄》無收。

殊?"迦葉無對。

拈云:"若不三處過夏,爭會未下已前白椎?"

億萬百千倒顛數,三處一人亦不是,金色杜多莫眼花。
世尊也是討閒氣,今日當陽下一椎,管取三人竄無地。咦!①

城東有一老母,與佛同生,不欲見佛,每見佛來,即便迴避。雖然如此,回顧東西,總皆是佛,遂以手掩面,乃至十指掌中,總皆是佛。

拈云:"何不降生時打殺?"

避佛何如避自己,伸出你手還是你。
没頭水浸討乾塲,盡大海中皆火起。

世尊因文殊至諸佛集處,值諸佛各還本處,唯有一女人,近于佛座,而入三昧,文殊乃白云:"何此人得近佛,而我不得?"佛告文殊:"汝但覺此女,令從三昧起,汝自問之。"文殊繞女人三匝,鳴指一下,乃托至梵天,盡其神力,而不能出。世尊曰:"假使百千文殊亦出此女人定不得,下方過四十二恒河沙國土,有罔明菩薩,能出此女人定。"須臾罔明菩薩從地涌出,作禮世尊,世尊敕罔明出,罔明却至女子前,鳴指一下,女子于是從定而出。

拈云:"不因文殊用盡死力,爭得彈指便出?"

昨日天陰此日晴,簑衣自濕布衫輕。
不須點簡農家事,數畝田園足歲耕。

誰家女子早成魔,添得殊、明二老婆。
謾殺世尊無縫罅,一場榾柮奈他何!②

---

① 此頌《三峰藏和尚語錄》無收。
② 此頌《三峰藏和尚語錄》無收。

殃崛摩羅因持鉢至一長者門，其家婦人正值産難，長者曰："瞿曇弟子！汝爲至聖，當有何法能免産難？"殃崛語長者曰："我乍入道，未知此法，待我回問世尊，却來相報。"及返具事白佛，佛告殃崛："汝速去報言，我從賢聖法來，未曾殺生。"殃崛奉佛語，疾往告之，其婦得聞，當時分娩。

　　拈云："待我回問來報，猶是乾蘿蔔頭禪。"

賢聖劫來未殺生，吳山歷歷水泠泠。
一聲囚地相酬唱，攪得親娘空肚疼。

罷釣高眠夜艇横，不施繩纜任風行。
閑鷗未爲蘆花動，飛過沙汀落水輕。①

　　世尊一日因文殊在門外立，乃曰："文殊！文殊！何不入門來？"文殊曰："我不見一法在門外，何以教我入門？"

　　拈云："總隔一片板。"

不見一法，正在門外。喚入門來，大故未在。
一對婆禪，兩彩一賽。迨！②

　　無邊身菩薩將竹杖量世尊頂，丈六了又丈六，量到梵天，不見世尊頂，乃擲下竹杖，合掌説偈云："虛空無有邊，佛功德亦然。若有能量者，窮劫不可盡。"

　　拈云："看脚下！"

點天棒月浪施功，竹杖抛時親到頂。
夜深摸着枕頭邊，被窩肩漏朔風冷。

---

① 此頌《三峰藏和尚語録》無收。
② 此頌《三峰藏和尚語録》無收。

世尊因乾闥婆王獻樂，其時山河大地，皆作琴聲，迦葉起作舞，王問迦葉："豈不是阿羅漢？諸漏已盡，何更有餘習？"佛曰："實無餘習，莫謗法也。"王又撫琴三遍，迦葉亦三度作舞，王曰："迦葉作舞，豈不是習？"佛曰："實不曾作舞。"王曰："世尊何得妄語？"佛曰："不妄語。汝撫琴，山河大地木石盡作琴聲，豈不是？"王曰："是。"佛曰："迦葉亦復如是，所以實不曾作舞。"王乃信受。

拈云："着衣喫飯，有甚麼難？"

水流花開，雲興月涌。未須獻樂，宿習原重。①

世尊在第六天説《大集經》，敕他方此土，人間天上，一切獰惡鬼神悉皆輯會，受佛付囑，擁護正法。設有不赴者，四天門王飛熱鐵輪追之令集。既集會已，無有不順佛敕者，各發弘誓，擁護正法。唯有一魔王謂世尊曰："瞿曇！我待一切衆生成佛盡，衆生界空，無有衆生名字，我乃發菩提心。"

拈云："知心能幾人？"

高眼從來不着塵，阿誰奴子共殷勤？
嚴冬一片三江凍，萬卉千葩遍地春。

世尊因調達謗佛，生身入地獄，遂令阿難問："你在地獄中安否？"曰："我雖在地獄，如三禪天樂。"佛又令問："你還求出否？"曰："我待世尊來便出。"阿難曰："佛是三界導師，豈有入地獄分？"調達曰："佛既無入地獄分，我豈有出地獄分？"

拈云："既是三界導師，爲甚無入地獄分？阿難直須代受始得。"

————————
① 此頌《三峰藏和尚語録》無收。

不入地獄,不受天樂,調達瞿曇,一同落僕。
爭似紙爐煨蜆人,酒醒猶把神臺摸。①

　　世尊因文殊忽起法見、佛見,被世尊威神,攝向二鐵圍山。

　　拈云:"瞎!"
一念纔興見普賢,忽起見時墮二鐵。
山僧見念億萬千,老鴉鳴處鶯啼歇。②

　　世尊因靈山會上,五百比丘得四禪定,具五神通,未得法忍,以宿命智通,各各自見殺父害母及諸重罪,于自心內各各懷疑,于甚深法不能證入。于是文殊承佛神力,遂手握利劍,持逼如來,世尊乃謂文殊曰:"住!住!不應作逆,勿得害吾,吾必被害,爲善被害。文殊師利!爾從本已來,無有我、人,但以內心見有我、人,內心起時,我必被害,即名爲害。"于是五百比丘,自悟本心,如夢如幻,于夢幻中,無有我、人,乃至能生所生父母,于是五百比丘同贊歎曰:"文殊大智士,深達法源底,自手握利劍,持逼如來身。如劍、佛亦爾,一相無有二,無相無所生,是中云何殺?"

　　拈云:"世尊待文殊來,便一棒打殺,免得比丘于無相無生處打之繞。"
龍泉三尺起寒芒,住住空拳賊盡降。
迷悟兩般休着到,看他一隊共頭忙。③

　　世尊因外道問:"不問有言,不問無言。"世尊良久,外道歎曰:"世尊大慈大悲,開我迷雲,令我得入。"作禮而去。阿難白佛:"外道得何道理,稱贊而去?"世尊曰:"如世良馬,見鞭影而行。"

────────
　① 此頌《三峰藏和尚語錄》無收。
　② 此頌《三峰藏和尚語錄》無收。
　③ 此頌《三峰藏和尚語錄》無收。

拈云:"世尊被阿難一拶,未免落二落三。"

谽谺兩峽絶流機,倒嶽傾湫百丈飛。
覿面不知翻却艇,傍人空覓釣漁磯。如何是鞭?①

世尊因波斯匿王問:"勝義諦中,有世俗諦否? 若言無,智不應二;若言有,智不應一。一二之義,其義云何?"佛言:"大王! 汝于過去龍光佛時,曾問此義,我今無説,汝今無聽,無説無聽,是爲一義? 二義?"

拈云:"彎彎偃月卷蘆空。"

匿王自問自答,世尊解説解聽。
一對無孔鐵槌,要你諸人安柄。道! 道!②

世尊因外道問:"昨日説何法?"世尊曰:"説定法。"外道曰:"今日説何法?"曰:"不定法。"外道曰:"昨日説定法,今日何説不定法?"世尊曰:"昨日定,今日不定。"

拈云:"直須投轄。"

推出雙輪駕白牛,四衢誰更敢當頭?
即他珍御還他載,天上人間自在遊。

世尊因有異學問:"諸法是常耶?"世尊不對。又問:"諸法是無常耶?"世尊亦不對。異學曰:"世尊具一切智,何不對我?"世尊曰:"汝之所問,皆爲戲論。"

拈云:"兩段不同,收歸上科。"

---

① 此頌《三峰藏和尚語録》無收。
② 此頌《三峰藏和尚語録》無收。

不對依然成戲論,幾人真向別峰逢?
任他三度輕描邈,彌勒何曾出閣中?①

　　世尊嘗在尼俱律樹下坐次,因二商人問:"世尊還見車過否?"曰:"不見。""還聞否?"曰:"不聞。""莫禪定否?"曰:"不禪定。""莫睡眠否?"曰:"不睡眠。"商人乃歎曰:"善哉!善哉!世尊乃覺而不見。"

　　拈云:"覺而不見,好個疑團!"

四面難將正眼觀,毒龍湫下黑光寒。
谷泉只解秋炎熱,一度翻身到底看。②

　　世尊因長爪梵志索論義,預約曰:"我義若墮,當斬首以謝。"世尊曰:"汝義以何爲宗?"志曰:"我以一切不受爲宗。"世尊曰:"是見受否?"志拂袖而去,行至中路有省,乃歎曰:"我義兩處負墮,是見若受,負門處粗;是見不受,負門處細。一切人天二乘,不知我義墮處,惟有世尊、諸大菩薩知我義墮。"回至世尊前曰:"我義兩處負墮,故當斬首以謝。"世尊曰:"我法中無如是事,汝當回心向道。"于是同五百徒衆一時投〔佛〕出家,證阿羅漢。

　　拈云:"斬了也。"

拗折心頭兩負端,倒提三尺擬瞿曇。
法中無是洄流急,五百皈依仔細看。③

　　世尊一日坐次,見二人舁豬過,乃問:"這個是甚麼?"曰:"佛具一切智,猪子也不識?"世尊曰:"也須問過。"地藏云:"世尊忽被二人呵呵

────────
① 此頌《三峰藏和尚語錄》無收。
② 此頌《三峰藏和尚語錄》無收。
③ 此頌《三峰藏和尚語錄》無收。

大笑，异猪便行，一場懡儸。"

拈云："异向前過，世尊早墮了也。"

驀直逢來問甚麼？也須問過又重科。
直饒大笑呵呵去，只恐前途是網羅。①

世尊在靈山會上，拈花示衆，是時衆皆默然，唯迦葉尊者破顔微笑，世尊曰："吾有正法眼藏，涅槃玅心，實相無相，微玅法門，不立文字，教外別傳，付囑摩訶迦葉。"

拈云："直須向默然處付法始得。"

大地花開勝國春，碧池窠洞笑相親。
自從惹得燕鶯語，話到于今轉失真。

世尊至多子塔前，命摩訶迦葉分座，令坐，以僧伽黎圍之，遂告曰："吾以正法眼藏，密付于汝，汝當護持。"并敕阿難副貳傳化，無令斷絶，而說偈曰："法本法無法，無法法亦法。今付無法時，法法何曾法？"爾時世尊說此偈已，復告迦葉："吾將金縷僧伽黎衣，傳付于汝，轉受補處，至慈氏佛出世，勿令朽壞。"迦葉聞偈，頭面禮足曰："善哉！善哉！我當依敕恭順佛故。"

拈云："袈裟遮圍，是世尊謾兩祖？是兩祖謾世尊？"

拈起蓮華擲向人，花房子蘂彙無垠。
蓮華服上深深意，祖佛從來并蒂新。

世尊臨入涅槃，文殊大師請佛再轉法輪，世尊咄曰："文殊！吾四十九

---

① 此頌《三峰藏和尚語録》無收。

年住世,未嘗説一字,汝請吾再轉法輪,是吾曾轉法輪耶?"

拈云:"多口作麼?"

一咄分明赤火輪,平生不説更燒人。
不因石上輕輕擊,争見炎炎法界春?①

世尊于涅槃會上,以手摩胸告衆曰:"汝等善觀吾紫磨金色之身,瞻仰取足,勿令後悔。若謂吾滅度,非吾弟子;若謂吾不滅度,亦非吾弟子。"時百萬億衆悉得契悟。

拈云:"咄!"

見怪不怪怪自壞,一鋤埋却叔敖蛇。
二千年外流餘毒,竹箆逢人驗作家。②

爾時世尊至拘尸那城,告諸大衆:"吾今背痛,欲入涅槃。"即往熙連河側,娑羅雙樹下,右脇累足,泊然宴寂。復從棺起,爲母説法,特示雙足,化婆耆,并説無常偈曰:"諸行無常,是生滅法。生滅滅已,寂滅爲樂。"時諸弟子即以香薪競荼毗之,燼後,金棺如故。爾時大衆即于佛前以偈讚曰:"凡俗諸猛熾,何能致火爇?請尊三昧火,闍維金色身。"爾時金棺從座而舉,高七多羅樹,往反空中,化火三昧,須臾灰生,得舍利八斛四斗。

拈云:"指天指地處看取。"

泊然宴寂起説法,棺舉闍維燒不盡。
生滅滅已一句收,八斛四斗留空印。

---

① 此頌《三峰藏和尚語録》無收。
② 此頌《三峰藏和尚語録》無收。

雙收雙放可憐生,猫尾研槌生鐵鎮。
任他東擲與西拋,碧眼胡兒無處認。

　　世尊涅槃日,迦葉最後至,世尊乃于槨中露雙趺示之。
　　拈云:"伸脚在縮脚裏。"
仰山雙足齊收起,世尊何故示雙趺?
大小釋迦垂鼻孔,大頭向下嘴盧都。①

---

① 此頌《三峰藏和尚語錄》無收。筆者案:以下,《鄧尉山天壽聖恩寺三峰藏禪師語錄》卷二十三至二十五缺。

鄧尉山天壽聖恩寺三峰藏禪師語録　卷之二十六

〔頌　　古〕①

……自然起,內生王子,拈云:"誰在裏許？"　頌云:"當初墮地便稱尊,宮殿沉沉萬國恩。歲歲聖明增上壽,推爺向裏有兒孫。"②

師曰:末法時代人多乾慧,　拈云:"一悟便了,乾曝曝地,切忌坐定。"　若要辯驗真僞,有三種滲漏:一曰見滲漏,機不離位,墮在毒海；　拈云:"徹見源底,動輒是他。"　二曰情滲漏,滯在向背,見處偏枯；　拈云:"今時悟道人,離却悟處,便道不是。"　三曰語滲漏,究玅失宗,機昧終始。　拈云:"不識宗旨,情生玅究。機有終始,單認一橛。"　濁智流轉,于此三種,子宜知之。③

曾經徹悟盡情乾,處處將他與衆看。

不合此機生向背,不知深淺有多般。

---

①　筆者案:《鄧尉山天壽聖恩寺三峰藏禪師語録》卷二十六,原文獻僅存第20頁,此"頌古"標題爲筆者所加。

②　此段小字爲漢月所加之著語,本卷《頌古》中,小字"拈云"之內容皆爲漢月所加之著語,但《三峰藏和尚語録》中無,下不贅注。

③　《指月録·瑞州洞山良价悟本禪師》(X. 1578),《卍新纂續藏經》(83),頁579上。

師作《綱要偈》曰：道無心合人，人無心合道。 拈云："兩背相看面面歡。" 欲識個中意，一老一不老。①

一老一不老，桃枝生赤棗。雨露不知恩，馨香隨晚早。

撫州曹山本寂禪師，洞山嗣。示衆曰：凡情聖見是金鎖玄路，直須回互。夫取正命食者具三種墮：一者披毛戴角，二者不斷聲色，三者不受食時。有稠布衲問："披毛戴角是甚麼墮？"師曰："是類墮。"曰："不斷聲色是甚麼墮？"師曰："是隨墮。"曰："不受……"②

―――――――

① 《指月録·瑞州洞山良价悟本禪師》(X.1578)記有洞山良价所作《綱要偈》三首，漢月僅摘録第三首，《卍新纂續藏經》(83)，頁579上。

② 原文獻天頭處加注"第二世"，意謂本卷以下漢月所舉似爲曹山本寂乃曹洞宗第二世之古則，《三峰藏和尚語録·頌古》(J.B299)中無此注。此段原文獻後段缺頁之文句，依《三峰藏和尚語録·頌古》古則内容爲："不受食是什麼墮？"師曰："是尊貴墮。"乃曰："食者即是本分事，知有不取，故曰尊貴墮。夫冥合初心而知有，是類墮。知有而不礙六塵，是隨墮。師凡言墮謂溷不得，類不齊，凡言初心者所謂悟了同未悟耳。"《三峰藏和尚語録·頌古》中，漢月對此古則之頌文爲："分明蹄角卧長林，萬樹桃花各有心。水草連天雲漠漠，不勞斗酒拂瑶琴。"新文豐版《嘉興藏》(34)，頁170上。筆者案：以下缺頁。

鄧尉山天壽聖恩寺三峰藏禪師語錄 卷之二十七

嗣法門人弘成、弘致、弘乘、弘證、弘徹
弘垣、弘璧、弘鴻、弘禮、弘儲
弘銛、弘忍，受法弟子惲日初同編
學人周祇、蔡懋德、劉道貞、沈自繼
嚴栻、江之浙、龔可懋、蔣秋較

頌 古[①]

池州南泉普願禪師，馬祖嗣。與魯祖、歸宗、杉山四人離馬祖處，各謀住菴，于中路相別次，師插下柱杖云："道得，也被這個礙；道不得，也被這個礙！"宗拽柱杖，打師一下！云："也只是這個！王老師説甚麼礙不礙！"魯云："只此一句語，大播天下宗。"曰："還有不播者麼？"魯曰："有！"宗曰："作麽生是不播者？"魯作掌勢。[②]

[①] 原文獻天頭處加注"古尊宿"，意謂本卷中漢月所舉似皆爲古尊宿之古則，《三峰藏和尚語録》(J. B299)中無此注。此外，本卷《頌古》中可見同於《三峰藏和尚語録·頌古》卷九之古則，出處爲新文豐版《嘉興藏》(34)，頁170上—172上，本書不再贅注《三峰藏和尚語録》出處，僅注解標記《三峰藏和尚語録》無收之頌古；本卷古則後之拈古或古則中小字夾注，皆爲漢月之拈古，但《三峰藏和尚語録》皆缺，下不贅注。

[②] 《指月録·池州南泉普願禪師》(X. 1578)，《卍新纂續藏經》(83)，頁483下。

拈云："一隊打出！"

你打我掌，一場擾攘。三人齊趁各分飛，蓮花峰在青天上。

麻谷寶徹禪師持錫到章敬，繞禪牀三匝，振錫一下！卓然而立。敬云："是！是！"谷又到師處，亦繞禪牀三匝，振錫一下！卓然而立。師云："不是！不是！"谷云："章敬道'是'，和尚爲甚麼道'不是'？"師云："章敬即'是！是'，汝'不是'，此是風力所轉，終成敗壞。"①

拈云："人多向風力處會。"

東山一抹過西州，西嶺拈來左手頭。
拍手呵呵向人道，前溪自古水東流。

廬山歸宗智常禪師，馬祖嗣。大愚一日辭師，師問："甚處去？"愚云："諸方學五味禪去。"師云："諸有五味禪，我這裏只有一味禪。"愚便問："如何是一味禪？"師便打！愚忽然大悟云："嗄！我會也！"師云："道！道！"愚擬開口，師又打！趁出！愚後到黃檗舉前話，檗上堂曰："馬大師出八十四人善知識，問着個個屙漉漉地，祇有歸宗較些子。"②

拈云："争奈屙漉漉地。"

一番雨，一番雷，賞處遭他罰一回。
教壞兒孫常向外，三拳肋下被人揮。

潭州龍山和尚，馬祖嗣。洞山與密師伯行脚，見溪流菜葉，洞曰："深山無人，因何有菜隨流？莫有道人居否？"乃相與撥草溪行，五、七里間，忽見師羸形異貌，放下行李問訊，師曰："此山無路，闍黎從何處來？"洞曰："無路且置，和尚從何而入？"師曰："我不從雲水來。"洞曰：

————————

① 《指月録・池州南泉普願禪師》(X. 1578)，《卍新纂續藏經》(83)，頁483下。
② 《指月録・廬山歸宗寺智常禪師》(X. 1578)，《卍新纂續藏經》(83)，頁491下。

"和尚住此山多少時耶?"師曰:"春秋不涉。"洞曰:"和尚先住? 此山先住?"師曰:"不知。"洞曰:"爲甚麼不知?"師曰:"我不從人天來。"洞曰:"和尚得何道理,便住此山?"師曰:"我見兩個泥牛鬥入海,直至于今絕消息。"洞山始具威儀禮拜,便問:"如何是主中賓?"師曰:"青山覆白雲。""如何是賓中主?"師曰:"長年不出戶。"曰:"賓主相去幾何?"師曰:"長江水上波。"曰:"賓主相見,有何言說?"師曰:"清風拂白月。"洞山辭退,師乃述偈曰:"三間茆屋從來住,一道神光萬境閒。莫把是非來辯我,浮生穿鑿不相關。"又曰:"一池荷葉衣無數,滿地松花食有餘。剛被世人知住處,又移茆屋入深居。"因燒菴,不知所如,故人亦稱隱山和尚。①

拈云:"只這問:'如何是賓中主?'答云:'長年不出戶。'一句語早見馬祖家賓主之法,不在臨濟自立始矣。"

用竭機謀不出關,廉纖脫盡隔重山。
何時倒卷珠簾上,新月爲鈎挂一彎。

天王道悟禪師,馬祖嗣。僧問:"如何是玄玅之說?"師曰:"莫道我解佛法好。"曰:"爭奈學人疑滯何?"師曰:"何不問老僧?"曰:"即今問了也。"師曰:"去!不是汝存泊處。"②

拈云:"推復拽,三個木毬盡拋出。"

客來閉戶去仍邀,不待呼茶盡納交。
賓主分明向君道,從來施禮不共腰。

烏臼和尚,馬祖嗣。問僧:"近離甚處?"曰:"定州。"師曰:"定州法道

---

① 《指月錄·潭州龍山和尚》(X. 1578),《卍新纂續藏經》(83),頁 501 中—下。
② 《指月錄·天王道悟禪師》(X. 1578),《卍新纂續藏經》(83),頁 509 下。

何似這裏?"曰:"不別。"師曰:"若不別,更轉彼中去!"便打! 拈云:"着!" 僧曰:"棒頭有眼,不得草草打人。" 拈云:"是!" 師曰:"今日打着一個也!"又打三下! 拈云:"着!着!" 僧便出去。 拈云:"捷!"

師曰:"屈棒元來有人喫在。" 拈云:"水底辨龍蛇。" 曰:"爭奈杓柄在和尚手裏。" 拈云:"打着便回首。" 師曰:"汝若要,山僧回與汝。" 拈云:"滔天白浪看興雲。" 僧近前奪棒,打師三下。 拈云:"攫得頷珠起迅雷。" 師曰:"屈棒!屈棒!"曰:"有人喫在。" 拈云:"果然鱗甲分明。" 師曰:"草草打着個漢。"僧禮拜。 拈云:"捷棒眼猶在。" 師曰:"却與麼去也。" 拈云:"不得放過!" 僧大笑而出。 拈云:"捷!" 師曰:"消得恁麼!消得恁麼!"① 拈云:"曹溪蛻去還留鉢,峰頂雲收剩老僧。"

風風雨雨轉吞聲,樹底游絲不斷情。
倒卷飛花上層閣,美人閒把玉欄凭。

浮杯和尚,馬祖嗣。凌行婆來禮拜,師與坐喫茶,婆乃問:"盡力道不得底句,分付阿誰?"師曰:"浮杯無剩語。"婆曰:"未到浮杯,不妨疑着。"師曰:"別有長處,不妨拈出。" 拈云:"這野狐精。" 婆斂手哭曰:"蒼天中更添冤苦!"師無語。 拈云:"懸將三聖法,遠遠惠兒孫。" 婆曰:"語不知偏正,理不識倒邪,爲人即禍生。" 拈云:"果然惡毒。"

後有僧舉似南泉,泉曰:"苦哉浮杯!被這老婆摧折一上。" 拈云:"捨得路傍荽,萬古令人憶。" 婆後聞笑曰:"王老師猶少機關在!" 拈云:"勘破了也。"

澄一禪客逢見行婆,便問:"怎生是南泉猶少機關在?"婆乃哭曰:"可悲!可痛!" 拈云:"猶戀舊時窠。" 一罔措,婆曰:"會麼?" 拈云:"學語之流。" 一合掌而立。 拈云:"幾乎。" 婆曰:"跂死禪和,如麻似粟。"

_____

① 《指月錄·烏臼和尚》(X. 1578),《卍新纂續藏經》(83),頁500上—中。

拈云:"冤苦猶在。"

一舉似趙州,州曰:"我若見這臭老婆,問教伊口啞。"一曰:"未審和尚怎生問他?"州便打！一曰:"爲甚麼却打某甲?"州曰:"似這跂死漢,不打更待幾時?"連打數棒！ 拈云:"急急如律令！" 婆聞却曰:"趙州合喫婆手裏棒！" 拈云:"趙州唾沫！"

後僧舉似趙州,州哭曰:"可悲！可痛！" 拈云:"勘破了也！" 婆聞此語,合掌歎曰:"趙州眼光爍破四天下。" 拈云:"不消得。" 州令僧問:"如何是趙州眼?"婆竪起拳頭。僧回舉似趙州,州作偈曰:"當機覿面提,覿面當機疾。報汝凌行婆,哭聲何得失？" 拈云:"點！" 婆以偈答曰:"哭聲師已曉,已曉復誰知？當時摩竭國,幾喪目前機。"①

一聲冤苦下滄浪,爭奈前風別野航。
歸載月明留下釣,從教深夜共鳴榔。

趙州觀音真際從諗禪師,南泉嗣。到一菴主處問:"有麼？有麼？"主竪起拳頭,師曰:"水淺不是泊船處。"便行。又到一菴主處問:"有麼？有麼？"主亦竪起拳頭,師曰:"能縱能奪,能殺能活。"便作禮。②

拈云:"可惜趙州不遇三峰老漢,當時若見與麼捏怪,便與對衆三十柱杖,趁出院,免得天下人論量。"

沙之汰之,瓦礫在後；簸之揚之,糠粃在前。
石門兩扇關如鐵,半夜何人扣冷烟？

師示衆曰:"此事的的没量大人,出這裏不得。老僧到溈山,見僧問:

---

① 《指月録・浮盃和尚》(X. 1578),《卍新纂續藏經》(83),頁501中。
② 《指月録・趙州觀音院真際從諗禪師》(X. 1578),《卍新纂續藏經》(83),頁521中。

'如何是祖師西來意？'山云：'與我過床子來。' 拈云："趙州也須喫棒。"

若是宗師，須以本分事接人始得。"時有僧問："如何是祖師西來意？"師曰："庭前柏樹子。" 拈云："恰值拄杖不在。" 曰："和尚莫將境示人。"師曰："我不將境示人。"曰："如何是祖師西來意？"師曰："庭前柏樹子。" 便打！云："你道趙州有此語？沒此語？" 後法眼問光孝覺曰："近離甚處？"曰："趙州。"眼曰："承聞趙州有柏樹子話是否？"曰："無！"眼曰："往來皆謂趙州有此話，上座何得道無？"曰："先師實無此語，和尚莫謗先師好。"①

庭前柏樹子，先師無此語。

棒出一爐燒，禍延覺鐵嘴。

柏樹槎牙鐵樣栽，趙州臘月起轟雷。

至今凭取闌干看，蕭瑟滿天風雨來。

師問新到："曾到此間麼？"曰："曾到。"曰："喫茶去！"又問僧，僧曰："不曾到。"師曰："喫茶去！"後院主問曰："爲甚麼曾到也云'喫茶去'？不曾到也云'喫茶去'？"師召："院主！"主應："諾！"師曰："喫茶去！"②

拈云："疑殺天下人。"

曾到呼茶不到茶，分明院主是當家。

捴來依舊茶相款，拋擲繩床坐晚霞。

僧問："狗子還有佛性也無？"師曰："無！"曰："上至諸佛，下至螻蟻，皆

---

① 《指月錄·趙州觀音院真際從諗禪師》（X. 1578），《卍新纂續藏經》（83），頁522上。此古則末句，底本作"和尚莫道先師好"，但是，《指月錄·趙州觀音院真際從諗禪師》（X. 1578），《卍新纂續藏經》（83），頁522上，及《三峰藏和尚語錄》（J. B299），新文豐版《嘉興藏》（34），頁171上，皆作"和尚莫謗先師好"，筆者依之修改爲"謗"。

② 《指月錄·趙州觀音院真際從諗禪師》（X. 1578），《卍新纂續藏經》（83），頁522下。

有佛性,狗子爲甚麽却無?"師曰:"爲伊有業識在。"又僧問:"狗子還有佛性也無?"師曰:"有。"曰:"既有,爲甚麽入這皮袋裏來?"師曰:"知而故犯。"①

拈云:"趙州也是草裏輥。"

換却雙睛又紙封,幾人肯向髑髏窮?
兩顆黑豆爆腰斷,落落千峰截鏡中。

兩塊石頭相對語,一條柱杖并頭飛。
若人要問趙州老,提起青州舊布衣。②

狗子佛性有,鐵裏飯團投餓口。
狗子佛性無,手絞虛空緝頭箍。
牽也得,釣也得,子細子胡那一隻。

僧問:"萬法歸一,一歸何處?"師曰:"老僧在青州,做得一領布衫,重七斤。" 雪竇頌云:"編辟曾挨老古椎,七斤衫重幾人知?而今抛向西湖裏,下載清風付與誰?"③

拈云:"若不遮風補漏舟。"

一人提起一人抛,冷煖人情閱轉勞。
挂在閣頭無用處,幾人知此古風高?

青州買布做袈裟,抛出當陽驗作家。
昨夜不知何處雨,曉溪流出碧桃花。④

———————————
① 《指月錄·趙州觀音院真際從諗禪師》(X. 1578),《卍新纂續藏經》(83),頁 522 下。
② 本文獻此古則後有三首頌古,但《三峰藏和尚語錄》(J. B299)只收錄下列第三首,新文豐版《嘉興藏》(34),頁 171 中。
③ 《指月錄·趙州觀音院真際從諗禪師》(X. 1578),《卍新纂續藏經》(83),頁 525 上。
④ 本文獻此古則後有二首頌古,但《三峰藏和尚語錄》(J. B299)只收錄第一首,新文豐版《嘉興藏》(34),頁 171 中。

僧遊五臺，問一婆子曰："臺山路向甚處去？"婆曰："驀直去！"僧便去，婆曰："好個師僧，又恁麼去！"後有僧舉似師，師曰："待我去勘過。"明日師便去問："臺山路向甚處去？"婆曰："驀直去！"師便去，婆曰："好個師僧，又恁麼去！"師歸院，謂僧曰："臺山婆子爲汝勘破了也。"①

拈云："果然！"

驀直去，看破了，張姑撞着李大嫂。

馬嘴驢唇鬧一場，至今惹得黃婆惱。

作麼好？一聲鳥喚千山曉。②

澧州龍潭崇信禪師，天皇嗣。一日問皇曰："某自到來，不蒙指示心要。"皇曰："自汝到來，吾未嘗不指汝心要。"師曰："何處指示？"皇曰："汝擎茶來，吾爲汝接；汝行食來，吾爲汝受；汝和南時，我便低頭。何處不示指心要③？"師低頭良久，皇曰："見則直下便見，擬思則差。"師當下開解，復問："如何保任？"皇曰："任性逍遙，隨緣放曠，但盡凡心，別無聖解。"④

拈云："屧齒上磚磋。"

輕如柳絮重如山，指出分明俯仰間。

曳脫布毛風裏颶，鑿耕作息不知閑。

鼎州德山宣鑒禪師，龍潭嗣。抵潙山，挾複子上法堂，從西過東，從東過西，曰："有麼？有麼？"山坐次，殊不顧盼，師曰："無！無！"便出至

---

① 《指月錄·趙州觀音院真際從諗禪師》(X. 1578)，《卍新纂續藏經》(83)，頁 524 下。

② 此頌《三峰藏和尚語錄》無收。

③ 此句《指月錄》(X. 1578)，《卍新纂續藏經》(83)，頁 539 中和《三峰藏和尚語錄》(J. B299)，新文豐版《嘉興藏》(34)，頁 171 中，皆作"何處不指示心要"。

④ 《指月錄·澧州龍潭崇信禪師》(X. 1578)，《卍新纂續藏經》(83)，頁 539 中。

門首,乃曰:"雖然如此,也不得草草。"遂具威儀,再入相見,纔跨門提起坐具曰:"和尚!"山擬取拂子,師便喝!拂袖而出。溈山至晚問首座:"今日新到在否?"座曰:"當時背却法堂,着草鞋出去也。"山曰:"此子已後向孤峰頂上,盤結草菴,呵罵佛祖去在。"①

拈云:"層峰叠嶂看茅菴。"

兩翻騰躍趁全提,依舊孤峰草裏迷。
臥看夜塘風雨過,晚凉偏愛月明低。

鄂州巖頭全奯禪師,德山嗣。雪峰在德山作飯頭,一日飯遲,德山擎鉢下法堂,峰曬飯巾次,見德山,乃曰:"鐘未鳴,鼓未響,托鉢向甚麼處去?"德山便歸方丈。峰舉似師,師曰:"大小德山,未會末後句在。"山聞,令侍者喚師去,問:"汝不肯老僧那?"師密啓其意,山乃休去。明日陞堂,果與尋常不同,師至僧堂前拊掌大笑曰:"且喜堂頭老漢,會末後句,他後天下人不奈伊何,雖然也衹得三年活。"山果三年後示寂。②

拈云:"不但德嶠只活三年,而巖頭也只活得三年。"

毒殺囫圇去復回,誰知鉢柄挂研槌。
問來密啓仍休去,鐘過黃昏雨又雷。

鉢來鉢去足商量,密啓還休未是長。
咒殺阿師圖痛快,師徒各自顧私腸。

父南子北締同心,家業飄零骨恨深。
多少巖居門洞窄,喜看橫嶺截千尋。

---

① 《指月錄·鼎州德山宣鑒禪師》(X. 1578),《卍新纂續藏經》(83),頁 567 中。
② 《指月錄·鄂州巖頭全奯禪師》(X. 1578),《卍新纂續藏經》(83),頁 586 下。

托出携歸黑囫圇,啓來休去佛消魂。
昨朝不會今朝會,只活三年是報恩。

鉢携來去日當竿,添得鐘聲竹外寒。
密啓還休三板寂,會來重叠白雲漫。

流水下田,飛花過澗。一曲兩曲,三片四片。
父父子子,同鍋各爨。一齊趁出三門,惟有三峰老漢參。①

　　師因沙汰,甘贄家過夏,補衣次,贄行過,師以針作剳勢,贄遂整衣欲謝,妻問曰:"作甚麼?"贄曰:"説不得。"妻曰:"也要大家知。"贄舉前話,妻曰:"此去三十年後,須知一回飲水一回咽。"女子聞曰:"誰知盡大地人性命,被巌上座剳將去也。"②

　　拈云:"針鋒不錯。"

自從受記三年活,引得甘婆水亦咽。
大地性命不存留,兩番休去一模出。③

　　師值沙汰,于鄂州湖邊作渡子,兩岸各挂一板,有人過渡,打板一下,師曰:"阿誰?"或曰:"要過那邊去?"師乃舞棹迎之。一日,因一婆抱一孩兒來,乃曰:"呈橈舞棹即不問,且道婆手中兒,甚處得來?"師便打!婆曰:"婆生七子,六個不遇知音,祇這一個,也不消得。"便抛向水中。④

　　拈云:"確!"

阿誰舞棹?船子兩橈。抛子水中,踏翻舟子。

---

　　① 漢月此則頌古共有六首,《三峰藏和尚語録》缺自"鉢携來去"至"三峰老漢參",最後二首之頌文。
　　② 《指月録·鄂州巌頭全豁禪師》(X. 1578),《卍新纂續藏經》(83),頁587中。
　　③ 此頌《三峰藏和尚語録》無收。
　　④ 《指月録·鄂州巌頭全豁禪師》(X. 1578),《卍新纂續藏經》(83),頁587中。

知音要問老性空,篴聲吹入海雲裏。①

福州雪峰義存禪師,德山嗣。有兩僧來,師以手拓菴門,放身出曰:"是甚麼?"僧亦曰:"是甚麼?"師低頭歸菴,僧辭去,師問:"甚麼處去?"曰:"湖南。"師曰:"我有個同行住巖頭,附汝一書去。"書曰:"一自鰲山成道後,迄至于今飽不饑。"僧到巖頭,問:"甚麼處來?"曰:"雪峰來,有書達和尚。"頭接書,乃問僧:"別有何言句?"師遂舉前話。頭曰:"他道甚麼?"曰:"他無語低頭歸菴。"頭曰:"噫!我當初悔不向伊道末後句,若向伊道,天下人不奈雪老何。"僧至夏末,請益前話,頭曰:"何不早問?"曰:"未敢容易。"頭曰:"雪峰雖與我同條生,不與我同條死,要識末後句,祇這是!"②

拈云:"織錦迴文寄與誰?"

蝴蝶轉身三幅綺,蜻蜓摘翼一枚釘。

遊蜂慣宿花房裏,吟與傍人未易聽。

澧州藥山惟儼禪師,石頭嗣。師坐次,道吾、雲巖侍立,師指案山上榮枯二樹③,問道吾曰:"枯者是?榮者是?"吾曰:"榮者是。"師曰:"灼然一切處光明燦爛去!"又問雲巖:"枯者是?榮者是?"巖曰:"枯者是。"師曰:"灼然一切處放教枯淡去!"高沙彌忽至,師曰:"枯者是?榮者是?"彌曰:"枯者從他枯,榮者從他榮。"師顧道吾、雲巖曰:"不是!不是!"④

---

① 此頌《三峰藏和尚語錄》無收。
② 《指月錄·福州雪峰義存禪師》(X. 1578),《卍新纂續藏經》(83),頁 589 上。
③ 《指月錄·澧州藥山惟儼禪師》作"枯榮二樹"(X. 1578),《卍新纂續藏經》(83),頁 504 上。
④ 《指月錄·澧州藥山惟儼禪師》(X. 1578),《卍新纂續藏經》(83),頁 504 上。

拈云："隨波逐浪斷頭船。"

一橈兩橈不足貴,踏翻船子見宗風。
蘆花冷落秋江上,多少行人話此中。

頌①

金粟和尚問："臨濟道：一句中具三玄,一玄中具三要。三要三玄即且置,如何是一句？"師答云："雪寒江水冱,此是第一句。"復頌云：

團也團不圓,劈也劈不破,滾到牛角尖,無舌舌頭大。
深深深處,絕古路。若不行,是門戶；若要行,子非父。
問取和尚道一句！②

粟又問："汾陽道三玄三要事難分,如何是難分處？"師以頌答之：

若落難分處,顢頇未足談。若還分得是,依舊隔千山。
意與言,請過關。得而忘,是何顏？
粘頭綴尾倒翻掀,大雪滿吳天。③

答金粟染深青牯牛頌④

自從鼻孔不通風,水草尋常臥潤東。

---

① 本卷之《頌》可見於《三峰藏和尚語錄・頌古》卷十的古則者,本書不再贅注《三峰藏和尚語錄》出處,新文豐版《嘉興藏》(34),頁 174 中—175 中,僅注解標記《三峰藏和尚語錄》無收之頌古,或文字歧異者。

② 此頌《三峰藏和尚語錄》無收。

③ 此頌《三峰藏和尚語錄》無收。

④ 《三峰藏和尚語錄・頌古》(B299)作《答金粟和尚夢深青牯牛頌》,新文豐版《嘉興藏》(34),頁 174 中。

露地不知毛色變,只緣身在蔚藍中。

又

分明蹄角下潙山,鼻底無繩過石田。
童子經春尋不見,草深毛色染蒼烟。

又

掀翻犁耙去悠悠,從此無人更可收。
白日亂峰堆裏臥,儼然苔石出雲頭。

又答景公①

不須紫氣預先浮,直透函關尹莫留。
去後不知踪迹事,沙河千古向東流。

又答慈公②

鼻無橫木草芊芊,溪色山光透染眠。
聞説大車門外駐,九逵隨步起風烟。

菩提樹狗子佛性百丈野狐總論

雙趺昔日示金棺,結得兒孫世世冤。

---

① 此頌《三峰藏和尚語録》無收。
② 此頌《三峰藏和尚語録》無收。

能秀趙州兼百丈,叢林千古訟聲喧。

又①

達磨不識趙州無,首山汝會也塗糊。
鐵打虛空聲嗶嗶,師姑端的有親夫。

又②

指天指地有來繇,托出雙趺最後頭。
滅却瞎驢臨濟眼,千江萬嶂至今愁。

六祖不思善不思惡正與麼時頌③

崑崙劈破金剛際,直下陰寒黑漆地。
低頭欲視眼不開,一道長風連發嚏。

南泉一枝花④

長天一色水如銀,爲向微茫一問津。
洪浪拍天橈舵失,黑風飄鼓夜無垠。

---

① 此頌《三峰藏和尚語録》無收。
② 此頌《三峰藏和尚語録》無收。
③ 此頌《三峰藏和尚語録》無收。
④ 此頌《三峰藏和尚語録》無收。

南泉不是心不是佛不是物是個甚麼

對面脫却襯生衫,鼕鼕搗動漁陽鼓。
可憐後代不知音,猶問當年賦鸚鵡。

睡中主① 和雪嶠

怪汝通身墮爛泥,喫瓔珞粥問何伊?
果然透得睡中主,折殺東坡折鼻師。

又②

枕頭落地起清風,正是當人睡主翁。
千劫夢回無復有,錯來何啻五年工?

睡中主 和雲門

一聲枕子喚不起,亘古長年在睡裏。
烟消火歇瓦罐香,咄!元來瓔珞粥就是你!

不許夜行投明須到

雷聲隱隱隔前山,漲水平添過澗灣。

---
① 此頌《三峰藏和尚語錄》無收。
② 此頌《三峰藏和尚語錄》無收。

自是漁郎舟纜穩,夕陽高臥釣絲乾。

又

兩關難透虎交牙,擬得相應正落差。
鐵壁銀山齊打過,回頭還是舊生涯。

闍黎老僧

問聲未絶得人憎,拂子拈來撼眼睛。
饒君縱是超群客,也向闍黎覓老僧。

般若無知無所不知

雙角拏雲兩脚矬①,脅邊橫口瀉懸河。
百花枝上春何處? 一夜東風自哩囉。

又

楚楚千峰露寶刀,松聲且莫逞英豪。
老僧不識貍奴面,抱取獅兒弄作貓。

和鏡新五陰頌

一片空雲抹太虛,雲銷華月正如如。

---

① 《三峰藏和尚語錄》(J. B299)作"雙手拏雲兩脚矬",新文豐版《嘉興藏》(34),頁174下。

請從月落夜深睡,拈出當人第一機。

又

何處寒山落鏡中?明明點出若重重。
這回撲破青銅塊,一任芙蓉削太空。

又

月光豈是弄波紋,波月相交自起痕。
照盡月明非有意,不妨波月兩多情。

又

水本不流因岸見,岸忘見絕自滔滔。
知他流到住頭處,不出東瀛這一毫。

又

百萬強魔因有主,主人消去任魔來。
當陽一劍兩頭截,放下吹毛何快哉!

又

自從打破桶篐子,依舊分明漆一團。
漆到放光光照處,向君拋出舊篐○!

南泉斬猫

猫兒豈讓兩堂僧？自慚臨機憤一聲。
不獨南泉刀段段，趙州應棄草鞋行。

又①

旌旗揮動殺聲高，誰敢橫矛喝霸橋？
破却草鞋無用處，着來頭上建功勞。

一色邊

雪滿空江月在天，鷺鷥拳脚縮頭眠。
盡情撲得西風去，只在寒蘆凍草邊。

宗旨頌

攣脚硬手，有嘴無口。
頭尖如鑽，尾大如斗。
若人撥着，和身筋斗。

圓伊頌②

一個氣毬三處打，縱橫上下任渠抛。

---

① 此頌《三峰藏和尚語錄》無收。
② 此頌《三峰藏和尚語錄》無收。

兒童戲罷方沉睡，月白風清夜寂寥。

首山新婦騎驢頌①

七顛八倒，耄童幼老。撞壁推車，雷轟電掃。
舌大如鎚吐鐵丸，月中兔把秋空搗。
六月霜寒太早，恰纔雨過晴光好！

如何是佛麻三斤頌②

披披拂拂亂如何？理得過來結轉多。
輸是東村黃大嫂，織成全不犯機梭。

答德中竹篦子頌③

畫得神龍甲鬣成，風雲冉冉爪邊生。
只因點染雙睛就，爲雨爲雷過太清。

佛祖爪牙頌

晚年平地起干戈，暴雨顛風卷薜蘿。
夜半車聲千處歇，打斜松月挂天河。

---

① 此頌《三峰藏和尚語錄》無收。
② 此頌《三峰藏和尚語錄》無收。
③ 此頌《三峰藏和尚語錄》無收。

船子公案頌①

月彎無線絕縱繇,掣掣獰龍便轉頭。
投却釣竿舟覆後,西風兩岸白蘋秋。

亡僧頌②

也無面前,也無背後。乾眼髑髏,一場逗漏。

答雲怡青州衫頌

青州吐出舌頭乾,移得愚山對面安。
枯骨呷羹從自嚥,美齋不中飽人餐。

又③

布衫一句得人憎,自古《楞伽》不可登。
春至好花能解語,壓人閒殺坐中僧。

答雲怡三頓棒頌

起倒通身入井泉,一時三頓肋邊拳。
阮郎莫向車窮哭,一鶴冲雲出九天。

---

① 此頌《三峰藏和尚語錄》無收。
② 此頌《三峰藏和尚語錄》無收。
③ 此頌《三峰藏和尚語錄》無收。

答聞修竹篦頌

鐵門誰道雙關緊？指點分明寫唵吽。
不用如來廣長舌，等閒消盡破晴空。

又①

身在山中不出山，臥雲眠石不須攀。
偶然齁鼾一聲發，零落虛空幾過關？

有句無句公案頌

河源清濁分還一，到海通身忽地乾。
卷入沃焦山腳底，鐵圍大小火成團。

又②

一聲哮吼便拋去，抬頭不見三秋仁。
尋着和秋又見拋，如今解把毬兒戲。

又答居實

昨夜泥牛入海深，無消息處忽耕春。

---

① 此頌《三峰藏和尚語錄》無收。
② 此頌《三峰藏和尚語錄》無收。

誰將五彩畫頭角？夢裏一犁花柳新。

又示無遮

玉真相別出天台，七世兒孫反見猜。

從此無聊入山去，洞門不類昔時開。

又示森如

如何是佛？乾〔屎〕橛。舌頭大，面頰赤，秤錘落地活鱍鱍。

打碎磚，向汝説，有句無句交如織。織得密，微塵羅不出。忽然失。

半夜落潭月，從頭起更歇，虛空卷作鐵，方是實。

牢束三條篾，依舊斧用鈯，非舊日。

三生劫，頭難出，莫將馬糞空拈掇。

咄！跌！龍頭蛇尾相蟠結。乾〔屎〕橛！

雲門三句頌　示王夫人①

　　函盖乾坤句。　　著云："百莖蒼草着黄韜。"②

木毬抛出向人看，輥輥如珠不在盤。

爲問毬中真切意，殼堅飛出鳳凰翰。

　　截斷衆流句。　　著云："西湖堤上馬蹄聲。"

---

① 《三峰藏和尚語録》(J. B299)作"示王夫人濟炳"，而且漢月之"著云"皆無收，新文豐版《嘉興藏》(34)，頁 175 中。

② 以下古則後之"著云"，皆爲漢月之夾注，但《三峰藏和尚語録》皆缺，本書以楷體小字和上下空格表示，下不贅注。

三峽奔流上界來,誰携千嶂絕天開?
舟人錯認橫江霧,落盡征帆睥睨猜。

　　隨波逐浪句。　　著云:"澗邊春雨碧桃花。"
隱顯波濤半淺深,不濡涓滴任浮沉。
千溪萬壑從茲竭,猶向空江着意尋。

　　三句總。①　　著云:"袖中拋出木毬兒。"
口中無舌語方親,破盡虛空不着塵。
兩眼只看雲漢遠,應機千説不逢人。

又

黃金鎧甲杵千斤,法會何曾不現身?
賢劫盡時應紹位,只緣今古是童真。

　　達音居士入山,參竹篦子話。一夕夢觀音大士問曰:"會麼?"師云:"盡情拈向汝面前了也!"士答曰:"不會!"師云:"將大士劈脊一棒,藏身無地,阿骨嚕!"大士曰:"道在目前,目前非道。"師云:"鈎鎖玉連環,全身爲拋出。"頌曰:

一問如開八陣圖,答云不會鼓承桴。
若還未透重重示,拈出將軍肘後符。②

---

① 《三峰藏和尚語録》(J. B299)作"總頌",新文豐版《嘉興藏》(34),頁 175 中。
② 此頌《三峰藏和尚語録》無收。

鄧尉山天壽聖恩寺三峰藏禪師語錄 卷之二十八

嗣法門人弘成、弘致、弘乘、弘證、弘徹

弘垣、弘璧、弘鴻、弘禮、弘儲

弘銛、弘忍，受法弟子惲日初同編

學人周祇、蔡懋德、劉道貞、顧棻

馮貢、梁于涘、顧杲、蔣秋皎

偈①

參禪四十偈②

示初上人

喚得喚不得，凡聖路頭窄。大地與虛空，萬象難名色。

---

① 本卷之《偈》可見於《三峰藏和尚語錄·雜偈》(J. B299)卷十二者，本書不再贅注《三峰藏和尚語錄》出處，新文豐版《嘉興藏》(34)，頁 180 下—181 中，僅注解標記《三峰藏和尚語錄》無收之偈，或文字歧異者。

② 同於《於密滲參禪諸偈》和《三峰藏和尚語錄》(J. B299)卷十二之《參禪四十偈》，新文豐版《嘉興藏》(34)，頁 183 中—184 下，故不重錄，點校本可見於拙著《漢月法藏禪師珍稀文獻輯注初編》。

此身及此心,本性與神識。件件皆兩頭,竹篦無別則。
當機拶着時,翻空打霹靂。電影猶未收,驟雨掀天黑。
更有那邊句,九龍山色碧。迴看經教中,句句有法式。
無實復無虛,離即交如織。雙雙鳥去時,水天秋脉脉。
更看機先事,如何而可即？早晨方粥罷,又要接禪客。
咦！

大定偈

大定無定,情根無性。將情遣情,鉢盂安柄。
無定定大,無性性有。無定無性,性定不守。
全體那伽,隨事機宜。雲生古澗,月落空池。
君今有情,只緣有定。一句不了,莫管動靜。
隨波起落,與事低昂。阿阿呵呵,任運行藏。
驢事馬事,罵鹿驚獐。一總抹殺,不用商量。
昨日今日,幾迴飯喫？問我大定,雨落地濕。

偈二首

提起如熱鐵,森羅萬象皆崩裂。從教獅子王,也須坐斷舌。
不是心,不是佛,不是物,甚麼與麼太親切。
如何若何沒交涉,若不如何墮虛豁。
不是空,不是有,離却四句句中走。
句中句外絕羅籠,粉碎囫圇吞一口。
口吞吞口兩難判,盡力道來道一半。
一齊拋入毒龍湫,瞥眼風雷破宵漢。
更有雲收雨霽時,誰敢回頭正眼看？

觸着便提起,兩個石虎没頭尾。
有時齊放下,處處箭鋒相共抵。
亦不是造作,亦不是法爾,一滴普潤三千雨。
若人徹悟即成迷,會與不會總不許。
蒼天!蒼天!可悲痛,槌胸頓足成何用?
獨有山儂柱杖閒,壁頭高倚無人動。

平生寶愛都拋棄,徹底貧來貧亦廢。
匣中劍去光怪銷,一時喪盡英雄氣。
風流心,苦滋味,嘗遍人間無説處。
娥皇哭斷竹痕鮮,孫登嘯罷松聲沸。
水上葫蘆空裏絮,一生去住無拘繫。
横吹短笛豎吹簫,月水烟山恣遊戲。
呵!呵!呵!驀直去!大家鼻孔都向地。

示　衆

鳥窠吹布毛,侍者當下悟。請問布毛間,畢竟何分付?
有付成剩法,無付是絶路。兩是兩不是,東盻復西顧。
收起玄玄思,打開木木肚。中間直領去,了然尊貴墮。
倒却刹竿,拈起優鉢。
百丈挂拂,臨濟六十。
一一看來,都是敗缺。
山僧忍俊不禁,瑣瑣與君細説。
咦!更知三日耳聾人,會取稍頭這一喝。

示 果 道 人

凡聖路頭窄，有力用不得。用此無用力，此力非心識。
心識到絕處，自然有消息。如何又若何，參天起荊棘。
出言落有無，舉心動偏側。所以年復年，坐久蘊胸臆。
此法不真了，悟處即外道。貴乎有師承，尋師莫草草。
工夫只如此，一踏了終始。請看水潦翁，呵呵笑不止。
笑若止，前山後山，烟色紫靆。

示 净 心 居 士

擲個蒲團坐面門，虛空撚出鐵囫圇。
翻身倒向人前看，郭外梅花楊柳邨。

又

〔劈〕①面輪槌莫放輕，沸湯鍋裏萬年冰。
當陽更有通宵路，剃髮爲翁帶髮僧。

又

目前萬事總干休，推出明州布袋收。
十字街頭親放下，揶揄童子鬧春秋。

---

① 底本作"瞥"，筆者依《三峰藏和尚語錄》(J. B299)改作"劈"，新文豐版《嘉興藏》(34)，頁181上。

示懷上人

睡裏日頭俱是夢,會來一喝露山河。
泥牛入海無消息,窗外梅花春幾多?

閉　關①

突然閉關期百日,大衆無聞我無説。
惟有堂前木聖僧,嘻嘻笑我多饒舌。
氈拍板,竹杖笛,太平曲調無人識。
夢裏雷聲透頂門,直至如今響不徹。
響得徹,森羅盡和陽春雪。咄!

睡　中②

睡中消息實難思,碧眼黃頭也不知。
日落晚霞飛盡後,水乾秋月未來時。
峰前霜冷猿歸穴,屋外松高鶴立枝。
不用殷勤深問主,方床三尺石頭揩。

睡　起③

夜來正睡熟,冥寂思議絶。蕉桐怒雨疾,特地便呈出。

---

① 此頌《三峰藏和尚語録》無收。
② 此頌《三峰藏和尚語録》無收。
③ 此頌《三峰藏和尚語録》無收。

如彼作家見，棒喝相縱奪。少焉風雨過，窗虛逗山月。
蒸蒸陰霧發，漠漠石雲没。雨聲與月色，二俱不可得。
曉昧復沉沉，依然無事窟。〔翻〕①身跳下床，開户見晴日。

歇念偈與桃源澗長老②

未生一念時，汪汪湛空水。及乎念既生，此念亦無始。
前念續後念，紛紛涉生死。若以念滅念，浪催浪不止。
不知念本空，起亦何有爾？虛空生把捉，把捉翻爲病。
畏影欲趨避，勞形徒自競。若知身本空，見影即非影。
聞爾身心閒，群動皆歸靜。劈頭便放下，不管念不念。
但看未生時，何須着力辯？此是大明咒，別無巧方便。
咦！桃源固是秦人地，莫向桃源更避秦。

示斐上人③

參禪先擇人，貴無凡聖心。二心絕中邊，一曲無弦琴。
猛地忽彈着，處處皆玄音。三心既斷絕，參情片片血。
在萬法頭邊，最苦無門入。忽然劈頭來，驀地叫冤苦。
回頭轉腦間，遍地皆猛虎。拈出栗棒，七尺過顛顙。
棒棒血迸流，不知罰與賞。翻身轉過來，那邊誠浩哉！
這邊與那邊，俯仰空徘徊。識得自然切，突出難遮藏。
但用憤然力，不用巧張皇。大地虛空消，廓然見心王。
心王果何物？柏子覆高堂。一一呈似人，廚庫與僧房。

---

① 原文獻作"番"，本書依文意改作"翻"。
② 此頌《三峰藏和尚語録》無收。
③ 此頌《三峰藏和尚語録》無收。

若更道如何，一百重光㮝。嗚呼！噫嘻兮！山茫茫。

示淨禪人

開口打折你驢腰，謾道一箭落雙鵰。

無言瀝出你脊血，那許殘春瘄百舌。

中不立一，二已絕邊。竹篦子話，兩劍截天。

速道！速道！栗棘金圈。

咦！直饒絕影馳千里，更有珊瑚一百鞭。

示學者

不生一念還成念，脱體無依未到家。

截斷意根敲碎骨，水流千樹碧桃花。

逐虎牛①

足按孤峰骨力全，崢嶸頭角鼻撩天。

自從逐盡深山虎，只管呴呴露地眠。

閒牛②

一入青山竟不歸，野牛隨處得忘機。

從今脱盡皮毛去，澗水盈盈春草肥。

---

① 此頌《三峰藏和尚語録》無收。
② 此頌《三峰藏和尚語録》無收。

飯　　後

自拈自放犀牛扇,誰脱誰穿臭鶻衫?
飯飽不知饑後事,杖攜隨處看松杉。

信心偈示道圓

自心本無心,無心何所信? 信所信不及,道向無心進。
故知道非道,壁立千萬仞。此心寧有無? 此心豈逆順?
屹然無縫塔,虛空了無釁。兩頭不可得,突爾契空印。
回看入世情,九逵驟神駿。又如六龍舞,如師子奮迅。
大道本圓融,信之法始振。究竟心何物? 頂門忽雷震。

示心田居士①

心不可得,田何以名? 春雨一犁,破壁而耕。
石牛木人,用盡其力。扶犁赤腳,空中行立。
四畔無塍,中不犯稼。半夜放牛,只在山下。

示臺卿居士②

古頭無路,口似懸河。不屬五音,欸乃而歌。
歌聲遏雲,虛空亦碎。天上天下,獨尊靡對。

---

① 此頌《三峰藏和尚語錄》無收。
② 此頌《三峰藏和尚語錄》無收。

對此對者，兩箭拄空。冤家狹路，着着相逢。

吉祥偈示海公①

分明一束青青草，却把吉祥名相討。
連根拔向礱口推，水牯牛兒没饑飽。
道！道！道！山前山後春風早！𠙖

均上人施茶爲說此偈②

寒施薑湯暑施茶，當機着着有生涯。
若來撞着三峰老，毒藥逢人賣與他。

偶 來 居③

何物而偶？然非自來。非偶非來，居之不住。
帶挾故偶，偶結居頂。撞破頂結，没後獨露。
尾曳其輪，青山白雲。

示一默成首座

狐技乍呈影，狻猊掌已過。未聆風勁疾，但見血成河。
雙刃芒生電，全身耀滅磨。空中筋斗轉，密處再重科。
劍出鋒中銳，玄玄要復羅。直提尖處用，放手合雙柯。

---

① 此頌《三峰藏和尚語録》無收。
② 此頌《三峰藏和尚語録》無收。
③ 此頌《三峰藏和尚語録》無收。

問着先潛迹,青龍向後拖。葫蘆谷口斷,星火徹天多。
互換機難測,縱橫紗佛魔。從來獅子睡,牙爪豈干戈?

示繼起儲上座①

有一句,桃萬樹,水底樓臺僧所住,此際無人去。
博浪鎚,萬斤重,水上浮沉一齊涌。
浪花飛劈破水,龍奮雷轟迸天起。

示　學　者

四大五蘊都放徹,一個話頭如鐵橛。
着衣喫飯總不知,起止隨人過白日。
萬法冰消一不存,急難歸處務歸根。
銀山鐵壁千萬丈,退無行路進無門。
努力懸崖絕攀攬,千躋萬躡盡情捯。
忽然捯入太虛空,地裂山崩破心膽。
回頭不覺夢醒來,水綠山青絕點埃。
指點東風向人道,一年一度百花開。
解開腰帶放心睡,起來闖入牛羊隊。
世上爭看癡倒人,問着全無一件會。
工夫不熟不肯休,切莫勞勞着意修。
金到鑛無千煉火,世情深處絕馳求。
道人密行不可測,祖佛相逢都不識。
獨有山前石一堆,平生伎倆頗相敵。

---

① 此頌《三峰藏和尚語錄》無收。

興雲布雨閒家具,爭似臺山驀直去?
問我工夫却與麼,曉鸎啼斷花千樹。

答戀存居士

一句未能乾到竭,尚留悟見死生心。
從今發猛竭將去,揚子江頭深更深。

又①

行行與句不相應,恰恰相應正屬情。
爐炭鑊湯雷樣動,盡情相敵事難成。

又

任病應知觸處多,用心解釋落如何。
叨叨說到最佳處,長舌東鄰有老婆。

又

道人三業貴須清,切莫清邊認是能。
爲要莫能翻做濁,看來只是可憐生。

---

① 此頌《三峰藏和尚語錄》無收。

示休禪人

下手須絕路,路絕如懸崖。手足不可攬,憑空用力捱。
用力無用處,不得寬徘徊。譬諸無翼鳥,直奮虛空來。
忽然失腳時,平地翻風雷。虛空俱粉碎,回身若嬰孩。
切勿此中坐,潔淨成塵埃。直明向上句,透脫亡悟胎。
不入玄鈔奧,直截翻爲災。得法法亦亡,火盡飛空灰。
方知主中主,何用更相猜?目前山色好,晴光濕綠苔。
冷披襤衫衣,醉倒麯糱壘。有時臥繩床,有時橫土街。
生則隨時過,死則當處埋。大開兩道眉,一任兒推排。
問我總不知,相對笑哈哈。原知空肚裏,到處有清齋。

示慧峰上人[1]

峰頂源源迸乳泉,無心恰好到長安。
那知脈脈西來意,得爾東流入海寬。

參禪偈示弟子[2]

萬法歸一,一歸何處?一個話頭,把絕義路。
越參越難,金剛堅固。忙裏閙裏,處處研捕。
忽然截斷,廓然露布。青州衫子,非新非故。
處處倒拈,截流而渡。此是菩薩,大方闊步。

---

[1] 此頌《三峰藏和尚語錄》無收。
[2] 此篇同於《三峰藏和尚語錄》(J. B299)《示禪子》,新文豐版《嘉興藏》(34),頁181下。

佛頂上行,爲法王父。名之曰祖,皆從此悟。

若人信者,便好參去!

答嚴居士子山　　附來問①

問:"日者狂風暴雨,足令人驚骨。大自在如師,幸有以誨我。附問公案一則:'毒龍湫風雷交作,泉大道大逞神通,慈明因甚竄入草際?'②"師以偈答之。

奮躍入龍湫,回身没荒草。一對孟八郎,相牽共潦倒。

只有北禪没興翁,漏床縮項夜到曉。

聞道大殿多年龍鰲頭,粉骨碎身直下了。

呵!呵!呵!好不好?古往今來三個老。

再　答　子　山③

謾道山前與水前,花呼鳥應豈其然。

踢翻向上還同下,打絶中間早落邊。

石角雲衣誰作主?竹梢蓮蕊自相緣。

冷灰信手添檀麝,橫絶紗窗一穗烟。

---

①　此頌《三峰藏和尚語録》無收。

②　《指月録》(X. 1578)記:大道谷泉(985—1056)因秋天暑熱,解衣躍入有毒龍蟄伏的山湫;石霜楚圓慈明(986—1039)爲從學於汾陽善昭(940—1023),遂易衣竄名火隊中,露眠草宿,參《卍新纂續藏經》(83),頁 663 上,658 中。

③　此頌《三峰藏和尚語録》無收。

又①

青山長在石湖前，萬樹桃花帶雨然。
樵路縈紆荒寺裏，釣舟輕薄古磯邊。
分波得水鐺間事，卷幔看霞枕上緣。
透濕松枝無積火，幾回吹出嘴頭烟。

又②

個個看山腳會前，行行那道不相然。
飛松勢落傾崖側，躍水聲來窾石邊。
波湛作身誰是影？花明爲目我翻緣。
一般嘯傲東風外，幾度徜徉日暮烟。

又③

不學尋常五味禪，馬師無喝爲君傳。
月輪沉島白生後，電影銷空金現前。
行盡盡時方着脚，睡深深處逼先天。
一聲枕落方磚破，堂上青青佛火然。

---

① 此頌《三峰藏和尚語錄》無收。
② 此頌《三峰藏和尚語錄》無收。
③ 此頌《三峰藏和尚語錄》無收。

二月十九日①

堂中白椎響，報道觀音生。
大家有三昧，離却耳根聽。

---

① 此頌《三峰藏和尚語録》無收。

鄧尉山天壽聖恩寺三峰藏禪師語録　卷之二十九

嗣法門人弘成、弘致、弘乘、弘證、弘徹

弘垣、弘璧、弘鴻、弘禮、弘儲

弘銛、弘忍，受法弟子惲日初同編

學人周祇、蔡懋德、劉道貞、熊開元

馮贄、章日炌、金印榮、蔣秋較

偈①

返聞偈示素禪人②

聞不逐鐘，聽不關耳。一擊破空，木石非死。
返豈歸性？亦不住音。鐵壁銅關，轉入轉深。
嗶嗶落落，心難卜度。領之則失，不領亦縛。
太素絶色，以聲見之。見不及處，雷音普慈。

---

① 本卷之《偈》可見於《三峰藏和尚語録・雜偈》(J. B299)卷十二者，本書不再贅注《三峰藏和尚語録》出處，新文豐版《嘉興藏》(34)，頁 181 下—182 中，僅注解標記《三峰藏和尚語録》無收之偈，或文字歧異者。

② 此偈《三峰藏和尚語録》無收。

百丈既聾,真聞不滅。溈山齋鼓,香巖瓦礫。
爾不聽我,我不告汝。一對石人,面面相許。
素公！素公！好自參窮。鄧尉峰下,鐘落湖風。

示秀初居士

機先果何物？山月冷中宵。野鶴夢未醒,秋風自蕭蕭。
枕頭忽撲落,打破方磚角。拈起破沙盆,千峰活卓卓。
倒轉旗與鎗,泥牛鬥入洋。杳無踪迹處,風浪卷泥漿。
崩騰不可即,龍珠競全得。了手不足忙,起處誰知勒？
讓盡復全擒,三山并六岑。高上須彌頂,直下定拚身。
句裏重爲主,雙雙兩兩竪。突然頂上來,鐵丸迸如虎。
惟此一事實,撥着便拈出。不用啓明光,處處抛紅日。

示北禪長老

斷腸只在一聲猿,三峽曾過淚始乾。
莫向瞿塘最深處,棄船取水下洪湍。

示某居士①

群龍無首兀騰騰,現躍飛潛有未曾。
不是通身都打過,如何恰與象先冥？

---

① 此偈《三峰藏和尚語錄》無收。

又①

十年打水不成渾，撲破嬋娟又囫圇。

抹過明夷爻上六，文王箕子共黃昏。

示金山印上人

印泥印水印虛空，一點金山浩渺中。

獨有當陽無印處，南詢更向海門東。

示伊圓上人

一點不獨，二點不并；同起同落，合三非定。

從左看右，以偏奪正；從右看左，臣將君敬。

頂門獨朗，何處握柄？琉璃殿中，苔荒夜靜。

兩板門開，森羅圓映；一齊推上，大千齊瞑。

豎目亞面，見非凡聖；三星照天，是何心行？

咄！山樹拖雲，石堂流磬。

答竹庵關主②

不因屎臭誰甘死？死臭猶存未了期。

縱了髑髏枯眼在，古墳堆上鬼凄其。

---

① 此偈《三峰藏和尚語錄》無收。
② 此偈《三峰藏和尚語錄》無收。

又

西出陽關淚轉乾，千重萬叠險峰寒。
只因剛折一枝柳，回首聽歌鼻欲酸。

又

長蛇卷尾不知頭，炮火光中敵國愁。
江上石堆留古陣，問君端的要相酬。

又

影旗搖動鼓聲高，八陣圖開不用刀。
陸遜縱令先主敗，亂砂飛處豈能逃？

又①

亂香鋪地撒梅花，一任東風自作家。
冷地也知蜂蝶杳，一林疏樹謾啼鴉。

示樓道人②

一花一香，信手拈出。不但供養，親見本佛。

---

① 此偈《三峰藏和尚語錄》無收。
② 此偈《三峰藏和尚語錄》無收。

本佛如金剛,心性俱消亡。供養者誰子？法法威音王。

示素衲居士

祖意不可得,得意皆非意。明明百草頭,夜來八萬偈。
會得便快活,不會即參去。拈出竹箆子,個中無擬議。
口縫剛欲開,霹靂虛空至。千佛出頭來,也應無立處。
三問復三打,請問舊臨濟。放開一線道,雨後山澄霽。
咦！

示熊明府漁山

見離見見,見不能及。不及之見,如提三尺。
我尚不有,何況佛為？太湖白白,新竹離離。

又

雙眸開闔,非明非暗。額上豎亞,超此獨斷。
頂心心佛,佛不可到。無光之光,黑且至耀。

又

道可見者,心言之餘。見此不見,雷破空虛。
觸着便燒,山崩空裂。毘盧頂上,有腳不立。

又

心之與性,不可點着。火不容蠅,水不容爥。
一劍當軒,魔佛不前。舌頭不到,蒼天!蒼天!

答許定宇冏卿

踏翻地獄與天堂,蜆子林公一樣狂。
信手虛空輕畫破,紙爐今日又回陽。

示陳居士①

漫天匝地問將來,倒岳傾湫爲君注。
一具簑衣短钁頭,繞溪都種紫苗芋。
問我注處云如何,舌乾口燥分明句。
覿面宮墻黑夜呼,礔磚嚗嚗曾無數。
一回劈面倒打來,方知前句無差誤。
翻身拍手笑呵呵!抬頭月在梧桐樹。
始來舌燥是水流,白浪掀天龍起霧。
德音不在玅高峰,別山相見能迴互。
有時狂言不假口,有時一嘿從頭訴。
泥牛吼月耕海濤,鐵鶴翻風通古路。
從來那事不用知,身上衣垂五尺布。
捷疾摩霄秋晚鷹,誰敢機前走狐兔?

---

① 此偈《三峰藏和尚語錄》無收。

更有春陽鷹化鳩，百花開處風和煦。

道人睡熟揩眼開，自在天生末後步。

末後步，前溪日落千山暮。

與禪友論公案不契①

三聖何孤大覺瞪？算來興化較些些。

而今拈出人前看，會作當機亂撒沙。

又

兩家一喝便憐懼，舉起〔翻〕②疑更什麼？

濟上宗風千古恨，重生守廓奈如何？

又

迅捷機鋒老行婆，人人解道不如他。

最憐澄一埋荒草，哭斷蒼天恨轉多。

又

生未生時亂若麻，頌前頌後轉紛拏。

子規徹夜聲啼血，喚不回頭也大差。

---

① 《三峰藏和尚語錄》(J. B299)僅作《與禪人》，新文豐版《嘉興藏》(34)，頁182下。

② 原文獻作"番"，本書依《三峰藏和尚語錄》(J. B299)改作"翻"，新文豐版《嘉興藏》(34)，頁182下。

示中興禪人

鐵牛機下印文重，合合開開不可動。
雙金銷盡突然來，八角火輪空裏縱。
東擲西拋帶影翻，紛紛沓沓亂深山。
五雲屯處不可到，幾個曾經透此關？
難！難！難！大悲頂上碧螺巘。

送禪者之京口

鐵甕磯邊江水聲，聲聲喚道起參情。
誰拈一粒金山小？刺破長江到底明。

豫林問機前與機及當機機後并後句師答以偈①

二月未盡春猶寒，薄羅爲衣竹爲冠。
半窗花影數聲鳥，獨自倚闌隨聽觀。
傍人忽指花鳥春，折花當檻付來人。
得花人去我欲睡，不管窗前柳絲翠。
咦！一聲鼻息驚燕飛，觸落碧桃紅雨碎。

火蓮偈②

火中有蓮花，燁燁不焦壞。花中有主人，兀兀常自在。

---

① 此偈《三峰藏和尚語録》無收。
② 此偈《三峰藏和尚語録》無收。

祇緣火性空，直透威音外。此是蓮花根，處淤不染帶。
空性既是我，用火亦何害？百煉見真金，瓶盤非別派。
造化在掌中，居塵出恩愛。但觀火性玅，真修入良解。

示還拙上人①

萬法與萬事，只在口開處。劈頭一問來，輥出金剛鎚。
眼中不着楔，攔路與一喝。破盡烏砂盆，蕩入大洋心。
重新更提起，和頭連却尾。夢裏度千山，白雲松影間。
到此不肯住，榔栗橫擔去。踏翻朱涇舟，伸出性空頭。
江渾不見底，魚龍逐雷起。三級浪頭翻，方盡竹篦關。
回頭細細入，粒粒四分一。直至最上頭，放出百千牛。
參！

示居士讀《法華經》②

《法華》那句是真經？七卷從頭到尾停。
一字一圈金櫟棘，滿園春草舌根青。

又

是法從來示不得，拈出火團燒四壁。
于中一猛忽推排，要問此門何處出？

---

① 此偈《三峰藏和尚語錄》無收。
② 《三峰藏和尚語錄·雜偈》(J. B299)作《示讀法華經居士》，新文豐版《嘉興藏》(34)，頁182下。

示覺宗上人

高提法印作提綱，寶月寥寥出上方。
爲問印文無曲處，儼然空水有文章。

示　學　者①

萬法歸一，一歸何處？四火燒來，藏身無地。
青州布衫，謂重七斤。腿彎彎處，脚要伸伸。
兩個水牛，劈頭撞着。同入海洋，化濤崩躍。
風雨滿天，無處放船。稍人好手，突霧衝烟。
換主換賓，何須着眼？握得靈符，天迴地轉。
只明一句，出匣金剛。藏頭卷尾，猛火沸湯。
隨機用去，佛祖彷徨。喝一喝！

示瑞之居士

斷山截水好商量，到此須知轉處長。
拈取斷山還截水，自身山水一時忘。

示劉居士

不力的丁短，當郎廬練零。舌頭三尺杵，拈出向君聽。
華梵通禪咒，心言出死生。西來果何意？村外杏花明。

---

① 此偈《三峰藏和尚語錄》無收。

示朗契禪人　　名宗鏡①

宗無影相，照不到處。此中印文，空水不住。
毫髮不爽，萬象一句。
香在梅花第幾枝？池塘夜水和春貯。

示雪巢禪人

千嶺無從下脚處，一巢何地覓寒松？
肯于直下翻長翮，踏破瀰天大雪空。

示　衆

的的秋花祖意新，夜來雨過濕朱唇。
分明一句無言法，説與無聞聽轉新。

示魚山居士

人似飄蓬日轉丸，一求落處便生端。
魚龍莫厭通身水，行得風雷不用乾。

題果證子遺筆　　并序

果證子者，惲居士仲詒之仲子也。幼即茹素，聰穎善屬文，自言嘗憶

---

① 《三峰藏和尚語録・雜偈》(J. B299)作《示宗鏡禪人》，新文豐版《嘉興藏》(34)，頁183上。

山中參禪習靜事,以華嚴會功德未完,非早出家,即當謝去,緣父母未能即捨,乃脫然告訣焉,時年甫十五歲也。見其留稿,有《西方贊》、《參禪散言》、《勸人念佛》、《西江月弔屈子詩》及《幽思賦》,頗有出塵之韻,惜其不得親見作家,爲之一點作百丈、高峰一流人,以起臨濟今日也。因書數偈。

宿生靈骨此生心,石裏琴飄隔世音。
爨下若逢人撥着,定爲枯木裏龍吟。

又

百丈當年扭鼻時,與君一樣少年姿。
未明哭笑先回首,孤負人間馬大師。

又

屈原漁父兩俱非,鼓枻歌《騷》各自歸。
會取衝天一條路,死生門户即禪機。

彎穉居士因夢李侍御仲達請師説偈①

鑊湯爐炭真消息,鐵較銅床煨一番。
痛絶再甦如夢覺,這回踢倒鐵圍山。

---

① 此偈和以下三首於《三峰藏和尚語録》皆無收。《明史》列傳第一百六十四記吴鍾彎字彎穉,號霞舟,李仲達是爲李應昇,乃吴鍾彎弟子,天啓五年(1625)觸忤魏忠賢,上呈其七十二大罪後,罷官歸里,翌年(1626)遭東廠逮捕,被殺於獄中。後清兵至寧波,吴鍾彎慷慨謂人曰:"昔仲達死瑨禍,吾以諸生不得死。"後來亦自焚而死。

又

不因冤對不親嘗,劍樹刀山做一場。
夢裏緇衣何足問?冤家原即是親娘。

又

命根絕處即吾君,拱手垂衣不足論。
一片丹心肯皈向,世間無復有民人。

又

欣欣入夢故人思,有有無無兩絕之。
霎地城頭一聲鼓,依稀將及二更時。

示定宇居士

看到梅花月上時,個中何處更堪思?
若人問着休空放,帶月還須折一枝。

答居寶來問①

野鴨子,飛過去,不若扭鼻頭摸轉處。
哭復笑,展席復卷席,竪拂又挂拂,只道是極則,寧知少氣力?

---

① 此偈《三峰藏和尚語錄》無收。

連底凍來重結冰,方信捏空重如鐵。
準提菩薩說法手,十六執事盡呈醜。
唵！折隸主隸準提莎訶！惟有部嚙最端的。
米成水,變做臘八粥,人人喫却多生福。
更深睡後一聲鐘,地獄破除。
虛空翻覆,斛食先空後充足。
脚頭距定住山中,不管人人果枵腹。
頹然尊貴後句中,六六元來三十六。

豫林索如藤倚樹句示此①

盡力道不得,高山投特石。開口輕輕吐,當途踞雪虎。
伸伸脚,縮縮頭,有裏無裏也周繇。
靈龜背上毛千尺,歡處惇惶苦自優。
這邊那邊軟如綿,中間獨出吹毛尖。
攣攣手足皆如鐵,舌頭墮地鋒何銛？
腦後眼,見不見？一棚藤樹君須薦。

示童野魯居士　童野楚人久依覺來住②

纔沾心性不離心,隱隱猶從紗理尋。
何似劈開空一片,為君直剳頂門針。

---

① 此偈《三峰藏和尚語錄》無收。
② 《三峰藏和尚語錄·雜偈》(J. B299)此篇名只作《示童野魯居士》,新文豐版《嘉興藏》(34),頁182中。

又

橫刀躍馬輥冰花,直突重圍見作家。
忘却六韜三畧事,不須臨陣說囊沙。

偈 五 首

約得同心四五人,海山空處問空津。
了知一棒無餘事,拋出尋常鐵囫圇。

又

拶來未必落人機,別作生涯用處微。
纔欲若何波浪起,目前篙箭亂蝗飛。

又

八面風塵一喝消,幾人于此脫凡囂?
如今靠倒雲門老,不敢峕稱鑑咦高。

又

勒馬拖刀豈好心,入他機陷便應沈。
不如未得便宜處,背手先將慣賊擒。

又

不須全見已先完,誰把研槌尾上安?

及至喚來還罷去,野鴻天外一聲寒。

示孟卿居士

從來竿木戲逢場,古鏡何須點出光?

覿面與君深究竟,一株枯桂忽生香。

贊①

雲中牟尼大師像贊② 今生居士請

五雲影裏,優曇出現。中有牟尼,不從見見。

不見見者,復是阿誰?一朵優曇,在五雲堆。

主中問主,覿面相覩。今生今生,我即是汝。

復輝刺血寫佛像贊

舌未動時,針鋒先到。一鏃三關,佛光照耀。

---

① 本卷之《贊》可見於《三峰藏和尚語錄·真贊》卷十六者,本書不再贅注《三峰藏和尚語錄》出處,新文豐版《嘉興藏》(34),頁199中—200上,僅注解標記《三峰藏和尚語錄》無收之偈,或文字歧異者。

② 《三峰藏和尚語錄·真贊》(J. B299)作《雲中牟尼世尊像贊》,新文豐版《嘉興藏》(34),頁199下。

試問李君，筆落何處？佛在汝心，描摹無地。
二人一佛，一佛千億。我今贊嘆，本不識佛。

復輝刺血摹夢中佛像贊

讀誦《法華》，期見好相。夢中暫歇，佛現天上。
放光摩頂，身心快暢。印爾參禪，超度格量。
因之刺血，摹彼佛像。未索偈贊，三十柱杖！
咄哉復輝！跌破甕醬。

復密刺血圖普賢像贊

心血灑空，成六牙象。我即遍吉，惟行無上。
手注甘露，灌沃天壤。衆生霑者，盡脫羈鞅。
惟我衆生，即我心血。我血我心，及我遍吉。
一幅剡藤，非空非實。試問密公，如何是佛？
竭盡海流，雲門〔屎〕橛。

布袋和尚贊

我括其囊，師放下袋。豈曰同心？若契其概。
千古相逢笑未休，憨却肚皮艮其背。

觀音大士贊

聖流一入，坐斷古今。生滅滅已，空裏玄音。
仲尼擊磬，伯牙撫琴。迦葉起舞，誰曰無心？

南無觀音，返聞自聞。

又

音不可觀，水不受月。名觀世音，我復何説？
念觀音力，毒返本人。毒本人者，即毒觀音。
人音兩毒，萬事已足。大悲心中，全德全福。
作此説者，如月在水。南無觀音，我聞如是。

又

觀不可音，音則耳旋。音不可觀，觀則照返。
照返爲聽，耳旋爲見。聽見圓脱，音聞如電。
世出世間，大悲非緣。水乾月落，心境歷然。

又

竹風琅琅，吹笙鼓篁。
于此直薦，劃地超方。
觀此觀滅，如器中鍠。

又繡像贈水齋庵主

月本空輪，光從何發？水原無濕，波因何汨？
輪波兩空，光交水月。水月光中，一針一線。針線密處，大士出現。
水爲齋者，月是爾心，齋心空冷，百煉精金。
七十餘年，空月未午，大士水齋，共無今古。

又　繡　像

菩薩何在？在針鋒上。畧通一線，即見紗相。
頂葉垂垂，足花漾漾。自從耳根，豁開寶藏。
針針密密，如喝如棒。儼坐當陽，誰敢近傍？
咄！

血畫普賢像贊　與印公①

脚脚踏着，無非象步。頭頭恰好，正是普賢。
若道六牙六度，還須參取諸池玉女，絃歌聲裏曲調在。

文殊菩薩出山像贊

智不到處，智從何發？惟此一句，要問菩薩。
雙手擎拳，赤面青髪。嘿然不言，盡情相答。

初祖達磨大師贊

何太直？② 拶着便道："不識！"攪得風昏天月黑。
江之南，江之北，面壁九年非語嘿。賊！賊！賊！
怪你肯個覓心了不可得，悔我那時柱杖子不在側。
咄！

---

① 《三峰藏和尚語錄・真贊》(J. B299)作《血寫普賢像贊》，新文豐版《嘉興藏》(34)，頁 199 下。

② 《三峰藏和尚語錄・真贊》(J. B299)作"汝何太直"，新文豐版《嘉興藏》(34)，頁 199 下。

又

梁皇殿上容不得,五乳峰前不敢言。
有甚西來底消息?幾番服毒討熬煎。
咄!正好三十大棒,依舊趁往西天,一度春風過一年。

又

道個不識,臨井下石。打折門牙,冷地逢敵。
六翻用毒,先有祖師。何待西來?九年面壁。
咄!攜歸隻履此方安,省得生風攪八極。

又[1]

開口牙齒落,渡江壁相向。惹得後兒孫,動輒歸方丈。
咦!

又

冷坐無言,壓門深雪。父子相逢,通身是血。
此處承當,不勞多說。及乎再問安心,千古納交敗屈。
屈!屈!一隻皮鞋又重出!

---

[1] 此贊《三峰藏和尚語錄》無收。

又

乘興東來，受梁皇屈。擲葦便行，戰敗走脫。
收拾殘兵，止剩一鉢。孤錫琅琅，困頓深雪。
早等得人，一臂已失。今日兒孫氣始揚，傳來一刃逢人截。
咄！

又入室像

九年等待，捕賊捉賊。斷臂覓心，一朝獲得。
五乳峰前，千古法式。三鼓緩鳴，入室之則。
代不乏人，世起英特。插一瓣香，頓超百億。
關外重關，室中再劾。賊！賊！

高峰祖師贊[①]

濟十八傳，從師崛起。自唐及元，不遺宗旨。
骨聳巉巖，身橫獅子。慈明作畧，蓮花操履。
因師發心，徹師蘊底。誓振師宗，奈突不已。

金粟和尚真贊

棒頭迸血，面門秉鐵。不會向人，肉裏抽釘。倒與後昆，眼中着屑。
不得通，翻見結，千古萬古，此冤難雪。

----

① 此贊《三峰藏和尚語錄》無收。

直須投向火中，貴得惡形消滅。
擲！

自　　贊

七百年來臨濟，被人抹殺無地。
惟有這老禿奴，偏要替他出氣。
惹得天下野狐，一齊見影嗥吠。
不如自家打殺，便與劈脊一擊！
咦！幻生請。

鄧尉山天壽聖恩寺三峰藏禪師語録　卷之三十

嗣法門人弘成、弘致、弘乘、弘證、弘徹

弘垣、弘璧、弘鴻、弘禮、弘儲

弘銛、弘忍，受法弟子惲日初同編

學人周祗、蔡懋德、劉道貞、翁汝進

張瑋、馮惊、張岐然、蔣秋較

問　　答①

師在金粟座元寮中②。僧問："如何是金粟境？"師云："去水七曲八曲，來山一層兩層。""如何是境中人？"師云："破袈裟，烟色古，也曾赤脚行，也曾騎老虎。""如何是人中意？"師云："有時與你説些了，有時與你不説些子，你道説底是？不説底是？速道！速道！"便打！

一僧來禮拜，一僧傍問云："此地一名金粟，一名茶院，畢竟作麽？"語未竟，師云："這僧來禮拜你，你何不答？"僧回視，師便行。

---

① 本卷《問答》之内容，《三峰藏和尚語録》皆無收。
② 據《三峰藏和尚語録·三峰和尚年譜》(J. B299)所記，第一則與第二則應爲漢月52歲(1624)，拜會密雲於金粟之時，其餘問答應爲漢月開法或駐錫於其他寺院之時，如其中問答曾提及安隱寺和萬峰聖恩禪寺，新文豐版《嘉興藏》(34)，頁208上。

僧問："從上宗乘本是一個鼻孔，爲甚五家兒孫分宗立派？"師伸出一隻手，進云："如何是臨濟宗？"師云："赤火燒空。""如何是雲門宗？"師云："清風遍地。""如何是溈仰宗？"師云："兩個驢兒嘴對嘴。""如何是法眼宗？"師云："石頭土塊放光明。""如何是曹洞宗？"師云："黑白泥牛連索輥。"

雨中，僧問："未雨以前時如何？"師云："凍草帶殘雪，寒花夾野雲。"問："正雨時如何？"師云："陰陰烟霧裏，落落數家村。"問："忽然傾倒時如何？"師云："大江初漲白，孤嶼不停雲。"問："雨收雲散，又作麽生？"師云："芒鞋携短杖，隨意過橋東。"

師喚新侍者出，云："汝要參禪那？"侍云："是！"師云："立這邊着。"侍繞過，師云："不是！走那邊去！"侍過那邊，師云："爲甚隨人脚跟轉？"便打！又云："走過這邊來！"侍不動，師云："爲甚喚你不動？"便打！又云："走這邊來。"侍要行，師云："爲甚有走？有不走？"便打！

僧問："五祖云：'描不成，畫不就。'意旨如何？"①師云："鐵牛踞地，頭角嶒嶸。"進云："如何是'相隨來也'？"師云："踏倒蓮花，四蹄浮没。"僧禮拜，師云："雙龍入海無踪迹，雲雨滔天徹夜昏。"

僧無知到參，挾幅子周行作圓相，莊禮五拜。師問："發足何處？"云："南昌。"師云："曾到博山未？"云："曾到。"師云："到此何處挂搭？"云："在開元報國久矣。初六日，將往金粟，今日特來先見和尚，請和尚指示。"師云："博山則有，我這裏没有。"進云："大道遍滿，爲何和尚這裏没有？"師云："我此縱有，爭奈你無心。"僧無語。

---

① 此僧所問公案，參《大慧普覺禪師語錄》(T. 1998A)，《大正新修大藏經》(47)，頁883上—中。

師云:"若到金粟,未入門,先下一棒,汝又作麼生?"僧沉吟,師云:"汝早喫棒了也。"良久,師又云:"適纔五拜,那一拜無恭敬?"云:"不知。"師云:"恁麼則空拜也。"云:"待喫了茶,向和尚道。"師云:"又一棒了也。"僧禮拜起,從左便行,師擬杖攔左云:"沒處去!"隨向右行,師擬杖攔右云:"沒處去!"僧復從中作禮,師打五杖!作圓相,歸方丈。

師見蒼壁來,便擒住,繞堂倒推一轉,壁便喝!師低頭退走。萃宇來,師亦擒住,繞堂倒推一轉,壁向萃宇背後一喝!師又低頭退走。凈懷來,師亦擒住,繞堂倒推一轉,壁又從凈懷背後一喝!師復低頭退走。

師喚凈懷云:"汝何不問?"懷擬問,師痛打!又云:"汝何不道?"懷欲語,師又痛打!云:"道!道!"懷無語,師再打!後嚴居士聞之,問云:"如何祗對,即免得師手中棒?"師亦打!

錫山僧到參,問:"喚着竹篦則觸,不喚着竹篦則背,喚作甚麼?"師云:"昨夜翁仲與石大郎相鬥,打到你無錫西水關外,銅祖師堂下,判斷却是靈中靈,聖中聖。"進云:"意旨如何?"師云:"三個一齊下船,渡過西水關。一踏踏翻船子,大家一場敗缺!"

僧到參,師云:"不是心。"以手循蒲團,作圓相一分◗。又云:"不是佛。"作圓相二分◖。又云:"不是物。"作圓相三分◓。又于圓相中一點◉,云:"是甚麼?"復抹●,①云:"會麼?"僧云:"不會。"師云:"若道'此物惟心',他却又道'不是心';若道'世間相常住',他却又道'不是佛';若道'是個蒲團',他却道'不是物'。前二種是座主見解,後一種是凡夫見解,除却二見,且道是什麼?"僧罔措。

---

① "●"代表抹去圓相。

又云："上座！今日從楊公祠起身是否？"答云："是！"師云："是甚麼？"又問："從常熟城裏過來否？"答云："是！"師云："是甚麼？"又云："出北門見山、見水、見人、見屋、見田、見樹，乃至見我山門，進來見佛、見僧，今日覿面相見，是你是我，乃至山河大地，日月星辰，所見所聞，所思所解，畢竟是個什麼？"答云："不會！"師云："不會，好參去！"僧作禮，師云："是什麼？"僧因求住焉，師云："我這裏要參底禪，不要坐底禪，與我領功課，向魚子頭上看去！"僧："唯！唯！"

僧問："如何是金烏吞玉兔？"師云："同心帶子鶩腰纏。""如何是癩馬繫枯椿？"師云："鈎鎖玉連環。""如何是一冬燒不盡？"師云："諸人抬不起。""如何是石虎當途踞？"師便打！"如何是龍頭蛇尾？"師擊柱杖頭尾！"如何是鋼刀雖快，不斬無罪之人？"師擲下柱杖！僧禮拜，拾還柱杖，師云："豈不是馬糞？"

僧問："六門不閉，一劍當軒……"語未竟，師以棒喝齊行！進云："作麼生？"師又棒喝齊行！僧擬再進，師喝兩喝！連打兩棒！進云："除却棒喝，還有麼？"師云："你問頭也忘記了。"進云："如何是問？"師云："雙劍當空。""如何是答？"師云："一箭破的！"

僧問："南泉斬貓……"語未竟，師以柱杖撐！云："甚麼要緊？"進云："趙州頂草鞋，意作麼生？"師又撐！云："甚麼要緊？"進云："和尚若在，如何救得此貓？"師又撐！云："甚麼要緊？"

僧禮拜起，師云："'踞虎頭，收虎尾，第一句下明宗旨。'①"僧云："學人不

---

① 《指月錄·鼎州德山宣鑒禪師》（X. 1578）記德山宣鑒（782—865）："有言時，騎虎頭，收虎尾，第一句下明宗旨；無言時，覿露機鋒，如同電拂。"《卍新纂續藏經》（83），頁570中。

會,請和尚道。"師云:"'踞虎頭,收虎尾,第一句下明宗旨。'"打一柱杖! 進云:"意旨如何?"師云:"'踞虎頭,收虎尾,第一句下明宗旨。'"僧禮拜, 師打一下。又僧禮拜,師云:"'踞虎頭,收虎尾。'"僧問:"如何是虎頭?"師 打一柱杖。進云:"如何是虎尾?"師放下柱杖,僧禮拜,師打!云:"'第一 句下明宗旨。'"又僧問:"如何是虎頭裏底尾?"師以柱杖橫椅上,將手從右 拂左。進云:"如何是虎尾裏底頭?"師復以手從左拂右。又僧問:"如何是 '踞虎頭'?"師把柱杖頭。"如何是'收虎尾'?"師握柱杖梢。"如何是'第 一句下明宗旨'?"師以柱杖作關弓勢。

師問僧賓主句,僧禮拜起,師便喝!僧亦喝!師云:"意旨如何?"僧展兩 手,師打一下!僧云:"和尚不會麼?"師云:"拿下一個了!"僧禮拜,師便 喝!僧云:"某甲不在這裏。"師云:"你在那裏?"僧喝!便行,師打!云: "又拿下一個了!"

僧到參,有昭靈語意,師于話中,曾舉"見見之時"①語逐之。飯後,又進方 丈,師問:"'見不能及'是有見不及? 是無見不及?"僧云:"尋常道有一個 見。"師云:"若有見,則是喚着竹篦則觸,謂之常見;若無見,則是不喚着竹 篦則背,謂之斷見。畢竟作麼生?"僧云:"此'見見之時'四語,向來把萬象 之中獨露身看聻?"師云:"如何是獨露身?"僧擬對,師震聲一喝! 進云: "意旨如何?"師云:"萬象之中獨露身!"又擬問,師便推出方丈!

僧問:"如何是安隱境?"師云:"石幢倒卓門前水,樹骨橫撐殿後山。""如何 是安隱家風?"師云:"黑袈裟下雲承座,白柳栗邊風逼人。""如何是安隱 禪?"師云:"坐到月來香未過,臥教日出粥方粘。""如何是安隱事?"師云:

---

① 《首楞嚴經》(T. 945)中,佛告阿難云:"見見之時,見非是見;見猶離見,見不能 及。"《大正新修大藏經》(19),頁113上。

"鐘聲過後催廚板,經韻銷時接夜香。"又問:"'無眼、耳、鼻、舌、身、意'意旨如何?"師云:"床下龍眠雲半夜,石邊鳥宿露初更。"

觀一到參,纔禮拜,師歸方丈。一隨入,曰:"和尚門風高峻,難以動問。"師曰:"不敢。"一曰:"某甲不問禪道佛法、機鋒轉語,只問和尚,忽然逆境來時如何?"師曰:"逆。"又問:"忽然順境來時如何?"師曰:"順。"一無語,良久,問和尚:"不許澄澄寂寂,請下一轉語。"師曰:"適來道不許說禪道佛法、機鋒轉語也。"一又無語,良久,問和尚:"道不許有修有證,又道不許無修無證……"語未竟,師以袖掩一口曰:"正好!正好!"便起身出去。

唵嚧僧問:"昔人有云:'泗洲大聖爲甚在揚州出現?'老宿答曰:'君子愛財,取之有道。'祥菴主聞之,遙空作禮曰:'雲門兒孫猶在。'①請和尚落草。"師云:"你問來!"印云:"如何是君子愛財,取之有道?"師云:"唵嚧!"②印遲疑作禮,師云:"莎訶!"印起欲再語,師云:"我要持咒去!"遂歸方丈。

姚太史③現聞入萬峰,問:"臨濟四喝,如何是金剛王……"語未竟,師震聲一喝!又問:"如何是踞地?"師遽云:"住!住!"史疑駭久之,云:"此是老師機用。"師疾云:"今日可謁曇公否?"史云:"要去覲……"語未竟,師撫几

---

① 參《五燈會元·瑞州洞山曉聰禪師》(X. 1565),《卍新纂續藏經》(80),頁 320 上。
② 《顯密圓通成佛心要集》(T. 1955):"此净法界嚂字,若想若誦,能令三業悉皆清净,一切罪障盡得消除,又能成辦一切勝事。"《大正新修大藏經》(46),頁 994 上。
③ 姚太史爲姚思孝,《南明史》卷三十二,列傳第八有其傳,字永言,江都人,天啓七年(1627)舉人,崇禎元年(1628)進士,明朝、南明政治人物,明亡後出家爲僧,參中國哲學書電子化計劃, https://ctext.org, 2021/8/16;《三峰藏和尚語錄·三峰和尚年譜》(J. B299)記崇禎四年辛未(1631),漢月 59 歲,作《答姚太史思孝書》,新文豐版《嘉興藏》(34),頁 209 下。

大喝！史不覺灑然。

具德捧鉢問云："刕圖捧出作麼生？"師云："無從開口處，早已慰饑腸。"進云："一劈兩開作麼生？"師云："饅頭與餶子，下口即消磨。"進云："兩分四結作麼生？"師云："洗後收三鐼，高懸黑布囊。"進云："四縱五橫作麼生？"師云："開閤隨時節，平生飽不饑。"

著　　語①

師舉汾陽禪師采菊示衆云：②"金花布地，　著云："秦失其鹿。"　玉藥承天。　著云："天下共逐。"　杲日當空，乾坤朗耀。　著云："並驅中原，鹿死兩手。"　雲騰致雨，　著云："並驅中原，鹿死兩手。"　露結爲霜。　著云："鹿死兩手，並驅中原。"　不傷物義，道將一句來！"　師以拳打卓一下！

師舉："狗子佛性話：狗子無四蹄，　著："血。"　諸佛有尾巴。　著："恒。"　有無太顛倒，　著："盋、旱。"　無有忒參差。　著："漁、用。"　狗子佛性，　著："杏。"　佛性狗子。　著："囚。"　黃羊無角，白狐瘦尾。〔仔〕細看來，依稀是你。嗅！嗅！"

師舉：③"有句無句，　著云："人攜夜影破空來。"　樹倒藤枯，句歸何處？　著云："人影不知何處去，一輪寒月落長空。"　潙山呵呵大笑，歸方丈。"　著云："西巖月落後，窗外一聲雞。"

---

① 本卷之《著語》，他本皆無收，本書以楷體小字和上下空一格表示漢月之著語，藉以區隔漢月所舉似之古則文字內容，下不贅注。

② 本則汾陽摘菊花示衆語，參《汾陽無德禪師語錄》(T. 1992)，《大正新修大藏經》(47)，頁 598 下。

③ 此則舉似，參《指月錄·撫州疏山匡仁禪師》(X. 1578)，《卍新纂續藏經》(83)，頁 598 上。

师举巖头奯禅师示众云：①"夫大统纲宗中事，须识句。　著云："水月两圆圈。"　若不识句，难作个话会。甚么是句？百不思时，唤作正句。　著云："到底不回头，莫要在这里躲根么？"　亦云'居顶'，亦云'得住'，亦云'历历'，亦云'惺惺'，亦云'的的'，亦云'佛未生时'，亦云'得地'，亦云'与么时'。　著云："死！"　将与么时等破一切是非。　著云："博浪沙中飞热铁。"　纔与么，便不与么，便转辘辘地。　著云："擎天撲地奋铁鹰。"　若也看不过，纔被人刺着，眼吃瞪地，恰似杀不死底羊相似，不见古人道：'沉昏不好。'　著云："切忌！切忌！"　须转得始得，触着便转，纔与么，便不与么，是句亦划，非句亦划，自然转辘辘，自然目前露裸裸地，饱觟觟地。　著云："不似而今铁链禅，见空便住。"

"不解却，不解奯，　著云："险！"　不见道：'却物为上，　著云："咄！"　逐物为下。'　著云："呜！"　瞥起微情，早落地上。　著云："惹起一络索，说心说性有分。"　若是奯猪狗，眼赫赤。　著云："是！"　若有人问：'如何是禅？'向你道：'合取屎孔着。'　著云："俊！"　却有些子气息，便知深浅。硬纠纠地，汝识取这个狸奴面目。　著云："阿胡！"　与么时，不要故躲伊，　著云："莫非是拂袖便行？"　不要称量伊。　著云："你又照顾作么？"

"于中有一般汉，撞着物，不解转，刺着屙漉漉地。　著云："他倒有道理可听，令人易入。"　这般底椎杀万个，亦无罪过。　著云："也须是个椎始得。"　若是本色底，拨着便上，奯人火急。　著云："哗！哗！"　却似刺蝟子相似。　著云："果然！"　未触着时，自弄毛羽可怜生；　著云："睡着打呼高。"　纔有人拨着，便嗔叫吼地，有甚么近处？　著云："者畜生！"　若也未得与么荡荡地，唤作依句修行。　著云："犹有理欲在。"　有则便须等破，　著云："恰是！"　与么时一物不存。　著云："莫作本来无。"　信知从来学得一切言句，隘在胸中，有甚么用处？　著云："须一一从自己胸中流出。"　不见道：'辟观辟句，外

---

① 本则举似，参《指月录・鄂州巖头全奯禅师》(X. 1578)，《卍新纂续藏经》(83)，页 587 下—588 中。

不放入,內不放出,截斷兩頭,自然光爍爍地。' 著云:"確!" 不與一物作對,便是無諍三昧。 著云:"目朝雲漢。" 兄弟!若欲得易會,便向根本明取。 著云:"喝一喝!" 欲出不出便須轉,一口齩斷後,不用尋伊去住底遠近,但放却,自然露裸裸地, 著云:"獅子遊行。" 不用思, 著云:"大開兩眼。" 搭着昏昏地。 著云:"老僧不在明白裏。"

"纔有所重,便成窠臼,古人喚作'貼體衣',①病最難治。 著云:"心性禪極苦。" 是我向前行脚時,參着一兩處尊宿,只教日夜管帶,坐得骨臀生胝,口裏水漉漉地。 著云:"你還要打坐麼?" 初向然燈佛肚裏黑漆漆地, 著云:"念個話頭,作些觀照。" 道:'我坐禪,守取與麼時。' 著云:"一念不生,猶有欲在。" 不見道:'無依無欲,便是能仁。'古人道:'置毒藥安乳中,乃至醍醐,亦能殺人。'這個不是汝習學得底,這個不是汝去住底,不是汝色裏底, 著云:"與麼時如何打點?" 莫錯認門頭戶口。 著云:"本來無一物。" 賺汝臘月三十日赤閙閙地無益,當莫造作捏怪,但知着衣喫飯,屙屎送尿,隨分遣時。 著云:"無依無欲。" 莫亂統,詐稱:'道者有一片衣,不敢將出曬,恐人見,怕失道者名,圖人贊嘆,作恁麼不中心行。' 著云:"極惡不赦。"

"兄弟!亦不要信他繩床上老榾櫨,屙漉漉地,將爲好誑謼人,別造地獄着汝在。 著云:"何不自信?" 信知古風大好,不見道:'有即是無,無即是有。' 著云:"牙關相打。" 與麼送出來時,便知深淺。這個是古格,于中有一般漢,信彩吐出來,有甚麼碑記?但知喚作禪道,但知喚作一句子, 著云:"近日機鋒迅捷禪。" 軟嫩嫩地真是無孔鐵鎚, 著云:"相似!相似!" 聚得一萬個,有甚用處?若是有筋骨底,不用多。 著云:"今日捉得一個。"

"諸處行脚,也須帶眼始得,莫被人謾。不見道:'依法生解,猶落魔界。'②

---

① 《景德傳燈錄》(T. 2076)記趙州從諗上堂云:"菩提、涅槃、真如、佛性盡是貼體衣服,亦名煩惱。"《大正新修大藏經》(51),頁 446 中。

② 《景德傳燈錄·裴休相國傳心偈》(T. 2076):"隨法生解,即落魔界。"《大正新修大藏經》(51),頁 273 上。

夫唱教，須一一從自己胸襟中吐得出來，與人爲榜樣。今時還有與麽漢麽？第一切須識取左右句，這個是出頭處。　著云："梁皇殿上稱無聖，趙州狗子佛性有。"　識取去底，識取住底，這個是兩頭句，亦是左右句，亦喚作是非句。　著云："你坐我立，你立我坐。"　纔生便戭，自然無事。兄弟！見恁麽說，還會麽？莫終日閑閑地，亦無了期。欲得易會，但知于聲色前，　著云："前字極好。"　不被萬境惑亂，自然露裸裸地，自然無事。送向聲色前蕩蕩地，恰似一團火焰相似，觸着便燒，有甚麽事？　著云："唯此一事實，餘二則非真。"　不見道：'非是塵不侵，自然我無心。'"　著云："太煞！太煞！"

秉炬入塔[①]

爲穎夷可上座舉火[②]

"記得婁江狹路逢，一條窮命斷飛蓬。而今始解還讐報，伸出雙跌烈焰中。青芝可上座，根托三槐，枝分紫柏。慧壽菴中，被老漢拍殺狗子；三峰室內，逼上座剖合三玄。趁出虞山，欽承喝石。擲柱杖，劃斷錢塘三折；拖草鞋，踏破西湖六橋。弄盡精魂，拖達磨皮履；拈來後句，翻船子破舟。即今又被老漢勘破了也！"以火把打圓相擲下！云："這回盡底掀翻去，爲馬爲

[①] 本卷《秉炬入塔》之內容，《三峰藏和尚語錄》(J. B299)皆無收，新文豐版《嘉興藏》(34)。

[②] 穎夷可活躍於約 1600—1620 年間，此篇亦可見於《吳都法乘》(B. 193)、《大藏經補編》(34)，頁 488 上；《三峰清涼寺志》記漢月自 1610 年起住三峰清涼寺，於萬曆戊午(1618)和己未(1619)年間，四方來學益衆，共有十四人，皆是漢月早期"真實抱道衲子"，其中一人即是穎夷可，《三峰清涼寺志》，《中國佛寺志叢刊》第 4 輯，第 40 册，頁 126；本語錄卷十六收有漢月《示穎夷上座》。又，依此篇舉火所言，穎夷最早曾於 1616 年左右在慧壽菴遇見過漢月，在三峰清涼禪寺參問後，又從習過喝石如奇(活躍於約 1550—1618 年間)，另《三峰藏和尚語錄·三峰和尚年譜》(J. B299)記：萬曆四十六年(1618)，"寒灰老宿聞和尚道望，率弟子一默、穎夷輩來謁"，最後應又返回和去世於三峰清涼禪寺，新文豐版《嘉興藏》(34)，頁 153 上，207 上。

牛火一團！"

爲梵伊致上座下火①

"泥牛入海，未見端倪；金佛下爐，聊通一線。今朝狹路相逢，拈出一團火焰。致上座！見不見？"喝一喝！良久，厲聲云："秋風吹盡一堆灰，各各回頭看自面！"擲下火把！

爲淵充兹上座下火②

"坐入厠桶而不知，見踢溪淵而徹悟。風雨起空中，雷霆生石上。可奈皮膚剝盡，直露本來。拈三要作末後句，示一默以歸去來。到恁麼時，還有一機，敢保上座未透脱在！"以火把作圓相擲下！云："向這裏會取！"擊柱杖一下！

爲太虛老宿下火

"會得當初這一交，茶陵不敢占先遭。這番要見真消息，拈出騰騰赤火燒。太虛山公一生枉用精神，盡底只消一跌。自從推倒算筒，東土西天齊失。如今兩腳捎空，又見灰飛烟滅。要問山谷老人，盡力不能酬答。只有西風

---

① 此篇作於1628年，梵伊真致示寂於漢月付法次年，僅34歲，另參本書所輯《鄧尉山天壽聖恩寺三峰藏禪師語錄》卷二十一《付梵伊上座源流法語》。

② 淵充兹活躍於約1600—1628年，《三峰清涼寺志》記漢月自1610年起住三峰清涼寺，於萬曆戊午(1618)和己未(1619)年間，四方來學益衆，共有十四人，皆是漢月早期"真實抱道衲子"，其中一人即是淵充兹，《三峰清涼寺志》，《中國佛寺志叢刊》第4輯，第40冊，頁126；另參本語錄卷十六《示淵充兹首座》，《三峰藏和尚語錄·三峰和尚年譜》(J. B299)中記萬曆四十五年丁巳(1617)，漢月45歲作《示淵充兹法語》；天啓三年癸亥(1623)，列舉漢月三十餘輩法門龍象，淵充兹亦在其列，新文豐版《嘉興藏》(34)，頁206下，207下。

解唱酬,匝地分明叫冤屈。屈！屈！屈！今日方纔得一橛！"擲下火把！

爲洪鑑上座下火①

"當初拈出向公前,土彈分明不值錢。今日重新舉前案,一團火聚絶無烟。洪鑑上座！須會這個！若不親遭,如何勘破？"以火把打圓相,云："唎！"

爲蘊空律師下火②

"大地山河一片雪,有情無情熾然説。直提向上第一機,菩薩肉身親涌出。蘊空律師晚年從龍頭蛇尾處,拾得一團烈焰,一向燒天燒地,燎佛燎祖,天下人應無出頭分。"呈起火把云："今日逢着老僧于賓主互换處,杓柄子却在老僧手裏了也！律師！律師！還迴避得麽？"喝一喝！擲下火把！

旌德弟子劉文華法名上收刻

---

① 《三峰藏和尚語録·三峰和尚年譜》(J. B299)稱之爲"鑑公",乃漢月之耆舊,新文豐版《嘉興藏》(34),頁 209 中。

② 《三峰藏和尚語録·三峰和尚年譜》(J. B299)記漢月 37 歲(1609),古心和尚開南山法門於金陵靈谷寺時,與蘊空律師同時受圓具,因此稱蘊空律師爲耆舊,新文豐版《嘉興藏》(34),頁 205 中和 209 中。《律宗燈譜》(B. 22)并記蘊空馨律師(分燈三義)與鄧尉藏(漢月)律師(兼宗臨濟)同爲"傳南山律宗古祖下二世",其生平記載爲："三義蘊空馨律師受法姪覺緣之請,於古林説戒一期,仍交覺緣,而退歸靜室。"《大藏經補編》(118),頁 712 上,717 中。

七、三峰藏禪師全錄

解　　題

一、版本

《三峰藏禪師全録》原共二十五卷，本書輯得此語録凡七卷，來源爲二處：《臨濟宗三峰法藏禪學體系》第二册《三峰藏禪師全録》（原蘇州鄧尉山聖恩禪寺藏經樓手抄殘本之重録版），僅存卷六、卷七、卷八、卷十七；①上海圖書館藏1915年江陰金素庵手抄本《漢月禪師遺稿》，半頁9行，每行21字，版心有"漢月禪師遺稿"，無魚尾，内容即《三峰藏禪師全録》之卷二十三、卷二十四和卷二十五。②（參圖版十三和圖版十四）

二、内容説明

《三峰藏禪師全録》之卷首屬"鄧尉山聖恩禪寺嗣法門人弘璧編"，其編者爲漢月弟子剖石弘璧（1599—1670）。漢月於《付剖石上座源流法語》贊其曰："剖石璧公，悟處極好，人品亦莊，下手有力，求人不輕。"③可見弘

---

① 敕建天壽聖恩禪寺編《臨濟宗三峰法藏禪學體系》第二册，香港天馬出版有限公司，2013年，頁2—40。
② 本書所使用之《三峰藏禪師全録》，來源爲《臨濟宗三峰法藏禪學體系》第二册（原蘇州鄧尉山聖恩禪寺藏經樓手抄殘本之重録版），以及上海圖書館所提供之數位複製本，因此無尺寸信息。
③ 參本書所輯《鄧尉山天壽聖恩寺三峰藏禪師語録》卷二十一。

璧極得漢月之肯定，本書所輯的《三峰藏禪師開發工夫語錄》（二卷）和《鄧尉山天壽聖恩寺三峰藏禪師語錄》（原三十卷）之編集名列中亦有弘璧。

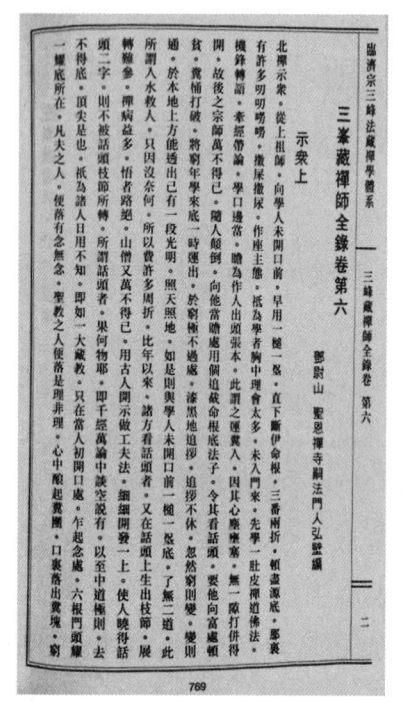

圖版十三　蘇州鄧尉山聖恩禪寺藏經樓手抄殘本之重錄版

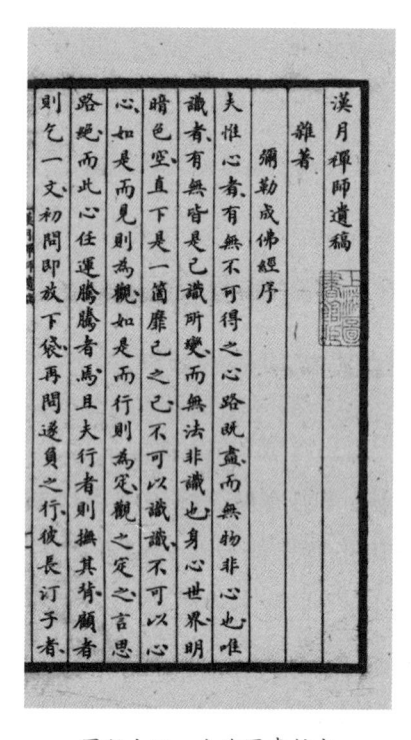

圖版十四　上海圖書館本

　　至於弘璧重編《三峰藏禪師全錄》之原因，據弘璧之弟子寂震《三峰全錄後序》所述，漢月生平於各處說法之記載，最初共有廣錄五十卷。漢月示寂後（1635），大眾共結集漢月於八處十會之語，成三十卷。① 此三十卷本流通27年後（1661），靈巖弘儲重爲編纂，先刻上堂語四卷，但又置之高閣而不流行，而且此四卷本與三十卷相較，則太簡略。② 於是，弘璧便將

---

　　① 此三十卷本語錄即爲本書所輯《鄧尉山天壽聖恩寺三峰藏禪師語錄》。
　　② 寂震此處所說的四卷本，應爲弘儲《三峰藏和尚語錄・三峰和尚語錄序》（J.B299）所述："辛丑（1661）三月，手抄錄中稍平徑易曉人者爲一編，使後五百歲劫火洞然之際，得瞻此清涼寂滅法寶。"新文豐版《嘉興藏》（34），頁125中。

五十卷廣錄和三十卷語錄，共八十卷，依年編次，詳加勘訂，刪削重複內容，并與新刻四卷一一校對字句，并且將單獨之別行本，如《禪病偈》《净土詠》《山居詩》等合彙爲二十五卷，曰《三峰全錄》。① 由此推算，弘璧編成《三峰藏禪師全錄》二十五卷本之時間，當是在 1661 年之後，至弘璧圓寂即 1670 年之前。

弘璧編成《三峰藏禪師全錄》後，將《三峰藏禪師全錄》定稿以及《紀年實錄》一卷交給寂震，期之永爲鄧尉山聖恩禪寺之常住法寶，并且囑咐寂震爲其付梓流傳四遠。② 但是，寂震却因種種因素之障礙，遲至壬申（1692）夏纔刊印了《紀年實錄》，而《三峰藏禪師全錄》二十五卷則一直未能雕版刊印。③ 以此緣故，寂震的參隨諸子"各爲繕錄一部而寶秘之"，寂震爲了嘉勉其弟子繕錄之心志，作《三峰全錄後序》，詳述《三峰藏禪師全錄》前後結集之實事，附於卷末，本書亦將此序補入所輯《三峰藏禪師全錄》卷末。④

寂震所撰寫的《三峰全錄後序》，不僅詳細描述了弘璧重編《三峰藏禪師全錄》之因緣，也解釋了爲何蘇州鄧尉山聖恩禪寺出版《臨濟宗三峰法藏禪學體系》第二册時，所錄文之底本是依藏經樓部分殘留的手抄版。這

---

① 《三峰全錄後序》，《三峰清涼寺志》，《中國佛寺志叢刊》第 4 輯，第 40 册，頁 295—296；本書所輯《三峰藏禪師全錄》，《三峰全錄後序》；張雅雯《清初三峰派仁山寂震研究——活用印心與印法以重構臨濟宗》，法鼓文理學院佛教學系博士學位論文，2021 年，頁 72—73。

② 《三峰藏禪師紀年錄》之書名，今可見於海虞陳揆編《稽瑞樓書目》，陳揆并記"邑中著述（捐入興福寺）"，但可惜似不存於今之常熟興福寺和圖書館，參中國哲學書電子化計劃，https://ctext.org，2021/9/29，以及曹剛華《清代佛教史籍研究》，人民出版社，頁 251。

③ 秦松齡撰《蒼峴山人文集》，《華頂仁叟震禪師塔銘》中記，寂震於 1692 年刊印弘璧所編三峰漢月《紀年》之後，因爲當時南嶽弘儲已刊行《三峰年譜》，因而招來衆多批評，認爲寂震欲與南嶽弘儲"争名"，寂震後來於 1695 年從鄧尉山聖恩禪寺退院，《三峰藏禪師全錄》二十五卷也因此一直未能雕版刊印，參張雅雯《清初三峰派仁山寂震研究——活用印心與印法以重構臨濟宗》，頁 304—306。

④ 《三峰清涼寺志·三峰全錄後序》，《中國佛寺志叢刊》第 4 輯，第 40 册，頁 295—296；本書所輯《三峰藏禪師全錄》，《三峰全錄後序》。

種情況亦可從上海圖書館藏 1915 年《漢月禪師遺稿》手抄本卷末得到印證。江陰金素庵作於常熟宗氏賓館之《跋》記：

> 《漢月禪師語錄》二十五卷，門人弘璧編次，久庋三峰寺中，藥龕珍護是編，曾示松禪繫以後跋。今藥和尚示寂久，其徒擬梓以行世，卒以卷帙繁重，逡巡未果。乙卯(1915)長夏，借讀一過。漢師入道從打破死關入手，勇於苦修，堅毅不屈，是其大悟大澈處也。世事雲譎，對之亦復豁然。竟日爰取二十二卷以下之文字，筆而錄之。①

如上文所述，"《漢月禪師語錄》二十五卷"(即《三峰藏禪師全錄》)久藏於常熟三峰寺中，藥龕和尚(1825—1909)住持三峰寺六十餘年，曾指示弟子付梓以流通於世，但因卷帙繁多，最後仍未成事。② 江陰金素庵居士曾於 1915 年借出一讀，并將"二十二卷以下之文字"(亦即卷二十三、卷二十四和卷二十五)抄錄下來，稱之《漢月禪師遺稿》，這便是今日上海圖書館藏《漢月禪師遺稿》手抄本之由來。

因此，回溯本書所輯《三峰藏禪師全錄》之來龍去脈：始於 1661—1670 年之間，三峰派第二代弘璧在蘇州鄧尉山聖恩禪寺編成《三峰藏禪師全錄》二十五卷本；三峰派第三代寂震的弟子們於 1692 年後，各爲繕錄一部保存；其中一部流傳至常熟三峰寺，而且久藏約二百多年後，於 1915 年由江陰金素庵居士抄錄其中卷二十三、卷二十四和卷二十五，此抄本又輾轉入藏上海圖書館；接著，蘇州鄧尉山聖恩禪寺於 2013 年出版《臨濟宗三峰法藏禪學體系》，將寺中所存卷六、卷七、卷八和卷十七手抄本重新錄入，收於第二冊中。因此，《三峰藏禪師全錄》原爲二十五卷

---

① 參本書所輯《三峰藏禪師全錄》卷末。
② 《三峰清凉寺志・藥龕塵禪師》：藥龕名照塵，俗姓趙，7 歲投三峰寺披薙，爲覺海和尚徒，年二十餘即嗣法席，住持六十餘年，世壽八十五，著有《藥龕集》，《中國佛寺志叢刊》第 4 輯，第 41 册，頁 645；常熟圖書館現藏有其所著《藥龕集》。

本,本書合彙分別藏於蘇州鄧尉山聖恩禪寺和上海圖書館的二部殘卷之後,雖然僅存七卷,却是約三百六十年來,集蘇州鄧尉山聖恩禪寺、常熟三峰寺和上海圖書館三處僧俗衆人之努力所促成的因緣和成果,不可不謂珍稀寶貴。①

本書整合現存《三峰藏禪師全錄》共七卷,卷六和卷七爲示衆,卷八爲小參,卷十七爲普説,卷二十三爲雜著,卷二十四爲詩,卷二十五爲真贊。首先,卷六和卷七有五篇示衆未見收於漢月其他語録文獻中,這些示衆記載了日常中漢月對僧院大衆應機説法的内容,例如漢月認爲營建禪宗基業與拽石上山相似,他仔細描述如何將石頭以繩索載穩在木船上,大衆把牢繩頭,一齊着力拽石上山,方能奠定法門不朽之業;又,漢月説禪宗參問則如做階沿時,鑿石出火相似,修行者心志須堅硬如石,使用之修行方法須正確,參禪時還須奮力,才會有石中迸火之一刻,接著,漢月便要弟子思維"火在甚麽處",如此又回到參問"有、無"的核心問題。② 這些示衆是非常實際生活化却又深刻的研究材料,由此可知,漢月親身參與并熟知寺院勞務,所以才能以拽石和鑿石爲譬喻,指導參禪的過程。

《三峰藏禪師全錄》卷八共有 20 篇小參,其中有九篇皆未見收於漢月其他語録文獻,例如聖恩寺小參中,漢月以棋局的情况,譬喻衆人困頓於生死束縛之中,最後要翻倒棋盤才得以出脱自在;此外,又因湖濱老宿發願,接衆入山飯僧時,漢月要大衆參問"齋僧功德,畢竟是有?是無",若能參得的話,則齋僧之米,粒粒皆是向上因緣;最後,陸檀越爲其母六十歲之壽辰,請漢月小參説法,漢月特别以拂子畫一〇圓相,代表一甲子,就像連

---

① 由於《三峰藏禪師全錄》現僅存七卷,因此仍有内容是目前所未見的,譬如《三峰清涼寺志》記漢月爲梵伊致秉炬下火和有《示顧自謙法語》,皆可見於《三峰全錄》中,但惜不存於今之殘本,《中國佛寺志叢刊》第 4 輯、第 40 册,頁 101 和 143;漢月《爲梵伊致上座下火》,可見於本書所輯《鄧尉山天壽聖恩寺三峰藏禪師語録》卷三十。

② 參本書所輯《三峰藏禪師全錄》卷二。

頭接尾鑄成一個金剛圈子慶祝其壽辰。① 但是，對著堂下衆人，漢月却將〇圓相轉爲金剛圈，并要大家參問此金剛圈之意，金剛乃是摧折煩惱妄想之利器，如他曾説："自己把身看做虚空，説他有、無不得，憑他天堂地獄，做一個金剛圈輥將去，自然不苦不樂，不消計較，不消修證做作。"②因此，漢月在爲陸檀越爲母壽請小參的開示中，兼具應世的方便和要大衆參問的究竟義涵，是學人在研究漢月思想時，應同時考量的雙重角度。

《三峰藏禪師全録》卷十七普説共四篇，即《離心意識參出聖凡路學》、《離心意識辨》、《一代時教説示看教者》和《諸説會通》，這四篇可見於本書所輯《三峰禪師開發功夫語録》卷一和卷二所收之文，故於此不贅述。

《三峰藏禪師全録》卷二十三、卷二十四至卷二十五，如上文所述爲江陰金素庵居士於 1915 年，從常熟三峰清凉禪寺借出抄録的手稿，稱之《漢月禪師遺稿》，現藏於上海圖書館。此外，金素庵亦於卷二十三卷首加入從王伊《三峰清凉寺志》抄録的《開山漢月藏禪師》傳記，内容爲簡述漢月生平，自幼年、薙度、受戒、修葺三峰院、徹悟、從密雲得臨濟源流、駐錫或開法其他七座道場，最後示寂於蘇州鄧尉山聖恩禪寺，塔在聖恩禪寺後山，之後有華亭董其昌（1555—1636）爲其撰塔銘，姚江黄宗羲（1610—1695）補第二銘，嘉魚熊開元（1599—1676）作道行碑，門人潭吉弘忍作行狀，繼起弘儲作年譜，剖石弘璧作紀年録，清聖祖并於康熙四十四年

---

① 參本書所輯《三峰藏禪師全録》卷八。漢月的語録中，〇圓相是意表威音王佛之圖相，亦是龍樹自在身如滿月輪〇之表徵，用之以祝陸檀越母親的甲子壽，足見漢月的真摯善意，參本書所輯《鄧尉山天壽聖恩寺三峰藏禪師語録》卷二十，《五宗原·臨濟宗》："嘗見繪事家，圖七佛之始，始于威音王佛，惟大作一〇圓相"，又，《五宗原·曹洞宗》："龍樹于座上，現自在身，如滿月輪〇。"

② 禪宗文獻將圓相和金剛圈連結之説法，可見於《佛果圜悟禪師碧巖録》（T. 2003）："陳操尚書看資福，福見來便畫一圓相。"圜悟則加著語："是精識精，是賊識賊。若不藉爭識這漢，還見金剛圈麽？"《大正新修大藏經》（48），頁 172 上；金剛圈之意義，參《禪學大辭典》，駒澤大學内禪學大辭典編纂所，東京大修館書店，1982 年，新版一刷，頁 365。

(1705)南巡至鄧尉山聖恩禪寺時,追謚鏡通禪師。① 此外,金素庵亦抄錄剖石弘璧所編撰《三峰紀年錄》所記,特别述及錢陸燦(1612—1698)和文震孟(1574—1636)等明代官員對漢月之贊譽。② 漢月現存的史傳、年譜、行狀、塔銘等資料衆多,而且編撰者身份各異,包括了多位居士和三位漢月弟子,各人皆從不同角度描述漢月,此外,繼起弘儲所編的《三峰和尚年譜》也已相當詳盡,但我們仍能以新見資料重新審訂和充實上述内容,更完整地呈現漢月之真實面貌。

《三峰藏禪師全錄》卷二十三另收有雜著 16 篇,其中九篇亦收於《三峰藏和尚語錄》,三篇可見於其他文獻,他本皆無收的有四篇。③ 此四篇他本皆無收,分别爲《刻梵網心地品題辭》、《易究後跋》、《通玄峰乞求題辭》和《顧居士詩集序》。其中最值得學人注意的是《刻梵網心地品題辭》,因爲此題辭可提供有關漢月另一部著作《梵網經一線》之重要信息。漢月年譜記其 51 歲(1623)於北禪寺開示戒法時,"彙《沙彌律儀要略》、《比丘戒本》、《梵網經》爲三種誦戒之本,并《隨機羯磨》爲比丘之則,著《梵網一線》上下卷爲禪律一心之宗,兼之《佛藏經》四卷,共刻一函,合命之曰《弘

---

① 此《開山漢月藏禪師》傳今可見於《三峰清凉寺志》卷四,《中國佛寺志叢刊》第 4 輯,第 40 册,頁 99—101。傳中所述塔銘和史傳詳細信息爲董其昌《明示寂嗣臨濟三十一代聖恩藏禪師塔銘》,《吴都法乘》(B. 193),《大藏經補編》(34),頁 163 上—164 中;黄宗羲《蘇州三峰漢月藏禪師塔銘》,《黄梨洲文集》,中華書局,1959 年(2011 年重印),頁 287—290;熊開元《三峰藏和尚道行碑》,《漁山剩稿》卷七;釋弘忍《天壽聖恩藏禪師行狀》,《鄧尉山聖恩寺志》,《中國佛寺史志彙刊》第 1 輯,第 42 册,頁 115—132;繼起弘儲《三峰和尚年譜》,《三峰藏和尚語錄》(J. B299),新文豐版《嘉興藏》(34),頁 203 下—218 上;但是,剖石弘璧所編撰《三峰紀年錄》今僅存部分文句段落被援引於《三峰清凉寺志》中,《中國佛寺志叢刊》第 4 輯,第 40 册。

② 《三峰清凉寺志》中,《中國佛寺志叢刊》第 4 輯,第 40 册,頁 100—101;錢陸燦所編《常熟縣志》卷二十五有漢月之傳;傳中所提及文震孟(1574—1636)和姚文毅爲明代官員,文震孟於《明史》卷二五一,《列傳第一百三十九》有傳,卒謚"文肅";《姚文毅公斫》可見於黄道周《乾坤正氣集》卷三二一,參中國哲學書電子化計劃,https://ctext.org,2021/3/20。

③ 參本書所輯《三峰藏禪師全錄·雜著》正文之注解。

戒法儀》"。① 現今《弘戒法儀》雖尚存，但《梵網經一線》則待尋。此外，據《弘戒法儀》目錄所記，《梵網經一線》上下收於卷三十二中，并有夾注"因闡禪律同宗故注"，可見《梵網經一線》之内容乃如漢月於其《弘戒法儀序》所説，世尊之時，禪、法、律并傳，而今却三宗分立，因此特別從禪宗之立場詮釋《梵網經》，以闡禪律一心之旨。②

此篇《刻梵網心地品題辭》的撰寫緣由爲，翁去疾居士受菩薩戒後，想爲母親祝壽和超薦祖先以盡其孝心，因而刊印《梵網經》并請漢月題辭。漢月於其題辭説明，《梵網・心地品》有二卷，上卷純談諸佛悟後入聖的境界，因此文意深奥，一般人不能讀，故誦戒者都單誦下卷，上卷則束之高閣，因此，漢月嘗試"以一線通之"。《梵網經》中盧舍那佛放光是爲"不語之語"，并以光此告其分身千億佛各持其"心地法門品而去"，而何者爲盧舍那佛的心地法門呢？漢月認爲即是"四句道不得底法"（有、無、亦有亦無、非有非無），③能如此"直見心地"，不觸犯此四句，身爲佛門弟子才稱之爲"大孝"，并且十重、四十八輕戒永不敢犯。④ 漢月更進一步以此與禪宗參話頭修行結合："故我參禪之人，於話頭上入手，便是大孝起脚處。"這是由於漢月教人參話頭，目的就是能不執著於四句法。⑤ 所以，筆者推判

----

① 《三峰藏和尚語録》（J. B299），新文豐版《嘉興藏》（34），頁 208 上；《弘戒法儀》（X. 1126），《卍新纂續藏經》（60），頁 576 中。

② 《弘戒法儀》（X. 1126）之目錄記此書原有三十三卷，《梵網經一線》上下收於卷三十二，但現今《弘戒法儀》只留存至卷二十六，《卍新纂續藏經》（60），頁 577 上。筆者近日得知《梵網經一線》尚存半部之信息，待日後繼續尋訪。

③ 《梵網經》（T. 1484）中佛告諸菩薩言："我今半月半月，自誦諸佛法戒。汝等一切發心菩薩亦誦，乃至十發趣、十長養、十金剛、十地諸菩薩亦誦。是故戒光從口出，有緣非無因故。光光非青黄赤白黑、非色非心、非有非無、非因果法，是諸佛之本源、菩薩之根本、是大衆諸佛子之根本。"《大正新修大藏經》（24），頁 1004 上一下。

④ 《梵網經》（T. 1484）："爾時釋迦牟尼佛，初坐菩提樹下成無上覺，初結菩薩波羅提木叉：'孝順父母、師僧、三寶，孝順至道之法，孝名爲戒，亦名制止。'"《大正新修大藏經》（24），頁 1004 上。

⑤ 如《三峰藏和尚語録》（J. B299）亦云："話頭既無路，便執不得有，執不得無，執不得即有即無，執不得非有非無，四句法執不得。"《卍新纂續藏經》（34），頁 159 上。

漢月用以貫通《梵網經》的"一線",可能爲四句之思想,如此持戒的話,才是以心地爲基礎,不著於有、無、亦有亦無、非有非無的心戒。① 此篇《刻梵網心地品題辭》不僅爲我們提供了漢月如何闡揚禪律同宗的線索,亦啓發我們將來可進一步探索漢月之禪律思想。

《三峰藏禪師全錄》卷二十四所收之詩,包含漢月所作《三峰次常建韻》等五首詩、②《烏目山峰三十景》、《山居四十首》、《净土詠五言絶計一百首》、《净土詠七言絶計一百首》,以及他本皆未收的《有索梅花咏作此示之》和《復索賦遊魚啖花影示之》二首。其中《净土詠》五言絶句和七言絶句各計一百首,筆者已錄文於本書所輯《净土直指》中,故在此不重錄亦不贅述。此外,《烏目山峰三十景》和《山居四十首》已受學者之較多矚目,上海圖書館則另藏有一部《次栢堂禪師山居詩四十首三峰三十景詩》一卷,此本收有漢月作於萬曆庚申年(1620)之《烏目山峰三十景詩有序》、錢謙益《山居詩引》和文震孟《漢月禪師山居詩敘》(1616)。③ 學者多從文學角度分析漢月山居詩之特色和價值,不過,漢月詩文撰作之主要意旨應不在於詩文賞析,而在於啓發佛教修行之功用,故而借此分析漢月之思想和修行,或可爲學人未來探討其詩作提供一個可切入的角度。④

《三峰藏禪師全錄》卷二十五共收29首真贊,其中有八首他本皆未收,如《觀音大士像》、《思憶觀音像》、《初祖踏蘆渡江像》和《紫柏大師》等

---

① 《三峰藏和尚語録·法語》(J. B299)之《示持戒者》:"懸知戒是心戒,本來具足,豈可以持犯開遮,種種名相爲律哉? 知心是戒,何敢觸心? 知心是禪,何更擬心? ……公今持戒,請自無念入。"新文豐版《嘉興藏》(34),頁189上一中。

② 《漢月大師遺稿》鈔録者江陰金素庵案:此五首詩是他從光緒(1892)王伊所輯《三峰清涼寺志》輯補,此詩同於現存《三峰清涼寺志·藝文》卷十四,《中國佛寺志叢刊》第4輯,第40冊,頁457。

③ 栢堂文益爲元末明初之禪師,著有《栢堂禪師山居詩》四十首,1885年已由金陵刻經處出版,其書影圖像現已可見於哈佛燕京圖書館,https://hollis.harvard.edu,2021/6/20。

④ 廖肇亨《晚明僧人山居詩論析——以漢月法藏爲中心》,《第四屆通俗文學與雅正文學全國學術研討會會議論文集》,2003年;孫中旺《錢謙益集外佚文〈山居詩引〉考論》,《圖書館雜志》,2014年第10期,頁104—107。

等，其中值得我們注意的有《天童悟和尚像》，此贊應爲有人畫天童密雲圓悟之像後，前來請漢月題贊：

> 三百餘年，無人用棒。鰕伏魚沉，臨濟頓喪。
> 我師決起，一棒徹底。雷烈龍騰，熱石驟蟻。
> ……①

贊中漢月對密雲稱爲"我師"，并且非常肯定其"一棒徹底"的接引方式如"雷烈龍騰"，故此真贊可爲學人討論密漢師徒之諍過程提供一線索。此外，此卷并收有漢月之二首《自贊》：

> 汝何人斯？定要擔當臨濟？此何時也？畢竟剖粗入細？
> 俯之仰之，惹盡閒氣！鬚眉不肯斂，骨力猶自毅。
> 咄！看你可有這樣癡兒孫，做你力替？
> 從今抛去落人間，萬國香風一片地。

> 千巖萬峰下，偶得一席地。
> 放下黑鉢盂，閒田望無際。
> 身畔不勞給侍人，自家受用松風細。②

漢月此二首《自贊》中提及在"萬峰"下"偶得一席地"，因此應作於初駐鄧尉山聖恩禪寺之後(1626)，漢月并且於贊中表達了自己即使"惹盡閒氣"，也始終要"擔當臨濟"和"剖粗入細"的堅持，不勞別人給侍，也能安然地"自家受用松風細"的自在，頗符合董其昌在其所撰《聖恩藏禪師塔銘》稱漢月爲"真風嚴冷，古貌貞孤"的樣貌。③

---

① 此《天童悟和尚像》贊，他本皆無收，完整真贊見本書所輯《三峰藏禪師全錄》卷二十五。
② 見本書所輯《三峰藏禪師全錄》卷二十五，第一首《自贊》可見於《三峰清凉寺志》卷十三，《自贊》，但《三峰清凉寺志》第一句作"彼何人斯"，且缺第二首，《中國佛寺志叢刊》第4輯，第40册，頁451。
③ 董其昌《明示寂嗣臨濟三十一代聖恩藏禪師塔銘》，《吳都法乘》(B. 193)，《大藏經補編》(34)，頁163上—164中。

剖石弘璧於 1661—1670 年間編成了二十五卷本《三峰藏禪師全錄》，但是此錄一直未曾有機會被雕版和刊印，本書所輯爲蘇州鄧尉山聖恩禪寺藏經樓部分殘留的手抄本，以及江陰金素庵於 1915 年自常熟三峰清涼禪寺借出抄錄的《漢月禪師遺稿》之合匯，共存七卷，其中有 31 篇（首）未收於其他漢月語錄文獻中。相較於現今流通的《三峰藏和尚語錄》，在《三峰藏禪師全錄》殘卷中，我們可以讀到一些新見的內容，如拽石上山、鑿石爲階、翻轉棋盤的譬喻，《刻梵網心地品題辭》、《天童悟和尚像》贊和漢月的自贊等珍稀信息。雖然《三峰藏禪師全錄》爲筆者蒐集、整理和校注漢月珍稀文獻和語錄系列的最終一部，但是，筆者誠摯希盼《漢月法藏禪師珍稀文獻輯注初編》和《漢月法藏禪師珍稀文獻輯注續編》的出版，能成爲學人重啓漢月禪師禪法思想之研究，以及探討明清禪宗各方面議題的起點。

三峰藏禪師全錄　卷六

鄧尉山聖恩禪寺嗣法門人弘璧編

示　衆　上

北禪示衆。①

示衆。②

示衆。③

示衆：④"昔有僧問趙州：'如何是祖師西來意？'州曰：'庭前柏樹子。'⑤只

---

①　此示衆語"從上祖師向學人於未開口前"以下，同於本書所輯《三峰藏禪師開發工夫語錄》卷一和《三峰藏和尚語錄・廣錄》(J. B299)之示衆語，故不重錄，但其他二本無"北禪"二字，新文豐版《嘉興藏》(34)，頁158中—159中。

②　此示衆語同於本書所輯《三峰藏禪師開發工夫語錄》卷二《示惑者》和《三峰藏和尚語錄・廣錄》(J. B299)之示衆語，故不重錄，新文豐版《嘉興藏》(34)，頁159上。

③　此示衆語同於本書所輯《三峰藏禪師開發工夫語錄》卷二《示妄談禪者》和《三峰藏和尚語錄・廣錄》(J. B299)之示衆語，故不重錄，新文豐版《嘉興藏》(34)，頁159中。

④　此示衆語同於《三峰藏和尚語錄・廣錄》(J. B299)之示衆語，新文豐版《嘉興藏》(34)，頁161下—162上，二本之文字歧異不影響文意，下不贅注。

⑤　參《指月錄・趙州觀音院真際從諗禪師》(X. 1578)，《卍新纂續藏經》(83)，頁522上。

此一問不是等閑，便是百千虎狼一時周匝環布了也，若無向下一答，豈不死在句下？可見此一問，不是趙州來，未免說心說性，將一段道理支吾，却與祖師意有何交涉？你今先須識取西來意始得。古人云：'承言須會宗，勿自立規矩。'①今人只管熱驟，只忙忙手舞足蹈，希圖體面上好過。摹作他'庭前柏樹子'，意度道他說'柏樹子是顯法身'，要牽合些子教理，著些子伎倆，依樣畫貓兒，或道一句，說一物，聲一聲，色一色，做出千模百樣，中間夾許多見處，殊不知總是魔業。

"又有一種纔見說道'勿夾中間事'，他便作解道'沒意味話，但衝口便出，莫要擬議，此是現量中事'，不知'沒意味話'正是'夾中間事'了也。又有纔聞'有義味不得，無義味不得'，便道'柏樹子本來是無的'，及問'爭奈柏樹子何'，便道'無又不得也'。此等說話惑亂殺人，祖家分上有何交涉？只爲平日不肯真正盡情捨下，做大死底人，終日只要堆積些糞穢，以備不時之需，生怕做人不得，故有許多見處，潛入魔道。何如百不知，百不會，一點頭路也無，昏天黑地，只有一個話頭，不知是何等語，只要求他下落處。此下落處不是敎乘裏有底，不是事相上有底，只要問答處看，他如此問，因甚却如此答？若看不出，只管如壁立千仞，只在壁立千仞處看。絕事理，去有無，離四句，絕百非，終日揑挩去不得處，古人所謂正是好處。

"若不如此做工夫，只求個速會，轉不得會矣。若更別求方便，更無有過於此個方便了也。大丈夫立堅固志，不管一生、二生、百生、千生，按定脚頭，不管目前，冷冷地與一塊石頭相似。高峰曰：'拚一生做個癡呆漢去！'②豈不是前輩好樣子哉？一點雜法不得入心，只是鐵壁上捫摸，亦不要你尋出個門路來，捫摸來捫摸去，連身心鐵壁一時跌向火坑地獄裏，化爲灰燼，然後向灰飛煙滅處，起來商量向上事。且道灰飛煙滅，阿誰起來商量向上事？只向他道：'柏樹子聻！'"擊禪牀一下！曰："參！"

---

① 《指月錄》(X. 1578)記爲石頭希遷(701—791)之言，《卍新纂續藏經》(83)，頁703中。
② 《高峰原妙禪師語錄·行狀》(X. 1400)，《卍新纂續藏經》(70)，頁699中。

示衆：①"昔黄龍死心新禪師初參秀鐵面，已善機鋒轉語。及參晦堂，堂豎拳問：'唤著拳則觸，不唤著拳則背，汝唤作什麽？'師罔措，二年方領解。然談辯益熾，堂於其語鋭處曰：'住！住！説食豈能飽人？'師窘曰：'某到此弓折箭盡，望指個安樂處。'堂曰：'一塵飛而翳天，一芥墮而覆地。安樂處正忌上座許多骨董，直須死却無量劫來全心乃可耳。'"全心"一作"偷心"，然而"全"字最好。② 師趨出，聞知事椎行者，值迅雷忽震，即大悟。趨見晦堂，忘納其履，即自譽曰：'天下人總是參底禪，某是悟底禪。'堂曰：'選佛得甲科，何可當也！'因號'死心叟'。

"今人不曾見人開發，但將一個話頭，在肚皮裏念，見神見鬼，種種祥瑞，極是可笑。又有一種養長頭髮，身著破衲，學個口頭機鋒，到北禪來要我與伊唱和一上，我不肯他，他便拂袖而去。殊不知死心見秀鐵面時，何等機鋒鋭利？及乎見晦堂，於拳頭觸、背上去不得，方始服膺。又經二年，既已得悟，已是機辯縱橫。又於説食不飽處兜住，直至弓折箭盡，教他死却無量劫來全心，所以聞雷頓喪，慶快平生！汝等諸人既發真心爲生死者，切莫去念個'是誰？是誰？'、'無，無'、'本來面目，本來面目'，念出禍事來。只但於拳上背、觸不得，心言兩絶，盡你見聞處，頭頭法法，一截截斷，自然有轉身處。得個轉身後，雖是活脱，更須死盡全心，直如選佛得甲科始得。"③

示衆：④"諸人參這竹篦子話頭，向兩關煞住、中路不通處，盡力一擊。雷

---

① 《三峰藏和尚語録・廣録》(J. B299)有此示衆語，但於末尾多"參禪人不可自賺自誤"一句，新文豐版《嘉興藏》(34)，頁 161 中—下；以下舉似，參《指月録・隆興府黄龍死心悟新禪師》(X. 1578)，《卍新纂續藏經》(83)，頁 697 中—下。

② 此句應爲漢月著語。

③ 《三峰藏和尚語録・廣録》(J. B299)中，此示衆語末尾多"參禪人不可自賺自誤"一句，新文豐版《嘉興藏》(34)，頁 161 下。

④ 此示衆語，他本皆無收。

轟電發，風卷雨翻。大地忽沉，諸天零落。虛空七片八片處，粉粹無疑；人法雙消雙泯間，突出一句。硬如鐵彈子，迸出大將軍；軟似兜羅錦，盛將須彌嶺。如飛龍活火，騰燄無垠；似獰獅涌泉，奔躍莫制。何等自由自在！你若只管在工夫上討滋味，話頭上作活計，道得力不得力，疑情不疑情，點點簡簡，今日有雜念無雜念，有昏沉無昏沉，總是心識爲緣，家親作祟。縱有疑情，亦是心識假借底，此是墮在做功夫窟裏了也。不見道開口便打，才進門便棒，便推折脚道：'秦時轆轢鑽！'①放出狗子道：'嗥！嗥！'②忽然會得，許你在老僧面前打個筋斗去。"

示衆：③"香嚴道：'此事如人上樹，手不攀枝，脚不踏枝，口咬一枝，驀然樹下人問："如何是西來意？"若不答他，却是孤負他問頭；答他，則喪身失命。'看他香嚴說得如此話出，只爲從前信得牢固，捨得見解，死得心，咬得住，耐得久，所以悟得深，說得切實。今人一個話頭未曾參三日、兩日，便爾猬然刺發，特地穿鑿壞了，纔見舉話，又道如此、如彼，苦哉！苦哉！只爲見小利，便要明白，不肯參求，遂入於異路耳。嗚呼！生死事大，無常迅速，閻老子不怕你有見解，鬼符子忽地到來，你將什麼支遣？不如今日休歇好，話頭咬住好，耐久參去好。莫理路上著倒好，④須盡削除好，勿大穿鑿好。便恁麼信去！更勿生疑生畏，回頭回腦，所以道：'啼得血來無用

---

① 參《指月錄·韶州雲門山光奉院文偃禪師》(X. 1578)，《卍新纂續藏經》(83)，頁 619 下。

② 參《指月錄·衢州子湖巖利踪禪師》(X. 1578)：子湖利踪(800—880)"於門下立牌曰：'子湖有一隻狗，上取人頭，中取人心，下取人足，擬議即喪身失命。'臨濟會下二僧來參，方揭簾，師喝曰：'看狗！'僧回顧，師便歸方丈。或有人問子湖狗，師曰：'嗥！嗥！'"《卍新纂續藏經》(83)，頁 529 上一中。

③ 《三峰藏和尚語錄·廣錄》(J. B299)有此示衆語，但句首無"香嚴道此事如人上樹"，新文豐版《嘉興藏》(34)，頁 160 中—下；以下舉似，參《指月錄·鄧州香嚴智閑禪師》(X. 1578)，《卍新纂續藏經》(83)，頁 548 上。

④ 《三峰藏和尚語錄》(J. B299)此句作"莫理路上著到好"，新文豐版《嘉興藏》(34)，頁 160 中。

處,不如緘口過殘春。'"①

示衆。②

示衆。③

───────

① 《景德傳燈錄・楊州城東光孝院慧覺禪師》(T. 2076),《大正新修大藏經》(51),頁287中。
② 此示衆語同於本書所輯《三峰藏禪師開發工夫語錄》卷一之《誤參念佛是誰》之題名,故不重錄。
③ 此示衆語同於本書所輯《三峰藏禪師開發工夫語錄》卷一之《工夫辨》和《三峰藏和尚語錄・廣錄》(J. B299)之示衆語,故不重錄,新文豐版《嘉興藏》(34),頁159中—160上。

三峰藏禪師全録　卷七

鄧尉山聖恩禪寺嗣法門人弘璧編

示　衆　下

示衆。①

示衆：②"參禪最忌易明，易明則情不枯，情不枯則入不深，入不深則見不透徹，見不透徹則何有相應分？所以古人四指闊文字亦須搜盡，令人向無摸索處摸索。故大慧以其師圓悟所作《碧巖集》傷于刳剔，欲碎其板，非徒然也。自評唱出，禪宗遂涉文字，致令學者有個着力處，甚至學語之流變而爲講公案，東穿西鑿，把佛祖慧命都成狼籍，可惜許也。若非親見親證，有個悟入處，決不可看此等書以爲活計，即如《智證傳》、《宗鏡録》亦然。有大心者當先從自己分上求之，待透徹後，細簡前書，決然有大證據。"

---

① 此示衆語同於本書所輯《三峰藏禪師開發工夫語録》之《工夫辨》和《三峰藏和尚語録・廣録》(J. B299)之示衆語，故不重録，新文豐版《嘉興藏》(34)，頁159中—160上。

② 此示衆語同於《三峰藏和尚語録・廣録》(J. B299)，新文豐版《嘉興藏》(34)，頁160中。

示衆。①

示衆。②

示衆：③"參話頭做工夫，不得修行斷習，作小乘人見解；縱使習斷，不得成佛作祖。要知祖師西來意，只在下手處鏟盡兩頭知見，善惡心行，善惡事相。隨衆過日，如牛耕田拽磨，但教努力向前，別無他顧，自然習心輕了；及至悟了，便得相應，方可謂之大修行人。"

普請拽石，④示衆："若論此事，與拽石上山相似。必先求一慣家石匠做定繩索，勿令脫落，將木船兩邊載穩，勿使傾仄。左右用力者以強韌挑木對面挑上，令船滑動。以一人鳴鑼打號，鼓衆着力，衆人牢把繩頭，一齊着力。拽上一尺，墮下二尺；拽上一丈，脫下二丈。無可奈何，只得同心協力，不顧危亡，盡力一囟，拽上高岡，然後轉灣入曲，直到基址，才用水平繩直布定階，沿礫石，方好立擎天柱，架跨海梁，金碧交輝，爲法門不朽之業。

若是無匠做索，乏船任載，左右無人挑扛，任他兩邊反側，則無限禍事，從此而出。加之號令不齊，身心不一，今日也拖，明日也拖，拖到臘月三十，依舊一場累贅，不但磋過多少好時好日，甚至和身輥入深坑大壑，永無出頭分。莫言不道。"

---

　　① 此示衆語同於本書所輯《三峰藏禪師開發工夫語錄》卷二《示冷公》和《三峰藏和尚語錄‧廣錄》(J. B299)，新文豐版《嘉興藏》(34)，頁160下—161上。
　　② 此示衆語同於本書所輯《三峰藏禪師開發工夫語錄》卷一《工夫辨》"道理不是禪"以下一段和《三峰藏和尚語錄‧廣錄》(J. B299)漢月於聖恩寺之示衆，故不重錄，新文豐版《嘉興藏》(34)，頁161上一中。
　　③ 此示衆語同於《三峰藏和尚語錄‧廣錄》(J. B299)，新文豐版《嘉興藏》(34)，頁149中。
　　④ 此"普請拽石"示衆語，他本皆無收。

示衆：①"公案中并無奇特玄妙在裏面，只要斷盡根本無明，又要斷盡微細無明，使人再不用將心性悟處，及作用悟處，并了見悟處。如消金礦，越消越净，越進越絶，越了越入。倘爾不識公案，只悟得個一了百了，大是禍事。爲人師者，切莫以一了百了之魔法誤人，仔細珍重！"

示衆：②"此事如做階沿人鑿石出火相似。第一先要石頭堅硬，次則鑿要鋼鎚，要大人，要有力，信手一鎚，則才看火爆然而出。雖然，你若道：'石中畢竟有火。'平常間，火在甚麼處？若要見，須向正迸出時會取。若以土墼爲石，竹箸爲墼，空拳爲鎚，病人搏擊，欲其火迸，縱千百年打弄，亦不得出。汝又莫言此中無火，只在石之堅，鑿之力，忽然迸現，方知盡大地都是火。雖然如是，切忌焦頭爛額。"

示衆：③"生死在有心無心處，輪迴在見凡見聖處，出生死在翻轉面皮處，看話頭在下手不得處，工夫在參不得處，精進在憤然忿然處，前後際斷在突然打失處，開悟在倒轉杓柄處，履踐在下脚不得處，相應在忘法處。"良久，云："只在切急，捷忽打失。"便拈出："咄！向這裏會始得！"

示衆：④"馬祖而下，尊宿之禪如乾卦；石頭而下，尊宿之禪如坤卦。馬祖下⑤以正而剛，奇其後句而捷其變化，如龍如牡馬，如天行之健，此法中之

---

① 此示衆語同於《三峰藏和尚語録・廣録》(J. B299)，新文豐版《嘉興藏》(34)，頁149中。
② 此示衆語，他本皆無收。
③ 《三峰藏和尚語録・廣録》(J. B299)有此示衆語，但句首有"晚參"二字，而且語末尚有"相應即不問，翻轉拈出一句作麼生道？卓柱杖一下！云：松虛日漏竹密風來"數句，新文豐版《嘉興藏》(34)，頁149中。
④ 此示衆語同於《三峰藏和尚語録・廣録》(J. B299)，新文豐版《嘉興藏》(34)，頁149中。
⑤ 《三峰藏和尚語録・廣録》(J. B299)作"馬祖下四宗"，新文豐版《嘉興藏》(34)，頁149中。

乾元也。石頭下①以迴互尚操履，虛其父祖而馴其載任，如牛如牝馬，如地德之順，此法中之坤元也。雖然，末後句正是操履不到處，迴互處正是變化無象處，乾坤道合，未嘗欠少也。"

示衆：②"粗悟一句一棒，便無一法當情。然此一棒，正是實法繫人，直須入三玄以銷盡，出三要以了盡始得。當知玄非奇玄之玄，法乃無法之法。"

示衆：③"當機一句是劍刃上事，不得如何、若何，才動著已成滲漏。雖然，若守著枯樁，有什麼用處？須知動著正是動不得的正句。要識正句，須識有句無句，然有、無句有多種：有'有問底句'，有'無問底句'，有問本合'有無句'，須知有時却無'無句'，無問本合'無無句'，亦須知却有'無句'。有問底'有句'與無問的'有句'，要審是同是別？無問的'無句'與有問的'無句'，要審是同是別？

"作麼生是如來禪的有、無句？作麼生是祖師禪的有、無句？如來禪、祖師禪相去多少？有句、無句有何力用，即出生死？爲甚會得有、無句，却出不得生死？爲甚有一種會得有、無句，須出生死，未透法身？如何出生死，全透法身？爲什麼潙山說個'如藤倚樹'？④ 須識'如藤倚樹'的道理，須向'如藤倚樹'處過得日子，最爲切要。先須看透此一節，再看'樹倒藤枯'等語，大須仔細！"

---

① 《三峰藏和尚語録・廣録》(J. B299)作"石頭下一宗"，新文豐版《嘉興藏》(34)，頁149中。

② 此示衆語同於《三峰藏和尚語録・廣録》(J. B299)，新文豐版《嘉興藏》(34)，頁149中。

③ 此示衆語同於《三峰藏和尚語録・廣録》(J. B299)，新文豐版《嘉興藏》(34)，頁162上。

④ 參《指月録・撫州疏山匡仁禪師》(X. 1578)，《卍新纂續藏經》(83)，頁598上。

示衆：①"諸人請看這'有句無句，如藤倚樹'，直須徹底相應。再看'樹倒藤枯，句歸何處？'且道是什麼境界？然後更看'哈哈大笑！歸方丈'，且道'有句無句'是那裏來的？且道'有句無句'與'樹倒藤枯'相去多少？又與'哈哈大笑'作何等看？爲什麼却有許多曲折？通前後、上下、縱橫，看來看去，必定有個道理，'有句無句'不可平白地起也，'如藤倚樹'不可恁麼放過也。'樹倒藤枯'不可輕輕滾去也，'哈哈大笑'不可亂做也。你道耳目前作何等過日？出言吐氣，也須識利害始得。"

示衆：②"行參立參，下手之猛；坐參卧參，入法之奧。"

示衆：③"入道光得安身立命處，步步若脱了他，是實法生死。初下手工夫貴粗硬直截，以其絕智而本地翻身也。入法工夫貴細妙屈曲，以其後得智生而本地著實也。"

---

① 此示衆語，他本皆無收。以下舉似，見《大慧普覺禪師語錄》(T. 1998A)，《大正新修大藏經》(47)，頁 883 上—中；《指月錄·撫州疏山匡仁禪師》(X. 1578)，《卍新纂續藏經》(83)，頁 598 上。

② 此示衆語，他本皆無收。

③ 此示衆語，他本皆無收。

三峰藏禪師全録　卷八

鄧尉山聖恩禪寺嗣法門人弘璧編

小　參

北禪寺告香小參，①師舉：②"僧問雲門：'如何是塵塵三昧？'門曰：'鉢裏飯，桶裏水。'又僧問：'如何是雲門一句？'門曰：'臘月二十五。'又僧問：'如何是法身？'門曰：'六不收。'"

師曰："只此三轉語，若人會教徹去，許你入北禪室。"即令大衆入室告香："三軍乍行，將頭須猛，且問參頭上座：'如何是塵塵三昧？'"僧出便喝！師云：" '如何是雲門一句？' "僧又喝！師云：" '如何是法身？' "僧作禮，師便打！

乃云："掣電乍形時薦取，尚屬明根。轟雷頓破處承當，猶縈我執。直須向威音未名、父母未生以前定當，則咳唾掉臂，一語一默，皆是向上一頭，末後一句，處處是獅子踞地，截斷衆流，向萬峰空裏去來，金剛山中出没，鳥語深花裏，雲生怪石邊，到恁麽田地，何等快活！何等自在！又何必在這裏起模做

---

①　《三峰藏和尚語録・廣録》(J. B299)亦收有此小參，句首并有"姑蘇"二字，新文豐版《嘉興藏》(34)，頁146上—147下。

②　此舉似參《指月録・韶州雲門山光奉院文偃禪師》(X. 1578)，《卍新纂續藏經》(83)，頁623下。

樣,告香入室,膠膠擾擾者哉？其或不然,只得與你個話頭去！"①

拈起竹篦子云:"喚著竹篦則觸,不喚著竹篦則背,不得有語,不得無語。如將泥團塞却七竅,氣急不通,憤之又憤,疑之又疑,疑得急切,悶得深,於穿衣喫飯處,迎賓待客處,屙屎送尿,搬柴運米處,或堂内,或堂外,或出,或入,目前山河大地,明暗色空,若本性,若妙心,總是背、觸不得。到這裏稍涉遲回,恐落冷窟,直須拼命再添一憤,如泰山崩,虛空碎,得個前後際斷,或一年半年,一月半月,目前如一隻雪碗相似。

"此處若不透祖家語脉,便坐在死處,於言句上便會不得,必須向言句上發疑,②猛力參去,得個大透脱,大了當。設若問他'塵塵三昧',便道:'飛的飛,走的走。'若問'雲門一句',他便道:'滿口吐金,遍地成鐵。'若問'伊的法身',便道:'就地輥。'若更問:'如何是塵塵三昧一句底法身？'他劈面便一掌！縱是三世諸佛,亦須退身三舍,歷代祖師出頭無分。雖然如是,若有舉著臨濟、雲門堂奧中事,一點不通,滿目生死,微細無明,一齊頓發。更須向師承邊溫研積稔,磨光刮垢,透盡綱宗大法。若直造到恁麼田地,正是行到水窮處,坐看雲起時,方與威音未名、父母未生以前一段大事相應。"隨顧一衆,云:"直須與麼始得,珍重！"

小參。③

安隱寺小參:④"妙明心中一念昏沉,即是無明;無明生起一分有知,謂之

---

① 此句《三峰藏和尚語錄・廣錄》(J. B299)作"只得與你個没底蓋底實法,有出脱底話頭",新文豐版《嘉興藏》(34),頁146下。

② "發疑"二字,《三峰藏和尚語錄・廣錄》(J. B299)作"起參",新文豐版《嘉興藏》(34),頁146下。

③ 此小參"舉神秀大師偈"内容與本書所輯《三峰於密藏禪師語錄》卷三同,故不重錄。

④ 此小參,他本皆無收,但《臨濟宗三峰法藏禪師禪學體系》原訛作"安穩寺",頁790,筆者依《三峰藏和尚語錄・三峰和尚年譜》(J. B299)所記,漢月於天啓六年丙寅(1626)冬,開法杭州安隱寺,修改爲"安隱寺",新文豐版《嘉興藏》(34),頁208下。

衆生;一分無知,謂之山河大地;明暗色空,山河影現,搖動知覺,謂之塵;知覺吸攬前塵,謂之念。所以生死流浪,從塵念起。若識得前塵本從妄念起,則塵本非塵;識得妄念前塵起,則念原非念。非念則真心如鏡,非塵則妙境歷然。此猶是五蘊邊事,尚落照功,正是生死根本。直須一時翻轉,如將寶鏡覆於桌上,無一點光明,則目前歷落之境,頓然忘却。正與麼時,通身墮在死水中,是體邊事,却是動、用不得。又謂枯木崖前錯路多,才動着,便落明暗兩路,直須向這裏看個話頭!"乃舉起竹箆云:"祇如喚作竹箆則觸,不喚作竹箆則背,畢竟喚作什麼?到這裏明歷不得,沉暗不得,正不得處,千挨萬拶,忽然拶破虛空,咄!梅花不解春消息,漏泄南枝一點香。"

小參。①

小參,②師驀竪一指,召衆云:"會麼?汝等若也會得,則心不生滅;心不生滅,則上至佛祖,下至含靈,一切世間,山河大地,明暗色空,一槌粉碎,安有我、人、衆生、壽者之相哉?到這裏直得一道平等去在。"

良久,復竪一指云③:"會麼?汝豈不知西天三祖商那和修尊者,已付法于四祖優波鞠多尊者,即隱于罽賓國南象白山中,後于三昧中見鞠多徒衆有五百比丘,其心尚有生滅,於法懈怠,互相我慢,乃往彼正之。鞠多見師至,頂禮次,尊者以右手上指,即有香乳自空而注,問鞠多曰:'汝識之乎?'鞠多不測,遂入三昧觀察,亦不能察,乃請曰:'是果何三昧耶?'尊者曰:

---

① 此"大凡真修行人須具一箇信字"之小參語同於本書所輯《三峰於密藏禪師語錄》卷三小參語和《三峰藏和尚語錄・廣錄》(J. B299),故不重錄,新文豐版《嘉興藏》(34),頁147上—中。

② 此小參同於《三峰藏和尚語錄・廣錄》(J. B299)"安隱寺小參",新文豐版《嘉興藏》(34),頁148中。

③ 以下舉似,參《指月錄・三祖商那和修尊者》(X. 1578),《卍新纂續藏經》(83),頁426中。

'是謂龍奮迅三昧,如是五百三昧,汝皆未知之。'復曰:'如來三昧,辟支佛不識;辟支佛三昧,阿羅漢不識;吾師阿難三昧,而我不識;今我三昧,汝豈識乎? 是三昧者,心不生滅,住大慈力,遞相恭敬。其至此者,乃可識之。'於是鞠多弟子皆悔謝,尊者復爲説偈曰:'通達非彼此,至聖無長短。汝除輕慢意,疾得阿羅漢。'五百比丘聞偈已,依教奉行,皆獲無漏。"

師云:"此則公案最爲微密,諸人當細細參詳,須知古人向這一指上悟去,便心不生滅。於不生滅中,久久純熟,便於不思議中自然出生多種三昧,故前人三昧,後人未知。近世悟明心地者,不向一指頭上入不生滅,尚見有我,於法懈怠,不相恭敬,故彼此互相憎嫉,甚而同師悟入者,互相鬥爭。蓋爲雖悟一指頭禪,不能在裏許過日,原與最初日處不得相應,一切廢却①,所以老僧得得上堂,對衆舉似。"復竪指,召衆云:"汝等須這裏心不生滅,住大慈力,遞相恭敬始得。"

小參:②"古德云:'禪須妙悟,非有逐日長進而爲妙悟也。'③蓋妙悟者,從心識不到處,忽地開悟,真個透頂透底,方謂之妙悟。若要求此妙悟,必須揀緊峭話頭,你若參'本來面目'、'主人公'、'念佛是誰',認定本性妙心,恰是引禍崇進門,一時擺佈不去。所以必須將竹篦子話,兩頭撐定,不容走作,古德所謂'祖師關',如此悟來透頂透底,方謂得者一句子禪。且道既是透頂透底,如何又喚做一句子禪? 須知悟後更有師承邊事在。

"老僧今與你注破,譬如人要到長安,趁夜船一覺睡著,忽地竟到,此是妙悟。雖到長安,途路中事,都不覺知,與未出路者無異,向後來如何向人指

---

① 此句《三峰藏和尚語録・廣録》(J. B299)作"三玄三要也不相應,連前所得,一切廢却",新文豐版《嘉興藏》(34),頁 148 中。

② 《三峰藏和尚語録・廣録》(J. B299)亦收有此小參,但句首無"古德云"三字,新文豐版《嘉興藏》(34),頁 148 中—下。

③ 《指月録・臨安府徑山宗杲大慧普覺禪師語要》(X. 1578)記大慧云:"我這裏無逐日長進底禪。"《卍新纂續藏經》(83),頁 753 上。

示其間曲折深淺,到與不到?所以倒縮轉來,詳盡路情,自始自終,永無疑誤。後來引人不致紆迴迷失,務令決擇真偽,不使躲根。

"正如善財初參文殊,文殊作象王回顧勢,善財便得頓悟。然只曉得此事,便處處用他,也有處用得是,也有處用得不是,只爲透脱不盡,無明處處蓋覆。文殊知其師法未盡,指參妙峰,見德雲比丘,七日尋覓不見,後至別山忽得相見,便乃大悟。後又有五十餘參,中間殺人算沙,上刀山,下火坑等,若不得盡師承邊事,決然心驚膽顫,如何度得?雖然,倘不曾真個在文殊處頓悟,而竟入師法,則學算沙者,祇是個算師弟子;學字母者,祇是個切字先生。

"所以古人道'没有逐日長進底禪',汝等諸人如今做工夫,①要得妙悟,須得妙悟的法。譬如兩扇門關却了,不得逾墻挖壁,定要一槌打破。若直透殿後,而堂奥中事,一總不知,不妨再點燈細細巡視一遍。你若一層一層偷開門路,窺視家私,則不得痛快,不但死來用不着,即今未死時,遇境觸緣,先喫許多生受,所以我這裏無逐日長進的禪。

"你今最要緊者在做工夫,做工夫之説極多,如貓捕鼠,最喻得好,古人云:'子見貓捕鼠〔乎〕?②目睛不瞬,四足按地,諸根順向,首尾一直,擬無不中。'③若是如雞伏卵喻,即有弊,只爲他把一句話頭綿密抱定,一暴十寒,未易發機。必須如貓捕鼠,直下見鼠,打個筋斗,不容走作始得。"

小參:④"汝等諸人一向穩貼貼地,如一亘晴空,清風匝地,且道病在於何?只爲認著一個猢猻子爲自己,將一片皮鞔在鼓裏,務要保養他,將皮繃鐵釘,布漆膠粘,養得自在。不知這猢猻子在裏許跳上跌下,撞東磕西,

————————

① 底本"工夫"二字前衍一"功"字,筆者依文意删去。
② 原文獻作"手",本書依文意改作"乎"。
③ 《指月録·龍興府泐潭草堂善清禪師》(X. 1578)所記黃龍慧南之語,《卍新纂續藏經》(83),頁 698 下。
④ 此小參,他本皆無收。

不得自在,醒着也不自在。所以祖佛出世,爲他解脱粘傅,隨順顛倒,因他皮繃鐵釘,布漆膠粘,越越加他十分繃釘,十分膠漆,令他無一點罅縫,使這獅猻子頭不得直,脚不得伸,身不得動,轉窄轉難,氣急煞人。

"到這裏須遇作家宗師,化一道清風爲身,團太虛空作個鐵鎚,於他氣不過處,看定頂門,如奮雷一擊,令這獅猻子與這皮殼,一時粉碎,亦化作清風爲身,握虛空鎚,直將盡空法界一切鼓裏獅猻子,都教一齊粉碎,但得一亘晴空,清風匝地。諸仁者!且道恁麼時,還有快活分也無?若有快活,即同這獅猻子;若無快活,不如這獅猻子。畢竟如何?若會不得,出來我與你加些繃釘好。"

錦樹院告香小參,①舉:"潙山禪師曰:'老僧百年後,於山下作一頭水牯牛,肋下有某山僧某甲字。若道是水牯牛,又是潙山僧;若道是潙山僧,又是水牯牛。'會麼?山僧即不然,現今即是水牯牛,但頭角撐天,四足按地,尾巴細處,汝等摸索不著。若摸索得著,一生參學事畢,各宜會取。"

小參,②舉:"僧遊五臺,問一婆子云:'臺山路向甚麼處去?'婆子云:'驀直去!'僧便去,婆子云:'好個師僧又恁麼去!'後有僧舉似,趙州曰:'待我去勘過。'明日州復去,問:'臺山路向甚麼處去?'婆子云:'驀直去!'師便去,婆子云:'好個師僧,又恁麼去!'州歸院,謂僧曰:'臺山婆子爲汝勘破了也。'"

師曰:"此則公案有三種見解。一種聞人舉著,即便悟去。一種疑道:'這僧問處與趙州一般,婆子答處一樣,爲甚這僧被婆子勘破?趙州却看破婆

---

① 此小參,他本皆無收;以下舉似,參《指月錄·潭州潙山靈祐禪師》(X. 1578),《卍新纂續藏經》(83),頁 535 上。

② 此小參,他本皆無收;以下舉似,參《指月錄·趙州觀音院真際從諗禪師》(X. 1578),《卍新纂續藏經》(83),頁 524 下。

子?'又一種道:'我但不上他機境,打個蹦跳出去便了,何故被他言語羅籠?'

"前一種是向上人行履,不待老夫指點;後一等人是下流人見解,佛也救他不得;惟有中等人,決不肯放過,老僧今日不免爲渠説破。這僧問婆子:'臺山路向甚麽處去?'早已勘破婆子了也;這僧舉似趙州,早已勘破趙州了也;諸人向這裏會得個分明,早已被老僧勘破了。若有不被老僧勘破者,出來相見!"時有僧人才出,師便下座。

端陽日,①真淨菴主求示"一語三昧"、"愛語三昧"、"正語三昧"小參。

僧出問:"今日端陽令節,和尚以何法示人?"師云:"山中禁備酒,墻上出榴花。"僧云:"謝和尚指示。"便禮拜。師云:"若會得這一轉語,便會得'一語三昧'、'愛語三昧'、'正語三昧',所以參學道流先須會得問處,方好會得答處,答處成句,方謂之'一語三昧'。一語者,世出世間,亘古亘今,直至未來,一切語言音聲,出不得這一語,故謂之'一語三昧'。此乃世尊睹星時見得底,頓超生死涅槃,更無他事,即今之一棒一喝一轉語是也。

"雖然,若不解'愛語三昧',祇成得個天然外道,佛不印證,度不得人,只好一生坐在青雲之外,不來人間,作無師承漢,須通得'愛語三昧',始與衆生氣分相接,才有爲人處。若通得此語,則前來顢頇儱侗,一時鍛盡,此一句中具三玄要、四料簡、照用賓主等法是也。若以此示人,人人可入得這三昧,可以及盡聖凡情量,如佛三七思惟,重新開悟,打開舌頭上十字關,不作囫圇説話,十方佛現,爲之印證。至於作家相見,與漳州人在長安市上打鄉譚相似,將家中枕子上語,曲曲折折都明白説盡,千人萬人不諳些子,自亦不曾傷鋒犯手,故謂之'愛語三昧'。

———

① 此小參同於《三峰藏和尚語録·廣録》(J. B299),新文豐版《嘉興藏》(34),頁149下—150上,但此段文句多異,下不贅注。

"至若今人才見問著,便作個蹦跳,胡言漢語,道是'不上他機境,不落他圈繢',又道'一棒打汝出血',此等皆是不正之語。須知會得底人,因這一語上鍛煉既精,出言無處不正,故謂之'正語三昧'。此三種語,出在《梵網經》上卷,①世尊未降生時,早已有此法則,故七佛歷祖皆有傳法偈,以法載心;若無法則,祖心無從傳付,所以悟道更須知法。珍重!"

寒食,②荇行中菴主,請小參:"諸仁者!去年今日行中尚存,若道行中生,則森羅萬象、十法界衆一齊具生。去年十月行中既寂,若道行中死,則森羅萬象、十法界衆一齊具死。今清明前一日,大衆請老僧爲行中説超生脱死法,既是超生脱死,則森羅萬象、十法界衆一齊超生脱死,何以故?法門不二故。雖然,老僧今日將森羅萬象、十法界衆都盧縛作一束,一時三頓,共與六十痛棒,直下透徹去。聽吾偈曰:一時三頓鶩頭錐,摟盡人間幻骨堆。眼底清明寒食過,桃花含笑語如雷。"

慈隆菴小參,③師於几上以打一圓相〇,云:"此地好建梵刹。"復於其中下一點⊙,云:"建梵刹已竟。諸人要知建梵刹底事麼?關開出滸水,帆落過湖船。若人會這二句,便能臨大路,開梵刹,接待十方雲水高流。待他才入門,放下腰包,便問他:'那裏來?'才要答話,便再問他:'脚下草鞋錢,阿誰布施底?'若眼目定動,好與劈脊亂棒,趁出三門!使他不受滴水粒米,便得飽餐去!"便下座。

聖恩寺小參:④"吾人一向閑落落地,自由自在,不見有甚生死。及乎一

---

① 參《梵網經》(T. 1484):"好語心者,入體性愛語三昧,第一義諦法語義語。一切實語者皆順一語,調和一切衆生心無瞋無諍,一切法空智無緣,常生愛心行順佛意,亦順一切他人。以聖法語教諸衆生,常行如心發起善根。"《大正新修大藏經》(24),頁 999 中。

② 此寒食小參,他本皆無收。

③ 此小參,他本皆無收。

④ 此小參,他本皆無收。

問將來，便覺通身束縛，擺脫不開。正如人著棋相似，平時展棋甚覺閒雅，哪知一入其局，便被馬後一砲，討得一場困頓，橫解解不得，豎解解不得，頭紅面赤，心發火涌，不可奈何。忽然發大憤怒，翻轉楸枰，將據木凳子一擊粉碎，走向門外看梅花去。旁人問道：'適來這一著棋子，如何打發得如此自在？'便向他道：'據木凳子四隻腳，那裏有甚生死！'豈不暢快？"良久，復示一偈曰："翻轉楸枰碎板皮，如今不受木橛欺。飽來閑步過橋去，多少梅花隔短籬。"

小參，①舉永嘉大師云："大丈夫秉慧劍，般若鋒兮金剛焰。非但能摧外道心，早曾落却天魔膽。"②"汝等諸人一向聞得永嘉恁麼道，無不〔嚮〕③慕，只是不得個欛柄，無從下手，老僧今日與汝個欛柄去。如何是個大丈夫撐天兼拄地？如何是秉慧劍？"喝一喝！云："二月梅花滿谷香，如何是般若鋒？你道這一喝是何意旨？如何是金剛焰？三世諸佛，歷代祖師，不敢側眼覷著，覷著則燎却眉毛，不但空摧外道心，早曾落却天魔膽。"喝一喝！良久云："若人會得這一喝，則著著了在機先，頭頭不落齒縫，單提一劍，快活過日，諸人還會也無？"又喝一喝！下座。

湖濱老宿發願，④接衆入山飯僧，請小參："鶯湖春水鷺鶯田，種得香秔飯衆緣。曾記當初告單處，到今三十有餘年。諸仁者！且道齋僧功德，畢竟是有？是無？若道是有，初祖又道實無功德；若道是無，古德又道齋僧是無漏福田。若人於此下得一轉語，則齋僧米，粒粒是向上因緣。還會麼？家田白飯炒鹹薺，板木鋪單荐席齊。辛苦不妨留一宿，來朝安穩過前溪。"

---

① 此小參同於《三峰藏和尚語錄・廣錄》(J. B299)，新文豐版《嘉興藏》(34)，頁 150 上，但此段文句多異，不影響文意之文字歧異，下不贅注。

② 《永嘉證道歌》(T. 2014)，《大正新修大藏經》(48)，頁 396 中。

③ 原文獻作"響"，本書依文意改作"嚮"。

④ 此篇小參，他本皆無收。

小參：①"'法本法無法，無法法亦法，今付無法時，法法何曾法？'②此是釋迦老子傳心付法偈也。"遂揮拂子云："此事如空中鳥跡，雲裏電光，無你著眼處，無你下手處。古人云：'狗舐熱油鐺，欲取取不得，欲捨捨不得。'③直須踏碎熬盤，趯翻破甕，翻個身轉，呵呵大笑始得。"良久，云："諸仁者！即今香煙婀娜，鐘鼓歷落，幢旛雲涌，高座當軒。老僧開兩片皮，鼓粥飯氣，向諸仁者熱鬧一上，且道是有法可説？無法可説？若道有法可説，世尊又道'法本法無法'；若道無法可説，世尊又道'無法法亦法'，且道畢竟是有是無？"喝一喝！云："高提三尺曉霜青，歷歷青蛇出匣鳴。突騎當關輕一喚，仵看四海盡昇平。"

小參：④"西來大意，各宜瞥地。只在目前，何曾虛棄？請看常住骨貧，門外索捕鼎沸，賒得柴，沒果費，監寺搜搜頭，庫頭不像意。昨晚忽遇崑山檀越送供菜，頓覺合山增意氣。饅頭香，油腐膩，人人盡道好滋味。還一半，吃一半，門外青山任君看。諸仁者！老僧將一栲栳西來的的大意，盡底傾向諸人面前了也。還會麽？"喝一喝！云："直下承當，不須打算！"

小參：⑤"逼塞虛空，不消老僧一楔；大地火起，當陽一杓惡水。於斯明得，竹密春生笋；於此不明，湖深夜沒天。還有簡點得出者麽？"良久，云："如無，老僧與汝商量去也。"以柱杖畫一畫，卓三下！下座。

---

① 此小參部分內容同於《三峰藏和尚語錄·廣錄》(J. B299)，新文豐版《嘉興藏》(34)，頁 150 中，但此段文句多異，爲不影響文意之文字歧異，下不贅注。
② 《指月錄》記爲釋迦牟尼佛付法迦葉之偈(X. 1578)，《卍新纂續藏經》(83)，頁 410 中。
③ 《大慧普覺禪師語錄》記爲圓悟之語(T. 1998A)，《大正新修大藏經》(47)，頁 883 中。
④ 此小參僅第一偈見於《三峰藏和尚語錄·廣錄(J. B299)》，新文豐版《嘉興藏》(34)，頁 150 中。
⑤ 此小參同於《三峰藏和尚語錄·廣錄》(J. B299)，新文豐版《嘉興藏》(34)，頁 150 下，但此段文句多異，爲不影響文意之文字歧異，下不贅注。

陸檀越爲母壽請小參①:"淡黄梅子日行遲,正是萱花爛熳時。綴尾粘頭花甲子,金剛練就赤圈兒。"遂以拂子畫一○相,曰:"今日陸居士爲母壽請老僧説法,老僧今日特特因齋慶祝,却將花甲子連頭接尾,鑄成一個金剛圈子,赤燒的的拋向諸人面前,還有透得金剛圈者麽?若無人道,老僧自下一轉語去也。青山屋後不知,白水平鋪古寺前。陞座不須拈拂子,兩行松柏自揮天。"

---

① 此小參,他本皆無收。

三峰藏禪師全録　卷十七

鄧尉山聖恩禪寺嗣法門人弘璧編

普　説

離心意識參　出聖凡路學①

離 心 意 識 辨②

一代時教説示看教者③

諸 説 會 通④

---

①　此篇同於本書所輯《三峰禪師開發功夫語録》卷一《離心意識參出聖凡路學》，以及《三峰藏和尚語録・書問》(J. B299)中《離心意識説示禪者》，新文豐版《嘉興藏》(34)，頁196上—中，故不重録；另，原文獻訛作《離心意識參出聖凡路子》，筆者依他本修改爲《離心意識參出聖凡路學》，《臨濟宗三峰法藏禪學體系》，頁800。

②　此篇同於本書所輯《三峰禪師開發功夫語録》卷一《離心意識辨》，以及《三峰藏和尚語録・書問》(J. B299)中《離心意識辨示禪子》，新文豐版《嘉興藏》(34)，頁196中—197上，故不重録。

③　此篇同於本書所輯《三峰禪師開發功夫語録》卷二、《鄧尉山天壽聖恩寺三峰藏禪師語録・法語》卷十七以及《三峰藏和尚語録》(J. B299)之《示看教者》，新文豐版《嘉興藏》(34)，頁189中—下，故不重録。

④　此篇同於本書所輯《三峰藏禪師開發工夫語録》卷一《諸説會通》，故不重録。

三峰藏禪師全録　卷二十三
（漢月禪師遺稿上）[1]

開山漢月藏禪師[2]

師名法藏，字於密，一字漢月，晚號天山。無錫蘇氏子。幼讀書，聞講《孟子》浩然之氣，投袂而起，神思慨然。一日，閱覺範《林間錄》，宛若宿習，遂發願出家。年十九，禮同邑德慶堅公薙度。越十年，受息慈戒於雲棲蓮池大師。又八年，受具足戒於靈谷古心律師。萬曆庚戌，行脚至三峰，樂其地而居之，修葺廢院，開創叢林。立百日死關，晝夜參究，忽昏眩嘔痰斗餘，放身熟睡。五日後，聞折竹聲，因大徹悟。

時密雲悟和尚開法金粟，師往見印證付法，得臨濟源流，歷主蘇之北禪，杭之臨平安隱、南屏净慈，梁溪之龍山錦樹，嘉禾之真如，松林之聖壽，重興鄧尉聖恩祖席，遂終老焉。崇禎乙亥七月示寂，距萬曆癸酉始生之歲，世壽六十有三，塔在聖恩後山，華亭董其昌撰銘，姚江黃宗羲補第二銘，嘉魚熊開元爲道行碑，門人潭吉忍爲行狀，繼起儲爲年譜，剖石

---

[1] 以下《三峰藏禪師全録》卷二十三、卷二十四和卷二十五，原爲上海圖書館所藏《漢月禪師遺稿》。

[2] 此《開山漢月藏禪師》傳，依抄録者江陰金素庵之按語爲抄録自"王伊《三峰清凉禪寺志》稿一則"，今可見於《三峰清凉寺志》卷四，《中國佛寺志叢刊》第4輯，第40册，頁99—101。

璧爲紀年錄，國朝康熙四十四年聖駕南巡，幸鄧尉蒙恩，追諡鏡通禪師。

按《三峰紀年錄》云："師天資高曠，初薙染不事事，惟留心筆墨，與薛廉憲〔純〕臺①爲世外交。嘗揭《河圖》、《洛書》於壁間，窮微研幾，深入象數之理，語人曰：'十《河》九《洛》，象教總持，須從無文字道理處求之。'時毘陵梁溪爲道學淵藪，户部錢公啓新②以《易》學自任，顧端文、③高忠憲④二公皆家居，深研聖學，復以釋、老參之，謂：'釋教與周孔所争，只在幾微間耳。'一日，偕過德慶，謁師劇談《易》理，别後貽書曰：'昨來院中半日談，如見麟鳳矣。'後師赴揚州道，由毘陵孫宗伯慎行⑤來謁，問道畢，復請曰：'昔從錢、薛二公知慕已久，願和尚提唱之餘，毋忘聖學。'著有《易究》⑥、《學庸究》、《論孟》、《參同》、《五經參同》。錢陸燦《縣志》亦謂師：'兼通儒書，

---

① 薛敷政（1552—1628），字以心，號純臺，直隸常州府武進（今屬江蘇常州市）人，原文獻訛作"繩臺"，本書改爲"純臺"，《江蘇省地方志》卷二十五，仕績十六，常州府三，http://jssdfz.jiangsu.gov.cn/szbook/jz/tzg9/rwz1/D25/D25J.html，2021/6/23。

② 錢一本（1539—1610），字國瑞，號啓新，南直隸武進（今江蘇常州）人，萬曆十一年（1583）進士，屢仕後因上疏論政弊，觸怒神宗，罷歸鄉里，潛心六經，尤研精《易》學，人稱"東林八君子"之一，天啓初追贈太僕寺卿，《明史》列傳第一百十九，參中國哲學書電子化計劃，https://ctext.org，2021/6/23。

③ 顧憲成（1550—1612），字叔時，無錫人，官至吏部文選司郎中，重修東林書院，其講習之餘，往往諷議朝政，被魏忠賢削官，崇禎初年獲得平反，諡端文，《明史》列傳第一百十九，參中國哲學書電子化計劃，https://ctext.org，2021/6/23。

④ 高攀龍（1562—1626），字存之，無錫人，進士出身，官拜左都御史，後被謫，回鄉家居近三十年，與顧憲成等人於東林書院講學，崇禎初平反，諡忠憲，《明史》列傳第一百三十一，參中國哲學書電子化計劃，https://ctext.org，2021/6/23。

⑤ 孫慎行（1565—1636），字聞斯，號淇澳，武進人，萬曆乙未（1595）進士，天啓元年（1621）任禮部尚書，卒年七十一，賜諡文介。孫慎行之學"從宗門入手，與天寧僧静峰參究公案，無不了然，每從憂苦繁難之境，心體忽現。然先生不以是爲得，謂儒者之道不從悟入，君子終日學問思辨行便是，終日戒懼慎，獨何得更有虛閒求一，漠然無心光景？"由此可推知，下文所記孫慎行以身爲儒者的立場，勸請漢月"提唱之餘，毋忘聖學"之原因，參《明儒學案》卷五十九，中國哲學書電子化計劃，https://ctext.org，2021/8/18。

⑥ 本書所輯《三峰藏禪師全録》卷二十三收有《易究後跋》。

有才略。吴門文文肅、姚文毅咸敬愛之。'①明末寇盜充斥,文肅嘗曰:'朝廷如肯意外行事,吾當舉漢月爲大司馬,天下指日可平。'其推重如此。"

右録王伊《三峰清凉禪寺志》稿一則

雜　　著

《彌勒成佛經》序②

夫惟心者,有、無不可得之心路既盡,而無物非心也;唯識者,有、無皆是己識所變,而無法非識也。身心世界,明暗色空,直下是一個靡己之己,不可以識識,不可以心心,如是而見則爲觀,如是而行則爲定,觀之定之,言思路絶,而此心任運騰騰者焉。且夫行者則撫其背,顧者則乞一文,初問即放下袋,再問遂負之行,彼長汀子者,果何人耶？③ 其於唯心、唯識、定、觀之光明大三昧,或有少分相應矣。

是知慈氏當來世尊,所感出世功德神力國土莊嚴者,以慈也。慈也者,兹心也,蓋兹心於有非有,於無非無,達解空法,而心如虛空,身爲法器也。夫有無皆非,何空之有？既空矣,何解之有？此彌勒大慈根本,得清净心,從於净命不受不著,於因地中萬法頭邊,有無坐斷,實處用空,空處用實,

---

① 錢陸燦(1612—1698)所編《常熟縣志》卷二十五有漢月之傳;傳中所提及文震孟(1574—1636)和姚文毅爲明代官員,文震孟於《明史》卷二五一,列傳第一百三十九有傳,卒諡文肅,參中國哲學書電子化計劃,https://ctext.org,2021/3/20。

② 此序同於《三峰藏和尚語録·雜著》(J. B299)所收,新文豐版《嘉興藏》(34),頁200下—201上,二本部分文字稍有異同,不影響文意之文(X. 1578)字歧異,下不贅注。《彌勒成佛經》應爲鳩摩羅什譯《佛説彌勒大成佛經》,《大正新修大藏經》(14)。

③ 《指月録·明州奉化縣布袋和尚》(X. 1578)記布袋和尚,時號長汀子:"常以杖荷一布囊,凡供身之具盡貯囊中,入廛肆聚落,見物則乞。……有一僧在師前行,師乃拊僧背一下,僧回頭,師曰:'乞我一文錢。'曰:'道得即與你一文。'師放下布袋,叉手而立。"《卍新纂續藏經》(83),頁422中。

著著與茲心相應。故其成佛壽命，身相國土莊嚴，事事殊勝。其國人民，以佛宿世德風，故生彼國者，諸根澹静，面貌端正，威相具足，相視無惡；林池寶華，金色無垢，穀豐美味，皆無外於唯心矣。

至若坐金剛莊嚴龍華菩提樹下，達衆生空，本性相實，運無緣慈，三會説法，廣接一切，以六度行，示無上寂滅，爲諸衆生斷長夜苦，無非推廣唯心識觀，洗除衆生心垢而已。故諸衆生身純是法，心純是法，口常説法，福德智慧之人充滿其國。三惡既少，女無諂曲，皆在忍心如地光明大三昧中。

故我釋迦以僧伽黎付大迦葉，授爲法印，爲即世佛。蓋慨堪忍衆生不信直指之道，不能即相得心，以是預爲鶖子等，拈出彌勒成佛，因緣殊勝，用告濁惡世中，心良苦矣。①

是經二千餘年，②匿諸龍藏，未能家喻户曉，兹雉皋范汝馨居士，宿同慈氏，後值龍華，睹長汀子之道寥寥，矢傳大士之心切切，現居士身，唱唯心法。敬刻此經，布震旦國，俾見此經者，皆入光明大三昧中，爲三會同心法侣。屬山野序其端，山野不解經義，竟於直指唯心處，更下個注脚。③

五宗語録序④

威音王已前，有無量恒河沙祖佛出世，以十方世界爲口，出無量言詞，談無

---

① 《一切經音義》(T. 2128)："舍利弗（奢利弗怛羅此云鶖子）。"《大正新修大藏經》(54)，頁482中；又，《佛説彌勒大成佛經》(T. 456)記世尊説此經之緣由，乃因舍利弗發問："彌勒名字、功德、神力、國土莊嚴，以何善根？何戒？何施？何定？何慧？何等智力得見彌勒？於何心中修八正路？"《大正新修大藏經》(14)，頁428下。
② 《三峰藏和尚語録》(J. B299)訛作"二十餘年"，新文豐版《嘉興藏》(34)，頁201上。
③ 《三峰藏和尚語録·雜著》(J. B299)末尾多"遂喝"二字，新文豐版《嘉興藏》(34)，頁201上。
④ 此序同於《三峰藏和尚語録·雜著》(J. B299)所收，新文豐版《嘉興藏》(34)，頁200上—下。

量竗義。其柰時人猶認三十二相、迦陵仙音爲佛真法身,故萬不得已,入化大道場,遺舍利八斛四斗,輪王收取,建造窣堵波,至級盡結頂去不得處,用千丈栴檀,大數百圍,從空卓下,自塔之至結角處交加處,透頂透底,聳立格外。上有重重寶盤,上之更上,復有銛然金頂,離頂入空,涌出五色寶光,一一光,各現非青非黃,非赤白黑,歷歷而明,類分不得之象。令人數盡層級,看透頂尖,辨析五光,心識路絕,不知不覺,目眩耳鳴,轟然若雷之破頂,自己全身化爲舍利之光,終日在太虛空中,爲祥爲瑞,或隱或顯,普使見聞衆生,同入五光三昧。

此一代時教、五家宗旨之的派也,何則？崇高多級者,五時之教義也,令人心思可到、受用可著者也。結頂處者,如來禪四句結縛,三世諸佛口挂壁上,大聰明人心如木石處也。千丈栴檀,從空破頂者,祖師禪向格外轉身,打翻窠臼,直截痛快也。重重寶盤,上有金頂者,轉出轉高,愈結愈銳也。此從迦葉破顏,以至六祖兩枝,各各見此面目也。離頂入空,放五色光者,五派分宗,各建旨趣之謂也。色非青黃赤白黑,歷歷而明,類分不得者,五家各出宗旨之面目也。令人看到教之級盡,宗之頂尖,心絕聞雷,化爲全身舍利之光,在太虛空中,爲祥爲瑞,或隱或顯,使見聞衆生,同入五光三昧者,入不思議境,得大自在,入魔入佛處也。

此五宗所以爲教與宗最上一大事因緣也。今之爲佛弟子者,入教則不能出於多級而透結頂,入宗則限於卓木而無重盤。於是善出語者貴迅捷,善作用者重孤硬,至於數五宗爲旁出,正旨爲義學,剖其方冊,削其語言,俾臨濟、雲門、潙仰、法眼、曹洞之真兒孫,頭破腦裂,將使法無防制,道可訛傳,五宗掃迹,方爲一大快事。何更有靈山會上,發願再來,護持末法正宗,如海昌之黎眉居士也,①參尋既久,入法益深,救法如救頭然,護世如護

---

① 海昌黎眉居士即郭凝之(活躍於約 1580—1633 年),《先覺宗乘》(J. B125)記郭正中原名凝之,字黎眉,彙編刊印《五家語錄》、《先覺宗乘》、《教外別傳》等書,新文豐版《嘉興藏》(23),頁 316 下。

眼目,搜五家語錄,梓布閻浮提世間,使有目者皆見塔頂放光,佛身常在,皆得五光任運自如三昧。此居士無功之功,曷可以浮圖功德而爲較量哉?山僧即於塔頂上,加聚沙一掬,勿使人更向五光中,分無分有,説是説非,失取雙目。

《教外別傳》序①

世尊②四十九年呢呢喁喁,與有心衆生情投意接,説到説不得處,突然向龍尾尖上,一聲雷震,使大地有情一時絶倒,翻身轉來,便個個能御風騎氣,興雨爲雲,龍雷迅捷,各各現大人相,不屬文字意情領畧,而得入正法,故謂之"教外別傳"。大畧此宗之旨,不出一個"別"字,便能攬長河爲酥酪,變大地作黄金,千丈舌頭談不到這裏,自然粒粒拋出金剛屑,破人腸胃,銷人骨肉,化成一道葭管中最先陽氣,不特有根者爲花爲果,至若頑空怪石,莫不温煖滋潤、爲之唱和矣。

海昌黎眉居士既從《河》《洛》一派,接續子輿氏性命之宗,於長者折枝處,頓證拈花一脉,乃集釋迦而下,金色慶喜,以至大鑑,振起五宗,迢迢千古格外之英,彙其語而付諸梨,各各現千百億身,處處説法,俾人人證而了之。方見黎眉通身手眼,根根毛孔放光説法,爲《先覺宗乘》諸大老中傑出之英,照映末世。山僧矢心此道,力荷有年,忽得居士同心,始知佛祖猶有真血脉在,法門殷憂爲之頓釋,因序而流通於古今天下。

---

① 此序同於《三峰藏和尚語録·雜著》(J. B299)所收,新文豐版《嘉興藏》(34),頁200下。《教外別傳》爲海昌黎眉居士,即郭凝之所撰,《卍新纂續藏經》(84)。

② 《三峰藏和尚語録·雜著》(J. B299)作"老胡",新文豐版《嘉興藏》(34),頁200下。

净 土 偈 自 序①

雲門募造佛牙鐵塔序②

騰蘭歸漢而金人叶夢,③康居至吴而舍利④涌光,⑤道否而人興,緣生而法震,由衆生之心靈不可盡汨,故古佛之靈異不能永沉,時繇於人,人因於瑞,俾衆生睹瑞而窮源返本,良有自耶。逆思祖師禪一脉,遠從七佛,近自歷祖,燈燈輝續,至我明像法侵隆,⑥真脉稍隱,間談及參禪見性法門,并以爲迂罔,佛祖靈骨,幾於滅没矣。嗚呼!

〔首〕山續風穴於將斷之際,⑦斯多繼師子于未刑之前⑧,有此乘願之人,任彼遥囑之法,宜其再興于今之世也。故雲門顯聖湛和尚者,再來人也,決起曹洞一枝于將墜之秋,强荷祖宗一脉于絲髪之季,唱和白雲者不無其

---

① 此序同於本書所輯《三峰禪師語録・净土直指》之《净土偈序》,故不重録。
② 此序同於《三峰藏和尚語録・疏》(J. B299)所收,新文豐版《嘉興藏》(34),頁 202 下—203 上。
③ 《佛祖統紀》(T. 2035)記漢明帝夢金人,乃遣蔡愔等十八人,使西域訪求佛道。後蔡愔等人於中天竺大月氏,遇迦葉摩騰和竺法蘭得佛像梵本經六十萬言,載以白馬,達雒陽,《大正新修大藏經》(49),頁 329 中。
④ 《三峰藏和尚語録》(J. B299)訛作"設利",新文豐版《嘉興藏》(34),頁 202 下。
⑤ 《高僧傳》(T. 2059)記康居國沙門康僧會來吴國,後因潔齋懇求靈驗,瓶中得舍利五色,吴主乃起建佛塔和佛寺,《大正新修大藏經》(50),頁 325 下。
⑥ 《三峰藏和尚語録》(J. B299)訛作"浸隆",新文豐版《嘉興藏》(34),頁 203 上。
⑦ 原文獻和《三峰藏和尚語録》(J. B299)皆訛作"仰山",筆者修正爲"首山",新文豐版《嘉興藏》(34),頁 203 上,原因爲《指月録・汝州首山省念禪師》(X. 1578)記首山省念(926—993)常私下勤誦《法華經》,因此衆人稱之爲"念法華",於風穴延沼(895—973)座下時,風穴垂涕告之曰:"不幸臨濟之道,至吾將墜於地矣。"首山問:"觀此一衆,豈無人耶?"風穴曰:"聰明者多,見性者少。"并告之:"吾雖望子之久,猶恐耽著此經,不能放下。"後風穴舉"世尊以智蓮目,顧視大衆",乃曰:"正當恁麽時,且道説個甚麽? 若道不説而説,又是埋没先聖,且道説個甚麽?"首山省念因而得悟,爲臨濟宗風穴法嗣,《卍新纂續藏經》(83),頁 638 上。
⑧ 《指月録》(X. 1578)記二十四祖師子比丘尊者被斷首前,以僧伽黎密付法二十五祖婆舍斯多,新文豐版《嘉興藏》(34),頁 434 上。

人,然而溯其源,拔其墜者,非假靈瑞以證之,人情未之信也。

由是古佛留牙于吳門陸氏之宅,相去百里,現相師前;既又放光燭夜,吳人共睹,遠近傳爲盛事,益信老和尚半世舌頭,一具齒骨,與古佛牙放光現瑞,非同非異也。兹將建鐵塔於雲門,并和尚光明幢同竪不朽,睹其事,①仰其人,喜祖法之再興,敬述其靈迹,以告夫十方。俾聞而興起者,不獨鐵塔易成,將使洞宗正脉,向古佛門牙上,廣宣流布於無窮劫矣。復説偈曰:"一具門牙半夜光,吳門説法不尋常。要知説法真消息,萬古雲門鐵塔藏。"

刻《梵網·心地品》題辭②

昔世尊未降生時,本身盧舍那佛,以所放光爲不語之語,廣告分身千億佛。今以此光四句道不得底法,直見心地觸犯不得,謂之大孝。使人人孝此心地,則十重、四十八輕戒永不敢犯。若使能光上頓悟孝旨,即入圓教四十心之聖位,直至成佛,總在一光所攝。故我參禪之人,於話頭上入手,便是大孝起脚處。至大悟之後,深入玄要賓主,無非至孝之道,孝我心地,不壞本佛,成就無上菩提,只在一毫頭上見得也。

《梵網·心地品》有二卷,上卷純談大悟已後入聖地位,其文頗奥,人不能讀,故誦戒者,單誦下卷,上卷束之高閣。今不慧以一線通之,遂感石佛放光,雨法師又作初解,而上卷將爲流通。兹去疾翁居士授菩薩大戒,思欲壽母氏而薦宗祖,乃以上下兩卷合刻流通,便於人人全見孝心孝親之孝,且功德不敢自私,乞老僧發明大孝之同心,以付諸梨,於是欣然提筆,書此以告夫同有父母心地之大孝者。

---

① 《三峰藏和尚語録》(J. B299)作"法藏睹其事",新文豐版《嘉興藏》(34),頁203上。

② 此篇題辭,他本皆無收;《三峰藏和尚語録·三峰和尚年譜》(J. B299)記天啟癸亥(1623),漢月:"是夏開戒北禪,定《弘戒法儀》,又著《梵網一線》,方屬稿,殿中佛頂涌出異光數道。"新文豐版《嘉興藏》(34),頁208上。

題倪康侯爲母書《法華經》後①

佛無身口，不解説法；法絶名理，不屬文字。世尊於四十年中，唯以虛空萬物爲身、口、意，以風聲水月爲文章，説一部《妙法華經》，後人結集，不得不知。康侯居士向何處下筆？因范孺人遺命，手書全部書成，屬山僧題其後。山僧曰："居士于無文字處，無名理處，不借釋迦身口，談我佛四十年來一段大事，於筆尖上，點出苦塊間無上菩提之心，爲母氏開示悟入是事。且道是事如何寫得？咄！點點心中血，灑作寶池華。"

題虛室上人書《法華經》後②

六萬字在筆未點時，早已寫過了也。豈待黑坐正甜，白光既發，起模做樣，三請不止，鼓兩片皮，指東劃西，然後謂之《法華》七軸哉？雖然，要見最後一大事因緣，且看虛室上人筆塚頭上青草。

禪 病 偈 跋③

《易究》後 跋④

余少讀《魯論》至"飽食終日，無所用心，難矣哉？不有博弈者乎"章，⑤意

---

① 此篇同於《三峰藏和尚語録》(J. B299)所收，新文豐版《嘉興藏》(34)，頁 202 中。
② 此篇同於《三峰藏和尚語録》(J. B299)所收《題虛室墨書法華經》，新文豐版《嘉興藏》(34)，頁 202 中。
③ 此篇《禪病偈跋》已收於拙著《漢月法藏禪師珍稀文獻輯注初編》中，故不重録。
④ 此篇《易究後跋》，他本皆無收；本語録卷二十三所收《開山漢月藏禪師》傳所記，《三峰紀年録》漢月曾撰《易究》，今只存此後跋。
⑤ 語出《論語·陽貨》，參中國哲學書電子化計劃，https://ctext.org，2021/3/23。

謂人之無所用心,蠢然石木,徒生於天地之間,誠爲世蠹,固當訶之。而孔子不指其他,而獨指"博弈",不亦倡爲有心石木,廢時失事,而蠹天地者乎? 至讀至"五十學《易》",以五十注爲"卒"字,①亦不知何所據? 此二疑者,梗梗於懷,幾四十年。偶以參禪之暇,閱《五燈》至遠錄,公因碁說法處,末云:"'且道黑白未分時一著,落在甚麼處?'良久,云:'從來十九路,迷悟幾多人。'"②恍然觸着博弈之旨。

因爲致喜,遂檢《河圖》、《洛書》,若合符節。傍及"五十學《易》"之語,亦爲證之。兹因友人之問,而於《圖》、《書》下添個注脚,於室中爲同參者語,侍者錄成,乃述數語於篇後,亦見讀書之不可不置疑也。至於黑白未分時一著,猶在當局者自下。

結社參禪文③

自覺聖智,從智不得有、無而發起;④《首楞嚴》王,於"事究竟堅固"而成就。⑤ 是以禪那在事上,開悟在自心,非關文字語言義理覺照可得而到也。若纔有理路,可爲講説,⑥皆落有無生死,皆不堅固故。苟欲明無上

---

① 語出《論語·述而》,"五十作卒"見朱熹《論語集注》,https://ctext.org,2021/3/25。
② 《指月錄·舒州浮山法遠圓鑒禪師》(X. 1578)記浮山法遠(991—1067)因歐陽修(1007—1072)請因棋說法,法遠云:"若論此事,如兩家着棋相似,何謂也? 敵手知音,當機不讓。若是綴五饒三,又通一路始得。有一般底,只解閉門作活,不會奪角衝關,硬節與虎口齊彰,局破後徒勞逴斡。……思行則往往失粘,心麤而時時頭撞。休誇國手,謾説神仙,贏局輸籌即不問,且道:'黑白未分時一著。落在什麽處?'良久,曰:'從前十九路,迷悟幾多人?'"《卍新纂續藏經》(83),頁663下。
③ 此篇同於《三峰藏和尚語錄·雜著》(J. B299)所收"結社參禪疏",新文豐版《嘉興藏》(34),頁203上—中;又,漢月於文中提及"山僧住三峰十有七年",因而可推定漢月作此篇於1627年。
④ 《三峰藏和尚語錄·雜著》(J. B299)作"發興",新文豐版《嘉興藏》(34),頁203上。
⑤ 宋長水沙門子璿集《首楞嚴義疏注經》(T. 1799)中解釋:"首楞者名一切事竟,嚴者名堅,即一切事究竟堅固。得此三昧,觀法如幻,於法自在,能破最後微細無明,能獲二種殊勝之力,現身説法,無礙自在。"《大正新修大藏經》(39),頁826中。
⑥ 《三峰藏和尚語錄·雜著》(J. B299)作"何故纔有理路,纔可講説",新文豐版《嘉興藏》(34),頁203上。

菩提，所貴參須實參，悟須實悟，此處得力，方乃受用得著。不然，則依倚說時便有禪，不説時便無禪；惺惺照時便有禪，睡著時便無禪；生時明白便有禪，死時昏悶便無禪矣。蓋爲自覺聖智，不曾真從有、無不得處發興，《首楞嚴》王不曾實到究竟堅固於事上耳。

良以人因識路，動落思惟，以思而通，必落有、無二邊之生死，故謂之邪思惟。苟思而轉結，必斷有、無，別通一路，乃謂之正思惟。夫禪者，《楞嚴》所謂"紗奢摩他、三摩禪那"①是已。以奢摩他之空，可思也；三摩提之假，可思也；禪那之中，可思也，此猶邪思所到處也。至若紗奢摩他、三摩禪那，以"紗"字一串穿起三觀、三止、三諦，了無空罅，則事事皆如銀山鐵壁。

故昔人舉拳云"喚著拳則觸，不喚著拳則背"，以其即之、離之，皆落坑塹，故若即此一事背、觸不得，你向那裏安身立命？於此去不得處，力參力究，向死水中一迸，透脱真光，處處著實，方始事事究竟，事事堅固。方始於智不得有、無處，發興大悲紗心，如金剛王事事破除，謂之般若波羅密。而《法華》亦開於此、示於此，令人悟於此、入於此也。此處一入，不但教言入正法，乃至俗間經書、治世語言、資生業等，皆順正法。② 而惺夢睡著、生之與死皆自在受用，無所疑滯。不入此門，皆隨福智轉去，則三乘五性，各各自謂成無上道，不能以此菩提紗心一貫收攝，而成剩法者多矣。

山僧住三峰十有七年，與諸子日夕以此事究心，邑有居士輩奮然發心，將結甲參禪，索數語爲同學策發，不覺落二落三，牽枝引蔓。請於百草頭捉敗老僧，③則臨濟之主賓、洞山之偏正皆藏身無地矣。④

---

① 《首楞嚴經》(T. 945)，《大正新修大藏經》(19)，頁 106 下。
② 《妙法蓮華經・法師功德品》(T. 262)，《大正新修大藏經》(9)，頁 50 上。
③ 《三峰藏和尚語錄》(J. B299)多"塵埃中識取天子"一句，新文豐版《嘉興藏》(34)，頁 203 中；《指月錄・澧州夾山善會禪師》(X. 1578)記夾山善會(805—881)："百草頭薦取老僧，鬧市裏識取天子。"《卍新纂續藏經》(83)，頁 565 上。
④ 《三峰藏和尚語錄》(J. B299)末尾多"吽！吽！無位真人是什麼乾矢橛"一句，新文豐版《嘉興藏》(34)，頁 203 中。

自跋和隱真子勤修偈後①

通玄峰乞米題辭②

通玄舊爲韶國師道場,③荒落久矣。近得吾師密老和尚從荆溪越廬阜玉山,過此誅茅縛廠,煮蕨根;未久而天下納僧披榛覓着,遂白椎請爲陞座,片言流布,竟爲蔡子穀居士推出金粟,萬指雲集;未幾復往鄞山,今在太白,開淤闢石,大建殿堂。④ 而通玄諸徒本潔等,亦幻絢寶林,恍國師舊日之宏製矣。兹將乞我師還山,以無米飯、不濕羹齋五百應真於堂下。而本潔禪人恐法味深濃,糧餱澹泊,不足以安其師、樂其衆,故乞米於長水。適遇老僧説法真如,一日以疏丐予爲文,竟以直語疏諸首云。

顧居士詩集序⑤

夫不言言而象示者,《圖》、《書》、卦、畫也;⑥言不言而象示者,聲、詩、詠、

---

① 此篇《自跋和隱真子勤修偈後》已收於《漢月法藏禪師珍稀文獻輯注初編》中,故不重録。

② 此篇題辭,他本皆無收;又,漢月於文中提及"適遇老僧説法真如",因而可推判漢月1633—1634年之間作此篇於嘉興真如寺。

③ 天台德韶(891—972)住天台通玄峰,《指月録·天台德韶國師》(X. 1578)有其偈曰:"通玄峰頂,不是人間。心外無法,滿目青山。"《卍新纂續藏經》(83),頁656上。

④ 《密雲禪師語録·天童密雲禪師年譜》(J. A158)記密雲自天啓二年(1622)冬十二月起,住天台通玄寺;天啓四年(1624)三月檀越蔡子穀聯璧,請住嘉興海鹽金粟山廣慧寺;崇禎三年(1630),又有住鄞山阿育王廣利禪寺之請;崇禎四年(1631),又請主太白山,新文豐版《嘉興藏》(10),頁80下—82下。

⑤ 此篇同於《三峰藏和尚語録》(J. B299)《顧子方詩集序》,新文豐版《嘉興藏》(34),頁201上;本書所輯《鄧尉山天壽聖恩寺三峰藏禪師語録》卷十七,另收有《心經説示子方》。

⑥ 此句之"《圖》、《書》"應爲《河圖》和《洛書》,《三峰藏和尚語録·三峰和尚年譜》(J. B299)記萬曆23年乙未,漢月23歲,粘《河圖》、《洛書》于壁,嘗語人曰:"十《河》九《洛》,象教總持,須從無文字道理處求之。"新文豐版《嘉興藏》(34),頁204下。

歎也。揭山雲海月、禽獸草木之形,以直指乎人之本天;吟山雲海月、禽獸草木之韻,以曲發乎人之本天。俾絕情理者,豁悟其象外之旨,而超乎作用之表;溺情理者,蕩脫其象外之趣,而見乎言意之中。故詩之示斯道也,遠矣!微矣!然究其所以遠,所以微,以其不言也,以其無意也。而得其所以切,所以著者,以其絕情也,以其絕理也。惟理絕情亡,而情理得矣;不言無意,而言意伸矣。乃曰:"鳶飛戾天,魚躍于淵。"①唐〔棣〕偏翻,而室不遠矣。②

三百篇之言亡道,而道彌著,是古詩靡間於風之變正也,五、七言之句泯理而道益深,是唐詩之最妙於時之初盛也。退則求深而失淺,求理而失微,其晚唐、宋學之謂乎?猶伐柯而睨視也。③迄我明中葉,氣象堂皇,音聲鏗激,所涵〔詠〕④尚深序蓄乎不言之表,近體則字句尖生,華致脆薄,良恐空音霞綺之飄,而於不言之象遠矣。

余曩泊舟張涇,得顧子方、陳子本符二居士促膝夜談。初談禪,既而談道,續而談詩。〔惟〕⑤時子方未弱冠也,而其詩沉蔚奇切,有子美、東野之度。⑥本符以所遭,少聞問。而子方信道彌篤,參禪受戒,茹素斷酒,積有歲年,忽出新刻一編,而其詩一變,遂爲澹遠弘脫,不涉今人古人口吻,有唐漢三百篇言外之響,以直指夫《圖》、《書》、卦、畫之玄象,其必有得於不師心,而爲心之師者歟。子方既不以予不知詩而屬予序,予不敢辭者,欲因詩以進子方於道也,子方其勉之。

---

① 語出《詩經·旱麓》,參中國哲學書電子化計劃,https://ctext.org,2021/3/25。
② "棣",原文獻作"隸",本書依文意改作"棣"。漢月此語應是源於《論語·子罕》中,子罕云:"唐棣之華,偏其反而。豈不爾思?室是遠而。"子曰:"未之思也,夫何遠之有?"參中國哲學書電子化計劃,https://ctext.org,2021/3/25。
③ 《中庸章句》:"詩云:'伐柯伐柯,其則不遠。'執柯以伐柯,睨而視之,猶以爲遠。"參中國哲學書電子化計劃,https://ctext.org,2021/8/20。
④ 原文獻作"泳",本書依文意改作"詠"。
⑤ 原文獻作"維",本書依文意改作"惟"。
⑥ 杜甫(712—770),字子美;孟郊(751—814),字東野。

跋古雪居士遺稿①

古雪居士者，佛心而儒行者也。弱冠初不欲娶，翩然有世外想，父母惜其才，强之婚。既受菩薩戒於雲棲，與吾徒玄穎爲方外交最密，嘗問道於余，聯床旦暮凡幾月，期以薙染參究，志在一第報親之後。及玄穎没，復作詩弔之，甚悽惋。余住三峰招之以書，厥後竟以青雲白雲，趨向各別，及再詢之，已成千古矣。

歲己巳，②余説法九龍之錦樹庵，值賈居士某，古雪之高弟也。出居士生平所著詩草一帙，及《沉香亭記》一册，吟其詩，則清響如怨鶴夜鳴，石琴秋鼓，真令人灑颯欲涕。觀其自爲志銘、自爲傳贊中，有云："生爲博士弟子，試輒不後，亦不甚前，以是浮沉十餘年，而竟以病廢，是則其未了之局也。"披覽及此，不覺投卷而歎曰："嗚呼！古雪居士以宿生不了之僧，爲今世不了之儒，復以不了局繫之夢幻中。曷若投碁翻局，爲僧、儒并了之人，然後不妨儒而儒了，僧而僧了，與世浮沉，爲夢爲幻耶？居士有知，當憶對床竟夕之語矣。"于是跋于詩尾，爲居士作一大了局。

喝石大師傳③

昔死心禪師做工夫，如貓捕鼠之切，見知事椎行者而迅雷忽震，廓然自肯，趨謂晦堂老人曰："別人是禪床角頭參底禪，某是自己悟底禪。"堂曰："選

---

① 此篇同於《三峰藏和尚語録·題跋》(J. B299)所收《跋古雪居士遺稿》，新文豐版《嘉興藏》(34)，頁202下。
② 崇禎己巳年爲1629年。
③ 喝石如奇（活躍於約1554—1622年間），號寒灰，初投紫柏真可出家，此傳同於《三峰藏和尚語録·傳》(J. B299)所收，新文豐版《嘉興藏》(34)，頁201中—202中；《三峰清涼寺志》卷四亦收有《喝石禪師》，《中國佛寺志叢刊》第4輯，第40册，頁128—129。

佛得甲科，何可當也！"①此實證實悟而自肯者也。

近世禪師因做工夫不能如貓捕鼠之切，遂無迅雷忽震之證，每見得依稀相似，自亦道是，不敢承虛接響，恒不自肯；見實證悟而自肯者，則疑其爲必無是事，言皆魔詆耳。既具此疑，則不獨疑一人，遂致疑天下近世必無悟者。故有但求工夫佳處，弗②求早悟，以墮魔網之誡，舉世成風，而禪道遂致掃地矣，欲求真實自肯者，蓋難其人。

予於喝石大師之自肯處，痛哭流涕而驗之焉。師諱如奇，號體玄，住徑山之喝石，後世仰而稱之爲"喝石老人"。吳江方氏子，父簡，母趙氏，先名臣孝孺之裔。初業儒，補邑庠生，文筆超穎，善書而詞賦兼著，與抑所思白眉公友善，藻思相抗，館平泉陸宗伯所。時禪風淪落，細素英宿，絕口宗門，而平泉頗事參究。

師因閱大慧語錄，決志大事，奔禮紫柏大師，參竹篦話，久無所入。儒冠執侍，柏門風高峻，每以灰鞭棘棒，日加捶楚，缺眉裂額，瘢駁遍體，獨秘重德山棒旨、慈明罵意，邈不可湊。周旋數年，無所契，退依憨山大師於那羅延窟，遂誓薙披，以了此事。深領教義，仍歸紫柏，而柏益峻。

師嘗與密藏開公，同事刻方冊藏板於五臺、雙徑，而藏公參德山托鉢公案有省，且見禪道難弘，創臂出血作書，力勸紫柏易衣入山，柏不報，乃作亮座主、龍山老人故事，③䗐遯絕影。師慕之，半歷中原，窮終南，自川出楚，不惟不見藏公，且絕不見一人致力此道，乃於途中力究，忽有所入。道抵公安，聞中郎袁公作禪語，與龍湖諸老唱和本分事，因往見之。公與師見處頗相契，師歎曰："我緇門寥落，有願荷此事者，乃入軒冕中爲唱導耶！"

---

① 參《指月錄·隆興府黃龍死心悟新禪師》(X. 1578)，《卍新纂續藏經》(83)，頁697中—下。
② 《三峰藏和尚語錄》(J. B299)作"勿"，新文豐版《嘉興藏》(34)，頁201下。
③ 《指月錄》(X. 1578)記亮座主和潭州龍山和尚皆爲避世隱居之人，《卍新纂續藏經》(83)，頁500下和頁501中。

喜爲盤桓幾年,手錄中郎閑時語,爲《珊瑚林》,①刻行于虎林。

師歸雙徑時,予力參既久,思訪天下留心此道者。磐礴吳越,登徑山,造喝石,遍問山中禪士,而化儀、慈音二老爲翹楚,咸謂予曰:"公欲覓悟道者耶? 悟道者,古則有之,今無其人矣。獨體玄公近日從楚中還,日以悟道爲急務,此必魔業耳,公不入其保社也。"②予始知有師,遂叩之,師秘重不出一語。予復叩紫柏生平拈示處,師亹亹語之不倦,相看六十日,別數載,杳絶音問。

於時紫柏罹難既寂,憨師遭竄猶縈,藏公絶影,天下無敢言禪者。惟以净土獨唱,緇素翕然,若定於一,間以"念佛是誰?"開做净業工夫,久久要其净思純熟,而最忌者唯"悟"之一字,號爲魔窟焉。師亦俛首説净土,更號"寒灰叟",弘法之心,徹底灰冷,昔時行履,泯然著於咨嗟之外矣。

後數載,聞師閉關嘉禾之小東林,予致書道本分事,師亦無所答。後趨見於杭之蓮居,見師坐深穩之地。余結期婁江慧壽,③邀師執牛耳,師携潁夷骘公後至,骘參狗子話,於"無"字上生解路,予曰:"子謂無爲休寂之實法耶? 否! 否!"再問,余曰:"汝問我。"骘問:"狗子有佛性也無?"予拍手厲聲曰:"無!"又問,予拍手厲聲曰:"有!"於是骘有省入。師熟視余曰:"佛法果如是乎!"於是相向而笑,徘徊月餘,師先去。

次年,余復往見於嘉禾祥符庵,師曰:"我欲與公同住一上,得否?"余曰:"固所願也!"師欣然過三峰,先以一關留師,而聽石、梵伊、澹予、盡心、在可、項目六禪人陪坐其中,日夕論究。期一載,復入余括囊關中。師年六

---

① 袁宏道撰《珊瑚林》,明萬曆清響齋刻本,中國國家圖書館藏。
② 《三峰藏和尚語録》(J. B299)作"公幸勿入其保社也",新文豐版《嘉興藏》(34),頁 201 下。
③ 《三峰藏和尚語録·三峰和尚年譜》(J. B299)記此年爲萬曆四十六年戊午(1618),漢月 46 歲,新文豐版《嘉興藏》(34),頁 207 上。

十有七，精神益壯，深究不肯置，聞小修袁公①從新安入吳門，期一見。師欲破關去，余曰："大慧《十智同真頌》，②師曾判斷否？"師因糊頌壁間，研味久之，乃往吳門，僦居瑞光寺。尋有書來曰："近來得大痛快，三十年來事，今實自肯已，手書'自肯寮'，匾之於室。"此於"東西南北無門入，曠劫無明當下灰"實證之也。

其於灰鞭棘棒之用，則隱而未之發，且不明言證處，以平昔習秘重耳。小修見之，知其所造益玄，草草別去，未幾而書來告疾。予以關期未完，不能趨視，遣聽石、梵伊輩遞往給侍。師於病劇時，與若輩日相酬唱，迅辨鋒穎，脫盡生平知見，張九服孝廉崍與予善且有所得。自婁江別師數載，適聞師疾來問，激揚機用，不少遜讓。擇日告行，手書净土偈示徒，仍作書見遺別衆，歡然而逝。

師生於嘉靖某年月日，寂于萬曆某年月日，世壽六十有九，僧臘三十有二，遺命茶毗，建塔于徑山寂照之左岡。師嗣紫柏大師，而薙落於憨山，得戒雲棲，與袁中郎、蘇雲坡、吳本如③、黄群玉爲友，獨推中郎見處，爲録刻其語。嗚呼！師生末法之世，值禪厄之秋，仰未得親承印記之人，俯未逢同唱斷金之侶。余生師後幾二十載，相視莫逆，法門砥礪，獨有同心，故其末上光明幢，惟余知之，因略師之生平梗概如左，至若師之密行，不能盡述，其臨寂時語及偈頌書問，皆得大自在，兹不録。

贊曰：

---

① 《三峰藏和尚語録》（J. B299）多"儀部尚書郎小修袁公"頭銜，新文豐版《嘉興藏》（34），頁 202 上；袁中道（1570—1626），字小修。
② 《大慧普覺禪師語録·十智同真頌》（T. 1998A）："兔角龜毛眼裏栽，鐵山當面勢崔嵬。東西南北無門入，曠劫無明當下灰。"《大正新修大藏經》（47），頁 855 上。
③ 《江南通志》卷一百四十六記吳用先（1564—？），字體中，桐城人，萬曆壬辰（1592）進士，累官都御史巡撫，參中國哲學書電子化計劃，https://ctext.org，2021/8/20；《徑山志》："吳用先大中丞，號本如，桐城人。恢復下院化城，歲施刻藏銀一百兩，緣起別見。"《中國佛寺史志彙刊》第 1 輯，第 32 册，頁 992。

詞林之穎，儒冠之傑；乍閱禪語，參究唯切。
趨侍柏師，棒棒見血；斷髮牢山，遍參始瞥。
爰遇中郎，心契符節；及歸吳越，禪燈冥滅。
逐浪隨波，以淨土說；轉入轉深，愈高愈絕。
六十有八，脊梁真鐵；一旦自肯，大法頓徹。
無明既灰，剛王獨雪；一生溫雅，到晚始烈。
川駛雷奔，非三寸舌；臨行歡笑，與禪友訣。
六十九年，單剩一橛；堪歎世間，盲龜跛鱉。
專重工夫，於悟輕蔑；死來熱亂，誰爲汝挈？
三十年後，辨有明哲；嗚呼喝師！起懦扶鱉。
卓然而存，爲萬世碣；紫柏一枝，森森不絕！

三峰藏禪師全録　卷二十四
（漢月禪師遺稿中）

詩

登虞山第三峰和唐常建韻①

三峰高巔下，翳翳何朝松？住茲知幾年，未識溪雲重。
唐人碑已没，破殿存餘踪。榛荒舊藏虎，祠近常歸龍。
頹然置短榻，不問山靈容。受斯岑寂區，浩瀚當我胸。
輕桴浮落照，渺矣欲爲從。無何孤絶情，携策還登峰。
俯仰見初月，坐卧聞幽蛩。寥寥此生事，風發虚林鐘。

題蹟墨上人四時畫卷

人心無所托，寥寥空境前。玄黄未染初，漠爾開吾天。
太虚浮尺素，毫末驅雲烟。倏焉噓筆風，春入千峰妍。

---

① 此文獻鈔録者江陰金素庵於天頭案："以下五首自王伊寺志稿中輯補。"以下五首詩現可見於光緒(1892)王伊所輯《三峰清涼寺志・藝文》卷十四，《中國佛寺志叢刊》第4輯，第40册，頁457—472；此首題名《三峰清涼寺志》僅作《三峰次常建韻》。

輕縠縐湖水,日側空帆顛。水轉山欲斷,石傍艤漁船。
山色晴益重,高樹矮墻邊。登登漸入深,彷彿有鳴蟬。
開屋傍凝陰,長風夜爽然。未幾葉爲花,爛矣相呈鮮。
蕭焉換人骨,寒氣透重綿。雪樹擁馬蹄,窮搜恣騰騫。
開窗一展卷,瞬目已經年。方知蹟公心,不死飄如仙。
窈然覿相見,晤語對雲箋。軸卷竟隔世,長①水流寒濺。

題　　畫

虛空不盈尺,突然發千嶂。迴疊杳無路,樹色分背向。
叢叢最高深,人疑在天上。飛心入蒼碧,不盡開詩況。
回看斷處山,漠漠應無量。幾欲辦草鞋,十年一柱杖。
搜盡此中奧,結屋消閒曠。

感　　古

世道首重孝,己父號罔極。此身肖以生,終天痛相憶。
始祖豈曰疏,父父遠貽則。基業近承荷,勉之家在克。
孰以父業重,棄而拂成式。冒玆不孝罪,萬世天人殛。
有子曰周厲,禮樂奉不職。不願父文武,託言禰后稷。
渺渺越前聖,群小起荆棘。雖有社稷臣,言路永以塞。
典謨廢盡後,干戈閱墻域。紛争自此興,拒裂成戰國。
周名忽已亡,五霸浪爲力。悲哉魯君子,筆投空嘆息。
設有效忠憤,攘臂爲屏翊。欲迴幽厲心,亟稱文武德。

---

① 本文獻冗"流"字,筆者依《三峰清涼寺志·藝文》卷十四,《題蹟墨上人四時畫卷》删除修正,《中國佛寺志叢刊》第 4 輯,第 40 册,頁 471。

無從咸聖善，式以感疑愎。棄置烏足道，誅夷已不測。
揮涕籲蒼玄，蒼玄漠無色。良恐世無父，有子墮鱗翼。
何以萬世垂？切焉轉爲惻。湖山顰清眉，風氣熱鬱抑。
漁父飄然歌，石人眼訕拭。斯脉苟不斷，天下猶容直。

又

昔世足真文，圖書絢五色。龍馬乾坤合，八卦密緘繊。
九一抱中五，四首縮爲極。蹄尾比馬牛，麤身三不識。
最著鳳凰現，斐焉備諸式。吹噓叶八音，儀威王者翼。
一鳴四海和，百禽嘿稟敕。豈無鷲隼烈，化鳩以臣職。
微物統天命，聖生而平直。不用費稻粱，自有竹實食。
秦火廢圖書，古文出胸臆。龜麟既不貴，鳳亦藏荆棘。
鶯黃①自云好，百舌生妒刻。千林巧相弄，春風靡成惑。
四時變花綺，未契真文德。是辜鳳者心，羽毛反自塞。
窺桐時一吟，略見古風則。雜音不尚和，此道重深匿。
空有鳳凰名，令人想鴻鵠。

虞山峰三十景　有序②

海虞之第三峰，其峰最高，爲諸山之頂，舊志圖名虞山。山之左有瑞

---

① 《三峰清涼寺志·藝文》卷十四作"簧"，《中國佛寺志叢刊》第4輯，第40册，頁471。

② 底本無此序，筆者據上海圖書館藏《次栯堂禪師山居詩四十首三峰三十景詩》一卷内漢月作於萬曆庚申年（1620）之《虞山峰三十景詩有序》補。栯堂文益爲元末明初之禪師，著有《栯堂禪師山居詩》四十首，漢月之詩乃次其韵而作。此序雖亦可見於《三峰清涼寺志·藝文》卷十四《虞山峰三十景詩有序》，但該本刪略多處年代信息，文字雜錯，且無漢月書寫年代信息，《中國佛寺志叢刊》第4輯，第40册，頁457—458。

石庵、上方院，右有拂水塔，下有烏目澗。山之翠微有古刹，圖名山峰禪院，俗名三峰，以在第三峰故也。注云：在白龍祠之西南岡，世傳創自齊、梁，志稱惜前志毁於宋紹興兵燹，自吳通上國以來，故實茫無紀載，良可嘅也。以故失其年代、僧名，而慶元間，①縣令孫應時始一修志，但有圖名與注如前而已。元至正間，②知州盧鎮又復脩之繼之。

國朝繩志載其爲古迹明矣，考之唐常建之所登歷於破山，則有"山光悦鳥性，潭影空人心"③之句；在《第三峰》則有"西山第三頂，茅宇依雙松。因寂清萬象，輕雲自中峰"④之句，今古千秊如在目前。院代爲大功德主金湯，至 嘉靖間倭亂，⑤僧將殘逸，乃售邑中。 趙少參益齋公曲護存其墟屋，遂成虎穴，嗣僧前後開拓，復成蘭若，乃分居如應院，藏居其右者，凡幾年承世業。 山主和齋趙公靄靄然，不獨相容，且深供護，而短籬荒徑，蕭然屋壁，真有世外趣。邑社友福明等出貲，購其院，鄰立永施，券合爲一區，仍其舊觀，爲十方常住，世守雲棲規制。因遂飭堂添居，築墻開徑，晨鐘夕梵，漸有小致矣。

兹有 孫唐卿居士指授常建詩，令求名筆勒石峰下，以志古迹，不揣蕪罔，詠三峰三十餘景以發 高人，采爲提唱之柄，或文或詩，乞成僧史，庶幾梓傳千古。因人托附爲烏目山峰不磨之勝，既云其抛磚引玉之愧，似不能掩其拙也。

萬曆庚申　六月　日
梁谿德慶法藏於密氏敬書

---

① 宋慶元間爲 1195—1200 年。
② 元至正間爲 1341—1367 年。
③ 唐代常建(708—765)《題破山寺後禪院》，《全唐詩》卷一百四十四，參中國哲學書電子化計劃，https://ctext.org，2021/3/26。
④ 常建《第三峰》，《全唐詩》卷一百四十四，參中國哲學書電子化計劃，https://ctext.org，2021/3/26。
⑤ 明嘉靖間爲 1522—1566 年。

晴波案嶼
江海帶圍窄，芙蓉案簇齊。天擎僧錫遠，龍拜女鬟低。
秋月霞生岸，春風雨過溪。出門親指點，若個敢攀躋？

平野氊蕪
襯壑輕蕪軟，浮江一毯平。烟拖藍色古，水綻線痕明。
窈渺陰長薄，絪縕暖欲生。從來人境絕，坐臥有餘情。

右嶺螭蟠
顧左迴前麓，臨流伏海螭。雲生頭角變，樹出爪牙施。
雨澤應深養，風雷定幾時。鱗皴千古在，爲護法王基。

左峰豹伏
馴伏原非虎，龍沙轉坐山。霧收泉是食，松露石爲斑。
冉冉侵荒甸，蒼蒼鎖竹關。雞鳴隔村野，應不去人寰。

老藤呈坐
屈曲盤空老，攀緣結樹高。枝垂床挂拂，花落布吹毛。
暝坐忘巢鶴，閒登狎野猱。同條生死句，勘破古賢豪。

大樹陰堂
百尺堂前樹，千秋濟上陰。枝分一脈遠，根托六朝生。
春霭新僧臘，寒風古佛心。分明今日事，何代少知音？

古桂丹風
分得月中影，栽成格外秋。肯隨丹竈赤，願作佛香浮。
倚石懸崖古，憑虛出嶺幽。嫦娥無路折，應不是凡流。

叢篁綠雪
十畝陰成雪，千竿碧是秋。月來雲影碎，風過雨聲愁。
寒骨因僧老，空心與法休。香嚴千古意，曾得幾人酬？

中峰微磬
月落西峰暝，松虛度磬時。乍因寒夢發，旋作冷雲遲。
鶴近音先悟，僧遥定未知。齊梁鄰寺久，聽與宿生疑。

拂水遙香
上界疑無地，空香覺有僊。不看晴雪洒，暗逐雨花翩。
拂拂春風外，微微曉翠邊。自然清供遠，何待炷爐烟。

江口疏檣
覆釜懸江滸，疏檣艤暮潮。片帆隨岸落，五兩作霞飄。
渺渺棲烏没，行行宿雁翹。自憐空老眼，長望思迢迢。

海門初日
夢眼開猶澀，山窗明乍驕。錦霞初作浪，赤日未離潮。
竹樹根先見，龍魚尾莫燒。從來耽海觀，不得睡終朝。

垂壁龍松
石迸蒼鱗古，雲從老幹垂。欲隨風雨去，肯爲雪霜欺。
月落蟠珠夜，濤翻出海時。房前終歲偃，應有去僧期。

指門雁塔
涌塔懸空小，開門一指禪。雲消見真月，川響發清弦。
問法休看影，傳心豈在言。分明千古意，獨拔大江邊。

墅橋過馬
何處鸞鈴驟？斜陽古寺前。正思支遁語，忽憶馬師禪。
騕褭橋邊影，珊瑚柳下鞭。落花村墅遠，縹緲動春烟。

龍港歸舟
薄日下前港，輕舟歸落潮。歌聲來嶂近，櫂影入村遙。
吠犬燈臨水，敲門月上霄。竹房深未鎖，鐘梵正寥寥。

樵子晚歌
度嶺煙初暝，清歌擔漸低。紆迴盤小徑，欸乃過前溪。
竹宇空林上，茅茨古墅西。相逢堪話話，稚子候村堤。

芝童曉市
歌哭群兒市，嶙峋半嶺烟。松花飄石煖，芝菌入籠鮮。
高日看山臥，清齋信柝傳。食貧甘自慣，不問澀囊錢。

四時春碧
地迥不知秋,長春竹樹稠。帶霜飛絮暖,映雨滴藍幽。
月到窺禽下,雲開見鹿游。幾人心共遠,住此碧山頭。

九夏寒陰
赤日流金石,清陰覆院墻。空晴猶作雨,風静自飄凉。
瑟瑟逗深徑,沉沉虛短廊。往來經夏臘,不用解衣裳。

佛屋青蘿
裊裊延墙古,青青引蔓長。月牽僧影亂,風挂佛衣香。
春蕊開華屋,秋霜閉錦堂。可中容懶瓚,三尺短繩床。

客窗紫筍
映檻誰爲主?此君時對賓。數竿應待鳳,衆角况成麟。
夜雪冬前老,春雷雨後新。鏤題憐紫粉,忍俊幾詩人?

石磴眠雲
日上晴雲偃,林浮石磴抛。漲潮初失野,鋪絮忽平坳。
雞犬空相應,人天〔兩〕①未交。憑虛一低首,隱隱見花梢。

草庭立雪
山瘦寒林白,亭高雪樹枯。露巔仙髮老,凍笠野僧孤。
卓朔仁雲外,團圞倚殿隅。不知嵩少事,心已得安無?

月落寒鐘
瞑兔收殘魄,寒鯨破曉空。山深五夜後,夢斷一聲中。
歷落樓邊樹,迢遥枕上翁。一從真境盡,誰道耳根通。

霜清夕板
板設長爲警,霜清聽獨乾。身心鳴處寂,毛髮夜俱寒。
切切翻成語,徐徐只繞闌。何人不自愛,肯向我生觀。

---

① 原文獻作"雨",本書依上海圖書館藏《次栴堂禪師山居詩四十首三峰三十景詩》,修改爲"兩"。

放生珍鳥

贖得砧籠命，棲成竹樹珍。啼花隨磬早，立月上窗頻。
食宿應知法，聯翩若傍人。因思曇翼輩，不敢忘前身。

止獵硃墻

肆弋交無地，因墻畧剩天。鷹秋休側目，禽暮且歸翾。
愈切勞生惜，難深物態憐。人心共充拓，不獨澤山淵。

玉龍鳴澗

裂石穿雲怒，奔虯卷雪來。風前翻曉瀑，雨後發春雷。
憤處逢高峽，平時過淺隈。小橋低欲渡，無路入蒼苔。

繡虎蹲崖

炳炳疑真虎，岏岏踞古隈。似將群兔搏，直欲半崖摧。
缺耳風生葛，毧毛雨濕苔。雄心應未歇，化石也奇哉。

山居四十首①

山居詩引②

藏公居三峰蘭若，率其徒衆，嚴持木叉，晨鐘暮唄，激颺于叢篁灌木中。余過而樂之，以爲此虞山中小雲棲也已。得其《山居詩》，靜夜誦之，殆如杜子美所謂"欲覺聞晨鐘，令人發深省"③者，以此知藏公之

---

① 《三峰藏禪師全錄》卷二十四無錢謙益《山居詩引》和文震孟《漢月禪師山居詩敘》(作於1616年)，筆者依上海圖書館藏《次栴堂禪師山居詩四十首三峰三十景詩》加入，並附上海圖書館本之詩號，以利將來學者援引之便。漢月《山居詩四十首》雖亦收於憨庵居士編《高僧山居詩》(1997年版)，但爲保持《三峰藏禪師全錄》之完整性，故重錄于本書中。有關漢月山居詩之研究，可參廖肇亨《晚明僧人山居詩論析——以漢月法藏爲中心》(2003年版)。

② 此《山居詩引》作者爲錢謙益(1582—1664)，字受之，號牧齋，有關錢謙益《山居詩引》之研究，可參孫中旺《錢謙益集外佚文〈山居詩引〉考論》，《圖書館雜志》，2014年第10期，頁104—107。

③ 杜甫(712—770)《游龍門奉先寺》，《全唐詩》卷二百一十六，參中國哲學書電子化計劃，https://ctext.org，2021/3/26。

所存遠矣。《唐高僧傳》稱杼山皎然凡所遊歷，皆以"詩句牽勸，令入佛智"；①而文舉居破山寺，用元和體著《青山履道歌》。② 兩公飛錫之地，比在虞山，皆以詩句作佛事，藏公庶幾近之。吾友鍾伯敬常言："今之僧，才一操觚，便有'詩僧'二字，在其鼻端與眉宇間。"③若藏公者，詎可以"詩僧"目之哉？或言藏公死心學道，讀《山居詩》，想見其根性猛利，機鋒自爾溢出也。心死如灰，根利如火，無火寧復有灰乎？火之種性，生而有光，千年之幽谷，破於一燈，果然在於用光也。是詩也，以徵諸藏公之種性，其亦千燈之一枝也與！

聚沙居士錢謙益題
襄儆王重臣書于覺夢窩中

漢月禪師山居詩敘④

慧從定生，故從來禪祖必結茅深山，冥棲玄照，非直嘯傲烟霞、膏肓泉石，亦謂廛市城府，非陶鑄聖胎之所。今學佛者，往往方袖圓頂，遊行塵間，豈真神通自在，入魔入聖，無所不可？寧惟道場荒落，抑使名山岑寂。讀漢月山居諸詩，悠然僩然，境緣俱湛，鳥歌猿叫，石雲江月，種種會心，乃至鹿走中原，翁烹沸釜，三皇禮樂，五伯縱橫。總不直懶殘芋頭，秦人桃樹，更令人掩卷旁皇，雄心都冷。詩可以興，豈漫然哉？余友趙凡

---

① 杼山皎然（737—806），錢謙益所引文句實出於《宋高僧傳・唐湖州杼山皎然傳》（T. 2061）："凡所遊歷，京師則公相敦重，諸郡則邦伯所欽，莫非始以詩句牽勸，令入佛智。"《大正新修大藏經》（50），頁891下。

② 《宋高僧傳・唐吳郡破山寺常達傳》（T. 2061）記常達（801—874），字文舉，吳郡破山寺僧人，用元和之體，著《青山履道歌》，《大正新修大藏經》（50），頁807下。

③ 鍾伯敬即竟陵派的主將鍾惺（1574—1625），早年和錢謙益爲同年好友，但鍾惺卒後，由於各種原因，錢謙益却對其大加鞭笞，把明朝衰落的原因歸結到以鍾惺爲首的竟陵派身上，參孫中旺《錢謙益集外佚文〈山居詩引〉考論》，《圖書館雜志》，2014年第10期，頁104—107。

④ 此《漢月禪師山居詩敘》爲文震孟作於丙辰年（1616），文震孟亦即本書所輯《三峰藏禪師全録》卷二十三，《開山漢月禪師》傳所提及之"文文肅"，此《漢月禪師山居詩敘》，雖亦可見於《三峰清涼禪寺志》卷二《漢月禪師山居詩序》，但《三峰清涼禪寺志》本偶有訛字，且無"丙辰新秋竺塢學人文震孟題于筠圃"之信息，僅見"文震孟"之名，《中國佛寺志叢刊》第4輯，第39册，頁95。

夫①耽玩雲山，一日問曰："西方有山乎？"或對曰："無！西方諸經，不聞說山。"故凡夫曰："有西方極樂，有緣必隨，云何樂山而得無山？"余在旁笑曰："且勿多言有山想，在能往生否？"讀山居詩者，并請參予此言。

丙辰新秋竺塢學人文震孟題于筠圃

其一

食盡山蒿又采藜，到無爲處好施爲。
隋珠自瑩難求色，秦璧已完休問玼。
世事半生雲起壑，物情千派水分歧。
山空不識春何許，枯木重生五色芝。

其二

覓得青山好卜棲，三峰擎屋海環溪。
朝陽入户水光遠，涼月到階松影齊。
一念何須分起滅，雙輪那復計東西。
晝長獨愛閒如歲，臨聽隔林啼竹雞。

其三

午月纔移萬影斜，片時得意不須誇。
已知怪石非真虎，一任妖松巧幻蛇。
林熟秋霜連樹果，草經春雨壓庭花。
往來不管功名事，打掃石床留晚霞。

其四

山深忘却住非住，事了莫論疑不疑。
行處水聲隨錫遠，坐中雲影共人遲。
欲隨僧去尋支遁，愛見人來說項斯。
世上盡言休歇去，不知逢着是阿誰？

---

① 趙宧光(1559—1625)，字凡夫，居璜溪，晚明書法家、作家，著書數十種，參《嘉慶直隸太倉州志》十九，中國哲學書電子化計劃，https://ctext.org，2021/8/21；參陳玉女於"寒山趙宧光家族"之討論，《明末清初嘉興藏刊刻與江南士族》，頁351—353。

其五

昨夜高山水逆流，翻身從此便歸休。
半帆煙雨憑舟檝，一曲滄浪信釣鉤。
嚴瀨片時成寵錫，渭濱八十始公侯。
世間彈指夢中事，誰似懶殘煨芋頭？

其六

駸駸日月易成歲，擾擾是非誰脫名？
雙鬢不知添積雪，千金猶自買傾城。
祇看鹿向中原逐，肯信翁垂沸鼎烹。
回首古今無限意，萬山高下暮雲平。

其七

疏慵漸與世生憎，短钁追隨住碧嶒。
春去幾經花作雨，寒來每見水成冰。
空山霧合忘玄豹，大海風高說化鵬。
獨上孤峰恣吟嘯，一天霜月骨稜稜。

其八

半生行脚成何事？踏着關頭不費勞。
舉世看來湯裏雪，向人拈出焰中毛。
風生群虎經時嘯，霜落孤猿特地號。
清夜寥寥門不掩，半間岩屋傍星高。

其九

迂迂類能譚夢幻，真真那個學無爲？
狂花生眼不知病，邪毒入心翻忌醫。
出網幾如三跳鹿，護生誰似六藏龜？
百年勞慮等閒過，堪笑世人何太癡。

其十

狂機一點難消歇，身世百年都屬憂。

不向未生時勘破，直饒無量劫薰修。
殘花鋪地卧閒鹿，新竹透簷生乳鳩。
過目但看春又夏，不知誰出聖凡流？

其十一
寂寂一心融法界，寥寥萬境絕思量。
樹深竹簟卧雲冷，花落瓦瓶分澗香。
爐凍好尋灰裏火，世炎難爍髩邊霜。
不知回首黃昏近，猶向西窗愛夕陽。

其十二
門外白雲山幾重？窗前黃獨火長紅。
馬從錯指肯疑鹿，蛇不厭吞曾識弓。
證佛已追陽焰水，求仙轉撲夜燈風。
年來落落渾無事，曳杖每行溪水東。

其十三
索居那復覓同人？坐斷朝曛與夕曛。
心到本來無寂照，物從何處更紛紜？
有時華雉棲成侶，幾度玄猿嘯作群。
一點家私藏不得，啟門飛出石堂雲。

其十四
雨過深蘿午夢涼，覺來嬾散出山房。
廉纖脫落原非借，主宰銷鎔豈謂狂？
肯向枯椿生見刺，敢同默照學心忘。
人來劄著應難語，指點松霞映晚陽。

其十五
欲把青蓮社裏栽，世情無那更徘徊。
子瞻何必燒豬待？元亮應非置酒來。
一句伽陀徵果驗，十聲名號計花胎。

修行須到真休歇，莫住半途心未灰。

其十六
覆地漫空祇一塵，破除誰解絶依因。
心心死盡正堅我，法法空來尚有人。
黑夜鳥飛言象妙，青州衫重話頭新。
饒君着意捫摩遍，錯把虛空覓四垠。

其十七
霧蔚霞蒸近海門，小窗代謝幾明昏？
阿誰見月便忘指，若個窮流直到源。
縱使形骸成百歲，那堪烏兔轉雙丸？
道人住此絶悲喜，多爲晚凉開竹軒。

其十八
到無門路好追求，歷盡岑樓更上樓。
擬實直須超象外，步虛應不住竿頭。
尋常水草何勞牧，不犯東西只信牛。
昨夜偶然攜杖出，月明千里大江流。

其十九
江明落日地生烟，今古虞山思渺然。
言子舊居無定指，仲雍荒墓不知年。
漫誇名德高于岳，誰見桑田變作淵？
閱遍恒沙多劫事，到頭輸我種青蓮。

其二十
人間萬事轆轤迴，幾度歡呼幾度哀。
莫歎升沉無定體，原知福禍互爲胎。
興來偶得詩千首，飽後儘堪茶一杯。
不住兩途只仍舊，碧山春到自開梅。

其二十一
曲曲懸崖石路微，竹松深處置茅茨。
鳥歌總屬林泉興，猿叫不關人世悲。
千古龍山真是隱，一生虎穴未爲危。
百年不盡煙蘿癖，又與閒雲隔世期。

其二十二
神器何須苦戰爭？牛羊多上六朝陵。
沉酣聲色非關酒，絆殺英雄不用繩。
一擊擬心分狗案，無端觸目計蛇藤。
浩歌拂袖便歸去，門外好山無愛憎。

其二十三
電影空花去不留，青山一榻更無求。
石雲滿屋不知曉，江月到門應是秋。
弄玉浪傳乘彩鳳，綠珠曾見墮青樓。
艷歌妙舞霎時夢，謾説人間萬户侯。

其二十四
百千途路不肯住，覓到無心始得安。
黃髮自知慚授首，赤幡我獨笑登壇。
古今幻馬終銷咒，貴賤優人巧著冠。
直下相應拳是掌，誰言長劫苦修難？

其二十五
物情只合銷歸自，斯道原知不在言。
一夏薰風生竹塢，幾宵涼月侵柴門。
名成翻厭填門馬，路塞偏驚絶域猿。
問到今時豈無語，破山東去是桃源。

其二十六
一生活計占空林，運水搬柴豈陸沉？

放去邈然休問理，拈來恰好不求心。
地偏古路難逢客，崖仄半庭先得陰。
自是此中閒徹底，不妨山水自高深。

其二十七
開畬種粟不爲勞，短髮蕭疏挂敝袍。
情絕有無松落落，漏從涓滴海滔滔。
目窮方見地維闊，身到已忘山勢高。
不學當年避秦客，春風多植水邊桃。

其二十八
石城江水怨斜陽，今古紛紛帝與王。
論到不遷同社稷，念纔分別異興亡。
山河渺渺春花發，陵谷蕭蕭秋草長。
高臥北窗俱不管，夜來微雨夢魂涼。

其二十九
原知此道不離位，法法親呈在在存。
一句截流全竭海，千波當處合歸源。
得來快捷追風馬，擬去分疏捉月猿。
幾欲迎人問端的，青山與我對評論。

其三十
自愛空山久絕緣，青蘿爲屋草爲氈。
地爐夜爇霜天葉，瓦鉢曉分冰澗泉。
柏長分明重話舉，花開端的把心傳。
不須青白雙空眼，冷看世人愁百年。

其三十一
十里青山蒼藹沉，謀生橡栗手經尋。
兩朝足刖饒憐玉，五月裘披不顧金。
錐去一生貧付骨，蘭馨幾個話同心。

丁丁伐木啼黃鳥,古路寂寥空遠林。

其三十二

索綯依石結茅蓬,閉户從他日上春。
甕作小窗全見豹,杖緣高壁欲爲龍。
天開圖畫千層嶂,澗答笙簧幾樹松。
榾柮火紅蒲座暖,夜深坐聽下方鐘。

其三十三

剛纔放下便平安,出世居塵兩不干。
雲起乍看山樹濕,日來還見露華乾。
相逢狹路轉身易,透出虛空駐脚難。
無舌老人曾有語,騰騰六月焰爐寒。

其三十四

兩岸無關中不立,一機歸復六俱①消。
雲生古壑原無起,月到空潭不用招。
興發欲探龍澗水,忘來每過虎谿橋。
閒名肯逐人間去,只合終身涇野樵。

其三十五

地迥自無塵俗到,山高不厭草庵低。
心開葵藿長呈日,根净蓮花不染泥。
事合忘機隨處了,悟來何物更堪齊?
有時信手推窗看,一片海光涵百溪。

其三十六

收拾多途向一途,閒忙隨地是工夫。
無心便得了生死,此事何須論智愚?
點點雨華鋪瑪瑙,琅琅風竹弄珊瑚。

---

① 上海圖書館本冗"全"字,筆者依中國國家圖書館本刪去。

人來莫問此生後,已見蓮邦入畫圖。

其三十七

汗青千載記殘夢,那得閒情費討論。
雨過荷鋤時種竹,月明抱甕夜澆園。
從他禮樂三王盛,縱使春秋五霸尊。
何似武陵桃幾樹,看花食實逮雲孫。

其三十八

悲歌歷歷古今事,俛仰騰騰霄壤間。
點鐵化金誰致富？求仙航海幾曾還？
舉頭南極星垂户,回首北邙雲滿山。
擊缺唾壺銷壯氣,不如休歇野僧閒。

其三十九

爲人若個真逃世,入佛依然更涉名。
衣法到傳爭奪起,修行纔立是非生。
紛紛歷事空心事,落落無情好世情。
是佛是魔都不管,目前何地不均平？

其四十

坐殘雲石看流水,倚遍松杉對落暉。
一徑晚霞堪作侶,半巖秋月每忘歸。
狂吟幾度群猿過,清叫數聲孤鶴飛。
山住不知經歲臘,禦寒曾衲幾番衣。

有索梅花詠作此示之[①]

鐵骨稱空不怕寒,微香漏泄傍闌干。

---

① 此《有索梅花詠作此示之》詩,他本皆無收。

雪中唯爾獨相友，月下幾人能得看？
未許陽春先見發，莫教清篴早吹殘。
此中一段真消息，多少英雄被汝謾。

復索賦遊魚唼花影示之①

一枝日仄傍春塘，引得群鱗咀焰光。
片片口中融醉色，冷冷頰下瀉空香。
誰知退後求淵境？轉見爭先覷上方。
舉世尚華魚亦爾，倚欄若個看他忙。

净土詠　五言絕計一百首②

净土詠　七言絕計一百首③

---

① 此《復索賦遊魚唼花影示之》詩，他本皆無收。
② 同於本書所輯《净土直指》中《净土偈（五言百絕）》之内容，故不重錄。
③ 同於本書所輯《净土直指》中《净土偈（七言百絕）》之内容，故不重錄。

三峰藏禪師全錄　卷二十五
（漢月禪師遺稿下）

真　　贊①

雲中釋迦佛畫像　今生居士請

題李復輝居士刺血寫佛像

又題復輝刺血摹夢中佛像

題復密刺血圖普賢大士像

布　袋　和　尚

觀音大士　　四首

---

① 此卷《真贊》自《雲中釋迦佛畫》至《又題入室像》共19首，同於本書所輯《鄧尉山天壽聖恩寺三峰藏禪師語錄》卷二十九之《贊》，故不重錄。

題水月繡像贈水齋菴主

又題繡像

血畫普賢大士像

文殊大士出山像

初祖達磨大師像五首

又題入室像

觀音大士像①

空爾識情,忘爾形筆,雪剡溪藤,佛從何出?
儼然面目,即大悲心,巍坐寂然,虛空流音。
我即衆生,衆生即我,以空爲薪,將空燒火。
薪盡火滅,四返及盡,只有此生,作大雷震。

思憶觀音像②

衆生即心,思憶何物? 卓然而坐,剔眉眼豁。

---

① 此《觀音大士像》贊,他本皆無收。
② 此《思憶觀音像》贊,他本皆無收。

自家海裏〔泛〕濤，①惹得一場分别。
歇！歇！歇！吉祥草上蒼苔活。

布 袋 和 尚②

笑哈哈！擁布衲，布袋放開，不解佛法。
千古萬古等個人，問着口中阿剌剌！

初祖踏蘆渡江像③

隆準圓睛，昂然氣清。
人道是梁皇殿上少室山前鈍置底漢子，
如今在一莖蘆上賣俏求情。
咄！冷石間尚有舊時面孔，相對處又成了月印寒汀。

降 龍 像④

心閒境寂，孤坐磐石，何必見怪生風，惹小兒弄翻瓦鉢。
神龍不解首爲藏，露出蜿蜒雲裏脊。

---

① 原文獻作"販濤"，筆者依文意改作"泛濤"。
② 此首同於《三峰藏和尚語録·雜著·真贊》(J. B299)所收《布袋和尚贊》，新文豐版《嘉興藏》(34)，頁 199 中。
③ 此首《初祖踏蘆渡江像》贊，他本皆無收。
④ 此首《降龍像》贊，他本皆無收。

天童悟和尚像①

三百餘年，無人用棒。鰕伏魚沉，臨濟頓喪。
我師決起，一棒徹底。雷烈龍騰，熱石驟蟻。
人知黃檗，重王鹽官。臨濟合興，更見三玄。
我何人斯？敢當此任，拈向人前，剝極而震。
嘻！奈何聞毒鼓而類多不信！

康 居 尊 者②

大丈夫漢，人人解相，無佛處稱尊。
獨這老漢不捨江東一片地，拈一星子告報諸人。
一時浮圖遍滿南國，賺多少赤骨律漢。
在放光動地處理會，如今直下要會那！○③

紫 柏 大 師④

握臨濟符，起覺範願，正要覿面親承，獨悔不曾相見。
如今拈出老婆舌頭，將《智證傳》向人通却一線。

---

① 此首《天童悟和尚像》贊，他本皆無收。
② 此首《康居尊者》贊，他本皆無收；康居尊者乃康居國沙門康僧會，後因潔齋懇求靈驗，瓶中得舍利五色，吳主乃起建佛塔和佛寺，《高僧傳》(T. 2059)，《大正新修大藏經》(50)，頁 325 下。
③ "○"意指圓相。
④ 此首《紫柏大師》贊，他本皆無收。

自 贊 二 首①

汝何人斯？定要擔當臨濟。此何時也？畢竟剖粗入細。
仰之俯之，惹盡閒氣！鬚眉不肯斂，骨力猶自毅。
咄！看你可有這樣癡兒孫，作你力替？
從今拋去落人間，萬國春風一片地。

千巖萬峰下，偶得一席地。
放下黑鉢盂，閑田望無際。
身畔不勞給侍人，自家受用松風細。

三峰全録後序②

寂 震

昔者，滹沱氏③大悟，三頓棒下，佛法之無多，猶慮學者不克，如其契證有謬傳、錯認之咎，所以建宗定旨，務期千百世法窟英靈，以此辨正邪而揀魔異，庶幾佛祖法命得洪衍於靡窮矣。不謂五百年後漸爲湮鬱，幸我三峰師翁出生，臨濟七百餘年宗旨滅裂之秋，得源流於金粟室中，遂嗣天童而爲冢子，六坐道場，唱明臨濟建立之法，有廣録五十卷。

---

① 第一首《自贊》可見於《三峰清涼寺志》卷十三《自贊》，但《三峰清涼寺志》第一句作"彼何人斯"，且缺第二首，《中國佛寺志叢刊》第 4 輯，第 40 册，頁 451。
② 此《三峰全録後序》本應如寂震所言"附於卷末"，作於清康熙 31 年壬申(1692)之後，但因現存《三峰藏禪師全録》殘缺，筆者以《三峰清涼寺志》卷十《三峰全録後序》補入，《中國佛寺志叢刊》第 4 輯，第 40 册，頁 295—296。
③ "滹沱氏"意指臨濟義玄，《鎮州臨濟慧照禪師語録》(T. 1985)，《大正新修大藏經》(47)，頁 506 下。

一時旋記旋刻，未免拈提重複，言説浩繁，及示寂後，衆共結集八處十會之語，成三十卷，計八本，聚貲以刻，每卷首列十二嗣法尊宿。又書受法弟子惲日初同編，日初號仲升，晚歲披緇，即人華老師也，其板久藏聖恩寺。

流通越二十有七年，靈巖儲和尚重爲編纂，先刻上堂語四卷，無何又置之高閣而不行，然以三十卷較之，則太簡略矣。

於是鄧山先師①盡取廣録、語録共八十卷，依年編次，凡提唱賓主元要不無重複，深加詳定，或存之於前，則刪其後；或存之於後，則削其前；或意句有淺深不同者，則兩存之。復取新刻四卷，一一校對字句，然後彙而録之，并別行本，《禪病偈》《净土詠》《山居詩》等合爲二十五卷，曰《三峰全録》。

録既成，顧震曰："鄧尉乃先三峰真身靈塔所在，老僧忝嗣其法，且獨膺接續宗旨之記，因手定此稿并《紀年實録》一卷，永爲聖恩常住法寶，子應爲我付梓流傳四遠，俾臨濟宗旨弗替。"震拜命以來，寅夕悚懼，迄兹辛未冬，②始獲執帚師翁塔前，以備洒掃。壬申夏，③先刊《紀年實録》，不虞治障旋作，未能即償斯願。以故參隨諸子，各爲繕録一部而寶秘之。震嘉其志，詳述前後結集之實事，附於卷末。後學展是録者，豈惟知三峰老祖高提濟上宗印、直紹佛祖命脉，并知鄧山先師深入法奥，故能結集此正傳之法眼也。

---

① 寂震之"鄧山先師"爲剖石弘璧(1599—1670)。
② 清康熙辛未爲1691年。
③ 清康熙壬申爲1692年。

〔跋〕

按王伊《三峰清涼禪寺志》稿,《自贊》第一首作第二首,其第一首文如下:

七百年來臨濟被人抹殺無地,惟有這老禿奴偏要替他出氣。

惹得天下野狐一齊見影噑吠,不如自家打殺,

便與劈脊一擊!咦!①

《漢月禪師語錄》二十五卷,門人弘璧編次,久庋三峰寺中,藥龕②珍護是編,曾示松禪繫以後跋。今藥和尚示寂久,其徒擬梓以行世,卒以卷帙繁重,逡巡未果。乙卯③長夏,借讀一過。漢師入道從打破死關入手,勇於苦修,堅毅不屈,是其大悟大澈處也。世事雲譎,對之亦復豁然。竟日爰取二十二卷以下之文字,筆而錄之。中秋前五日初我記。

乙卯秋江陰金素庵鈔於常熟宗氏賓館

---

① 同於王伊所編《三峰清涼寺志》卷十三,《自贊》第一首,《中國佛寺志叢刊》第 4 輯,第 40 册,頁 451;此《自贊》亦收於《三峰藏和尚語錄·雜著·真贊》(J. B299),新文豐版《嘉興藏》(34),頁 200 上。

② 《三峰清涼寺志·藥龕塵禪師》,《中國佛寺志叢刊》第 4 輯,第 41 册,頁 645。

③ 乙卯年爲 1915 年。

附録　漢月禪師《三峰和尚心懺》略探[*]

黄繹勳

前　　言

　　漢譯佛經中常見"悔過"、"净業障"和"除罪"等詞,漢傳佛教僧人更發展出"懺法"或"懺儀"儀軌以達到懺悔的目的。[①] 但是,自從明太祖(1368—1398年在位)給予瑜伽教僧法定化的經懺師專職地位後,經懺儀式在近世漢傳佛教的盛行便普遍地帶給人負面印象。[②] 不過,將漢傳佛教"懺法"或"懺儀"全然貶抑爲"經懺活動",并僅視之爲僧人謀生之工具,是否誤解了僧人制懺之初衷,是非常值得我們再進一步審思的。本文所使用和探討之材料——明末禪師漢月法藏(1573—1635)所造《三峰和尚心懺》,是筆者於蘇州西園寺藏經樓所尋得的孤本,刻於明崇禎十六年(1643),而在雕版刊印三百多年後,終於得以重新爲人所知。藉由《三

---

　　[*] 本文完整之内容,另參拙著《明末漢月禪師〈三峰和尚心懺〉略探和點校》,《佛光學報》新七卷第二期,2021年,頁1—45。

　　[①] Kuo Li-ying, *Confession et Contrition dans le bouddhisme chinois du Ve au Xe siècle*. Paris: Publications de l'École Française d'Extrême-Orient, 1994, p.7.

　　[②] 陳玉女《明代瑜伽教僧的專職化及其經懺活動》,《新世紀宗教研究》第三卷第一期,2004年,頁37—88;聖凱《中國佛教懺法研究》,宗教文化出版社,2004年,頁368—369。

峰和尚心懺》之研究，我們不僅可以得知漢月《三峰和尚心懺》的體裁、內容和價值，更能以此文獻爲例，一窺漢傳佛教懺儀發展至明朝的時代特色，故而此書當是研究明代懺儀不可忽視的珍稀文獻材料。①

至於《三峰和尚心懺》之撰作歷史背景，略述如下。漢月於38歲（1610）時抵常熟三峰禪寺，40歲自證其悟，筆者通過上海圖書館所藏另一部稀見文獻——《於密滲禪病偈》得知，漢月自述其所駐錫之三峰禪寺，1618—1619年間突然禪路乍開，許多僧人紛紛從各地而來，在扣問他們前來三峰禪院參禪的原因後，漢月發現他們對參禪都各有偏執的理解，於是將之記下書成《於密滲禪病偈》，藉以革正其禪病；②之後，漢月又作《於密滲參禪諸偈》四十偈給予參禪者從初學到證悟，甚而擔任住持者應注意之參禪指導。③可見漢月駐錫於常熟三峰禪寺，在1618—1619年間必須常常面對和處理四方前來參禪者的問題。

接著，通過《三峰和尚心懺》卷首中，漢月侍者僧叡（活躍於1610—1643年間）作於崇禎癸未年（1643）的《刻三峰和尚心懺小引》，我們可以得知漢月亦是約於1618—1619年間駐錫三峰禪寺時造此懺法，因此，除了上文所言前來參禪者多有種種禪病以外，漢月又另爲他們造此懺法，原因即《刻三峰和尚心懺小引》中所述："三峰藏和尚爲參禪多障緣者懺除宿垢，以祈頓悟，故造此懺。"④漢月認爲習禪者參禪之時，多有障緣是由於累世宿垢之故，而特別造此懺法，是爲了讓參禪者於三峰禪寺禪修期間，在參話頭的修行過程中，加修此懺法，藉以懺除障緣，生起真疑，并在打破疑情後，達成頓悟之目的。

---

① 除了蘇州西園寺藏經樓之原本，《三峰和尚心懺》複製本亦可見於佛光大學佛教研究中心所收，《明清佛教稀見文獻》第101冊。
② 《於密滲禪病偈》，見拙著《漢月法藏禪師珍稀文獻輯注初編》，上海古籍出版社，2024年。
③ 《於密滲參禪諸偈》，見拙著《漢月法藏禪師珍稀文獻輯注初編》，上海古籍出版社，2024年。
④ 參本書所輯《三峰和尚心懺》。

漢月以1811字的《三峰和尚心懺》,提供參禪者遇到障緣時一套完整的處理方法。那麼,撰作於晚明的漢月《三峰和尚心懺》具備了何種明代懺儀的意義與特色呢？筆者於下文將簡介《三峰和尚心懺》内容以及探討其重要之思想。①

一、內 容 簡 介

《三峰和尚心懺》之完整内容包含僧叡《刻三峰和尚心懺小引》、《心懺》正文和刊記。

(一) 僧叡《刻三峰和尚心懺小引》

《刻三峰和尚心懺小引》(以下簡稱《小引》)雖僅696字,但此《小引》提供了有關漢月造此懺法的詳細緣由,内容豐富,筆者依次討論《小引》之作者僧叡、《三峰和尚心懺》撰述和刊印之緣起,以及僧叡闡釋《三峰和尚心懺》的重要意義。

首先,《小引》之作者為漢月的侍者僧叡,僧叡於現存文獻中無傳,但僧叡於《小引》中自述從齠齡就奉侍漢月,因此漢月於1618—1619年初住海虞三峰禪寺時,僧叡約莫七八歲,由此推算,1635年漢月63歲於蘇州鄧尉山聖恩禪寺示寂時,僧叡大約30歲出頭,在此期間僧叡擔任過漢月的侍者。《三峰藏和尚語録‧三峰和尚年譜》中有一則與僧叡相關之記載,首先為漢月11歲(1583)時曾因病就醫於德慶院,漢月後來告訴"叡侍者",他初次於德慶院投地禮佛的心情為:"我其時如子得母,如久客還故鄉,不覺悲喜交集。"②

此外,漢月示寂前,曾召集一群弟子"各囑以最後法語",其中一人即

---

① 有關《三峰和尚心懺》之版本細節,參本書所輯《三峰和尚心懺》之解題。
② 《三峰藏和尚語録‧三峰和尚年譜》(J. B299),新文豐版《嘉興藏》(34),頁204上。

爲"什菴叡",可見漢月去世時,僧叡亦守在漢月身邊;①而《小引》文末僧叡署名亦"守塔侍者什庵氏僧叡"。②《鄧尉山聖恩寺志》記載,漢月63歲(1635)示寂於蘇州鄧尉山聖恩禪寺,弟子奉漢月"全身塔于證心堂"。③另外,由於僧叡自稱"守塔侍者",這表示僧叡作此《小引》於鄧尉山聖恩禪寺,鄧尉山聖恩禪寺現今仍存有聖恩於密藏禪師塔。④

漢月去世後,僧叡除了守在漢月塔院,又在鄧尉山聖恩寺刊印《三峰和尚心懺》。所以,僧叡雖不似其他較年長的師兄有名,例如碩機弘聖(？—1658)、具德弘禮(1600—1676)或退翁弘儲(1605—1672)等人,但却記載和刊印了這部重要的《三峰和尚心懺》,實屬難得。此外,新版《鄧尉山聖恩寺志》記鄧尉山聖恩寺原有印經樓,在伽藍殿南,天王殿東,面闊三間,二層樓,此印經樓雖已於2001年改建其他用途,但顯示明清時期鄧尉山聖恩禪寺確實有印經活動,《三峰和尚心懺》和《大乘真因課儀》當時應該就是在鄧尉山聖恩禪寺印刷裝訂的。⑤

再者,僧叡作《小引》於癸未年(1643)除夕前三日,是爲漢月去世之後八年。文中提及了漢月造《三峰和尚心懺》和僧叡刊印《三峰和尚心懺》之緣起。僧叡於文首稱漢月爲"三峰先師",并說漢月初居海虞三峰禪寺時,座下常有百人,但1618—1619年間突然有許多僧人紛紛從各地前來習

---

① 《三峰藏和尚語錄·三峰和尚年譜》(J. B299),新文豐版《嘉興藏》(34),頁211下。
② 參本書所輯《三峰和尚心懺》正文點校。
③ 《鄧尉山聖恩寺志》記聖恩於密藏禪師塔"在寺西北隅,方丈後,崇禎十年(1644)七月二十九日嗣法弟子弘璧等鼎建",《鄧尉山聖恩寺志》,《中國佛寺史志彙刊》第1輯,第42册,臺北,明文書局,1980—1985年,頁478;又,《鄧尉山聖恩寺志·梵宇》記"證心堂"爲"證心室",在方丈左側,建於崇禎四年辛未(1631),是漢月接引諸弟子之入室處,《中國佛寺史志彙刊》第1輯,第42册,頁79。
④ 《三峰藏和尚語錄·三峰和尚年譜》(J. B299),新文豐版《嘉興藏》(34),頁212上。
⑤ 《鄧尉山聖恩寺志》,《中國佛寺史志彙刊》第1輯,第42册,頁478;《鄧尉山聖恩寺志》編輯委員會編《鄧尉山聖恩寺志》,廣陵書社,2008年,頁35。明清時期鄧尉山聖恩禪寺有印經活動的另一佐證爲,西園寺藏經樓另藏有一部《萬峰和尚語錄》,其刊記有"板藏鄧蔚萬峰禪院流通"。

禪。面對這些習禪者，僧叡形容漢月如"杲佛日"，即如大慧宗杲（1089—1163）在世之時，一律以三尺木杖警策之。① 但是，這些習禪者常常發生的問題爲"或醉於理障，或墮於昏散，勇參則疾病生，精進則礙緣起，中流而退費志以歿"，②漢月感嘆這些問題皆是因爲"宿障"而起，因此援筆爲大家造此懺悔法，稱之爲《心懺》。③

至於《三峰和尚心懺》的付梓，僧叡自述從韶齡就奉侍漢月，因此很早就能誦習此懺，并且將之藏於笥笈二十餘年。知道此懺法的人都知其殊妙，因此僧叡於 1643 年決定將之雕版刊印，期能藉由漢公之力助發大家修禪。④

最後，僧叡在《小引》中討論起有關罪障的觀念和《三峰和尚心懺》的重要性。秉持著禪家對諸法空性的基本觀念，僧叡首先援引了禪宗典籍中著名的一段對話。三祖僧璨（？—606）懇請二祖慧可（487—593）："弟子身纏風恙，請和尚懺罪。"爾後，僧璨却"覓罪了不可得"，藉此表達罪障亦是空性的教理。⑤ 此外，僧叡又引用《永嘉證道歌》文句："有二比丘犯淫殺，波離螢光增罪結。維摩大士頓除疑，猶如赫日消霜雪。"⑥此偈典故源於《維摩詰所説經·弟子品》，維摩詰居士向優波離解釋"一切法生滅不住，如幻如電，諸法不相待，乃至一念不住"，二比丘因而"疑悔即除，發阿

---

① 《大慧普覺禪師年譜》(J. A42)記：宋欽宗皇帝靖康元年（1126），大慧宗杲 38 歲時，右丞相吕好問（1064—1131，字舜徒）奏請賜大慧紫衣，號"佛日大師"，新文豐版《嘉興藏》(1)，頁 797 上—中；并參中西久味《〈大慧普覺禪師年譜〉訳注稿》（二），《比較宗教思想研究》十五輯，2015 年，頁 25—89。
② 原文作"歾"，本文改爲通用字"歿"。
③ 漢月於《三峰和尚心懺》中，對"障緣"之説明爲："自分宿業深重，福力輕微，千遮萬障，定慧難生，八風摇大海波濤，六賊盗自家珍寶，致使真疑不起，正念斷續。"參本書所輯《三峰和尚心懺》正文點校。
④ 參本書所輯《三峰和尚心懺》正文點校。
⑤ 《景德傳燈録》(T. 2076)，《大正新修大藏經》(51)，頁 220 下；《三峰藏和尚語録·五宗原》(J. B299)亦有此記載，新文豐版《嘉興藏》(34)，頁 176 上。
⑥ 《永嘉證道歌》(T. 2014)，《大正新修大藏經》(48)，頁 396 下。

耨多羅三藐三菩提心"。①

僧叡認爲上文所引禪宗祖師對罪障的説法，雖然皆是"全提極致"和"離見超情"的教理，但是若以"豁達空"的態度和"撥因果"的道理了解罪障的意義，亦即以豁達的態度認爲一切皆空，甚而連因果的觀念都撥除，并以爲如此便能"輕舉遐齡"的話，就是一種誤解。溯源"輕舉遐齡"一説，應源於唐代道士詩人吴筠（？—778）《遊仙詩》之辭："仙經不吾欺，<u>輕舉</u>信有徵。……結虚成萬有，高妙咸可玩。玉山鬱嵯峨，琅海杳無岸。暫賞過千椿，<u>遐齡</u>誰復算？"詩人將"現實景物和神仙幻想融爲一體"，吴筠此詩亦表達可藉由相信神仙之説而安享高齡之意。②

但是，僧叡却認爲"輕舉遐齡"的人以這種假言豁達的態度，就可以撥除因果的觀念是惡取空，而且是"誤狗吻而自殺殺人者也"。③ 所謂"狗吻"是《神農本草經》所記"鈎吻"一物，而張華《博物志》則記黄帝問天老曰，天地所生，是否有令人食之不死的東西？天老回答有一物名曰"黄精"是"太陽之草"，食之長生；但是，另有一物名曰"鈎吻"是太陰之草，食之入口立死。④ 因此，僧叡説："太陽之精爲黄精，久服輕身；太陰之精爲狗吻，形類黄精，食之則死。"⑤這意謂"諸法空性"和"豁達空、撥因果"二觀念雖聽來相似，但是"諸法空性"如黄精是活人劍，反之，"豁達空、撥因果"却是殺人刀。僧叡《小引》文末强調切不可以"豁達空"的態度看待因果和宿障的影響，修禪遇到障緣時，需老老實實地修持漢月

---

① 原出於《維摩詰所説經·弟子品》（T. 475），《大正新修大藏經》（14），頁 541 中—下。
② 吴筠詩收入《吴筠·遊仙二十四首》，《全唐詩》卷 853，北京，中華書局，1980 年，第 24 册，頁 9641—9642；孫昌武《道教文學十講》，中華書局，2014 年，頁 245。
③ 參本書所輯《三峰和尚心懺》正文點校。
④ 《神農本草經》下品記鈎吻："味辛温。主治金瘡乳，中惡風，欬逆上氣，水腫，殺鬼注蠱毒。一名冶葛，生山谷。"又，張華《博物志》解"鈎吻"一物時，記："黄帝問天老曰：'天地所生，豈有食之令人不死者乎？'天老曰：'太陽之草，名曰黄精，餌而食之，可以長生。太陰之草，名曰鈎吻，不可食，入口立死。'"參中國哲學書電子化計劃，https://ctext.org，2019/7/28。
⑤ 僧叡此句原誤引源自《本草》，經筆者確認應引自《博物志》。

所造《三峰和尚心懺》。

僧叡撰述的《小引》，一來清楚地交代了漢月造《三峰和尚心懺》的緣起和刊印始末，二來亦説明了《三峰和尚心懺》的重要意義。細讀僧叡《小引》的内容，可看出僧叡雖幼年出家，在禪院中成長和受教育，但亦熟悉内外典籍，他先是以二祖慧可和三祖僧璨之問答以及《永嘉證道歌》表達禪家對諸法空性（包含罪障）的基本觀念，又能以唐代道士詩人吴筠《遊仙詩》之辭和《神農本草經》以及《博物志》之説，論證以"豁達空"態度"撥除因果"的錯誤，如此證成在修禪時遇到障緣就需修持漢月所造《三峰和尚心懺》的必要性，因此，僧叡爲漢月《三峰和尚心懺》所撰作的《小引》，是一篇在分析和勸修佛教懺儀方面都非常具有説服力的導言。

(二)《三峰和尚心懺》架構

禪宗傳統對於禪修時發生障緣，始於唐代便有以懺悔的方式處理，不過，聖凱法師認爲唐代南宗禪強調自性懺悔，没有禮懺的實踐，而北宗則將禪法運用於懺法中。[①] 但是，禪宗發展從唐代至明代的社會環境已大爲改觀，尤其是明太祖洪武 15 年（1382）將佛寺按其性質分爲禪、講、教三等，給于瑜伽教僧即經懺師法定化的專職地位，反映出佛教禮懺佛事於明代社會民間普遍施行的情況。[②] 漢月的《三峰和尚心懺》亦是反映此時代的文化產物，尤其是在分析《三峰和尚心懺》的架構後，更能看出其明朝佛教的時代特色和意義。

漢月《三峰和尚心懺》的架構經筆者比對後，推判相似於《諸經日誦集要》(J19, no. B44)中《禮懺起止儀》的架構，唯筆者所指的《諸經日誦集要》是普遍流通於明代的版本，而不是經過雲棲袾宏（1535—1615）於萬曆

[①] 聖凱《中國佛教懺法研究》，宗教文化出版社，2004 年，頁 328。白金銑則認爲南宗《壇經》所言無相懺悔是"不執著於懺悔儀軌的大乘真懺悔"，參其《唐代禪宗懺悔思想研究》，臺北文史哲出版社，2009 年，頁 391—392。

[②] 陳玉女《明代瑜伽教僧的專職化及其經懺活動》，頁 37—88。

二十九年（1600）所重新編訂的版本。① 筆者的推判基於三個理由：首先，袾宏所重新編訂的版本并無《禮懺起止儀》，僅於《暮時課誦》包含《懺悔文》；②再者，袾宏本《懺悔文》詳列八十八諸佛名，但《諸經日誦集要》和《三峰和尚心懺》皆以"南無三十五佛　南無五十三佛"略之；③最後，袾宏所重新編訂的版本缺少《三峰和尚心懺》内容中非常重要的《心懺偈》部分。

因此，漢月極有可能是參考明代通行本《諸經日誦集要》中《禮懺起止儀》的禮懺架構，再加上自己的懺悔文所作成，以下爲《三峰和尚心懺》的簡要架構：

> 贊佛偈
> 皈命禮三寶
> 證明懺悔
> 舉十方三寶七佛諸菩薩
> 禮諸佛
> 次復懺悔
> 願生净土文
> 再申懺悔
> 心懺偈
> 三皈依④

此架構符合漢傳佛教法事念誦的"三啓"儀制，亦即包含贊、文和迴向發

---

① 釋大田認爲目前嘉興藏本的《諸經日誦集要》是雲棲袾宏未改編的版本，參其《中國佛教早晚課的形成》，《法光雜志》第 296 期，2014 年，頁 2—4。
② 《雲棲法彙》（J. B277）中"諸經日誦集要目録"，新文豐版《嘉興藏》（32），頁 565 中。
③ 《諸經日誦集要》（J. B44），新文豐版《嘉興藏》（19），頁 180 上；《雲棲法彙·諸經日誦集要》（J. B277），新文豐版《嘉興藏》（32），頁 572 上—中。
④ 參本書所輯《三峰和尚心懺》。

願。① 若單從比較懺法架構而言，早期禪宗《法身禮》包含：(1) 禮佛三身、唱禮懺主；(2) 十禮、總禮；(3) 五悔法；(4) 三皈依、三時偈頌。② 因此，《三峰和尚心懺》比早期禪宗的《法身禮》複雜，增加了三段懺悔文、願生淨土文和佛菩薩之數量。但若與天台懺法相較，以法華三昧懺法爲例，僅以"第四、明初入道場正修行方法"而言，法華三昧懺法就包含了十項：(1) 行者嚴淨道場法；(2) 行者淨身方法；(3) 行者修三業供養法；(4) 行者奉請三寶方法；(5) 明贊歎三寶方法；(6) 明禮佛方法；(7) 明懺悔六根及勸請、隨喜、迴向、發願；(8) 明行道旋繞法；(9) 重明誦《法華經》方法；(10) 明坐禪實相正觀方法。③ 因此，《三峰和尚心懺》比法華三昧懺法簡略，明顯刪減了嚴淨道場法、淨身方法、行道旋繞法、念誦經文和正觀實相等細節。

簡言之，《三峰和尚心懺》并無天台教家懺儀中念誦經文的程序，又相較於禪家《法身禮》而言，增加三段懺悔文、願生淨土文和佛菩薩之數量，是爲下文討論《三峰和尚心懺》重要思想時，筆者選擇探索其禪宗與懺悔思想、淨土思想和漢傳密教思想——準提修行之理由。此外，如今《三峰和尚心懺》已整理出版，對於有興趣探討漢傳佛教傳統不同儀軌的歷史發展的學人而言，這部文獻當是將來可繼續深入比對和詳細研究的珍貴資料。

(三) 刊記

《三峰和尚心懺》的刊記顯示此典籍完成刊印於崇禎癸未(1643)冬季，是由金沙弟子寂月捐貨，合刻《三峰和尚心懺》及《大乘真因課儀》二本爲一册，藉由捐資助印鄧尉山聖恩禪寺刊印典籍之活動，以爲母親王氏祝壽，祈願其母"康和吉祥如意法界衆生同成佛果"。此《三峰和尚心

---

① 聖凱《中國漢傳佛教禮儀》，宗教文化出版社，2001年，頁40—41。
② 汪娟《唐宋古逸佛教禮懺研究》，臺北文津出版有限公司，2008年，頁58—67。
③ 聖凱《中國佛教懺法研究》，頁138—148。

懺》雖由漢月侍者僧叡在常熟三峰清涼禪寺時就誦習記下，將之藏於笥筴，之後僧叡跟著漢月移錫鄧尉山聖恩禪寺，但直至二十餘年之後，纔由寂月捐貲付梓。再至今日，又三百餘年後，筆者終於蘇州西園寺藏經樓重新尋得此典籍，讓世人有緣再睹漢月之《三峰和尚心懺》，真可謂因緣殊勝！

二、重要思想

漢月《三峰和尚心懺》內容豐富，承上文所言，若從漢傳佛教懺儀發展至明代的角度考量，以禪宗與懺悔思想、淨土思想和漢傳密教思想——準提修行三者，最具明朝時代特色，值得我們細細探索，進一步討論。除此之外，筆者探討《三峰和尚心懺》內在之思想，目的亦是爲了彰顯明代漢傳佛教"懺法"或"懺儀"，并非全爲形式化的"經懺活動"，《三峰和尚心懺》所內含的義理思想，正是我們可再進一步審思僧人制懺初衷之一例。①

（一）禪宗與懺悔思想

《三峰和尚心懺》題名之下即有一雙行夾注，明言："三峰藏和尚爲參禪多障緣者懺除宿垢，以祈頓悟，故造此懺。"②可見"懺除宿垢"是其方法，禪宗頓悟爲其最終目的，此懺中共有三段懺悔文，是幫助我們了解漢月禪宗和懺悔思想的最佳內容。第一段懺悔文在贊佛偈和皈命禮三寶後，禪修者應誦念仰願三寶證明的懺悔文，這是因爲漢月認爲修禪者若宿業深重的話，則定慧難生，以致"真疑不起，正念斷續"，因此禪修者必須乞

---

① 此外，筆者探索《三峰和尚心懺》之思想内涵，亦是受到宋代天台以制定懺法爲名的慈雲遵式（964—1032）所啓發，他在勘定《法華三昧懺儀》（T. 1941）即云："十科行軌，理觀爲主，儻一以誤，九法徒施。"《大正新修大藏經》（46），頁 949 上。因此，聖凱亦於其《慈雲遵式的懺法實踐》一文中表示："懺法的實踐，不但需要事相方面的儀軌，更需要'理觀'，失去'理觀'，懺法只是一種形式。"《中國佛教懺法研究》，頁 356。

② 參本書所輯《三峰和尚心懺》正文點校。

願諸佛做證自己的虔誠懺悔：

> 乞諸佛以垂慈，現光華而做證，頓空罪性，斬絶障緣，速起真疑，打成一片。①

漢月在第一段懺悔文二次提及"真疑"，可見漢月在常熟三峰清涼禪寺時，指導禪修的方法是話頭禪，而參話頭禪時，能否起"疑情"是爲關鍵。"疑情"是高峰原妙(1239—1295)所言參禪三要之一，Robert Buswell 更視之爲參話頭時必要的動力。② 據漢月判斷，禪修期間"真疑不起"，是因爲"宿業深重"，從而確立修懺的緣由和必要性。藉由修懺，禪修者在參話頭時先能"斬絶障緣"，纔能立即生起疑情，再與話頭"打成一片"。③ 不過，這"打成一片"的程序和境界，對漢月所教授的禪修進程而言，只是參話頭的基礎而已。

接著，禪修者需再頂禮十方三寶七佛諸菩薩，仰仗加持之後，漢月在第二段懺悔文中解釋，此時禪修者雖然已經起疑情了，却因"無明業動，失自本心"，在禪修中仍會屢屢發生障礙，或是落入貪嗔之大毒，或是禮誦而頓覺心煩，或是懺悔時只是敷衍輕率，或是生病，這些都是因爲"懺力輕微，懇求不切"，因此必須再申懺悔：

> 願承佛力、法力、菩薩力、聖賢力，冥熏加被，色力輕安，睡魔掃蕩，不生厭倦，不起退心，貪嗔人我消亡，散亂昏沉剿絶，真疑忽破，大

---

① 參本書所輯《三峰和尚心懺》正文點校。

② 有關參話頭"疑情"的探討，參 Robert Buswell, "The Transformation of Doubt (*Yiqing* 疑情) into a Positive Emotion in Chinese Buddhist Meditation," in *Love and Emotions in Traditional Chinese Literature*, ed. Halvor Eifring. Leiden: Brill, 2004, pp. 225‒236。高峰原妙所言參禪三要爲大信根、大憤志和大疑情，《高峰原妙禪師禪要》(X. 1401)，《卍新纂續藏經》(70)，頁 708 中。

③ 疑情與話頭"打成一片"的説法，可見於《高峰原妙禪師禪要》(R. 1401)："疑來疑去，疑至省力處，便是得力處，不疑自疑，不舉自舉。從朝至暮，粘頭綴尾，打成一片，無絲毫縫罅。"新文豐版《卍續藏經》(122)，頁 706 中；許淑雅《高峰原妙之看話禪法研究——以〈高峰原妙禪師禪要〉爲中心》，法鼓文理學院佛教學系碩士學位論文，2009 年，頁 95—98。

事頓明，修萬行門，弘菩薩道。①

此第二段懺悔文主要在解釋禪修期間，禪修者參話頭時在起疑情之後，仍然會有障緣，若此時生起厭倦和退心，便會有沉溺於輕安，或因睡魔而散亂昏沉的問題，因此漢月激勵禪修者務要"再申苦禱，重發至誠"，願承佛、法、菩薩和聖賢之力，纔能"不生厭倦，不起退心"，而且此階段修懺的目的在於最後終能"真疑忽破，大事頓明"。參話頭時能消亡人、我的概念，打破疑情，才能頓明生死大事，是古來弘揚參話頭的禪師相同的主張。② 如此，禪修者先了辦自己的生死大事，才能再進入下一個"修萬行門，弘菩薩道"的階段。

不過，禪修者了悟之後，度化眾生之時，仍然會有很多的困難和障礙，因此，漢月強調仍需繼續頂禮諸佛和再申懺悔，第三段懺悔文中，禪修者祈願乘茲懺悔發願之力，諸佛、尊法、菩薩、列祖和諸天龍神之力，因而能不受外緣和內障之擾：

> 頂禮佛已，再申懺悔。願弟子某甲乘茲懺悔發願之力，諸佛威神加護之力，尊法浹洽心田之力，菩薩拯接提攜之力，列祖冥熏攝受之力，諸天龍神擁護之力，使某甲外緣不擾，內障不興，賓主相投，傾心水乳。魔冤值遇，捨惡皈依。信心檀越，增長福田。隨喜見聞，同沾法利。仗茲緣具，一往直前。竟透重關，深明後著。六通三明，如意自在。大悲廣利，無善不興。逐類隨形，何道不化？作救病之良藥，為破暗之明燈，十方所有剎法界之有情，咸度入蓮華，齊成等妙覺。虛空有盡，我願無窮，憑仗懺摩，諸佛哀佑。③

第三段懺悔文除了強調仗茲諸佛、尊法、菩薩、列祖和諸天龍神之緣力以

---

① 參本書所輯《三峰和尚心懺》。
② Robert Buswell, "The Transformation of Doubt (*Yiqing* 疑情) into a Positive Emotion in Chinese Buddhist Meditation," p. 235.
③ 參本書所輯《三峰和尚心懺》。

外，亦説此時若值遇魔冤，反而可令其捨惡皈依，這便是漢月於禪修期間加入修持懺儀所帶來的效力，如此啓發深明後學，禪修者便能一往直前，克服重重難關，自在如意地大悲廣利衆生。

此外，第三段懺悔文所提及習禪者於參禪之時遇到的魔擾，是歷代與坐禪相關典籍常提及的重要議題。禪宗典籍中有系統地歸納禪修障礙的文獻，特別是有關魔障的對治，當屬宋代真定府十方洪濟禪院住持宗賾(1053?—1105?)刊於1103年《禪苑清規》的《坐禪儀》，文中提及"道高則魔盛"，至於有關魔事之描述，宗賾則引薦習禪者閲讀"如《楞嚴經》、天台《止觀》、圭峰《修證儀》，具明魔事"。① 因此，宗賾的《坐禪儀》并不重覆陳述各典籍中有關魔事之細節，而是讓習禪者自行參閲佛教藏經《楞嚴經》、②隋代天台《止觀》③和唐代圭峰宗密(780—841)《修證儀》，④最後宗賾《坐禪儀》强調修禪時總是"逆順萬端"，修禪者"但能正念現前，一切不

---

① 《(重雕補注)禪苑清規·坐禪儀》(X. 1245)，《卍新纂續藏經》(63)，頁544下；有關《坐禪儀》的詳細討論，參 Carl Bielefeldt, "Ch'ang-lu Tsung-tse's *Tso-ch'an I* and the 'Secret' of Zen Meditation." In *Traditions of Meditation in Chinese Buddhism*. Honolulu: University of Hawai'i Press, 1986, pp. 129–161。

② 《楞嚴經》(T. 945)："汝猶未識修奢摩他、毘婆舍那微細魔事，魔境現前汝不能識，洗心非正落於邪見，或汝陰魔或復天魔，或著鬼神或遭魑魅。"《大正新修大藏經》(19)，頁147上。有關《楞嚴經》中魔境的不同樣貌之討論，參渡邊幸江《禪病—"首楞嚴經"に見る五藴》，《駒沢大學仏教學部論集》43，2012年，頁171—187。

③ 《摩訶止觀》(T. 1911)："四魔者：陰入正是陰魔，業禪二乘菩薩等是行陰名爲陰魔；煩惱見慢等是煩惱魔；病患是死因名死魔；魔事是天子魔。"《大正新修大藏經》(46)，頁50中—下。有關天台《摩訶止觀》和其他典籍説明鬼神魔相之種類、相貌、嬈亂、對治法，特別是十乘觀法對治魔之方法，參大野栄一《"摩訶止觀"魔事境とその形成》，塩入良道先生追悼論文集刊行會編《天台思想と東アジア文化の研究：塩入良道先生追悼論文集》，東京山喜房仏書林，1991年，頁39—60。

④ 宗密《圓覺經道場修證儀》(X. 1475)："四辯魔事魔羅秦言殺者，奪行人之財，殺智慧之命故。云何名爲魔事？如佛以功德智慧，度脱衆生，入涅槃爲事。魔亦如是，常以破壞衆生善根，令流轉生死爲事。若能安心道門，道高魔盛故，能須善識魔事。但魔有四種：一煩惱魔、二陰界入魔、三死魔、四鬼神魔。"《卍新纂續藏經》(74)，頁501上—中。《圓覺經道場修證儀》共十八卷，包含：(一)道場法事七門、(二)禮懺法門八門和、(三)坐禪法八門、(三)坐禪法八門中特別討論辯魔事。參池田魯參《宗密'円覚經道場修証儀'の禮懺法(覚書)》，《印度學仏教學研究》69，1986年，頁118—121。

能留礙",這是禪家秉持著一切唯心所現的處理方式。①

但是,禪宗傳統亦有以懺悔方式來處理修行中的障礙,因而懺悔滅罪思想廣見於歷代禪宗典籍之中。② 到了明代,《三峰和尚心懺》的第三段懺悔文之後,漢月亦是秉持著禪家一切唯心所現的道理,援引了著名的《心懺偈》。此偈現可見於大慧宗杲《大慧普覺禪師普說》中,於《烏智稱同諸道友請普說》所說的《心懺偈》:

罪從心起將心懺,懺罪何如莫起心?
罪亡心滅兩俱空,是即名爲真懺悔。③

漢月上文所錄與《諸經日誦集要》和袾宏所訂《瑜伽集要施食儀軌》中的《心懺偈》三者在意義和文字上皆相似。④ 但是,漢月却選擇援引了大慧之《心懺偈》,筆者認爲這是因爲漢月在以修話頭禪處理心意識的看法,與大慧《大慧普覺禪師普說》所說"梵語懺摩,此名懺過,亦謂之斷相續心,一懺永不復造,一斷永不復續"的主張是相符合的。⑤ 漢月於《示王夢叟居士》的法語即言"坐得禪修、得觀、作得福懺、得罪亦皆從兩端心識上流注",亦即談論有無福懺、得罪等等的名言施設,最終都須於兩端心識上截

---

① 《(重雕補注)禪苑清規·坐禪儀》(X. 1245),《卍新纂續藏經》(63),頁545上。
② 白金銑討論了始自達摩、惠能(638—713)、神秀(606—706)、百丈懷海(749—814)、臨濟義玄(?—867)到法眼文益(885—958)等等多位禪師的懺悔思想,并且整理爲十二種類型:報怨行懺悔、心王懺悔、念佛懺悔、金剛懺悔、金剛五禮、無相懺悔、無生懺悔、七禮懺悔、無念懺悔、三業懺悔、清規懺悔和禪機懺悔。参其《唐代禪宗懺悔思想研究》,頁467—492。雖然筆者對上述部分懺悔類型之定義持有疑慮,需要進一步討論,但此看法亦可展現懺悔思想於唐代禪師教法之重要性。
③ 《大慧普覺禪師普說·烏智稱同諸道友請普說》(M. 1540):"罪從心起將心懺,懺罪何如莫起心?罪亡心滅兩俱空,是即名爲真懺悔。"《卍正藏經》(59),頁853上。
④ 《諸經日誦集要》(X. 1080):"罪從心起將心懺,懺罪無如心勿起;諦觀心罪本來空,是則名爲真懺悔。"新文豐版《嘉興藏》(19),頁179下。袾宏所訂《瑜伽集要施食儀軌》則爲:"罪性本空由心造,心若滅時罪亦亡;罪亡心滅兩俱空,是則名爲真懺悔。"《卍新纂續藏經》(59),頁264b。
⑤ 《大慧普覺禪師普說》(M. 1540),《卍正藏經》(59),頁853上。

斷；①漢月更於《三峰藏和尚語録·離心意識辨示禪子》明言："將第八識一刀兩段，此大慧語也。"②因此，漢月對罪福懺悔的看法，完全符合"罪亡心滅兩俱空"禪家一切唯心所現的傳統。

總而言之，漢月早期於常熟三峰禪寺指導禪修者參話頭禪時，因常感禪修者因宿業障縁而無法生起疑情，漢月在《三峰和尚心懺》三段懺悔文中，緊扣參話頭的修行過程，藉由懺儀幫助禪修者懺除宿業障縁，了解"頓空罪性，斬絶障縁"後，順利生起真疑，直到打破疑情後了悟，并且了悟後再祈請仰仗諸縁，達到"外縁不擾，内障不興"儀式效力，最終能廣利衆生。

從禪宗禮懺儀式的歷史發展來看漢月《三峰和尚心懺》的内容，唐代《法苑珠林》即云："懺悔有二：一是迷心依事懺悔，謂佛像前行道禮敬發願，要期斷除事惡；二是智心依理懺悔。"③宗密則於其《圓覺經大疏》説："若欲懺悔者，端坐念實相即是理懺。"④由此，《三峰和尚心懺》秉持唐代禪宗傳統無相懺的理懺宗旨，承繼宋代大慧"罪從心起將心懺"的理念，再以明代普遍流行的禮懺儀式爲事懺架構，包含禮敬諸佛、頓空罪性、懺除宿垢，以期達到禪宗頓悟的目的。因而，筆者認爲漢月《三峰和尚心懺》可代表禪宗發展至明代，兼具理懺與事懺的完備懺儀之一例，亦是禪修期間對禪修者非常有益的助縁。

(二) 浄土思想

漢月《三峰和尚心懺》中的浄土特色有二。一爲首先在舉十方三寶七佛諸菩薩名時，除了沿用《諸經日誦集要·禮懺起止儀》所舉的"十方三寶七佛諸菩薩"之名以外，在"南無星宿劫千佛"之後，特別多加入了"南無阿

---

① 《三峰藏和尚語録·法語》(J. B299)，新文豐版《嘉興藏》(34)，頁 185 上。
② 《三峰藏和尚語録·離心意識辨示禪子》(J. B299)，新文豐版《嘉興藏》(34)，頁 196 中；此外，《於密滲宋元三尊宿做工夫因縁邪正注》内容爲漢月所摘引三位尊宿之生平傳記和漢月之著語，其中第一位尊宿即是大慧宗杲，由此可見大慧對漢月的影響，拙著《漢月法藏禪師珍稀文獻輯注初編》，上海古籍出版社，2024 年。
③ 《法苑珠林》，《大正新修大藏經》(53)，頁 916 上。
④ 《圓覺經大疏》，《卍新纂續藏經》(9)，頁 412 上。

彌陀佛",而且三佛順序也非遵循傳統作法,依過去佛、現在佛、未來佛排列,却是列出"南無阿彌陀佛、南無釋迦牟尼佛、南無彌勒尊佛",特別將南無阿彌陀佛列於前,顯見漢月對净土信仰的重視。①

再者,如上文所示,漢月《三峰和尚心懺》在第二段懺悔文末尾,提到了修懺的目的在於幫助禪修者參話頭時起疑情,進一步能打破疑情,直至頓明生死大事。但是,之後漢月却話鋒一轉,別出一路地提到,若是禪修者大限以至之前,認清自己仍然未能了悟的事實,禪修者亦可修行净土法門:

> 倘未悟之前,限於世壽,乘兹願力,往生西方蓮華勝品,闡彌陀因地之願心,作此界他方之導引,普接群生,同登樂國。②

因此,自忖此生無有了悟機會的禪修者,漢月强調亦可依阿彌陀佛之願心,仍在此世此界時,可作爲接引衆生,同登極樂國土的導引,來世則可依阿彌陀佛之願力,往生西方蓮華勝品。

尤其是漢月在第二段懺悔文後,亦加入歸敬西方三聖阿彌陀佛、觀世音菩薩、大勢至菩薩和清净大海衆菩薩之名,似乎意指"能打破疑情,頓明生死大事者"和"不能打破疑情,頓明生死大事者"皆可以净土爲指向。③ 這樣的思想亦可見於漢月的《净土詩》中,如其五言《净土詩》中有二首即云:

> 參禪稱直截,寸心千尺鐵。兼此鐵俱消,是念西方切。
> 净土非一途,終朝百念枯。只有悟心者,上品蓮花敷。④

可見漢月認爲參禪有助於念佛,參禪悟心者在净土九品中易得上品。於其另一首七言《净土詩》中,漢月更是直言參禪和念佛對彼此的實質助益:

---

① 《諸經日誦集要·禮懺起止儀》(X. 44)中"舉十方三寶七佛諸菩薩",《卍新纂續藏經》(19),頁179下—180上;參本書所輯《三峰和尚心懺》。

② 參本書所輯《三峰和尚心懺》。

③ 參本書所輯《三峰和尚心懺》。

④ 參本書所輯《三峰禪師語録·净土直指》。

>非由禪悟净何徹？悟不生蓮作佛遲。
>
>禪净二名原一法，净人請讀净邦詩。①

漢月定義"禪、净雖爲二名，實原一法"，原因是認爲修净土若不輔以禪，悟則不徹；反之，修禪者不期往生净土，則成佛遲。對於漢月而言，《三峰和尚心懺》中這段"願生净土文"顯示出明末净土信仰的流行，以及漢月身爲禪師，雖然秉持著對禪修者能夠修話頭禪，因而打破疑情，頓明生死大事的最高期待，但也顧及不同根器的修行者，對於自忖今生了悟無望者，漢月也特別務實地提供方便接引的往生西方净土的發願文。

雖然禪净雙修在明末佛教時期是一種普遍現象，多位知名禪師亦鼓勵兼修净土，但是，值得注意的是，我們應該仔細分辨每位禪師或禪净雙修者的修行理念中，禪宗和净土信仰不同的意義、角色和地位。② 不過，漢月所言禪、净二者相輔的修行方式和細節究竟如何，應與本書所輯多部漢月與净土思想相關之文獻一起探討，如《三峰禪師語録·净土直指》和《净土詩》五言一百首和七言一百首等等。因此，有關漢月完整净土思想和禪、净思想交涉的議題，才能繼續進一步分析和探討。

（三）漢傳密教思想——準提修行

本文所指的漢傳密教是依嚴耀中於其《漢傳密教》書中所指"在漢地流傳的密教"，其内容不一定與唐代開元三大士有直接關係，或是以師徒關係維繫的宗派，而是一種宗教型態。嚴耀中以此寬廣的角度看待漢傳

---

① 參本書所輯《三峰禪師語録·净土直指》。
② 有關明清禪師或禪净雙修者如雲棲袾宏、袁宏道（1568—1610）和際醒徹悟（1741—1810）等人的修行理念中，禪净的意義、角色和地位之討論，可參 Chun-fang Yu, "Chu-hung and the Joint Practice of Pure Land and Ch'an," in *The Renewal of Buddhism in China*. New York: Columbia University Press, 1981, pp. 29-63; Charles Jones, "Apologetic Strategies in Late Imperial Chinese Pure Land Buddhism." *Journal of Chinese Religions* 29 (2001): 69-88; Jiang Wu, *Enlightenment in Dispute: The Reinvention of Chan Buddhism in Seventeenth-Century China*. New York: Oxford University Press, 2011, p. 13 and p. 63.

密教,目的是將唐代之前包含神咒和陀羅尼咒等早期譯經、唐代開元三大士所傳密教經典和儀軌、元代藏密和明清融合漢傳諸宗思想修行、道教、民間信仰,乃至文學藝術等等的密教全部涵蓋囊括在内。而以本文所處理的明朝時期而言,尤其因明太祖賦與瑜伽教僧法定化的專職地位所致,瑜伽教僧數量之多更是空前所未見。①

漢月《三峰和尚心懺》中的漢傳密教特色爲在舉十方三寶七佛諸菩薩之名時,有别於《諸經日誦集要・禮懺起止儀》中"舉十方三寶七佛諸菩薩",②額外加入了"南無七俱胝佛母準提王菩薩"。有關漢傳佛教準提信仰的起源,根據劉國威所述,可遠溯至北周時期闍那崛多(Jñānagupta,523—600)最早譯出準提咒,唐初時地婆訶羅(Divākara,613—687)又譯出《佛説七俱胝佛母準提大明陀羅尼經》,而準提修持儀軌則是由唐開元三大士善無畏(Śubhakarasiṃha,637—735)、金剛智(Vajrabodhi,669—741)和不空(Amoghavajra,705—774)完整譯出。③

但是,明清漢傳佛教的準提信仰主要是受遼代道宗大安年間(1085—1094),道殿(活躍於 1056—1120 年間)所編《顯密圓通成佛心要集》的影響,此書强調"顯密齊運"的十門利益,郭祐孟認爲此集不僅"融通顯密",而且"調和梵、漢密教的文化差異",凸顯出漢傳佛教風格。④ 日本

---

① 嚴耀中《漢傳密教》,學林出版社,1999 年,頁 11 和頁 54。
② 《諸經日誦集要・禮懺起止儀》(J. B44),新文豐版《嘉興藏》(19),頁 179 下—180 上。
③ 劉國威《院藏元明時期所造準提咒梵文鏡》,《故宫文物月刊》385 期,2015 年,頁 48—57。
④ 《顯密圓通成佛心要集》(T. 1955),《大正新修大藏經》(46),頁 999 上—中;Henrik H. Sørensen, "Central Divinities in the Esoteric Buddhist Pantheon in China," in *Esoteric Buddhism and the Tantras in East Asia*. Ed. Charles D. Orzech and Henrik H. Sørensen. Leiden: Brill, 2011, pp. 99–100; Robert Gimello, "Icon and Incantation: The Goddess Zhunti and the Role of Imagee in the Occult Buddhism of China," in *Images in Asian Religions: Texts and Contexts*. Ed. Phyllis Granoff and Koichi Shinohara. Vancouver: UBC Press, 2004, p. 238;郭祐孟《印度佛教密宗的漢化——以唐、宋時期準提法爲中心的探索》,吕建福主編《密教的思想與密法》,中國社會科學出版社,2012 年,頁 259—288。

學者多田孝正則於其研究中列出《卍續藏》中明清六部與準提信仰相關之典籍,由此可見明清時期準提信仰之流行。①

至於漢月學習密教儀軌之起源的相關記載,他曾於其著作《於密滲施食旨概》談及曾"弱冠受此法於衆人中",可見漢月應於 20 歲(1592)在出家的寺院德慶院學密教施食儀軌;漢月又説 29 歲(1601)學戒時,就發願以百堂施食布施,此時應爲他從雲棲袾宏受沙彌戒之時;②最後,漢月於 54 歲(1626)參考石機法師的圖本和雲棲袾宏的校正本而書成《於密滲施食旨概》。③ 吳疆於其書《禪悟與僧諍》(*Enlightenment in Dispute*)則談及漢月 29 歲學戒發願布施百堂施食後,偶或見到修行者因"煩冤之火"而驚嚇,漢月便思維需以"觀力"才可沃滅中止;漢月并在之後參禪十多年,常於夢中見幽靈祈請,才憶起自己的舊願,終於 1626 年完成此施食旨概,漢月并於文中強調參禪悟道所通徹之宗旨爲體,而施食一法則是"從體起用",漢月撰作《於密滲施食旨概》亦相似於造《三峰和尚心懺》之緣起。④

可見,漢月學密的啓蒙老師最早應爲德慶院僧人,之後爲重訂《瑜伽集要施食儀軌》的雲棲袾宏。雲棲袾宏施食儀軌在明末有廣大的影響,明清時期的士人譚貞默(1590—1665)甚至在其作於順治丁酉年(1657)的《佛母準提焚修悉地儀文寶懺序》提及,他從雲棲習得持誦準提咒,了解咒

---

① 多田孝正《明代の準提信仰について(一)》,《大正大學研究紀要》74,1989 年,頁 35—62 以及《明代の準提信仰について(二)》,《大正大學研究紀要》75,1990 年,頁 1—29。
② 《三峰藏和尚語録·三峰和尚年譜》(J. B299)記漢月:"和尚二十九歲走雲棲乞戒,宏大師曰:'朝廷戒壇未開,姑先受息慈戒。'"新文豐版《嘉興藏》(34),頁 205 上;《雲棲法彙(選録)·瑜伽集要圖像焰口施食序》(J. B277):"石機常師兩工圖翰,乃書其文而像之,俾臨文矚像,不登壇而觀已歷然,其殆有功於瑜伽矣。"新文豐版《嘉興藏》(33),頁 90 中。
③ 《於密滲施食旨概》(X. 1082),《卍新纂續藏經》(59),頁 302 下。
④ 《於密滲施食旨概》(X. 1082),《卍新纂續藏經》(59),頁 300 下—302 下;Jiang Wu, *Enlightenment in Dispute*, pp. 147‑151。

文所標示"二合彈舌"的意思。①

此外,漢月的生平亦可見到其與準提信仰的密切關係,漢月一生共於八刹駐錫或開法,包含海虞三峰清涼寺、蘇州北禪寺、杭州臨平安隱寺、梁溪龍山錦樹院語、蘇州鄧尉聖恩寺、杭州浄慈寺、嘉興水西真如寺和蘇州松陵聖壽寺語。② 根據現存文獻所記,其中漢月於其中四寺——三峰清凉禪寺、梁溪龍山錦樹禪院、杭州浄慈寺和蘇州鄧尉聖恩寺時,皆有建準提壇或是與準提修法相關的記載。如《三峰清凉禪寺志》清道光三十年(1850)刊本有嚴栻(活躍於約1620—1660年間)所作《準提閣記》,述及三峰清凉禪寺原有準提内壇是爲漢月所創建;③1629—1632年間,漢月於梁溪龍山錦樹禪院上堂時,對衆誦出準提咒"唵! 折隸主隸準提莎訶";④1633年漢月於杭州浄慈寺語時,爲佛日金法師所送準提鏡開光;⑤1634年,漢月住聖恩禪寺,爲諸護法請就準提菴陞座,講準提修法,并且於書信中對吳闇之居士説示持準提咒。⑥

上述記載中,《三峰清凉禪寺志》記寺中有漢月所創建的準提内壇,時

———————

① 有關雲棲袾宏重訂施食儀軌在明末的廣大影響,可參 Chun-fang Yu, "Chu-hung's Life and Major Works," in *The Renewal of Buddhism in China*, pp. 9－28;譚貞默《佛母準提焚修悉地儀文寶懺序》作於順治丁酉(1657),《準提焚修悉地懺悔玄文》,(X. 1482),《卍新纂續藏經》(74),頁557上;吕建福《中國密教史(三)——五代至近代密教的流傳》,新北空庭書院有限公司,2011年,頁167—169。

② 漢月弟子弘儲所述《三峰藏和尚語録·三峰和尚語録序》(J. B299),新文豐版《嘉興藏》(34),頁125中。

③ 嚴栻爲江蘇常熟人,崇禎七年進士(1634),官至兵部職方司員外郎,嚴氏一族是長期支持三峰禪寺的家族,參清代光緒二年版《天水嚴氏家譜·嚴栻傳》卷12,頁16—17。

④ 《三峰藏和尚語録·住梁溪龍山錦樹禪院語》(J. B299),新文豐版《嘉興藏》(34),頁141下。

⑤ 《三峰藏和尚語録·住杭州浄慈寺語》(J. B299),新文豐版《嘉興藏》(34),頁143上—中;有關明清準提咒梵文鏡之研究,參劉國威《院藏元明時期所造準提咒梵文鏡》,頁48—57。

⑥ 《三峰藏和尚語録·廣録》(J. B299),新文豐版《嘉興藏》(34),頁150下—152上以及《三峰藏和尚語録·持準提咒説示吳闇之》(J. B299),新文豐版《嘉興藏》(34),頁198中—199上。

空上是爲最接近漢月作《三峰和尚心懺》的,可見當時漢月早期駐錫常熟三峰清凉禪寺時,確實建有準提内壇修持準提法門,但是,除此之外,《三峰清凉禪寺志》和《三峰和尚心懺》皆無詳細内容之記載。因此,我們若想進一步了解漢月對修持準提法門的解釋,只能參考漢月晚期駐錫蘇州鄧尉聖恩寺爲諸護法講準提修法,以及書信中對吳閶之居士說示持準提咒的方法和意義,如此討論雖稍溢出《三峰和尚心懺》之内容,但筆者之目的在於,以漢月之準提思想爲例,藉《三峰和尚心懺》中特别加入了"南無七俱胝佛母準提王菩薩"之由,提供學者了解明末禪密交涉情况之信息。①

漢月駐錫蘇州鄧尉聖恩寺時,1634 年有吳門李子木、徐九一和楊維斗諸護法《請就準提菴陞座》開示,漢月便藉由此因緣爲諸護法講準提修法。② 漢月一開始便指出衆生墮生死處,不得出離輪迴都是因心意識的作用,因此要能坐斷生死,就必須處理心意識的問題。而禪宗所謂參"柏樹子"、"乾矢橛"或雲門三句等等,③其作用即在"截斷生死";相同地,漢月强調誦念準提咒語"唵折隸主隸準提莎訶"的作用,"豈不函蓋乾坤如此一句? 豈不截斷生死"。因此,漢月主張修行者若能如此理解顯密的關係,便是"顯密合一如走盤珠,故圓;顯密相兼直示大道,故通"。④ 漢月此句中顯密"圓"和"通"的說法明顯是受道殿所編《顯密圓通成佛心要集》的影響,但是,仔細分析漢月解釋的詳細内容,却又有異於道殿"顯密圓通"之說。

道殿《顯密圓通成佛心要集》共二卷,分爲四門:一、顯教心要;二、密教心要;三、顯密雙辯;四、慶遇述懷。依此架構,道殿略述教理時,顯教心要是以華嚴判教小、始、終、頓、圓之各經典說明,因此,圓教之

―――――――――

① 如嚴耀中《漢傳密教》一書第七章《禪與密教》中,對唐宋以後,明清時期禪與密教交涉之情况,就完全未曾著墨,頁 95—115。
② 《三峰藏和尚語録·廣録》(J. B299),新文豐版《嘉興藏》(34),頁 150 下。
③ 雲門三句即爲:"函蓋乾坤句,截斷衆流句,隨波逐浪句。"《三峰藏和尚語録》(J. B299),新文豐版《嘉興藏》(34),頁 151 上。
④ 《三峰藏和尚語録》(J. B299),新文豐版《嘉興藏》(34),頁 150 下。

代表經典爲《華嚴經》，是爲顯圓；①密教心要則是以陀羅尼教爲密圓，道殿并依密圓修煉説明持咒誦念結手印的儀軌和行相成果；②接著，道殿解釋能夠顯密雙修者爲上上根或久修之人，初學者則可先作顯教普賢觀，再得三密加持，或是先用三密後，才作顯教普賢觀；③如此最後修行者"顯密雙逢稱所求"，感慶歡喜。④

上述四門中，所謂"通"的意義，在於道殿將顯教和密教視爲二種妙藥，顯密雙修者雖然不懂得二種藥方的內容和合用的道理原則，但只要一起服用，則有其效用：

> 今密圓神咒，一切衆生并因位菩薩，雖不解得，但持誦之，便具毘盧法界普賢行海，自然得離生死，成就十身，無礙佛果。如病人得合成妙藥，雖不知分兩和合法則，但服之，自然除病身安。⑤

因此，我們可以看到《顯密圓通成佛心要集》中，道殿特別引用《首楞嚴經》強調："云諸佛密咒秘密之法，唯佛與佛自相解了，非是餘聖所能通達，但誦持之，能滅大過，速登聖位。"⑥密咒秘密之法不是諸佛以下之菩薩等可通達，所以，道殿在説明持咒誦念結手印的儀軌時，僅解釋其密教作法和目的，不翻譯亦不強加解釋，但是，持陀羅尼的行法是"通被"勝、劣諸根，而且是"顯密雙明"之人，方是通人。⑦

如此説來，道殿"顯密圓通"的思想與漢月所謂"顯密合一如走盤珠，

---

① 《顯密圓通成佛心要集》(T. 1955)，《大正新修大藏經》(46)，頁 989 下—990 上。
② 《顯密圓通成佛心要集》(T. 1955)，《大正新修大藏經》(46)，頁 993 下—999 上。
③ 《顯密圓通成佛心要集》(T. 1955)，《大正新修大藏經》(46)，頁 999 上。
④ 《顯密圓通成佛心要集》(T. 1955)，《大正新修大藏經》(46)，頁 1004 中。
⑤ 《顯密圓通成佛心要集》(T. 1955)，《大正新修大藏經》(46)，頁 993 上—下。
⑥ 《顯密圓通成佛心要集》(T. 1955)，《大正新修大藏經》(46)，頁 993 下。但經筆者查對，此説實出於宋代長水沙門子璿(965—1038)集《首楞嚴義疏注經》(T. 1799)中説《首楞嚴經》中的咒語，自古來都不翻譯其意，其中一個原因是"諸佛密語，秘密之法，唯佛與佛自相解了，非是餘聖所能通達"。《大正新修大藏經》(39)，頁 919 中—下。
⑦ 《顯密圓通成佛心要集》(T. 1955)，《大正新修大藏經》(46)，頁 1004 中。

故圓;顯密相兼直示大道,故通"相較起來,乍看相似,但二者之差異在於:首先,對於漢月而言,顯教中的圓教內容是禪宗,而非道殿的華嚴經論;再者,漢月更進一步地在開示講準提修法時,將準提菩薩十八臂的意義,與處理心意識和禪宗頓悟的目的緊密連結和加以詮釋。換言之,漢月是將顯密的內容相互輔助說明,而非像道殿於《顯密圓通成佛心要集》中分別以二門,各自說明顯教和密教的內容。例如漢月認爲準提菩薩十八臂中"施無畏手"意謂"于中間印上了得,則心意識頓斷","寶劍手"意謂"于中印之上,提起金剛王劍,將生死心一截頓斷,便得閑落落地過日","寶螺手"意謂"說法有二種,一者無文字無言意說謂之咒,謂之真言;謂之祖師句,令人于音聲輪透悟"等等,漢月是直接將準提菩薩十八臂的意義與禪宗處理心意識、咒即祖師言和頓悟等概念連結詮釋。①

接著,漢月再將準提菩薩的形貌與密教凈"身、口、意"三業的修行連結。修行者能如上文所述完成結印,并且使"大用現前",這便是"身業"之清凈。修行者口說準提咒,九聖字—"唵折隷主隷準提莎訶",這便是"口業"之清凈。最後修"意業"清凈時,修行者觀想從頂門高處書出"㘕"②(嚂)字,變成三角火輪首,將身、世界、心燒盡,先是"霍然一空",但此空又變作大月輪相,是相又非相,再直入中道;月輪中再出現"阿"(阿)字,然後從中生起"五音之種",萬物萬法從此化現,變現成"嚂"(嚕峰)字之大法界;法界之中再生起"吽"(吽)字,世間、出世間法一一拈出,在每一法上加一"唵"(唵)字,令每一法究竟堅固;③最後,修行者須觀想:

  自身成佛,自身準提,自手作用,通身承當,現大人相,凡應機皆用,手中四事曰"慈"、曰"威"、曰"定"、曰"慧"之力,如禦侮者用金剛

---

 ① 《三峰藏和尚語錄》(J. B299),新文豐版《嘉興藏》(34),頁151上—中。
 ② 本文本段所用之梵字圖相,采自《三峰藏和尚語錄》(J. B299),新文豐版《嘉興藏》(34),頁19—25,臺北新文豐出版社,1993年。
 ③ 《三峰藏和尚語錄》(J. B299),新文豐版《嘉興藏》(34),頁151下—152上。

劍鈎來索縛杵摧等是也，此意業之清净也。①

因此，修行者修"意業"清净，便是最後能完成觀想"自身成佛"，自身是準提菩薩，自手即爲準提菩薩之作用，因此凡所有應機皆能大用現前。

但是，漢月特别説明這"身、口、意"三業清净的境界，與禪師家單單只用一句"柏樹子"或"乾矢橛"就真得大徹大悟時，是一模一樣的境界和作用，二者無事不辦，可稱之爲"禪"或稱之爲"咒"，顯、密圓通皆可用之。漢月在《請就準提菴陞座》開示時，最後祈願修行者"興禪隆咒"，皆能普救天下蒼生，并且不失禪師本色的問大衆："且道參禪是？持咒是？"又喝一喝後，以準提咒"唵！折隸主隸準提莎訶！"結束此開示。②

漢月對準提咒的重視亦可見於其寫給《持準提咒説示吳闇之》的書信中，書首漢月便將密教净法界咒"𑖠𑗀"③（嚂）字與禪宗"竹篦子"話頭直接連結如下：

　　一個"𑖠𑗀"字如"竹篦子"話頭，輥作一團大火聚燒盡身心世界，若有，若無，若即有即無，及非有非無四句，都下口不得，且又離脱此四句不得，是則清净無染，禪家謂之有體無用，浸殺死水中，直須死中得活，方有出頭分。④

因此，漢月認爲密教净法界咒"𑖠𑗀"字與禪宗"竹篦子"話頭皆有幫助修行者了達空性的作用，接著如上文解意業清净修行，漢月一一説明從觀想"𑖀阿"（阿）字、"𑖁暗"（暗）、"𑖂嚂"（嚂⑤噱）字、"𑖃吽"（吽）字到

---

① 《三峰藏和尚語録》（J. B299），新文豐版《嘉興藏》（34），頁152上。
② 《三峰藏和尚語録》（J. B299），新文豐版《嘉興藏》（34），頁152a上。
③ 本文本段所用之梵字圖相，采用自筆者於西園寺本所複製之《三峰藏禪師語録·持準提咒説示吳闇之》卷17，頁18—21，因爲此版本梵字圖相較爲清晰。
④ 《三峰藏和尚語録·持準提咒説示吳闇之》（J. B299），新文豐版《嘉興藏》（34），頁199上。
⑤ 嘉興藏版《三峰藏和尚語録》（J. B299）訛爲"暗"字，新文豐版《嘉興藏》（34），頁198下，本文依《三峰藏禪師語録·持準提咒説示吳闇之》修改爲"嚂"字。

"☉唵"(唵)字的過程。① 漢月結語時并且説:"凡聖字中不妨挾帶,諸所祈求皆從秘密一句,禪語流出五家宗旨,無量法門,百千紗義靡所不具。"最後,強調"此持咒即禪、即觀、即密、即顯之旨也",充分表達出漢月密教與禪法、觀法和顯教互通的主張。②

簡而言之,道殿的"顯密圓通"雖然意爲"修顯亦修密",但却是先"修顯"再"修密";而漢月的"顯密圓通"之意,則爲"持咒行法,即禪、即密"。漢月如此以己身禪家傳統詮釋密教的效用却并非是明清唯一的例子,魯海軍總結稍晚於漢月,其他以多元角度詮釋密法的幾個例子爲:③覺浪道盛(1592—1659)於《佛母準提脩懺儀序》特以"儒佛交涉"和"諸宗會通"的視角來詮釋準提懺儀;④寶輪明源(？—1666)於《準提三昧行法序》説"要知總莫總於真性,密莫密於惟心",強調滅罪之法,莫過於徹見惟心,融歸真性;⑤天溪受登(1607—1675)書成於康熙六年(1665)的《準提三昧行法》則説修行者施行準提儀軌後,再進行天台止觀入三昧,以與般若波羅蜜相應。⑥ 上述明清所述及的準提行法和内容,漸漸已得到學者之關注和研究。⑦

因此,由於漢月《三峰和尚心懺》加入了禮拜"南無七俱胝佛母準提王菩薩",引發筆者進一步分析漢月之密教思想,歸納漢月之準提行法有二個特色:一爲漢月解釋修行者觀想如何將自身净三業的密教修行與準提菩薩的形貌連結,最後,修行者完成"自身成佛,自身準提"的觀想,可謂頗

---

① 嘉興藏版《三峰藏和尚語録·持準提咒説示吳闇之》(J. B299),新文豐版《嘉興藏》(34),頁 199 上。
② 《三峰藏和尚語録》(J. B299),新文豐版《嘉興藏》(34),頁 199 上。
③ 魯海軍《明清佛教戒律思想研究》,商務印書館,2018 年,頁 314—317。
④ 《準提焚修悉地懺悔玄文》(X. 1482),《卍新纂續藏經》(74),頁 558 上。
⑤ 《準提三昧行法》(X. 1482),《卍新纂續藏經》(74),頁 547 中。
⑥ 《準提三昧行法》(X. 1482):"十八三摩地行者,禮懺訖,應出道場,別於一處,身就繩床,入三摩地。"《卍新纂續藏經》(74),頁 553 上。
⑦ 吕建福於其書《中國密教史(三)——五代至近代密教的流傳》,第二章中所論及元明清時期的準提行法,頁 167—173。

具密教修行的基礎要求,而非停留在只是誦咒的層次;①二爲漢月認爲禪宗話頭與密教咒語、手印同具截斷意識和了達空性的效用,凸顯出其"以密輔禪"甚或"持咒行法,即禪、即密"的主張,試圖將當時盛行的準提修法納入禪宗修行的意向。以上是筆者依漢月《三峰和尚心懺》之例所觀察的明代漢密或禪密思想的特色,期待將來研究密教的學者專家能進一步仔細分析探究。

小　　結

經懺佛事一直是漢傳佛教寺院很重要的活動,但自明太祖給予瑜伽教僧法定化的經懺師專職地位,經懺儀式在近世漢傳佛教的盛行便普遍帶給人負面印象,甚而常熟圖書館所藏刊行時間最早的《常熟三峰清涼禪寺志》中的《開山始祖漢月法藏禪師》傳亦記載,漢月15歲,其父鏡湖先生勉爲其難答應漢月出家的請求,授田以提供其出家所需衣食時的囑咐即爲:"慎毋爲經懺僧!"②可見,身爲儒者的鏡湖先生對"經懺僧"亦頗爲鄙視。這類經懺師直至民國仍被太虛法師(1890—1947)稱爲"懺焰流",是爲專門拜懺誦經,放焰口設齋施,創立種種名目販賣佛法,貪圖利養之徒。③

但是,"懺悔"自佛陀時代即行之已久,在漢傳寺院中,一來經懺佛事之宗教儀式效力不容輕視,二來對佛寺之經濟來源亦扮演著重要角色。④

---

① 參嚴耀中所述密教五個特色之第四點,有關即身成佛的目標,《漢傳密教》,頁1—3。

② 《開山始祖漢月法藏禪師》傳記,收於常熟圖書館藏《常熟三峰清涼寺志》寫本卷四,頁2—3。《鄧尉山聖恩寺志·聖恩藏禪師行狀》亦記其父囑曰:"必無爲經懺僧,他日當拯我于塵勞也。"《中國佛寺史志彙刊》第1輯,第42册,第115—132頁。

③ 太虛《震旦佛教衰落之原因論》,釋印順編《太虛大師全書》第29册,臺北善導寺佛經流通處,1980年第四版,頁42—43。

④ 聖凱《中國佛教懺法研究》,頁11—28,頁365—385。

漢月於其《於密滲禪病偈》提起佛寺做經懺時，亦説："偶然值經懺，只當作務看。經歇便提起，切勿且盤桓。"①這就如漢月自述20歲時在德慶院學會了施食儀軌，必然也被要求協助做經懺，儘管這是其父最初所反對的，但身爲寺院一份子，却是免不了的作務。於是，漢月給參禪者的指導是，誦經一停歇，就馬上提起話頭，不因經懺作務而影響參話頭的修行。

漢月於另一部稀見文獻《三峰藏禪師開發工夫語録》之《示求功德者》中亦説："持經持咒功德之大，本是實語，且勸流通。流通之，則人持久忘心入功德海。縱不持久，但蹉口念着一句，則截思功德亦在其中矣。經咒既然，何況真參實究？"②因此，審思漢月制作《三峰和尚心懺》之初衷，懺儀不僅是求功德或現世利益的活動，更是深信佛教懺悔儀式對於克服禪修中的障緣，極有出世之助益和效用。漢月在三峰禪寺指導禪修時，特別造此《心懺》，藉以幫助禪修者在參話頭的修行過程，能懺除宿業障緣，生起真疑，打破疑情後了悟，最後祈請仰仗諸緣廣利衆生，是禪宗發展至明代兼具理懺與事懺的完備懺儀之一例。

此外，藉由《三峰和尚心懺》中所包含的净土思想和禮拜"七俱胝佛母準提王菩薩"的内容，我們可以顯見明末净土信仰和密教準提信仰的流行。我們亦可見到身爲禪者的漢月，對净土信仰者表現出了務實又方便的接引態度。③ 再者，通過《三峰藏和尚語録》的記載，我們亦可進一步探究漢月講授準提修法和持準提咒的方法和意義，他教導修行者如何通過净自身三業的密教修行以與準提菩薩的形貌連結，完成"自身成佛，自身準提"的觀想，并且强調禪宗話頭與密教咒語、手印，同具截斷意識和了達空性的效用，標立其"以密輔禪"甚或"持咒行法，即禪、即密"的主張，顯示

---

① 參拙著《漢月法藏禪師珍稀文獻輯注初編》，上海古籍出版社，2024年。
② 參本書所輯《三峰藏禪師開發工夫語録·示求功德者》卷二。
③ 漢月此主張亦可從本書所輯，《三峰於密藏禪師語録》卷之三所言得證："惟有參禪向上一着，不涉心意識，不立文字語言心思卜度，若一會得，便不復走生死之路。次則念佛法門，不涉事理，四字横心，清塵一斷，得個一心不亂，雖未能作用，然本體現前，乘其念力往生佛處，見佛然後參禪，了後邊事。"

出其試圖將當時盛行的準提修法納入禪宗修行的意向。

　　本文對《三峰和尚心懺》的分析充分顯示出漢月深植禪宗本家本位，却又兼收并蓄的明朝時代多元融合特色。筆者希望藉由校注出版《三峰和尚心懺》，爲世人提供此珍稀文獻之基礎導論，以期對明清佛教或漢傳佛教之研究和發展，略盡微薄之貢獻。期望將來各領域之專家學者能從禮懺流演、義理思想、社會互動、宗教脉絡和歷史發展等等各種角度，繼續深入探究此珍稀文獻之價值。

後　　記

在本書文獻收集、整理和編校出版的過程中，筆者衷心感謝蘇州西園寺方丈普仁大和尚同意調閱古籍，藏主法宗法師、三寶樓智誠法師和圖書館樓曉蔚先生熱心協助調閱古籍，上海永福庵常住法師之支持，上海大學成慶教授推動出版"明清禪宗文獻叢書"的熱誠和統籌，以及上海古籍出版社多位人員之細心編輯和校對。感謝成書過程中的所有協助！

　　　　　　　　　　　　　　　　　　　　　　　　　黄繹勳
　　　　　　　　　　　　　　　　　　　　　　　　　2024年2月12日

圖書在版編目(CIP)數據

漢月法藏禪師珍稀文獻輯注續編 / 黃繹勳輯注. —上海：上海古籍出版社，2024.6
（明清禪宗文獻叢書 / 黃繹勳，成慶主編.第一輯）
ISBN 978-7-5732-1167-5

Ⅰ.①漢… Ⅱ.①黃… Ⅲ.①禪宗—文獻資料—彙編—中國—明清時代 Ⅳ.①B946.5

中國國家版本館 CIP 數據核字(2024)第 096645 號

明清禪宗文獻叢書　第一輯
黃繹勳　成　慶　主編
漢月法藏禪師珍稀文獻輯注續編
黃繹勳　輯注
上海古籍出版社出版發行
（上海市閔行區號景路 159 弄 1-5 號 A 座 5F　郵政編碼 201101）
（1）網址：www.guji.com.cn
（2）E-mail：guji1@guji.com.cn
（3）易文網網址：www.ewen.co
啓東市人民印刷有限公司印刷
開本 787×1092　1/16　印張 39　插頁 3　字數 522,000
2024 年 6 月第 1 版　2024 年 6 月第 1 次印刷
ISBN 978-7-5732-1167-5
B・1399　定價：158.00 元
如有質量問題，請與承印公司聯繫